U0138235

主编：张传玺

编者：张仁忠　王朝中　王援朝　张怡青

张传玺 主编

JIANMING ZHONGGUO GUDAISHI

简明中国古代史

（第五版）

北京大学出版社
PEKING UNIVERSITY PRESS

图书在版编目（CIP）数据

简明中国古代史/张传玺主编. —5 版. —北京：北京大学出版社，2013.1
（博雅大学堂·历史）
ISBN 978-7-301-21666-8

Ⅰ.①简…　Ⅱ.①张…　Ⅲ.①中国历史-古代史-高等学校-教材
Ⅳ.①K22

中国版本图书馆 CIP 数据核字（2012）第 282229 号

书　　　　名：	简明中国古代史（第五版）
著作责任者：	张传玺　主编
责 任 编 辑：	何瑞田　张　晗
标 准 书 号：	ISBN 978-7-301-21666-8/K·0913
出 版 发 行：	北京大学出版社
地　　　址：	北京市海淀区成府路 205 号　100871
网　　　址：	http://www.pup.cn　　新浪官方微博：@北京大学出版社
电 子 信 箱：	pkuwsz@yahoo.com.cn
电　　　话：	邮购部 62752015　发行部 62750672　出版部 62754962
	编辑部 62752025
印 　刷 　者：	三河市北燕印装有限公司
经 　销 　者：	新华书店
	890mm×1240mm　16 开本　31.25 印张　633 千字
	2013 年 1 月第 5 版　2023 年 1 月第 13 次印刷
定　　　价：	65.00 元

第五版说明

　　本书于 1991 年 11 月出第一版，1994 年 9 月出第二版，1999 年 5 月出第三版；2005 年又应有关教师和广大读者的建议，做适当修订，出第四版。现在应北京大学出版社的邀请，作者重新审校了全书，订正了其中的少量错误，并按照出版物中数字用法的规定，对书中涉及的数字，一一修订；改为较大开本，以便于阅读。本书自问世以来的二十多年间，深得高校师生、学术界及广大读者的厚爱，多次再版，数十次印刷，反映了本书极为社会所需要，这是本书的光荣。本次修订，对书的基本观点、原有框架及主要内容，不做大的变动；但根据近年史学研究的进展和考古文物的新发现，对原书稿做了全面检查，先秦和明清两部分均做了适当修改，其他部分亦有修饰或增补。对于考古、文物的插图，亦有更新。本书有关夏商周年代据夏商周断代工程专家组编著《夏商周断代工程 1996—2000 年阶段成果报告》（世界图书出版公司北京公司 2000 年 10 月出版）改定。

　　本书原有的基本特点有如下三点，不做改动：

　　一、本书为高等学校的基础课教材，约四十万字，分量适当，宜教宜学；内容系统，重点突出；观点新颖，不袭旧说；通俗易懂，可读性强。

　　二、本书以历史唯物主义为指导，概述了自原始社会至清朝中英鸦片战争前夕这段历史发展的基本规律，主要朝代或历史阶段的社会基本情况，主要政治、经济制度，重大事件和主要人物，民族史和民族关系，重要文化成就和中外文化交流等。可为读者提供有关中国古代史的基本知识。

　　三、本书采用"西周封建论"。按社会性质分"编"，按历史阶段分"章"，按朝代分"节"，按重要事项分"目"或"子目"。文中之帝王纪年后，酌注公元纪年，省"公元"二字。古地名后，酌注今地名，或省省区名称，径注县地。书中还收有"历代帝（王）系表"32 幅，历史地图 50 幅，文物、古迹、人物等插图 135 幅。每节之后，附有"复习思考题"、"重要名词"和"参考书目"，这些都有助于教学和自学。全部地图和部分插图是由星球地图出版社白丽同志绘制和选配的，在此表示感谢。

　　编者分工：

　　张怡青：原始社会、夏商西周、春秋、战国部分。

　　张传玺：秦汉魏晋南北朝部分。

王援朝：隋唐部分。

王朝中：五代宋辽金部分。

张仁忠：元明清部分。

本书作为一本教材，难免仍有错误或不妥之处，希望广大教师和读者多多赐教，以资修改提高。

张传玺

2012 年 11 月 18 日

目录

第三编（上）　封建领主制社会

第三编（下）　封建地主制社会

导　言

在具体讲述我国的历史之前,首先简要介绍一下我国历史发展的主要特点,再讲一下学习祖国历史的重要意义。

一、我国历史的主要特点

我国是世界上疆域最大的国家之一,地处亚洲东部,东临大海,西至帕米尔高原,南至热带,北至北温带的北部,面积约有960万平方公里,和整个欧洲的面积约略相等。境内有广阔的沃野,有茂密的森林,有众多的大江大河,有无数的沼泽湖泊,有纵贯全国的崇山峻岭,有很长的海岸线。自然条件优越,矿藏和鱼盐等资源丰富。我国的历史就是在这块土地上发生,并一幕一幕地演至今天。

我国历史有四大主要特点。

1. 我国历史发展的基本规律

我国的历史和世界上其他国家、民族的历史一样,是沿着基本相同的规律发展的;当然也各有自己的特点。我国历史发展的基本规律是:自元谋人(约距今170万年)开始,至尧、舜、禹"禅让时代"(约距今四五千年),为原始社会。禹建夏朝(前2070),至商朝灭亡(前1046),为奴隶占有制社会,简称奴隶社会。自西周至清朝后期的中英鸦片战争(1840)以前,为封建社会。封建社会又分为两个阶段:自西周至战国,为封建领主制阶段;自秦灭六国,统一中国,至鸦片战争之前,为封建地主制阶段①。鸦片战争之后,至1949年10月1日中华人民共和国建立以前,为半殖民地半封建社会。中华人民共和国建立,标志着我国的历史进入了社会主义社会的新的历史时期。

2. 我国是世界上最早形成的统一的多民族国家

我国是一个多民族的国家。据文献记载和考古发掘证明,早在四千年前,在我国的土地上已经有许多民族或许多不同文化的人群居住。一般说

---

① 史学界对中国的奴隶社会和封建社会划分的时间界限的说法不很一致,称本书采用的划分方法为"西周封建论";此外,还有"战国封建论"和"魏晋封建论"等。

来,中原地区的居民称为华夏族,其四周的居民按其方位分别称为"东夷"、"西戎"、"南蛮"、"北狄"。实际情况是这些笼统的名称内部往往包含有许多文化各异的民族,族称也不相同。各族在经历了一个相当长的自身发展阶段之后,大约从春秋时期开始至战国时期,在各地都相继出现了以各大国为主导的区域性兼并运动。这些大国都是以华夏族和地区大族为主的多民族政治共同体。这时的华夏族已非昔日的华夏族,而是迅速卷入华夏文化洪流中的众多民族的总称;地区大族也在华夏化,而且也逐渐认同华夏族这一名称。公元前221年,秦始皇消灭六国,统一中国,建立秦朝,标志着我们统一的多民族的中央集权国家的形成。此后的两千余年间,我国各民族基本上和睦相处,友好往来,互相学习,团结奋斗,共同创造了祖国光辉灿烂的历史文化。在历史上,我国各民族由于某些原因,其名称多有变化,但绝大多数民族的历史是可以确考的。今天,我国共有56个民族[①],其中人口较多的,除汉族外,还有蒙古、回、藏、维吾尔、苗、彝、壮、布依、朝鲜、满、侗、瑶、白等族。由于在历史上,民族关系的密切发展,自汉魏以后,"中华"一词逐渐成为我国各民族的代表名称或总名称。

3. 我国古代的文化光辉灿烂

我们中华民族的文化源远流长,是世界上公认的四大文明古国之一,而且中国文化一直在连续发展,从未中断。早在距今五六千年以前,中国各族的先民已走到人类文明的大门口,并都已创造出了以丰富多彩的陶器为代表的新石器时代文化。此后,中原地区的华夏族(后来演变为汉族)在先后建立的夏、商、周三个朝代中,创造了以青铜铸造业、冶铁业为代表的物质文明;创造了以甲骨、铜器、缣、帛书、简牍为书写材料,以散文、诗歌、绘画、音乐为表现形式的精神文明;以宗法制、等级制、分封制为基本制度的政治文明。约与此同时,在今四川地区的巴人、蜀人,湖北、湖南、安徽地区的楚人,江苏的吴人,浙江、福建、江西、广东、广西东部的越人,广西西部、云南东部的骆越、西瓯人,云南中部的滇人,蒙古高原南北的戎人、狄人、匈奴人,今东北地区的东胡人等,都相继创造出了本民族的青铜文化,丰富发展了早期的中华文明。秦汉时期,中原相继建立了大一统的王朝,王朝与周边各民族的关系也日益密切,各民族的文化发展更加迅速。以汉族为例,除了有高度发

---

① 56个民族为汉、蒙古、回、藏、维吾尔、苗、彝、壮、布依、朝鲜、满、侗、瑶、白、土家、哈尼、哈萨克、傣、黎、傈僳、佤、畲、高山、拉祜、水、东乡、纳西、景颇、柯尔克孜、土、达斡尔、仫佬、羌、布朗、撒拉、毛南、仡佬、锡伯、阿昌、普米、塔吉克、怒、乌孜别克、俄罗斯、鄂温克、德昂、保安、裕固、京、塔塔尔、独龙、鄂伦春、赫哲、门巴、珞巴、基诺等。高山族为原住台湾岛的少数民族的总称,台湾学者识别高山族为九个族群。

展的农业、手工业、天文学和医学之外，又以指南针、造纸术、印刷术和制造火药等四大发明著称于世。四大发明不久传到了世界各地，为此后欧洲资本主义文明的产生、发展，乃至为今日的世界文明，立下了不朽的功勋。周边各民族不仅在物质文明方面有很大的发展，在精神文明方面也有突出的创造，如根据自己的语言特点，参照其他民族的文字，创造出了适合于本民族使用的文字，主要有藏文、突厥文、回鹘文、契丹文、西夏文、女真文、蒙古文、彝文、傣文、满文等。在政治文明方面，汉唐等中原王朝对周边民族主要实行羁縻政策，行之有效。辽金元时期，更有发展和创造，如辽的"北面官、南面官"制度，"以国制治契丹，以汉制待汉人"（《辽史·百官志》）实是早期的"一国两制"。元朝在民族地区普遍实行的"土司制度"，也是符合当时的民族关系发展需要的。此等制度之创行，对当时国家的统一，民族的和睦，社会的稳定，经济、文化的发展和交流，都起到了积极的作用。

在历史上，汉文化发展最快，在民族文化关系中，一直处于主导的地位，汉文化与各族文化互相影响，互相交流，形成为世界东方最先进的文化，即中华民族文化。中华民族文化对亚洲各民族各地区的文化起过哺育的作用，对古代世界文化的发展亦有巨大的贡献。

4. 中华民族是一个热爱和平又富于革命传统的民族

我国古代的历史自进入阶级社会后，各族人民即在进行生产斗争的同时，不断进行反对阶级压迫和民族压迫的革命斗争，发动过不少著名的农民战争和民族战争。在近代史上，我国由于一再遭受世界资本帝国主义列强的疯狂侵略，逐步沦为半殖民地半封建社会。我国各族人民为了拯救灾难深重的祖国，为了保卫祖国神圣的领土和主权，紧密团结，互相支援，进行了艰苦卓绝的反帝反封建斗争。这场斗争长达百年，最后终于推翻了压在中国人民头上的三座大山——帝国主义、封建主义和官僚资本主义，取得了民族民主革命的胜利，并于1949年10月1日建立了中华人民共和国。从此时起，中国各族人民站起来了，成为国家的主人。

二、学习祖国历史的重要意义

学习祖国历史的重要意义主要有四点：

1. 树立正确的历史观，以明辨是非

历史观就是人们观察评议历史的基本观点。人们由于时代的、阶级的、信仰的或个人的条件不同，其历史观亦常常不同，乃至完全相反。一般说来，历史观分为两大类：尊重客观实际的，叫做历史唯物主义，也叫做唯物史

观;不尊重客观实际的,叫做历史唯心主义。我们所说的正确的历史观就是唯物史观。唯物史观不可能生而知之,而是要后天学习。只有认真学习,不断体验,才能逐步树立起唯物史观来。

近年来,我国史学界有许多有关历史观的论调在流行。例如"自由自主论"、"客观公正论"、"文化冲突论"等等,都已渗透到各种大中小学教材和各种文章专著中,此种貌似新颖、公正、清高的理论,其产生和传播,都直接、间接地为抵制历史唯物主义或为某种政治目的服务的。例如美国的亨廷顿教授发明的"世界文明冲突论",就是为宣传狭隘的民族主义、霸权主义、强权政治,乃至侵略政策服务的。这种理论把古代发生在欧亚非三大洲的希波战争、亚历山大东征、古罗马征服地中海、十字军东征等重大侵略与反侵略战争,都说成是"文明冲突",而且还说这种文明冲突是国家间、民族间文化交流的主要方式之一。这是典型的似是而非的历史唯心主义。与此相反,毛泽东却说:"历史上的战争分为两类,一类是正义的,一类是非正义的。一切进步的战争都是正义的,一切阻碍进步的战争都是非正义的。"①又说:"我们是拥护正义战争,反对非正义战争的。"②毛泽东对于战争性质的论述,可谓一针见血。我们学习历史,要重视学习观点、理论,要树立唯物史观,反对唯心史观。

2. 了解祖国历史发展的基本规律,坚定社会主义政治方向

人类历史的发展过程是有一定规律的。虽然各国各民族的历史发展规律基本相同,但由于各自的情况不同,其规律也有千差万别,甚至差别很大。因此,研究各国各民族的历史,照搬一般规律,或附会其他国家、民族的规律,是不合适的,而要从本国本民族的历史实际、本国本民族的国情族情出发,从当时的社会生产力与生产关系、基础与上层建筑、阶级关系等主要方面入手,深入研究探讨其真实的经济、政治、文化等基本状况,寻求其因果关系,这才有条件谈其规律。近年有人奢谈"五种社会形态说是斯大林创造的,是斯大林模式",甚至说是"套在中国史学上的紧箍咒"。此说未免过于无知。因为中国人讲"五种社会形态"的时间甚早,即以中国社会史论战所引用为例,比斯大林的《辩证唯物主义与历史唯物主义》③发表之年,要早十年左右。他们又说:自新中国成立以来,史学界曾重点讨论"中国古代史分期"问题是浪费时间,白费力气。主张从日本引进"上古、中古、近古"说,或

---

① 《论持久战》,1938 年。《毛泽东选集》第二卷,第 465 页。

② 《中国革命战争的战略问题》,1936 年。《毛泽东选集》第一卷,第 167 页。

③ 斯大林于 1938 年 9 月发表于《真理报》,后收入《列宁主义问题》,莫斯科外国文书籍出版局按苏联国立政治书籍出版局 1939 年俄文版(第 11 版)于 1949 年译出。

从美国引进"农业文明、工业文明、科技文明"说，社会分期问题可扔到一边，一切就可迎刃而解。此类说法不仅无知，即使"有知"之处，也过于偏颇。所谓"无知"，是因"上古、中古、近古"之说不是始自日本，在中国早已有之。如韩非子在两千年前已多所使用。无奈，此说是一种相对的时间概念，并无社会性质在内。韩非子所说的"上古"、"中古"，距离今天已相当遥远。就是他所说的"近古"，也已是讲"桀、纣暴乱，而汤、武征伐"[①]，在今天都已成为"上古"了。而今天史学界所讨论的"分期"问题，意在探讨各个历史时期的"社会性质"，是史学研究深入的需要。所谓"偏颇"，是指只谈"生产技术"，不谈"社会性质"。

我国的历史经历了原始社会、奴隶社会、封建社会和半殖民地半封建社会。自1949年新民主主义革命胜利和民主改革全面完成，我国的历史进入了一个新的时期，即社会主义时期。这是中国历史发展的基本规律。历史发展的过程常常是曲曲折折的，但是它的基本规律却是不依人们的意志为转移的。我们学习、掌握祖国历史发展的基本规律，知道祖国历史的过去和现在，也可预知它的未来。这样就会树立和坚定我们的社会主义政治方向和建设好中国特色社会主义社会的信心和决心。

3. 树立民族自信心和自豪感，培养爱国主义精神

中华民族是一个伟大的民族。在以往的数千年间，我国的文化不仅照亮了世界的东方，而且也为世界历史文化的发展做出了巨大的贡献。中国的近代史是一部帝国主义侵华史，又是一部中国人民反帝反封建的斗争史。正是由于中国人民长期进行不屈不挠的斗争，才使灾难深重的祖国获救，才得到翻身解放。因此，学习祖国的历史可使我们树立民族自信心和自豪感，培养爱国主义精神。珍惜我们祖先所创造的历史文化成就，继承并发扬我们祖先的艰苦奋斗、勤劳建设的精神和不畏强暴、敢于斗争的光荣革命传统，继承并弘扬优秀民族文化，"古为今用"，为在我国实现社会主义物质文明和精神文明、全面建设小康社会的宏伟目标而奋斗。

4. 为做好各项工作准备必要的历史知识

祖国历史悠久，内容丰富，既可为从事于政治、经济、军事、民族、文化、科学技术以及中外关系等工作的人员提供必要的中国史知识，又可提供有用的经验和教训，可帮助他们开发智力，增强勇气，提高素质，树立信心。因之，在我国的各行各业中，在各级各类工作人员中，在整个人民群众中，应当广泛地普及历史知识，尤其是普及中国史的知识。但是，我们所说的历史知

---

① 《韩非子》卷一九《五蠹》。

识,必须是真实可信,观点基本正确,有学习、了解价值,而且是符合今日的民族、宗教、外交等政策的。对于近年社会上流行的"虚构"、"戏说"之类,尤其是有害于民族关系、国际关系的所谓"历史故事",应当正确地对待,不要鱼目混珠。

第一编

原始社会

（约 170 万年前—前 2070）

原始社会是人类从猿类分化出来之后所建立的第一个人类共同体，也就是人类历史的第一阶段。

第一章　原始社会

（约 170 万年前—前 2070）

原始社会分为两个时期，其前期为原始群时期，后期为氏族公社时期。在这两个时期中的人类都以石器为主要生产工具，因之在考古学上称原始社会为石器时代。

第一节　原　始　群

（约 170 万年前—约 10 万年前）

原始群是人类最早的社会组织形式。当时人类刚刚从猿类分化出来，生产能力很低，征服、改造自然的能力很弱，只能以血缘为纽带结成群体，以谋生活。这样的群体学术界称之为原始群。当时人类所用石器为简单打制而成，这样的石器考古学称之为旧石器，称原始群时期为旧石器时代前、中期。原始群时期很长，其本身又可分为前后两个阶段，或说是前后两个时期。

一、原始群前期

原始群前期的人类保留的猿类体质特征较多，与现代人类体质的差别较大，学术界称之为"直立人"（以前称"猿人"）。这时人类的婚姻形态属于不分辈分的乱婚时期，所生子女知母不知父。在我国境内发现的属于这一时期的人类主要有元谋人、蓝田人、北京人和金牛山人等。

元谋人、蓝田人　元谋人是在云南元谋县上那蚌村发现的，是我国境内已发现的最早的人类，距今约有 170 万。所发现的为同一个体的一左一右两颗上内侧门齿化石，此个体可能为一成年男性。此外，还发现有同一时期的石器、兽骨和一些炭屑及烧黑了的骨头等。据研究认为，这可能是当时的人类用火的痕迹。

蓝田人是在陕西蓝田县发现的，距今约有 100 万至 60 万年。所发现的化石有头盖骨一具、上颌骨和下颌骨各一具，还有牙齿十余枚。头盖骨骨壁极厚，额骨很宽，向后倾斜，眉脊粗

元谋人牙齿化石
（云南元谋上那蚌村出土）

北京人复原像

壮,脑容量很小,估计约为 780 毫升。此外,还发现有一些打制石器和动物化石。

北京人　北京人是在北京房山区周口店龙骨山发现的,距今约有 70 万至 20 万年。先后发现了比较完整的头盖骨六具,还有一些头骨残片及股骨、胫骨、下颌骨、牙齿等,属于 40 个以上的男女老幼不同的个体。

北京人身体各部的进化并不平衡,四肢进化比较快,手的进化最快,手腕的灵活程度和现代人的很接近。头部比较落后,头顶部低平,前额后倾,骨壁较厚,脑容量小,平均为 1043 毫升[①];吻部突出,下颏(kē 科)后缩,牙齿粗大,这些特征都表明了北京人头骨的原始性。四肢因是劳动器官,所以进化较快;头骨不是劳动器官,所以进化较慢。这一事实证明了恩格斯所说的"劳动创造了人"这句话是真理。北京人高长约 156～157 厘米,具有蒙古人种的特征。

在北京人的洞穴中,还发现了十万多件石制品,其中有使用痕迹的为两万多件,其中有砍砸器、刮削器和尖状器等。洞穴中还有用火的痕迹,灰烬叠压很厚。这证明北京人不仅在使用天然火,而且还会保存火种。火的使用是人类历史上的一件大事,火不仅能照明、取暖,还可作为与野兽斗争的武器。更重要的是有了火,人类可以熟食,熟食容易消化,这对人体更好地吸收食物的营养,促进人类体质的发展,特别是对脑的发展,有重要的作用。

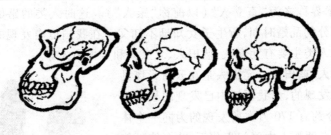

大猩猩、北京人、现代人头部(大脑)的变化

金牛山人　金牛山人是在辽宁营口市金牛山发现的,距今约有 28 万年。所发现的为一个较完整的头骨化石和脊椎骨、肋骨、髋骨、尺骨、腕骨、掌骨、指骨、跗骨、蹠骨、趾骨等,属于一个刚成年的男性个体。这是一具罕见的较完整的已接近于智人的直立人(猿人)化石。

---

① 　现代人脑量平均为 1350 毫升,类人猿脑量平均为 415 毫升。

周口店出土的砍砸器、刮削器、尖状器

原始人制作工具图

二、原始群后期

原始群后期的人类体质已相当进步,学术界称为"早期智人"(以前称"古人")。其时间约距今 20 万年至 10 万年之间。这时人类已禁止不同辈分之间通婚,婚姻只能在同辈之间进行,这叫做"血缘群婚"。血缘群婚制的出现,是人类婚姻形态的一大进步。但在这样的婚姻形态下所生的子女,仍知母不知父。在我国已发现的属于这一时期的人类有马坝人、长阳人和丁村人等。

马坝人、长阳人　马坝人是在广东韶关市曲江区马坝镇发现的,为一具不完整的头骨,其年代晚于北京人。长阳人是在湖北长阳县发现的,为一部分上颌骨和三枚牙齿,其年代晚于马坝人。

丁村人　丁村人是在山西襄汾县丁村发现的,为属于同一个体的门齿两枚、白齿一枚,其年代又晚于长阳人。在此遗址中还发现石器 2000 多件,有砍砸器、刮削器、石球、小型尖状器、厚三棱尖状器等。石球可能用作流星索,是狩猎工具;厚三棱尖状器可能是掘土工具。丁村人制作石器的技术比北京人进步。

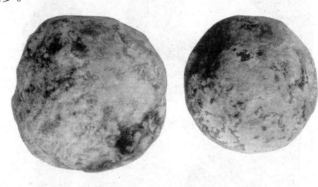

丁村出土石球

三、有关原始群的传说

在我国古文献中,记载了不少有关原始群时期人类的生产、生活状况。如《吕氏春秋·恃君览》曰:"昔太古尝无君矣,其民聚生群处,知母不知父,无亲戚、兄弟、夫妻、男女之别,无上下长幼之道,无进退揖让之礼。"《韩非子·五蠹》曰:古有圣人,"构木为巢,以避群害","号之曰有巢氏"。"钻燧取火,以化腥臊","号之曰燧人氏"。《易·系辞》下曰:"古者,包(伏)牺氏之王天下也……作结绳而为网罟(gǔ 古),以佃(tián 田)以渔。"关于有巢氏、燧人氏、伏羲氏的传说,反映了我国原始群时期人类进化的情况。

复习思考题(带 * 者为重点,以下同,不再注):

    1. 元谋人、北京人各发现于何地? 各距今有多少年了?

    *2. 试据北京人的体质变化的情况,说明"劳动创造了人"这一原理。

重要名词(带 * 者为重点,以下同,不再注):

    * 原始群　旧石器时代　有巢氏　燧人氏　伏羲氏

参考书:

1. 张传玺主编:《中国古代史教学参考手册》(第二版)第 1—3 页,一、"年表类"(一)《中国原始社会综合分期表》,北京大学出版社 1995 年版。(北京大学出版社 2013 年即将再版)

2. 翦伯赞、郑天挺主编:《中国通史参考资料》第一册〔壹〕一、附录一。(选读)

3. 恩格斯:《劳动在从猿到人转变过程中的作用》,《马克思恩格斯选集》第三卷。

第二节　氏族公社

（约 10 万年前—前 2070）

氏族公社是继原始群之后出现的以血缘为纽带的人类共同体，是原始社会的高级阶段。氏族公社的历史可分为两个阶段，即母系氏族公社阶段和父系氏族公社阶段。

一、母系氏族公社

母系氏族公社是氏族社会的主要阶段。母系氏族公社的主要特征是：妇女居于支配地位，丈夫从妻而居，辈分从母系计算，财产由母系继承。这时实行族外婚制①，就是同一氏族内部禁止通婚，只有不同氏族之间的同辈男女可以互为夫妻。后来发展为对偶婚，就是在互婚的男女群中各有一个主要配偶，但不严格。因此，所生子女仍知母不知父。这时氏族共财，实行原始共产主义。母系氏族公社分为初期和发展时期两个阶段。

1. 母系氏族公社初期

母系氏族公社初期约距今 10 万至 1 万年，考古学上为旧石器时代晚期。这时人类的体质特征已与现代人基本相同，学术界称为晚期"智人"（以前称"新人"）。在我国已发现的代表性人类化石有山顶洞人、峙峪人和左镇人等。

山顶洞人　山顶洞人是在北京房山区周口店龙骨山的洞穴中发现的。已发现的人骨化石属于八个个体，其中较完整的有三具头骨，一为男性老人，二为女性，属于蒙古人种，距今约有 3 万年左右②。洞穴中所出石器仍为打制，属于旧石器时代晚期。有些器物制作精致，如做装饰品用的小石珠、穿孔砾石、兽类牙齿、海蚶壳等。还发现有骨针，长 82 毫米，最大直径 3.3 毫米，而且钻有规整的针鼻，以便引线缝衣。骨针的发现，证明了当时的人类已掌握了高超的钻孔技术，穿着已有很大的进步。有些石珠、鱼骨等装饰品用赤铁矿粉染成红色，说明了当时的人类已有爱美观念。有的尸骨周围还散布赤铁矿粉粒，可能这时已产生了原始宗教观念。在山顶洞人的

---

①　族外婚制：亦称外婚制、普那路亚制。夏威夷语，共夫的姊妹间，共妻的兄弟间，互称"普那路亚"，意为"亲密的同伴"。

②　《光明日报》1992 年 12 月 15 日第 1 版报道："科学家最近经过测定，把山顶洞文化的年代从原定的 1.1 万年推前到 2.7 万年左右，把下窨底部的年代从 1.9 万年推前到 3.4 万年左右。"以前的测定为 1.8 万年。

居处发现有大量的动物化石,其中有鱼骨化石。说明了当时的人类过着以渔猎和采集为主的生活。还有用火的痕迹,估计可能已发明了人工取火技术。

山顶洞人复原像

山顶洞出土的骨针

山顶洞人的装饰品

峙峪人　峙峪人是在山西朔州市朔城区峙峪村附近发现的,出土一块人的枕骨化石,其年代距今约有 2.8 万年。出土制作精细的细小石器等约有 1 万余件,其中有石镞,说明了这时人类的石器工具已很进步,而且已使用弓箭。弓箭的发明标志着古人类在征服自然方面又前进了一大步。

左镇人　左镇人是在台湾省台南市左镇莱寮溪发现的,为一青年男性右顶骨残片化石,还采集到一些顶骨、额骨、枕骨和单个牙齿等。其年代距今约有 3 万至 2 万年。左镇人可能是由大陆渡海移居台湾的,与山顶洞人的时代大体相同。左镇人的发现,将人类开发台湾的历史至少提前了 1 万多年。

2. 母系氏族公社发展时期

母系氏族公社发展时期约距今 1 万至 5000 年,从这时至父系氏族公社时期,人类使用的石器主要为磨制石器,而且越来越磨制精细。考古学上称此种石器为新石器,称使用新石器的时代为新石器时代。此时人类已发明并广泛使用陶器。陶器的出现是原始人类文化史上的一大进步。母系氏族公社发展时期的代表性文化,有河姆渡文化和仰韶文化等。

河姆渡文化　河姆渡文化分布在长江下游地区,为母系氏族繁荣时期的文化,距今约有 7000 年左右。这类文化因首先在浙江余姚市河姆渡发现,因以为名。所发现的生产工具有石斧、石凿、骨耜、骨镞等,陶器为黑色,有釜、钵、罐、盆、盘等,都是手制的。河姆渡居民已大量种植水稻,考古发掘时发现有很多稻谷、稻壳、稻茎的遗存,证明了当时的农业已相当发展。此外,还发现一种栽桩架板高于地面的干栏式建筑①,可证当时的居地近水低湿,建筑技术已相当进步。

仰韶文化　仰韶文化距今约 6000 多年,亦属于母系氏族繁荣时期的文化。这类文化因首先在河南渑(miǎn 免)池县仰韶村发现,因以为名。仰韶文化的分布区域很广,遍布于黄河中上游各省,以手制精致的彩绘陶器和磨制石器为其主要文化特点。著名的仰韶文化遗址有陕西西安的半坡村遗址和临潼的姜寨遗址。

半坡村遗址　半坡村遗址在西安的东郊,是一个比较完整的村落遗址。遗址略呈椭圆形,北面为氏族墓地,南面为居住区,东北面为陶器窑场。居住区内的房屋共有三十六座,分为两片,都有一定的布局,房屋有大有小,大的面积达 160 平方米左右,两片各有一间,可能是氏族或部落首长的住室或议事集会场所;面积小的只有 12～20 平方米,可能是一般氏族成员的居处。墓葬是男子、女子分别葬在一起,反映了本氏族尚处在实行族外婚制的阶段。

---

①　古代南方多水地区的居民的一种阁楼式房屋建筑,人居楼上,以避水气和虫兽。

1.2.3.7.盆　4.5.钵　6.罐　8.鼎　9.釜　10.灶　11.小口尖底瓶　12.小口平底瓶

半坡村出土陶器

仰韶文化出土陶器上的刻画符号

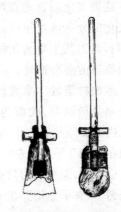

左：骨耜（河姆渡出土）复原图

右：石耜（半坡村出土）复原图

姜寨氏族村落复原图

半坡居民的生产工具以石器为主,有石斧、石磷、石铲、石耜、石刀等,多磨制得比较精致合用,还有骨器、陶器等。这里已经处于"锄耕农业阶段"。谷物有粟、稻等,用石磨盘、石磨棒以去谷皮。还开始种植白菜、芥菜等。家畜饲养业已出现,主要饲养猪、狗。居民除经营这样的原始农业和饲养业外,还要捕鱼、狩猎、采集果实以补助生活。

半坡居民的主要手工业有制陶器、石器、骨器、纺织、木工等。陶器是手制的,有瓮、罐、瓶、盆、钵、鼎等。上绘黑色或红色漩涡纹、波浪纹、几何纹、花瓣纹、鱼纹、鹿纹和人面形图案等,人们称这类陶器为彩陶。有些彩陶造型和纹饰十分精致美观,有些彩陶上刻画着类似文字的符号,这可能是中国古代文字的萌芽。

细石器文化　细石器文化是一种以细小的打制石器为主要特征的文化,分布在我国东北、内蒙古、宁夏、甘肃、青海、新疆和西藏等广大草原地区,黄河中下游各省也时有发现。器形有刮削器、尖状器、石钻、石镞等,主要用玛瑙和燧石制成;亦使用陶器。这是一种以渔猎、畜牧经济为主的新石器时代文化。

细石器(宁夏陶乐出土)

二、父系氏族公社

父系氏族公社的形成　父系氏族公社是由氏族公社向阶级社会过渡的社会组织形式。父系氏族公社的主要特征是:男子居于支配地位,妻子从夫而居,辈分从父系计算,财产由父继承。父系氏族制的产生是和农业及饲养业的发展分不开的。这时,男子不再以狩猎、捕鱼为主,而是代替妇女从事农业和饲养业,农业和饲养业已成为人们的主要生活来源。妇女在生产上已退居次要地位,她们的职能已转向主要从事于家务劳动和生儿育女。于是,母系氏族制瓦解,父系氏族制产生。这时的婚姻形态也由对偶婚向一夫一妻制过渡。父系氏族公社内部以男子为中心分裂成为若干个大家庭,各大家庭内部又分裂为若干个一夫一妻的小家庭。至此,以血缘为纽带的氏族公社在瓦解,代之以地缘为条件的农村公社在形成,以小家庭为单位的私有制在产生,人们随着贫富的差异不断分化,阶级在形成中。

双齿木耒复原及使用方法示意图

社会生产的发展 父系氏族公社时期为考古学上的新石器时代晚期和铜石并用时代。这一时期的文化在我国各省区都有发现。生产工具仍以石器为主,还有木器、骨器、蚌器等。石器磨制得很精致,种类也增多,有石斧、石铲、石刀、石镰等。石斧的形体既大又厚,刃部锋利,便于砍伐。石铲既薄又平,利于起土。这些工具的进步,促进了农业生产的发展。饲养业也有很大发展,家畜种类增多。在龙山文化遗址中[①],发现有猪、狗、牛、羊、鸡等的骨骼,其中以猪的骨骼为最多。

石铲(湖北京山屈家岭出土)　　石锄(江苏南京北阴阳营出土)

----

① 龙山文化,我国新石器时代晚期的一种文化。1928 年首次发现于今山东章丘市龙山镇的城子崖,故名。

这时的手工业有很大进步。陶器以轮制为主,生产速度快,质量好。山东龙山文化遗址中发现一种所谓"蛋壳陶",表面漆黑而光泽,陶胎极薄,仅有0.1~0.2厘米厚,是一种技术很高的工艺品。陶器的种类也很多,主要有鬲(lì 利)、甗(yǎn 演)、鬶(guī 规)、斝(jiǎ 甲)、盉(hé 禾)等。在山东大汶口文化遗址中①,发现有精致的象牙雕刻器和骨雕器,如雕花骨梳、雕花象牙筒等。在甘肃齐家文化遗址中②,有红铜器出土,种类有刀、匕、锥、凿和指环等。经化验,含铜量高达99.6%。因红铜的硬度小,质软,仅能做小件手工工具和装饰品之用;在生产上仍以石器为主。

彩陶背壶(大汶口出土)

黑陶高柄杯
(山东安丘景芝镇出土)

私有制和阶级的产生　在父系氏族公社时期,随着社会生产力的发展,每个家庭成为一个生产单位,"同族共财制"逐渐破坏,以家庭为单位的财产私有制逐渐产生。在不同家庭、不同氏族或不同部落中,在生产方面,产生了以农业为主,或以畜牧业、手工业为主的分化,同一类多余的产品就被用于换取缺少的产品,于是,早期的商品交换关系产生。随着商品生产和交换关系的扩大,促进了私有制的发展和贫富的分化。关于此事,在考古发掘中有明显的反映。例如大汶口文化的墓葬大小不同。个别大墓有随葬品多达一百多件。其中一座大墓埋了一个成年女性,头上有象牙梳,手上有指环,左腕戴着一只玉臂环,颈部戴着大理石和绿松石串起的装饰品。此外,还有大量的随葬品如陶器、雕花象牙筒、猪头骨等。小墓的随葬品极少,有的只有一件獐牙,或一个纺轮、一把蚌镰、一件陶鼎等。随葬用猪头骨或下颌骨,是表示死者生前的财产多少的象征。大墓多者用六十多个,少的只用

① 大汶口文化属于新石器时代晚期。1959年首次发现于山东宁阳堡头村,因遗址分布于堡头村西和泰安大汶口一带,故名。

② 齐家文化为铜石并用时代的一种文化,1924年发现于甘肃广河齐家坪,故名。

一二个,这意味着死者生前的贫富悬殊很大。

关于阶级萌芽的情况在墓葬中也有反映。在齐家文化墓葬中,有奴隶殉葬,如有些奴隶被捆着手足埋葬,有的被砍了头等。由此可知当时的贫富分化在发展,剥削阶级和被剥削阶级在形成之中。

骨雕筒　　　　　　　　象牙梳　　　　　　　象牙雕筒

大汶口出土骨和象牙雕刻

神农、黄帝、蚩尤　在我国古文献中反映了许多父系氏族社会的情况。其中著名的部落联盟领袖有中原地区的神农、黄帝和江淮流域的蚩尤。

神农又称炎帝,居于姜水流域,以姜为姓。他是农业生产和医药的发明者,用木制作耒耜,教民耕种;又曾尝百草,发现药材,教人治病。黄帝又称轩辕氏、有熊氏,居于姬水流域,以姬为姓。他的妻子、臣属发明养蚕、舟车、文字、音律、医学、算数等。传说中国的文明起源于炎帝和黄帝时代。至今人们仍以"炎、黄"代表中华民族的祖先。

蚩尤是九黎族的首领,约与神农、黄帝同时,相传以铜为兵器,能呼云作雨。曾与黄帝战于涿鹿(今属河北)。亦说曾为炎帝之臣,或是黄帝之臣。蚩尤传说是南方民族的祖先。

禅让时代　神农、黄帝、蚩尤之后,又传数百年,为我国历史上的"禅(shàn 扇)让时代"。当时中原地区部落联盟领袖尧年老[1],选择舜为继承人[2],四岳十二牧(部落领袖)同意,尧传位给舜。舜老,又得四岳十二牧同意,传位给禹。这种职位禅让的作法仍是氏族公社选举制的传统,史称"禅让时代"。可是此时国家已在形成。禹在位时,天下诸侯(部落领袖)都"朝禹",禹已是帝王,国号夏。我国的历史从此进入了第一个阶级社会,即奴

---

[1]　尧:唐部落领袖,亦称陶唐氏,居平阳(今山西临汾西南)。

[2]　舜:虞部落领袖,亦称有虞氏,居蒲坂(同阪,今山西永济西蒲州镇)。

隶社会。时在公元前 21 世纪, 约公元前 2070 年左右。

复习思考题：

　*1. 母系氏族公社和父系氏族公社的主要特征各是什么？

　2. 你是怎样理解家庭、私有制、阶级和国家产生的原因的？

重要名词：

　*山顶洞人　*左镇人　对偶婚　*仰韶文化　河姆渡文化　*半坡村遗址　神农　*黄帝　蚩尤　*禅让时代

参考书：

1. 张传玺主编：《中国古代史教学参考手册》(第二版) 第 1—3 页一"年表类"(一)《中国原始社会综合分期表》。

2. 翦伯赞、郑天挺主编：《中国通史参考资料》第一册〔壹〕二、附录七、八、九。

3. 司马迁：《史记》卷一《五帝本纪》。

4. 恩格斯：《家庭、私有制和国家的起源》,《马克思恩格斯选集》第 4 卷。

5. 列宁：《论国家》,《列宁选集》第 4 卷。

第二编

奴隶社会

（前 2070—前 1046）

我国的奴隶社会共经历了两个朝代，就是开始于夏朝建立，结束于商朝灭亡，前后共有一千余年。

第二章　夏　商

（前 2070—前 1046）

第一节　夏　朝

（前 2070—约前 1600）

一、奴隶制国家的建立

夏传子,家天下　尧、舜时期,洪水泛滥为害。尧命夏族首领鲧(gǔn 滚)治洪水。鲧用筑堤防的方法治水无功,被代尧行政的舜杀死。舜又命鲧之子禹治水,禹姒姓,"居外十三年,过家门不敢入"①。用疏导法治水,导小水入于川,导川水至于海。不仅消除了洪水,还为农业生产发展创造了良好条件。舜即帝位,后举禹为他的继承人。禹即位,国号夏,都于阳城(今河南登封)②。其疆域包括今河南中部、北部和山西南部。禹年老,曾选东夷族的一位首领益为继承人。但禹死后,禹之子启夺得帝位,并杀掉益。从此,中国历史上的"禅让时代"结束,帝位"世袭"制开始。夏是我国历史上第一个王朝。③

国家机构　夏朝是一个奴隶制国家。奴隶主是由氏族贵族转化而来,是剥削和压迫阶级,国王是奴隶主阶级的最高政治代表,以父系家长制身份君临天下,用"君权神授"的谎言以欺骗人民,统治人民,因之称为"天子"。国王之下有"百吏",主要官吏有羲氏、和氏,掌政教和农业;有牧正、庖正、车正等,分掌畜牧、膳食、车服等事;六卿掌军事。又有法律和刑罚,著名的监狱叫做"夏台"④,用于镇压罪犯。上述机构组成为夏朝的国家机器,其主要职能是为奴隶主保护他们的既得利益而管制、镇压奴隶大众。但是国家是社会历史发展到一定阶段的产物,它的产生和存在有其必然性,是不以人们的意志为转移的。从理论上说,其作用应一分为二。除上述的消极作用之外,也有积极的一面,尤其是在社会上升的时期,其积极的一面更是主要

---

①　《史记》卷二《夏本纪》。
②　亦说都阳翟(今河南禹县)、安邑(今山西夏县北)。《史记·夏本纪》:"禹于是遂即天子位,南面朝天下,国号曰夏后,姓姒氏。"
③　《史记》卷三《殷本纪》《索隐》按:"夏、殷天子亦皆称帝,代以德薄,不及五帝,始贬帝号,号之为王,故本纪皆帝,而后总日'三王'也。"
④　夏台又叫"钧台",在今河南禹县。

的。在国家机器正常运转时,其对维持社会秩序,保护公共利益,促进社会经济、文化发展,抵御外来侵略等,都是必不可少的。

夏朝王系表

(约前 2070—约前 1600)

```
(一)禹——(二)启┬(三)太康
                └(四)中康——(五)相——(六)少康—
 ┌(七)予(杼)——(八)槐 (芬)——(九)芒——(十)泄—
 ┌(十一)不降——(十四)孔甲——(十五)皋—
 └(十二)扃——(十三)廑
 └(十六)发——(十七)履癸(桀)
```

二、社会经济的发展

农业　夏朝实行土地国有制。土地所有权由原属于氏族公社或农村公社而转向属于国家。原来的氏族或村社的一般成员这时转变为奴隶身份,在官府或贵族们的指挥下从事劳动,接受"贡法"剥削。《孟子·滕文公上》曰:"夏后氏五十而贡。"夏后氏即夏朝。这是说每户奴隶领种公田五十亩,以五亩的产量为贡赋,即"什税一"。当时的主要农具为木器和石器,有木耒耜、石铲、石镰、石斧、石刀等,此外还有骨铲、蚌镰、蚌刀及少量青铜刀等。

手工业　夏朝的手工业已相当发展,最有代表性的是青铜手工业。青铜是铜、锡合金。在制作青铜器时,先用细泥制成器范,再以木炭为燃料,用陶制的坩埚冶炼铜、锡矿石,再将铜、锡溶液注入范中,就铸成青铜器。铜和锡一起冶炼,熔点低,合金硬度高。根据器具用途的不同,铜与锡的配合比例也有不同。青铜铸造技术是中国古代劳动人民的一项极为重要的发明。青铜器的出现标志着中国历史结束了野蛮时期,进入文明时期。古文献对夏代已有炼铜业的记载很多。在二里头文化中发现的属于这一时期的青铜器中有礼器、兵器、工具、乐器和装饰品等。其数量虽不很多,但在种类方面,已几乎占有了中国青铜时代的铜器类别的大部。礼器有爵、斝、盉、鼎、甗等,兵器有戈、戚、镞等,工具有锛、凿、刀、钻、锥等①。制陶业也有进步,

---

① 二里头在河南偃师。

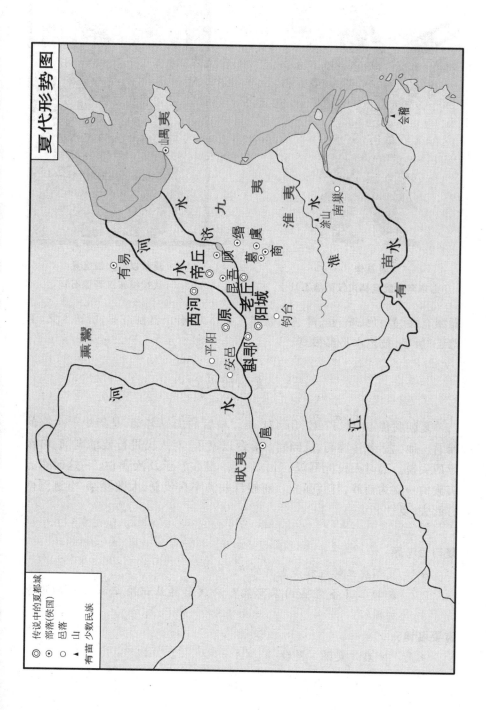

夏代形势图

图例:
◎ 传说中的夏都城
⊙ 部落(侯国)
○ 邑落
▲ 山
有苗 少数民族

地图中标注:
岛夷
会稽
九 水
夷
夷
济 水
虞
南巢
涂山
淮 水
河
缯
葛
商
有易
水 帝丘
陕
淮
苗 水
西河
原
昆吾
老丘
阳城
有
平阳
斟鄩
钧台
安邑
薰鬻
河
水
畎夷
邳
江

夏禹像
（山东嘉祥武梁祠东汉画像石）

夏桀以女人当坐具
（武梁祠东汉画像石）

器型有觚、爵、角、斝、盆、鬲、瓮、甗等。此外，还有玉器制造业，所制玉戈、玉琮、玉版等，技艺水平都很高。

三、夏朝的灭亡

夏朝共传 14 世、17 君，历 471 年。最后的国王名桀，是历史上少有的暴君。他生活奢侈腐朽，筑倾宫、瑶台以享乐，对人民进行残酷剥削，阶级矛盾尖锐。当时人民咒骂说："时日（桀）曷丧？予及汝皆亡。"[①]这时东方夷族的一支为商族，日益强大。商族首领汤率兵伐夏，大败夏桀，桀逃到南方死去，夏亡。

复习思考题：
　*1. 夏朝建立的过程是怎样的？
　2. 夏朝已具备哪些国家职能？应该怎样认识阶级社会中的国家机器？

重要名词：
　*禹　*启　夏桀　夏台

----

① 《书·汤誓》。曷，何时。

参考书：

1. 翦伯赞、郑天挺主编:《中国通史参考资料》第一册〔贰〕一。
2. 《史记》卷二《夏本纪》。
3. 恩格斯:《家庭、私有制和国家的起源》,《马克思恩格斯选集》第4卷。

第二节 商 朝

（约前 1600—前 1046）

一、商朝的建立

商族的兴起 商族长期居住在黄河下游地区。传说有娀（sōng 松）氏之女名简狄,吞玄鸟（燕子）卵而生契（xiè 谢）。契是商族的始祖。此时的商族大约以玄鸟为图腾,并由母系氏族向父系氏族过渡。《诗·商颂·玄鸟》曰:"天命玄鸟,降而生商。"就是记述并歌颂这一故事。契曾协助禹治洪水有功,被舜任为司徒,掌教化,封于商（今河南商丘）,以子为姓。契传十四世至汤,势力强大,建立了早期的国家,以伊尹为相,以亳（今商丘）为国都。此时,商臣服于夏。

汤建商朝 夏桀统治时期,政治黑暗腐朽,诸侯互相攻伐。商汤乘机灭掉了一些亲夏的诸侯国,举兵西向伐夏。《孟子·梁惠王下》说:当时各地人民欢迎商军"若大旱之望云霓"。可见汤伐夏是很得人心的。夏亡,商朝建立。商以今河南北部和山东西部为中心,其势力所及,西到陕西西部,北到河北北部,南到湖北和湖南北部,东到海滨。《诗·商颂·殷武》:"昔有成汤,自彼氐羌,莫敢不来享,莫敢不来王。"[1]西方的氐族、羌族亦臣服于商。

盘庚迁殷 商朝建立后,中原地区屡有洪水为灾,国都一再迁徙。从汤至阳甲时,迁都五次;又贵族内部多次发生争夺王位之事,国力一度衰弱。阳甲之弟盘庚立,自奄（今山东曲阜）迁都至殷（今河南安阳小屯）[2],从此安定下来,直至商朝灭亡,共二百七十余年未再迁都。

商迁殷后,政治有所改善,社会比较稳定,经济、文化都有很大发展。武丁统治时期,国力很强盛。曾北伐鬼方,西南伐荆楚,都取得胜利。《诗·商颂·玄鸟》:武丁时,"邦畿千里,维民所止,肇域彼四海"。"四海"指今东边的黄海,北边的渤海,西边的青海湖,南边的云梦泽（今洞庭湖一带）。

---

① 成汤:即汤、商汤,又称武汤、武王、天乙、成唐、大乙汤。
② 商迁殷后,国号亦称殷。商代亦称殷代、商殷或殷商。

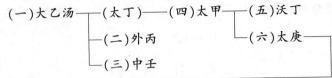

商朝王系表

(约前1600—前1046)

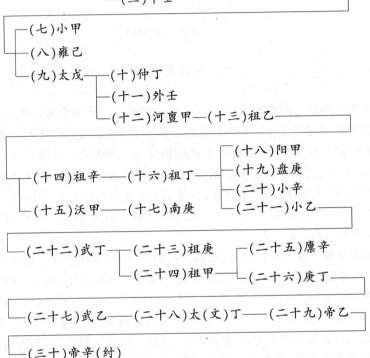

国家机构　商的国家机构比夏朝更加完善。主要表现在官制、军队和刑罚三个方面。商王是最高统治者，独揽大权。亦实行"家天下"制度，王位世袭，或传子，或传弟。王之下设相，也叫做冢宰，是百官之长，辅佐商王以统治全国。相之下有小耤臣、耤臣、小众人臣等，管理农业生产；有工、多工，管理手工业生产；有卜、史、巫、尹等，为卜筮、记事之官；有马、射、多射等，为统领军马征战之武官。商朝的军队庞大，有一定的编制。据甲骨文记载，商王一次出兵三千或五千人，有时多达一万三千人。又记载商王编军队为左、中、右三师，士兵主要由平民组成，有时也有奴隶在内。商朝的地方政区是以原有的部落或方国为单位，一般称作邑或方，以其头人为方伯，统治地方。后代称作诸侯。

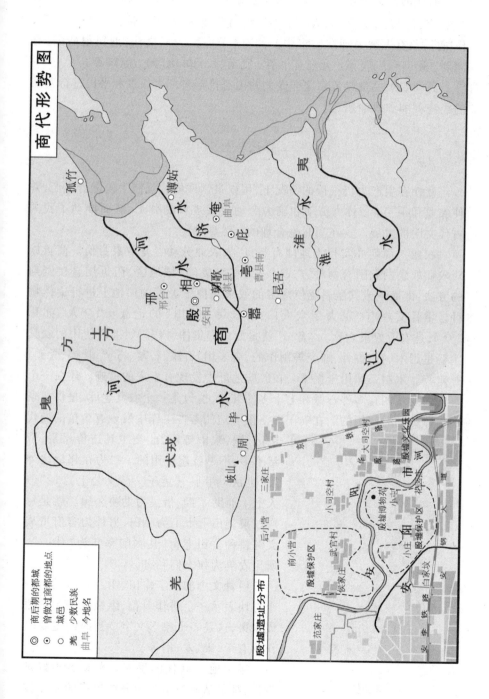

商代形勢圖

殷墟遺址分布

商后期的都城
曾做過商都的地點
城邑
少數民族
今地名

商朝的监狱很多,刑罚很残酷,这是奴隶制度发展的反映。甲骨文中有"幸"字,作"🔩",象桎梏;有"执"字,作"🔩",象一人双手带梏。有"囚"字,作"囚",象有人被关押在监牢中。商有《汤刑》,为成文法,刑罚很残酷,有肉刑、死刑和流放等。死刑有剖腹、脯醢(fǔ hǎi 甫海)、炮烙等。

商朝奴隶主贵族依靠这样庞大的国家机器对广大奴隶和平民进行残酷的经济剥削和政治压迫。

二、社会经济

商朝在生产力仍很低的情况下,用奴隶制残酷的强制手段进行生产,并使农业和手工业、体力劳动和脑力劳动更大规模的分工,从而推动了我国古代文明的发展。这在当时是合理的、必要的。

农业 商朝亦实行土地国有制,广大农业劳动者是奴隶身份。商贵族对农业奴隶的剥削有两种方式。一为在邦畿(京城地区)附近用直接剥削的方法,即商王或其臣属驱使众多的奴隶在商王经营的田地上进行集体耕种。甲骨文中有"王大令众人曰:叶(xié 协)田"的记载。"众人"亦称"众",是农业奴隶之称。"叶田"就是奴隶们集体耕作。奴隶们使用的农具主要是用木、石、兽骨、蚌壳等制作的,有耒耜、石镰、石犁、石铲、骨铲、骨锄、蚌镰等。木制耒耜用于掘土。在殷墟遗址中发现有木耒的痕迹。还在一个窖穴内发现四百多件石镰和七十多件蚌器,这似是一个农具仓库,是供奴隶们集体劳动时使用的。在安阳和洛阳等地的考古工作中发现有少量的商代铜铲、铜钁、铜锸等,此类工具造价昂贵,数量不多,不是普遍使用的。二为在邦畿之外用"助法"剥削。《孟子·滕文公上》曰:"殷人七十而助。"助,借民力助耕公田。就是每户奴隶领田七十亩为私田,另外为官府贵族义务耕种公田七亩,其剥削率亦为"什一"。所用农具为奴隶们私有。

青铜铲
(安阳小屯妇好墓出土)

甲骨文中的田字作田、畕、囲等形,每一个方块表示一个耕作单位,纵横线表示阡陌或水渠,这是一个象形文字。当时的主要农作物有禾、黍、麦、稻等。

手工业 商代的手工业劳动者为奴隶身份,都是从农业生产中分离出来的专业技术队伍,因之技术提高很快。代表性手工业为青铜铸造业,此外还有制陶业、制骨器业、纺织业、木工、石工、玉工、漆工、酿酒等业。

商代的青铜业有飞跃的发展,不但产量大,工艺水平也很高。仅在殷墟一地出土青铜礼器就有数千件之多。礼器以酒器为主,有爵、角、斝(jiǎ甲)、盉(hé禾)、觥(gōng宫)、卣(yǒu酉)、尊、壶、彝(yí夷)、罍、瓠(gū孤)、觯(zhī支)等。文献记载,商朝贵族嗜酒成风,此说可信。此外,还有鼎、甗(yǎn演)等蒸煮器,簋(guǐ鬼)等盛食器,盘等洗濯器。青铜还大量地用于制作兵器和生产工具。主要兵器有戈、矛、斧、钺(yuè月)、镞、刀等,主要生产工具有刀、锥、斧、锛、铲、凿、钻、针、鱼钩等。此外还有车马器和乐器。

商代青铜器的制作技术很高,尤其是礼器,造型美观,纹饰精巧,是水平极高的工艺品。兵器和工具大多质坚刃利,使用方便。其铜、锡合金比例,据有关部门对部分青铜器的分析,认为基本上符合科学要求。如在安阳殷墟发现的司母戊鼎,含铜84.77%,锡11.64%,铅2.79%,锡铅合计14.43%。这个比例是符合铸造青铜容器硬度的要求的。硬度要求高的工具和兵器,锡的比例要更大些。铸造青铜器时,要有制模、翻范、熔铸等工序,需要有大量的人力进行分工合作。商代熔铜坩埚一次约能熔铜12.7公斤。司母戊鼎通耳高133厘米,横长110厘米,宽78厘米,重832.84公斤[①]。如铸造这样一件大鼎,就需要70多个坩埚。如果一个坩埚配备3至4人,就需要二三百人同时操作。在安阳小屯附近发现的商代铸铜遗址的面积在1万平方米以上,当是符合需要的。

商代除一般泥质陶器之外,还出现了用高岭土(瓷土)制作的白陶,质地坚硬,色泽皎洁,刻镂精美,工艺水平极高。还有一种原始瓷器,也是用高岭土制成,表面涂以青釉,质地坚硬,吸水性很弱,烧制的火候在1200°C左右。原始瓷是当时奴隶们的又一伟大创造。

纺织业中有麻纺织和丝织业。麻纺织已很进步,丝织业进步更大。在殷墟发现的丝绸残片,有平纹、花纹。平纹组织的经纬线大致相等,每厘米有30至50根。从花纹组织来看,当时可能已有了简单的提花装置。

漆器业已相当进步。在河北藁城台西村发现的一些商代漆器残片,红地黑花,色彩鲜明。有的雕花,或镶有绿松石,是精美的工艺品。

---

① 原作875公斤。《中国文物报》1994年12月18日第一版报道重测数据为832.84公斤。

司母戊鼎及其铭文（安阳武官村出土）

妇好墓出土铜鸮

商业 商代的商业交换已有初步发展，开始出现专业商人，但很少。《尚书·酒诰》记载妹土（今河南淇县）人"肇牵车牛远服贾，用孝养厥父母"，反映了人们在经商谋生的情况。值得重视的是在当时的商业交换关系中已使用了货币，时称为"贝"，主要是海贝。海贝产于南洋一带，在黄河流域十分难得，因而珍贵，用作货币。贝以10枚为1朋，朋是贝的单位。在殷墟的妇好墓中发现有6000枚海贝，为600朋。妇好是商王之妻，有用这么多贝随葬的可能。商王和贵族还常用贝赐给臣属。海贝因数量不多，不敷使用，又用玉或骨制成玉贝或骨贝，或铸铜贝。贝在商业交换关系中，已充作媒介、支付、价值尺度和贮藏手段。

三、文化艺术

商朝统治者为了他们的政治或生活的需要，强迫一大批奴隶脱离体力劳动，专门从事文化、科学、艺术等方面的工作，创造了辉煌的商代文化，为中华民族文化的发展奠定了基础。

甲骨文 商代已有文字，现在已发现的文字资料都是商代后期的遗物。主要保存在龟甲和牛肩胛骨上的，今人称之为甲骨文。因多为记录占卜之事，亦称卜辞。在少量铜器上亦铸有一些文字，称为铜器铭文，亦称钟鼎文，简称金文。

甲骨卜辞是商朝的国家档案。商统治者非常迷信，凡遇祭祀、征伐、田猎、疾病、农业的丰歉、天气的阴晴风雨等大事，都要用占卜的方法询问鬼神。每次占卜，要将所问事项、占卜日期、吉凶结果等，都刻在龟甲或牛肩胛骨上，成为一篇或长或短的记事文章。这是我国历史上最早的一批文献资料。在殷墟发现的甲骨卜辞约有十万多片[1]，所记甲骨文单字总数约有四千五百字左右，今已确认者约有二千字左右。东汉许慎《说文解字·叙》将汉字按其构造分为六种，即指事、象形、形声、会意、转注、假借，谓之"六书"。甲骨文虽仍以象形为主，但基本上具备六书。如象形：鱼（ ）、月（ ）；指事：上（ ）、下（ ）；会意：明（ ）、涉（ ）；形声：河（ ）、鸡（ ）。有些卜辞的文字整齐，笔画均匀，刻技熟练，字形美观，足证此种文字已经有了相当长的发展过程了。

卜辞一篇约四五十字，最长的有百字左右。铜器铭文长的有四五十字，短的只有一二字或五六字。

天文、历法 商代已有了早期的天文学。在甲骨文中已有鸟星、火星等星名。这两个星是测定春分和夏至两季节的重要标志。甲骨文中还有关于日蚀、月蚀、风、雨、云、雷等记录。

商代的历法已相当完善，为阴阳合历，以太阴（月）纪月，以太阳纪年，用闰月调整季节。平年十二个月，闰年十三个月，年终置闰，叫做十三月。大月三十日，小月二十九日。商代后期，也在年中置闰。用干支纪日，十干和十二支相配合，六十日为一个周期。在甲骨文中发现有完整的干支表，这是我国最早的干支记录。甲骨文中还有"今春"、"今秋"和"日至"等记载，当时已有季节划分，可能已有了二分（春分、秋分）、二至（夏至、冬至）。商代的天文学和历法的进步，与农业生产的发展有密切关系。

艺术 商代的艺术已相当发展，尤以造型艺术最为突出。多数作品是雕在各种实用器物上，也有专供观赏之用的。

商代前期的铜器和部分陶器上，往往刻有精美的花纹，而以带有浓厚的神秘意味的饕餮(tāo tiè 涛帖)纹作为整个花纹的主体，再用云雷纹等点缀其间，壮丽大方。商代后期，青铜艺术进一步发展，花纹增多。除饕餮纹外，还有夔纹、羊纹、鹿头纹、牛头纹、虎纹、鸮纹、蝉纹、人面纹等，造型庄严匀称，且富于变化。其他用玉、石、角、骨、牙等质料雕成的作品也很好。在妇

---

① 《中国文物报》2003 年 5 月 9 日第 7 版《遗产周刊》第 25 期"考古"孙亚冰《百年甲骨文材料再统计》："国内外共藏甲骨约 13 万片。"大陆约有 8 万片，台湾约有 3 万片，香港约有 90 片，国外 14 国共约有 2 万多片。

武丁时期的卜甲
（安阳小屯村出土）

四羊尊（湖南宁乡出土）

好墓出土的四百件玉石制品中,有各种立体或浮雕像,如有全身人像、人头像,有的跪坐戴冠,腰束宽带;有的赤足盘发,裸体文身;还有的一面是男像,另一面是女像。动物制品有虎、豹、熊、象、牛、羊、马、猴、狗、兔等兽类,有鹤、鸮、鹅、鸽等鸟类,还有龙、凤和龟、蛙、蝉、鱼、螳螂等。这些制品都造型生动,栩栩如生。

四、商朝的灭亡

奴隶主的残暴统治　商朝后期,绝大多数奴隶主贵族的生活奢侈腐朽,而且对待奴隶十分残酷。例如商王常用人祭祀祖先、鬼神。一次用人祭要杀奴隶数十人至数百人,最多达500人。有的奴隶被砍头、焚烧、宰割或活埋。如用火烧死女奴以求雨,将女奴投入水中以祭神等。奴隶主还用人殉葬。少的用一二人,多的用数十人,二三百人,最多达400多人。安阳武官村的商王陵墓仅在墓室与墓道内已发现殉人79个。殉人有大人、小孩;有男人、女人。生活奢侈的事例极多。妇好墓的殉葬品多达1400多件,仅青铜器就有400多件,其中多数为酒器。商纣王（帝辛）"厚赋税以实鹿台之钱,而盈巨桥之粟"[①]。又大修离宫别馆,作"酒池肉林","为长夜之饮"。大小贵族无不沉湎于酒色。于是对平民和奴隶们的剥削和奴役日益加剧,

---

①　《史记》卷三《殷本纪》。鹿台:一名廪台,在今河南淇县,殷纣王所筑。巨桥:仓廪名,在今河北平乡县东南,殷纣王所筑。

阶级矛盾激化。《尚书·微子》曰："小民方兴,相为敌仇。"奴隶们和破产平民们的反抗斗争在发展。

周武王伐纣 商朝后期,除了统治者生活腐朽、统治残酷以外,还连年对外进行战争。纣王之父帝乙征夷方达二年之久。他死后,纣王即位,更大规模地对夷方用兵,几乎将国内青壮年都征发出去。国内矛盾加剧。这时渭水流域的周族已建国,而且日益强大,乘商国内空虚之机,发兵进攻商的别都朝(zhāo 招)歌(今河南淇县)。纣王将俘来的夷人编成军队迎战,在朝歌南郊牧野大败,自焚而死,时在公元前 1046 年。商朝建国五百余年,至此灭亡。我国历史上的奴隶社会也至此基本结束。

武官村大墓复原图

复习思考题:

    1. 商代的青铜工艺怎样?

   *2. 甲骨文是一种什么样的文字?中国古文字的创造对我国古代文化的发展有什么重大意义?

    3. 商朝灭亡的主要原因是什么?

重要名词:

    契 *汤 *盘庚 商纣王 司母戊鼎 *甲骨文

参考书:

    1. 翦伯赞、郑天挺主编:《中国通史参考资料》第一册〔贰〕二。(选读)

    2.《史记》卷三《殷本纪》。

    3. 恩格斯:《家庭、私有制和国家的起源》,《马克思恩格斯选集》第4卷。

第三编（上）
封建领主制社会

（前 1046—前 221）

我国的封建社会分为两个阶段：第一阶段，自西周至战国，为封建领主制社会，或谓之农奴制社会；第二阶段，自秦始皇统一中国，建立秦朝，至清朝中英鸦片战争之前，为封建地主制社会。

第三章　西周　春秋　战国

（前 1046—前 221）

　　周武王灭商,我国古代史上的奴隶制时代基本结束,封建社会的初期阶段即封建领主制(亦称农奴制)阶段开始。这一社会阶段经历了西周、春秋和战国三个时期,至秦始皇消灭六国,统一中国,这一社会阶段才告结束,时长约八百年。此后,中国的历史进入封建地主制阶段。

第一节　西　周

（前 1046—前 771）

一、西周的建立

　　周族的兴起　周族原居于今陕西渭水中游以北,是戎族的一支。传说有邰(tái 台)氏之女名姜嫄,踩了"巨人"的脚印而生弃,弃是周族的始祖。学术界认为,此时周族可能以熊为图腾,并由母系氏族向父系氏族过渡。弃善于经营农业,为尧的农师。舜封他于邰（今陕西武功）,号后稷,以姬为姓。弃的四世孙公刘时,迁居于豳(bīn 宾,今陕西旬邑),社会经济有较快的发展。公刘之后又九世,传到古公亶(dǎn 胆)父,为了躲避戎、狄的侵扰,又率领族人迁徙到岐山下的周原（今陕西岐山县）。周原一带的土地较肥沃,适宜耕种,周族在这里定居下来。随着社会经济的发展,私有制发生了,贫富分化日益显著,阶级也在形成之中。《史记·周本纪》曰:"古公乃贬戎狄之俗,而营筑城郭室屋,而邑别居之,作五官有司。"[①]这说明了早期的国家组织已经产生。古公亶父被后世尊为太王。这时的周族尚臣服于商,接受商的封号。但由于势力日益强大,和商也有矛盾。古公亶父死,子季历立,季历后被商王文丁所杀[②]。季历之子昌立,商封之为西伯,后世上谥号为文王。文王也曾被商纣王囚于羑(yǒu 友)里(今河南汤阴县),后又被放回。

---

　　① 《史记》卷四《周本纪》《集解》引《礼记》曰:"天子之五官曰司徒、司马、司空、司士、司寇,典司五众。"郑玄曰:"此殷时制。"
　　② 王国维:《古本竹书纪年辑校》。

文王治岐 关于周文王这时所行制度,《孟子·梁惠王下》曰:"昔者,文王之治岐也,耕者九一,仕者世禄,关市讥而不征,泽梁无禁,罪人不孥。"[①]"耕者九一"就是说当时已行"井田"制度,封建贵族对广大农奴进行劳役地租剥削,地租率约为耕作面积的十分之一。"仕者世禄"就是以农奴制为基础建立起来的政治上层建筑——世卿世禄制度。这时的周人已进入封建社会的初期阶段——封建领主制社会,或谓之封建农奴制社会。

周自迁岐以后,与商的往来关系较多,从商文化中吸收了不少对周有用的东西。其中极重要的一项,就是文字。1977年,考古工作者在周原的一组宫殿遗址中,发现占卜用的甲骨15000余片,其中有文字的为170片,计580字左右,字数最多的一片有30字。内容为卜祭、卜田猎、卜征伐等。其中有周王祭祀成唐(汤)的卜辞,提到"文武帝乙宗"。帝乙是殷纣王之父,周王应即周文王。也有"衣王田至于帛"的卜辞,"衣王"就是"殷王","帛"在今陕西境内,言殷王入周境田猎之事。卜辞字小如粟,刻工令人惊叹。若干词语不见于商代甲骨文而近似西周金文,可见此时周文化水平已相当高。此外在这里还发现了一批器物,内有铜镞、玉削、青釉硬陶豆及其他陶器。此时的周人已掌握了铸造青铜的技术。

周文王治岐时,周的社会经济、文化的发展都很迅速,武力也日益强大,先后灭掉邻近许多小国或戎狄部落,后又将国都迁至崇(今西安沣水西),改崇为丰。此时周虽在名义上仍臣服于商朝,其势力却已构成对商的严重威胁。

武王伐纣 文王死后,他的儿子姬发继位,是为武王,迁都于镐(hào号,今沣水东)。丰、镐隔水相临,同为都城。这时,商忙于对东夷用兵,损耗很大,国内阶级矛盾尖锐。周武王乘机联合庸、蜀、羌、髳(máo矛)、微、卢、彭、濮等族或方国[②],在牧野(今河南淇县南)一战打败纣王。纣王自焚,商朝灭亡,周作为中国历史上的第三个王朝正式建立。时在公元前1046年。

周公东征 周武王灭商以后,对商的残余势力实行羁縻政策。封纣王之子武庚于殷[③],为诸侯,利用他统治商的遗民。又将商的王畿地区划分为三个部分:自殷(今河南安阳)以东为卫,由管叔鲜驻守;殷都以西为鄘(yōng雍,亦作庸),由蔡叔度驻守;殷都以北为邶(bèi背),由霍叔处驻守。

---

① 孥,妻和子。

② 庸,在今湖北竹山县西南;蜀,都于今四川成都市;羌,在今甘肃、青海一带;髳,在今山西平陆县境;微,在今陕西眉县西南;卢,在今甘肃平凉县境;彭,在今甘肃庆阳县境;濮,在今湖北境内。

③ 武庚名禄父。

三叔都是武王之弟,其任务是监督武庚和商的遗民,史称"三监"①。

武庚表面上臣服于周,但时刻想复辟旧国。周武王灭商才两年,即因病死去。其子成王继位,年龄很小,由武王之弟周公旦辅政。管叔、蔡叔怀疑周公篡权,便与武庚勾结,发动大规模的叛乱。周公率兵东征,用了三年时间才平定了这次叛乱,杀掉武庚和管叔,流放蔡叔,贬黜霍叔。又在洛水北岸修建雒邑(今河南洛阳)②,作为周的东都,以便于加强对东方的统治。从此以后,周对黄河下游的控制比较牢固。后来,其势力又向外扩展,其疆域西到今甘肃东部,东到海滨,南到淮水流域,北到今河北北部和辽宁西南部。③

西周王系表
(前1046—前771)

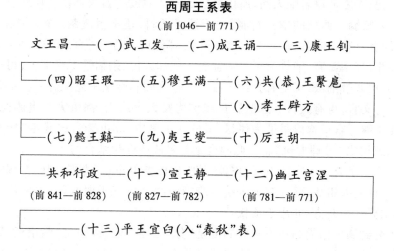

文王昌——(一)武王发——(二)成王诵——(三)康王钊——

——(四)昭王瑕——(五)穆王满——(六)共(恭)王繄扈——

——(八)孝王辟方

——(七)懿王囏——(九)夷王燮——(十)厉王胡——

——共和行政——(十一)宣王静——(十二)幽王宫涅——

(前841—前828)　(前827—前782)　(前781—前771)

——(十三)平王宜臼(入"春秋"表)

二、贵族政治制度

普天之下,莫非王土　西周灭商之后,基本上废除了商朝的奴隶占有制度,将封建领主制(农奴制)推行于全国。国王(天子)是全国最高土地所有者,又是最高政治统治者。因之,《诗·小雅·北山》曰:"溥(pǔ 普)天之下,莫非王土;率土之滨,莫非王臣。"这是当时最高原则,一切重要的政治、经济制度和政策都是在这一最高原则的指导下制定或行事。学术界称这时的土地所有制为封建土地国有制。西周的封建领主制基本上是一种封建家

---

① 三监之说不一。《史记·周本纪》正义引《地理志》:"邶以封纣子武庚;鄘,管叔尹之;卫,蔡叔尹之,以监殷民,谓之三监。"

② 雒邑,一作洛邑。有二城:其西城名王城,为周人所居;其东城名成周,为商遗民所居。

③ 《左传》昭公九年:周大夫詹桓伯曰:"我自夏以后稷、魏、骀(tái 台)、芮、岐、毕,吾西土也;及武王克商,蒲姑、商、奄,吾东土也;巴、濮、楚、邓,吾南土也;肃慎、燕、亳,吾北土也。"

长制统治。主要特点有三:(1) 周王以家长制君临天下,是最高统治者,实行王位"世袭"制;(2) 政治制度与宗法制度相结合;(3) 对土地的占有与对人民的统治相结合。

王位世袭制　西周实行王位世袭制,此制度是与宗法制度结合在一起的。宗法制度是由原始社会末期的父系家长制演变而来的,是以嫡长子继承制为基本特点的权力分配制度。周王为天下的大宗,其嫡长子为宗子,是王位继承者,称世子;庶子为小宗,周王封其为诸侯,或留在中央为卿、大夫。诸侯、卿大夫或士,各为本支的大宗,其嫡长子为职禄继承者;庶子为小宗,再分封。此小宗又为本支的大宗。如此推演无穷。周王被视为天之元子,受天之命以君临人间,所以称"天子"。这是"君权神授"观念①。

六官制　西周的中央官制,由于缺乏资料,还不很清楚。据《周礼》记载,周有六官,亦称六卿。为冢宰、司徒、宗伯、司马、司寇、司空。冢宰就是宰相,统率百官,辅佐天子。司徒管土地和人民,宗伯管王族事务,司马管军事,司寇管刑法,司空管公共工程。其他文献和金文中还记有一些重要官名。有文官,也有武官。这些官员统称为卿大夫或士,都由大小贵族充当,父死子继。官员都以采邑为俸禄,采邑在王畿内,亦世袭。这就是"仕者世禄",或谓之"世卿世禄"制。此制也是与宗法制度相结合的。

周王室有三支军队:一为虎贲,是王室的禁卫军;二为周六师,是国家主力军,由周人组成,驻在京师丰镐一带,称西六师;三为殷八师,由商遗民组成,主要驻在东方,亦用于征伐。

分封制　西周的地方行政制度是"分土封侯"制,或谓之"封诸侯,建藩卫",简称"分封制"。所封诸侯都在王畿以外,各建邦国。受封者有三种原因:一为周王的同姓(姬姓)亲属,二为功臣,三为古帝王之后。《荀子·儒效篇》曰:"周初立七十一国,姬姓独居五十三人。"诸侯对天子有隶属关系,有镇守疆土、捍卫王室、交纳贡税、朝觐述职的义务。诸侯在封国内是君主,初封时就是半独立状态,在封国内亦实行分封制。国内土地的一部分归诸侯直辖,一部分作为采邑分封给他的卿大夫,卿大夫又以同样方式分土地给士,士直接统治、剥削庶民。封国内的层层分封制也是与宗法制度相结合的,实行嫡长子世袭制。这样的层层分封,形成为一座政治宝塔,压在广大劳动人民头上。自天子至士,为各级贵族,庶民主要是农业劳动者。这座政治宝塔示意如下:

---

① 如无嫡可立,或待立的庶子数人同年,另有辅行制度可循。《左传》卷五二昭公二十六年引王子朝曰:"昔先王之命曰:'王后无适(嫡),则择立长;年钧以德,德钧以卜。'王不立爱,公卿无私。古之制也。"

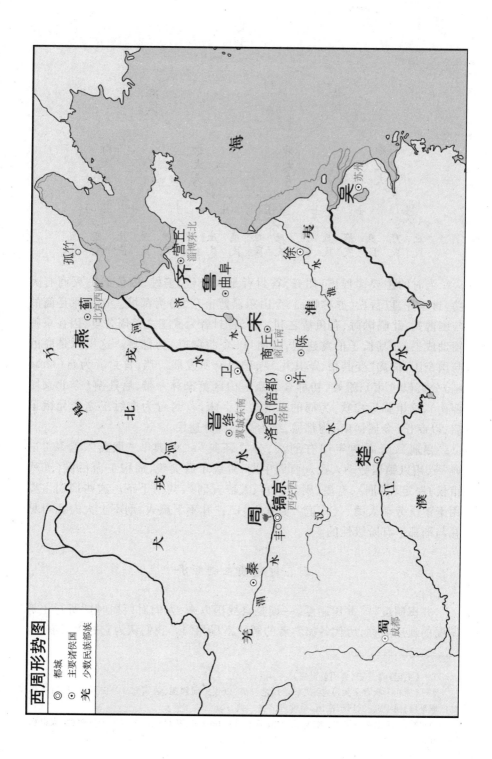

西周形势图

◎ 都城
⊙ 主要诸侯国
羌 少数民族部族

海

孤竹

燕 ⊙蓟
北京西南

齐 ⊙营丘
淄博东北

鲁 ⊙曲阜

许

卫

河

水

晋 ⊙绛
翼城东南

河

水

戎

宋 ⊙商丘
商丘南

陈 ⊙

许 ⊙

淮

水

徐 ⊙

夷

吴 ⊙苏州

北

戎

鲜

洛邑(陪都) ⊙⊙
洛阳

水

楚 ⊙

水

江

濮

周 ⊙⊙镐京
丰 西安西

犬

戎

羌

秦 ⊙

水

渭

蜀 ⊙
成都

汉

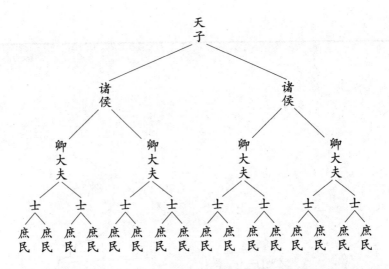

当时的主要诸侯国：如齐，首封者是太公望，姜姓，因佐武王灭商有大功，封于齐，以营丘（亦称临淄，今山东淄博市东北）为都城。这里原是商的与国薄姑，北临渤海，有鱼盐之利。鲁，首封者为武王之弟周公旦，因在京师辅助成王，命其长子伯禽建国，以曲阜（今曲阜市）为都城。这里原是商的与国奄国，伯禽"变其俗，革其礼"①，国势有所发展。燕，首封者为召（shào 哨）公奭（shì 市），姬姓，初都今北京房山区董家林一带，后迁蓟（今北京城西南），这里临近戎狄，为周的东北边区。宋，首封者为商纣王之庶兄微子启，以商丘（今属河南）为都城，统治商的部分遗民。

吕刑 西周初年即有刑法，分"轻典"、"中典"、"重典"，合称"三典"②，用以镇压劳动人民。西周中期，阶级矛盾尖锐，周穆王命吕侯（亦称甫侯）制定《吕刑》，有墨、劓、荆、宫、大辟五刑③，共三千条。这些刑罚主要用于镇压劳动人民。《礼记·曲礼上》曰："礼不下庶人，刑不上大夫。"可见礼与刑都是有阶级性的。

三、封建领主制经济

井田制度 "井田制度"一词是自战国以来，人们对西周时期所行土地制度的通用名称，历代各家学者的解释不尽相同。我们认为它的含义有二：

---

① 《史记》卷三三《鲁周公世家》。

② 《周礼·秋官·大司寇》："掌建邦之三典，以佐王刑邦国，诘四方。一曰刑新国，用轻典；二曰刑平国，用中典；三曰刑乱国，用重典。"注："典，法也。"

③ 墨，在脸上刺字涂黑；劓（yì 义），割鼻子；荆（fèi 费），断足；宫，阉割男子生殖器；大辟（pì 譬），死刑。

一、"井"字像田地的形状。田地中有阡、陌、沟、渠,划分田地为若干方块,来源于夏商以前。如甲骨文之"田"、"囧"等即象形文字。二、西周的封建领主制剥削方式。这种剥削方式的基础,即土地所有权的分配,是天子有所有权,诸侯、卿大夫、士等各级贵族有占有权和使用权,庶人(农奴)无土地权利,只有耕作和提供剥削的义务。具体剥削方式,是贵族们将田地分为两类:一类为贵族自留田,名"公田",由所属农奴们集体无偿代耕,就是劳役地租;另一类大致以百亩为单位分给农奴各家耕种,收获物归农奴所有。孟子对这一剥削形式设想为:"方里而井,井九百亩,其中为公田,八家皆私百亩;同养公田。公事毕然后敢治私事。"①当然各贵族对公田、私田的划分或分布,因地因人而异,不一定绝对如此整齐划一,孟子也说"此其大略"。古人把这种劳动产品再分配的方式"雅化"为"公食贡,大夫食邑,士食田,庶人食力"②。公即诸侯。在井田制度下,土地不许买卖。③

农业　西周的农业有进一步的发展。当时的主要农具是木制的耒耜。此外,还有骨铲、石铲、石犁、石刀、蚌镰等。耒耜是用青铜斧、锛制作的硬木工具,很便于掘土耕地之用。刀、镰用于收割庄稼。此外,在考古发掘中还有少量铜铲、铜镈、铜镐、铜锄出土,可能不是普遍使用之物。农奴们已积累了较丰富的农业知识,很注意选育良种、施肥、除草、防治病虫害及灌田或排水等。一般田地多修有排灌系统。农作物的种类不断增多,主要的有黍、稷,此外还有稻、粱、麦、菽(shū 叔,豆)及蔬菜、瓜果等。用作手工业的桑、麻和染料作物,种植也较普遍。

手工业　西周实行"工商食官"制度,就是工匠和商贾都是官家(贵族)的奴仆,主要为封建领主贵族的政治或生活需要而从事工商活动。由于商品经济不发展,独立经营的手工业者和商人极少。

西周的官府有"百工"。百工就是具有各种技艺的工匠。当时的主要手工业有青铜铸造、制陶、制骨、制玉器、制革,还有木工、竹工、漆工、丝织等等。

青铜铸造业是西周时期的主要手工业,其技术继承了商代而有所发展。器形和数量都比商代增多。主要青铜器有礼器、兵器、手工工具、生活用具和车马饰等。在考古工作中发现有西周青铜器出土的省份很多,如陕西、河南、山东、山西、河北、辽宁、江苏、安徽、湖北、湖南、江西等省,都有发现,不少铜器铸有铭文。西周前期的大盂鼎高约 1 公尺,重 153.5 公斤,有铭文291 字,记载了周康王二十三年策命其臣盂,并赏赐给他奴隶和其他财物的

---

① 《孟子·滕文公上》。
② 《国语·晋语四》。
③ 《礼记》卷一二《王制》曰:"田里不粥(yù 鬻)"。

情况。西周后期,铜器的数量大增,带铭文的铜器更多。周宣王时的毛公鼎有铭文 497 字,记载了宣王告诫和赏赐其臣毛公的情况。有些铜器的铭文,记载着封建贵族赏赐、赠送、交换、赔偿土地、奴隶或其他财物的情况,也有记载战争的。这些铭文从不同角度反映了当时的政治和社会的一些重要情况。

制陶业也有发展,除制作一般陶器之外,原始瓷的制作也有进步。在考古工作中,先后在陕西西安、河南洛阳、安徽屯溪、江苏丹徒,都有发现。

纺织业有家庭副业,也有专为贵族们的生活需要而生产的。所用原料有丝、麻、葛和羊毛等。丝织业的发展较快,大约在西周后期,出现了锦,锦是一种用复杂技术织成的比较名贵的丝织物。用麻、葛织成的布,其种类也很多。有些织物染成各种颜色。

大盂鼎及铭文(陕西岐山礼村出土)

商业　为贵族服务的商业,是以交换奴隶、牛马、兵器和珍宝异物为主。奴隶的价格很低,五名奴隶才换得"匹马束丝",就是换得一匹马十把丝。民间也存在着商品交换关系。如《诗·卫风·氓》曰:"氓之蚩蚩,抱布贸丝。"[1]就是描写一个农奴以货币买丝的情况。

西周的主要货币仍然是贝,以朋为单位。还有金(铜),以寽(lüè 锊)为单位[2]。

四、西周的灭亡

国人暴动与共和行政　西周后期,社会经济发展较快,山林川泽有所开

---

① 布,货币。
② 寽,同锊。重为六两又大半两。

发。至厉王时,他把王畿以内的山林川泽收归王室控制,不许中小贵族利用,亦不准劳动人民进入樵采捕捞。厉王的这一措施引起人们的不满。当时,召公劝他不要这样,这样做"民不堪命"。厉王不但不听劝告,反而派人监视对他不满的人。一旦发现有"谤王"者,立即捉去杀死,以致"国人莫敢言,道路以目"①。"国人"是居住在国都内的人的统称,多是平民,身份较高。至公元前841年,国人发动暴动,反对周厉王。厉王逃到彘(今山西霍县),朝政由召公和周公等代管,史称"共和行政"②。

宣王中兴 共和十四年(前828),厉王死于彘。太子静原来藏于召公家中。此时召公与周公共立之为王,是为宣王。宣王即位,国家的情况残破不堪,周边的民族一再侵袭,社会仍动荡不安。宣王在周公和召公的辅助下,首先整顿内政,安定社会秩序。进而对周边的民族展开斗争。关于此事,史称"宣王中兴"。

宣王在位46年,在政治和军事上确是取得了一些成就。他在对严允、西戎、徐戎、荆楚进行的一系列战争中,取得不少胜利;但也有失败之时。宣王一再征发兵徭,遭到大臣们的反对,农奴也大量的逃跑,有些农村成为鹿场,有些田园鞠为茂草。所谓"宣王中兴",已掩盖不住西周的败落景象。

犬戎破周 宣王死后,子幽王立。这时关中地区发生大地震。《诗·小雅·十月之交》曰:"三川(泾、渭、洛)竭,岐山崩。"又说:"百川沸腾,山冢崒(zú族)崩,高岸为谷,深谷为陵。"这样的震情,所造成的灾难是严重的。

幽王的内政也很黑暗。他奢侈腐朽,贪婪无厌;不仅残酷地剥削广大劳动人民,还劫夺其他贵族领主的财物,这就加剧了统治阶级内部的矛盾。不仅这样,周王室内部还发生了争夺王位继承权的斗争,幽王宠爱妃子褒姒,欲废申后和申后所生的太子宜臼;另立褒姒为后,立褒姒之子伯服为太子,这是以天子之尊,带头破坏周朝的基本制度的精神支柱——宗法制度,这不仅使宫廷内部分裂,也引起了申后之父申侯的不满。

公元前771年,申侯联合犬戎,举兵攻周,杀幽王于骊山(今陕西临潼东南)下,虏走褒姒,把都城丰、镐抢劫一空。

诸侯们和申侯拥立宜臼继位,是为平王。这时丰、镐已残破不堪,周围又有戎人的威胁,平王被迫于次年放弃丰、镐,东迁雒邑(今河南洛阳)。至此,西周结束,东周建立。

---

① 《国语·周语上》。
② "共和行政"主要有二说。另一说见《史记·周本纪》索隐和《晋书·束皙传》引《竹书纪年》,谓"有共伯和者摄行天子事,非二相共和也"。共,国;伯,爵。

复习思考题：

1. 请对照《西周形势图》了解西周的疆域范围,并了解其周围有哪些主要民族?

*2. 西周的封建领主制的主要特点是什么?

3. 孟子所说的"井田制"是个什么样子?

重要名词：

*后稷 *周文王 周公旦 井田制 国人暴动 *共和行政

参考书：

1. 翦伯赞、郑天挺主编:《中国通史参考资料》第一册〔贰〕三。(选读)
2. 《史记》卷四《周本纪》。
3. 马克思:《给维·伊·查苏利奇的复信草稿》,《马克思恩格斯全集》第19卷。

第二节 春 秋

(前770—前403)

周平王元年(前770)迁都于东都雒邑,此后的周王朝史称东周。原都于丰、镐的王朝史称西周。东周王朝至公元前249年(秦庄襄王元年),为秦所灭,其存在时间为521年。我国习惯上把这段历史分为两个时期,自平王东迁至韩、赵、魏"三家分晋"(周威烈王二十三年,前403),为春秋时期。自"三家分晋"至秦始皇统一六国(秦始皇二十六年,前221),为战国时期。春秋、战国这五百余年间,就其社会或各种主要制度来说,是一个巨大的转型时期。在政治方面,是由分封制向中央集权制下的郡县制转型;在土地制度方面,是由国有制向私有制转型。

一、王室衰微 五霸迭兴

王室衰微 王室衰微的原因有二:其一,平王东迁,丢弃了周王原来的主要根据地关中,赖晋、郑等诸侯之力,逃到千里之外的雒邑,政治、经济都依靠一些比较强大的诸侯的支持。平王时,相继任用郑武公及其子郑庄公为卿士(相当于宰相)。平王死,桓王继位,想改变在政治上受制于郑国的状况,欲解除郑庄公的卿士之职,而改用虢(guó 国)公。于是"周郑交恶"①。公元前707年,桓王以周、蔡、卫、陈四国之师伐郑,为郑师所败,桓王为郑方射伤,从此天子的威信更加低落,仅存共主的虚名。

---

① 《左传·隐公三年》。按即周王室与郑国双方感情破裂,互相憎恨仇视。

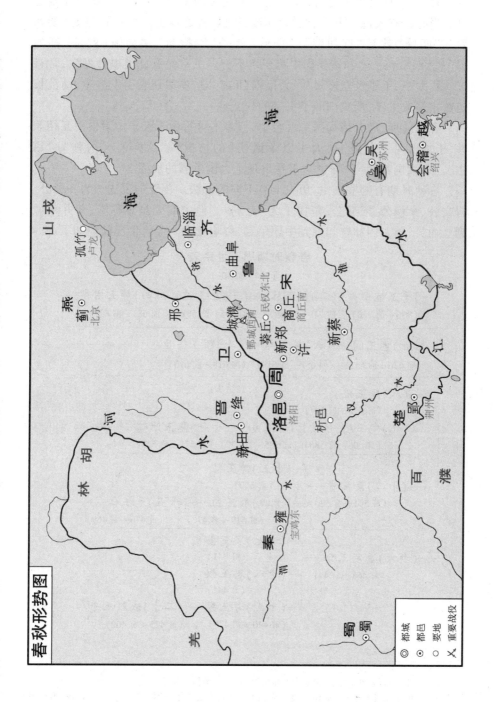

春秋形势图

海

山戎
　孤竹。
　　令支

海

燕
　蓟。
　北京

齐
　临淄⊙

曲阜
　鲁⊙
许

邢
⊙

城濮
卫⊙
鄄城西南
葵丘○民权东北
新郑
周⊙ 商丘 宋
许 商丘南

水
淮

新蔡⊙

林胡

晋
绛
⊙
翼田

洛邑◎
洛阳

析邑

水

汉

江

楚
郢⊙
荆州

秦
雍
⊙
宝鸡东

渭

水

百濮

羌

蜀
蜀⊙

越
会稽⊙
绍兴

吴
⊙苏州

◎ 都城
⊙ 都邑
○ 要地
✕ 重要战役

其二,东周自平王之后,其王室几乎代代都发生废嫡立庶、嫡庶互残之事。当时就有人说:"并后,匹嫡,两政,耦国,乱之本也。""并后"就是"妾如后","匹嫡"就是"庶如嫡","两政"就是"臣擅命","耦国"就是"都如国"①。四事在王室和诸侯国中都层出不穷。王室每有此类事件发生,常有王、后、太子、王子及众多贵族、大臣罹(lí离)难,有时还会引发战争,动乱长达数年至数十年,严重削弱了王室的权威性。

春秋前期,尚有诸侯国一百余个,但多不再听命于天子。诸侯间互相兼并,于是出现了大国"挟天子以令诸侯"的情况②。这样的大国称为"霸主"。各大国都想当"霸主",于是出现了大国争霸的局面。

春秋时期有哪些霸主,历史上有不同的说法。传统的说法认为齐桓公、晋文公、秦穆公、宋襄公、楚庄王为"五霸"。但宋襄公虽想称霸,却并未做到。而吴、越二国却曾相继到中原争霸,影响较大。今将情况简述如下。

春秋时期周王世系表
(前770—前403)

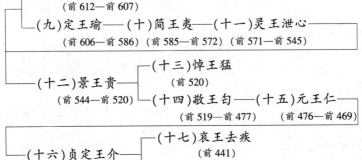

(一)平王宜臼——(二)桓王林——(三)庄王佗——(四)釐王胡齐——
(前770—前720) (前719—前697) (前696—前682) (前681—前677)

——(五)惠王阆——(六)襄王郑——(七)顷王壬臣——
(前676—前652) (前651—前619) (前618—前613)

——(八)匡王班
(前612—前607)
——(九)定王瑜——(十)简王夷——(十一)灵王泄心——
(前606—前586) (前585—前572) (前571—前545)

——(十三)悼王猛
(前520)
(十二)景王贵——
(前544—前520) ——(十四)敬王匄——(十五)元王仁——
(前519—前477) (前476—前469)

——(十七)哀王去疾
(前441)
——(十六)贞定王介——(十八)思王叔
(前468—前441) (前441)
——(十九)考王嵬——(二十)威烈王午
(前440—前426) (前425—前402)

---

① 以上引自《左传》卷七"桓公十八年传"引周大夫辛伯语及杜注。
② 《史记》卷十四《十二诸侯年表·序》曰:"兴师不请天子,然挟王室之义,以讨伐,为会盟主。"

齐桓公始霸 春秋时期首先称霸的诸侯是齐桓公。齐在春秋前期,已是东方大国,占据了今山东的北半部。可是公元前 7 世纪初期,齐国的政治黑暗,剥削残酷,阶级矛盾一度很尖锐。后来齐桓公继位,任用管仲为相,进行改革。管仲曾经商,是一位很有才能的政治家。改革内容主要有三项:

1."案田而税"①——这一改革是适应齐国当时的土地占有情况进行的。当时齐国的井田制在破坏,公田荒芜,私人开垦的田地增多,但不登记,不纳税。"案田而税"就是不分公田(井田)还是私田(开荒田)一律按田地的好坏或产量高低征税。这样不仅扩大了国家的财政收入,也承认了开荒私田的合法性,稳定了社会秩序。当然也实际削弱了国家对土地的控制权,放弃了井田制,促进了土地私有制的发展。

春秋时期鲁侯世系表

(前770—前403)

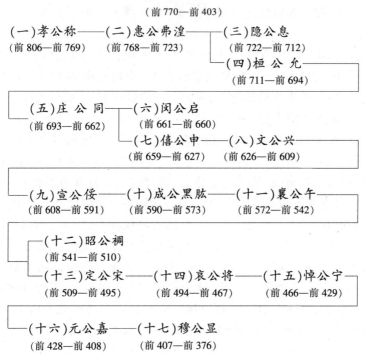

2."寓兵于农"——就是把农业人口的编制与军队编制统一起来。齐划都城及其附近为二十一乡:商工六乡,士农十五乡。此十五乡每乡二千户,每户出卒一人,共二千人。五乡出士卒一万人,为一军。士农十五乡组成三军,每年农闲时进行军事训练。这个办法加强了齐国的军事力量。

---

① 《管子·大匡》。《国语·齐语》谓之"相地而衰(cuī 催)征"。衰,征税依照一定标准递减。

3.士农工商按专业分居——专业即"士之子常为士","农之子常为农","工之子常为工","商之子常为商"①。而且按职业分别居住。这样既保证了社会生产需要,也避免了人们因谋职业生活而使社会动荡不安。

齐国改革之后,国势日强。前680年,宋国内乱,陈、曹等国欲以齐国为首,联合伐宋。齐桓公先向周天子"请师",表示"尊王"。前679年,周天子派使与"宋侯、宋公、陈侯、卫侯、郑伯会于鄄(今山东鄄城北)"。"桓公于是始霸。"②可是,春秋数百年间中原地区的主要矛盾,并不是中原大国与中原小国之间的矛盾,主要是华夏族各国与内迁的蛮夷戎狄各族的矛盾。当时的形势,有所谓:"夷狄也,而亟病中国,南夷与北狄交,中国不绝若线。"③管仲曾对齐桓公曰:"戎狄豺狼,不可厌也;诸夏亲昵,不可弃也;宴安鸩毒,不可怀也。"④华夷之辨盛于一时,华夏各国正在兴起民族自救运动。当时,周王室已自顾不暇,齐桓公适时地举起了"尊王攘夷"的大旗,起到了巨大的进步作用。

公元前663年,山戎侵燕,燕向齐告急,齐桓公率军北伐山戎,保卫了燕国。稍后,狄人又连侵邢(今河北邢台)、卫(今河南滑县东),齐桓公又救邢、卫。齐桓公救患扶危的行为,得到一些诸侯的拥护,威信大增。就在此时,南方的楚国不断北侵,威胁中原。公元前656年,齐桓公率齐、宋、陈、卫、郑、许、曹等国的军队伐楚,与楚军对峙于陉(今河南郾城县东南),双方互不退让。后齐、楚在召陵(郾城县东)订立盟约,双方撤兵,史称"召陵之盟"。齐桓公这次出兵,虽未与楚作战,但却打击了楚北进的锋芒,暂时消除了楚对中原诸国构成的威胁,因之进一步得到中原诸侯们的拥护。

公元前651年,齐桓公在葵丘(今河南民权县东北)大会诸侯,参加会盟的有齐、鲁、宋、卫、郑、许、曹等国的国君,周天子也派代表参加。盟约申明:"凡我同盟之人,既盟之后,言归于好。"⑤还规定同盟诸国不要乱筑河堤,"以邻为壑";不要囤积粮食,使受灾之国买不到粮;不要擅以田邑封给别人而不报告天子⑥。这次会盟史称"葵丘之会"。齐桓公为盟主,得以挟天子以令诸侯。齐桓公是春秋时期的第一位霸主。韩非子曰:"齐桓公并国三十,启地三千里。"⑦境内的戎、狄、东夷之人很多,成为最早的地区性多

---

① 以上均见《管子·小匡》。士,四民之一。士卒,战士的总称。
② 《史记》卷三二《齐太公世家》。
③ 《公羊传·僖公四年》。
④ 《左传·闵公元年》。
⑤ 《左传·僖公九年》。
⑥ 《孟子·告子下》:"(同盟诸国之间)无遏籴,无有封而不告。"
⑦ 《韩非子·有度》。

民族大国。

齐桓公死后，国力大衰，南方的楚国又一再北伐。当时宋国较强，宋襄公想联合一些诸侯以抗楚，决定举行会盟，欲自为盟主。楚王亦与会，并在会上活捉了宋襄公。宋襄公虽被释放，但后在与楚作战中受伤而死。他欲抗击楚国北侵还是正义的，事虽失败，后人仍承认他为五霸之一。

晋文公称霸　晋是周成王之弟虞的封国。初封于唐（今山西翼城西），后以境内有晋水，改称晋。春秋前期，国势发展。晋献公时，迁都于绛（今翼城东南）。兼并了数十个小国和戎、狄部落，疆域扩大到整个汾水流域。韩非子曰："（晋）献公并国十七，服国三十八。"①境内的戎、狄之人也很多，晋国至此时也是较早的地区性多民族大国。但此后一度内乱，至文公重耳继位，对政治、经济进行了一些改革，国势更强大。这时齐桓公已死，齐国转弱，楚国又不断北侵。公元前 632 年，楚北上围宋，宋向晋告急，晋文公率军救宋。晋军为避开楚军的北进锋芒，在未战之前，主动退军"三舍"②。至城濮（今山东鄄城西南），晋文公会晋、宋、齐、秦等军，大破楚军。这就是著名的"城濮之战"。战后，晋文公又大会诸侯于践土（今河南原阳西南），参加会盟的有晋、鲁、齐、宋、蔡、郑、卫、莒等国，周天子也派代表参加。盟约规定："皆奖王室，无相害也。"③史称"践土之盟"。晋文公成为中原诸侯的霸主。

楚庄王问鼎中原　楚是江、汉流域的一个蛮族国家，西周时，活动在丹阳（今湖北秭归）一带。公元前 689 年，始建都于郢（今湖北江陵纪南城），逐渐强大，兼并了附近许多小国。楚国的统治者自认为其祖先曾为周"文王之师"。周成王分封时，只给了楚之先公以"子男"之爵，他们嫌所封太低，心中不平衡，所以自己称"王"，但向化之情是明显的。前 671 年，楚成王即位，积极学习华夏文化，并表示认同。又"布德施惠，结旧好于诸侯。使人献天子，天子赐胙。曰：'镇尔南方夷、越之乱，无侵中国。'"④进一步改善了周、楚的关系。前 606 年，楚庄王北上灭庸（今湖北竹山西南）、伐宋，再伐陆浑之戎⑤，至洛邑之郊，以示军威。此时，中原诸侯无力抗衡，周定王忙命王孙满出城，慰劳楚庄王。庄王故意问周王室镇国之宝——九鼎的大小轻重。王孙满只能用"在德不在鼎"的天命论搪塞一番。楚庄王说："子

---

① 《韩非子·难二》。

② 三十里为一舍。

③ 《左传·僖公二十八年》。

④ 《史记》卷四〇《楚世家》。

⑤ 戎人的一支，西周时，居于瓜州（今甘肃敦煌西）的陆浑。周初受封子爵。春秋时属于晋，迁至伊川（今河南伊河流域），仍以陆浑为名。

无阻九鼎。楚国折钩之喙,足以为九鼎。"①楚庄王作为一个民族大国的国君,既有向化之心,也对身处"子男"的地位不满,对周王室相当蔑视。但他也知道,楚要灭周,或久驻中原,尚无此力,因而退兵。

前597年,楚围郑,晋救郑,两军战于邲(今河南荥阳东北),晋军大败,史称"邲之战"。前594年,楚又围宋,宋向晋告急,晋畏楚,不敢出兵。从此,中原黄河以南的各国皆背晋向楚,楚庄王争得霸主。韩非子曰:楚庄王"并国二十六,开地三千里"。楚国至此时也成为长江中流和淮水上流地区的多民族大国。其华夏化进程在日益加深。

弭(mǐ米)兵之盟　春秋中期,以中原地区的中等诸侯国为主,发起了"弭兵"运动。"弭兵"运动就是以反战为主的和平运动。这一运动发生的主要原因,是晋、楚两大国"争霸"的战争愈演愈烈,江、河流域的多数大小诸侯国都卷入了战争,兵连祸结,没有宁日,中原各国所受战争的灾害最为严重。郑国在七八十年中,遭受战祸七十多次,宋国遭受战祸四十多次。楚每次围宋或围郑,晋必救宋或救郑,许多中小诸侯国或从楚,或从晋,或是"牺牲玉帛,待于二竟,以待强者,而庇民焉"②。或是直接被卷入战争,遭灭顶之灾。因此,中小国家普遍厌战。晋、楚两个大国基本上势均力敌,疲于攻战,力不从心。又两大国都有内争,亦无暇他顾。还有一个重要因素,就是此时长江、黄河两大流域民族文化认同及融合的情况较好,华夏文化有广泛的传播,这是促进"弭兵"运动发展的一个极为有利的条件。

"弭兵"运动是由经常处于四战状态的宋国发起的,前后共有两次。第一次是在公元前579年,由宋大夫华元向晋、楚两大国提出倡议,双方勉强响应,各派代表会于宋,订立盟约。可是才过三年,楚国首先撕毁盟约,北侵郑、卫。公元前575年,晋、楚战于鄢陵(今河南鄢陵西北),楚大败。

第二次"弭兵"运动是由宋大夫向戌倡议的。当时晋国的六卿(赵、韩、魏、知、中行③、范)之间,争权激烈,无暇外顾。楚又东面受制于吴,不敢北进。其他小国多有内争,自顾不暇。所以这次"弭兵之议"提出,很快得到各大小诸侯的响应。公元前546年,晋、楚、齐、秦、鲁、宋、郑、卫、曹、许、陈、蔡、邾、滕共十四诸侯会于宋,共尊晋、楚两大诸侯国为盟主;又齐、秦两国较大,商定不作为从属国看待;其他原从属于晋、楚的较小诸侯国今后要互朝晋、楚两大国,并承担晋、楚两国给予的义务。

向戌"弭兵"之会是在晋、楚两大国势力均衡的情况下产生的。这次会

---

① 以上引自《史记》卷四〇《楚世家》。
② 《左传·襄公八年》引郑大夫子驷语。
③ 即荀氏。荀林父在晋文公时,曾任"中行"之将,故又以"中行"为氏。

盟之后,晋、楚之间四十多年没有发生大的战争,其他国家间的战争也很少。这种形势对恢复、发展各国的社会经济,安定人民的生活,推动国家间的和平往来、民族间的交流与融合,都起了积极的作用。

吴王夫差争霸黄池　向戌弭兵之后四十年,长江下游以南,有吴、越两国兴起。吴在楚国之东,据文献记载,为周的祖先太王(古公亶父)之长子太伯和次子仲雍的后裔所建,都于吴(今江苏苏州),居民则以荆蛮或越人为主。春秋中期,助晋制楚,在晋的帮助下,国力日强。前506年,吴王阖庐在兵家孙武及楚亡臣伍员的协助下,率军伐楚,大破楚军,直入楚都郢。楚向秦告急。秦兵败吴,吴的南邻越国又乘虚攻入吴都,吴被迫从楚撤兵。

越亦称于越,其国君相传是夏王少康的后裔,居民为越人,建都会稽(今浙江绍兴)。越乘吴入楚而伐吴,在檇李大败吴军,阖庐受伤而死,其子夫差继位。前494年,吴伐越,败越军于夫椒(今江苏吴县太湖中),越王勾践求和,请为属国,夫差同意。

此时,齐国内争,齐、鲁之间大乱。吴王夫差欲争霸中原,就不断北伐,先后控制了鲁、邾、郯、莒等国,在江北筑邗城(今江苏扬州),开邗沟,联结江、淮,以通粮运兵。前484年,联合鲁军,大败齐师于艾陵(今山东莱芜东北),齐国降服。前482年,夫差又"起师北征,阙为流沟,通于商(宋)、鲁之间,北属之沂,西属之济,以会晋公午于黄池(今河南封丘西南)"①。他声言"欲霸中国以全周室"。与会者有晋、鲁、齐、薛、滕、卫等的国君及周天子的使臣、卿士单平公。会上"吴王与晋定公争长。吴王曰:'于周室我为长。'晋定公曰:'于姬姓我为伯。'"②吴王已争得盟主地位,但晋并不服输;吴王又得知越军已攻入吴都,心存疑惧,于是将霸主让与晋定公,急忙回师救吴,越军退出。前473年,越再伐吴,吴大败,夫差自杀,吴亡。

越王勾践称霸徐州　当初越败于吴后,勾践回国,即曾卧薪尝胆,誓报国仇。他"身自耕作,夫人自织,食不加肉,衣不重采,折节下贤人,厚遇宾客,振贫吊死,与百姓同其劳"。十年后,国力恢复,一再伐吴,终于报了亡国之仇。灭吴后,他也以"尊王室"为名,北上争霸。《史记》曰:"勾践已平吴,乃以兵北渡淮,与齐、晋诸侯会于徐州(今山东滕州东南),致贡于周。周元王使人赐勾践胙,命为伯。勾践已去,渡淮南,以淮上地与楚,归吴所侵宋地于宋,与鲁泗东方百里。当是时,越兵横行于江、淮东,诸侯毕贺,号称霸王。"③

---

① 《国语·吴语》。

② 以上引自《史记》卷三一《吴太伯世家》。

③ 以上引自《史记》卷四一《越王勾践世家》。

吴、越两国能称霸中原的条件是以武力为主,但其有较高的华夏化条件也起了重要的作用。

秦霸西戎　秦国原是活动在陕西西部的一个小国。西周灭亡,秦襄公护送平王至雒邑有功,被封为诸侯,以岐为中心,势力逐渐发展。至前 753 年,"初有史以纪事"①。大约这时,秦的经济、文化有较大发展。秦穆公(前 659—前 621)时,任用百里奚为大夫,整顿内政,奖励生产,国家逐渐富强,疆土向东扩展,与晋国相接。公元前 645 年,秦伐晋,大破晋军于韩原(今山西芮城),生俘晋惠公。前 627 年,秦又袭郑,在回军至殽(xiáo 淆,今河南洛宁西北)时,遭晋军截击,秦军的三个将军被俘,全军覆没。史称"殽之战"。

此后,秦、晋屡有战争,互有胜负。但秦国为晋所阻,不得向东发展,就向西戎地区发展。《史记·秦本纪》曰:秦穆公"益国十二,开地千里,遂霸西戎"。前 624 年,周天子命人赐穆公军用金鼓,表示祝贺。秦穆公亦有霸主之名,行方伯之职。大量的戎、狄族人接受了华夏文化,秦国亦成为关中地区的多民族大国,但对中原地区的影响并不甚大。

二、领主经济解体　地主经济萌芽

封建领主经济的特点已如上述。封建地主经济是以土地私有制为基础的,以地主与农民结合成租佃关系为主要特点的剥削制度。在封建地主经济制度下还存在大量的自耕农。领主经济解体,地主经济萌芽,其主要内容就是以井田制形式经营的土地国有制瓦解,土地私有制萌芽、产生。

铁器和牛耕出现　春秋时期,社会生产力有很大的发展,其主要表现为铁器和牛耕的出现。

我国铸造铁器大约开始于西周末年或春秋初年。至春秋中期以后,使用铁器的情况已很多。《国语·齐语》曰:"美金(铜)以铸剑戟,试诸狗马;恶金(铁)以铸鉏(锄)夷斤斸(zhǔ 竹),试诸壤土。"②考古工作者在湖南长沙、江西九江、江苏六合、河南洛阳等地,都发现了春秋中晚期的铁农具。不过这些铁农具只有锸、铲、刀等,还有一些手工工具,尚无铁犁发现。这时已有牛耕是肯定的。如孔子的弟子冉耕,字伯牛;司马耕,字子牛。都是有牛耕的证明。当时所用的犁当是木犁。这种木犁是用青铜或铁工具制作的,坚固适用,再配以耕牛为动力,可产生巨大的生产效果。

---

① 《史记》卷六《秦本纪》。
② 鉏、夷,锄类;斤、斸,斧类。

铁器牛耕的出现,不仅有利于深耕除草,并为开垦荒地和兴修水利提供了有力条件。如郑国人说他们开发今河南新郑一带时,"庸次比耦,以艾杀此地;斩之蓬蒿藜藿而共处之"①。姜戎人开发今山西东南部时,"除翦其荆棘,驱其狐狸豺狼"②。著名的水利工程有楚国的芍陂(què bēi 却碑,在今安徽寿县南),"陂径百里,灌田万顷"③。还有吴国的邗(hán 含)沟,南起邗城(今江苏扬州),北至末口(今淮安北),全长150公里,沟通了长江和淮水,是我国最早的一条人工运河。对于沿岸农田的灌溉与排水,对于江、淮两流域的经济、文化交流,都起了积极的作用。

井田制瓦解,土地私有制产生　春秋时期,周天子对全国土地的控制力已几乎完全丧失。诸侯们对他们封国内的土地理所当然地认为是属于他们自己的。对于封国内人民的占有权也是这样。所谓"溥天之下,莫非王土;率土之滨,莫非王臣"这一原则已经过时了,取而代之的新的原则是"封略之内,何非君土;食土之毛,谁非君臣"④。这一原则的改变,是土地国有制破坏的标志。从此,天子不能控制"天下"的土地,诸侯也不能控制国内的土地,贵族们也无力经营管理他们所分到的井田。有权有势的人,强占田地为己有,不少农奴逃跑,到边远地区开荒耕种。《诗·齐风·甫田》曰:"无田(同"佃")甫田,维莠骄骄。""无田甫田,维莠桀桀。""甫田"就是大田、公田,"骄骄"、"桀桀"是野草茂盛之象。《汉书·食货志上》曰:"周室既衰,暴君污吏慢其经界,徭役横作,政令不信,上下相诈,公田不治。"至此,井田制在迅速破坏。

土地私有制的萌芽和产生,是社会生产力发展的必然结果。在井田制尚未瓦解的情况下,私有土地的来源有如下四条主要途径:

1. 赐田转向私有——周天子或诸侯赐田,不一定赐给封君,也就是不一定是"授民授疆土"。由于土地所有权可以和政治统治权分开,就出现了纯经济利益性的赏赐。如赵简子赐给名医扁鹊"田四万亩"⑤,赵烈侯赐给两位歌唱家田"人万亩"⑥,这些赐田都转向私人手中,成为私有财产。

2. 贵族之间通过转让关系,将部分土地转向私有——这种情况在西周中后期已经出现,春秋时期更有发展。

---

① 《左传·昭公十六年》。庸,次,更相;耦,耦耕。

② 《左传·襄公十四年》。

③ 《后汉书》卷七六《王景传》李贤注。

④ 《左传·昭公七年》。

⑤ 《史记》卷一〇五《扁鹊列传》。

⑥ 《史记》卷四三《赵世家》。

3. 贵族之间互相劫夺土地,据为己有——春秋时期,贵族之间劫夺土地的情况是严重的。诸侯、卿大夫、嬖(bì 敝)臣、小吏都参加了这种劫夺斗争。甚至还发生了晋大夫郤(xì 戏)至与周简王争田之事,双方相持不下,请晋侯评理。有些人将他人杀掉,以霸占其土地。这类田地中的主要部分为井田。

4. 开荒地据为己有——当时由于已有了铁器,青铜工具也很锐利,所以开垦荒地者很多,其中有中小贵族领主,也有逃亡的农奴和平民。开荒地一般不向国家登记,隐瞒在私人手中,成为私有财产。

通过各种途径转化而来的私有土地急剧增加。至春秋后期,终于出现了土地的买卖关系。土地买卖是土地的抵押、典当关系发展的必然结果,是土地私有权确立的标志。当时,私有土地的经营方式主要有两种:一是农民自种,这样的农民就是自耕农;二是地主出租土地给佃农耕种,以收取实物地租①,这是一种新的租佃关系,是封建地主经济的萌芽。

初税亩 私田一开始,不向国家纳税。私田越多,不纳税的田地越多,拥有大量私田的人越富。可是公家(诸侯),却由于公田的歉收或荒芜,经济日益困难,于是,出现了"私肥于公"的现象,这对于诸侯是很不利的。各诸侯为了扩大税源,增加财政收入,先后进行了赋税制度的改革。最早进行改革的是齐国和晋国。齐国的赋税改革叫做"案田而税",也叫做"相地而衰征"。晋国的赋税改革叫做"作爰田"②。稍后,鲁宣公十五年(前594)"初税亩"③,是最著名的一次赋税改革。初税亩就是开始实行以亩积为单位征收耕地税的制度。这一制度的实行,实际也就开始承认私有土地的合法性,不分公田、私田,一律按亩纳税,税率为亩产量的十分之一。相继进行赋税改革的,还有楚国于前548年"书土田","量入修赋";郑国于前538年"作丘赋"④,秦国于前408年"初租禾"⑤,意义基本相同。赋税制度的改革在一定时期中扩大了诸侯们的税源,充实了府库;可是,各国实际已放弃了实行已久的井田制度,也放弃了国家对土地的所有权,承认了土地私人占有制,这就加速了井田制的瓦解过程。

手工业 春秋时期,"工商食官"制度开始破坏。但在手工业方面的表

---

① 《左传·哀公二年》:"初,周人与范氏田,公孙厖(máng 忙)税焉。"杜注:"厖,范氏臣,为范氏收周人所与田之税。"按:当为实物地租。

② 《左传·僖公十五年》:"晋于是乎作爰田"。正义曰:"服虔、孔晁皆云:爰,易也。赏众以田,易其疆畔。"

③ 《左传·宣公十五年》。

④ 以上依次引自《左传·襄公二十五年》、《左传·昭公四年》。

⑤ 《史记》卷一五《六国年表》。

现不很严重,官府手工业仍处于主要地位,民间独立的手工业者很少。官府手工业在各诸侯国中有极大的发展,规模也比较大。工匠仍称百工,身份不自由。作坊称肆。《论语·子张》曰:"百工居肆,以成其事。"管理工肆和百工的官吏有司空、工师、工正等。手工业的发展主要还表现在手工业门类的增多和技艺的进步两个方面。主要手工业有铸铜业、木器业、漆器业、制陶业、纺织业、制盐业和冶铁业等。而以青铜器的铸造的进步最为突出。青铜器主要有礼器、乐器、食器、炊器、盥漱器、兵器、车马具等。多数器具造型精巧,花纹工细,有的还错以金银,工艺水平很高。1978 年在湖北随县曾侯乙墓出土的编钟共有 64 件,计钮钟 19 件,甬钟 45件,最大的一件甬钟,通高 153.4 厘米,重 203.6公斤。全套编钟重达 2500 多公斤。每件都有铭文,绝大多数有错金花纹。钟架巨大,两端的青铜套上都饰有浮雕或透雕的龙、鸟等,用失腊法铸作,龙、鸟精巧生动,栩栩如生。

晋空首布
(山西侯马出土)

民间商业发展 "工商食官"制度的破坏,在商业方面比较突出。主要是民间商品交换关系有较大发展,而且出现了很多以私人资本经商的大商人。最早的事例,如西周、春秋之际,郑国由今陕西华县迁到新郑(今河南新郑)时,郑桓公是得到大商人的资助进行的。春秋前期,秦穆公偷袭郑国时,路上遇郑之大商人弦高,弦高竟以郑国君的名义用十二头牛犒劳秦军,又暗中派人回郑报信。致使秦军以为郑有准备而退兵。

春秋后期,大商人更多,有些在当时就很有名。如范蠡,原是越国大夫,曾协助勾践灭吴。后来退隐民间,变名易姓,以经商为业。至陶(今山东定陶),称"陶朱公"。在十九年间,"三致千金"[1],成为著名的大富商。孔子的弟子子贡(端木赐),在曹、鲁等地经商,"结驷连骑,束帛之币以聘享诸侯。所至,国君无不分庭与之抗礼"。据司马迁说:"使孔子名布扬天下者,子贡先后之也。此所谓得势而益彰者乎!?"[2]这就是说,孔子的名气所以这样大,和他有子贡这样的大商人弟子分不开。大商人的增多,说明了"工商食官"制度在走向瓦解。

---

①② 《史记》卷一二九《货殖列传》。

随着商业的发展,原来用作货币的海贝已不敷应用,金属铸币大量增加。1970 年在河南洛阳附近,也就是在东周王都附近,发现一个陶瓮,内有属于春秋早期的大平肩空首布 604 枚,属于春秋中期的斜肩"武"字空首布 149 枚。1971 年,在新安牛丈村出土属于春秋中期的小型平肩空首布 401 枚。20 世纪 50 年代后期,在山西侯马亦发现有春秋末年晋国铸造货币的作坊遗址,并出土大批尖肩尖足大型空首布。空首布和实用的金属农具镈(铲)很相似,所以也叫做"铲布",这是原始形式的金属货币。金属货币的使用和发展,是商业发展的重要标志。

三、政在家门

春秋时期,随着井田制的瓦解和土地私有制的产生,在政治制度上也引起很大变动。主要是许多诸侯长期陷于争战之中,经济困难,政治权力日弱;而且不少卿大夫却拥有大量的土地,掌握了强大的政治、军事权力。这些卿大夫在经济上损公肥私,在政治上干预君位继承,废嫡立庶,甚至将国君置于他们的控制之下,最后篡夺君位。其中最有代表性的事件是"韩、赵、魏三家分晋"和"田氏代齐"。

三家分晋 晋在春秋中期,政权已逐渐为六卿所控制。所谓六卿,就是赵、韩、魏、知、范、中行氏六家。后来,赵、韩、魏、知四家联合起来,消灭了范氏和中行氏,并瓜分了两家的土地。至前 453 年,赵、韩、魏三家又联合起来,消灭了知氏,晋国的政权就控制在这三家手中,晋国的绝大部分土地也在他们的控制之下。赵氏占据晋的北部地区,以晋阳(今山西太原)为都城;韩氏占据晋的中部地区,以平阳(今山西临汾)为都城;魏氏占据晋的南部地区,以安邑(今山西夏县)为都城[①]。晋君只保有绛和曲沃(今山西翼城东和闻喜)两小块土地,"反朝韩、赵、魏之君"。公元前 403 年,周威烈王承认韩、赵、魏三家为诸侯,晋国名存实亡。至公元前 377 年,韩、赵、魏"灭晋侯,而三分其地"[②],晋亡。

田氏代齐 齐国的田氏原是陈国公子完的后裔。公子完在齐桓公时,因避陈之内争,逃来齐国,改姓田氏,任齐"工正"[③]。春秋中期,田氏势力逐渐强大,在向贫苦民众放贷时,用大斗借出,小斗收入,民众很拥护他。公元

① 赵于公元前 386 年迁都邯郸(今属河北)。韩于前 375 年迁都新郑(今属河南)。魏于前 361 年迁都大梁(今河南开封)。

② 以上皆引自《史记》卷三九《晋世家》。

③ 陈与田,古同音通用。工正,官名,掌管百工和官营手工业。

前490年,齐景公死,贵族国氏、高氏立景公的儿子公子荼(tú 途)为国君。田氏乘机发动武装政变,打败了国氏、高氏,立景公的另一个儿子公子阳生为国君(齐悼公),田乞为相。

田乞死后,其子田常(田成子)继续为相。前481年,田常又发动武装政变,把几家强大的贵族如鲍氏、晏氏等全部消灭,并杀死了齐简公,另立简公之弟骜(ào 奥)为国君(齐平公),政权完全控制在田氏手中,国君实际成为傀儡。到田常的曾孙田和时,于前391年废掉齐康公,自立为国君。公元前386年,周安王承认田和为诸侯。

复习思考题:

*1. 齐桓公称霸的主要历史背景是什么?他为什么要以"尊王攘夷"相号召?

*2. 向戌"弭兵"的政治背景是什么?结果怎样?

3. 井田制破坏和土地私有制产生的原因怎样?

*4. 鲁国为什么"初税亩",初税亩的政治意义和社会后果各是怎样的?

5. 略述"三家分晋"和"田氏代齐"的原因和经过?

重要名词:

*春秋五霸　齐桓公　管仲　*晋文公　城濮之战　秦穆公　夫差　勾践　*初税亩　空首布

参考书:

1. 翦伯赞、郑天挺主编:《中国通史参考资料》第一册〔貳〕四、五、六。(选读)

2.《史记》卷三〇《齐太公世家》、卷三九《晋世家》。

3. 列宁:《俄国资本主义的发展》第三章第一节。

4. 中国社会科学院历史研究所编:《马克思、思格斯、列宁、斯大林论资本主义以前诸社会形态》,文物出版社1979年8月出版,第206—264页。(选读)

第三节　战　国

(前403—前221)

自公元前403年韩、赵、魏三家分晋到前221年秦统一六国,史称战国时期。战国初期,尚有二十余个诸侯国,其中以秦、楚、齐、燕、韩、赵、魏七国最强大。七国之间长期混战,人们称这七国为"战国"①。以后,人们亦称这段历史为"战国时期"。

一、各国的改革

战国前中期,各国的诸侯为了富国强兵,相继对本国的政治、经济和军事制度进行了不同程度的改革。

战国时期周王世系表

(前403—前256)

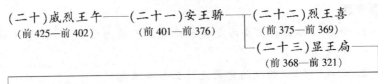

(周王编号接"春秋"世系表)

1. 魏国李悝改革

魏国的建立者魏文侯(名斯,前424—前396年在位)是著名的政治家。他任用李悝(kuī亏,约前445—前395)为相,于前400年左右进行改革。改革的主要内容如下:

选贤任能,赏罚严明 李悝主张,要改变旧的"世卿世禄"制度,重要官职要选任有才能的人充当,优厚俸禄要奖给有功劳的人。还主张赏罚严明。这样改革的结果,大大削弱了魏国的"世卿世禄"制度,以后魏侯(王)所立封君在封国食邑内没有治民之权,只衣食租税;官吏制度有所改善,政治情况较好。

尽地力 "尽地力"是一种"重农政策"②。李悝为魏文侯作《尽地力之教》,他计算说:100平方里之内,有土地9万顷,除了山泽人居占1/3之外,可开田地6万顷,"治田勤谨,则亩益(增产)三斗,不勤,则损(减产)亦如之"③。这就是说,百里之地,每年的产量,由于勤与不勤,或增产180万石,或减产180万石。此数字关系重大,因此必须鼓励农民生产。

---

① 《战国策·赵三》:赵奢曰:"今取古之为万国者,分以为战国七。"同书《燕一》:苏代曰:"凡天下之战国七。"

② "尽地力"就是"尽地之利"。《管子·小匡》引管仲曰:"垦草入邑,辟土聚粟,多众尽地之利。"

③ 《汉书》卷二四上《食货志上》。"斗",原作"升",误。

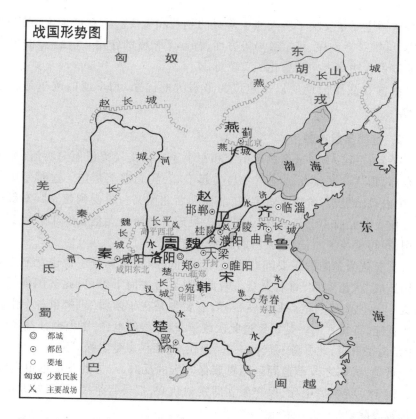

战国形势图

善平籴 在《尽地力之教》中还提出了一项设置"常平仓"的政策。李悝认为,"籴(dí 笛)甚贵伤民,甚贱伤农。民伤则离散,农伤则国贫"①。这对国家都极不利。为了"使民毋(wú 无)伤而农益劝",国家应当设常平仓。丰年征购农民的粮食,蓄积于常平仓,不使粮价过贱,以免伤农;荒年则抛售常平仓的蓄积,不使粮价飞腾,以免伤民。他说:这样,"虽遭饥馑、水旱,籴不贵而民不散,取有余以补不足也"。

"尽地力"与"善平籴"两项政策实行之后,促进了社会生产的发展,稳定了社会秩序,魏国逐渐富强。

制定《法经》 李悝制定了一部法律,叫做《法经》,共分六篇,为《盗》、《贼》、《网》、《捕》、《杂》、《具》六律。《晋书·刑法志》曰:李悝著《法经》,"以为王者之政莫急于盗、贼,故其律始于《盗》、《贼》;盗、贼须劾捕,故著《网》、《捕》二篇;其轻狡、越城、博戏、借假不廉、淫侈逾制,以为《杂律》一篇……"《具律》是根据案情,决定从轻或从重处罚的总论性的律文。

---

① 《汉书》卷二四上《食货志上》。"斗",原作"升",民:士、工、商。

这部法律主要是反映了新兴地主阶级的利益和需要。对魏国来说,在推动改革,维护社会秩序,稳定政局等方面,都起了积极的作用。《法经》的出现是我国古代法律走向完善化的重要标志。

魏国在战国前期所以迅速成为最强大的国家,和李悝的改革是分不开的。

2. 楚国吴起改革

吴起,卫国人,是著名的政治家和军事家。魏文侯曾任他为西河(今陕西东部)郡守。文侯死,武侯立,与吴起不睦,吴起逃至楚国。这时楚国较弱,国内政治黑暗,阶级矛盾尖锐,北面和西北面又一再受到魏、韩、秦等国的侵伐。公元前401年,楚悼王即位。吴起大约于公元前395年以后到了楚国,很得楚悼王的信任,就协助楚悼王进行改革。

吴起认为楚国的主要问题也是"世卿世禄"制度问题。他说此制度在楚国造成"大臣太重,封君太众。若此,则上逼主而下虐民,此贫国弱兵之道也"[①]。他改革的重点和李悝一样,主要也是在于削弱"世卿世禄"制度,选贤任能,赏罚严明。楚国经过此次改革,政治得到整顿,军力也日益强大。"于是南平百越,北并陈、蔡,却三晋,西伐秦,诸侯患楚之强。"[②]

可是,吴起之改革遭到楚国贵族保守派的反对,双方的斗争也很尖锐。公元前381年楚悼王死,保守派立即发动政变,把吴起杀掉,吴起的改革几乎都被废除。

3. 赵韩齐燕改革

赵、韩、齐、燕四国的改革规模都不大。赵国的改革是在赵烈侯(前408—前387)时,由公仲连协助进行的。韩国的改革是在韩昭侯(前362—前338)时,由法家申不害协助进行的。齐国的改革是在齐威王(前356—前320)时,由邹忌主持。这三国改革的重点相同,也都是削弱"世卿世禄"制度,"选练举贤,任官使能"[③]。不过很不彻底。燕国在燕昭王(前311—前279)时的改革比较深刻,燕昭王招贤纳士,引进了乐毅、邹衍、剧辛等一批很有才能的人,国势一度强盛。

4. 秦国商鞅变法

商鞅变法是战国时期各国改革中最彻底的改革。

变法背景　秦在春秋时期,社会经济的发展落后于关东各大国。反映

---

① 《韩非子·和氏》。
② 《史记》卷五七《吴起列传》。
③ 《史记》卷四三《赵世家》。

并加速井田制瓦解，土地私有制产生的赋税改革，也迟于关东各国很多。如鲁国"初税亩"是在公元前594年，秦国的"初租禾"是在公元前408年，落后186年。可是这时，秦国已使用铁农具，社会经济发展较快，这不仅加速了井田制的瓦解和土地私有制的产生过程，而且还引起社会秩序的变动。公元前384年，秦献公即位，下令废除用人殉葬的恶习①。次年又迁都栎（yuè岳）阳（今陕西临潼东北武屯镇古城村南）②。后又设立市集交易，编制户籍③，这都是初步改革。可是秦国仍很落后，贵族保守势力强大，争权夺利，国力薄弱。关东的大国看不起秦国。《史记·秦本纪》曰："秦僻在雍州，不与中国诸侯之会盟，夷翟（狄）遇之。"献公死，其子孝公（前361—前338）立，决心彻底改革，便下令招贤。商鞅自魏国入秦，孝公任他为左庶长④，开始变法。

商鞅（约前390—前338）姓公孙，名鞅，卫国没落贵族，杰出的法家，曾为魏相公叔痤（cuò 锉）的中庶子⑤。公叔痤死，他在魏不被重用而入秦。在秦以功封于商（今陕西商县东南），因称商君，亦称商鞅。

变法的主要内容　商鞅变法是分两次进行的。第一次开始于公元前359年，第二次开始于公元前350年。变法涉及内容很多，今归纳如下：

（1）政治方面——商鞅对政治的改革，是以彻底废除旧的以嬴氏贵族为主体的"世卿世禄"制，建立新的为加强中央集权所需要的官僚政治制度为重点。他在这方面改革的深刻程度及其成就，远远超过李悝和吴起。主要内容有如下三点：

① 制定二十级爵——制定二十级爵的做法，意味着废除旧世卿世禄制，今后根据人们的军功大小授予爵位，官吏从有军功爵的人中选用。二十级爵：一级曰公士，二级曰上造，第十九级曰关内侯，二十级曰彻侯⑥。各级爵位均规定有占田宅、奴婢的数量标准和衣服等次。又制定了"奖励军功，严惩私斗"的办法。奖励军功的做法是：将卒在战争中斩敌首一个，授爵一级，可为五十石之官；斩敌首二个，授爵二级，可为百石之官。宗室贵族无军功的，不得授爵位。有功劳的，可享受荣华富贵；无功劳的，虽家富，不得铺

---

① 《史记》卷五《秦本纪》："献公元年，止从死。"

② 秦原都雍（今陕西凤翔南）。

③ 《史记》卷六《秦始皇本纪》："献公立七年，初行为市。十年，为户籍相伍。"

④ 左庶长：后在二十级爵中为第十级。

⑤ 魏相的属官。

⑥ 《汉书》卷十九上《百官公卿表》曰：秦"爵一级曰公士，二上造，三簪袅，四不更，五大夫，六官大夫，七公大夫，八公乘，九五大夫，十左庶长，十一右庶长，十二左更，十三中更，十四右更，十五少上造，十六大上造，十七驷车庶长，十八大庶长，十九关内侯，二十彻侯。"

张。严惩私斗的做法是:为私斗的,各以情节轻重,处以刑罚。

② 实行县制——废除分封制,以县为地方政区单位。分全国为 41 县①,县设令以主县政,设丞以副县令,设尉以掌军事。县下辖若干都乡邑聚。后来秦在新占地区设郡,郡的范围较大,又有边防军管性质,因之郡的长官称守。后来郡内形势稳定,转向以民政管理为主,于是郡下设若干县,形成秦的郡县制度。

③ 实行什伍制度——秦之都乡邑聚原来都是自然形成的大小居民点。至此时,均作为基层行政单位。居民登记于户籍,分五家为一伍,两伍为什,同于后代的保甲制度。为了加强管理和统治广大居民,规定什伍之内各家互相纠察,"不告奸者腰斩,告奸者与斩敌首同赏;匿奸者与降敌同罚"②。

(2)经济方面——商鞅对经济的改革是以废除"井田制"、实行土地私有制为重点。这是战国时期各国中唯一用国家的行政和法令手段在全国范围内改变土地所有制的事例。主要内容有如下三点:

① 废井田,开阡陌——在全国范围废除井田制度,实行土地私有制度。废止"田里不鬻(鬻)"的原则,准许民间卖买田地。此后秦政府虽仍拥有一些国有土地,如无主荒田、山林川泽及新占他国土地等;但后来也陆续转向私有。

② 重农抑商政策——奖励耕织,凡努力耕织、生产多的,免除徭役。凡从事末业(工商)及因懒惰而贫穷的,全家没入官府,罚为官奴婢。

③ 统一度量衡——统一斗、桶、权、衡、丈、尺,并颁行了标准度量衡器,全国都要严格执行,不得违犯。如今传世之"商鞅量",上有铭文记有秦孝公"十八年""大良造鞅"监造,"爰积十六尊(寸)五分尊(寸)之一为升"③。知此量为"升"。由这件量器及其铭文可知,当时统一度量衡一事是十分严肃认真的。

商鞅铜方升(上海博物馆藏)

---

① 《史记》卷五《秦本纪》。卷六八《商君鞅列传》作 31 县。
② 《史记》卷六八《商君鞅列传》。
③ 桶、升:均量器名。方斛谓之桶,容量六升。

（3）社会方面——主要推行小家庭政策,以利于增殖人口、征发徭役和户口税等。具体规定:凡一户有两个以上儿子到立户年龄而不分居的,加倍征收户口税。禁止父子兄弟(成年者)同室居住。

与保守派的斗争 商鞅变法,侵犯了贵族们的利益,因之遭到他们的强烈反对。太子傅公子虔和太子师公孙贾还教唆太子驷公开出来反对新法。商鞅劓(yì 意,割鼻)公子虔,黥公孙贾,狠狠地打击了贵族保守派势力。商鞅又"燔(fán 凡)诗书而明法令"[1],加强思想统治,新法得到推行。可是,前338年,孝公死,太子驷继位,是为惠王。公子虔等乘机发动反攻,诬陷商鞅以"谋反"的罪名,将他逮捕并车裂。

商鞅虽死,秦惠王和他的子孙都继续实行商鞅的新法,所以秦的国势继续发展,为后来兼并六国,统一中国奠定了基础。

二、封建地主经济的发展

1. 土地私有制

土地买卖 战国时期,是土地国有制也就是封建领主制彻底瓦解、土地私有制也就是封建地主土地所有制确立和发展的时期。社会生产力的发展和各国的改革或变法运动,是促进、加速这一转变的两种重大因素。土地自由买卖已经成为正常的、合法的社会现象,参与这种买卖关系的,有平民,也有官僚和贵族。例如秦国在商鞅变法后,"除井田,民得卖买"[2]。赵国的大将赵括把赵王赐给他的金帛"归藏于家,而日视便利田宅可买者买之"[3]。

地主阶级 战国时期的近二百年中,地主阶级在迅速形成并猛烈发展着;但总的说来,各国地主的人数还不很多,地主们所占有的土地的数量也不很大。地主主要有三种类型,就是贵族地主、官僚地主和商人地主。贵族地主在关东六国中最多,保留的领主制残余较多,往往拥有许多政治特权。官僚地主在秦国最多,关东六国也不少,其中主要是军功地主,有一定的政治特权。商人地主是在民间产生的,是地主阶级中保留领主残余最少的一部分,这个阶层在当时的人数不很多,占有土地的数量也较少,在政治上没有什么特权。官僚地主和商人地主是新兴地主阶层。

农民阶级 农民阶级主要由自耕农、佃农、雇农三个阶层组成,自耕农

---

① 《韩非子·和氏》。
② 《汉书》卷二四上《食货志上》。
③ 《史记》卷八一《廉颇蔺相如列传》附《赵奢列传》。

居多数。自耕农每家大约占有田地百亩,有五到八口人,男耕女织。农民向官府缴纳的土地税,约为亩产量的十分之一,叫做"什一之税"。此外,还有户赋(户口税)等。平年,自耕农人不敷出;如遇荒年,生活更加困难。《墨子·非命下》曰:"今也,农夫之所以早出暮入,强乎耕稼树艺,多聚菽粟,而不敢怠倦者,何也? 曰彼以为强必富,不强必贫;强必饱,不强必饥,故不敢怠倦。"这段文字真实具体地记述了当时的农民为了吃饭而艰苦劳动的情景。

与地主阶级同时产生的,是佃农阶层。这时的佃农与地主结合成的租佃关系和旧时的农奴与领主结合成的租佃关系已有很大的不同。旧时的关系是政治统治与经济剥削结合在一起的,领主贵族既是政治统治者,又是经济剥削者;农奴只有半独立的人格,对领主的人身依附性是很强的。但这时的地主与佃农结合而成的生产关系基本上已不再具有政治统治的性质,而主要是一种经济关系。佃农基本上有独立的人格。地租以实物为主,约为亩产量的50%。就是西汉前期的政治家董仲舒所说的:"或耕豪民之田,见税什五。"①当时的雇佣劳动亦有发展,雇农主要是地主和富裕农民雇用的贫苦农民以从事田间劳动。《韩非子·外储说左上》曰:"夫卖庸而播耕者,主人费家而美食,调布而求易钱者,非爱庸客也,曰:'如是,耕者且深,耨者熟耘也。'庸客致力而疾耘耕者,尽巧而正畦陌畦畴者,非爱主人也,曰:'如是,羹且美,钱布且易云也。'"从这段记载看来,地主和雇农之间,主要也是经济关系。

2. 农业

战国时期,农业生产的发展比较迅速。主要原因有二:一是由于土地所有制发生变化,无论是自耕农还是实物地租制下的佃农,其生产积极性都比较高;二是生产工具有很大进步,尤其是铁农具的推广,更提高了生产力。

铁农具　战国时期的冶铁业很发展,铁农具的推广也很迅速。所造铁农具已有一定的规格要求,种类也比较多。解放以来,在今河北、山西、内蒙古、山东、安徽、河南、陕西、四川、湖北、湖南、江西、浙江、广西、广东、辽宁等省都发现了战国时期的铁农具,其中有犁铧、锄、镢(jué 镢)、锸(chā 插)、镰、斧等农具。在河南辉县固围村的魏墓中,一次出土了铁器 160 多件,其中有铁农具 58 件。在河北兴隆县的燕国遗址中,一次出土铁范 40 副,87 件。其中有镢范、锄范、镰范、斧范、凿范和车具范等。其他地区出土的铁农具的数量也很多。从这些农具的种类来看,农业生产的

---

① 《汉书》卷二四《食货志上》。

主要工序,如翻土、中耕、除草、收割等,都已使用铁器。虽是这样,但从全国范围来说,铁农具的数量还是较少,质量也较差。尤其是铁犁的数量更少。以考古发掘为例,至今只在河南辉县固围村和河北易县燕下都有数件"V"形犁或铁犁冠被发现。刃部很宽,造型原始。切不可夸大此时使用铁农具的普遍性,更不可妄言铁犁牛耕的普及程度。

铁锄范(河北兴隆出土)

农业技术　战国时期的农业生产技术已有很大进步,主要有四方面:一、深耕熟耨(nòu 镈);二、辨土施肥;三、把握农时;四、疏密得宜。当时的犁铧和锄、锸等,都有一定的规格,一般为五六寸宽,便于翻土、留苗。《吕氏春秋·任地》曰:"五耕五耨。"又曰:"其深殖之度,阴土必得,大草不生,又无螟蜮(yù 玉)。"同书《辨土》曰:"所谓今耕也,营而无获者,其早者先时,晚者不及时,寒暑不节,稼乃多菑(zī 资,茂草)实。"《荀子·富国篇》曰:"刺草殖谷,多粪肥田。"这些记载都是有关农业生产经验和技术的简要总结。当时的广大农民为了生活,就运用这样的生产经验和技术在艰苦地劳动着。

战国时期的农作物的亩产量,一般约为粟一石半。当时的一亩合今0.32亩,1石半合今3斗,为45斤左右。相当于今日亩产140斤左右。

水利　铁器的推广使用,为水利事业的发展提供了有利条件。劳动人民固然重视水利的兴修,各国的统治者也把水利事业的发展看作是富国之道的重要措施之一。魏国的邺县(yè 业,今河北临漳西南)县令西门豹征发农民开渠十二条,引漳河

李冰石像

以灌田,使农业获得很大的发展。秦国的蜀郡郡守李冰在今成都以北都江堰市境内整治岷江,分岷江水为内江和外江两大支,以内江主灌溉,外江主分洪泄水。既消除了岷江长期存在的水患,又灌田三百余万亩。这就是著名于世、遗惠已长达两千数百年的都江堰水利工程。秦国又用韩国水工郑国,在关中渭水以北开凿水渠,"凿泾水,自中山西邸(抵)瓠(hù 户)口为渠,并北山,东注洛,三百余里"。渠成,"用注填阏(è 饿)之水,溉泽卤之地四万余顷,收皆亩一钟"①。这就是著名的郑国渠。从此,关中为沃野,为秦进行统一中国的战争提供了重要的物质保证。

都江堰

3. 手工业

战国时期的社会经济仍是以男耕女织为主的自然经济。但这时的独立手工业较前有很大的发展,行业种类增多,生产规模扩大,技术也较前进步。除各国有官府手工业外,民间手工业也有新的发展,官府作坊的工人多是工奴、刑徒,亦有雇工和征调的农民。民间较大的作坊中的工人多是僮仆和雇工。

冶铁业 冶铁业是一项重要的手工业,从已发现的冶铁遗址来看,冶铁规模已相当大,产品种类和数量很多,质量也很好。在北方发现的铁器,以农具和手工工具为最多。在河北兴隆燕国遗址中发现的40副铁范,其外形和铸件的形状相似,范壁厚度均匀,经久耐用。说明了当时的铸造技术相当

---

① 《史记》卷二九《河渠书》。

进步。在南方楚国地区发现的铁器中,兵器居多,其中有戈、矛、剑、刀和匕首等。《荀子·议兵篇》曰:"宛(yuān 冤)钜、铁钑(shī 施,矛),惨如蠭(蜂)虿(chài)。"宛为今河南南阳,钜为带钢的铁戟,钑是楚国的长矛。说明了楚国兵器的质量是很高的。官府冶铁业主要是为统治阶级的政治、军事和生活需要服务的。民间冶铁业则以制造商品为主。如邯郸(赵国都城)郭纵,赵之卓氏,梁(魏)之孔氏,都是民间大冶铁家,因冶铁致富。

铸铜业 战国时期的青铜业仍在发展,解放以来,几乎每个省份都有战国时期的铜器出土,冶铜规模比前代扩大很多,产品主要有礼器、兵器、车具、马饰、货币,还有各种生活用具和少量农具。铜器的制作技术也有进步,复杂的器物已使用焊接技术。有些铜器制作精细,有的表面鎏金,有的刻以花纹或错以金银,工艺水平很高。《荀子·强国篇》曰:"刑范正,金锡美,工冶巧,火齐得。"这几句话是冶铜铸造技术的一个简明扼要的总结。

漆器业 漆器业也相当发展。已发现的大批漆器中,有妆奁(lián 连)、羽觞(shāng 商)、漆弓、戟、瑟、棺椁等家具和丧葬用具,制作都很讲究,花纹也很美观。其中使用薄板胎和夹纻(zhù 注)胎的漆盒、漆奁等,尤为轻巧精致。战国后期有的漆器上加镶金属口沿,叫做"钿器",不仅使胎质菲薄的漆器得以加固,而且使漆器更加美观大方。

错金银铜犀尊(陕西兴平出土)

造船业 战国时期的造船业很发展。今天见于文献记载的船只,有海船,有内河船,有战船,有民用船。海船已可行于近海,运货运兵。内河船已相当进步,而且有的很大。如张仪说楚王曰:"秦西有巴蜀,方船积粟,起于汶山(泯江上游),循江而下,至郢(今湖北江陵纪南城)三千余里。舫船载卒,一舫载五十人,与三月之粮,下水而浮,一日行三百余里。"[①]这是一种大型战船。民用船有大有小,在各地的河流湖泊中通航,便利了官民,促进了社会经济的发展。

4. 商业

随着农业和手工业的发展,商品交换也有新的发展。主要商品有菽(豆类)、粟等粮食,还有手工业品以及鱼、盐等。适应商品交换关系的需要,有大量的货币在流通,也有许多商业性质的城市出现,交通进一步发展。

---

① 《战国策·楚一》。舫,两船相并为舫。

货币 战国时期的各国都大量地铸造金属货币。货币的形状不同,有些货币上铸有造币的地名或币值。一般说来,赵、韩、魏三国的货币主要是用铲形的"布"。"布"是"镈"的假借字,是古代的一种农具。已发现的布可分为两大类,一类为空首布,和春秋时期的空首布相似,其形状近于农具之铲;另一类为平首布,其形式已脱离农具铲的原始形式,作为布币来说,已前进了一步。布币的形制因铸造时间和地区的不同,而有很大的差异。布上所铸铭文有"釿(jīn 斤)"、"梁半釿"、"梁一釿"、"离石布"、"安阳"等。釿为币值,是布的一种货币单位。梁为魏都,今河南开封。离石今属山西,安阳今属河南。

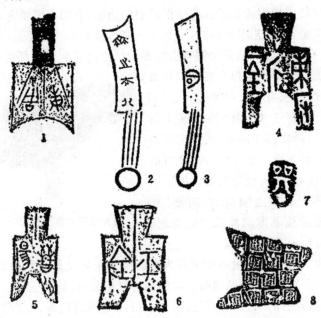

1. 周:"东周"空首布　　　　　2. 齐:"齐之法化"刀
3. 燕:"明"刀　　　　　　　　4. 魏:"蒲反一釿"圆跨布
5. 赵:"晋阳半"尖足布　　　　6. 韩:"平阴"方足布
7. 楚:"蚁鼻钱"　　　　　　　8. 楚:"郢爰"

战国时期的货币

齐、燕两国主要用刀形币,赵国也有刀币。齐国的刀币较大,面文有"节(即)墨之法化"、"安易(阳)之法化"、"齐之法化"等。燕国的刀币较小,带有"明"字,人们称之为"明刀"。赵国的刀币也较小,铸有"甘丹(邯郸)"等铭文。即墨今属山东,齐之安阳在今山东曹县,齐即临淄,齐之国都,今淄博市东北。邯郸,赵之国都,今属河北。

秦和周使用圆钱,中间有孔。秦钱铭文有"重一两十二朱(铢)"、"重一两十三朱"等。周钱铭文有"西周"、"东周"等。铢为重量单位,一两等于二十四铢。西周和东周都是地名。楚的主币为一种带有印文的小方块金饼,印文有"郢爰"、"陈爰"等,称为"饼金"。一块大金饼为十到二十小块不等。辅币为一种略似海贝的铜质币,俗名"蚁鼻钱"。郢是楚的国都,在今湖北江陵纪南城。楚屡迁都,新都皆称郢。陈是楚后期的国都,在今河南淮阳。

城市 由于手工业和商业的发展,城市人口不断增加,城市规模也在不断扩大,还不断出现新的城市。赵奢曰:"古者,四海之内,分为万国,城虽大,无过三百丈者;人虽众,无过三千家者……今千丈之城、万家之邑相望也。"[①]当时最大的城市有魏国的大梁(今河南开封)、温(今温县)、轵(今济源),韩国的新郑(今属河南)、阳翟(今禹县)、荥阳(今属河南),齐国的临淄,燕国的涿(今河北涿州)、蓟(今北京),赵国的邯郸,楚国的宛(yuān 冤,今河南南阳)、陈(今淮阳),周的三川(今洛阳)。仅临淄一城,就有七万户。《战国策·齐一》曰:"临淄之途,车毂(gǔ 骨)击,人肩摩,连衽成帷,举袂成幕,挥汗成雨。"说明了临淄是很繁盛的。都市与都市之间,都有大道相通连。《战国策·魏一》曰:魏"人民之众,车马之多,日夜行不休已,无以异于三军之众。"又曰:"魏墼(地)四平,诸侯四通,条达辐凑,无有名山大川之阻。从郑至梁,不过百里;从陈至梁,二百余里。马驰人趋,不待倦而至。"商人们或坐列贩卖,囤积居奇;或交结诸侯,干预政治。商人逐渐形成为一个重要的社会、政治势力。

三、从诸侯称雄到秦统一中国

战国前中期,各国长期进行兼并战争,互有胜负。但总的说来,秦国日益强大,不断侵占其他国家的土地。至战国后期,兼并战争的性质逐渐发展变化为秦国消灭六国、统一中国的战争。

1. 诸侯兼并

魏齐争雄 战国初期,魏国很强大,曾强占了秦、楚、郑、宋等国的土地。至魏惠王时,秦在商鞅变法之后,日益强盛。魏惠王即对秦取守势,转而向东,全力经营中原地区。公元前 354 年,魏伐赵,围邯郸。赵请救于齐,齐以田忌为将,孙膑为师,出兵未去赵国,而是西向攻魏。当时魏虽已攻下邯郸,可是本国内空虚,不得不急以主力回救本国。魏军行至桂陵(今河南长垣

---

① 《战国策·赵三》。

西北),遭齐军截击,魏军大败,主将庞涓被擒。这就是以"围魏救赵"的战法著名于世的"桂陵之战"①。公元前342年,魏又伐韩,韩亦请救于齐。次年,齐再以田忌、田婴为将,孙膑为师,出兵未去韩而直趋大梁(今河南开封)。魏将庞涓急忙引兵自韩回魏。魏以太子申为上将军,与庞涓以十万士卒迎击齐军。齐军诈败,魏军紧追。至马陵(今河南范县西南),天黑道狭,齐军以伏兵包围了魏军。齐军万弩俱发,魏军大乱,死者无数。庞涓自杀,太子申被虏。这就是著名的"马陵之战"。

魏在马陵失败不久,又为秦击败,并被秦夺回河西之地。此时魏"兵三折于外,太子虏,上将死,国以空虚"②。当时秦对魏的威胁最严重。魏为了安全,于公元前339年(魏惠王三十一年)将国都自安邑东迁大梁③,并与关东各国议和。关东各国也畏于秦的东侵,就互相结盟,迅速形成了关东各国与秦的对抗形势。

合纵与连横 关东各国为了抗拒强秦,就组成军事联盟,称为"合纵"。秦为了破坏关东的"合纵",以便于它向东方发展,就用军事压力和政治离间等手段,在关东争取盟国,称为"连横"。文献记载,从事于"合纵"运动的主要人物是洛阳人苏秦,从事于"连横"运动的是魏人张仪,他们都是鬼谷子的学生。

苏秦的主张于公元前334年首先得到燕文侯的支持,继之又得到赵肃侯的支持,后又联合韩、魏、齐、楚,形成南北联盟之势。"南北为纵"④,因称"合纵",苏秦为纵约长。"合纵"的形成,曾使"秦兵不敢窥函谷关(今河南灵宝东北农涧河畔王垛村)十五年"⑤。可是关东各国之间互相猜疑,矛盾重重,在对抗秦的进攻方面,各有打算。后苏秦死于齐,"合纵"瓦解。

张仪稍后于苏秦,为秦相,首倡"连横"。秦之主要联合对象为魏、韩,"东西为横"⑥,因称"连横"。公元前322年,张仪至魏国,劝魏背弃纵约,西亲秦国。魏王不听,秦出兵大破韩军,斩首八万余,诸侯震恐。魏迫于压力,就背弃纵约,与秦连横。后来关东各国又联合起来,赶走张仪,公推楚怀王为纵长,出魏、楚、燕、韩、赵五国之兵以伐秦。可是兵到函谷关,即为秦军所败,"合纵"又瓦解,魏、韩两国又转而屈从于秦。形成秦、魏、韩三国"连

---

① 《孙膑兵法·禽庞涓》:"孙子弗息而击之桂陵,而禽(擒)庞涓。"(银雀山汉墓竹简整理小组编)

② 《史记》卷四四《魏世家》。

③ 一说迁大梁时间为魏惠王六年或九年(前364或前361年)。

④ 《史记》卷六九《苏秦列传》索隐。

⑤ 同上书,《苏秦列传》。

⑥ 《史记》卷六九《苏秦列传》索隐。

横"，齐与楚两国"合纵"的对抗形势。秦为了拆散齐、楚"合纵"，就派张仪至楚，劝说楚怀王与齐绝交，并许以"商於（今河南淅川西南）之地六百里"①谢楚。可是在楚闭关绝齐之后，向秦索地，张仪却说当初只说许给"六里"。楚怀王知为秦所骗，就发兵攻秦，为秦所败。后来，秦昭王约楚怀王至秦会盟，楚怀王赴会被秦扣押，死于秦国。此后，关东各国虽还想合纵，可是情况更困难。

秦远交近攻 秦在破楚之后，又采取了"远交近攻"的策略，一面设法拉拢远方的齐国，一面加紧侵占邻近国家的土地。公元前293年，秦将白起大破韩、魏联军于伊阙（今河南洛阳市南），斩首二十四万，虏韩将公孙喜，拔五城。前288年，秦昭王自称西帝，尊齐湣（mǐn 皿）王为东帝。几个月后，虽因秦欲伐赵，齐欲伐宋，意图不一，又各去掉了帝号，恢复王号，可是关东各国的合纵形势已彻底破坏了。

燕乐毅伐齐 "合纵"破坏后，关东各国间的矛盾进一步发展。当时宋是一个中等国家，由于地处中原地区的东部，与齐、赵、魏、韩、楚为邻，形势极为重要。公元前286年，齐灭宋，引起了其他各国的震恐。秦即作为主谋，联合楚、韩、赵、魏、燕共六国，出兵伐齐。联军在济西（今山东聊城南）大败齐军后，因内部发生分歧，秦等五国相继罢兵。燕昭王因齐在前314年曾侵燕，攻破燕都蓟城（今北京城西南），使燕王哙和原相国子之惨遭杀害。他为了复仇，就命燕军统帅乐毅继续伐齐。不久攻破齐都临淄（今山东淄博市东北临淄北），齐湣王逃至莒邑（今山东莒县），为楚将所杀。乐毅以功封昌国君。他在齐五年，攻下七十余城。齐只有莒和即墨（今山东平度东）两个城未被攻下。

前279年，燕昭王死，惠王即位，疑忌乐毅，以骑劫代乐毅为将，乐毅被迫逃往赵国。

燕军易帅，士卒纪律松弛，到处抢劫，齐国人民纷起反抗。齐将田单在人民的支持下，利用燕军混乱之机，设计用"火牛"大破燕军于即墨，燕军溃退，齐军收复了全部失地。

2．秦统一中国

统一的历史趋势 战国时期的社会经济在发展，可是当时诸侯割据混战的政治形势与社会经济发展的要求存在严重的矛盾。如《战国策·东周》曰："东周欲为稻，西周不下水。"《孟子·告子下》曰："以邻国为壑。"同书《离娄上》曰："争地以战，杀人盈野；争城以战，杀人盈城。"战争对当时的

---

① 《史记》卷七〇《张仪列传》。

社会经济和人民的生活带来了极大的破坏,人民普遍厌战。因此,消除封建割据混战的政治局面,实现全国的大一统,是当时历史发展的客观要求。

关东六国虽曾进行过一些政治改革,但极不彻底,基本上是贵族掌权,封建领主制残余保存较多,政治黑暗,统治集团内部经常发生火併,阶级矛盾尖锐,国力薄弱。可是,秦国的情况与关东六国的情况有很大的不同。秦在战国中期,在商鞅的主持下,变法比较彻底。在此后的一百年间,秦在政治方面,已基本上建立起了一套中央集权的政治制度。《荀子·强国篇》曰:秦的官吏"出于其门,入于公门;出于公门,归于其家,无有私事也。不比周,不朋党",工作效率高,社会很稳定,政权也较巩固。在经济方面,相当彻底地废除了领主制的农奴制度,建立了土地私有制度;又实行奖励耕织的政策,促进了社会生产力的发展。耕地面积不断扩大,生产技术也不断提高。在军事方面,秦对士卒的训练是极严格的。又实行"军功爵"的政策,"以功劳,行田宅",所以士卒勇于战斗。《荀子·议兵篇》曰:"齐之技击不可以遇魏氏之武卒,魏氏之武卒不可以遇秦之锐士。"可见秦之锐士是很厉害的。秦的疆土也在不断扩大,至昭王(前306—前251)时,已西到今甘肃和四川东部,南到湖北、湖南,东到河南中部、河北南部,北到山西、陕西北部。这样大的疆土已远远超过了关东六国所剩疆土的总和。至此时,已可以看出,由秦来消灭六国,实现全国的大一统,是历史的必然趋势。

秦灭六国 秦的统一战争可分为两个阶段。从公元前278年(秦昭王二十九年)至前232年(秦王政十五年)为第一阶段;从前231年至前221年(秦王政(即秦始皇)二十六年)为第二阶段。

第一阶段,秦从前278年起,开始对关东六国展开了凌厉的攻势。就是在这一年,秦国著名的将军白起率军攻下了楚都郢(今湖北江陵纪南城),秦在这里设立了南郡,迫使楚迁都于陈(今河南淮阳),白起因功封为武安君。这就揭开了秦灭六国、统一中国的序幕。次年,秦派蜀守张若夺得楚的巫郡和黔中郡。前260年(秦昭王四十七年),白起攻韩,又与赵争夺韩的上党郡。在长平(今山西高平),大破赵军,杀赵军统帅赵括,全坑赵的士卒四十余万人。此战役的胜利奠定了秦灭六国统一中国的基础。

第二阶段,此阶段是在秦王政的直接领导下进行的。秦王政于公元前246年即位,时年十三岁。由相国吕不韦掌权。前238年,秦王亲政,镇压了嫪毐(lào ǎi 烙蔼)的叛乱。次年,免除吕不韦的相国之职,后吕不韦自杀。秦王政整顿了国内的政治之后,就展开了对六国的进攻。前230年派内史腾灭韩,前225年灭魏。前224年,秦将王翦以六十万大军伐楚,次年灭楚。前222年灭燕、赵,前221年灭齐,统一了六国。从此,中国由一个诸侯割据称雄的封建国家转变为一个多民族的统一的中央集权的封建国家。

复习思考题：

　*1. 商鞅变法的社会背景、变法的主要内容及其政治、社会意义是什么？

　 2. 战国时期的新的租佃关系的状况怎样？

　 3. 战国时期有哪些著名的水利工程？各由谁主持修建的？

　*4. 战国时期有哪些主要金属货币类型？各属于哪些国家？

　*5. 秦灭六国、统一中国的主要原因是什么？

重要名词：

　*战国七雄　*李悝　秦孝公　*孙膑　乐毅　*马陵之战　*长平之战　*合纵与连横　*都江堰　郑国渠

参考书：

　1. 翦伯赞、郑天挺主编：《中国通史参考资料》第二册〔叁〕一、二、三、四。

　2. 《史记》卷六《秦始皇本纪》、卷六八《商君列传》。

　3. 中国社会科学院历史研究所编：《马克思、恩格斯、列宁、斯大林论资本主义以前诸社会形态》，第206—264页。（选读）

第四节　西周、春秋、战国文化

西周、春秋、战国时期，是我国古代文化大发展的时期，主要文化成就有如下四个方面。

一、五经　三传

五经　"五经"是《诗》、《书》、《易》、《礼》、《春秋》，这五部书是我国保存至今的最古的文献，也是我国古代的重要思想学术流派儒家的主要经典。

《诗》也叫做《诗经》，是我国最早的一部诗集，现存305篇，由风、雅、颂三部分组成。风包括十五国风，共160篇；雅分大雅和小雅，共105篇；颂分周颂、鲁颂、商颂，共40篇。各篇的创作年代，大部分已不可确知。根据部分诗篇考查，最早的约作成于西周初年，最晚的约作成于春秋中期。全书是经过五六百年时间的积累、并经过搜集者的加工和润色而成的。

《诗》的内容很丰富。国风主要是民间歌谣；雅和颂主要是领主贵族用于宗庙、朝廷上的诗歌。国风中的不少篇章揭露了领主贵族们残酷地剥削和奴役劳动人民的情况，也在一定程度上反映了劳动人民的生活、思想和感情,这一部分是全书的精华。雅和颂虽为贵族乐章,但有些是叙事诗,记录了不少史事和制度等,有很高的史料价值。

《书》也叫做《书经》或《尚书》,是我国最早的一部文集。全书分为《虞书》、《夏书》、《商书》、《周书》四部分,主要记述商、周两代的一些重大政治事件,如重要战争、阶级关系、政治制度和政策等,有很高的史料价值。

不过现存本《尚书》有今文和古文的区别。《今文尚书》是西汉初年由老儒口头传授,弟子们用隶书(今文)记录下来的。现存 29 篇,其中大部分是商、周的遗文;但有少部分为战国时期的托古之作,旧时谓之伪作,如《尧典》、《皋陶(yáo 摇)谟》、《禹贡》、《洪范》等皆是。这几篇作为战国时的著作,其史料价值仍是很高的。如《禹贡》记述了战国以前的黄河、长江两大流域的山脉、河流、土壤、物产等情况,是我国现存的一部最早的地理志。西汉时曾在民间收集到先秦本《尚书》,因用战国文字书写,被称为《古文尚书》,今已失传。现存本《古文尚书》经清代学者考订,认为是晋朝文人伪造的,因之称为《伪古文尚书》。

《易》也叫做《易经》或《周易》,是我国最早的占卜用书。内容包括《经》和《传》两部分,可能出现于商、周之际,成书于战国或秦汉之际。其对自然或社会变化的论述,富有朴素的辩证法观点。

《礼》也叫做《仪礼》、《士礼》或《礼经》,是春秋、战国时期的部分礼仪制度的汇编,共有 17 篇。旧说周公制作或经孔子修定。据近人的考证,认为可能成书于战国前、中期。

《春秋》也叫做《春秋经》,是我国最早的一部编年体历史著作,以鲁国的历史为主,简要记载了从鲁隐公元年至鲁哀公十四年(前 722—前 481)共 242 年间有关周王室及诸侯国的重要史事。相传经孔子整理成书。在此书中,还记录了我国当时观察到的日蚀 30 次,地震 7 次,这些资料都有很重要的科学价值。

三传 "三传"是解释《春秋》的三部书,就是《左传》、《公羊传》和《穀梁传》。《左传》也叫做《春秋左氏传》或《左氏春秋》,相传是春秋、战国之际的左丘明所撰。《左传》以《春秋》为纲,博采各国史事,编次成书,叙事明晰,繁简得宜,保存了较丰富的历史资料。

《公羊传》也叫做《春秋公羊传》或《公羊春秋》,旧题战国时公羊高撰;唐人考证,为西汉前期人所作。《穀梁传》也叫做《春秋穀梁传》或《穀梁春秋》,旧题战国时穀梁赤撰。初仅口述流传,西汉时才成书。后两书的体裁相近,都是研究先秦历史和思想史的重要资料。

二、诸子百家

春秋、战国时期是由封建领主制向封建地主制过渡的时期,新旧阶级之间,各阶级、阶层之间的斗争复杂而又激烈。代表各阶级、各阶层、各派政治力量的学者或思想家,都企图按照本阶级(层)或本集团的利益和要求,对宇宙对社会对万事万物做出解释,或提出主张,于是出现了一个思想领域里的"百家争鸣"的局面。参加争鸣的各派,史称为"诸子百家"。其中主要的有儒、道、墨、法、名、阴阳、纵横、农、杂、小说等家。在思想领域影响最大的是前四家。

孔子与儒家 孔子名丘,字仲尼(前551—前479),春秋后期鲁国人,曾在鲁国任高级和中级官吏。后自办学校,以教书为业。为宣传他的政治主张,先后游访了卫、宋、陈、蔡、楚等国,但均不被采用,后回鲁国病逝。

孔子是一位伟大的思想家和教育家。他在政治上尊崇尧、舜、文、武、周公,赞扬西周的制度,认为那时是人类的理想社会。他的这一思想并不是要历史倒退,而是反映了他对当时的现实不满,希望当政者有所兴革。他认为大至国家,小至家庭,人与人之间的关

孔子像

系都要以一定的伦理来维系。因此,人们都要加强个人的修养,各守其位,各司其事,各尽其职。他把这些行为规范概括为八个字,即"君君、臣臣、父父、子子"①。再进一步升华为一个字,那就是"仁"。"仁"是孔子的政治观和社会观的核心和最高境界。为实现"仁"而制定的制度和行为准则为"礼"。孔子主张行"仁政","使民以时"②;反对"暴政",反对残酷剥削,反对"非礼",都是他的思想观点的体现。孔子有关"仁"和"礼"的学说把我国古代的政治和社会伦理思想推进到一个新的阶段,此学说是我国封建时代政治和社会理论的精华。

孔子是我国古代私人办学的先驱。他以六科教育学生。六科亦称六

---

① 《论语·颜渊》。

② 《论语·学而》。

艺,就是礼、乐、射、御①、书、数。他的教育思想进步,主张"因材施教","有教无类"。他熟悉古代经典,相传他曾删定"六经",以为教材。六经即《诗》、《书》、《易》、《礼》、《乐》、《春秋》。《乐》今已佚失,其他五经尚存。孔子的主要言论保存在《论语》一书中。

儒家的代表人物还有孟子和荀子。孟子(前390—前305)名轲,字子舆,邹(今山东邹县)人,一生以教书为业。他曾游访宋、滕、魏(梁)、齐等国,向有关国君或卿大夫阐述政见。他继承孔子的学说而有所发展,其学说的核心是"仁、义"。他主张行"仁政",主张"保民",反对诸侯混战,反对残酷的剥削和压迫,对当时各国的政治和战争多所抨击。他的主要学说多收在所著《孟子》一书中。

荀子(前313—前238)名况,赵国人,为儒家,但有较浓厚的法家思想,时人尊称他为荀卿。曾游访齐、楚、秦、赵等国,当过齐国稷下②学官和楚的兰陵③县令。他主张以"礼"治国,他所说的"礼",就是"制度、政策",和"法"无甚区别。他很赞扬各国实行富国强兵政策,尤其是称赞秦国的政治和军事。他对统治者与人民的关系比作舟与水的关系。他说:"君者,舟也;庶人者,水也。水则载舟,水则覆舟。"④这一理论观点对后代的政治思想有很大的影响,成为有作为的帝王的座右铭。他的主要学说多收在所著《荀子》一书中。

老子与道家 老子姓李名耳,字聃(dān 丹),楚国人,约与孔子同时,是道家的创始人。老子《道德经》一书约成于战国时期。学术界认为此书的世界观是客观唯心主义的,方法论是形而上学的。但有些观点具有朴素的辩证法因素。

道家在战国时期的代表人物是庄周(约前369—前286)。庄周,宋人,著有《庄子》一书。他的世界观和老子相同,方法论是相对论。

道家在政治上消极,反对社会进步,主张"无为而治"。

墨子与墨家 墨子(约前468—前376)名翟(dí 敌),鲁国人,是墨家的创始人。《墨子》一书基本上保存了他的思想。他的最有代表性的主张是"兼爱"和"非攻"。他反对战争,谴责由于战争而给人民造成的灾难,反对统治阶级的腐朽生活,反对厚葬。

他的信徒称为"墨者",多是劳动人民出身,生活比较艰苦朴素。墨子

---

① 御,驾驶车马。

② 稷下:学官名,在临淄稷门附近。

③ 兰陵:县名,属楚国。今山东苍山县西南兰陵镇。

④ 《荀子·王制篇》。

死后,墨者的首领称为钜子,领导墨者活动。

法家与韩非　法家是反映新兴地主阶级利益的思想流派。前期法家的
代表人物有李悝、商鞅和申不害,后期
法家的代表人物是韩非。

韩非像

韩非(约前280—前232)出身于
韩国贵族,和李斯同是荀子的学生。
著有《韩非子》一书,阐明他的思想和
主张。他反对儒家的说教,也反对民
间的游侠的横行。他说:"儒以文乱法,
侠以武犯禁,而人主兼礼之,此所以乱
也。"他主张:"明主之国,无书简之文,
以法为教;无先王之语,以吏为师。"①就
是主张"罢黜百家",崇尚法治。

韩非的主张很为秦王政所重视。
后韩非自韩至秦,李斯嫉妒他的才能,
把他谋害致死。

兵家与孙武、孙膑　春秋、战国时期,由于各诸侯之间长期进行战争,官
府和民间都很重视兵事,因之出现了许多懂得兵事的"兵家"。而且各有著
述,名曰"兵书"。后人以兵书所论的重点或特点,分为"权谋"、"形势"、
"阴阳"、"技巧"四类,其中以"权谋"最为重要。"权谋者,以正守国,以奇
用兵。先计而后战。兼形势,包阴阳,用技巧者也。"②"权谋"的主要代表人
物是孙武和孙膑。

孙武,春秋后期齐国人。他曾以所著兵书十三篇献于吴王阖庐,受到赞
赏。后来阖庐任他为将军,与伍员率吴军西击楚,于公元前506年破楚都
郢,迫使楚迁都于都(ruò 若,今湖北钟祥西北)。吴国从此成为长江中下游
最强大的国家。孙武所著兵书名《吴孙子兵法》,通称《孙子兵法》,分3卷。
上卷即"十三篇",为历代兵家所必读,至今已名传中外,且有多种外文译
本。其中、下卷已失传。

孙膑,战国中期人,孙武之后。曾与庞涓同学,后庞涓为魏将,嫉妒孙膑
的才学,而将孙膑砍断双足。孙膑后逃至齐国,齐威王任之为军师,与将军
田忌率齐军先破魏军于桂陵,再破之于马陵,庞涓惨败自杀。孙膑所著兵书
名《齐孙子》89篇,大约在东汉后期已亡佚。直到公元1972年,才在今山东

①　《韩非子·五蠹》。
②　《汉书》卷三〇《艺文志·兵书略》。

临沂银雀山汉墓中被考古工作者发现。经整理，以《孙膑兵法》行世[①]，全书分上下两编，各收文 15 篇，共为 30 篇，为当今研究孙膑兵法乃至先秦兵事的宝贵资料。

三、文　学

西周至战国时期，文学的代表作，前期有《诗经》，后期有楚辞。屈原的著作又是楚辞的代表。

屈原与楚辞　屈原（约前 340—约前 278）名平，楚国贵族，曾任楚的三闾大夫。他对楚国的命运很关心，想改善政治状况，还想联合齐国以抵抗强

秦。可是，由于楚王昏庸，不听他的主张。他被楚怀王和顷襄王两次放逐到江南，后投汨（mì 密）罗江而死。著名的《离骚》就是他在放逐中的抒怀之作。传说《九歌》、《天问》、《九章》、《招魂》等也是他作的。屈原的作品是采用楚国民间诗歌的形式，用楚国的方言，又吸收了《诗经》中的某些成果写成的。其中有不少篇章是借用美丽的神话形式，生动而形象地表达了他对祖国的热爱和对腐朽反动的贵族统治的愤怒，使诗歌的思想性和语言艺术都达到了一个新的境界。

屈原像

楚辞的主要作者还有宋玉、景差等。

散文　战国时期，散文相当发展，其内容无论是记史、叙事、论政、写景，都主题明确，观点清晰，行文流畅，语汇丰富，而且相当口语化。有些比喻、用语简练、准确，成为后代成语、典故、寓言的主要源头。如《左传》、《孟子》、《荀子》、《韩非子》、《战国策》等，都是一些优秀的现实主义的散文集，对后代的文学创作有很大的影响。

《庄子》一书，文辞多彩，想象宽广。第一篇《逍遥游》叙述了一个能展翅九万里的大鹏和腾跃不过丈尺的小雀等的对话，用这个故事来阐述一种超然物外、无往而不适的理想。这种铺张的文学手法对我国古代的浪漫主义派文学有着深刻的影响。

---

① 　银雀山汉墓竹简整理小组编《孙膑兵法》，文物出版社，1975 年 2 月出版。

四、科学技术

天文　西周时期,天文学有相当的进步。《诗经》中有火、箕、斗、牛、室、昴(mǎo 卯)、毕等星宿名称。到战国时期,天文学家把黄道(太阳和月亮所经天区)的恒星分成二十八个星座,称为二十八宿①,四方各有七宿,名称和方位明确。二十八宿是我国最早的天文坐标图,日、月、五大行星(木、火、土、金、水)的运行,彗星、新星、流星的出现,都可以在这个坐标图上标定出方位来。根据恒星的方位,又可以比较准确地推算出一年中的重要季节的到来。二十八宿的划分和应用,是我国古代天文学研究的一项重大成就。

战国时期,已有许多专门观测星宿运行的占星家。齐人甘德②著《天文星占》八卷,魏人石申著《天文》八卷,为当时名著,但均佚失。唐朝编《开元占经》,收石申书残卷《石氏星经》,较精密地记录了黄道附近的 120 个恒星的方位和这些恒星距北极的度数,用来观测木、火、土、金、水五个行星的运行,并发现了这五个行星运行的规律。这些关于恒星的记录,是世界上最古的恒星表。

历法　西周的历法,亦有进一步的发展。至春秋时,已有冬至、夏至、春分、秋分、立春、立夏、立秋、立冬等八个节气,并能准确地推算出冬至的日期。《左传》记载,公元前 655 年(鲁僖公五年)春"正月辛亥朔,日南至"。这是我国最早关于冬至日的记录。

春秋时期,各国使用了三种不同的历法。以冬至月为正月的,叫做"周正";以冬至后一月为正月的,叫做"殷正";以冬至后二月为正月的,叫做"夏正"③。"夏正"也叫做"夏历",比较符合一年四季气候的变化,最便于农业生产。到战国时期,"夏历"被普遍采用。

医学　西周时期,医学尚与巫术结合在一起,唯心主义成分很大。到春秋时期,医学进一步发展,并逐渐摆脱了巫术而独立。

春秋后期的扁鹊是一位杰出的民间医生,姓秦,名越人,齐人。自幼学医,几十年间,积累了丰富的医疗经验。他曾周游列国,治愈了许多疑难病症,"名闻天下"④。他用望、闻、问、切四种诊断方法诊病,兼通内、妇、五官、

---

①　《淮南子·天文训》高诱注:"二十八宿,东方:角、亢、氐、房、心、尾、箕,北方:斗、牛、女、虚、危、室、壁,西方:奎、娄、胃、昴、毕、觜(zī 资)参(shēn 身),南方:井、鬼、柳、星、张、翼、轸(zhěn 枕)也。"

②　甘德,或作楚人。

③　冬至月为夏历十一月。周以十一月为正月,殷以十二月为正月。

④　《史记》卷一○五《扁鹊列传》。

小儿等科。治病的方法有汤(汤药)、熨(用药物熨贴、按摩)、针石(针灸)、酒醪(láo 劳,服药酒)等。《汉书·艺文志》载有《扁鹊内经》九卷,可能是他的行医经验的总结,今已亡佚。

战国时期,著名的医书有《黄帝内经》18 篇,分《素问》和《灵枢》两部各9 篇。《素问》主要论述脉理和病因,《灵枢》主要论述经络和针刺。全书记载了我国两千数百年前的有关人体解剖的知识和血液循环的概念。这对世界古代医学是一个巨大的贡献。扁鹊《难经》81 篇是后人托他之名的著作。以答问形式阐明《内经》的本旨。这些名著总结了我国几千年的医学实践的丰富经验,是中医学的重要经典。

五、三星堆文化

在夏、商和西周时期,中原地区以外的民族或方国的经济、文化亦在迅速发展,生活在今四川成都一带的古蜀国的发展尤为突出。关于古蜀国的存在,在中原的文字史料中已有记载。如《书·牧誓》记周武王伐商纣王时曰:"嗟! 我友邦冢君,御事:……及庸、蜀、羌、髳、微、卢、彭、濮人。"《华阳国志·蜀志》还记载了蜀之建国及其王侯世系。说:帝颛顼"封其支庶于蜀,世为侯伯,历夏、商、周。武王伐纣,蜀与焉"。蜀至战国时期,为秦所灭。文献关于蜀的记载,毕竟稀少,对其具体情况缺了解。

1929 年春,今四川广汉县的一家燕姓农民在灌田时,无意中发现了一个古代的地窖,发掘出以玉器为主的文物 400 余件,一时震动了中外学者,有人已推测,这里"很可能是古代蜀国的一个中心都邑"。此后,这里的发掘工作时断时续,直到 21 世纪初,屡有重大发现。据说被认定为古蜀城市遗址已有多处,几乎遍及于成都西北至东北的若干个县市中。有房屋、墓葬、城墙及祭祀坑遗址,出土青铜器、金器、玉器、象牙器、漆器、陶器等数以千计。具有特征性的器物极多,有金杖、金面罩、青铜人像等。有一尊大型立人铜像通高 2.6 米,重 180 多公斤,是我国迄今发现最早、最大的青铜人像。出土青铜人像共有 82 尊,玉石礼器一千余件。还有海贝和铜贝数以千计。

三星堆文化已出土的文物很多,由此而引发学术界思考的问题也很多。其存在时间,大体推定为相当于夏、商和西周初期(前2000—前1000),其文化类型亦不同于华夏文化。但此文化属于何民族呢? 是土著还是另有来头呢? 其社会性质、生产状况是怎样的? 其政权和宗教又是怎样的? 总的说来,三星堆文化之谜还有很多,人们期待着有新的考古发现。

青铜面具

青铜立人像　　　　　　　　青铜兽面具

三星堆出土青铜器物

复习思考题：

　*1. 试述"五经"的名称及各经的性质。

　2. 略述"百家争鸣"发生的社会背景、主要派别及其主要代表人物。

　*3. 应当怎样评价孔子？

　4. 屈原有哪些主要著作？

　5. 略述春秋、战国时期的主要医家和医学名著。

　6. 略述三星堆文化情况。

重要名词：

　*五经　*孔子　孟子　荀子　老子　墨子　*韩非　*屈原　*扁鹊　《黄帝内经》　*三星堆青铜立人像

参考书：

　翦伯赞、郑天挺主编：《中国通史参考资料》第一册〔贰〕七、第二册〔叁〕四。（选读）

第三编(下)
封建地主制社会

(前 221—1840)

　　封建地主制社会是中国封建社会的第二阶段。这一社会是以占有大量私有土地的封建地主与无地少地的农民结成的租佃关系和大量存在的自耕农民为基础建立起来的。其社会经济的基本特点是分散生产的小农经济和自然经济。以此为基础树立起来的政治上层建筑是多民族的、统一的、中央集权的封建专制制度。中国的封建地主制社会开始于秦朝,止于清朝鸦片战争。鸦片战争以后,中国由于世界资本帝国主义列强的不断入侵,而日益沦为半殖民地半封建社会。

第四章 秦 汉

（前 221—189）

秦和西汉、东汉三个王朝历时四百余年。此四百年是中国封建地主制社会奠基的时期，新的封建政治、经济制度在开创并发展中，文化科学技术也有较迅速的发展。

第一节 秦 朝

（前 221—前 207）

秦始皇于公元前 221 年（始皇二十六年）结束了消灭六国、统一中国的战争，建立了秦王朝。秦朝颁行了若干项新的重要政治、经济制度或政策、措施，为中国封建地主制社会的确立和发展奠定了基础。秦朝虽只存在了 14 年，但它的历史功绩是不可磨灭的。

秦朝帝系表

（前 221—前 207）

（一）始皇帝嬴政　　　　　　　　　　　　　（二）二世皇帝胡亥
（前 221—前 210）　　　　　　　　　　　　　（前 209—前 207）

扶苏—（三）秦王子婴
（前 207）

一、建立封建中央集权制国家

1. 建立中央集权制度

秦始皇在统一中国的当年，即宣布废除西周创立并实行了八百余年的封建领主制政治体制，创行新的适合于当时的封建地主阶级需要的中央集权制度。这一制度自中央到地方由三个主要环节构成：

皇帝制 在西周、春秋和战国前期，只有天子称"王"，是全国的最高统治者。至战国中期以后，周天子的权威已极度衰落，各诸侯也相继称王。秦王政消灭六国，统一中国，诸侯争战的局面结束，天下安定。秦王政自认为功劳高于古代所有的帝王，不应再仅仅称王，就让大臣们讨论此事。大臣们

秦始皇像

（刘旦宅原作　李砚云改作）

说："古有天皇，有地皇，有泰皇，泰皇最贵。"①建议秦王政称"泰皇"。秦王政决定取古代"三皇"之"皇"和"五帝"②之"帝"，合而为一，称"皇帝"。从此，"皇帝"就成为封建国家最高统治者的尊号。皇帝自称为"朕"，同"余"、"我"。秦王把"家天下"作为统治天下的主要制度，实行皇位世袭，规定他称"始皇帝"，子孙和后代继位者，依次称二世皇帝、三世皇帝，他想传千世、万世，传之无穷。后代称他为"秦始皇"。

皇帝拥有至高无上的权力，从中央到地方的主要官吏，如郡守、县令等，都由皇帝任免，都按照皇帝的律令或意志办事。军权也集中到皇帝手中，凡调动士卒 50 人以上，必须持有皇帝的虎符为凭，否则就是违法。

三公九卿制　秦始皇建立的中央机构，不曾采用以皇室贵族为主体的"世卿世禄"制度，而是实行不论出身，但以军功或劳绩为任用的主要根据的官僚制度。这样的制度服务于以皇帝为首的中央集权制度。其基本情况是：

皇帝之下，设中央机构，以协助皇帝领导全国，并处理庶政。此中央机构采用"三公九卿制"。三公为丞相、太尉、御史大夫③。丞相是"百官之长"，"掌丞天子，助理万机"。秦朝设左、右丞相，以右为尊；太尉掌军事；御史大夫"掌副丞相"，主管监察。

九卿有奉常④，掌宗庙礼仪；郎中令⑤，掌宫殿警卫；卫尉，掌宫门屯卫；太仆，掌御用车马；廷尉，掌刑法；典客⑥，掌外交和民族事务；宗正，掌皇族、

---

① 《史记》卷六《秦始皇本纪》。

② "五帝"有多种说法，《史记》卷一《五帝本纪》谓五帝为黄帝、颛顼(zhuān xū 专虚)、帝喾(kù 库)、唐尧、虞舜。

③ 三公之名，始见于西汉前期。《文选》枚叔(乘)《上书重谏吴王》："今汉亲诛其三公以谢前过。"注："谓诛晁错也。错为御史大夫，故曰三公。"《汉书》卷一九上《百官公卿表上》谓：相国、丞相及太尉、御史大夫均是秦官。有的学者疑秦朝无太尉。又谓"九卿"应作"诸卿"，无根据。

④ 汉景帝时改称太常。

⑤ 汉武帝时改称光禄勋。

⑥ 汉景帝时改称大行令，武帝时又改称大鸿胪。

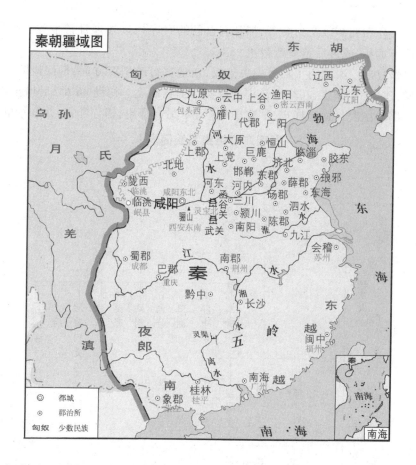

秦朝疆域图

图例：
◎ 都城
⊙ 郡治所
匈奴 少数民族

宗室谱系、名籍；治粟内史①，掌财政；少府，掌山海池泽之税及皇帝的生活供应。九卿之外，还有列卿，如中尉，掌京师治安；将作少府，掌修治宫室等。

阳陵虎符

---

① 汉景帝时改称大农令，武帝时又改称大司农。

三公和九卿以及列卿等,都各有自己的府寺①,以处理日常事务。大事总汇于丞相,或最后请皇帝裁决。

郡县制 秦朝为了加强中央集权,在地方行政制度方面,彻底废除"封诸侯,建藩卫"制度,在全国范围普遍实行郡县制度。初设36郡,后增至40郡。郡的主要长官是郡守,掌政事和军事;另有郡尉,辅佐郡守,并掌军事;

秦朝政府组织系统简表②

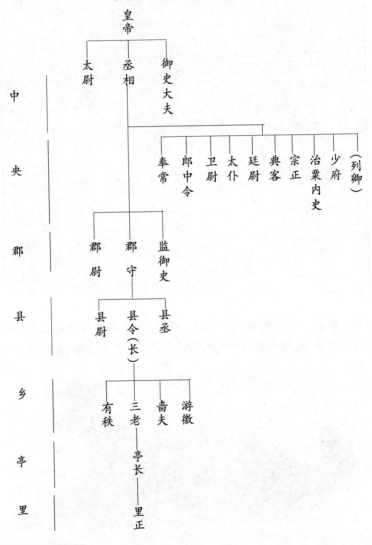

① 《左传·隐公七年》疏:"自汉以来,三公所居谓之府,九卿所居谓之寺。"

② 据《汉书》卷一九上《百官公卿表上》。九卿之外,有列卿,如中尉、将作少府、詹事、将行、典属国等。里正,云梦秦简作里典,当系避秦王政讳而改。

还有监御史，为中央派遣之监察官吏。郡下设若干县，主要长官，万户以上的大县设"令"，不满万户的小县设"长"，令(长)掌政事和军事；另有丞，掌文书、刑法；尉，掌军事。

县以下有若干乡，乡以下有若干亭①，亭以下有若干里，里就是村落。《汉书·百官公卿表上》曰："大率十里一亭，亭有长。十亭一乡，乡有三老、有秩、啬夫、游徼。三老掌教化；啬夫职听讼，收赋税；游徼徼循禁贼盗。"里的头人为里正。乡、亭、里官吏要由当地富庶人家充当。从这一规定可以看出，封建国家依靠地主绅士作为全部封建统治的基础。

秦始皇废除贵族分封制，实行中央集权制，是适应当时社会经济发展变化需要的重大政治制度的变革，这一变革具有革命的性质。协助秦始皇策划并实行这一变革的重要大臣是法家李斯。新的制度固然仍是地主阶级用来统治、镇压广大劳动人民的工具，但已基本上摆脱了旧的贵族政治的窠臼，形成为由中央的三公九卿制和地方的郡县制相结合的一套完整的封建政治制度，这套制度是中国古代政治制度的重大发展，是与当时的社会经济的状况及其发展的要求相适应的；在当时，在此后相当长的时间中，对巩固我们祖国的统一，对促进社会经济、文化的发展，起了相当的作用。在我国此后两千多年的封建社会中，基本上沿用了这一制度。当然在皇帝"家天下"制度下，皇帝的子孙仍会受到特殊照顾的，但秦朝的制度是在政治上不给特权，而在物质生活方面，"以公赋税重赏赐之"②。

2．实行统一经济、文化政策

秦始皇大力实行有利于封建地主经济、文化发展的、有助于巩固新建王朝统一和安定的经济、文化政策。主要内容如下：

实行土地私有制　始皇三十一年(前216)，始皇下令"使黔首自实田"。就是要人民向政府据实登记所有田地，按亩纳税，这是秦王朝在全国范围推行土地私有制的法令。这个法令的推行，实现了土地私有制的法典化，促进了地主经济的进一步发展。

统一货币　始皇二十六年（前221），下令废除六国旧货币，制定新的统一的货币。新币分为二等，黄金为上币，以镒（重20两）为名；铜钱为下币，圆形，中有方孔，面文有两字，曰"半两，重如其文"③。旧币的废除，新币的实行和货币的统一，消除了过去由于币制复杂而造成商业交换中的困难，促进了商业的发展。铜钱的价值单一，交换方便；圆形中孔，规格一致；

---

① 　近年学界倾向认为"亭"非行政单位，其性质较复杂，有治安亭、邮亭、边塞之亭障等。

② 　《史记》卷六《秦始皇本纪》。

③ 　《汉书》卷二四下《食货志下》。"重如其文"，即重如面文，亦"半两"。

个体轻巧,便于携带,是一种进步的币制形式。自秦朝至于清朝末年,此种币制形式一直被采用。

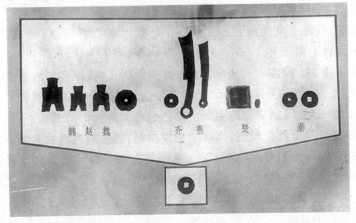

统一货币示意图

统一度量衡 秦始皇下令废除六国旧度量衡,以原秦国的度量衡制为基础,向全国颁行新的统一的度量衡制度及标准器。当时所下诏书文曰:"廿六年,皇帝尽并兼天下诸侯,黔首大安,立号为皇帝,乃诏丞相状、绾,法度量则不壹,歉疑者,皆明壹之。"①在历代发现的为数众多的秦权和量器上,都带有这一诏书的全文。这说明了秦始皇对于统一度量衡一举是很重视的。

秦权　秦量

统一车轨 秦始皇还在全国范围统一车轨,大车的两轮之间,皆宽六尺,史称"车同轨"。这样,便于在大路上运行。这一措施对发展交通运输业起了促进的作用。

---

① 左丞相隗状,右丞相王绾,歉即嫌。

统一文字　华夏文化的文字,本来是同源的,在商和西周的八百余年间,有很大的发展。可是至春秋和战国时期,由于长期分裂割据,诸侯各自为政,独立发展,这就影响到文字的发展。所以秦统一之后,在全国范围面临的情况是:"言语异声,文字异形。"①这样的情况不仅严重妨碍各地区间的经济、文化交流,还是一

统一文字示意图

种严重的易于导致分裂割据的因素。秦始皇有鉴于此,命李斯主持进行文字改革工作。办法是以原秦国的字体为基础,参照六国的文字,制定字形固定、笔画简省、书写比较方便的"小篆"(也叫做"秦篆"),作为规范化文字,推行于全国,从此统一了文字。

秦峄山刻石摹本

狱吏程邈(miǎo 秒)又根据民间已行用的新字体,创造隶书,字体方正,笔画更简省,也更便于书写。到西汉初年,隶书已成为通行的字体。

秦始皇和李斯改革并统一文字,对于巩固国家的统一,促进经济、文化

---

① 《说文解字·叙》。

的发展,起了巨大的作用。对祖国此后两千多年的历史文化的发展,也发生了极好的影响。

二、镇压反动势力

秦始皇为了巩固新建立的封建国家,对六国旧贵族和政治上的反对派,采取了残酷镇压的政策。

迁徙豪富 秦灭六国后,下令迁徙各国的旧贵族和豪富到咸阳及南阳、巴蜀等地,以削弱他们的政治、经济势力。文献记载,仅被迁到秦的国都咸阳一带的,就有 12 万户之多。有些旧贵族被逮捕关押,大量的旧贵族或与他们有关系的旧官吏、士人,隐名埋姓,四处逃亡。

在秦灭六国时,六国的许多兵器流散于民间,或被埋藏起来。

修治驰道 秦始皇为了在全国范围加强统治,为了调发士卒和转运粮饷方便,又大修驰道。驰道以咸阳为中心,东至今浙江、江苏、山东、河北,西至今甘肃东部,南至今湖北、湖南,北至今河北和山西北部。驰道宽广 50 步,每隔 3 丈,植树 1 株,用铁椎(chuí 锤)夯打路基,使驰道平坦坚实。还修直道,自云阳(今陕西淳化)直达九原(今内蒙古包头市西),"堑(qiàn 欠)山堙(yīn 音)谷"约 1800 里,这是专为加强北面的边防而开通的。

秦始皇在统一后至他去世的十一年中,曾五次到各地巡游。巡游所经之路,都扩修为驰道。第一次是巡察秦的西北地区,临近边境;其他四次是东巡旧楚、齐、燕、赵、韩、魏等地区,都东至东海之滨,南至江南,北至北边长城沿线。每次巡游都历时约一年。他巡游时曾在峄(yì 邑)山(今山东邹县境内)、泰山、琅邪(今胶南)等处立碑,谴责旧六国诸侯的黑暗统治,互相攻杀,歌颂始皇消灭六国、统一天下的功业。还申张秦法,宣扬威德。这些活动对威慑旧贵族势力、巩固统一起了重要的作用。

焚书坑儒 焚书坑儒事件是秦始皇在意识形态领域内对于不同政见的士人的残酷镇压。始皇三十四年(前 213),秦始皇在咸阳宫举行宴会,博士仆射(yè 业)周青臣在为始皇祝寿时,称颂始皇"神灵明圣","以诸侯为郡县,人人自安乐,无战争之患,传之万世"。

始皇很高兴。可是有一个思想保守的博士名叫淳于越,原齐国人。他当场批评周青臣是阿谀奉迎。他说:"殷、周之王千余岁,封子弟功臣,自为枝辅。"他批评秦始皇废分封,置郡县。说如发生大臣篡权之事,无以自救。他又讥讽说:"事不师古而能长久者,非所闻也。"①丞相李斯当场进行了批

---

① 《史记》卷六《秦始皇本纪》。

秦陵铜车马

驳,他指斥淳于越是"愚儒",还谴责儒生们"不师今而学古,以非当世,惑乱黔首","入则心非,出则巷议,夸主以为名,异取以为高,率群下以造谤"①。他认为这样一群儒生是一种危险势力,建议始皇坚决制止他们的非法活动,并提出了焚书的建议。主要内容:

(1)史书除《秦纪》以外,六国史书一律烧掉;

(2)《诗》、《书》、百家语除博士官收藏的以外②;其他人藏书都集中到郡,由郡守、尉监督烧掉;

(3)偶语《诗》、《书》者弃市,以古非今者族③,吏见知不举者与同罪④,令下三十日不烧,黥为城旦⑤;

(4)医药、卜筮、种树等书不在禁列;

(5)若有学法令者,以吏为师。

秦始皇批准了这个建议,于是在全国范围发生了焚书事件。

第二年,又发生了坑儒事件。起因是由于有些儒生和方士对始皇不满,说他"专任狱吏","乐以刑杀为威","贪于权势"等等。秦始皇认为他们"或为妖言,以乱黔首",就把他们逮捕,严加拷问。先后逮捕了460多名儒

① 《史记》卷六《秦始皇本纪》。

② 博士官:博士们的官府,收藏图书很多,实是国家图书馆。

③ 族:刑及父母妻子。

④ 见知:知他人犯罪,不举不报。

⑤ 城旦:四岁刑。

生,全部在咸阳坑杀。

焚书坑儒是秦始皇镇压政治上的反对派之举,这些人的政治思想比较保守,多向往西周的制度,反对现行的中央集权制度。可是秦始皇的镇压是野蛮的、残酷的,不问情节如何,一概焚烧,一概诛杀,这是一种暴行,对于中国的古代文化是一个极严重的摧残。

三、经略边疆

秦始皇灭六国后,军锋继续向前推进,不仅占领了六国的原有疆土,还进占了与楚、秦、燕等国已有密切的政治、文化关系的民族地区,并在那里设置了郡、县,为我们伟大祖国的统一的多民族国家的形成和疆域的奠定,打下了基础。

统一两越,开通灵渠 越人是生活在我国东南沿海和五岭以南的一个古老的民族。居住在今浙江境内和江西东部的为东瓯(东越),在今福建境内的为闽越,在今广东和广西东部、湖南南部的为南越,在今广西西部、南部和云南东南部的为雒越,或称西瓯、西瓯骆。统称"百越"。闽越(包括东越)与南越合称"两越"。

秦王政二十五年(前222),秦灭楚国,东越和闽越的君长投降,秦先后在今苏南和浙北置会稽郡(治吴,今江苏苏州),在今浙南和福建置闽中郡(治东冶,今福建福州)。后来,继续向岭南进军,大约于始皇三十三年(前214),在这一地区设置了桂林(治今广西桂平)、南海(治番禺,今广东广州)、象(治临尘,今广西崇左)三郡。

灵 渠

秦在进军岭南时,为了转运粮饷,命监御史禄率士卒在今广西兴安县,截断了湘江上游,另开两条分水渠,一条较短,为北渠,引水七分下流,绕道再入湘江,可上下通航;另一条长达33公里,为南渠,引水三分西流,而入漓江。南渠就是著名于世的灵渠①。后代有歌谣说:"兴安高万丈,水把两头流",就是描述灵渠情况的。灵渠东通北渠,沟通了长江和珠江两大水系,对我国南北经济、文化的交流,起了重要作用。灵渠的开凿,是我国古代劳动人民的一项伟大创造。

秦始皇经略岭南地区,征发大量的中原居民到岭南三郡定居,这些居民带去了铁器和其他先进的生产工具及生产技术,促进了岭南地区的经济、文化的发展,也加速了当地民族的融合过程。

通西南夷,开五尺道　西南夷按照分布地域的不同,区分为西夷和南夷两部,每部又有若干族属。主要地区,包括了今贵州西部,云南的东部、中部、西部,四川的西部,西藏的东部。这些民族的族属复杂,语言和风俗不同,经济生活也不相同,社会的发展很不平衡。

公元前279年左右,楚顷襄王使将军庄蹻(qiāo 硗)率卒循沅江而上,经略黔中(治今湖南沅陵)、且(jū 居)兰(今贵州黄平)、夜郎(今贵州西部),直到滇池。据《史记·西南夷列传》记载:"滇池,地方三百里,旁平地,肥饶数千里。"他在占据了这一地区后,想归报楚王。可是就在这时,秦国夺取了楚的黔中郡,断绝了庄蹻的归路。庄蹻及其部属,变更服饰,从滇人的习俗。庄蹻自立为滇王,在这里建立了奴隶制国家,即滇国。

庄蹻入滇,带来了先进的楚文化,促进了这一地区的经济、文化的发展。1955—1958年间,我国考古工作者在云南晋宁县石寨山发掘了属于滇贵族的一个古墓群,出土大量的属于战国后期至东汉初年的文物。其中属于战国后期至西汉初年的有数十件青铜农具,手工工具,上百件铜、铁兵器,大量的铜鼓、贮贝器和青铜乐器、马具、饰物以及黄金、玛瑙、玉制品等。这些器物独具风格,与内地的同样器物的作风不同。考古学家认为这是滇人奴隶制前期的文化遗存。

秦灭六国以后,派将军常頞(àn 案)征调巴、蜀士卒,经略西南夷。常頞在今四川宜宾至云南曲靖一线的崇山峻岭上,开凿了五尺宽的道路,通于西南夷;并在一些民族地区设置了行政机构。《史记·西南夷列传》曰:秦于"诸此国颇置吏焉。十余岁,秦灭。及汉兴,皆弃此国"。秦经略西南夷,开五尺道,对促进巴蜀乃至中原和西南夷地区的民族间的经济、文化交流,起了重大的作用。

---

① 灵渠东接湘江上游之海阳江,西入漓江上游之大溶江。

秦陵兵马俑

北防匈奴,修万里长城　匈奴是我国北方草原上的一个古老的民族,商、周时期,称为严(xiǎn 险)允、荤粥(hūn yù 昏玉),战国时期始称匈奴。匈奴人没有城郭,不经营农业,而是随畜牧而转移,过着游牧的生活。主要牲畜有马、牛、羊、橐驼(骆驼)等。战国中期,匈奴一再南侵,多次与秦、赵、燕三国发生战争。三国在北部边境地区修长城,驻重兵,以防卫匈奴。

约在秦灭六国期间,匈奴已建立奴隶制国家,其最高统治者称单(chán 蝉)于①,名头曼。他乘中原地区战争方炽,赵、燕、秦的北部边防都松弛之时,就率领控弩之士(能骑善射者)进占河南(今内蒙古伊克昭盟)。秦灭六国后,秦朝于始皇三十二年(前215)使将军蒙恬率士卒三十万人北击匈奴,收复了河南地区。秦在这里设置了三十四县,都筑有县城,从中原迁来人口,以充实这一地区。蒙恬又北渡黄河,据守于阳山(狼山之西)和北假(阴山下)一带,利用地势,修缮、增补旧秦、赵、燕长城,并连接起来,西起临洮(今甘肃岷县),东至鸭绿江,延袤万余里,这就是著名的万里长城。头曼因不胜秦,就向北面迁徙。

秦始皇北防匈奴,修筑长城,对保卫黄河流域先进的经济、文化的发展,起了巨大的作用。

---

① 《汉书·匈奴传上》:"单于姓挛鞮(luán dī 栾低)氏,其国称之曰'撑(chēng 蛏)犁孤涂单于'。匈奴谓天为'撑犁',谓子为'孤涂','单于'者,广大之貌也,言其象天单于然也。"

四、秦末农民战争

秦末农民大起义是我国历史上第一次全国范围的农民大起义，推翻了我国历史上第一个中央集权制的封建王朝，对我国此后两千余年的历史、政治、思想都曾发生过巨大的影响。

1. 起义背景

秦末农民大起义的主要原因有三：

徭役频繁　秦始皇灭六国后，不仅不重视休养生息，相反地却不惜民力，大搞徭役征发。他在关中和关东大造宫殿，共有 700 余所，仅在渭南上林苑修建的"阿房（páng 旁）"，东西 500 步，南北 50 丈，上可以坐万人，下可以立 5 丈的大旗。又在骊山造陵墓，陵高 50 余丈，周围 5 里多。陵中有"宫观百官，奇器珍怪"，"以水银为百川江河大海，机相灌输。上具天文，下具地理"[1]。在陵的附近，还有为数众多的殉葬墓和兵马俑军阵。仅为建造

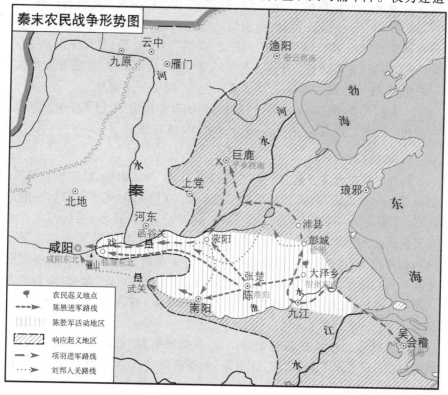

_____

[1] 《史记》卷六《秦始皇本纪》。

阿房宫和骊山陵而征发的人力,有70多万。为伐南越而第一次调发的士卒为50万,蒙恬守长城的士卒为30万,修驰道、直道及其他徭役尚不计在内。

秦时人口约有两千万,在秦统治的十多年中,每年都要有200万以上的丁男被征发。丁男不足,又征丁女。大量的劳动力脱离生产,田地多荒芜。

赋税沉重 频繁的徭役不仅使大量的劳动力脱离生产,在另一方面,还需要有大量的军需或后勤供应,主要也是从农业生产中征收。史书记载,当时从今山东运粮到西河(今内蒙古伊克昭盟),"三十钟而致一石"①。秦在南越和长城沿边有士卒80万人,为修骊山墓和阿房宫有刑徒70万人,再加上中央和地方庞大的官僚机构和宫观苑囿的各种人役,以及保卫官府、宫观的戍卒卫士,所需粮饷物资之多,可以想见。秦朝的地租原定为什税一,另有口赋。可是后来秦的赋税征收量却增加到占农民全年收入的2/3以上。农民"常衣牛马之衣,而食犬彘之食"②。

刑罚残酷 秦的刑罚是很残酷的。文献记载:肉刑有膑(bìn 髌,砍去膝盖)、刖(yuè 月,锯脚)、劓、黥(同墨)、宫、榜掠等;死刑有腰斩、枭首、弃市、戮尸、坑死、凿颠(凿囟门)、抽胁、镬(huò 货,锅)烹、车裂等。还有具五刑(黥、劓、斩左右趾,再笞杀,枭首,菹(zū 租)骨肉于市)、夷三族(一人犯罪,诛杀父族、母族、妻族)。徒刑的名目繁多,主要是太严酷。一人犯罪,株连亲属、邻居,处刑后要长期为"刑徒",服苦役。

广大农民在秦王朝的残酷的经济剥削和政治压迫下,已无法生活下去。大量的农民"亡逃山林,转为盗贼"③,进行反抗斗争。

2. 秦朝灭亡

陈胜、吴广大泽乡起义 陈胜,字涉,阳城(今河南登封)雇农。吴广,字叔,阳夏(今太康)农民。秦始皇于三十七年(前210)死于巡游途中的沙丘宫(今河北广宗境内)。秦二世元年(前209)七月,陈胜、吴广与九百名农民被征发到渔阳(治今北京怀柔)戍边。行至蕲县大泽乡(今安徽宿县境内),阴雨连绵,道路不通,即使赶到渔阳,也要误期。秦法规定:戍卒误期当斩。他们都很恐惧。陈胜、吴广就发动这群农民举行了起义,先后攻占大泽乡、蕲县,在攻下楚的故都陈县(今河南淮阳)时,已有兵车六七百乘,战马千余匹,战士数万人。

陈胜以陈县为都城,恢复楚国国号,他被推举为"张楚王",建立了农民革命政权;还提出了"伐无道,诛暴秦"的革命口号,以号召群众。吴广为假

---

① 《史记》卷一一二《主父偃列传》。一钟为六石四斗。
②③ 《汉书》卷二四上《食货志上》。

王(代理王事),率主力军西击荥(xíng 形)阳(今属河南)。

吴广围攻荥阳不下,陈胜又以周文为将军,率军直取关中。在打到函谷关(今河南灵宝东北)时,已有战车千乘,士卒数十万,一举而攻占了戏(今陕西临潼东),直逼咸阳。这时,秦以少府章邯为将军,编骊山刑徒为军队,大败周文部起义军。周文退出关中,又被章邯军击败,周文自杀。吴广的将军田臧劝吴广放弃攻荥阳,去迎击章邯,吴广不听,为田臧杀死。田臧又为章邯击败而死。在章邯进攻陈县时,陈胜率军迎战,以兵力薄弱,败退至下城父(今安徽蒙城),被御者(车夫)庄贾所杀,庄贾降秦。后庄贾被陈胜的将军吕臣杀死。可是这时的起义军因连遭失败,士卒散亡,已无力抗击秦军。这是起义军第一次遭到巨大挫折。

项羽巨鹿之战　在陈胜起义不久,六国旧贵族也乘机起兵,企图恢复旧国。这时他们的反秦活动与农民起义反秦是一致的,是农民起义的"同盟军"。当时楚国大将项燕之子项梁与梁之侄项羽正在吴(今江苏苏州)避难,也乘机起兵。在陈胜死后,他们叔侄率八千精兵渡江北上,连破秦军,吕臣、刘邦都归项梁节制,队伍达六七万人,立故楚怀王之孙(名心)为王,仍称楚怀王,以为号召。项梁、项羽叔侄成为当时农民起义军的领袖。可就在这时,秦将章邯突袭项梁军于定陶(今属山东),项梁战死,起义军大败。这是起义军第二次遭到巨大挫折。

这时,秦政府命戍守长城的将军王离率军回中原镇压农民起义。王离军大约有 20 万人南下攻击赵国。赵为新恢复的国家,都邯郸(今属河北)。王离军进攻邯郸,赵王歇逃至巨鹿(今平乡县西南),为王离军所围困,赵派人向各地起义军求援。秦将章邯亦率军北渡黄河,为王离军供运粮饷。秦军王离部和章邯部共约有四五十万人,声势浩大。各路反秦义军来救赵者都筑垒壁守,不敢与秦军接战。

楚怀王命宋义为上将军、项羽为次将,率七万人救赵。宋义畏缩不前。项羽杀宋义,率军北渡漳水,"破釜沉舟",每人只带三日的粮食,与秦军进行决战。九战九捷,大破王离军,王离被虏,章邯南逃,随解巨鹿之围。《史记·项羽本纪》描述这场激战时说:"当是时楚兵冠诸侯。诸侯军救巨鹿下者十余壁,莫敢纵兵。及楚击秦,诸将皆从壁上观。楚战士无不一以当十,楚兵呼声动天,诸侯军无不人人惴(zhuì 缀)恐。"秦军破后,各路反秦军组成联军,推项羽为诸侯上将军,统率联军,继续追击章邯部秦军。章邯退至殷墟(今河南安阳),率 20 万人投降项羽。项羽怕降卒有异心,行至新安(今渑池),把这 20 万人全部坑杀了。

巨鹿之战是秦末农民大起义中最激烈的、具有决定意义的一场战斗。这场大战的胜利,基本上消灭了秦王朝赖以存在的军队,扭转了整个战局,为最后推翻秦王朝的反动统治创造了极有利的条件。

刘邦入关灭秦 刘邦,丰(今江苏丰县)人,原为秦的泗水亭长。陈胜起义后,他与沛县县吏萧何等杀掉沛令,举行起义,自称沛公,后属项梁。秦军围攻巨鹿时,楚怀王与项羽、刘邦约定,谁先入关灭秦,谁为"关中王"。在项羽救巨鹿时,刘邦奉命西击秦。刘邦起初只有数千人,一路收集散于各地的起义军,以扩大自己的势力,又对秦军避实攻虚。经过一年的迂回进军,于二世三年(前207)八月,攻入武关。九月,进抵蓝田。

在农民起义军的节节胜利的形势下,秦的统治集团内部发生了火并。起初是赵高与秦二世勾结,杀掉李斯。不久,赵高又杀掉秦二世,取消皇帝称号,另立二世之侄子婴为秦王。子婴又杀赵高。十月①,刘邦军至霸上(今陕西西安市东),子婴投降,秦亡。刘邦宣布他应为"关中王",同时公布《约法三章》:"杀人者死,伤人及盗抵罪。"刘邦的这些做法对于恢复关中的社会秩序有很大的好处。但也可看出,最受益的是富人,所以刘邦很受地主豪绅们的拥护。

3. 楚汉战争

项羽听说刘邦已先入关,要当"关中王",就大怒,也率军于同年十二月入函谷关。这时,项羽有士卒40万人,刘邦只有10万人。项羽在一次史称为"鸿门宴"的聚会上,用武力压服了刘邦,随后他即以霸(盟)主身份,封立随他入关的主要将领和秦的主要降将为王,时称"新王";又封立或改封关东已恢复旧国的贵族的王号,时称"故王"。刘邦被封为汉王,都南郑(今陕西汉中)。关中被分为三国,封给秦降将章邯等三人。新、故王合计18人。项羽自立为西楚霸王,都彭城(今江苏徐州)。分封完毕,项羽带着复仇的怒火,西屠咸阳,杀秦的降王子婴,烧秦宫殿,大火烧了三个月,又把宫中的财宝和妇女尽劫而东归。

项羽封新王,给予富庶地区;封故王,给予边远地区。有不少故王要将原占疆土让给新王。因之,分封不久,即引发新、故王之间为争夺疆土而进行的战争。项羽支持新王,也卷入混战之中。刘邦乘机自汉中出兵北上,迅速占领关中。又东向出关,与项羽展开争夺天下的斗争。刘邦采用"斗智不斗力"的战略方针,长期把项羽及其主要兵力吸引在荥阳、成皋(关,在今荥阳汜水镇西)一带,另派大将韩信自关中东渡黄河,先后灭掉河北诸国,又东向灭齐,最后再南下与刘邦夹击项羽。汉五年(前202)十二月,刘邦、韩信等会师于垓(gāi 该)下(今安徽固镇),项羽大败,逃至乌江(今和县东北)自杀。刘邦建立了西汉王朝。

---

① 秦朝的历法以十月为岁首(正月),十月即次年的第一个月。

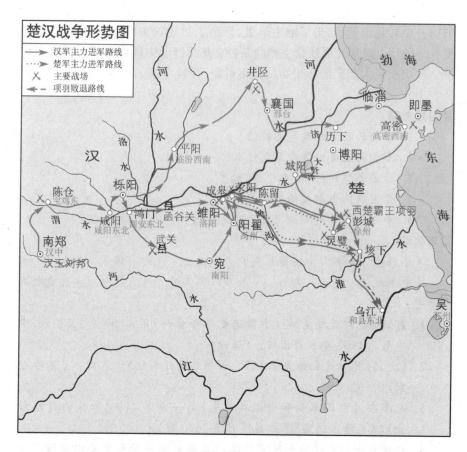

楚汉战争形势图

楚汉战争是两个封建政治、军事集团之间为争夺统治权而进行的斗争。但刘邦代表新兴地主阶级的利益,在楚汉战争中,他基本上推行郡县制度,在政治上主张统一,这是符合历史发展趋势的;他善于用人,如重用萧何、张良、韩信等;他的战略比较正确,又有稳定的后方,以补给兵员和粮饷,所以取得胜利。项羽虽在反秦斗争中立有大功,但在秦亡以后,他已成为旧贵族复辟势力的代表,妄图恢复春秋、战国时期诸侯割据的局面,这违背了历史发展的趋势;又多次屠城,乱杀无辜,失掉民心;他专断自信,不善用人,不听谋臣范增的意见;又没有巩固的后方,战略上处于被动地位,所以失败。

4. 秦末农民战争的历史意义

秦末农民大起义的最终结局,是由以嬴姓为首的地主阶级统治的秦王朝改换为由以刘姓为首的地主阶级统治的西汉王朝。封建的经济关系和封建的政治制度基本上继续了下来。但是这是我国古代第一次伟大的农民革命运动,参加起义的农民在百万人以上,这次革命运动推翻了地主阶级建立的第一个封建王朝,打击了地主阶级,涤荡了封建领主残余势力,改善了恢复社会秩序、恢复发展社会生产的条件;并开创了中国农民革命的光荣传统。这次农民大起义的历史功绩是不可磨灭的。

复习思考题:

　*1. 秦朝的政治制度是怎样的?

　*2. 秦朝的主要经济政策是什么?

　 3. 你是怎样评价"焚书坑儒"的?

　*4. 秦末农民大起义的原因是什么?

　 5. 秦末农民大起义的历史意义是什么?

重要名词:

　*秦始皇　李斯　*陈胜　吴广　*三公　九卿　郡守　县令

　*焚书坑儒　灵渠　匈奴　*长城　骊山陵　*大泽乡　*巨鹿之战

参考书:

1. 翦伯赞、郑天挺主编:《中国通史参考资料》第二册〔叁〕五、六,中华书局1962年8月出版。(选读)

2. 《史记》卷六《秦始皇本纪》、卷七《项羽本纪》、卷四八《陈涉世家》。

3. 毛泽东:《中国革命和中国共产党》第一章第二节《古代的封建社会》(《毛泽东选集》第二卷第617—620页)。

4. 中国社会科学院历史研究所编:《马恩列斯论资本主义以前诸社会形态》,文物出版社1979年8月出版,第265—272页。

(3、4两种书的此二部分均为论封建社会者,以下要配合学习经常读,不再列)

5. 张传玺主编:《中国古代史教学参考手册》(第二版)第265—267页三"职官类"(一)《重要朝代官制简表》1"秦朝"。

第二节　西　汉

(前206—23)

　　刘邦出身于平民,父兄都是自耕农。在刘邦之前的历代帝王都出身于贵族,即使诸侯也必须是王子、王孙,贵族政治的特点十分明显。刘邦称帝是中国历史上的一个重大事件,它标志着中国古代的社会历史正在发生巨大的变化。

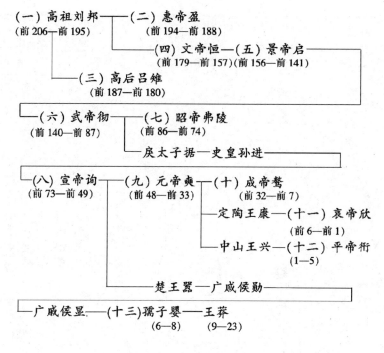

西汉帝系表
(前 206—23)

(一) 高祖刘邦 ———— (二) 惠帝盈
(前 206—前 195)　　　(前 194—前 188)

　　　　　　　　　　(四) 文帝恒 —— (五) 景帝启
　　　　　　　　　　(前 179—前 157)(前 156—前 141)

———— (三) 高后吕雉
　　　　(前 187—前 180)

——(六) 武帝彻 ———— (七) 昭帝弗陵
(前 140—前 87)　　　(前 86—前 74)

　　　　　　　—— 戾太子据 —— 史皇孙进 ————

——(八) 宣帝询 ——(九) 元帝奭 ——(十) 成帝骜
(前 73—前 49)　　(前 48—前 33)　　(前 32—前 7)

　　　　　　　—— 定陶王康 ——(十一) 哀帝欣
　　　　　　　　　　　　　　　(前 6—前 1)

　　　　　　　—— 中山王兴 ——(十二) 平帝衍
　　　　　　　　　　　　　　　(1—5)

———— 楚王嚣 —— 广戚侯勋 ————

——广戚侯显 —(十三)孺子婴 —— 王莽
　　　　　　　(6—8)　　　(9—23)

一、西汉前期的"休养生息"

1. 西汉初的制度和政策

"无为而治"　西汉建立之初,社会形势是处在秦末以来的长期战乱之后,人口散亡,经济凋敝,物价飞腾,社会动荡不安。刘邦为了稳定社会秩序,恢复发展生产,改善人民的生活,以建立他的统治,就采纳了士人陆贾的建议,用黄老"无为而治"的思想指导政治,基本上沿用秦朝的政治制度,适应当时的政治和社会形势以制定政策,将他的新建王朝稳定了下来。

汉承秦制　刘邦在创建西汉王朝时,仍继承前代的"家天下"制度为其基本制度。但自中央到地方的政治体制,并未采用西周时的"世卿世禄"制和分土封侯制,而是基本上沿用了秦始皇创立的专制中央集权制度,即在中央,皇帝有至高无上的权力。中央机构,即朝廷,由三公九卿组成;地方行政基本上行郡县制。主事人员都用官僚。其经济、法律、文化等制度和政策亦沿用秦制。所以史称这一情况为"汉承秦制"[①]。

---

① 《后汉书》卷四〇上《班彪列传上》。

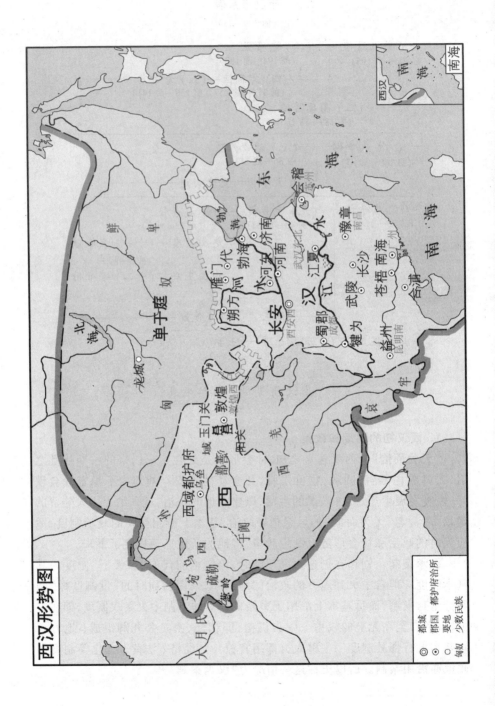

西汉形势图

不过,刘邦在与项羽争夺天下时,为了争取一些拥有强大兵力的中间势力和动摇势力,曾封立韩信、英布、彭越、吴芮等数人为王,给予他们广大的疆土。这些人由于都非刘邦的子弟,史称"异姓王"。在项羽失败、刘邦称帝之后,刘邦与这些"势在人臣之位,而有震主之威"[①]的"异姓王"的矛盾迅速发展,而且日益严重。在此后几年中,刘邦相继诛除了韩信、英布、彭越等人,只有一个长沙王吴芮,因势力孤弱,地处边远,又无不轨的迹象,因之被保留了下来。这时,刘邦认为:秦始皇全面实行郡县制,不分封子弟为王侯以为中央(皇帝)的藩辅,是一个失策,致有"孤立之败"。于是他在实行郡县制的同时,又划出众多的疆土大封子弟为王,史称"同姓王"。此一郡县制与封王制并行的制度,史称"郡国并行制"。

同姓王的职位在"列侯"[②]之上,史称"诸侯王"。同姓王共有九国,自北而南,为燕、代、赵、齐、梁、楚、淮阳、淮南、吴。此外,加上尚存的长沙王吴芮,共有十个诸侯王国,其全部疆域的总合,几乎占去了旧时燕、赵、齐、魏、楚等国的全部疆土;而且他们的地位、权力不同于列侯。在封国内是国君,

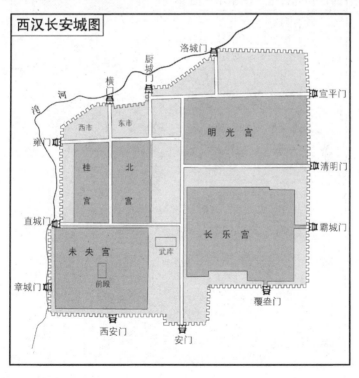

西汉长安城图

_____

① 《史记》卷九二《淮阴侯列传》引蒯通语。

② 列侯:初称彻侯。后因避武帝讳,改称通侯,又称列侯。为行文方便,以下皆称列侯。

权力很大。王国的政权机构和中央基本相同,除太傅和丞相①由中央任命外,自御史大夫以下的各级官吏,都由诸侯王自己任命。诸侯王还有一定的军权,有财政权,可在国内征收赋税。王国的疆土广大,人口众多,多数王国很富庶。如齐王刘肥有6郡,计73县。吴王刘濞有3郡,计53县。王国在政治上处于半独立状态。不过他们要奉行中央的制度法令,国内实行土地私有制。

刘邦又封功臣和亲属、外戚140多人为列侯。列侯与诸侯王不同,在封国内无治民之权。封国只是列侯的食邑。列侯有大小之分,大侯食万家,小侯食五六百户。侯国设相,其职掌和县令(长)相同,由中央任免,归所在郡守统辖。侯国相每年将列侯所食租税,按数拨给列侯享用。列侯与侯国相无隶属关系。列侯有一个小小的侯府,有少数职官,为列侯服务。

当时的郡只有15个,主要设置在旧秦国的疆域之内和魏、韩、楚的西部地区。郡下设县。郡守、县令等主要官吏都由皇帝直接任命。

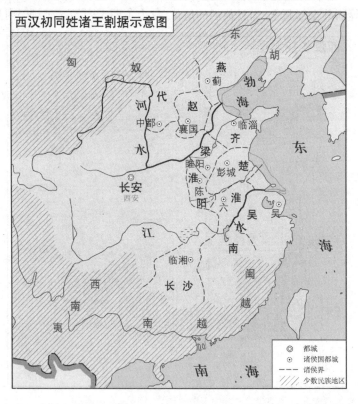

西汉初同姓诸王割据示意图

---

① 刘邦在位时,诸侯王国置"相国"。惠帝元年,"除诸侯相国法",改称"丞相"。参见《史记》卷五四《曹相国世家》。

诸侯王国和郡都直属于中央,但诸侯王国的地位远远高于郡。王国的太傅和丞相的职位也高于一般郡守。直到景帝以后,郡和王国的地位才真正相当。

赋税制度　西汉和秦一样实行土地私有制。主要赋税有田租、算赋和口赋、更赋。

田租——土地税。自战国以来,均为"十税一"。后来刘邦称帝,减为"十五税一"。

算赋和口赋——都是人口税。算赋是丁税,15 至 56 岁的男女,每人每年纳 120 钱(1 算),因称算赋。口赋是儿童税,7 至 14 岁的儿童每人每年纳 20 钱。

更赋——代役税。西汉规定,男子 23 岁至 56 岁之间,要服兵役两年。此外,每人每年在本郡服役 1 个月,叫做更卒或卒更。不服役的,每月出钱两千,叫做践更。每人每年还要戍边 3 天,叫做徭戍。不服役的,出钱 300,叫做过更①。

西汉的田租比较轻,人口税和更赋很重,这对无地少地的劳动人民是很不利的。

重农抑商政策　刘邦初即帝位时,商贾们囤积居奇,操纵物价,物价飞腾,米一石至价一万钱,马一匹价一百金(一百万钱),人民生活无着,国家财政也很困难。刘邦为了打击不法商贾,稳定社会秩序,就实行"重农抑商"政策。

刘邦的"重农"政策,主要有四点:一、复员军队,士卒都给予土地和宅舍,其中的少数成为地主,多数成为自耕农;二、号召逃亡人口回乡,"复故爵田宅"②;三、减轻田租(税),十五税一;四、下令解放因生活困难而自卖为奴婢的人。这些措施增加了农村的劳动力,在一定程度上稳定了社会秩序,对调动农民的生产积极性、恢复农业生产,起了积极的作用。

刘邦的"抑商"政策,主要也有四点:一、商贾及其子孙不得为官吏;二、商贾不得拥有私有土地③;三、商贾不得穿锦、绣、绨(chī 痴)、纻(zhù 住)、罽(jì 计)等名贵的丝、葛、毛织品,不得乘车、骑马、携带兵器;四、加倍征收商贾的算赋(每人两算,即 240 钱)。

---

① 《汉书》卷七《昭帝纪》注引如淳曰:"更有三品,有卒更,有践更,有过更。古者正卒无常人,皆当选为之,一月一更,是谓卒更也。贫者欲得顾更钱者,次直者出钱顾之,月二千,是谓践更也。天下人皆直戍边三日,亦名为更,律所谓徭戍也,虽丞相子亦在戍边之调,不可人人自行三日戍……诸不行者出钱三百入官,官以给戍者,是谓过更也。"

② 《汉书》卷一下《高帝纪下》。

③ 商贾"不得名田"事,见于武帝以后的记载,当始于刘邦时。

对匈奴、两越的羁縻政策　秦末农民大起义时期,长城沿线空虚,匈奴单于冒顿(mò dú 末读,头曼之子)率众乘机入长城,到鄂尔多斯(今内蒙古伊克昭盟)和山西北部一带,劫略烧杀,造成严重破坏。刘邦在灭项羽后,亲率大军32万人,北击匈奴。至平城(今山西大同),被匈奴40万骑兵困于白登山。后虽突围而出,但难与匈奴再战;就对匈奴采取了"和亲"政策,把宗室之女作为公主,嫁给冒顿,汉、匈"约为昆弟",汉朝每年要赠送若干絮、缯、酒、大米等给匈奴贵族,以换取单于的欢心,减少侵扰。这种"和亲"政策是一种"羁縻"政策;但具有屈辱性质,效果不大,匈奴仍不断侵扰。

两越是南越和东越(闽越)的合称。秦末农民大起义时,秦的南海郡尉赵佗起兵,占据了南海、桂林、象三郡,自称南越王,都番禺(今广东广州)。东越的首领无诸和摇两人也起兵反秦。刘邦称帝后,南越和东越都割据一方。当时,刘邦感到"天下初定,士卒罢(pí 皮,疲)于兵"①,无力再进行征伐,于是对两越采取了羁縻政策,承认赵佗为南越王,另立无诸为闽越王,都东冶(今福建福州)。惠帝时,又立摇为东海王,都东瓯(今浙江温州),亦称东瓯王。三越王在名义上臣属于汉王朝,实际是三个封建割据势力。

2. 文景之治

刘邦的儿子文帝和孙子景帝统治时期,由于社会稳定,广大农民积极生产;也由于他们父子进一步改善政策,减轻了人民的负担,使社会经济由恢复而发展,人民生活更加安定,物资丰厚。史称此时为"文景之治"。当时的主要社会政策有五项:

贵粟政策　"贵粟政策"是文帝时的政论家晁错提出来的。晁错指出,商人们坐列贩卖,囤积居奇,操纵物价,放高利贷,而许多农民,则"卖田宅,鬻(yù 育,卖)子孙,以偿责(债)者"。他说:"此商人所以兼并农人,农人所以流亡者也。"他认为刘邦制定的重农抑商政策至此时不仅已行不通,而且与社会的实际颠倒。他说:"今法律贱商人,商人已富贵矣。尊农夫,农夫已贫贱矣。"要改变这一情况,必须改变现行政策,制定新的政策。"贵粟政策"就是在这样的情况下提出的。他说:"粟者,王者大用,政之本务。"②实行贵粟政策的具体做法是"使民以粟为赏罚"。就是人民可用粮食向国家买爵位,也可以用粮食赎罪。国家的粮食多了,可以减轻租赋;商人要买爵位,就要向农民买粮,粮价也会提高。这样,国家有粮,"富人有爵,农民有钱"。有三种好处:"一曰主用足,二曰民赋少,三曰劝农功。"③汉文帝采纳

---

① 《史记》卷九九《刘敬列传》。
②③ 《汉书》卷二四上《食货志上》。

了这个建议,于前元十二年(前168)下卖爵令:上造(二级爵),价600石;递增至五大夫(九级),价4000石;大庶长(十八级),价12000石。五大夫以上,除家中一人的徭役。为了北防匈奴,令为买爵或赎罪而入粟者将粟运至长城沿线。这里的粮食足够五年之用后,再有买爵赎罪者,则将粮运至内地各郡县收藏。

这项政策一实行,国家的存粮大增,农民的生活和生产都一度得到改善;商人的社会、政治地位也大大提高。

轻徭薄赋 文帝实行"贵粟"政策的当年,又实行"轻徭薄赋"政策,主要内容有三项。

一、减免田租:田租原为十五税一,今收田租之半,即三十税一。次年,又全免天下田租。直至十二年后,即景帝前元二年(前155),才复收田租,但以三十税一为制,直至西汉末年。

二、减轻算赋:民年15以上至56岁纳算赋。原每人每年纳1算(120钱),今减为纳40钱。

三、减轻徭役:民年23至56岁,服兵役两年。其他时间,原为每人每年在本郡充更卒1个月,今减为"三年而一事"[①],即3年充更卒1个月。

修"马复令" "马复令"也是晁错提出的。就是民家养马一匹,可以免三人的徭役。这是一项鼓励人民养马的政策。晁错说:"车骑者,天下武备也,故为复卒。"[②]鼓励人民养马,主要目的是为了加强武备,以准备打击匈奴。文帝、景帝两代,都大力推行马复令,民间的马匹繁殖迅速。至武帝初即位时,"众庶街巷有马,阡陌之间成群"[③]。这样多的马匹为武帝与匈奴长期军事对抗创造了有利条件。

惠商政策 文帝还变"抑商"政策为"惠商"政策。下令,"开关梁,弛山泽之禁",就是取消在关口津梁处检查来往行人的制度和山林川泽樵采、捕捞的禁令。商人们可以自由贩运,任意开山鼓铸,砍伐木材。这些措施实行后,商业和手工业都获得迅速的发展,出现了"富商大贾周游天下,交易之物莫不通,得其所欲"[④]的隆盛局面。这项政策对于劳动人民也有好处,人民可以进入山泽自由樵采、捕捞,以补助生活。景帝时,"复置诸关,用传(zhuàn 撰,信符)出入"[⑤]。主要是为了治安需要,对商人的政策仍在逐步

---

① 《汉书》卷六四下《贾捐之传》。
② 《汉书》卷二四上《食货志上》注,师古曰:"当为卒者,免其三人;不为卒者,复其钱耳。"
③ 《史记》卷三〇《平准书》。
④ 以上均引自《史记》卷一二九《货殖列传》。
⑤ 《汉书》卷五《景帝纪》,景帝四年事。卷四《文帝纪》,十二年,"除关,无用传"。

放宽。但文、景时期,抑商政策中之"市井之子孙亦不得仕宦为吏"①的规定一直未取消。

废除肉刑 西汉初年,沿用前代刑律,用刑很重,死刑、肉刑使用较多。文帝时,齐太仓令淳于意犯罪,他的女儿缇萦(tí yíng 提营)上书文帝,说"死者不可复生,刑者不可复属,虽后欲改过自新,其道无由也"。自愿"为官婢,以赎父刑,使得自新"②。文帝很受感动,遂下诏废除肉刑,将黥、劓、刖等酷刑改为笞或徒刑,对原有各种徒刑亦有所减轻。文帝死后,景帝即位,以为笞刑太重,继续减轻。还下诏强调:"笞者,所以教之也。"批评了滥用笞刑,对笞用刑具的长、宽、厚度及其光滑度都有所规定。

3. 削藩

刘邦封"同姓王"时,诸王都还年少,王国的太傅、相国(丞相)主事,中央和诸侯王之间的矛盾还不太大;可是至文帝时,诸侯王的年龄已长,国势日盛,都成为雄踞一方的势力,有的还怀有争夺皇位的野心,于是,中央和诸侯王之间的矛盾也日益发展。中央为加强集权,开始削弱诸侯王的势力。

《治安策》与《削藩策》 文帝时,政论家贾谊上《治安策》,指出:现在中央和诸侯王的关系,像一个人得了肿胀病,一条腿肿得和腰一样粗,一个脚趾肿得和腿一样粗,如不抓紧治疗,"必为锢疾"。他说:"欲天下之治安,莫若众建诸侯而少其力。"③就是要将王国分割为若干小国,以削弱其力量。文帝起初就很重视贾谊的建议,但有些犹豫不决;后来形势更加严重了,他才把齐国分为六个小王国,立齐王肥的六个儿子为王;又把淮南国分为三个小王国,立淮南王长的三个儿子为王。

景帝时,中央和诸侯王之间的矛盾更加尖锐。御史大夫晁错上《削藩策》,建议借诸侯王犯错误的时机,削减诸侯王的封区。他说:"今削之亦反,不削之亦反;削之,其反亟,祸小;不削,反迟,祸大。"④景帝采纳了这个建议,于景帝前三年(前154),削楚王戊的东海郡,削赵王遂的常山郡,削胶西王卬的六个县。被削地之王,对景帝和晁错都很不满。

平定七国之乱 "七国之乱"是以刘邦之侄吴王刘濞为首发动的一次同姓王联合大叛乱。刘濞蓄谋叛乱,为时已久。导火线是当时景帝和晁错认为吴王刘濞有罪,欲削他的会稽和豫章两郡。刘濞就乘机串通楚、赵、胶西、胶东、菑川、济南六国的诸侯王,发动了联合叛乱。刘濞发兵20万,

---

① 《史记》卷三〇《平准书》。

② 《汉书》卷二三《刑法志》。

③ 《汉书》卷四八《贾谊传》。

④ 《史记》卷一〇六《吴王濞列传》。亟(jí 及):急速。

号称50万,为主力。又派人与匈奴、东越、闽越贵族勾结,用"请诛晁错,以清君侧"的名义,举兵西向。叛军顺利地打到今河南东部。景帝因很惶恐,就听信了谗言,捕杀了晁错,乞求刘濞退兵。刘濞不仅不退兵,还公开声言要夺皇位。叛军至梁国(治今商丘),为景帝之弟梁王武所阻。至此时,景帝才决心以武力进行镇压。他命太尉周亚夫与大将军窦婴率三十六将军,以奇兵断绝了叛军的粮道,只用了三个月的时间,就大破叛军。刘濞逃到东越,为东越人所杀。其余六王皆自杀,七国都被废除。

七国之乱平定后,景帝为了进一步削弱诸侯王的权力,以加强中央集权,就下令取消了诸侯王治民之权,只"衣食租税"。又减缩王国的政权机构,降低王国官职的等级,改丞相为相,总掌王国政事;内史治民,和郡太守相同,直接听命于中央;取消御史大夫、廷尉等官;重要官员都由中央任命。至此,诸侯王国虽仍存在,但和郡基本相同,成为中央直接管辖的一级地方行政单位。至成帝时,又取消内史一职,由相治民。王国相与郡太守相同①。王国除了还有一个无权干预王国政事的诸侯王之外,其他方面与一般的郡完全一样。

七国之乱的平定和诸侯王权力的削弱,沉重地打击了分裂割据势力,在制度上,基本消除了刘邦实行诸侯王制度时所产生的弊病,进一步加强了中央集权制度。

二、汉武帝加强中央集权

汉武帝时期,封建国家的国势已相当强大了。可是当时有三大问题存在:一是诸侯王尚有一定的政治、社会势力,仍是一个不稳定的因素;二是土地兼并严重,社会动荡不安,阶级矛盾在发展;三是匈奴不断入侵,两越不断制造事端,边境不宁。这三个因素促使汉武帝决心进一步加强中央集权。

1. 改革政治体制

建立中朝 "中朝"亦称"内朝"主要是由皇帝身边的较低级的亲信官吏和侍从人员组成的决策机构。

西汉前期,丞相都由列侯充任,位高权大。汉武帝为了削弱丞相的权力,加强自己的权力,就重用身边的人员,于是尚书令一职日益重要。尚书令原是少府的属官,为皇帝管章奏文书。此时,大臣们的章奏不能直接进呈

---

① 《汉书》卷一九上《百官公卿表上》:"成帝绥和元年(前8),省内史,更令相治民,如郡太守。"

汉武帝像
（李砚云据阎立本《历代帝王像》作）

皇帝，要先送尚书台（尚书令的官署）。武帝又选用一些有才能的士人为郎，加以侍中、给侍中、常侍等头衔，出入宫廷，与尚书令共议军国大事，组成"中朝"。原以丞相为首的三公九卿组成的中央政府为"外朝"。从此以后，尚书台的权力日重，大臣要参预中枢，必须加"领尚书事"或"平尚书事"的头衔。"中朝"是皇帝身边的御用工具。

设置刺史与司隶校尉 秦朝于每郡置监御史一人，以监察地方。西汉初，省废。武帝时，为了加强对地方的控制，于元封五年（前106），分全国除京师直辖区以外的其他地区为 13 个州部（监察区）①，每个州部设刺史一人，称州刺史，简称刺史，以监察地方。刺史"以六条问事"，一条是监察"强宗豪右"，五条是监察郡守、尉和王国相。征和四年（前89），又于京师所在地设司隶校尉，掌纠察京师百官（三公除外）和三辅（京兆、冯〈píng 凭〉翊、扶风）、三河（河东、河内、河南）、弘农七郡。

刺史秩六百石，司隶校尉秩比二千石，都以京官监察地方的高官，司隶校尉还纠察朝官，史称这一制度为汉武帝"以内制外，以小制大"之术。这套制度比秦朝的监察制度严密得多，进一步加强了皇帝对于庞大的官僚群的督导与控制。

实行《推恩令》与《附益法》 "七国之乱"以后，诸侯王制度和诸侯王本身都大大削弱了。可是这些皇子皇孙的地位特殊，有恃无恐，常常有不法行为；又有很多人趋炎附势，为之出谋划策，所以诸侯王问题仍是封建国家的一大问题。元朔二年（前127），主父偃上《推恩》之策。建议在诸侯王死后，除嫡长子继承王位外，其他庶子由皇帝分割原王国的部分土地为列侯，列侯归郡统辖。武帝采纳了这个建议，下"推恩令"，王国越分越小，力量很弱；列侯们"人人喜得所愿"②，拥护中央，中央的直接辖区（郡县）在日益扩大，进一步加强了中央集权。

就在这时，淮南王刘安和衡山王刘赐又招结宾客，暗造兵器，阴谋反叛。元狩元年（前122），武帝下令逮捕了二王，二王皆自杀，列侯和大小官吏、

---

① 十三州部：冀、幽、并、兖、徐、青、扬、荆、豫、益、凉、交趾、朔方。
② 《史记》卷一一二《主父偃列传》。

宾客因株连被杀的数万人,二国废为郡。武帝又制定《附益之法》,不许诸侯王招结宾客,限制诸侯王的活动,"诸侯惟得衣食税租,不与政事"①。

元鼎五年(前112),武帝为祭宗庙,要列侯献酎(zhòu 宙)金助祭。他又以所献酎金的分量不足或成色不好为借口,废列侯106人。此后,还以种种罪名废掉一些侯国。

加强法治　西汉初年,萧何以《秦律》为基础,增《户》、《兴》、《厩》三篇,制成《汉律》9 章。后又一再增补,至武帝时,增至 359 章,大辟(死刑)409 条,1882 事,死罪决事比(判例)13472 事。汉律一再增补,是西汉王朝强化法治加强统治的需要,为维护社会秩序,安定人们的生产、生活都起过一定的积极作用。

汉武帝为了维护他的统治,重用"酷吏"。酷吏主要是因曾对某些豪强地主或宗室、外戚进行过"严酷"打击而著名,起过积极的作用。但他们多为非作歹,嗜杀成性,妄杀无辜,鱼肉人民,后多为汉武帝罢官或杀掉。

2. 建立侍从军和禁卫军

西汉前期实行征兵制,以正卒两支守卫京师。一支为南军,守卫宫城,归卫尉率领;另一支为北军,保卫京师,归中尉率领。两支各有两万人。武帝时,各减至一万人。正卒一年一轮换,不利于保卫京师。武帝着手组建职业兵为侍从军和禁卫军。

期门军和羽林骑　侍从军有三支,就是期门、羽林和羽林孤儿。

期门军是汉武帝于建元三年(前138)建立的,由侍中、常侍、武骑及待诏陇西、北地等六郡良家子②能骑射者组成,共约有一千人,归光禄勋掌管。因常为侍从武帝而期待于殿门,故有"期门"之名。

羽林骑是于太初元年(前104 年)选六郡良家子组成,约七百人,亦属光禄勋。羽林骑原叫做建章营骑,因守卫建章宫而得名。后更名"羽林骑",取"如羽之疾,如林之多"③之意。

羽林孤儿是由为国战死者的子弟组成的,因养在羽林官署,教习战射,而有此称号。

八校尉　禁卫军是于元鼎六年(前111)建立的,共有八支,每支有士卒约七百人,由八个校尉率领,因称"八校尉"。八校尉为中垒、屯骑、步兵、越骑、长水、胡骑、射声、虎贲。八校尉的士卒都由招募而来,是职业兵,

---

① 《汉书》卷一四《诸侯王表序》。

② 六郡为陇西、天水、安定、北地、上郡、西河。《史记·李将军列传》"索隐"引如淳云:良家子"非医、巫、商贾、百工也"。

③ 《汉书》卷一九上《百官公卿表上》颜注。

这是中国古代有募兵制的开始。其中的越骑、长水、胡骑等部主要由少数民族青年组成。八校尉所部后来发展为西汉王朝的军事主力,经常用于镇压劳动人民或进行民族战争。

3. 改革财政

汉武帝初即位时,国家十分富庶。《史记·平准书》曰:"汉兴七十余年之间,国家无事,非遇水旱之灾,民则人给家足,都鄙①廪庾皆满,而府库余货财。京师之钱累巨万,贯朽而不可校(jiào 叫);太仓之粟陈陈相因,充溢露积于外,至腐败不可食。"这样丰厚的粮秣储备,曾帮助汉武帝对匈奴进行了多年的战争。可是打了十多年之后,物资粮饷耗费严重,国家财政困难,而战争仍在进行。汉武帝为了扩大财政收入,支援战争需要,在桑弘羊的协助下,进行了大规模的财政改革。

五铢铜钱

改革币制 西汉前期,币制很不稳定,经常改变,时大时小。又除中央铸造外,各郡、国官府和地主、商人,都可仿铸货币。同一种货币的大小、轻重、规格、质量都极不相同,货币混乱,严重影响了国家的赋税征收和商业发展。

元狩五年(前118),汉武帝下令由上林三官(钟官、技巧、辨铜)铸造五铢钱②,作为法定货币,通行于全国;而且严禁各郡、国官府和私人仿铸。旧时的货币一律作废。五铢钱有周郭,钱上有"五铢"二字,式样规整,重量为五铢,盗铸不易,流通方便。这种货币相当稳定,一直沿用到三国时期。

盐铁专卖 西汉前期,封建国家对盐铁业实行自由经营政策。当时有国营(归大司农)、官营(郡、国)、民营,以民营为主。民间的盐铁商向国家承包某些资源,自由经营,国家征收承包税(即占租、顾租)③。至汉武帝时,因长期对匈奴战争,财政十分困难。汉武帝认为:许多大盐铁商家累积万金,为非作歹,违法乱纪,从不支援国家之急。于是他断然采取了废止盐铁自由经营,代之以国家专卖政策。其主要目的就是为了增加国家的财政收入,以支援对匈奴的战争和其他经济需要。

---

① 都鄙,都为都城,鄙为边邑。

② 陈直《史记新证·平准书》:"《集解》以均输、钟官、辨铜为上林铸钱之三官,其说本于张晏。以余考之,当为钟官、辨铜、技巧三令丞,皆属于水衡都尉。因水衡设在上林苑,故称为上林三官。"

③ 《盐铁论·水旱》:"民得占租鼓铸、煮盐之时,盐与五谷同贾,器利而中用。"

国家专卖盐铁的方式,中央,是在大农令(大司农)之下,设盐铁丞,总管全国的盐铁经营事业。各郡(国)、县,设盐官或铁官,经营盐、铁的生产和销售。不产铁的地区设小铁官,主收集废铁,改铸农具。盐、铁生产者有刑徒,也有雇工,由国家供给生产工具。

　　盐、铁专卖是首先由东郭咸阳和孔仅提出的。东郭咸阳是大盐商出身,孔仅是大冶铁商出身,二人同被汉武帝任为大农丞(盐铁丞),管盐铁事。他们"乘传(zhuàn 撰)举行天下盐铁"①。所有盐、铁官,几乎都是商贾出身。至此,旧时的"市井之子孙,亦不得仕宦为吏"②的规定已不存在,刘邦在西汉初年制定的"重农抑商"政策被彻底废除。

　　汉武帝还曾下令由官府垄断酒的产销,称为"榷沽",也是为了增加财政收入。

　　均输、平准　　均输法就是由国家在各地统一征购、运输货物,以谋取利益的政策。这项政策是由大农令孔仅和大农丞桑弘羊创行的。起初是由官府专营盐铁的运输销售,以增加国家的收入。后来桑弘羊任治粟都尉(领大农事),增设大农部丞数十人,分部掌管各郡国的均输事③。各郡国多设均输官和盐、铁官,扩大均输业务,凡商贾所贩运的货物,只要有利可图,均输官都以地方所收租赋为本钱,购置当地土产,转运到外地牟利,亦或运到首都长安,储于大农令(大司农),供给国家各部门的需要或做出售之用。

　　平准法就是由国家平抑物价的政策。其办法是由国家在长安和其他主要城市中设置掌管物价的官吏,利用均输官所储存的物资,根据市场上的物价,贵时抛售,贱时收购,这样打击富商大贾的囤积居奇行为,使市面物价保持稳定。

　　算缗、告缗　　算缗(mín 民)就是征收财产税。汉武帝于公元前119年(元狩四年)实行算缗钱政策,令商贾、手工业者、高利贷者,都向官府自报资产价值,每值2000钱,纳税1算(120钱);经营盐、铁、铸钱(时尚未国营)已纳租者,其财产每4000再纳1算,商贾的轺(yáo 尧)车1辆纳2算,船5丈以上纳1算。又规定匿(nì 昵)财不报,或报而不实者,一经查出,判戍边一年,没收全部资产。有揭发的,奖给所没收资产之半。

　　算缗令下后,豪富大家隐藏财产,不肯具报。元鼎三年(前114),武帝令杨可主持告缗事,鼓励揭发。《史记·平准书》曰:"杨可告缗遍天下,中家以上大抵皆遇告。"国家没收的"财物以亿计,奴婢以千万数,田大县数百

---

① ②　《史记》卷三〇《平准书》。
③　部,地区。

顷,小县百余顷,宅亦如之。于是商贾中家以上大率破"。封建国家利用没收的大量田地,到处设农官,经营农田。没入的奴婢分到国家的一些苑囿去养狗马禽兽,或从事手工操作。分到长安为官奴婢的有 10 万多人。在西、北边郡有牧师诸苑 36 所,有官奴婢 3 万人,养马 30 万匹。没收的其他财物充满了府库。

算缗、告缗事件是与汉武帝的财政改革连在一起的,虽然打击了许多大、中商人,但也有大量的地主。此事件并非刘邦的"重农抑商"政策的延续。

汉武帝的财政改革为加强中央集权,为打败匈奴的侵扰,提供了相当雄厚的经济基础。

4. 罢黜百家,独尊儒术

西汉前期,最高统治集团以黄老无为思想指导政治,在官吏中或社会上,诸子百家的思想都很活跃,这样的情况是不利于加强中央集权的。汉武帝即位,董仲舒提出了"罢黜百家,独尊儒术"的建议。董仲舒是"春秋公羊学"家。他说:"春秋大一统者,天地之常经,古今之通谊(义)也。今师异道,人异论,百家殊方,指意不同,是以上亡以持一统,法制数变,下不知所守。"他建议"诸不在六艺之科、孔子之术者,皆绝其道,勿使并进"[1]。汉武帝基本上采纳了这个建议,从此儒家学说逐步成为西汉中后期的统治思想。

董仲舒还建议在长安兴办太学,置明师,培养人才,以选拔官吏。汉武帝接受了这个建议,于建元五年(前 136)置《诗》、《书》、《易》、《礼》、《春秋》五经博士,博士均为今文学家。元朔五年(前 124),又为博士官置弟子 50 人,太学正式开学。充当博士弟子的条件是民年 18 以上,仪状端正者,由太常负责选拔。又从各郡国县道[2]中选拔有文学、有教养的青年到太学与博士弟子一同受业,称"如弟子"。每年考试一次,优秀的补为郎中、文学、掌故。如是下材则罢斥之。从此,汉朝官吏中多文学之士了。

三、社会经济的发展

西汉自初建到武帝时期,社会经济由恢复而迅速发展,为此后两千余年间的封建地主经济奠定了基础。

---

① 《汉书》卷五六《董仲舒传》。亡:同无。

② 道:政区名称。汉代在少数民族聚居区所设置的县称道。这是我国古代的一种民族区域自治形式。

1. 农业

土地兼并与租佃关系 西汉自文帝时起,土地兼并发展迅速,自耕农纷纷破产,佃农日益增多。土地所有者向国家缴纳的土地税,起初为"十五税一",后减为"三十税一"。可是佃农向地主缴纳的地租为"见税什五",即为产量的1/2。西汉前期的佃农主要承受经济剥削。后来的地主多与官僚、商人结合而为"三位一体",交结官府,奴役贫苦农民,佃农在承受经济剥削之外,又要承受"超经济剥削",佃农在开始向农奴化的道路上演变。

铁器与牛耕 西汉时期,铁农具的使用已相当普及。尤其是在黄河、长江两大流域,情况更是如此。在人们的观念中,农业生产是和铁农具联在一起的。《盐铁论·水旱》曰:"农,天下之大业也;铁器,民之大用也。"就说明了这一问题。

在考古工作中,发现有西汉铁农具的地区,黄河流域,有甘肃、内蒙古、宁夏、陕西、山西、河南、河北、山东;长江流域,有云南、四川、湖北、湖南、江西、安徽、浙江、江苏;在珠江流域,有广西、广东、贵州;此外,还有辽宁、福建等边远地区。主要铁农具因地区而有差异。总的说来,主要有犁铧、镬、铲、锸、镈、锹、镐、锄、镰、耙、刀等。黄河流域以旱地为主,出土犁铧也集中在这一区域,镬、铲、锸类掘土工具亦发现很多。长江流域以水田为主,

西汉大铁犁(辽宁辽阳出土)

出土镬、铲、锸类工具亦较多,但不见犁铧出土,可见铁犁牛耕技术尚未在长江流域推广。在黄河流域已发现的犁,有大、中、小多种类型,适用于不同的土质和耕作要求。在不少地方还发现了铁犁壁(镙土),这是在耕地时的一种帮助翻土、碎土的装置。西汉铁犁壁的发现,证明了我国使用此种农具的时间比欧洲要早一千年左右。

西汉时期以牛耕为主,主要是用二牛抬杠的形式。也有马耕。自汉文帝实行"马复令"以后,养马的人很多,马的数量迅速增加。到汉武帝即位时,"众庶街巷有马,阡陌之间成群"[1]。以马耕田是一个普遍现象。在缺牛马的地区,也有人耕。

---

[1] 《史记》卷三〇《平准书》。

代田法　西汉时期有关农业的知识已相当丰富,土壤学、作物学等都在发展。广大农民有辨土、施肥、选种、田间管理等方面的丰富经验。"代田法"就是一种先进的耕作方法。

代田法是一种轮耕制的耕作方法,是汉武帝时的搜粟都尉赵过总结了西北地区农民们的生产经验而加以推广的。这种耕作方法是,以宽一步(六尺)长百步的一亩地为例,纵分田地为三甽(quǎn 犬,畎)、三陇,甽、陇各宽一尺,布种于甽中。苗长高时,一再用陇土培固根部,作物能耐风旱。第二年,甽、陇互换其位,以调节地力。这是一种适应西北地区的自然条件的比较科学的耕作方法。文献记载,代田法用二牛三人耕作,每年可耕种五顷地,亩产量比用通常的耕作方法耕种的田地可增加一斛(石)以上。多的可增加两斛或更多一些。所谓"二牛三人",不是二牛各挽一犁,二人各扶一犁,一人在前牵牛,两犁并耕;可能是二牛抬杠,一人牵牛,一人扶犁,一人掌辕,以控制犁铧入土的深度。代田法推广的范围包括了三辅、河东、弘农和居延等边远地区。

耧车复原模型(三足耧)

赵过还推广耧(lóu 楼)播技术,耧和犁形相近似,有三个铁制耧足,同于三个小铁犁铧,三个耧架相连,耧足中空,上通耧斗,斗中盛种子。播种时,一牛拽引,一人扶耧,一边开沟,一边下种,种自耧斗经耧足下播,一日可种一顷。文献记载,亦有二足耧和一足耧。

兴修水利　汉武帝时,国家富庶,开始大规模地兴修水利。首先开凿的是漕渠,于元光六年(前129)开工,三年完成。主持这一工程的是水工出身的徐伯。过去运粮,自黄河入渭水,运至长安,路程九百余里,需时六个月。漕渠凿成后,西起长安,东通黄河,运程只有三百余里,漕运时间减少了一半,还可灌溉田地一万余顷。

关中因是国都所在地,开渠也比较多。除漕渠外,还有灵轵渠、成国渠、沣渠、六辅渠、白渠等。以白渠为最著名。白渠始凿于太始二年(前95),在渭水之北,西起谷口(今陕西礼泉东北),东入栎阳,引泾水,注入渭水,与郑国渠平行,长二百里,溉田4500余顷。当时有歌谣曰:"田于何所?池阳谷口。郑国(渠)在前,白渠起后。举臿为云,决渠为雨。水流灶下,鱼跳入釜。泾水一石,其泥数斗;且溉且粪,长我禾黍;衣食京师,亿万之口。"①

其他郡县的水利也较发达。西北地区的朔方、河西、陇西、酒泉等郡,都开渠引黄河或川谷的水以溉田。中原地区的汝南、九江等郡,引淮水以溉田,泰山下引汶水以溉田。其他新开水渠、陂池也很多,溉田各在数千顷或万顷以上。

武帝时修治黄河,也是一项重大功绩。黄河原于元光三年(前132)夏在瓠(hù 户)子(今河南濮阳南)决口,水经瓠子河入巨野泽,流于淮、泗,被灾地区达16郡。武帝自泰山回长安,路过此处,发卒数万人堵塞决口,并下令随从他的官员自将军以下,都要背柴薪填决口。在决口堵塞后,武帝又下令在新修的拦河大堤上盖了一座"宣房宫"。从此河水又北行,"梁、楚之地复宁,无水灾"②。

2. 手工业

西汉时期的手工业有国营、官营和民营三种。此外还有家庭副业性质的小手工业。最重要的有冶铁、铸铜、煮盐、纺织和漆器业。

冶铁业 西汉前期,冶铁业有国营、官营(郡、国经营)和民营三种。国营或官营冶铁业的劳动者主要是刑徒、士卒和雇工。民间的大冶铁家很多。最著名的有蜀郡的卓王孙、程郑③和南阳的孔氏。《史记·货殖列传》曰:卓王孙"即铁山鼓铸,运筹策,倾滇、蜀之民,富至僮千人。田池射猎之乐,拟于人君"。又曰:程郑"贾椎髻之民,富埒(liè 劣)卓氏"。孔氏则"规陂池,连车骑,游诸侯,因通商贾之利……家致富数千金"。大的民营冶铁

---

① 《汉书》卷二九《沟洫志》。郑国渠为战国末年韩国水工郑国为秦主持开凿的。

② 《史记》卷二九《河渠书》。

③ 《史记》卷一二九《货殖列传》载程郑为一人。《华阳国志·蜀志》曰:"若卓王孙家僮千数,程、郑各八百人。"似程、郑为两人。

业的劳动者主要是雇工,也有僮仆。

这一时期的私营铁冶者或冶铁家,由于有强烈的追求利润乃至发家致富的要求,往往倾全力关注其事业,例如很注意市场信息、成本核算、产品质量和经营方法。小的冶铁手工业者尤其如此。《盐铁论·水旱》曰:小冶铁者"家人相一,父子戮力,各务为善器,器不善者不集。农事急,挽运衍之阡陌之间,民相与市买,得以财货五谷新弊易货,或时贳。民不弃作业,置田器,各得所欲"①。这一时期是冶铁业的蓬勃发展时期。

汉武帝于元狩四年(前119),收冶铁归国家专营,垄断了冶铁业。铁官均为官僚,不关心生产和销售,产品种类少,质量差,弊端严重。《盐铁论·水旱》曰:"县官(国家)鼓铸铁器,大抵多为大器,务应员程,不给民用。民用钝弊,割草不痛。是以农夫作剧,得获者少,百姓苦之矣。"尽管是这样,因为冶铁专营对国家的财政收入有利,终西汉一代,基本上未改变这一政策。

西汉一代的冶铁业有很大的发展。至西汉后期,铁器皿和铁兵器已基本上代替了铜器皿和铜兵器,产品除农具外,还有手工工具斧、锛、锯、凿等,生活用具有灯、釜、炉、剪、刀、镜等,兵器有长剑、长矛、环首大刀、铁戟、铁斧、勾镶等。冶铁技术也有很大的进步,燃料除用木柴、木炭外,还使用了原煤和煤饼。当时的工人们已发明了焠(cuì翠)火技术。就是在锻造刀剑时,把刀剑烧红,浸入水中,以增强硬度②。

纺织业 纺织业以丝织业为最进步,亦有国营和民营之分。国营纺织业主要是为皇室和官府织造服装。最重要的国营纺织业有三处:(一)东织室和西织室,都设在长安,专为皇室织造衣物。每一织室的花费,每年为五千万钱以上。(二)三服官,设在齐国的都城临淄,每年用精美的丝织品制作皇室的冬、夏、春(秋)三季的服装。所以有"三服"之称。三服官分在三处,各有织工数千人,每年花费数亿钱。(三)陈留郡襄邑(今河南睢县)也设有服官,专为皇帝和贵族、大臣们制作礼服。

1972年在湖南长沙马王堆一号汉墓出土了大量的用作随葬的丝织

素纱单衣(马王堆一号汉墓出土)

---

① 贳(shì世):赊欠。
② 《汉书》卷六四下《王褒传》曰:"清水焠其锋。"焠亦作"淬"。

品,有绢、罗纱、锦、绣、绮等,花色有茶褐、绛红、灰、朱、黄棕、棕、浅黄、青、绿、白等,花纹有各种动物、云纹、卷草、变形云纹、菱形几何纹,织制技术有织、绣、绘画等。有的纱料质轻而薄,和今天的尼龙纱差不多。其中的一件素纱单衣身长 128 厘米,袖通长 190 厘米,重量仅 49 克(不到 1 市两)。

漆器业 西汉的统治者和地主、商人都很喜爱漆器,漆器业有很大的发展。西汉王朝在蜀、广汉等郡设有工官,专造皇室、贵族使用的漆器和金银钿(kòu 扣)器,每一工官每年花费五百万钱。马王堆一号汉墓出土漆器 180 多件,中有耳杯、盘、鼎、壶、钫、盒、屏风等。器胎有木质、夹纻、竹质,多在漆面上绘有草叶、花瓣、云气、动物等图案,质地轻巧,造型美观,色泽光洁,工艺水平很高。制造漆器的工序很多,技术复杂,要求很高。《盐铁论·散不足》曰:"一杯棬(quān 圈)用百人之力,一屏风就万人之功。"说法并不很夸大。

马王堆一号汉墓出土漆器

3. 商业

随着农业和手工业的发展,商业的发展也很迅速。标志这一发展的,除汉武帝改革币制,统一使用官铸五铢钱外,还有大量的商业性质的都会的出现,交通发展和经商哲学的产生。

经济区与都会 西汉时期,在全国范围已形成了十几个大的经济区。每个经济区中,有一二个经济中心。这些经济中心当时叫做"都会"。重要的经济区及其都会:关中地区有长安,河南地区有雒阳,漳河地区有邯郸,勃碣地区有燕(今北京)[①],海岱地区有临菑,梁宋地区有陶、睢阳(今河南商丘县南),颖川、南阳地区有宛(yuān 渊,今南阳),西楚地区有江陵、陈,东楚地区有吴(今江苏苏州),南楚地区有寿春(今安徽寿县),岭南地区有

---

① 《史记》卷一二九《货殖列传》正义:"勃海、碣石在西北。"

番禺（pān yú 潘鱼,今广东广州）,巴蜀地区有成都等,均名重一时。这些地区的商品,多聚集到这些都会中,或就地销售,或转运他地。这些都会对本地区的经济起着沟通有无、调剂多寡的作用。各大都会之间,亦有大道或河渠相通连,是一个地区的交通中心。

陆路与海外交通　这里所说的陆路交通,是指自中原达于边疆乃至国外的重要陆上交通情况。这样的交通在西汉前期已经存在。至汉武帝时,随着对于边疆的经营,更推进了陆路交通的发展。当时的重要陆路约有四条:一条是自蓟（今北京城西南）出发,东北经渔阳、右北平、辽西、辽东、直到朝鲜半岛。一条是自长安出发,西经河西走廊、今之新疆,远达中亚、南亚、西亚,乃至地中海东岸各国和南欧、北非等地。这就是著名的"丝绸之路"。一条是自巴蜀出发,经西南夷,通于今之缅甸和印度。一条是自南海（今广东广州）出发,经苍梧（今广西梧州）、郁林（今桂平）,达于交趾、九真、日南[①]等地。

海外交通也很发达,这和国与国之间的政治、经济关系日益发展及航海、造船技术的日益进步是分不开的。重要的航线有两条:一条向东,自齐（今山东北部）东渡渤海,可达朝鲜半岛,再绕半岛而东,可达日本。当时日本称"倭"。一条向南,自徐闻（今广东徐闻）、合浦（今广西合浦）沿今印度支那半岛近海南行,可到半岛南部及马来半岛各国;又经今马六甲海峡,西经印度洋,可达黄支国（今印度东南）。这些国家运至汉地的货物有明珠、璧流离等奇石异物[②],汉人运往这些国家的为黄金器物和各种丝织品。这条海上航线就是最早的海上丝绸之路。

经商哲学　经商哲学就是所谓的"生意经",是一种简明扼要的经商理论,是经商的成功经验的总结。

这种理论在战国时期已经产生。至西汉中期,有些已成为商人们的座右铭。例如把"求利"看做是人生的主要追求目标的,有"天下熙熙,皆为利来;天下壤（攘）壤,皆为利往"[③]。为了求利而总结的经验,有"夫用贫求富,农不如工,工不如商,刺绣文不如倚市门。此言末业贫者之资也"。在这时,农工商三业中,农已被看做是"拙业",是难以"用贫求富"的。求富最有效的途径是经商。经商也有经商的学问,在财产私有制之下,"富无经业,则货无常主;能者辐辏,不肖者瓦解"。因此经商也要兢兢业业,时刻把握发家致富的决窍。通常的经验有:"无财,作力;少有,斗智;既饶,争时。

---

①　以上三郡都在今越南北部,南至广治省。
②　璧流离,宝石名,即钻石。
③　《史记》卷一二九《货殖列传》。

此其大经也。"又有"百里不贩樵,千里不贩籴。居之一岁,种之以谷;十岁,树之以木;百岁来之以德"。所谓来"德",就是当大地主,以小恩小惠笼络人心,进行地租剥削,可以乐比封君。商人致富之后,把过剩资本投入到土地上去,已是常有的做法,此条经验之重要,已与用武力夺取天下,用文治巩固江山的道理相提并论了。例如说:"以末(经商)致财,用本(农田)守之;以武一切,用文持之。变化有概,故足术也。"①这是商人与地主结合的道路。

在西汉前中期,在人们的思想或行动上,出现了"用贫求富"的热潮。司马迁说:"夫千乘之王,万家之侯,百室之君,尚犹患贫,而况匹夫编户之民乎!"于是,被长期贱视的商人阶层至此时,居然成为不可忽视的重要社会、政治势力,所谓"大者倾郡,中者倾县,下者倾乡里者,不可胜数"。②

四、民族关系的发展

西汉时期,随着封建国家的日益富强,国家的统治逐步深入到边疆的民族地区。边疆各民族的经济、文化也在发展,与中原地区的联系日益密切,这些情况促进了多民族国家的统一和发展。

1. 匈奴

西汉前期,对匈奴实行羁縻政策,主要是汉匈"和亲"政策;可是这时的匈奴一再南侵,曾火烧汉之回中宫(在今陕西陇县),"烽火通于甘泉、长安"。迫使文、景二帝一面继续执行与匈奴"和亲"政策;一面储备军粮,增殖马匹,训练士卒,准备反击匈奴。

汉匈战争　汉武帝即位以后,于元光二年(前133)开始对匈奴进行战争③。从元朔元年(前128)到元狩四年(前119)的十年中,共有大战三次。第一次大战是在元朔二年。这年,匈奴以二万骑入侵,杀汉辽西太守。汉使将军卫青以三万骑击匈奴,收复了河南地(今内蒙古伊克昭盟),设朔方、五原郡,解除了匈奴对首都长安的威胁。第二次大战是在元狩二年(前121),由将军霍去病率数万骑北击匈奴,出陇西、北地,深入匈奴二千余里,夺得祁连山和河西走廊,汉在这里设置了酒泉、武威,后又增置张掖、敦煌,为河西四郡。匈奴退出河西走廊,编了一首怀恋河西的歌曲,词曰:"亡我祁连山,使我六畜不蕃息;失我焉支山,使我妇女无颜色。"④汉夺得河西走

---

① ② 《史记》卷一二九《货殖列传》。

③ 《汉书》卷二四下《食货志下》曰:"王恢谋马邑,匈奴绝和亲。"

④ 《史记》卷一一〇《匈奴列传》"正义"引《西河故事》。焉支与胭脂偕音。

廊,隔断了匈奴与羌人的联系;又为汉通西域开辟了重要通道。

第三次大战是在元狩四年(前119)。匈奴各以数万骑入侵右北平和定襄郡,杀略惨重。武帝以卫青出定襄,霍去病出代郡,各将骑五万,步兵数十万,另有志愿从征者四万匹马,粮食辎重还不计在内。卫青大破单于军,北至寘(tián 田)颜山赵信城(今蒙古国杭爱山南)而还。霍去病出代郡二千余里,大破左贤王军,至狼居胥山(今蒙古国乌兰巴托东),临翰海(今呼伦湖与贝尔湖)而还。从此,匈奴北徙漠北。汉自朔方,西至令居(今甘肃永登),以六十万吏卒屯田,加强防守。

昭君出塞 汉匈战争,汉损失士卒数万人,马十余万匹,无力再进行大规模的战争。匈奴也损失惨重,后分裂为五部,互相攻杀。其中的一部首领为呼韩邪单于,投降汉朝,南徙于长城一带,要求与汉和亲。公元前33年,呼韩邪单于到长安,汉元帝以宫人王嫱(qiáng 墙,字昭君)嫁与呼韩邪单于,号宁胡阏氏(yān zhī 烟支,单于妻);元帝亦改年号为"竟宁"①。汉、匈从此友好相处。王昭君在中原的兄弟和她在匈奴生的子女及其后裔,有三代人在为汉匈之间的和平友好而工作。汉、匈在四十多年间没有发生战争。直到东汉初年,王昭君的弟弟还以和亲侯身份代表东汉政府出使匈奴。匈奴的其他各部有的仍居漠北,与汉亦有往来;有的向西迁徙,到今新疆北部和中亚一带。

王昭君墓
(在内蒙古呼和浩特市南 又名青冢)

① 《汉书》卷九《元帝纪》颜师古曰:"应劭曰:虏(呼)韩邪单于愿保塞,边竟(境)得以安宁,故以冠元也。"

汉、匈在战争间歇之时,一直有互市关系。"昭君出塞"后,汉、匈关系密切,促进了匈奴的经济、文化的发展。在今包头市附近出土的"单于和亲"砖,文曰:"单于和亲,千秋万岁,安乐未央。"可能是这一时期的遗物。在匈奴地区出土的很多汉制丝织品、汉式铜鼎、铁剑、漆器、陶器等与匈奴的"鄂尔多斯"式的文化,如蝴蝶展翼状短剑、弧背铜刀、透雕动物形象的铜饰牌等共存,这也证明了汉、匈民族和睦相处与文化交流的情况。

2. 西域

西域三十六国　西域一词是我国古代对西部疆域的泛用名称。西汉初年,西域的概念主要是指今天的南疆,在"匈奴之西,乌孙之南,南北有大山,中央有河,东西六千余里,南北千余里。东则接汉,阸(è饿)以玉门、阳关,西则限以葱岭"①。这里沙漠很多,土地很少,人们居于河流灌注的绿洲上,共有 36 国。绿洲大则国大,绿洲小则国小,大国二三万人,最大的龟兹(qiūcí 丘词)有 8 万人;小国数千人,最小的依耐只有 670 人。从事农业生产的,被称为城郭国家;随畜牧逐水草而居的,没有定处。西汉末年,分为 50 余

"单于和亲"砖

国。西汉中期,人们对于西域的地域概念扩大,已包括了北疆和中亚、西亚、南亚等地。

张骞通西域　汉武帝即位,就准备反击匈奴。他为了争取联合力量,于建元三年(前 138),派张骞出使大月氏(zhī 支)。大月氏原居于今敦煌、祁连之间,文帝时期,为匈奴所破,西徙妫(guī 圭)水(今阿姆河)流域,重建国家。张骞出使大月氏的目的,是约大月氏与汉联合,东西两面夹击匈奴,胜利后,大月氏可回归河西故地。张骞在路上为匈奴所虏,匈奴以女嫁张骞,诱使他投降。张骞忠贞不屈,在匈奴十年,后乘机西逃,经大宛(yuān宛,今中亚费尔干纳盆地)、康居(今巴尔喀什湖和咸海之间),到大月氏。大月氏因老王已被匈奴杀死,新王满足于现有的生产、生活;又与汉相距太远,不愿共击匈奴,亦不愿再回故地。张骞等了一年多,没有结果,就沿南山(今昆仑山)东归,路上又为匈奴扣留。次年(元朔三年,前 126),张骞又逃回长安。

---

① 《汉书》卷九六上《西域传上》。

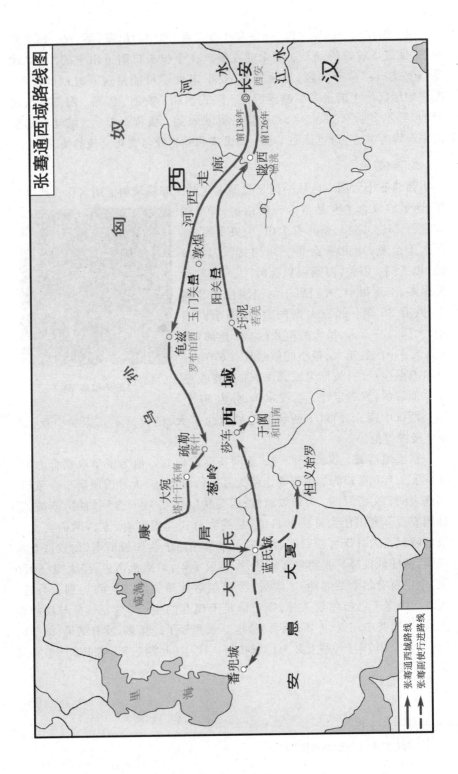

张骞通西域路线图

张骞出使西域图（莫高窟第 323 窟初唐壁画摹本）

张骞出使西域十三年，历尽千辛万苦，同行者一百余人，回到长安时，只剩了他与匈奴侍从堂邑父两人。他的匈奴妻子也到了长安。张骞在西域时，曾到过大宛、康居、大月氏、大夏（今阿富汗北部至印度河流域）等国，还了解到旁边有五六个大国。大宛的东北有乌孙，大月氏之西有安息（今伊朗），再西有条枝（今伊拉克），康居的西北有奄蔡等。他对这些国家的政治、社会、地理、物产、风俗等情况做了较详细的了解，回国后，报告了武帝。这是中国对今新疆和中亚、西亚等地有具体了解的开始。张骞的西域之行，扩大了两千年前中国人的世界视野，促进了东西方的经济、文化交流。张骞归国后，汉武帝拜他为太中大夫，拜堂邑父为奉使君。

元狩四年（前 119），汉武帝第二次派张骞出使西域，约乌孙共击匈奴。乌孙原居于今敦煌、祁连之间，与大月氏为邻。西汉初，为大月氏所破，西徙伊列水（今伊犁河）流域建国，人口约 63 万人。汉约乌孙在击败匈奴后，可迁回故地。张骞以中郎将出使，带有金币帛等值钱千亿，同行的持节副使和随行人员共有三百余人，每人有马二匹，驱带牛羊以万数。张骞至乌孙，乌孙王年老，又因其国临近匈奴，受匈奴的威胁严重，不敢与汉联合。张骞没有得到结果，乌孙派使者数十人陪他回长安，赠给汉武帝良马数十匹。张骞的副使们分别到大宛、康居、大月氏、大夏、安息、身毒（今印度、巴基斯坦）等国，后来亦由各国使臣陪同，相继回到长安。

设置西域都护　张骞出使西域后，汉开始积极经营西域，先后在河西走廊设置酒泉（今属甘肃）、武威（今民勤东北）、张掖（今张掖西北）、敦煌（今敦煌西）四郡。元封六年（前 105），与乌孙和亲，以江都王刘建之女细君为公主嫁乌孙王，为右夫人。可是，细君以乌孙王年老，且语言不通，十分悲愁。她自作歌曰："吾家嫁我兮天一方，远托异国兮乌孙王；穹庐为室兮旃为墙，以肉为食兮酪为浆。居常土思兮心内伤，愿为黄鹄兮归故乡！"[1]乌

---

①　《汉书》卷九六下《西域传下·乌孙国》。和亲之前，公主要在长安学习一些有关民族的语言。

孙王很同情她,愿将她改嫁给孙子岑陬(chén zōu 臣邹,官号,名军须靡)。细君不同意,随上书汉武帝。武帝也很怜悯她,派使者携去帷帐锦绣等物,以安慰她,又嘱她"从其国俗"。细君即嫁给了岑陬。老王死,岑陬代立。细君生一女,后病死。汉又于太初四年(前101)以楚王刘戊之孙女解忧为公主续嫁。解忧和侍者冯嫽(liáo 寮)在乌孙五十年,巩固、发展了汉与乌孙的关系,还做了许多争取西域各国之事。冯嫽被西域各国尊称为冯夫人。在解忧到乌孙这年,汉军大破大宛,西域南道各国多倾向汉朝。汉武帝在乌垒城(今新疆轮台县东北小野云沟附近)置使者校尉,又在渠犁(今尉犁县西)屯田。宣帝神爵二年(前60),汉又控制了西域北道。从这时起,汉改使者校尉为西域都护,仍驻乌垒城。自今巴尔喀什湖以东、以南的广大地区都成为西汉王朝的疆域,归西域都护统辖。

丝绸之路 西汉王朝在西域设置西域都护以后,促进了中国与中亚、西亚的经济、文化联系。当时,自长安经河西走廊通向中亚,共有两条道路:一条出阳关,经鄯善(今罗布淖尔附近),沿昆仑山北麓西行,过莎(shā 沙)车,西逾葱岭,出大月氏,至安息,西通犁靬(jiān 肩,罗马共和国);或由大月氏南入身毒。另一条出玉门关,经车师前国,沿天山南麓西行,出疏勒,西逾葱岭,过大宛,至康居、奄蔡。这就是世界著名的"丝绸之路"。

"五星出东方利中国"锦质护膊(新疆罗布淖尔出土)

汉朝遣使者至安息、奄蔡、犁靬、条支、身毒等国,在一年中,多时十余批,少时五六批。一批多则数百人,少则百余人,都携带金币帛等。近的,要二三年,远的要八九年,才能返回长安。

当时运往中亚、欧洲的商品,有蚕丝、丝织品、铁器、漆器等,铸铁和凿井技术也在这时西传。西方经"丝绸之路"输入中国的商品,有良马、橐驼、香料、葡萄、石榴、苜蓿、胡麻、胡瓜、胡豆、胡桃等。

3. 两越

东越 东越分为闽越和东瓯两国。建元三年(前138),闽越进攻东瓯,东瓯向长安告急,汉武帝派兵救东瓯,闽越退兵。东瓯请求内迁,武帝迁东瓯人于江、淮之间。

建元六年(前135),闽越又进攻南越,南越也向长安告急,武帝出兵击闽越,闽越贵族杀了闽越王,又与汉对抗。武帝派陆海士卒进攻闽越,后亦迁闽越人于江、淮之间。

南越 武帝时,南越王赵婴齐的后为樛(liú 流)氏,邯郸人,是婴齐为太子在长安宿卫时娶的。婴齐死,樛氏子赵兴立,母子上书:"请比内诸侯,三岁一朝,除边关。"①丞相吕嘉反对内属,杀樛氏和南越王赵兴及汉使,另立婴齐的越妻之子赵建德为王,与汉对抗。元鼎五年(前112)秋,武帝遣伏波将军路博德、楼船将军杨仆等以楼船(水兵)十万人,分四路进攻南越。第二年,破番禺(今广州),俘吕嘉、建德等,以南越地置儋(dān 单)耳、珠崖、南海、苍梧、郁林、合浦、交趾、九真、日南九郡。

4. 西南夷

西汉建立之初,因国力薄弱,曾一度放弃秦始皇在通西南夷的五尺之道附近设置的政区。虽是这样,西南夷与巴蜀之间的联系却在日益发展。汉武帝伐南越时,夜郎侯请求改夜郎为郡县。武帝以夜郎为犍(qián 钳)为郡(今四川宜宾),封夜郎侯为王,赐王印。

张骞从西域归来,说在大夏见到蜀布和邛(qióng 琼)竹杖,得知是从在身毒(今印度、巴基斯坦)的蜀商那里买来的。又得知身毒在大夏东南数千里,在邛西二千里。他认为汉欲通大宛、大夏、安息等国,经河西,易为匈奴、羌人所阻。如自蜀通身毒,路既近,又无阻碍,这就是通向西南的丝绸之路。

武帝派出十余批人经略西南夷,寻求通身毒之路。但过滇而西,至今洱海

滇王之印
(云南晋宁石寨山出土)

---

① 《史记》卷一一三《南越尉佗列传》。婴齐,赵佗之曾孙。

附近,都为昆明夷所阻。武帝就以且(jū居)兰为牂牁郡(今贵州黄平),邛都为越嶲(xī西)郡(今四川西昌),筰都为沈(chén臣)黎郡(今汉源东北),冉駹(máng忙)为汶山郡(今茂汶县北),白马为武都郡(今甘肃西和),滇为益州郡(今云南晋宁)。赐滇王王印。20世纪50年代,考古工作者在云南晋宁石寨山的考古发掘中发现了一颗汉式金印,文曰:"滇王之印",证明了文献记载是可靠的。

5. 朝鲜

朝鲜是一个古老的民族,居住在鸭绿江南面。战国时期,属于燕国。秦和西汉初,中原战乱,旧燕、齐、赵地区的人民逃入朝鲜的达数万口。汉武帝曾在这里置玄菟、临屯、乐(lè勒)浪、真番(pān潘)四郡,这四郡地区受汉文化影响很大。

在今吉林、黑龙江及其以东以北地区,还有乌桓、鲜卑、夫余、高句(gōu勾)丽、挹娄等族,已与西汉王朝有政治或经济联系。

五、西汉中后期的政治与社会

1. 汉武帝政策的转变

土地与奴婢问题 西汉自文帝时开始,土地兼并日益激烈。至汉武帝时,情况已很严重。大量的农民失掉土地,到处流亡,沦为奴婢的人极多。这时已有人呼吁,说"土地"与"奴婢"问题是两个重大社会问题。可是起初,汉武帝对此很不重视,他征调大量的徭役在长安大造宫殿苑囿,生活奢侈,挥霍无度。其他贵族官僚也是如此。如景帝之子中山靖王刘胜,"为人乐酒好内,有子百二十余人"。他还曾不知羞耻地对赵王彭祖说:"王者,当日听音乐,御声色。"[①]他和其妻窦绾两墓都在今河北满城山崖中。1968年

刘胜金缕玉衣(河北满城汉墓出土)

---

① 《汉书》卷五三《景十三王传·中山靖王刘胜传》。

发掘时,出土有铜器、铁器、金银器、玉器、漆器、丝织品等大量随葬品,还有两件保存完整的金缕玉衣。这样多而精美的器物都是剥削而来。

当时,汉朝正对匈奴进行长期的战争,还经略两越和西南夷,人力物力的消耗已很严重;再加统治阶级贪婪无厌,徭役频繁,赋税有增无已,更加剧了社会的危机。

流民起义　　当时的破产农民,成群结队地逃亡各地。据元封四年(前107)统计,当时的关东流民多达二百余万口。流民无法生活,只有铤而走险,各地相继发生农民起义,多者数千人,少者数百人,自立名号,攻城夺邑,释放囚犯,捕杀守、令,严重地威胁了西汉王朝的统治。

汉武帝一再派中央重要官吏衣绣衣、持节和虎符,发兵镇压农民起义,都未成功。武帝制定"沉命法",自郡太守以下大小官吏,对辖区内的农民起义不及时发觉镇压者,处死。可是农民起义已有燎原之势,郡守县令无力镇压,就欺瞒不报,起义更加发展。

轮台罪己诏　　武帝的暴力镇压政策失败了,他感到问题很严重,需要改变政策。早在元封五年(前106)以前,他就感到社会问题已很严重。他曾对卫青说:"汉家庶事草创,加四夷侵陵中国,朕不变更制度,后世无法;不出师征伐,天下不安。为此者,不得不劳民。若后世又如朕所为,是袭亡秦之迹也。"①征和四年(前89),桑弘羊建议武帝在轮台以东扩大屯田,加派屯田卒,增置校尉领护。武帝很不以为然。他认为这"是扰劳天下,非所以优民也"②。他拒绝了这个建议,并下诏"深陈既往之悔"。说:"朕即位以来,所为狂悖(bèi 倍),使天下愁苦,不可追悔。自今事有伤害百姓,糜费天下者,悉罢之。"③又说:"当今务在禁苛暴,止擅赋,力本农,修马复令以补缺,毋乏武备而已。"④

从此,汉武帝停止了对外的征伐,转向对内政的整顿,主要是实行"息民重农"政策。他任命田千秋为丞相,封富民侯。田千秋和桑弘羊不同,是一个老成持重的人,在政治上不愿有所兴革,只想平安无事。这种作风符合武帝当时的思想。武帝又以赵过为搜粟都尉,推行代田法,改进耕作技术,发展生产。汉武帝的政策的转变,收到了良好的效果,社会逐步安定下来,生产有所恢复发展。

昭帝和宣帝前期,霍光辅政,继续奉行武帝的这一政策,减少徭役和赋

①　《资治通鉴》卷二二《汉纪》十四武帝征和二年(前91)。
②　《汉书》卷九六下《西域传下·渠犂传》。
③　《资治通鉴》卷二二《汉纪》十四武帝征和四年。
④　《汉书》卷九六下《西域传下·渠犂传》。

税;放弃酒榷政策,改归民营;又在首都长安和各郡县广置常平仓,控制物价;还"假民公田",就是将国有土地出借给贫苦农民耕种,不收租税。这些办法亦促进了社会的安定。所以史称"宣帝中兴"。至西汉末年,据官方统计,西汉王朝的本部(西域都护区除外),东西 9302 里,南北 13368 里;有郡国 103,县邑 1314,道 32,侯国 241;已垦田 8270536 顷;民户 12233062,口 59594978。[①]

2. "限田"与"再受命"

西汉后期的主要社会问题,还是土地和奴婢问题。加剧这两个问题的主要原因:一是土地兼并;二是政治黑暗。

农民和铁官徒起义 西汉后期的土地兼并迅速发展,统治阶级的生活更加奢侈腐朽。元帝追求享乐,不问政事。成帝前后为自己造了两座陵墓,花了 15 年时间,耗费民工以万万计。外戚王氏大造宅第,妻妾数百人,僮奴以千数。红阳侯王立在南郡强占垦草田数百顷,其中有民田,他卖给国家,得钱 1 亿多。官僚张禹有田地 400 顷,都是泾、渭间灌溉方便的膏腴上田。可是广大劳动人民的生活却更加困苦。《汉书·贡禹传》曰:"农夫父子暴露中野,不避寒暑,捽(zuó 昨,揪) 屮(草) 杷土,手足胼胝(pián zhī 便脂)。已奉谷租,又出稿税;乡部私求,不可胜供……穷则起为盗贼。"当时起义的,有农民,也有铁官徒。如从成帝建始四年(前 29)至永始三年(前 14)的 15 年间,在今陕西、河南、山东、四川等广大地区多次发生农民或铁官徒起义。其中山阳(今山东金乡)铁官徒苏令领导的起义,杀东郡太守和汝南都尉,转战 19 个郡国。这些起义给予统治阶级以沉重打击。

"限田限奴婢"之议 哀帝时,为了缓和阶级矛盾,稳定社会秩序,大臣师丹、孔光、何武等建议实行限制私人占有田地和奴婢数量的政策,史称"限田限奴婢之议"。办法是:"诸王、列侯得名田国中,列侯在长安及公主名田县、道,关内侯、吏、民名田,皆无得过三十顷。诸侯王奴婢二百人,列侯、公主百人,关内侯、吏、民三十人。年六十以上、十岁以下不在数中。贾人皆不得名田为吏。犯者以律论。诸名田、畜奴婢过品,皆没入县官。"[②]这个办法制定之后,遭到了外戚丁氏、傅氏和权臣董贤的反对[③]。"限田限奴婢"的政策未能实行。以后哀帝一次就赏给董贤田地两千顷,完全违背了"限田"政策的精神,"限田"之事再也无人提了。当时,鲍宣说,人

---

① 《汉书》卷二八下《地理志下》。
② 《汉书》卷一一《哀帝纪》。名田:以私人名义占有土地。
③ 丁氏,哀帝之母丁太后母家;傅氏,哀帝皇后母家。

民有七亡、七死,主要原因是"县官重责更赋租税"①,"贪吏并公,受取不已","豪强大姓蚕食亡(无)厌","苛吏徭役,失农桑时","酷吏殴杀","治狱深刻"等。当时的阶级矛盾已十分尖锐。

"再受命"闹剧 西汉王朝的统治迫近于末日,此事不少人认为已无法挽救。于是,有些方士和儒生就用"五德终始"的理论来附会这一政治形势,并编造出了"汉运将终,当再受命"的说法,以为封建地主阶级需要另谋政治出路,实际就是说要改朝换代。起初,刘邦的子孙们对这一说法非常仇视,斥之为"邪说",并把传布这一说法的人关押起来,或加杀害。可是到哀帝时,连哀帝本人也感到刘家的江山已岌岌可危,转而把希望寄托在"再受命"上。

建平二年(前5),哀帝果真宣布"再受命",改元为"太初元将",自号"陈圣刘太平皇帝"。"陈"为舜后,"刘"为尧后。哀帝自称"陈圣刘",意为尧后禅位于舜后,这是应天之命。此闹剧演过两月,社会情况仍无好转,哀帝又自动取消了"再受命"之事。

3. 王莽改制

汉哀帝"再受命"的闹剧收场后,汉家的天下已危机四伏。

王莽篡位 王莽是元帝皇后王政君之侄。王家在西汉后期是重要外戚,有九人封侯,五人任大司马。王莽在王家亲族中是一位有才能的人。哀帝死,无子,王莽与太皇太后王政君立九岁小儿刘衎(kàn 看)为帝,是为平帝,王莽以大司马领尚书事辅政。

王莽比较注意个人品德,生活俭约。儿子王获杀死一个奴仆,他严厉斥责王获,并命王获自杀以偿命。他掌权不久,就铲除了罪大恶极的外戚、权臣董贤,改善了朝政。为救灾荒,他捐钱百万,献田30顷。在他带动下,官僚、豪家230余人捐献田宅,用以救灾。他又废呼池苑(今甘肃华亭)为安民县,以安置灾民。灾民可分得田宅、器具、耕牛、谷种、粮食等。他还扩大太学,广招太学生;网罗学有专长的士人有数千之多,安置在长安,给予优待。对汉宗室和功臣的后裔以及年老致仕(退休)的高官,都给予照顾。于是在他掌权不久,就得到多数贵族、官僚、地主和儒生们的爱戴,希望他能有一番作为,以稳定社会秩序,保住封建地主阶级的统治。广大劳动人民希望社会安定,能够生活下去,对他也产生过一些幻想。

王莽对当时的社会问题很重视,他很想进行社会和政治改革。不过他的个人野心也是很严重的。他初辅政时,就以周公辅成王的故事比附自己。

---

① 县官:朝廷。

平帝元始元年(公元元年),王莽称"安汉公"。四年,称"宰衡"。五年,毒杀平帝,另立一个两岁小儿刘婴为帝,号"孺子",史称孺子婴;自为"假皇帝"①,实际和真皇帝一样。过了三年,他又废掉孺子婴,正式当了皇帝,改国号"新",改元"始建国"。王莽"篡汉"对我们今天的研究来说,并不重要;但他的改革思想和谋取私利的要求结合在一起,是他的改革内容混乱而又不坚决的一个重要原因。

王莽改制　王莽改制的主要内容有五个方面:

一、"王田、奴婢"政策——这项政策是王莽改制中的最主要的政策。他宣布:"更名天下田曰王田,奴婢曰私属",不准买卖。"王田"就是"溥天之下,莫非王土",就是实行土地国有制,也就是废除土地私有制,恢复井田制。办法是重新分配土地。占有土地多的地主,"其男口不盈八而田过一井(九百亩)者"②,没收其多余的部分,按一家百亩之数,分给九族乡党。废除奴婢制度,改奴婢之名称"私属",即家众、家丁,以体现"率土之滨,莫非王臣"之意。违令者治罪。

二、五均、六筦(guǎn 管)——五均是管理市场物价的官署。均即平抑物价。王莽改长安的东市令、西市令和洛阳、邯郸、临淄、宛、成都的市长为"五均司市师"。其下置交易丞,掌管平抑物价;又置钱府丞,掌管征收工商农桑之税和赊贷。贫民为谋生活向官家借贷,年利什一。各郡、县也设市,职掌和司市师相同。

六筦是官府专营盐、铁、酒、铸钱、征收渔猎樵采之税及五均与赊贷,共六事。

三、改革币制——王莽改革币制是由附会周景王铸大钱引起的。他铸有各种刀币,作为大钱。后因"劉(刘)字有金、刀"作偏旁,刀币犯忌,他又废刀币和五铢钱。另造二十八种货币,叫做二十八品。黄金一品,银货二品,龟宝四品,贝货五品,钱货六品,布货十品。钱和布为同一物,即铜制。所以总称之为"五物、六名、二十八品"③。王莽共改革币制五次。

四、改革中央机构,调整郡、县划分,改易官名、地名——王莽为了附会西周的官制,在中央设四辅(太师、太傅、国师、国将,位上公)、三公(大司马、大司徒、大司空)、四将(更始将军、卫将军、立国将军、前将军),凡十一公。三公下设九卿、二十七大夫、八十一元士,组成中央机构。又置六监(位上卿),分掌京师宫殿的戍卫、皇帝的舆服等,改郡太守称卒正、连

---

① 即摄皇帝。

② 《汉书》卷九九中《王莽传中》。

③ 五物:金、银、龟、贝、铜。六名:金、银、龟、贝、钱、布。

率或大尹等,县令、长称宰。又改变一些郡、县的划分和名称,有些地名连改五次,最后又用原名。

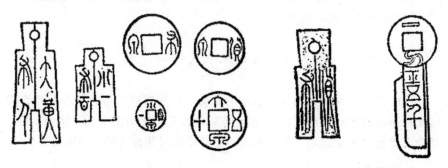

王莽货币

五、改变少数民族的族名和民族首领的封号——如改高句(gōu 勾)骊王为下句骊侯,改匈奴单于为降奴服于,改"匈奴单于玺"为"新匈奴单于章",改钩町(今云南广南境)王为钩町侯。

改制失败　王莽改制很快就失败了。失败的原因是多方面的,就他来说,主要有三个问题,就是附会古制,官吏贪污,任意乱改。例如土地与奴婢问题,是西汉一代最主要的社会问题,自汉武帝时的董仲舒到哀帝时的师丹等,都主张"塞并兼之路"或"宜略为限"。这样尚且遭到反对,不得实行。而王莽的"王田"政策则是要彻底废除土地私有制,收土地归国有,恢复孟子所说的西周的井田制。这是使历史倒退,是办不到的。所以命令下达后,贵族、官僚、地主不仅未交出一点土地来,反而激烈反对这项政策。贫苦农民不仅未分到田地,反而由于为生活所迫,出卖自己的小块土地或出卖亲生儿女,却就触犯了这项禁令,以致沦为罪犯,给广大劳动人民制造了更多更大的痛苦。这项政策是脱离实际,行不通的。过了三年,王莽就下令废除了。这项政策的废除,标志着王莽改制已基本上失败了。

"五均、六莞"政策本来是用以制止囤积居奇,平抑物价,阻止土地兼并,增加财政收入。汉武帝时实行"均输、平准",与之基本相同,但有成效。王莽所用之人,多为富商大贾,他们利用职权,谋取私利,与地方官吏勾结,制造假账,官府无所得,利益尽入私囊。

此外,王莽那样的乱改货币,乱改国家和地方的政区、机构、官名、地名,乱改少数民族名称,并非当时国家的政治、社会或民族关系的需要,而是在盲目附会所谓西周制度或迷信思想,以抬高他个人的声威。不仅毫无积极意义,相反的,还为国家、社会制造了更大的混乱。一再改变币制,使币制混乱,大批的人民破产。一再改易地名,甚至主管官吏都弄不清其辖区应叫什么名字。乱改民族名称,破坏了民族间的和睦相处,加剧了民族矛盾。王莽又征发30万士卒准备进击匈奴和东北各族,内地的人民抗拒征发,长城沿边的人民亦相继起义。

六、西汉末农民战争

西汉末年的农民大起义是长期的社会矛盾发展的结果;但是王莽的所谓改制造成的混乱加速了大起义的爆发。起义军逐渐汇成为三大支,就是在今湖北地区的绿林军、山东地区的赤眉军和河北地区的铜马军等。

1. 绿林军

绿林军起义 王莽统治时期,荆州一带的广大农民由于生活困难,成群地逃到野泽中,掘食凫茈(fú zǐ 符子,野荸荠)为生。新市(今湖北京山)人王匡、王凤常为群众排难解纷,得到群众拥护。天凤四年(17),贫苦农民数百人推举王匡、王凤为首领,以绿林山(在今当阳)为根据地,举行起义。队伍发展到七八千人。地皇二年(21),起义军打败官军2万多人,攻占竟陵(今天门),横扫云杜、安陆(今安陆一带),队伍发展到数万人。第二年,瘟疫流行,死人极多,起义军分为两支,一支由王常、成丹率领,南下江陵,称为"下江兵";另一支为主力,由王匡、王凤率领,北入今河南境,称为"新市兵"。

昆阳之战与刘玄称帝 西汉的宗室痛恨王莽篡位,侵夺了他们的利益,也乘农民起义的时机,起兵反对王莽。南阳蔡阳(今湖北枣阳西南)人刘𬘡(yǎn 衍)率宗族、宾客七八千人,起兵于舂陵(今枣阳南)。他的弟弟刘秀率宾客起于宛(yuān 渊,今河南南阳),后与刘𬘡军会合。刘氏兄弟为西汉皇族后裔。他们也反对王莽,与新市兵联合作战。起义军主力连败王莽军,士卒发展到十余万人,并攻下了宛,准备西入武关。由王凤、刘秀率领的另一部起义军攻下昆阳(今叶县)。

起义军节节胜利,王莽十分恐慌,急派大司徒王寻、大司空王邑,征调各州郡精兵42万人,迎击起义军。先以10万人围攻昆阳。起义军将领王凤自率八九千人坚守昆阳城,派刘秀率小部突围,收集各县起义军回救昆阳。刘秀收集了数千人,突入王莽军的指挥中心,莽军大乱。城内守军乘势杀出,莽军大败,死伤以万数,王寻被杀,王邑狼狈逃窜。这就是历史上以少胜多的著名战例之一"昆阳之战"。

地皇四年(23),王匡、王凤等立刘𬘡的族兄刘玄为皇帝,国号"汉",年号"更始"。刘𬘡极力反对立刘玄,自己很想称帝,刘玄和王匡杀掉了刘𬘡。

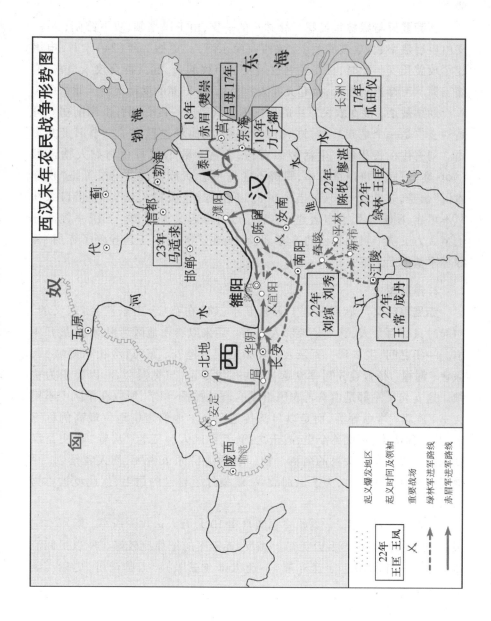

西汉末年农民战争形势图

刘秀因兵力薄弱，不敢公开反抗，表面上表示忠顺于起义军。刘玄以刘秀为破虏将军行大司马事①。刘秀乘机北上，率军到河北略地，图谋发展自己的势力。

新莽覆灭与绿林军瓦解　绿林军的一支，由王匡率领，攻下雒阳；另一支由申屠建率领，攻破武关（今陕西商南东南）。更始二年（24）十月，申屠建军攻破长安。此时，长安城里也爆发了市民起义，起义群众攻入皇宫，追捕王莽。王莽逃到渐台，被起义商人杜吴杀死，王莽的反动统治至此结束。

刘縯被杀，混在农民军中的西汉旧贵族势力一度受到打击和削弱。可是刘玄也是一个皇族后裔，进入长安以后，在他身边形成了一个旧贵族集团。刘玄住在长乐宫，生活奢侈腐朽，有宫女数千，"日夜与妇人饮谯譙（yàn 宴）后庭。群臣欲言事，辄醉不能见"②。贵族们攻击王匡等是"戎阵庸伍"出身，才能低下，只可当个亭长，不应占据"公卿大位"。又借口绿林军不可靠，阴谋杀死了申屠建、陈牧、成丹等起义军将领。王匡率领部分士卒武力反抗旧贵族集团的迫害，但却被刘玄等击败，王匡投降了赤眉军。绿林军基本上瓦解了。

2. 赤眉军

赤眉军起义　赤眉军是于天凤五年（18）在莒（今山东莒县）起义的。初起时只有百余人，首领是琅邪人樊崇。后来以泰山地区为根据地，展开斗争。一年之间，发展到一万余人。樊崇的同乡逢安、东海（今山东郯城）人徐宣、谢禄、杨音也先后率众起义，共有数万人，与樊崇会合，以樊崇为首领。这支起义军都是由贫苦农民组成的，首领们不识字，所以在军队中不用文书、旌旗、号令等等，而是以口头传达命令。他们之中地位最高的称三老，其次称从事，再次称卒史，战士之间，互称巨人。三老、从事、卒史是汉朝的乡官或士卒小头目的名称。他们有约法："杀人者死，伤人者偿创。"③他们在和莽军作战时，为了识别敌我，就染红了自己的眉毛，从此就被称为"赤眉"。

王莽派太师王匡④、更始将军廉丹率 10 余万人进攻赤眉军。莽军军纪很坏，到处抢劫，甚至乱杀无辜。相反，赤眉军的纪律比较好。所以民间流传着这样一首歌谣："宁逢赤眉，不逢太师（王匡）。太师尚可，更始（廉

---

① 行，摄行，代理。

② 《后汉书》卷一一《刘玄传》。

③ 《后汉书》卷一一《刘盆子传》。

④ 此王匡为王莽之侄，非绿林军首领。

丹）杀我。"①赤眉军在群众的支持下,大破莽军,杀敌万余人,廉丹被杀,王匡逃走。赤眉军在胜利声中迅速发展到 10 余万人,转战于青、徐、兖、豫(今山东和苏北、豫东一带)四州。王莽极为震恐,忙派大司徒王寻率 10 余万人守卫雒阳;又派王匡、哀章率 30 万人,严尤、陈茂率 10 万人,合力进击赤眉军。正在这时,绿林军已攻下昆阳,围攻宛,进逼关中。王莽被迫又改调王寻等南下,企图夺回昆阳,并解宛之围。

赤眉军入关与刘盆子称帝　赤眉军分兵两路,一路由樊崇率领,战斗在今河南南部;一路由徐宣率领,战斗在今河南中部。这时刘玄已建都长安,派军和赤眉对抗。

更始三年(25)冬,徐宣部在弘农(郡治河南灵宝县东北故函谷关城)击杀刘玄的守将和士卒 3 万余人,由陆浑关(今嵩县东北)打进关中。樊崇部也由武关打进关中。两路军连破刘玄军,至华阴附近会师。樊崇等在这里整编士卒,以万人为一营,共有 30 营,营置三老、从事各 1 人。他们立起义军中的年仅 15 岁的牧童、西汉宗室刘盆子为帝,由徐宣任丞相,樊崇虽为起义军所爱戴,但因不识字,就任御史大夫,这样就建立了赤眉军的政权。

这时,原绿林军中以刘玄为首的贵族集团和以王匡为首的农民军将领在长安发生了激烈的战斗,王匡失败,投入赤眉军。九月,赤眉军攻入长安,杀刘玄。

赤眉军失败　赤眉军进入长安后,长安已残破不堪。长安城外各县,到处是地主的武装壁垒,都打着"汉"的旗号,割据一方,与赤眉军相对抗。赤眉军在长安日久,缺乏军粮,就离开长安,到安定(今宁夏固原)、北地(今甘肃庆阳)一带就粮。又遇大雪,士卒因饥寒而死的极多,赤眉军又回到长安。这时,刘秀已派邓禹率军进入关中,一再进击赤眉军。赤眉军的士卒死伤惨重,势力大大削弱,于是决定东归。这时,赤眉军尚有 20 万人。在行至崤(xiáo 淆)底(今河南洛宁)时,中了刘秀军的埋伏,士卒大乱。奋战到宜阳(在洛宁境),再中埋伏,士卒死伤极多。樊崇被迫投降,后为刘秀杀害。

3.铜马等异号各军

在今河北省全境和山东北部,有农民起义军数十支,大者数十万人,小者数万人,总共约有百余万人,各立名号,不相统属。其中最著名的有铜马、城头子路等部,声势浩大,给予这一地区的官府和地主阶级以沉重的打击。

可是,这一地区的斗争很复杂,西汉宗室贵族、王莽时的郡守、县令、拥有武装的地主很多。这时,原西汉赵王之子刘林声言卜者王郎是汉成帝

---

① 《汉书》卷九九下《王莽传下》。

下妻（妾）之子名刘子舆,他拥立王郎为天子,建都邯郸,并派兵收降附近郡国。原西汉广阳王之子刘接也在蓟城(今北京)起兵,响应王郎。王莽时的上谷太守(称连率)耿况、信都太守任光等都拥有强大的军队,各据一方。还有不少地主武装,亦与农民军对抗。

4. 刘秀建立东汉王朝

刘秀称帝　绿林军将领杀掉刘縯,刘秀是怀恨在心的。他后来到黄河以北,打着"汉"的旗号,以西汉宗室身份,极力拉拢官僚、地主,以扩大自己的势力。王郎是西汉宗室拥立的,但刘秀不能容许异己存在。他攻破邯郸,杀掉王郎。此后,他就联合各种力量,镇压屠杀起义军。同时也将刘玄派来的将吏杀掉,表明他决心自成一支势力,要争夺天下。刘秀在更始三年(25),连破铜马等部,破降的起义军首领,都封为侯。就是用这种软硬兼施的办法,把铜马军等搞垮,他的军队扩大到数十万人,他还被关西(绿林军等在关西,即关中)称之为"铜马帝"。

刘秀于更始三年六月在鄗(hào 号)南(今河北柏乡)即皇帝位,恢复"汉"的国号,年号为建武,大封功臣。七月,攻下雒阳,以雒阳为国都①。不久,又消灭赤眉军,在中原地区恢复了封建地主阶级的统治,史称"东汉"。

统一全国　刘秀在消灭了赤眉军后,继续镇压其他支农民起义军。这时,在中原地区和边疆地区还有若干割据势力,自立名号,与刘秀相对抗。刘秀从建武二年(26 年)开始进行统一中国的战争,用招降和进攻两种手段,逐步消灭了各地的割据势力。至建武十二年,基本上统一了全国。

复习思考题:

*1. 西汉前期"休养生息"的基本情况怎样?

2. "七国之乱"发生的主要原因是什么?

3. 你是怎样评价汉武帝的?

*4. 试述张骞通西域的伟大历史意义。

*5. "昭君出塞"有什么历史意义?

6. 西汉末年农民大起义时有哪几支主要起义军,其主要领袖各是何人?

重要名词:

汉高祖　*汉文帝　*晁错　刘濞　*汉武帝　桑弘羊　卫青

*霍去病　*赵过　霍光　汉宣帝　*张骞　*呼韩邪　王莽

————————

① 刘秀建都洛阳,自以汉为火德,忌水,因改洛阳为雒阳。说见《汉书·地理志上》"雒阳"注引鱼豢(huàn 唤)语。然而西汉已作"雒阳"。

同姓王 ＊郡国并行制 ＊中朝 ＊削藩策 马复令

五铢钱 ＊轮台罪己诏 匈奴 南越 ＊西域都护 ＊丝绸之路

参考书：

1. 翦伯赞、郑天挺主编：《中国通史参考资料》第二册〔叁〕七、八、九。（选读）

2. 《史记》卷一二九《货殖列传》。

3. 《汉书》卷一四《诸侯王表序》。

4. 张传玺主编：《中国古代史教学参考手册》(第二版)第268—282页三"职官类"(一)《重要朝代官制简表》2"西汉"。

第三节　东　汉

（25—189）

东汉王朝始建于公元25年（建武元年），在名义上存在到公元220年（献帝延康元年）。可是，公元184年（灵帝中平元年）黄巾大起义之后，东汉王朝虽仍存在，但其统治已分崩离析。中平六年（189），灵帝死，董卓率

东汉帝系表

（25—220）

（一）光武帝刘秀————（二）明帝庄————（三）章帝炟(dá 达)
(25—57)　　　　　　　(58—75)　　　　　　(76—88)

————（四）和帝肇————（五）殇帝隆
　　　　(89—105)　　　　　(106)

————清河王庆——（六）安帝祐——（八）顺帝保——（九）冲帝炳
　　　　　　　　　　(107—125)　　　(126—144)　　　(145)

————济北王寿——（七）少帝懿
　　　　　　　　　　(125)

————千乘王伉——乐安王宠——勃海王鸿——（十）质帝缵
　　　　　　　　　　　　　　　　　　　　　(146)

————河间王开——蠡吾侯翼——（十一）桓帝志
　　　　　　　　　　　　　　　　(147—167)

　　　　　　　└解渎亭侯淑——解渎亭侯苌————

————（十二）灵帝宏——（十三）废帝辩
　　　　(168—189)　　　　　(189)

　　　　　　　　　　　└（十四）献帝协
　　　　　　　　　　　　　(189—220)

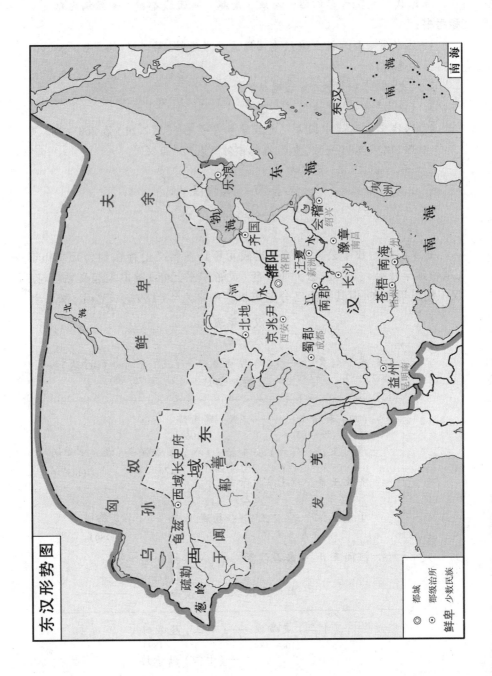

东汉形势图

兵入雒阳,废少帝刘辩,另立献帝刘协,自掌大权。各地牧守将校推袁绍为盟主,联兵进伐董卓。董卓部众以力量不抵,将雒阳及其附近焚掠殆尽,将献帝挟持到长安。东汉至此时,已名存实亡,全国陷入军阀割据混战之中。因此,我们在讲东汉的政治、经济时,只讲到公元189年。190年以后的历史,按传统习惯归入三国时期。

一、加强封建专制体制

刘秀建立东汉王朝,以"中兴"汉家相标榜。在他即位之初,就废除了王莽制定的一切制度和政策,基本上恢复了西汉时期的三公九卿制和郡国并行制及一些主要制度和政策,有些制度、政策也有发展或变化。

1. 调整政治、军事政策

刘秀加强中央集权是西汉武帝加强中央集权的继续和发展。其主要特点如下:

退功臣,进文吏 东汉初年,刘秀认为他的功臣多是戎马出身,不熟悉典章制度,不懂得治理国家;可是他们多自恃功高,不听命令,或不遵守法纪。为了表彰他们的功勋,并笼络他们的人心,刘秀封其中功劳最大的三百六十多人为列侯,给予他们尊崇的地位;但却解除了他们的实权。除高密侯邓禹、固始侯李通、胶东侯贾复三人参与议论军国大事外,其余大多数列侯成为闲员,只是"以列侯奉朝请"①。这些列侯的食封数量,如邓禹、吴汉二人,都食四县,其余为县侯、乡侯、亭侯,小的只食数百户。总的说来,比西汉少得多,也是衣食租税而已。

刘秀很重视隐居山林、不仕王莽的士人。他认为这些人既熟悉典章制度,懂得治理国家;又情操高尚,不趋炎附势。所以就多方访求,重礼征聘。平帝时的密县(今河南新密市东南)令卓茂不仕王莽,刘秀征为太傅,名儒伏湛(zhàn 占)征为尚书,尚书的权力是很大的。

虽置三公,事归台阁 刘秀削弱三公的权力,加强尚书台的权力,这是他的重要集权措施之一。东汉初年,中央最高的官职是三公,就是司徒、司空和太尉。司徒是由丞相改称的,管民政,权力比丞相小得多。司空是由御史大夫改称的,不再管监察,而是改管重大水土工程。太尉管军事。太尉一职应改称司马,但因刘秀曾任刘玄的"行大司马事",为避讳而未改。三公的职位虽高,徒有虚名,并无实权。权力集中于尚书台,尚书台则直接听命

---

① 《后汉书》卷一下《光武帝纪下》。汉朝退职的大臣或贵族,以"奉朝请"的名义参加朝会。

于皇帝。东汉后期的政论家仲长统曰：刘秀"愠（yùn 运，怒）数世之失权，忿强臣之窃命，矫枉过直，政不任下，虽置三公，事归台阁。自此以来，三公之职备员而已"①。

东汉初年，进一步扩大尚书台机构。设尚书令一人，秩千石（西汉时为六百石），为尚书台的主管长官；另设尚书仆射一人，秩六百石，为尚书令之副；又设左、右丞各一人，秩四百石，为令、仆之佐。尚书台下分六曹，每曹有尚书一人，秩六百石。尚书的职掌：

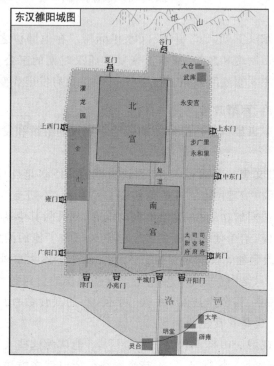

东汉雒阳城图

吏曹尚书（亦称常侍曹尚书），主公卿事。

二千石曹尚书，主郡国二千石事。

民曹尚书，主官吏上书事。

三公曹尚书，主断狱事。

南主客曹尚书，主少数民族和外国事。

北主客曹尚书，主管同于南主客曹。

每曹置侍郎六人，称尚书侍郎或尚书郎，秩四百石；置令史三人，称尚书令史，秩二百石，各有职掌。这是一个组织完善的、具体而微的中央政府，尚

---

① 《后汉书》卷四九《仲长统传》引《昌言·法诫篇》。李贤注："台阁谓尚书也。"

书令的权力在日益加强。章帝以后,已有"尚书出纳王命,赋政四海,权尊执重,责之所归"①之说。至此时,尚书台已是决策和发号施令的中枢机关。三公、九卿只受成事。东汉时的太傅、三公或大将军等要直接参预中枢决策,必须加以"录尚书事"的头衔。

加强监察制度　东汉初年,就恢复了西汉时设置过的三套监察机构,而且有所加强。

1. 御史台——东汉初年,改御史大夫为司空,管工程。原属御史大夫的御史中丞主管御史台(府),掌监察,秩千石。御史中丞下有治书侍御史二人,掌解释法律条文;侍御史十五人,掌察举官吏违法,按受公卿、郡吏奏事。官吏朝见皇帝或国家举行祭天、祀庙、封王侯、拜将相等大典时,御史中丞或侍御史监察威仪。御史中丞的权力仅次于尚书令。

2. 司隶校尉——西汉武帝时置司隶校尉,至成帝时废除。东汉又复置,兼领一州事②,秩比二千石。设从事史十二人,主管察举中央百官犯法者和本部各郡事务。司隶校尉既是京官,又是地方官。参与议论朝政时,位在九卿之上;朝贺时,处于公卿之下。监察权之大,"无所不纠,唯不察三公"③。在公卿朝见皇帝时,尚书令、御史中丞、司隶校尉会同并专席而坐,号曰"三独坐"。

3. 州刺史——东汉初年,在司隶校尉辖区之外,分全国为十二州(部)④,每州设刺史一人,秩六百石。刺史驻地方,于每年八月巡行所属郡国,检阅刑狱情况,考察长吏政绩,年终奏于皇帝。刺史的属官与司隶校尉略同。

三套监察机构的恢复和加强,对加强皇帝的权力起了巨大的作用。

集军权于中央　刘秀一再削弱地方的军权,加强中央的军权。他在建国不久,就下诏撤销了郡国都尉的建制,将兵权并归守、相。后又取消了各郡、国的轻车、骑士、材官、楼船士四种常备军⑤,还取消了每年一度的都试制度⑥。从此,守、相的军权也被取消了。郡、国的军队很少,一般不能作战。大的战争要依靠中央的军队。

---

① 《后汉书》卷六三《李固传》。
② 东汉分全国为十三州部,京师附近为司隶校尉部,设司隶校尉。其他十二部设刺史。应劭《汉官仪》曰:司隶校尉部有河南、河内、右扶风、左冯翊、京兆尹、河东、弘农七郡。
③ 《通典》卷三二《职官》一四《司隶校尉》。
④ 东汉合朔方入并州,所以比西汉少一州。
⑤ 轻车,车兵;骑士,骑兵;材官,步兵;楼船士,水兵。
⑥ 都试:士卒考试。汉制以立秋日总试骑士。

尚书台组织示意图

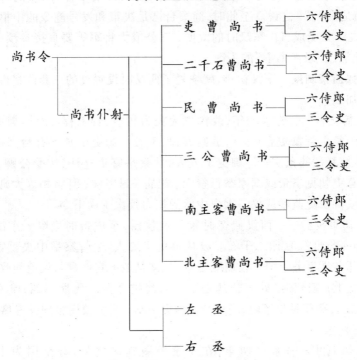

中央的军队主要有四支。在首都有两支，就是南军和北军。南军又分两部，一部归光禄勋①管辖，下设有七署，就是五官中郎将、左中郎将、右中郎将、虎贲中郎将、羽林中郎将、羽林左监、羽林右监，掌守卫宫殿和侍从；另一部归卫尉管辖，掌守卫宫门。北军置北军中候一人，下分为五营，就是屯骑、越骑、步兵、长水、射声，每营设校尉一人，掌营兵，保卫京师。

地方上有两支，一为黎阳营，合幽、冀、并三州兵骑而成，驻黎阳（今河南浚县东北），以谒者监军②。主要任务是守卫黄河以北，以为首都雒阳北面的屏障。一为雍营，驻雍（今陕西凤翔南），主要任务是守卫三辅（左冯翊、右扶风、京兆尹，为西汉皇陵所在地），亦是首都雒阳西面的屏障。安帝时，为了防御鲜卑贵族的侵扰，又增置渔阳（今北京怀柔）营兵。此外，还有使匈奴中郎将、度辽将军、护乌桓校尉、护羌校尉等统率的边防驻军，亦直属于中央。

---

① 汉武帝改郎中令称光禄勋，东汉末年复称郎中令。
② 谒者：秩四百石。为皇帝亲信者充之。

2．社会经济政策

刘秀采取的社会经济政策，绝大部分都是西汉的政策的继续和发展。主要有两个方面。

解放奴婢　奴婢问题是西汉中后期留下来的重要社会问题之一，汉哀帝和王莽时期都没能解决。

刘秀称帝的次年（建武二年，26），就下令解放奴婢。从这年至建武十四年，共下解放奴婢令六道，解放奴婢的地域范围，适用于全国；奴婢种类，包括了因贫穷而"嫁妻卖子"者，王莽时没入为官奴婢者，被权势之家略为私奴婢者等等。有抗命不解放奴婢者，以"略人法从事"。

刘秀还在建武十一年的二、八、十月中，三次下令禁止残害奴婢。如二月的诏令曰："天地之性人为贵，其杀奴婢，不得减罪。"①

刘秀的解放奴婢、禁止残害奴婢的政策的实行，对稳定社会秩序，恢复发展社会经济，都起了巨大的作用。

度田与度田事件　土地问题是西汉中后期留下来的另一重要社会问题，也是最主要的社会问题，汉哀帝和王莽时期亦没能解决。

东汉初年，在农民大起义之后，土地问题稍有缓和。当时刘秀亦未想对这一问题做进一步解决。他于建武十五年（39）下令各州、郡，清查人们占有田地的数量和户口、年纪。这样做有两个目的：一、限制豪强大家兼并土地和奴役人口的数量；二、便于封建国家征收赋税和征发徭役。当时，许多大地主拥有武装，号称"大姓兵长"②，他们隐瞒的田地和依附于他们的人口很多，反对清查。地方官吏惧怕他们的权势，有的贪于贿赂，就互相勾结，任凭地主谎报；而对农民，不仅丈量田地，还把房舍、里落都作为田地进行丈量，以上报充数，这就给广大农民制造了极大的痛苦。

刘秀以"度田不实"之罪诛杀了十余个郡太守，下令加紧度田。于是大姓兵长们就武装反抗，许多农民不明真相，也跟从大姓兵长反抗，这就是史称的"度田事件"。刘秀一再发兵镇压反抗者。"郡县追讨，到则解散，去复屯结。"后来刘秀采取了镇压与分化相结合的政策，规定反抗者们"自相纠摘（tì 惕，揭发），五人共斩一人者，除其罪"③。对捕获的大姓兵长，迁徙到他郡、县，给与优厚的田宅安置，不予处罚。这实际是一种妥协政策，度田不了了之，反度田斗争也就平息下来。

---

① 《后汉书》卷一下《光武帝纪下》。
② 《后汉书》卷三三《朱浮传》李贤注："兵长，兵之长帅也。"
③ 《后汉书》卷一下《光武帝纪下》。

二、社会经济的发展

东汉前期的社会秩序和经济生活的恢复、发展速度比西汉前期慢一些,至刘秀之子明帝时,情况已相当好转。《后汉书·明帝纪》记载永平十二年(69)的状况说:"天下安平,人无徭役,岁比登稔(rěn 忍),百姓殷富。粟斛(石)三十,牛羊被野。"至和帝永兴①元年,有户 9237112,口 53256229;垦田 7320170 余顷②。此后百年间,官府历次统计的数字基本上维持了这一水平。这个统计数字比西汉末年的统计数字要少得多。所以这样,不能说东汉的户口、田地比西汉少了,主要是由于刘秀的度田、清查户口的措施未得较好的实施,豪强地主们(大姓兵长)隐瞒了大量的田地和依附人口。

1. 农业

农具的改进　东汉时期的农业生产较西汉更有发展,这和铁农具、耕牛更加广泛的使用有密切关系。在黄河和长江两大流域的各个省份的考古工作中,都有大量的属于这一时期的铁农具出土。在云南、贵州、广东、广西、甘肃、内蒙古、宁夏、新疆等边远地区亦都有不少铁农具被发现。铁农具的种类和西汉基本相同,略有增加,主要是在器型方面有很大的改进。以铁犁为例,有长宽各 40 多厘米和各 30 多厘米的大型铁犁,有长宽各 20

东汉大铁犁(山东滕县出土)

多厘米的中型铁犁,也有宽度只有十几或不足 10 厘米的小型铁犁,这些犁有一个共同的特点是犁锋部的角度缩小,刃部加宽,而且较普遍地使用了犁壁,这样的犁具便于深耕、快耕、翻土、碎土,而且坚固耐用。但在今湖北、湖南、浙江、江西四省未发现铁犁,其他铁农具如条锄、锸等发现很多,这与这些地区以种植水稻为主有关。这一时期还出现了一些新式铁农具,重要的有全铁曲柄锄和铍(pō 泼)镰等。曲柄锄是中耕农具,全铁曲柄使用起来既坚固

---

① 和帝有永元、元兴二年号,无永兴年号,永兴元年可能是元兴元年(105)之误。

② 《后汉书》卷二三《郡国志五》李贤注引应劭《汉官仪》曰:"永和中,户至千七十八万,口五千三百八十六万九千五百八十八。"

又省力。铍镰是割草用的大镰刀,长约 35 厘米,接以长木柄,可直立砍草,生产效率很高。

牛耕已很普遍,从已发现的属于这一时期的壁画、画像石及有关模型的牛耕图像上可知,不仅中原地区在使用牛耕,远至甘肃、内蒙古、广东等边远地区也已使用牛耕。大多数是二牛抬杠,也有少数用一牛的,还有马耕。

水利的发展　西汉后期以来,水利长期失修,河水"侵毁济渠,所漂数十许县"①。汴渠亦溃决②,黄河的水自汴渠东侵,淹没兖、豫二州的许多地方。

东汉初年,官府已注意水利的兴修。明帝时,命民间水利专家王景和将作谒者王吴主持修治黄河和汴渠,为这项工程而征调的农民和士卒有数十万人。王景等自荥阳东至千乘(shèng 胜,今山东博兴)海口千余里,勘察地形,决通壅积,疏浚河道,十里立一水门,控制水流和水量。花了约一年多的时间,费钱约有百亿,完成了这一工程。从此,黄河和汴水分流;两水沿岸出现了大量的淤土,后多开为良田。黄河经过这次整治后,大约有八百多年(到 1048 年)的时间,未再发生改道之事。

有些郡守县令也重视本地区的水利兴修。邓晨任汝南太守时,用民间水利专家许杨为都水掾(yuàn 院,官名),主持修复鸿郤陂(xì bēi 隙碑,今河南正阳、息县间),历时数年,起塘四百余里,灌溉了广大农田,年年丰收,"鱼稻之饶,流衍它郡"③。后来何敞亦任汝南太守,主持修治鲖(tóng 同)阳(今安徽临泉)旧渠。渠修复之后,不仅灌溉方便,还增垦田地三万余顷。杜诗任南阳太守,大力修治境内陂池,开垦荒地,南阳逐渐富足。张堪任渔阳太守,在狐奴(今北京顺义东北)开稻田八千余顷,引沽水和鲍丘水(今潮白河)以灌溉田地,使这一地区逐渐殷富。当时有民歌曰:"桑无附枝,麦穗两歧,张君为政,乐不可支。"④顺帝时,马臻任会稽太守,在会稽、山阴两县(今浙江绍兴)修镜湖,周迴三百余里,灌田九千多顷。此外,下邳、广陵、河东、河内、河南、左冯翊(píng yì 平亦)、右扶风、京兆尹、陇西、武威等郡国,也修复或新开了许多湖陂沟渠,灌田多者达三万余顷,少者数百顷。这些陂塘、沟渠的修复或开凿,对于农田灌溉和交通运输都起了很大的作用。

---

① 《后汉书》卷七六《王景传》。
② 自今河南荥阳东北接黄河,东南经今开封市南、民权县与商丘市北,复东南经安徽砀山、萧县北,至江苏徐州市北,入泗水。
③ 《后汉书》卷一五《邓晨传》。
④ 《后汉书》卷三一《张堪传》。两歧,双穗,丰收之象。

翻　车

东汉初年,各地已在利用水力进行生产。可能这种新的水力技术的发明要早于东汉建国之时。其中影响最大的是水碓和水排。水碓是粮食加工工具,主要用于舂米。水排是鼓风工具,用以冶炼铜铁,亦提高了生产力。东汉末年,还发明了翻车,翻车就是龙骨水车,"设机车以引水"。又发明了渴乌,"为曲筒,以气引水上也"①,似是利用了虹吸管原理。这都是很先进的汲水工具。

东汉后期的农业产量,据仲长统说:"通肥硗(qiāo 敲,瘠薄)之率,计稼穑之入,令亩收三斛。"②这与西汉前期"百亩之入,不过百石"相比,有所增加。

地主庄园　西汉后期以来,有权有势的大地主都占有大量的田地和佃农,世代称霸一方。至东汉时,这一情况更有发展,宗室贵族也竞占田地,广蓄奴婢。如刘秀的儿子济南王刘康就有田800顷,奴婢1400人。有些大商人地主,"连栋数百,膏田满野,奴婢千群,徒附万计"③。这样拥有大量田地和奴婢的地主可称为庄园地主。庄园就是田庄。不过对地主庄园而言,属于田庄范围的田地不仅为地主所有,而且其中的山林川泽也为地主所霸占。如东汉后期的中常侍苏康和管霸,就"遂固天下良田美业、山林湖泽,民庶穷困,州郡累气"④。在地主庄园内,绝大多数农民是地主的佃客,实际是农奴。山林川泽的私有化和农民的农奴化,是以土地私有制为基础的封建生产关系进一步发展的标志。

在地主庄园中,以满足地主的生活需要为主,组织生产。佃农们在地主或其代理人的指挥下,按照时令,从事于农业或副业生产。如种植各种粮食作物、蔬菜、瓜果和各种经济作物以及药材等等。副业有造酒、酿醋、制酱、作饴糖、养蚕、缫丝、织缣帛和麻布、染色、制衣服和鞋袜等。农具和手工

---

① 《后汉书》卷七八《宦者列传·张让传》李贤注。
② 《后汉书》卷四九《仲长统传》引《昌言·损益篇》。
③ 《后汉书》卷四九《仲长统传》引《昌言·理乱篇》。徒附:依附农民。
④ 《后汉书》卷六七《党锢列传·刘祐传》。

工具也由本庄园制作。庄园对地主经济来说，是一个自给自足的单位。

地主对农民的超经济的剥削是严重的。青壮年农民都要为地主充当部曲或家兵。每年二三月青黄不接，或八九月寒冻将临之时，地主们就驱使部曲、家兵在庄园里进行战射训练，以防御贫苦农民对地主庄园的攻袭。地主庄园内都修有坞堡，是地主们藏身之处。坞堡四周有高墙、深沟围绕，还筑有三层、四层、五层、六层警楼，上有部曲、家兵守卫着。可是佃农们却"父子低首，奴事富人；躬帅妻孥(nú 奴)，为之服役"[1]。

绿釉陶楼

2. 手工业

东汉时期的重要手工业有煮盐、冶铁、铸铜、漆器、纺织等，以私营为主，生产技术都较西汉进步。

冶铁业 东汉时期，冶铁业自由经营。国家或官府经营的冶铁业以制造国家或官府需要的兵器、车马具及其他生产、生活用具为主。民营的冶铁业以生产商品为主，以供市场上的需要，产品以农具、手工工具及生活用具为最多，生活用具有锅、剪、灯、刀、钉子、顶针等，还制作兵器。

东汉的冶铁技术有很大的进步。"水排"的发明和使用是主要进步技术之一。水排就是水力鼓风机。机器是木制的，用水力转动。鼓风的部分用牛皮制成[2]。《后汉书·杜诗传》曰：建武时期，杜诗为南阳太守，"造作水排，铸为农器，用力少，见功多，百姓便之"。南阳自西汉至东汉，都是重要冶铁地区。水排的使用，是冶铁技术的一大进步。东汉冶铁技术的另一重大成就，是低温炼钢法的发明。这一技术的发明和推广，使钢的使用更加普遍。于是，铁兵器如刀、剑等最后完全代替了铜兵器。

铸铜业 东汉时期的铸铜业仍有发展。官府在许多重要铜矿区设有冶铜场或铸铜作坊，制作皇家或官府使用的铜器。地主、商人经营冶铜业的也很多。

当时的铸铜业遍及全国，最著名的地区有广汉、蜀郡、朱提(shú shí 孰实，今云南昭通)、丹阳(今安徽宣城)等。常见的东汉铜器有洗、釜、甑、壶、镰斗、奁、博山炉、铜镜等，主要是生活用具。有的制作精致，花纹

---

① 崔寔：《政论》。

② 《淮南子·本经训》："鼓橐吹埵，以销铜铁。"高诱注："橐，冶镬排橐也。"

工巧,还有饰以鎏金、错以金银的。有些洗上带有"朱提造"、"堂狼(今云南东川)造"、"青蛉(今大姚)造"等铭文,注明产地;花纹则有双鱼、羊、鼎等图案,或铸有祝福吉祥、富贵的话语。

水排模型

纺织业 东汉的桑、麻种植的范围比西汉扩大,养蚕和丝织业、麻织业都有很大的发展,纺织技术也有进步。

主要丝织品产地在今山东、四川等省,设置有服官,京师雒阳设有织室,专为皇室、贵族和高级官僚制作服装。在"丝绸之路"上发现的属于东汉至魏晋时期的丝织品中,有锦、缎、绫、绮、罗、纱、縠、绸、绢、缯、帛等,所织花纹有流云、鸟兽和吉祥语等图案,还有秀丽古雅的刺绣花纹。

麻葛织品中最著名的是越布,也叫做越葛,是会稽地区的产品。刘秀称帝后,就把越布列为贡品。皇帝、皇后和贵族、官僚、地主们都喜爱越布,越布名贵一时。

3. 商业

商业与城市 东汉时期,由于农业和手工业的发展,商品较多,因之商业也在发展。建武十六年(40),刘秀下令重铸五铢钱,废除了一切旧币,消除了王莽制造的货币混乱的局面,对于商业的发展起了一定的促进作用。东汉的商品种类比西汉多,市场扩大,交通发达。在城市中都设有交易市场,叫做"市"。市内按所卖商品种类,分为若干"市列"或"列肆",每个列肆又有很多店铺或商摊。主要商品有农产品和手工业品,如有粮食、盐、铁器、丝织品、麻织品、皮毛制品等,还有金、玉、琥珀、玛瑙、玳瑁、象牙、犀角等珍贵器物以及中外药材等。在人口较密的乡村或交通要道地区,也有市集出现。

民族合市 民族间由官方组织的定期(或不定期)的商业交换关系,

叫做"合市"或"互市"。合市在西汉已出现。东汉时期,汉和匈奴之间,定期"合市"。每次合市,汉商以巨量的铁器、丝织品和其他手工业品,交换匈奴的数以万计的牛马。汉和羌、乌桓、鲜卑以及西南各族之间,也定期合市。合市这一交换形式在促进民族间的经济、文化交流方面,起了重大的作用。

汉族的小商贩还载负货物,深入到少数民族地区,以商品换取民族地区的土特产,进行民族间的物资交流。

西域距离中原遥远,两地的商业交换关系不是采用合市的形式,小贩往来也很困难,汉朝多是由国家或官方以使节的名义,派遣商队,经过长途跋涉,到各国进行交换。也有商人结伴前往贸易的。运往的商品以丝绸等为主,沿丝绸之路西行,有的销于西域都护区内各国,有的远达于中亚、西亚、南亚、东南欧、北非等地。这些地区的皮毛制品和香料等也运来中国。贵族和高级官僚们凭借权势,从西域买进奢侈品,以供享用。如外戚窦宪以80万钱从西域买得杂罽(jì 寄,毡子)10 余张,又使人载彩采 700 匹、白素 300 匹,以换取月氏马、苏合香和氍氉(tà dēng 榻登)。《后汉书·梁冀传》说外戚梁冀"遣客出塞,交通外国,广求异物"。

陆路与海外交通 商业交换关系的发展,促进了交通事业的发达。中原地区的陆路和水路都有新的发展,中原和边疆地区的交通也有发展。自关中通向巴蜀的千里栈道多次得到整治。东汉初年开通的飞狐道,自代(今河北蔚县)至平城(今山西大同),300 余里。又开通峤道,自零陵(今属湖南)、桂阳(今郴州),通岭南,远达交趾、九真、日南等郡,道长 1000 余里。自巴蜀亦有通向西南夷地区的大道。此道再向西南,经今保山、芒市等地,可至今缅甸,远达印度,这就是西南丝绸之路。这些栈道、大道的沿途,多筑有亭障、邮驿,以保卫商旅,安顿食宿,便利交通。在各郡之内,也多"凿山通道","列亭传(zhuàn 篆),置邮驿"①,发展交通事业。

东汉时期海外交通进一步发展。与各国的往来关系更加密切。建武二十年(44),光武帝刘秀封韩人苏马谡(shì 是)为汉廉斯邑君,属于乐浪郡,四时来朝。建武中元二年(57),倭国派使臣来赠送方物,刘秀赐以印绶。公元 1784 年,日本人在九州志贺岛(今福冈县粕屋郡志贺町)发现了一方汉制金印,文曰"汉委奴国王",可能就是刘秀所赐的金印。安帝永初元年(107),倭国王帅升派人献奴婢 160 人,并愿亲至雒阳朝见汉朝皇帝。这时汉已通日本以东以南数千里以外的岛屿、地区,有的航程需时一年以上。

----

① 《后汉书》卷七六《循吏列传·卫飒传》。

"汉委奴国王"金印（日本福冈县志贺岛出土）

东汉与南洋、印度洋各地的往来更加密切。和帝（89—105）时，天竺（今印度）几次遣使前来，赠送方物。顺帝永建六年（131），叶调国（今爪哇岛或苏门答腊岛）王遣使师会赠送方物，汉封师会为汉归义叶调邑君，又赐国王金印紫绶①。桓帝延熹九年（166），大秦国（罗马帝国）王安敦②又赠象牙、犀角、瑇（dài 玳）瑁等。

三、民族关系的发展

东汉时期，我国各民族间的经济、文化关系进一步发展，边疆地区各民族的社会发展变化较快，朝廷对于边疆地区的政治统治也逐步加强。

1. 南匈奴 北匈奴

东汉初年，匈奴贵族为争夺单于继承权而分裂为南、北两大部，史称南匈奴和北匈奴。南匈奴立比为单于。比的祖父呼韩邪单于与汉"和亲"，娶王昭君为阏氏。比亦向东汉"奉藩称臣"，刘秀命中郎将段郴（chēn 琛）监护南匈奴，单于庭内迁到云中（今内蒙古托克托），后又迁美稷（今准格尔旗北）。其部属也随同内迁，势力日益强大。

北匈奴立呼韩邪的另一个孙子蒲奴为单于，曾为南匈奴击败，退居漠北。光武帝后期，北单于向汉求和亲，遭拒绝。明帝时，北匈奴又一再侵扰边郡，汉联合南匈奴及乌桓兵连续进击北匈奴，北匈奴一再被击败。章和元年（87），北匈奴为鲜卑所破，北单于被杀，北匈奴58部降汉。永元元年（89），汉以车骑将军窦宪、征西将军耿秉发汉和南匈奴共4万余骑，分三路

---

① 汉制：丞相、太尉，金印紫绶；御史大夫，银印青绶。
② 安敦：可能是罗马帝国皇帝马可·奥里略·安敦尼努斯（Marcus Aurelius Antoninus）。

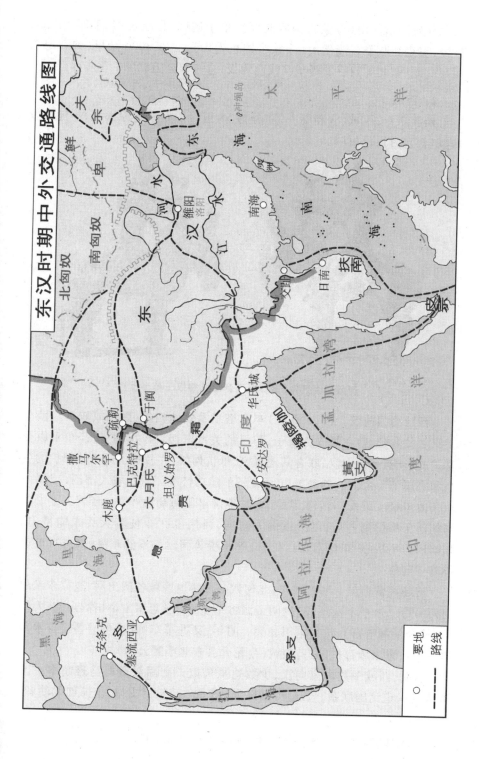

东汉时期中外交通路线图

击北匈奴于稽落山（今蒙古国西北部），单于遁逃，北匈奴81部20余万人投降，窦宪和耿秉登燕然山（今蒙古国杭爱山），去塞3000余里，刻石纪功而还。此后，北匈奴有的降于汉或南匈奴，有一部分随北单于逐步西迁。

2. 西域

西汉末年，西域（今新疆一带）分为55国。匈奴乘中原大乱，不能顾及西域，就大力入侵西域。

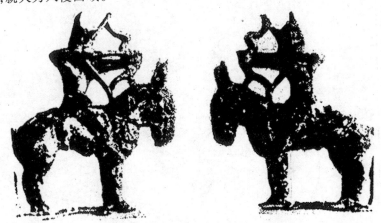

匈奴骑士铜像（蒙古国诺音乌拉匈奴王墓出土）

西域诸国向汉 莎（shā 沙）车在塔里木盆地西端，距匈奴较远。莎车王康之父名延，曾在长安为质子，与汉的关系密切。东汉初年，莎车王康受其父的影响，一心向汉，联合其他国家，抵抗匈奴，并救护了原西域都护的吏卒和家属一千余人。刘秀封康为汉莎车建功怀德王、西域大都尉，节制西域其他国家。康死，其弟贤代立，对其他国家侵暴勒索严重。鄯善王上书要求朝廷派都护到西域，刘秀以国力薄弱，回信说："今使者大兵未能得出。如诸国力不从心，东西南北自在也。"[1]鄯善等国因得不到东汉的庇护，被迫投降了匈奴。

班超经营西域 明帝初年，北匈奴一再胁迫西域各国出兵，寇掠东汉的河西等地。永平十六年（73），明帝派将军窦固、耿忠率士卒出酒泉塞，入伊吾庐（今新疆哈密），进行屯田驻兵。明年，又进军车师（今吐鲁番、吉木萨尔一带），置西域都护，驻乌垒城（今轮台县东北小野云沟）。

这时，西域多数国家向汉，少数追从匈奴。窦固派假司马班超率吏士36人与南道诸国联系。班超得到鄯善、于阗、疏勒的支持，杀掉匈奴使者，

---

① 《后汉书》卷八八《西域传·莎车国》。《集解》："言任所归向"。

控制了南道。这时,匈奴胁迫北道的焉耆、龟兹等国,攻杀西域都护陈睦,控制了北道。

东汉政府决定召回班超,也放弃南道。可是南道诸国惧怕匈奴的报复,苦留班超。班超决心留在西域,反击匈奴。班超先用疏勒兵击败为匈奴控制的姑墨(今阿克苏)和莎车,全部控制了南道。又以南道各国的士卒,击退了大月氏贵霜王国7万人的入侵。和帝永元三年(91),北道的龟兹降于班超,汉以班超为西域都护,驻龟兹(今库车县东郊皮朗旧城)。永元六年,班超又控制了焉耆。至此,西域50余国又摆脱了匈奴的奴役,纳于东汉都护的统辖之下。

永元九年(97),班超派甘英出使大秦(罗马帝国)。甘英西经条支(今伊拉克)、安息(今伊朗)诸国,至安息西界(波斯湾),未过海而还。甘英是我国古代继张骞的副使之后到达西亚的使节,为打通欧、亚交通做出了重要贡献。

班超是历史学家班彪的少子,班固的弟弟。他从明帝永平十六年到西域,至永元十四年,奉召回到雒阳,在西域30年,对巩固我国的西部疆域,促进多民族国家的发展,做出了卓越的贡献。他于八月回到雒阳,九月病故,年71岁。

东汉恢复在西域的统治,保卫了"丝绸之路",促进了中国和中、西亚各国的经济、文化交流。

3. 羌族

东汉初年,羌族主要居住在今青海和甘肃南部、四川北部一带。东汉王朝为了便于控制羌人,强迫部分羌人迁徙到关中和河东,与汉人杂处。汉人官僚、豪强依仗权势,残酷地剥削、奴役羌人,引起羌人的激烈反抗。

东汉中后期,羌人大规模地反抗斗争共有三次。第一次是发生在安帝永初元年(107),第二次是发生在元初五年(118),第三次是发生在桓帝延熹二年(159)。战争范围扩大到三辅、三河、益州等地①,每次战争都时长十几年或几十年。东汉损兵折将极多,人力物力耗费极大。

东汉统治者在镇压羌人反抗的过程中,到处抢杀劫掠,士卒和汉、羌人民死伤的不可胜数。汉族人民由于频繁的徭役征发和沉重的赋税负担,致使田园荒芜,破产流亡,社会经济受到严重破坏。当时有童谣曰:"小麦青青大麦枯,谁当获者妇与姑,丈人何在西击胡。吏买马,君具车,请为诸君鼓

---

① 三辅:京兆尹、左冯翊、右扶风;三河:河东、河内、河南。

哝(lóng 龙)胡。"①这首歌谣反映出东汉统治者为镇压羌人而征发的徭役及其给社会经济和人民生活带来的后果多么严重。

4．东北各族

乌桓、鲜卑　东汉初年，乌桓和鲜卑都曾侵扰东汉的东北边境。建武二十五年(49)，辽西的乌桓大人郝旦与汉通好，到雒阳朝见刘秀，刘秀封乌桓八十一人为王、侯等，允许乌桓迁居于沿边诸郡，协助汉防御匈奴和鲜卑。汉在上谷宁城(今河北万全)置护乌桓校尉，兼领与乌桓、鲜卑互市等事。

鲜卑继乌桓之后，也归附东汉，刘秀封鲜卑的首领为王、侯。和帝时，北匈奴大部分西徙，鲜卑向西发展，占据了蒙古高原的大部。北匈奴未西徙的部属十余万落(户)，都自称是鲜卑人，鲜卑更加强大。桓帝时，鲜卑大人檀石槐统一鲜卑各部。立庭(首府)于今张家口北。分三部进行统治：自右北平(治今河北丰润县东南)以西至上谷(治今怀来)，为中部，慕容部世为中部大人；上谷以西至敦煌，为西部，拓跋部世为西部大人；右北平以东至辽东(治今辽宁辽阳)，为东部，宇文部世为东部大人。都以部为氏。不久，檀石槐死，鲜卑又分裂为数部，力量减弱。

夫余等族　在今鸭绿江以北，乌苏里江和黑龙江两岸，直到东海之滨，居住着夫余、挹娄、高句骊、貊耳、沃沮等族。东汉初年，这些民族都接受汉的封号，国王或使臣常到雒阳。汉在这里置玄菟郡(在辽宁沈阳东)，并进行军屯，以节制各族贵族的统治。

5．蛮族

蛮族分布在长江中上游，因地区和血缘、习俗的不同，分为武陵蛮、廪君蛮和板楯蛮三大支系。武陵蛮居住在武陵郡(治今湖南常德)的山区，廪君蛮居住在巴郡(治今四川重庆北)和南郡(治今湖北江陵纪南城)一带，因之也叫做巴郡南郡蛮，板楯蛮居住在今四川的嘉陵江流域。

武陵蛮和廪君蛮在战国时期，属楚国，板楯蛮在战国后期属于秦国。东汉时期，这些民族的社会经济都有进一步的发展，东汉统治者对他们的剥削日益加重。蛮人和当地的汉人一再联合起义，反抗东汉王朝。有时起义人数达十余万之多，捕杀地方官吏，焚烧官府，斗争时起时伏，一直延续到东汉末年。

---

①　《后汉书》卷一三《五行志一》："吏买马，君具车者，言调发重及有秩者也。请为诸君鼓哝胡者，不敢公言，私咽语。"哝胡，胡即喉，喉哝。

6. 西南夷

西南夷居于今之贵州西部,云南全部,四川西部和西藏的昌都一带。西汉武帝经略西南夷,势力仅达于今洱海以东,设置西南六郡。此后,中原地区的先进的文化、技术相继传入六郡,这里各族居民的社会变化较快,经济发展迅速。东汉时期,夜郎和滇人地区已兴办学校,读儒家经典,和中原地区差不多。

哀牢夷 西汉时期,生活在今澜沧江流域的哀牢夷,与西汉官府没有什么联系。哀牢地区土地肥沃,宜于种植五谷和桑麻,经济以农业为主,人民善于织帛叠、兰干细布、文绣、绫锦和毛罽等;还用梧桐木华(木棉)织布,幅广5尺,洁白,不易污损;并且还掌握了染色的技术。

建武二十七年(51)至明帝永平十二年(69),哀牢夷有两支愿内属,人口共有5万余户,50余万口。汉在哀牢地区设置哀牢(今云南盈江东)和博南(今永平南)两县。后来汉又在今保山置永昌郡,以郑纯为永昌太守。规定哀牢夷的赋税,为"邑豪岁输布贯头衣二领,盐一斛"①。一般居民不直接承担封建国家的赋税剥削。

永昌郡为横断山脉地区,山高水深,气候湿热,东汉经营这一地区,十分艰苦。当时被征发到这里来的人作歌曰:"汉德广,开不宾。度(渡)博南,越兰(澜)津。度兰仓(澜沧),为它人。"②

掸族 永昌郡的西南面是掸(shàn 扇)族聚居区。自永昌郡设置以后,掸族与汉发生了直接的联系。和帝永元九年(97),掸王雍由调和附近各族遣使到首都雒阳,奉献珍宝。和帝赐给雍由调金印紫绶,亦赐给其他掸族贵族印绶和钱、帛。安帝永宁元年(120),雍由调又遣使来京,"献乐及幻人,能变化吐火,自支解,易牛马头;又善跳丸,数乃至千"③。这些魔术师自言是海西人,海西是大秦国,就是罗马帝国。安帝让乐人和魔术师在宫廷表演,并封雍由调为"汉大都尉",赐给印、绶、金、银及各种丝织品。至此,永昌郡西南地区,也入汉的版图。

白狼等部 明帝时,汶山郡以西的白狼、槃木、唐菆(zōu 邹)等部约有130余万户,600余万口,自愿内属。他们作诗歌三章,献给东汉皇帝。当时的犍为郡掾④田恭译出,题为《远夷乐德歌》、《远夷慕德歌》、《远夷怀德歌》,合称《白狼歌》,备述"白狼王唐菆等慕化归义"之意。

《白狼歌》的原文(用汉字对音写出)和译文都保存在《后汉书·西南夷列传》及注中。译文虽经封建官僚之手,带有浓厚的大汉族主义倾向。但

---

①②③ 《后汉书》卷八六《西南夷传》。
④ 掾(yuàn 院),通称掾史,为郡太守的属吏。

基本内容应是符合实际的。原文中保存了大量的古代羌语的音、义和语汇,是研究西南地区与古羌人有关的少数民族的历史与语言的宝贵资料。

四、宦官与朋党

东汉从中期开始,政权主要交替控制在外戚和宦官两大集团手中。这两大集团各谋私利,互相斗争,政治黑暗。东汉后期,宦官长期掌权,政治更加腐朽,一部分比较正直的官吏和太学生结合起来,与宦官集团展开了激烈的斗争。

1. 外戚与宦官

东汉前期,皇帝很注意外戚干政,严格限制他们的政治权力,不使权势过大。章帝死后,和帝十岁即位。以后的继位皇帝也多是小儿,太后则是少年寡妇。太后临朝听政,实是依靠娘家的父兄掌权,因之往往形成庞大的外戚权力集团,左右朝政。小皇帝多非太后亲生,年长之后,畏忌外戚的权势,怕被废黜,就以身边的宦官为心腹,伺机除掉外戚集团,宦官又掌大权。这样的斗争在东汉中期的和、安、顺、桓四帝时各发生过一次。宦官干政的情况日益严重。第四次斗争是外戚梁冀擅权和宦官单超等诛除梁氏。

梁冀擅权 顺帝时,后兄梁冀继父梁商为大将军。顺帝死,他立 2 岁的小儿为帝,是为冲帝。次年冲帝死,他又立 8 岁的小儿为帝,即质帝。质帝虽小,但却知道梁冀专权骄横。在上朝时,他说梁冀,"此跋扈将军也"①。梁冀很忿恨,就把质帝毒死,另立宗室 15 岁的刘志为帝,是为桓帝,梁太后临朝。梁冀专权近二十年,亲属党羽布满朝廷和州、郡。大小官吏升迁,先向他谢恩,送大量的贿赂,这些官吏到任后,再疯狂搜刮人民。地方官吏向中央送贡品,要将最好的贡品先送给梁冀,次品送给皇帝。扶风(即右扶风,今陕西兴平)人士孙奋家中很富,梁冀送给他一套车马(四马一车),向他借钱五千万。士孙奋慑于梁冀的权势,不得不给;但却只给他三千万,他大怒,胡说士孙奋之母是梁家的奴婢,偷盗了梁家白珠十斛、紫金千斤。于是逮捕了士孙奋兄弟,士孙奋死于狱中,全部家产被没收,其资产共值一亿七千余万钱。梁冀还劫略几千口平民为奴婢,称这些奴婢为"自卖人"。

梁冀在雒阳周围强占民田,调发农民,为他建造了一座私人苑囿,周围千里,梁冀不许人触动苑中的一草一木。有人误杀了苑中的一只兔子,竟有十多个人因受牵连而遭杀害。

---

① 《后汉书》卷三四《梁统传》附《梁冀传》。

梁冀一家前后有 7 人封侯,出了 3 个皇后,6 个贵人,两个大将军,娶公主为妻者 3 人,其余任卿、将、尹①、校的,有 57 人。桓帝本是河间王刘开之孙,15 岁时,为梁太后和梁冀所立。他对于梁冀也很惧怕。

单超等诛除梁氏 公元 159 年(延熹二年),梁皇后死②,桓帝与中常侍单超、具瑗(yuàn 院)、唐衡、左悺(guàn 贯)、徐璜等五人合谋,以虎贲、羽林千余人包围了梁冀的府第,梁冀自杀,梁氏的族人亲戚不论长少,皆弃市。因牵连被杀的公卿、列校、刺史、二千石有数十人,故吏、宾客被免官的有三百余人。据说"朝廷为空"。没收梁冀的财货被出卖后,共得钱三十余亿。这是宦官对外戚的第四次打击。单超等五人以功同日封侯,史称"五侯"。诛除梁冀及其党羽,对当时的政治、社会都有好处;但从此以后,东汉政权为宦官垄断。

2. 清议与党锢

宦官垄断政权以后,政治日益黑暗,一些比较正直的高级官吏、在野的地主士人和太学生,采取各种形式,对宦官集团展开了斗争。于是相继发生了"清议"运动和"党锢"事件。

宦官肆虐 宦官专权以后,排斥打击一般官僚士大夫,重用宦官的子弟、亲属和投靠他们的官僚。《后汉书·朱晖(huī 挥)传》附《朱穆传》曰:宦官"手握王爵,口含天宪","天朝政事,一更其手,权倾海内,宠贵无极,子弟亲戚并荷(hè 贺)荣任"。他们抢夺民财,略取民女以为婢妾。中常侍侯览侵夺宅舍 381 所,侵夺田地 118 顷,起立第宅 16 区,还房掠良人为奴婢。他的哥哥侯参任益州刺史,为了侵夺民财,诬人以"大逆"之罪,捕杀后,霸占财产,前后侵夺民产以亿计。《后汉书·单超传》曰:"五侯宗族宾客虐遍天下,民不堪命,起为寇贼。"腐朽反动的政治统治加速了土地的恶性兼并,广大农民纷纷破产,流离失所,社会经济受到严重破坏。

士人清议 宦官专政不仅使政治黑暗,而且也垄断了仕途。这时的选举、征辟(bì 闭),都要按照他们的爱憎行事,这就严重地侵夺了士人的上进之路。这一时期,太学生已发展到 3 万余人,各郡县的儒生也很多,他们上进无门,就与官僚士大夫结合,在朝野形成一个庞大的官僚士大夫反宦官专权的社会政治力量。他们"激扬名声,互相题拂;品核公卿,裁量执政"③。这就是所谓的"清议"。

所谓"激扬名声,互相题拂",主要是比较廉正的官吏、士人、太学生等

---

① 尹:汉代都城所在地区的行政长官称尹。梁冀弟梁不疑为河南尹。
② 梁皇后:桓帝后,梁太后(和平元年,150 年已死)妹。
③ 《后汉书》卷六七《党锢列传·序》。

互相标榜。如说："天下模楷李元礼(李膺)，不畏强御陈仲举(陈蕃)，天下俊秀王叔茂(王畅)。"①所谓"品核公卿，裁量执政"，主要是批评宦官专权乱政。如说："举秀才，不知书；察孝廉，父别居。寒素清白浊如泥，高第良将怯如鸡。"②这样的议论自社会流入太学，太学生以郭泰为首，奉司隶校尉李膺、太尉陈蕃为领袖，公开与宦官集团相对抗。

党锢之祸 官僚士大夫和太学生们不仅在舆论上抨击宦官，还试图在政治上打击宦官势力。桓帝永兴元年(153)，冀州刺史朱穆在安平(今河北冀县)逮捕了宦官赵忠的不法家属，桓帝大怒，把朱穆撤职，关进左校服劳役。太学生刘陶等数千人诣阙上书，为朱穆申辩。并说："愿黥首系趾，代穆校作。"③桓帝迫于舆论，赦免了朱穆。

延熹五年(162)，中常侍徐璜、左悺向中郎将皇甫规勒索钱财，皇甫规不理，徐璜等就给他强加以罪名，关进左校服劳役。一些官吏和太学生张凤等三百余人，诣阙上书。皇甫规亦被赦免。

这样，官僚士大夫和太学生与宦官集团之间的斗争愈演愈烈。

延熹九年，术士张成教唆其子杀人，为司隶校尉李膺逮捕。适逢国家有赦令；可是李膺因张成与宦官关系密切，就把他们处死。张成的弟子牢脩上书，诬告李膺与太学生、诸郡儒生及游学士人"共为部党，诽讪(fěi shàn 诽善)朝廷，疑乱风俗"④。桓帝大怒，逮捕了李膺等二百余人。后经尚书霍谞(xǔ 许)、城门校尉窦武等一再向桓帝说情，才得赦免回归田里，但却禁锢终身，不得任用。这是第一次"党锢"。自这次事件之后，"正直废放，邪枉炽结"⑤。大量的不愿与宦官集团为伍的士大夫、太学生等进一步结合，并推出了他们的首领或代表人物。就是三君、八俊、八顾、八及、八厨等，三君是窦武、刘淑和陈蕃，君就是"一世之所宗"⑥之意。他们与宦官集团的对立和斗争进一步激化。

第二年，桓帝死，灵帝立。太后之父窦武以大将军的身份与太傅陈蕃辅政。他们起用了李膺和其他一些被禁锢的名士。次年，他们又共谋诛除宦官集团。可是，由于事泄，宦官曹节发兵逮捕窦武，窦武自杀。窦氏宗族、亲戚几被杀光。又次年，曹节等以"部党"之罪名，再次逮捕了李膺等一百

---

① 《后汉书》卷六七《党锢列传·序》。

② 葛洪《抱朴子·外篇·审举》。

③ 《后汉书》卷四三《朱晖传》附《朱穆传》。左、右校：官署名，掌工徒劳作。

④⑤ 《后汉书》卷六七《党锢列传·序》。

⑥ 同上书。八俊有李膺、王畅等，"俊者，言人之英也"。八顾有郭林宗、范滂等，"顾者，言能以德行引人者也"。八及有张俭、岑晊等，"及者，言其能导人追宗者也"。八厨有度尚、张邈等，"厨者，言能以财救人者也"。郭林宗即郭泰。

余人,这些人都死在狱中。他们的父子、兄弟、门生、故吏等,凡是做官的,一律免官禁锢,禁锢范围扩大到五服以内的亲属。这是第二次"党锢"。

这次党锢直到中平元年(184)黄巾大起义时才被解除。建议解除禁锢的也是一个宦官,即中常侍吕强。他怕受禁锢的人心怀不满,与张角等"合谋",因之提出这一建议。灵帝接受了这个建议,下诏解除了"党锢"。统治阶级内部的这场长达数十年的斗争,在农民起义面前,暂告中止。

五、东汉末农民战争

桓帝死,无子,窦太后和她的父亲大将军窦武迎立河间王刘开之曾孙刘宏为帝,是为灵帝。不久,宦官杀窦武,灵帝成为宦官的傀儡。灵帝为了保住自己的皇位,极力讨好宦官。竟说:"张常侍(让)是我父,赵常侍(忠)是我母。"[1]他为了积聚钱财,在西园公开定价卖官。赚钱入私囊,命人回河间买田地,建宅舍。宦官们肆无忌惮地搜刮人民,当时有"五邪嗣虐,流行四方"[2]之说。当时,在农村中广泛流传着这样一首歌谣:"发如韭,剪复生;头如鸡,割复鸣。吏不必可畏,小民从来不可轻。"[3]这首歌谣的出现,预示着农民革命的大风暴即将到来。

1. 黄巾大起义

太平道 太平道是早期道教的一支,大约产生于东汉中期。东汉末年,太平道首领张角是巨鹿(今河北平乡)人,自称大贤良师,在各地传教,手执节杖,教病人叩头思过,饮符水以治病。广大人民饥寒交迫,生活痛苦,也以信奉太平道寄托精神。后来,张角和他的信徒们在阶级斗争形势的推动下,走向了革命道路。

张角传教十余年,在青、徐、幽、冀、荆、扬、兖、豫八州,有信徒数十万人。他为了发动起义,分各郡国为三十六方,大方有部众万余人,小方六七千人,为起义的基本力量。他们宣布了这样一个口号:"苍天(东汉)已死,黄天当立;岁在甲子,天下大吉。"[4]用来鼓动广大农民起来革命。还派人到京师雒阳和各州郡,在官府的门上,用白土书写"甲子"二字,以警告反动统治者们,并扩大宣传鼓动工作。当时的形势,已是"山雨欲来风满楼"。

---

① 《后汉书》卷六七《党锢列传·张让传》。
② 《后汉书》卷七《桓帝纪·论》。五邪:单超、具瑗、唐衡、左悺、徐璜。
③ 《太平御览》第九七六卷引崔寔《政论》。文字从严可均《全后汉文》校订。
④ 《后汉书》卷七一《皇甫嵩传》。"甲子"为汉灵帝中平元年(184)。

黄巾大起义　张角原定于 184 年三月五日起义。可是由于叛徒唐周告密，决定提前于二月间起义，各地起义军以黄巾包头。张角称天公将军，其弟张宝称地公将军，张梁称人公将军，领导巨鹿的黄巾军。其他地区如颍川（治今河南禹县）、汝南（治今上蔡）、陈国（治今淮阳）、南阳、东郡、扬州（治今安徽和县）以及幽州、益州等地，都爆发了黄巾起义。《后汉书·皇甫嵩传》描述说："所在燔烧官府，劫略聚邑，州郡失据，长吏多逃亡，旬日之间，天下响应。"

黄巾起义后，汉灵帝和宦官们十分恐慌。他们一面调集军队，保卫京师雒阳；一面以皇甫嵩、朱俊、卢植为中郎将，率军进攻黄巾军。各地的豪强地主也把宗族、部曲、家兵组成地主武装，修筑坞堡，与黄巾军相对抗。

皇甫嵩和朱儁共有四万余人，在进攻颍川黄巾时，朱儁被击败，皇甫嵩被围困在长社（今河南长葛）城中。后来他们得到曹操的支援，打败颍川、汝南、陈国黄巾，屠杀起义农民有数万之多。

东汉王朝原派卢植进攻张角，被张角打得大败。朝廷撤了卢植的职，另派董卓进攻张角，亦被张角打败。朝廷再调皇甫嵩进攻张角。此时，张角病死，部众由张梁和张宝率领。皇甫嵩用偷袭的办法打败了黄巾军，张梁战死，黄巾军英勇牺牲的有八万多人。皇甫嵩又进攻下曲阳（今河北晋县）张宝部，张宝战死，所部死伤被俘的有十余万人。

东郡和南阳等地的黄巾军也先后被皇甫嵩、朱儁等镇压下去。

这些起义军的领袖们都在作战中英勇牺牲了。

这次黄巾大起义从中平元年（184）二月开始，到十一月失败，共战斗了九个月。组织在黄巾旗号之下的起义军约有百余万人，起义风暴席卷全国。这次起义是有计划有纲领有组织有准备的，起义地区广大，战斗英勇，给予东汉王朝和豪强地主以沉重的打击。这次起义虽被镇压下去，可是革命的烈火却已经燃烧起来了，各地的斗争前赴后继。

2．黑山黄巾与青徐黄巾

黑山黄巾　张角领导的黄巾军失败后才三个月（中平二年二月），各地又爆发了新的农民起义。战斗在中山、常山、赵郡、上党、河内等郡国山区的起义军有上百万人，号称"黑山军"或"黑山黄巾"，部属很多。大部二三万人，小部六七千人，他们共同推举张牛角为帅。张牛角战死，又公推张飞燕（原姓褚）为帅。这支起义军转战于河北诸郡十余年，和军阀袁绍、曹操进行了艰苦的斗争，处死了许多郡守、县令（长）和地主，给予地主阶级以沉重的打击。后来，在军阀混战中，张飞燕为公孙瓒所利用，进攻袁绍，被袁绍击败，张飞燕率部投降了曹操。

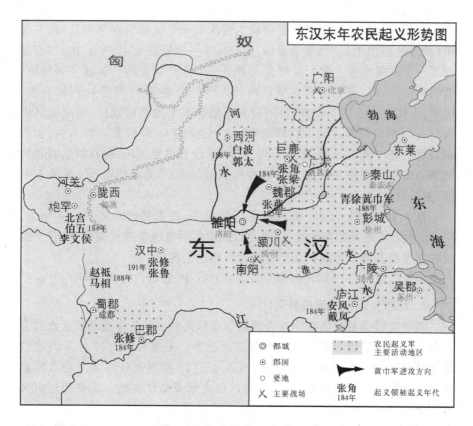

东汉末年农民起义形势图

青徐黄巾 中平五年(188),黄河以南的青州和徐州一带再次爆发了农民大起义,在青州的称"青州黄巾",在徐州的称"徐州黄巾",合称"青徐黄巾军",连破州、郡,诛杀长吏,许多官僚、地主被迫逃亡他郡或渡海逃到辽东。这两支起义军人数也发展到一百余万。

可是青徐黄巾多为破产农民组成,由于战争激烈,家属随军的很多。如青州黄巾,有主力军三十万人,而随军妇孺老弱竟达一百余万口,粮草不继,行动困难,严重妨碍战斗。后来在济北(今山东长清)连被击败,又遭曹操的军队尾追,最后投降了曹操,为曹操编为"青州兵"。徐州黄巾也先后被击破。

3. 汉中、巴蜀的农民政权

五斗米道 张角领导的黄巾起义爆发不久,天师道首领张修也于同年七月领导巴郡和汉中的农民起义。天师道的传教方式和太平道基本相同。因使受治的病人出米五斗,所以也叫做"五斗米道"。

天师道的另一个首领张鲁,三代传教,自号师君,下属有祭酒,各领部众,部众多者称治头大祭酒,信徒很多,是一个很大的政治势力。

张鲁政权 益州牧刘焉为了扩充自己的势力,在益州搞独立王国,于初平二年（191），以五斗米道首领张鲁为督义司马、张修为别部司马，攻占汉中（治今陕西汉中）。张鲁杀张修，又镇压了一些豪强地主，在汉中、巴郡建立了一个农民政权。这个政权是政教合一、劳武结合的。他的主要经济、政治纲领是：（1）诸祭酒各在辖区内的大路上设置义舍（旅舍），内储有米、肉等，来往行人吃饭不要钱，目的是为了招徕关中地区的流民，以充实汉中人口；（2）犯轻微罪过的人罚修道路；（3）犯法的人，以说服教育为主，初犯者处理从宽，"先加三原，然后行刑"；（4）不设置官吏，以宗教首领祭酒兼管政事。史书说张鲁在汉中实行这些政策的结果，"民夷便乐"[①]，流民来归的，前后有数万家。

在汉中、巴郡，汉族、夷族地主仍然很多，在张鲁统治的二十多年中，阶级分化、土地兼并在发展，张鲁及其统治集团也越来越贵族化了，曾一度反映农民利益的张鲁政权逐渐变质为封建地主政权。

建安二十年（215），曹操率十万人进攻汉中，张鲁向曹操投降了。

4. 黄巾大起义的历史意义

黄巾大起义是我国封建社会的第三次伟大的农民革命运动。这次起义比秦末和西汉末的农民大起义有明显的进步。主要有两大特点：（1）这次起义是有计划、有纲领、有组织、有准备；（2）利用宗教组织发动农民起义。这次起义虽被镇压下去了，但它的历史意义是巨大的。主要历史意义有如下三点：

（1）基本上摧毁了地主阶级的黑暗统治——东汉后期，宦官专权，政治极端腐朽反动，徭役、赋税不断增加，其他搜刮也极严重。这样的黑暗统治加速了土地兼并和农民破产的过程，严重地破坏了社会经济。黄巾大起义在广大地区打击了官僚、地主，基本上摧毁了东汉王朝的统治，破坏了世族大地主建立的封建统治秩序，使东汉王朝的统治分崩离析，名存实亡。

（2）调整了土地占有关系——黄巾大起义后，土地兼并暂时缓和下来，许多为贵族、官僚、地主占有的土地转移到农民手中。这些农民后来不论是自耕农民还是屯田农民，所受剥削和奴役，都比农民起义以前有所减轻，生活比较稳定，生产积极性也有提高，促进了社会经济的恢复和发展。

（3）发扬了中国人民的光荣的革命传统——在黄巾起义的过程中，起义军领袖们临危不惧，勇于牺牲的精神，作为中国人民的光荣的革命传统而载入史册。在此后一千七八百年的历史中，一直在鼓舞着广大农民进行革命斗争。

---

① 《三国志》卷八《魏志·张鲁传》。三原：宽大三次。

复习思考题:

　＊1. 简述刘秀加强中央集权的情况。

　　2. "度田"的原因和结果怎样?

　　3. 简述东汉铁农具推广和水利兴修情况。

　＊4. 略述班超经营西域的重大历史意义。

　　5. 为什么说东汉对待羌族的战争是反动的?

　　6. 你怎样评价党锢事件?

　＊7. 东汉时期的主要少数民族的名称及其分布地区。

　　8. 试述黄巾大起义的历史意义。

重要名词:

　＊刘秀　汉明帝　＊王景　＊杜诗　张堪　＊窦宪　＊班超

　＊甘英　单超　＊梁冀　＊郭泰　＊李膺　＊陈蕃　桓帝

　灵帝　＊张角　＊皇甫嵩　＊张鲁　张修　＊尚书台　尚书令

　尚书仆射　录尚书事　＊御史台　"三独坐"　水排　南匈奴

　莎车　＊羌族　乌桓　＊掸族　《白狼歌》　合市　＊度田事件

　＊太平道　＊五斗米道

参考书:

　1. 翦伯赞、郑天挺主编:《中国通史参考资料》第二册〔叁〕十二(二)、
　　十三至十六。(选读)

　2.《后汉书》卷一《光武帝纪》、卷七一《皇甫嵩朱儁传》。

　3. 张传玺主编:《中国古代史教学参考手册》(第二版)第425—434页
　　五"学术类"(一)《中国古代史分期问题》。(选读)

第四节　秦汉文化

　　秦汉时期,是我国古代文化大发展的时期。这一发展是对先秦文化成就的总结和升华,又为此后二千多年的封建文化的发展奠定了基础。决定这一发展的主要因素有两个:一是以地主土地所有制为基础的封建经济的发展,二是封建国家长期统一和社会比较稳定。

一、经学　哲学　宗教

1. 经学

　　秦朝不仅"焚书坑儒",还下"挟书令",藏有儒家经典者治罪,因之在秦代无传授和学习儒学经典者。

今文经　西汉初年,汉高祖刘邦很不重视儒学。至惠帝时,废除"挟书令",儒家思想言论这个禁区开始松动。从这时起,到文帝时期,一些尚存的老儒依靠记忆,口头传经。弟子们因找不到书籍,就用当时通行的隶书将老儒背诵的经典本文和解释记录下来,这样的经典就是所谓的"今文经",释文谓之传。文帝时,开始设置经学博士,由今文经学家充任,以备顾问。武帝时,置五经博士①,亦由今文经学家充任,在太学教授弟子。从此,今文经学得到广泛的传播。

今文经来自老儒的记忆,因每个老儒的记忆不相同,解说有差异,于是出现了一经有几家说法的情况。代代相传,逐渐形成了一些学术流派。宣帝时,在太学中立学官的,《易》有三家,《书》有三家,《诗》有三家,《礼》有一家,《春秋》有二家,共十二博士②。东汉初年,增为十四博士③。

古文经　古文经是用秦统一以前的篆书抄写的经典。秦在焚书时,有些人将这样的经典和其他一些古书埋藏起来。西汉前期,由于拆除老房,相继发现了一些古书。武帝时,下令献书。成帝时,设官负责收集古书,并着手进行整理。西汉末年,刘歆在整理古书时,发现古文经典不仅经文与今文经互异,而且篇章也多出不少。如《礼》多 39 篇,《书》多 16 篇。《毛诗》和《左氏春秋》等则为今文经所不载。这些新发现的经典就叫做"古文经"。

刘歆对于古文经很赞赏,建议在太学立学官,但却遭到今文经学博士们的激烈反对。刘歆批评这些博士"专己守残,党同门,妒道真"④。可是由于执政大臣也反对,刘歆的建议未被采纳。平帝时,王莽专权,为了利用古文经进行"改制",就增立《古文尚书》、《毛诗》、《逸礼》、《左氏春秋》四个博士。东汉初,又被取消。

古文经虽不得立学官,但在民间却广为流传。古文经中固然有些内容是经过两汉学者窜改或增补者;但总的说来,古文经学家是按字的形、音、义解经,极力恢复经的本义,不作任意发挥,于是形成了系统的训诂方法。古文经学家贾逵、马融、郑玄兼通今文经。郑玄破除各家传统,广采众说,遍注群经,得到经今、古文两派的赞许,号称"郑学"。至此,基本上结束了经今、古文斗争。贾逵的学生许慎为了反对今文经学派根据隶书经典,穿

①　《诗》、《书》、《易》、《礼》、《春秋》。

②　《易》有施、孟、梁丘,《书》有欧阳、大小夏侯(夏侯胜、夏侯建),《诗》有齐、鲁、韩,《礼》有后氏,《春秋》有公羊、穀梁。

③　《易》增京氏,《礼》为大、小戴(戴德、戴圣),《春秋》为严(彭祖)、颜(安乐),其他同于十二博士时。

④　《汉书》卷三六《楚元王交传》附《刘歆传》。

凿附会,曲解经文,用了 22 年的时间,写成《说文解字》一书,收小篆 9353 个,收古文（战国文字）、籀（zhòu 宙,西周、春秋文字）文 1163 个为重文;每个字标明字形,注出音读,推究字义,全书分为 540 部,全部解说不过 13.3 万多字,简明扼要。是我国最早的一部编辑完善、内容丰富的字典。

2. 哲学

两汉时期,哲学的唯心主义的代表人物是西汉中期的董仲舒,唯物主义的代表人物是东汉前期的王充。

唯心主义　董仲舒是今文经学派的《公羊》学家。他的思想集中体现在《天人三策》和《春秋繁露》一书中。他反对天道自然观,进一步发展了先秦的"天人同一"思想,这个思想的核心是"天人感应"说。他说:"国家将有失道之败,而天乃先出灾害以谴告之;不知自省,又出怪异以警惧之;尚不知变,而伤败乃至。"他又说:"道之大,原出于天;天不变,道亦不变。"①道是法则、规律,这里借为封建制度。由此看来,董仲舒的宇宙观是唯心主义的,方法论是形而上学的。

唯物主义　王充出身于"细族孤门",曾做过州郡小吏,大部分时间以教学为生。他著《论衡》一书,计 85 篇（今存 84 篇）,20 余万言。

他认为万物由元气构成,"元气未分,浑沌为一"。"及其分离,清者为天,浊者为地。"②人和禽兽也是由元气演化而来。他认为元气是一种客观存在的物质。他反对天人感应说,反对有神论,发展了古代的天道自然观。他说:"人之所以生者,精气也;死而精气灭。能为精气者,血脉也;人死血脉竭,竭而精气灭,灭而形体朽,朽而成灰土,何用为鬼?"他又说:"人之死,犹火之灭也。"③他认为鬼只是人们的一种幻觉。

王充的论证方法是"引物事以验其言行",是比较科学的。但由于当时自然科学不甚发展,引作论据的有些事物并不真实,因之做出的结论也难免有错误。他在对社会问题或历史人物评述时,往往归之于命,这是唯心主义。

3. 宗教

两汉时期的主要宗教有道教和佛教,都是在东汉时期开始流传的。

道教　道教是由黄老学说与巫术结合而形成的。东汉顺帝时,琅邪人宫崇向朝廷献其师于吉所得《太平清领书》170 卷。这是我国最早的道教经典。今存的《太平经》残本基本上保存了这部经典的面貌。

东汉末年,道教分为三大支派,一支为太平道,以张角为教主,在黄河南

---

① 《汉书》卷五六《董仲舒传》。
② 《论衡·谈天篇》引《易》及儒书之言。
③ 《论衡·论死篇》。

北传教；另一支为天师道，亦称为五斗米道，以张修和张鲁为教主，在汉中、巴蜀一带传教；第三支以于吉（与上同名）为教主，在长江下游传教。三派的信徒多为贫苦农民，这些信徒的多数成为农民大起义的主力。

佛教　佛教是迦毗(pí 皮)罗卫城（今尼泊尔王国境内）净饭王太子悉达多创立的。悉达多的族姓释迦，佛教徒尊称他为释迦牟尼，意为释迦族的圣人，约与孔子同时。西汉末年，佛教传到了长安①。东汉明帝时，蔡愔(yīn 音)至印度研究佛学归来，在雒阳建寺译经，中国开始有汉译本佛经。东汉末年，安息（今伊朗）僧人安世高、月氏僧人支谶(chèn 衬)等相继来到雒阳，翻译佛经。汉人严浮调从安世高学经，并参与翻译。从此，佛教教义也在中国流传。

二、文学　艺术

1. 文学

秦汉时期的文学，以散文、赋和诗歌为主。

散文　散文可以《史记》为代表，这是一部很好的散文集，许多篇传记具体生动地记述或刻画了社会各个方面的事件或人物，形象曲折地表达了作者的爱和憎。

两汉时期有很多文字生动、说理深刻的政论文章，其中以贾谊的《过秦论》、《治安策》，晁错的《论贵粟疏》、《徙民实边疏》最有代表性。桓宽撰的《盐铁论》是一部以讨论西汉王朝的盐铁政策为中心内容的著作，文字生动，语言流畅，是一部优秀的对话体文学作品。

赋　赋是两汉时期的一种新的文学体材，一般文人都喜作赋。西汉的赋起初尚以表达作者的思想感情为主。这种思想感情中以歌颂国家的多民族、大一统，及其隆盛繁荣为最可贵。但其为最高统治者歌功颂德的虚荣浮夸的一面并不可取。这样的赋篇幅很长，叫做大赋。如司马相如的《子虚赋》、《上林赋》等，是这样一些典型。虽有一点讽刺统治者的味道，但不起什么作用。

东汉时期的赋篇幅短小，向反映现实的方向发展，叫做小赋。张衡的《思玄赋》、《归田赋》，赵壹的《刺世疾邪赋》等，都表达了作者对当时社会的不满，揭露了官场的黑暗腐朽，对于人民的贫困生活也有一定的同情。

诗歌　两汉的诗歌以《乐府》和《古诗十九首》为代表。《乐府》也叫做

---

① 公元前2年（西汉哀帝元寿元年），大月氏使臣伊存来长安，博士弟子景卢从伊存口授浮屠（佛）经。见《三国志》卷三〇《魏志》裴松之注引《魏略·西戎传》。

《乐府诗》,是汉武帝时期由乐府采集民间诗歌选编配乐而成的诗集,内容广泛地反映了当时社会生活的各个方面。其中《战城南》、《十五从军征》、《平陵东》、《思悲翁》、《东门行》、《有所思》、《陌上桑》等,分别反映了人民的悲惨遭遇,对繁重徭役、横征暴敛的不满,反映了妇女不幸的命运及其坚强不屈的性格等。

《古诗十九首》是东汉中后期的中下层知识分子的作品。这些知识分子在当时的黑暗社会中,为求功名利禄,背井离乡,四处奔走。他们把对社会的感触,倾注到作品之中。如《冉冉孤生竹》、《孟冬寒气至》、《明月何皎皎》、《迢迢牵牛星》等,就是倾述生离死别、情感追求、仕途坎坷的诗篇。《生年不满百》、《青青河畔草》等,则充满了人生无常、及时行乐的消极颓废思想,反映了作者走投无路,内心苦闷的境况。

两汉的诗歌形式自然朴素,用语通俗深刻,与赋体大不相同。它发展了《诗经》中的《国风》的现实主义精神,对于后代文学的发展有很大的影响。

2. 艺术

绘画　两汉时期的绘画艺术很发达。宫廷府寺的墙壁上,贵族、官僚、地主的宅第的墙壁、墓壁上,盛行以绘画装饰。其中最有代表性的是汉景帝子鲁恭王在曲阜修建的灵光殿。据王延寿《鲁灵光殿赋》记载,壁画先是太古裸体粗犷(guǎng 广)奇怪的神话人物,其次是穿戴冠冕的黄帝、尧、舜,再次是夏、商、周三代兴亡。凡历史上著名的忠臣、孝子、烈士、贞女的事迹,国君的贤愚,政事的成败,莫不绘载。主题之外,饰以天文、万物、神怪、异事,是一组色彩鲜明、情态生动的巨幅图画。

长沙马王堆一号汉墓出土了一幅彩绘帛画,全长205厘米,上部宽92厘米,下部宽47.7厘米。帛画内容由三个部分组成,上部左右分别绘扶桑九日和嫦娥奔月两个神话故事,中部绘贵妇出行图,下部绘宴饮图。主题之外,饰以飞龙、异兽、特钟、巨磬等等,以朱砂、石青、石绿绘制,线条流畅,着色鲜艳精细,人物情态自若,鸟兽栩栩(xǔ 许)如生。

雕塑　秦汉时期的雕塑艺术很发达。秦始皇陵的兵马俑坑是一座雕塑艺术的宝库。这个俑坑是1974年发现的,陈列着武士俑6000余个,每个武士身高1.8～1.86米,有的身着裋(shù 树)褐,有的外披铠甲,有的持弓,有的执剑,都生气勃勃。出土陶

西汉彩绘帛画
(马王堆一号汉墓出土)

马,高1.7米,长2米多,都翘首仰颈,双目前视,四腿挺立,气宇轩昂。这实在是一个强大的军阵,似在待命出征。

西汉的石刻最有代表性的,是霍去病墓前的石刻群。其中的"马踏匈奴"刻石是为纪念霍去病的战功而刻的,形象生动逼真,最为著名。其他石刻都是用巨大完整的天然石料顺势加工而成的。有伏虎、卧马、牯(gǔ古)牛、跃马、卧象、人熊相搏,猛兽食羊等。

东汉时期的雕塑,以1969年在甘肃武威雷台的一座墓葬中发现的铜马、铜俑最有代表性。有铜马40匹,铜奴婢28件。有一匹天马,凌空飞驰,形姿矫健,头微左扬,三足高举,一足踏一飞燕,燕展翅疾飞,作惊悸回首状。这是我国古代雕塑艺术中的一件极为优秀的代表作。

东汉时期主要用于垒砌墓葬的画像石(砖),也是一种很有价值的雕刻艺术。画像多用单线阴刻或阳刻技法,内容有官吏出行图、狩猎图、战争图,还有农业生产、煮盐、锻铁、木工、纺织、宴饮、百戏、烹调等场面,这是我国最早的一批浮雕艺术。

天马行空(甘肃武威雷台出土)

三、史　学

两汉时期,封建统治者继承了前代由国家修史的传统,在中央设史官,编修历史。其中最有名的史书是《史记》和《汉书》。

司马迁与《史记》　司马迁(前135—前93)字子长,夏阳(今陕西韩城)人。父司马谈,武帝时,为太史令,学识渊博。原拟撰写一部史书,未及撰述,就因病去世。司马迁幼时聪慧,10岁开始诵习古文。20岁时,周游今江苏、浙江、江西、湖南、安徽、山东、河南的许多名山大川和名胜古迹,了解了各地的一些风尚习俗和民间传说,接触过社会各个方面的人物。后为郎中,奉使到今四川、云南等地,对当地少数民族等有所了解。继父任太史令后,又得博览史官所藏图书。他的学术根基深厚,经历丰富,又逐步树立起了基本上符合多民族、大一统、中央集权的伟大国家要求的进化论历史观,所有这些,都成为他后来撰写《史记》一书的极为有利的条件。他为撰写此书,还曾立下"欲以究天人之际,通古今之变,成一家之言"①。这一雄心壮志,对他设计此书的原始蓝图也起了巨大的作用。

《史记》的撰述,开始于武帝太初元年(前104),约用了近十年的时间撰成。全书上起黄帝,下迄"当代"(武帝时),以人物传记为主,辅之以编年体和纪事本末体,体例严整,内容丰富,是我国古代第一部创新性的纪传体通史,为此后两千年间的正史编纂创立了规范。全书分为12本纪、10表、8书、30世家、70列传,共130卷,526500字。基本上实现了他的计划。

司马迁作为一位史官,原来写作目的是为了宣扬"明圣盛德","功臣世家贤大夫之业"②,以为西汉王朝的统治服务。可是天汉二年(前99),他为李陵投降匈奴一事辩护,触怒了汉武帝,被处腐刑(宫刑),这对他是一个很大的打击,思想上起了某些变化。他说:"诟莫大于宫刑。"他当时极度悲愤,曾想到死;可是为了完成《史记》一书的写作,还是需要活下来。他以孙子膑脚③、屈原放逐等古人古事来自勉,借撰述以抒发郁结,申述己志。他对西汉统治者极不满,对皇帝、宗室贵族、外戚和官僚在政治方面的残暴行为,生活方面的奢侈腐朽,有所揭露。他对陈胜、吴广等农民起义领袖,则给予同情。他说:"秦失其政,而陈涉发迹,诸侯作难,风起云蒸,卒亡秦族。天下之端,自涉发难。"④因而为陈胜、吴广作"世家",同五霸、七雄等诸侯并列,评价很高。除此以外,还为古代、当代的著名学者、医者、商贾以及其他各行业各阶层的代表人物立传,又对天文、历法、礼乐、水利、经济、少数民族,以专章论述,比较具体生动地反映了我国封建社会前期的民族国家的面貌。

班固与《汉书》　班固(32—92),字孟坚,扶风安陵(今陕西咸阳东北)人。他的父亲班彪,是著名的史学家。因司马迁的《史记》只写到汉武帝太初年间,乃收集史料,作《史记后传》65篇,以补足《史记》的西汉部分。书未成,彪死,其子固为兰台令史,转迁为郎,典校秘书,奉诏完成其父所著。

---

① 《汉书》卷六二《司马迁传》引《报任安书》。

② 《史记》卷一三〇《太史公自序》。

③ 孙子:孙膑。膑:去膝盖骨。

④ 《史记》卷一三〇《太史公自序》。

他用了 20 余年的时间，修成《汉书》100 卷（后分为 120 卷）。全书分为 12 纪、8 表、10 志、70 列传。始于刘邦起兵，终于王莽覆灭，记述了 230 余年间的史事人物。属于西汉前期的内容，多采自《史记》。全书体例也仿照《史记》，惟改"书"为"志"，并"世家"入"列传"。《汉书》十志比《史记》八书的内容详备。《刑法》、《五行》、《地理》、《艺文》四志和《百官公卿表》等是班固的新创。《汉书》是我国第一部具有多民族、大一统的进化论历史观的体例完整、内容丰富的断代史。各传、志多载录有关学术、政论文章，因之又兼有一代文章总集的性质。班固死时，"八表"和《天文志》还没有写好，后由他的妹妹班昭和史学家马续完成。

《汉书》的主要缺点是封建正统思想严重。晋人傅玄在评论《汉书》时说："论国体则饰主阙而折忠臣，叙世教则贵取容而贱直书。"《汉书》的思想性远不如《史记》。

四、科学技术

秦汉时期，科学技术有很大的发展。

算学　大约在西汉中期，我国古代的第一部算学著作《周髀（bì 币）算经》①成书。这部书主要是讲述天文和历法的。在数学方面，使用了相当复杂的分数算法和开平方法。还用竿标测日影以求日高，使用的是勾股定理，这部书是我国现存文献中最早引用勾股定理的著作。

稍晚于《周髀算经》的算学著作是《九章算术》，约成书于东汉前期。全书分为九章：（1）方田（分数四则算法和平面形求面积法），（2）粟米（粮食交易的计算方法），（3）衰（cuī 催）分（分配比例的算法），（4）少广（开平方和开立方法），（5）商功（立体形求体积法），（6）均输（管理粮食运输均匀负担的计算法），（7）盈不足（盈亏类问题解法），（8）方程（一次方程组解法和正负术），（9）勾股（勾股定理的应用和简单的测量问题的解法）。其中负数、分数计算，联立一次方程解法等，都是具有世界意义的成就。全书由 246 个算术命题和解法汇编而成，标志着我国古代数学的完整体系的形成。

天文学　两汉时期，关于天体结构，有三种说法，一是宣夜说②，已失

①　髀，古代测量日影的表。《周髀算经》卷上："周髀长八尺，夏至之日，晷一尺六寸。髀者，股也；正晷者，勾也。"

②　认为天不是物质造成的，没有一定的形状，没有止境。

传；二是盖天说，《周髀算经》即持此说，认为"天象盖笠，地法覆槃"①。这种说法违失太多，史官多不采用。三是浑天说，认为天地之象如卵之裹黄，"天转如车毂之运也，周旋无端，其形浑浑，故曰浑天"②。这种说法对于天体结构的设想比较近于实际，多为史官采用。

东汉安帝时，太史令张衡掌天文，撰《灵宪》一书，比较正确地阐述了许多天文现象。如说："月光生于日之所照，魄生于日之所蔽；当日则光盈，就日则光尽也。"他在西汉的浑天仪的基础上，设计了一种新的浑天仪，以漏水转动，星宿出没，与灵台③观象所见的情况相符合。

地动仪模型

张衡还作候风仪和地动仪。候风仪制法失传。地动仪是用精铜制造的，圆径八尺，形似酒樽，内置机关，在八个方向各安一个龙头，口衔铜丸一枚。哪个方向发生地震，同方向的龙头就口吐铜丸，发出警报。

如上所述，张衡是一位文学家，更是一位伟大的科学家，浑天仪和地动仪的制造，不仅是科学技术上的一大成就，还促进了唯物主义世界观的发展，对东汉喧嚣一时的谶纬迷信思想是一个有力的打击。崔瑗在张衡的碑文中称赞他"数术穷天地，制作侔造化。"④

历法　秦统一中国后，在全国颁行《颛顼历》。《颛顼历》是一种四分历。一回归年为 $365\frac{1}{4}$ 日，一朔望月为 $29\frac{499}{940}$ 日，以十月为岁首，闰月放在九月之后，称为后九月。武帝时，《颛顼历》已行用百余年，出现了"朔晦月见，弦望满亏"⑤的情况。武帝以司马迁、星官射姓、历官邓平和民间历算家唐都、落下闳等二十余人修改历法，于太初元年（前104）编成新历，这就是有名的《太初历》。《太初历》比四分历科学，行用189年才出现重大差误。《太初历》根据天象实测和多少年来史官的记录，制定了135个月的日食周期表（称为"朔望之会"，约在11年中有23次日食）。自有了这个周期

①　《周髀算经》卷下。
②　《张衡浑天仪》，《经典集林》卷二七。
③　用以观天象之台。魄，月始生或将灭时的微光。
④　《古文苑》卷一九崔瑗《河间相张平子碑》。
⑤　《汉书》卷二一上《律历志》。

张仲景像（蒋兆和作）

表,历家可以校正朔望,预知日食。太初历还把 24 节气第一次收入历法①,这对于农业生产起了重要的指导作用。《太初历》的编制是我国历法史上的第一次大改革。

医学　两汉时期,医学很发展,官府设有医官,民间医师也很多,多数方士兼通医道。

西汉初年,著名的医学家有淳于意,因曾任齐的太仓长,号仓公。他年少时,从同郡人阳庆学"黄帝、扁鹊之脉书,五色诊病,知人死生,决嫌疑,定可治及药论甚精"②。西汉后期的楼护也是一位造诣很深的医学家,他读过医经、本草、方术书计有数十万言,在长安一带行医很有名。

东汉时期的医学更加发展。最著名的医学家有张仲景和华佗。

张仲景名机,南阳人。东汉末年,南阳一带伤寒流行,病死者很多。他为了给人治病,钻研《内经》、《难经》等古代医书,并广泛收集有效方剂,著《伤寒杂病论》一书。至北宋时,分为《伤寒论》和《金匮要略》二书,前者论述当时属于"伤寒"的若干病症,后者论述妇科、内科等多种常见病。

张仲景还从临床实际出发,吸取当时医学上的新成就,把《内经》以来的病因学说,脏、腑经络学说同四诊(望、闻、问、切)、八纲(阴、阳、表、里、虚、实、寒、热)等辨证方法,有机地联系起来,并且总结出汗、吐、下、和、温、清、补、消等治疗法则,还论述了一些处方用药的加减变化规律。这些都是对祖国医学发展的重大贡献。张仲景为后世医家尊为医圣。

华佗字元化,沛国谯(今安徽亳县)人,约与张仲景同时。他是一位杰出的外科医生,亦精于针灸技术。他在长期的医疗实践中,发展了我国的麻

---

①　24 节气:立春、雨水、惊蛰、春分、清明、谷雨、立夏、小满、芒种、夏至、小暑、大暑、立秋、处暑、白露、秋分、寒露、霜降、立冬、小雪、大雪、冬至、小寒、大寒。后代编成《二十四节气歌》:

　　春雨惊春清谷天,　　夏满芒夏暑相连,
　　秋处露秋寒霜降,　　冬雪雪冬小大寒。
　　每月两节不变更,　　最多相差一两天,
　　上半年来六、廿一,　　下半年是八、廿三。

②　《史记》卷一〇五《仓公列传》。

醉学和外科手术学。他施行手术时,先使病人用酒冲服麻沸散,然后破开腹或背,剜去瘀积,或清洗内脏,然后缝合,敷上药膏,四五天伤口便愈合,一个月后,就能痊愈。华佗的麻醉学和腹腔手术,在当时是世界上最先进的。

华佗像

华佗还模仿虎、鹿、熊、猿、鸟的活动姿态,编成"五禽之戏",传授给人们,以锻炼身体。五禽戏是以体育活动为主、与气功结合的健身运动。

《神农本草经》约成书于东汉时期,共著录药物365种,计有植物药252种,动物药67种,矿物药46种。如桂枝、麻黄、杏仁、石膏、附子、黄芩、黄连、知母、柴胡、地黄、当归、芍药等,在临床上有卓越的疗效。这是我国最早的一部较完善的药物学著作。

纸 周秦时期,以竹木简牍和缣帛作为书写绘画材料。简重帛贵,不便使用。西汉中后期,宫廷中已使用一种丝质纸,薄而小,叫做赫蹏(xìtí 戏蹄)。西汉前、中期,社会上已有用植物纤维制造的纸张,但由于纤维粗糙,还不宜于书写。

东汉和帝时,宦官蔡伦改进了造纸方法,将树皮、麻头、敝布、鱼网等植物纤维捣成浆液,制造出了质量较好的纸张,于元兴元年(105)献给和帝。从此,这样的造纸方法得到推广,造出的纸被称为蔡侯纸。造纸术又经过二百多年的发展和改进,到了晋朝,有很大进步,纸张成本低廉,平滑合用,完全代替了简帛,成为主要的书写材料。

我国的造纸术约在公元三四世纪传入朝鲜半岛,后又传到日本。唐中期,传到中亚,后经阿拉伯诸国传到北非和欧洲。造纸术的发明与传播,对于世界文化的发展起了重大的作用。

复习思考题:

 *1. 什么是今文经? 什么是古文经?

 2. 为什么说王充是唯物主义思想家?

 3. 东汉时期有哪几种主要宗教?

 *4. 为什么说《史记》是一部伟大的史学名著? 全书分哪几大部分?

 5. 张衡、张仲景和华佗都是些什么人? 各有什么主要成就?

6．应当怎样评价蔡伦造纸？我国发明造纸术的世界意义怎样？

重要名词：

 ＊郑玄　＊《说文解字》　《论衡》　《史记》　《汉书》　浑天仪

 ＊地动仪　《伤寒论》　道教　佛教　＊赋　＊《乐府》　《古诗十九首》　＊《神农本草经》　蔡侯纸　＊秦陵兵马俑

参考书：

 1．翦伯赞、郑天挺主编:《中国通史参考资料》第二册〔叁〕十、十七。

 2．《后汉书》卷五九《张衡传》。

第五章　魏晋南北朝

（190—589）

魏晋南北朝时期是我国历史上长期分裂割据的时期,也是北方少数民族和汉族依次向南大迁徙、大同化、大融合的时期。在此期间,北方的割据势力之间,民族之间,发生过频繁激烈的战争。长江以南相对稳定,得到较好的开发,社会经济的发展较快。

第一节　三国　西晋

（190—280、280—316）

本书以公元 190 年(汉献帝初平元年)为三国时期开始,至 280 年晋灭吴,统一中国,为三国时期结束,西晋时期开始。

一、魏、蜀、吴三国鼎立

1. 曹操统一北方

董卓之乱　董卓原是临洮(今甘肃岷县)豪强,曾参加镇压羌人和黄巾大起义。后任并州(治今山西太原)牧,驻河东(今夏县)。中平六年(189)灵帝死,何皇后之兄何进任大将军,立皇子刘辩,史称少帝。何进被宦官杀死,袁绍率兵诛杀大小宦官两千余人。董卓乘机率军入雒阳,废少帝,另立九岁的刘协为帝,即献帝,董卓独揽朝政,袁绍逃出雒阳。次年,关东各州郡牧守、军事集团推举袁绍为盟主,联兵进攻雒阳,讨伐董卓。董卓挟持献帝西走长安,并裹挟雒阳附近的居民。行前,董卓士卒大肆烧掠,雒阳周围二百里尽成瓦砾。董卓到长安后,为部将吕布杀死,部属分裂为数支,互相火并,长安城内外的居民死亡逃散,关中一带路无行人。就在此时,汉献帝亦乘机东逃。

董卓西逃后,关东的讨董联盟也随之瓦解。各割据势力开始互相攻杀吞并。几年之后,逐渐形成若干个较强大的割据势力,其中最主要的有占据冀、青、并三州的袁绍,占据兖、豫二州的曹操,占据幽州的公孙瓒,先后占据过徐州的刘备、吕布,占据淮南的袁术,占据荆州的刘表;此外,还有占据益州的刘焉,占据江东的孙策,占据凉州的韩遂、马腾,占据辽东的公孙度等。

官渡之战　官渡之战是曹操和袁绍为争夺对黄河中下游的统治权而进行的一场有决定意义的战争。

曹操像

曹操字孟德,沛国谯(今安徽亳州市)人。父曹嵩是宦官曹腾的养子,曾任东汉太尉。曹操20岁时,任雒阳北部尉,后参与镇压黄巾起义。初平三年(192),他在济北(今山东长清)收编青州黄巾三十余万人,叫做"青州兵",加强了他的军事力量。建安元年(196),他又把在逃难中的汉献帝迎到许(今河南许昌),取得了"奉天子以令不臣"的有利地位。

袁绍字本初,汝南汝阳(今河南汝南)人,父祖四代有五人官至三公,属于名门大族。他于公元199年灭了公孙瓒,地跨青、冀、并、幽四州,势力很强。他想以消灭公孙瓒之余威,率兵南下,一举消灭曹操,进而把黄河中下游地区全部纳在他的统治之下。

袁绍以精兵十万,劲骑万余匹,南渡黄河。袁绍虽兵多粮足,但内部矛盾重重,军纪松弛,人心涣散。曹操能用于迎击袁绍的士卒虽不过两三万人,兵、粮都远不及袁绍;可是曹操的统治集团内部比较稳定,将士用命。公元200年(建安五年)10月,他以五千奇兵,夜袭袁绍军于官渡(今河南中牟)附近的乌巢,全烧袁军粮食、辎重一万余车,袁军大乱。他又乘势以万人,大破袁军主力于官渡,全歼袁军七万余人,袁绍仅率八百骑兵逃回河北。这就是历史上以弱胜强的著名战例之一"官渡之战"。

官渡之战以后,袁绍病死。曹操在巩固了他在兖、豫地区的统治之后,又进兵河北,消灭了袁绍的儿子袁谭、袁尚、袁熙等势力。建安十二年(207),又北出卢龙塞(今河北喜峰口),打败与袁氏勾结的乌桓头人,基本上统一了中国的北方。

2. 三国的形成

赤壁之战 赤壁之战是曹操为并吞江南而与刘备、孙权进行的一场有决定意义的战争。

曹操在统一北方以后,于次年(208),乘胜挥师南下,想攻下荆州①,进而出兵江东,统一长江流域。当时,荆州牧是刘表,有士卒十万余人,物资比较富厚。可是就在这年,他因病死去。他的长子刘琦和异母弟刘琮不和,刘

---

① 原治汉寿县(今湖南汉寿北)。初平元年(190),刘表任荆州刺史,徙治襄阳(今湖北襄樊市)。

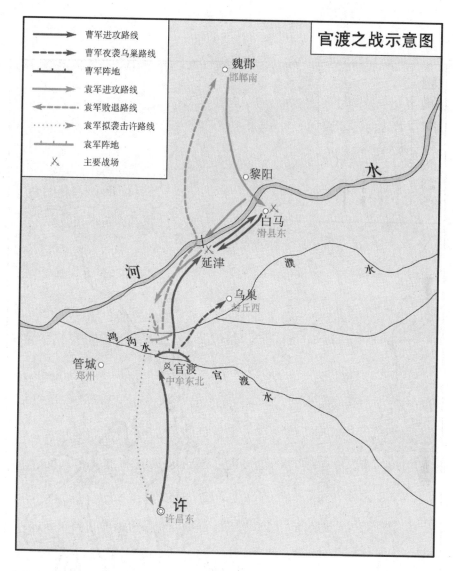

官渡之战示意图

曹军进攻路线
曹军夜袭乌巢路线
曹军阵地
袁军进攻路线
袁军败退路线
袁军拟袭击许路线
袁军阵地
主要战场

魏郡
邯郸南

黎阳

河 水

白马
滑县东

延津

濮 水

乌巢
封丘西

鸿 沟 水

管城
郑州

官渡
中牟东北

官 渡 水

许
许昌东

琼掌权。在曹军压境时,刘琮投降了曹操。

刘备字玄德,涿郡涿县(今河北涿州)人,西汉中山靖王之后。年少时,家贫,曾以贩鞋织席为业。后来参与镇压黄巾军,兵力一直比较薄弱。后为曹操所破,南下依附于刘表,驻樊城(今湖北襄樊)。就在这时,他请得诸葛亮为谋士。曹军南下荆州,刘备退至夏口(今武汉),遣诸葛亮与孙权结盟,共拒曹军。

孙权字仲谋,吴郡富春(今浙江富阳)人,孙策之弟。孙策死后,他继续统治江东各郡,势力比曹操弱得多,对曹操兼并荆州、顺流而下很担忧。

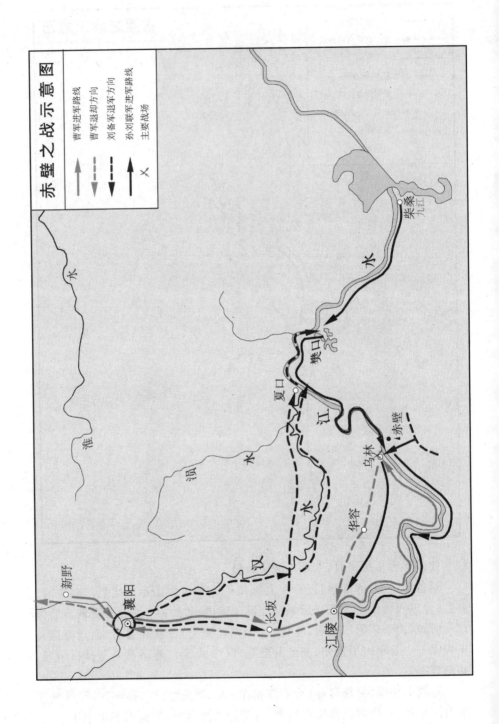

赤壁之战示意图

图例	
曹军进军路线	
曹军退却方向	
刘备联军退军方向	
孙刘联军进军路线	
主要战场	✕

新野
襄阳
长坂
江陵
华容
乌林
赤壁
夏口
樊口
柴桑
九江

淮 水
洞 水
汉 水
江
水

当时,刘备有关羽部万余人,还有与他关系密切的刘琦部亦万余人;孙权派将军周瑜率兵三万余人,与刘备联军。联军沿江西上,与曹军二十余万(号称八十万)相遇于赤壁(今湖北武昌县西赤矶山)①。曹军多是北方人,不习水战;又由于长期行军作战,疲惫不堪;原荆州的降卒,心怀不安,内部矛盾严重;再加之军中瘟疫流行,士气更加不振。曹操下令在长江之北岸屯兵,战船用铁环连起,以减少颠簸。周瑜乘东南风之便,用火攻曹营,烧毁曹军的全部战船。周瑜、刘备水、陆并进,曹军大败。这就是决定"天下三分"的著名战役"赤壁之战"。

三国的建立　赤壁之战后,曹操知道自己一时还无力吞并长江流域,就回到北方。在略事休整之后,于公元211年(建安十六年),进兵关中,打败韩遂和马超,占据凉州(今甘肃和青海的一部)。公元215年,又进兵汉中,张鲁投降,汉中也归曹操所有。公元213年,汉献帝封曹操为魏公。216年,曹操晋升魏王。220年(建安二十五年),曹操病死,魏王太子曹丕袭位。不久,曹丕夺了献帝之位,改国号魏,历史上亦称曹魏,曹丕自立为帝(魏文帝),追尊曹操为魏武帝,建都洛阳②。

刘备在赤壁之战后,占据了荆州在长江以南的四郡③,孙权夺得的南郡的一部,也借归刘备。从此,刘备有了自己的统治区。公元214年,刘备率军入益州,时刘焉已死,其子刘璋投降,刘备自为益州牧。219年,刘备又进军汉中,打败曹军,势力扩大到汉中,自称汉中王。曹丕篡汉称帝,刘备于次年(221)亦称帝,建都成都,国号汉,以恢复汉王朝相号召,史称"蜀汉"或"蜀"。

孙权在赤壁之战后,巩固了他对江南的统治。公元211年,以建业(今江苏南京)为都城。同年,占据岭南。219年,乘刘备留守荆州的将军关羽北上与曹军作战之机,命吕蒙乘虚而入,截杀关羽,夺得荆州。曹丕称帝后,孙权于次年称吴王。又次年(222),刘备亲率大军出巫峡,企图夺回荆州。孙权任陆逊为大都督,率五万士卒,以逸待劳,在夷陵(今湖北宜昌东南)用火攻,蜀军大败。这就是历史上另一个以弱胜强的著名战例"夷陵之战"。自这次战役之后,蜀、吴的势力处于均衡状态,但都弱于曹魏。两国为了共抗曹军,又互相遣使通好,恢复联盟关系。公元229年,孙权称帝,国号吴,历史上亦称孙吴。

三国局面的形成,是东汉末年以来由分崩离析、割据混战走向统一的重

---

① 一说在今湖北嘉鱼境,一说在今赤壁市西北赤壁山。

② 魏自以为土德,水得土而活,土得水而柔,故去隹加水,改雒阳为洛阳。

③ 荆州共辖七郡,江南四郡为武陵、长沙、桂阳、零陵;江北三郡为南郡、江夏、南阳。

要历史步骤。三国的主要建立者的思想亦均反映了这一历史的必然趋势。如曹操说："江湖未静，不可让位。"①诸葛亮说："汉、贼不两立，王业不偏安。"②都是在政治上追求大一统的表现。

二、三国的政治、经济

1. 魏国

曹魏占据黄河流域，这里地区广大，人口众多，经济、文化发展，人才也很多，曹操实行了不少比较有益的政策，所以曹魏在三国中最强大。今举两项政策述下：

魏国帝系表③
（196—265）

```
(一)武帝曹操 ── (二)文帝丕 ──┬── (三)明帝叡 ── (四)废帝(齐王)芳
  (196—220)      (220—226)  │   (227—239)      (240—254)
                           │
                           └── 东海王霖 ── (五)废帝(高贵乡公)髦
                                              (255—260)
              └── 燕王宇 ── (六)元帝奂
                            (261—265)
```

"唯才是举"与"九品中正"　曹操的选官政策是所谓"唯才是举"④，这是选官政策的一大改革。他反对东汉时期的把所谓"门第"、"道德"作为选官的主要标准，而主张只要"有治国用兵之术"的人，不论品德如何，都可重用。他先后杀掉了不顺从于他的名士孔融、杨修等人，擢用了不少庶族平民出身的有才之士。这种选官政策的实施，是对东汉近二百年来世家大族垄断政权的局面的一次重大打击；也为曹操建立他的强有力的统治集团选拔了不少有用的人才。

曹操死，曹丕称帝，用"九品中正制"以选拔官吏。就是中央一些官吏兼任原籍所属郡的"中正"，由他们察访本郡有才能的士人，列为九等，以备选用。选用的原则，"盖以论人才优劣，非谓世族高卑"⑤，这与其父的"唯才是举"政策的精神是一致的。

屯田与水利　黄巾起义失败以后，中原地区长期陷入军阀混战的状态。

---

① 《曹操集》"文集"卷二《让县自明本志令》。
② 《诸葛亮集》"文集"卷一《后出师表》。
③ 魏表从公元196年(建安元年)曹操迎汉献帝都许开始。
④ 《三国志》卷一《魏书·武帝纪》建安十五年春令。
⑤ 《宋书》卷九四《恩倖传·论》。

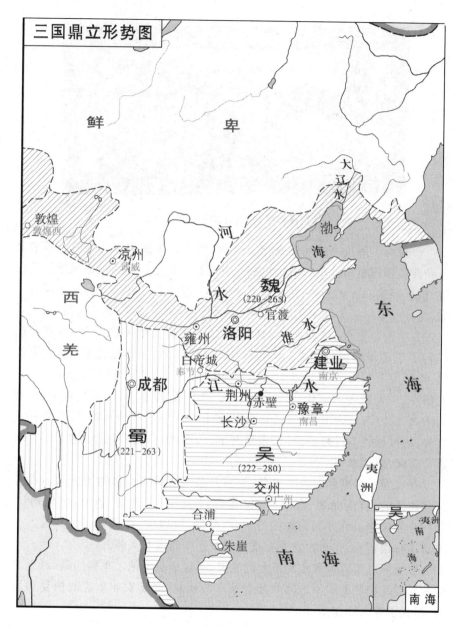

三国鼎立形势图

不仅广大劳动人民生活无着,就是各地军阀也严重缺粮。如"袁绍之在河北,军人仰食桑椹(shèn 甚);袁术在江淮,取给蒲蠃(luǒ 螺)"①。曹操的军队还有吃人肉干的②。

---

① 《三国志》卷一《魏书·武帝纪》注引《魏书》。
② 《三国志》卷一四《魏书·程昱传》注引《世语》。

魏晋画砖牛耕图（甘肃嘉峪关出土）

　　曹操为了解决军粮问题,于公元196年开始在都城许县屯田。后来又下令在各郡国屯田。屯田分民屯和军屯两种。民屯的屯田民由国家拨给田地,按军事编制。地租率:用官牛的,官得产粮的六分,民得四分;不用官牛的,对分。屯田民由国家组织、保护,还供给耕牛、种子等,又无徭役苛扰,可以安心生产。史载,建安元年(196),"是岁乃募民屯田许下,得谷百万斛(石)。于是州郡例置田官,所在积谷。征伐四方,无运粮之劳,遂兼灭群贼,克平天下"①。军屯是以士卒屯田,用"十二分休"制,即每十人中,有八人佃耕,二人巡守。史载,邓艾在淮水流域屯田,用五万人,五里置一营,营六十人,绵亘四百余里,穿渠三百余里,溉田二万顷。每年所收,除众费开支之外,约可积谷五百万斛。"每东南有事,大军出征,泛舟而下,达于江、淮,资食有储,而无水害。"②

　　曹魏为了军事和经济的需要,先后开凿或整修了许多沟渠陂堰。在今河北地区的,自南而北,有白沟、利漕渠、平房渠、泉州渠、新河、戾陵堨(è鄂)、车箱渠等。在今河南地区的,有睢阳渠、讨房渠、贾侯渠等。其他大小陂堰还有很多,不少地方官吏亦重视农业生产和水利兴修。

　　曹魏的屯田政策和水利事业的发展,不仅解决了他的军粮问题,对于遭受长期战乱破坏的中原地区的社会秩序的恢复,对于农业生产的恢复和发展,都起了重大的作用。

2. 蜀国

　　蜀国的政治制度与东汉基本相同。刘备在夷陵之战失败后,不久病死。他的儿子刘禅(shàn 扇)即位,由丞相诸葛亮辅政。诸葛亮是一位很有才

---

① 《三国志》卷一《魏书·武帝纪》建安元年:"始兴屯田。"注引《魏书》。
② 《晋书》卷二六《食货志》。

能的政治家和军事家。在他掌权的十多年中,蜀国的政治比较稳定,经济也有发展。

蜀国帝系表①
(208—263)

(一)昭烈帝刘备 ——(二)后主禅
(208—223)　　　　(223—263)

平定南中　　南中就是两汉时期的南夷地区,民族众多,民族关系复杂,交通又极不方便,蜀汉在这里的控制力很薄弱。夷陵之战后,建宁(今云南曲靖西)豪族雍闿和彝族首领孟获起兵反蜀。蜀的牂柯(今贵州黄平)太守朱褒、越嶲(今四川西昌)彝帅高定元也相继举兵反叛,以响应雍闿。

诸葛亮像

在这样的形势下,诸葛亮一面派人至吴,重申盟约,以巩固吴、蜀的联盟关系。一面又增兵汉中,以防御曹魏。公元225年(蜀建兴三年),开始出兵南中,先在越嶲杀高定元。高定元的部下杀雍闿,孟获成为叛军的统帅。诸葛亮又率军渡过泸水(今金沙江),采取了"攻心为上,攻城为下;心战为上,兵战为下"②的策略,连败孟获,"七擒七纵",南中之乱终于平定下来。诸葛亮对南中实行羁縻政策,任用本地或本民族的首领为地方官吏,任孟获为蜀的御史中丞,民族关系有所改善,南中的局势也逐步稳定。南中的稳定不仅消除了蜀的后顾之忧,还成为蜀的比较富庶的后方,为蜀对曹魏的斗争提供了一定的人力和物力。

经济　　蜀汉地区受战争的破坏较轻。刘备入蜀后,实行拉拢当地地主阶级的政策,发还地主们的田地和房屋,鼓励发展农业生产。这时的手工业和商业也由恢复而发展。最著名的手工业有织锦业。《丹阳记》说:"魏则市于蜀,而吴亦资西道。"③可见蜀锦是为各地的达官贵人所喜爱的。

---

① 蜀表从公元208年刘备据荆州开始。
② 《三国志》卷三九《蜀书·马谡传》裴注引《襄阳记》载马谡语。
③ 《太平御览》卷八一五《布帛部二》引。"市"原作"布",误。

3．吴国

吴国的政治制度与魏、蜀基本相同。不过孙权主要依靠江南大地主以建立统治。这些大地主多世代为吴的高官,有的拥有众多的私兵。

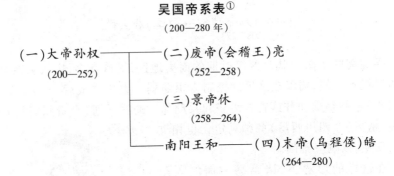

吴国帝系表①

（200—280 年）

招抚山越　吴国境内有大量的山越人,散处于今江苏南部及浙江、安徽、福建、江西等地的山区。他们大约是秦和西汉时的东越、南越人的后裔。孙权建立统治后,颇感兵员和力役不足。越人居于深山,不易征发。又越人时出劫掠,亦为孙吴的内患。孙权以诸葛恪为抚越将军,领丹阳(治今江苏南京)太守。一面坚壁清野,一面招劝抚慰。在一年之间,约有十万多人被迫陆续出山,部分青壮年编入军队中,一般人口被安置在平原地区。吴的统治得到稳定。

经营夷洲与朱崖洲　夷洲今名台湾。约距今六千年前,岛上的居民已进入新石器时代,并创造了"粗绳纹陶文化"。此后居民日多,遍布于岛的西海岸平原地区和部分东海岸地区,以原始农业和渔猎为生。居民为中国大陆东南沿海和南洋诸岛移民及其后裔。两汉时,称东鳀(tí 提),东汉后期和三国时期,称为夷洲,亦有亶洲之名混淆其间。由于岛上的居民时有到会稽一带贸易的,会稽一带的渔民或航海的人亦有因遇风浪而漂流至夷洲者,所以会稽一带有关夷洲、亶洲的传说很多。孙权称帝的次年(黄龙二年,230),命将军卫温与诸葛直率甲士一万余人入海,寻找亶洲和夷洲,未找到亶洲,却到了夷洲,将夷洲居民数千人载归吴国。

朱崖洲今名海南岛。汉武帝时,曾在岛上设儋耳、朱崖两郡,数十年后,先后撤置,归合浦郡管辖。孙权称帝后,不断加强对今两广地区的经营。赤乌五年(242),遣将军聂友、校尉陆凯率士卒三万人进讨朱崖(今广东徐闻)、儋耳(今海南省儋县)的叛乱,将这一地区纳在吴国境内。

---

① 吴表从公元 200 年孙权继孙策统治江东开始。

经济与海外交通 吴国地区在黄巾大起义时,社会秩序比较稳定。北方人口南迁,带来了先进的农业生产技术。吴还在许多郡县组织屯田,促进了农业生产的发展。吴的手工业有制青铜镜和青瓷器等。养蚕业能在一年中培育八辈之蚕,都能作茧抽丝。

吴的商业更加发展,水路交通发达,内河、海上都有大量的船舶往来。当时的造船经验和技术都有很大的进步。海船都很坚固,大船长达二十余丈,高出水面二三丈,远望如楼阁,可载六七百人,货运一万余斛。用四帆,帆随风势调整,可逆风而行。远航大秦的巨型船舶有用七帆的[①]。大秦的使者或商人常来吴国。吴国与倭国(今日本)也有定期的船舶往来。

青瓷羊(南京出土)

三、西晋统一中国

1. 西晋的统一

魏灭蜀 在三国中,蜀是很弱的一国。为了能够生存下去,诸葛亮采取了以攻为守的策略。他于平定南中之后不久,即率军进驻汉中,与魏展开争夺关陇地区的激烈战争。公元234年(建兴十二年),他进驻五丈原(今陕西眉县),病死军中,蜀军撤退。此后,蜀军以姜维任统帅,屡次伐魏,都无进展。

公元263年(景耀六年),魏派钟会、邓艾两路大军伐蜀。钟会率十万大军为主力,由斜谷入汉中,姜维在剑阁(今属四川)防守。邓艾以三万士卒出阴平道(今甘肃文县),直逼成都,刘禅投降,蜀亡。这时姜维被迫降于钟会。次年,钟会谋叛魏,姜维伪与钟会联合,准备乘机恢复蜀国,后失败被杀。

---

① 参看《太平御览》卷七七一《舟部》引万震《南州异物志》和康泰《吴时外国传》。大秦:罗马帝国。

西晋帝系表①
(265—316)

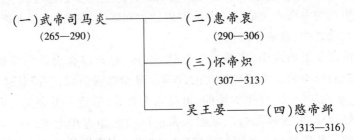

(一)武帝司马炎————（二）惠帝衷
(265—290)　　　　　　（290—306）

（三）怀帝炽
（307—313）

吴王晏————（四）愍帝邺
（313—316）

晋灭吴 曹魏后期，司马懿掌握大权。公元 260 年(景元元年)，司马懿之子司马昭杀皇帝曹髦，立曹奂为帝。263 年，司马昭封晋公，不久又封晋王。265 年，司马昭病死，其子司马炎继为晋王，旋废曹奂自立，是为晋武帝，国号晋，史称西晋。晋代魏之后，即在长江上游大造战舰，训练水师，为灭吴进行了充分的准备。

这时，吴帝孙皓奢侈腐朽，政治黑暗，对人民的剥削很残酷。他为了加强对长江上游的防守，就迁都于武昌(今湖北鄂城)。可是江南人民为统治者逆流转运粮饷财物，劳苦异常。当时有民谣曰："宁饮建业水，不食武昌鱼；宁还建业死，不止武昌居。"②江南人民不断起义，反抗孙吴的反动统治。孙皓为保住他的皇位，不得不还都建业。从此，上游的防务严重松弛。

公元 279 年(天纪三年)，晋调六路大军共二十余万人伐吴，次年三月，水师至建业的石头城③，孙皓被迫投降，吴亡。

中国自董卓之乱以后，即陷入分裂割据混战之中，时间长达九十年。至此，又归于统一。

2. 晋初的经济

西晋统一中国，改元太康(280—289)。至太熙元年(290)，司马炎死，此十年间，为西晋的社会经济最好的时期。

户调式 户调式是西晋的基本经济和财政制度，是西晋灭吴、统一中国的当年颁行的。

晋武帝颁行户调式的目的，主要是为了均分土地，限制土地兼并，以保证封建国家的赋税收入和徭役征发。户调式共有三项内容，即占田制、户调制和品官占田荫客制。

---

① 西晋表从晋代魏开始。
② 《三国志》卷六一《吴书·陆凯传》。
③ 故址在今南京市清凉山，本楚金陵邑，孙权重筑改名，时称石首城或石头城，为军事要地。

（1）占田制——占田制也叫做占田课田制，是把占田制和田税制结合在一起的。《晋书·食货志》曰："男子一人占田七十亩，女子三十亩。其外，丁男①课田五十亩，丁女二十亩，次丁男半之，女则不课。""占田"数是国家准许农民占有田地的数量，"课田"数是国家征收田租（税）的亩数，每亩纳粮八升②。曹魏之制，田租每亩四升，西晋的田租高出曹魏一倍。

（2）户调制——户调制是征收户税的制度。《食货志》又曰："丁男之户，岁输绢三匹，绵三斤；女及次丁男为户者半输。"还对边郡及少数民族地区的"户调"作了具体规定。边郡与内地同等之户，近的纳税额的三分之二，远的纳三分之一。少数民族，近的每户纳賨布（税名）一匹，远的纳一丈。户调不分贫富，以户为征收单位，这对广大劳动人民是很不利的。曹魏之制，每户纳绢二匹，绵二斤。西晋的户调额比曹魏增加了二分之一。

（3）品官占田荫客制——品官占田荫客制是一种保障贵族、官僚们的经济特权的制度，但也有为贵族、官僚们的占田和奴役人口的数量立"限"的用意，以制止土地兼并和隐瞒户口的情况。《食货志》曰："其官品第一至于第九，各以贵贱占田。品第一者占五十顷，第二品四十五顷，第三品四十顷。"每低一品，少五顷，第九品占田十顷。"又得荫人以为衣食客及佃客，品第六已上得衣食客三人，第七第八品二人，第九品……一人。其应有佃客者，官品第一第二者佃客无过五十户，第三品十户，第四品七户，第五品五户，第六品三户，第七品二户，第八品第九品一户。"庇荫户和佃客，为私家人口，归主人役使，不再负担国家徭役。

晋武帝的占田制是以西周的井田制为模式的。在当时的土地私有制下这是行不通的。其限制兼并的用意也难实现。所以此制自公布之后，文献再也未见记载此事。

社会经济的恢复　晋武帝的户调式虽难完全实行；但为了保证封建国家的税收，而用行政的办法将大量的流动人口安置到土地上去，进行生产，这对稳定社会秩序，促进社会经济的恢复、发展，都起了积极的作用。晋武帝很注意开垦荒地，兴修水利。如在汲郡开荒五千余顷，郡内的粮食充裕起来。又修整旧陂渠和新开陂渠也很多，对于灌溉和运输都起了重大的作用。

晋武帝司马炎在位二十六年，尽管他个人的生活奢侈腐朽，但是他制定的不少政策还是有积极作用的。《晋书·食货志》曰：太康时期，"天下无

---

①　《晋书》卷二六《食货志》："男女年十六已上至六十为正丁，十五已下至十三、六十一已上至六十五为次丁，十二已下六十六已上为老小，不事。远夷不课田者输义米，户三斛，远者五斗，极远者输算钱，人二十八文。"

②　《初学记》卷二七《宝器部·绢第九》引《晋故事》："凡民丁课田，夫五十亩，收租四斛，绢三匹，绵三斤。"

事,赋税平均,人咸安其业而乐其事。"

3. 贵族门阀政治

藩王拥兵擅权　司马炎篡魏之后,认为魏政权的最大的问题是未给宗室诸王军政大权以为皇帝的藩辅。因此,他就学习西周,大搞分封。希望司马氏的统治能因此而"历纪长久,本支百世"[1]。他封同姓王二十七国,公、侯、伯、子、男五百余国。所封户数几占全国户口的半数。这些宗室贵族位高权大。尤其是诸王,如出镇一方,则拥有重大兵权,又得自置官吏,实是一方的土皇帝;如入在朝中,则居卿相之位,权倾内外,专断独行。这样的情况严重削弱了中央集权制,是西晋政局不稳的重要原因之一。

上品无寒门,下品无势族　曹丕制定的"九品中正制"到了西晋,虽仍以此为选官制度,但在执行上已发生相当大的变化。主要是由于中正官一职多为世族门阀出身的官僚所把持,这一制度变成为他们培植门阀们私家势力的重要工具。段灼曾对晋武帝说:"今台阁选举,徒塞耳目。九品访人,唯问中正。故据上品者,非公、侯之子孙,则当涂(途)之昆弟也。二者苟然,则筚(bì 闭)门蓬户之俊,安得不有陆沉者哉。"[2]这样,九品中正制已不再是真正选拔人才的途径,而出现了"上品无寒门,下品无势族"[3]的情况。这一情况的出现,加速了士族制度的形成,也是西晋的政治迅速走向黑暗的一个重要原因。

统治集团奢侈腐朽　西晋的统治集团奢侈腐朽之风是空前的。晋武帝公开卖官,所得之钱都入私囊。他有姬妾近万人,后宫之挥霍无法计算。太傅何曾每天所用饭钱为一万钱,还说没有下筷子的地方。他的儿子、司徒何劭(shào 绍)每天用饭钱二万钱。外戚王济用人乳喂猪;每次宴会,用穿绫罗的婢子百余人持瑠璃(宝石)器进食。官僚石崇请客,命美人劝酒,客人饮酒不尽,他便以劝酒不善而杀死美人。有一次为一个客人不肯饮酒而连杀美人三个。外戚王恺在晋武帝的支持下,与石崇斗富。王恺用饴糖刷锅,石崇用蜡烛当柴;王恺作紫丝布步幛[4]四十里,石崇作锦步幛五十里以敌之;石崇用椒涂屋,王恺用赤石脂涂屋[5];王恺用晋武帝所赐珊瑚树,"高二尺许,枝柯扶疏,世所罕比"[6],向崇夸耀。石崇用铁如意击碎之,取出自己的珊瑚树,高三四尺的有六七株,"条干绝俗,光彩曜日",和王恺的那株差不多

---

① 《晋书》卷三七《宗室列传》史臣曰。

② 《晋书》卷四八《段灼传》。筚门,用荆竹编制的门。喻寒门。陆沉,隐居。

③ 《晋书》卷四五《刘毅传》。

④ 步幛,遮避风尘或障蔽内外的屏幕。

⑤ 椒,香料;赤石脂,风化石料,均可涂饰墙壁。

⑥ 《晋书》卷三三《石苞传》附《石崇传》。

的还有很多。要王恺挑选作赔。这种"以奢靡相尚"的风气在少数官僚中引起忧惧。车骑司马傅咸上书晋武帝说"窃谓奢侈之费,甚于天灾"[1]。这些贵族官僚竞相搜刮,给广大劳动人民带来极大的痛苦,加剧了阶级矛盾。

四、西晋灭亡

八王之乱 太熙元年(290),晋武帝死,其子司马衷即位,是为惠帝。惠帝是个白痴,皇后贾南风荒淫凶残,是个政治野心家。惠帝初即位,外祖杨骏辅政。贾后为了掌权,即召都督荆州诸军事、楚王司马玮入京,杀掉杨骏。这是"八王之乱"[2]的开始。杨骏死,朝廷推举汝南王司马亮和元老卫瓘(guàn 灌)共同辅政。贾后因仍未掌权,心中不甘,又让惠帝密令楚王玮杀掉汝南王亮和卫瓘,贾后又以"擅杀"的罪名杀掉玮,从而夺得大权。此后,赵王司马伦又捕杀贾后,废掉惠帝而自立。齐王司马冏在许昌,成都王司马颖在邺(今河北临漳),河间王司马颙在关中,相继起兵讨伦。于是战火从洛阳迅速燃遍大河南北和关中地区。在战争中,赵王伦、齐王冏、长沙王乂、河间王颙、成都王颖先后被杀。东海王司马越于永兴三年(306)毒死惠帝,另立皇太弟司马炽为帝,是为怀帝。前后混战了十六年的"八王之乱"至此结束。

"八王之乱"是一场大破坏,再加上天灾不断发生,瘟疫流行,广大劳动人民或死于战火,或流离失所。

"五胡"亡晋 魏、晋时期,北方少数民族不断内迁至黄河中下游,四川、甘肃的少数民族也在川、甘、陕间移动。内迁的主要少数民族有匈奴、羯(jié 杰)、氐、羌、鲜卑,史称"五胡"。内迁民族群众饱受汉官、地主的剥削和奴役,生活十分痛苦。在"八王之乱"时,他们又多被利用于争战,死亡很多,因之不断发动武力反抗。

惠帝元康四年至六年(294—296),匈奴人在谷远(今山西沁源)、氐和羌族在关中先后起义,众至数十万人。永康二年(301),賨人[3]在李特的领导下起义,大败晋军,攻占广汉,进围成都。太安二年(303年),李特自称益州牧,建立革命政权。李特战死,其弟李流率领部众继续战斗。李流病死,李特之子李雄为首领,攻下成都,自称成都王。永兴三年(306),改称皇帝,

---

① 《晋书》卷四七《傅玄传》附《傅咸传》。

② 八王是汝南王亮、楚王玮、赵王伦、齐王冏(jiǒng 窘)、长沙王乂(yì 刈)、成都王颖、河间王颙(yóng 喁)、东海王越。

③ 賨(cóng 从)人,古代巴人称赋税为"賨",后巴人亦称"賨人"。亦称"巴氐"。

国号大成。

晋惠帝永兴元年(304),匈奴贵族刘渊在汾河流域起兵,自称汉王。晋怀帝永嘉二年(308),刘渊称帝,建都平阳(今山西临汾),国号汉。永嘉四年,刘渊死,其子刘聪立。次年,派其族弟刘曜攻破洛阳,俘晋怀帝。晋在关中的官僚又拥立秦王司马邺为帝,是为愍(mǐn 皿)帝,都于长安。建兴四年(316),刘曜又攻入长安,俘愍帝,西晋灭亡。

复习思考题:

　*1. 三国时期有哪几次著名战役? 各有什么重大历史意义?

　　2. 曹魏屯田的情况是怎样的?

　*3. 九品中正初创时及后来的变化各是怎样的?

　　4. 诸葛亮平定南中时用什么策略?

　　5.“八王之乱”发生的主要原因是什么?

重要名词:

　*董卓　袁绍　*曹操　*刘备　*孙权　刘表　*诸葛亮　孟获

　姜维　*周瑜　陆逊　邓艾　*司马炎　*贾南风

　李特　*李雄　*刘渊　*九品中正　占田制　*官渡之战　*赤壁

　之战　八王之乱　*宾人　*夷洲

参考书:

　1. 翦伯赞、郑天挺主编:《中国通史参考资料》第三册〔肆〕一。(选读)

　2.《三国志》卷一《魏书·武帝纪》、卷三五《蜀书·诸葛亮传》。

　3.《晋书》卷三《武帝纪》、卷二六《食货志》。

第二节　东晋　南朝

(317—420、420—589)

　　东晋、南朝的政治、经济制度是两汉政治、经济制度的继续和发展。在这期间,长江以南的开发迅速,经济发展较快。

一、东晋偏安江南

1. 东晋的建立

永嘉南渡　永嘉(307—313)是西晋怀帝司马炽的年号。在这期间,内迁的北方少数民族匈奴、羯、氐、羌、鲜卑等相继起兵,匈奴贵族刘渊、刘聪等相继称帝,还连续攻破洛阳、长安,俘虏晋怀帝、愍(mǐn 皿)帝,灭亡西晋。

史称此事件为"五胡乱华"。当时的战争带有严重的民族仇杀的性质,所以十分残酷。如匈奴人刘曜攻破洛阳时,杀戮贵族、官僚、庶民三万余人,京师洛阳变为一片瓦砾。羯人石勒在东郡击败晋军,杀王公以下十余万人。汉族官民纷纷南逃,史称"永嘉南渡"。

西晋末年,琅邪王司马睿(ruì 瑞)为安东将军,都督扬州诸军事,驻建邺①。江南战争很少,社会稳定,在永嘉及以后的时间中,北方的贵族、官僚及士族、大地主纷纷携眷南逃,随同南逃的还有宗族、部曲、宾客等等。同乡同里的居民也往往随从大地主南逃。随从一户大地主南逃的居民多者有千余家,人口达数万人,少的也有百余家,数百口人。有的逃到广陵(今江苏扬州),有的逃到京口(今镇江)以南。《晋书·王导传》曰:"洛阳倾覆,中州士女避乱江左者十六七。"

东晋帝系表

(317—420)

```
(一)元帝司马睿┬(二)明帝绍──┬(三)成帝衍┬(六)哀帝丕
(317—323)   │(323—326)  │(326—342)│(362—365)
            │           │         │
            │           │         └(七)废帝(海西公)
            │           │           奕(366—371)
            │           │
            │           └(四)康帝岳──(五)穆帝聃
            │             (343—344)   (345—361)
            │
            └(八)简文帝昱─(九)孝武帝曜┬(十)安帝德宗
              (371—372)   (373—396) │(397—418)
                                     │
                                     └(十一)恭帝德文
                                       (419—420)
```

王与马,共天下　公元 316 年(建兴四年),西晋灭,南方的官僚和南逃的北方士族的首领们于次年拥立司马睿为晋王。又次年(318)立为帝,是为元帝,建都建康,史称东晋。

司马睿在洛阳时,就与王导"素相亲善","契同友执"。王导属琅邪王氏,是北方士族的代表人物。他随司马睿到建邺(建康),建议睿从南来的士族中,"收其贤人、君子,与之图事",争取"侨姓士族"的拥护。又建议拉拢江南"吴姓士族"。司马睿果然得到"侨姓士族"和"吴姓士族"的拥护。司马睿称帝,王导和其族兄王敦的功劳最大。他以王导任丞相,掌大权;以王敦任镇东大将军、都督江扬荆湘交广六州(几乎包括当时东晋全境)诸军

---

① 　建邺:建兴元年(313)因避愍帝司马邺讳,改称建康(今江苏南京)。

事、江州刺史,所以当时有"王与马,共天下"①之说。在司马睿登帝位,接受将吏朝拜时,他让王导"升御床共坐"②,可见王家在东晋政权中的地位之高。朝廷和地方官吏,几乎都由侨姓和吴姓士族及其子弟充当。

"侨置"与"土断"　永嘉南渡及以后的一段时间中,中原地区的人口南逃的极多,仅登录于官府户籍的,就约有 70 万人。还有相当数量被控制在大地主手中,作为私家奴役的人口,未登于户籍。也有不少漂流不定的人口,叫做"浮浪人",亦没有户籍。这些南渡的人口叫做侨人、侨户。侨人的绝大多数是按照宗族、乡里相聚而居的,侨姓士族、地主往往是侨人的自然首领或主人,他们以拥有侨人作为自己的势力。

东晋统治者为了控制侨人,也为了维护侨姓士族的利益,在侨人比较集中的地区,暂时借地重置了许多侨人的原籍州、郡、县,并仍用旧名,叫做侨州、侨郡、侨县,简称"侨置"或"侨立"③。如在京口侨置徐州,在江乘(shèng 胜,今江苏句容北)侨置琅邪郡与临沂县。刘裕收复青、徐等州后,曾在原州、郡名前加一"北"字,与侨州、郡相区别,如北兖州(治今河南滑县东旧滑县)。刘裕代晋后,又取消"北"字,恢复旧名,而另在侨州、郡名前加一"南"字,如南兖州(治今江苏镇江)。初置侨州、郡、县时,规定侨人有户籍的,免除赋役,这对招徕北人和鼓励登录流人于户籍都起了一定的作用。

南方原有的郡县叫做"土郡县"。土断是东晋和南朝废除侨置、将侨人的户口编入土郡县的办法。

东晋设侨置,本来是一种临时措施。侨置设立后,出现了许多严重问题:

一、版籍混乱——侨置某个州、郡、县,本来是为某原州、郡、县的南来人口而设。可是南来人口都是流民性质,在同一侨置中,往往杂居着来自不同州、郡、县的侨人,因之侨置郡县林立。如今江苏南部就有侨郡 33,侨县75。又在侨置郡县中,所居不全是侨人。如南徐州(治今江苏镇江)境内,全部人口为 42 万余人,其中侨人约为 22 万余人,其余 20 万为土著。许多土郡县内也有或多或少的侨人散处。又由于侨人居处并不固定,经常流动,致使侨置郡县也常改变。

二、影响财政——侨置郡县或侨人是不征租税徭役的。士族地主们乘机广占田地,大量地隐瞒户口,内中也有本土人口,时间已久,这就严重影响

---

① 依次见《晋书》之《王敦传》、《王导传》。

② 同上。

③ 《隋书》卷二四《食货志》:"晋自中原丧乱,元帝寓居江左,百姓之自拔南奔者,并谓之侨人。皆取旧之壤名,侨立郡县,往往散居,无有土著。"

了封建国家的财政收入和徭役的征调。

晋成帝(326—342)时,已开始推行"土断"。哀帝兴宁二年(364)三月庚戌,又大规模地实行"土断",称作"庚戌土断"。土断由桓温主持,严厉清查户口,对隐匿(nì 昵)户口的豪族地主也给予惩处。这次"土断"的成果很大。"土断"之后,国家控制的户口大量增加,赋税收入也增多了。

2. 东晋北伐　前秦南征

东晋建立前期,曾多次出兵北伐,最重要的是祖逖(tì 替)和桓温的北伐。在北方由少数民族建立的一些国家也曾一再南征,最重要的事件是由前秦南征而发生的"淝水之战"。

祖逖北伐　祖逖是范阳遒(qiú 酋,今河北涞水县北)人,士族家庭出身,曾做过职位不高的官吏。在刘曜攻陷洛阳时,他率亲族邻里数百家,南逃至泗口(今江苏清江市北)。司马睿任命他为徐州刺史;后又调他到京口。任军谘(zī 兹)祭酒。

祖逖上书司马睿,要求北伐。他说:"戎狄乘隙,毒流中原,今遗黎既被残酷,人有奋击之志。"[①]他估计,只要南方的晋兵一出,北方人民必然群起响应,中原即可收复。可是司马睿却认为他能保住江南就很幸运了,很不愿分兵北伐。因之,只给了祖逖一个奋威将军和豫州刺史的名义,又给了一千人的口粮和三千匹布,作为军用物资,算作对祖逖北伐的支持;但却未给祖逖一兵一卒,也未给一件兵器,而要祖逖自行募兵,自己打造兵器。

永嘉七年(313),祖逖毅然率领自己原有的部曲百余家渡江北上。他在长江中流击楫(jí 集)、慷慨发誓曰:"祖逖不能清中原而复济者,有如大江!"[②]祖逖在淮阴(今江苏清江)冶铸兵器,招募士卒,队伍扩大到二千余人。他进军至今河南地区,联合当地的起义武装,大破石虎(石勒之侄)军五万余人,又连破石勒军,一时"黄河以南,尽为晋土","石勒不敢窥兵河南"。可是正当祖逖准备渡河北上,"扫清冀、朔"[③]的时候,司马睿派来了戴渊为都督兖豫幽冀雍并六州诸军事、征西将军,以牵制祖逖。祖逖忧愤成疾,于公元 321 年(大兴四年)病死于雍丘(今河南杞县),北伐停止。后来祖逖收复的土地又相继失去。

桓温北伐　桓温是龙亢(今安徽怀远)人,晋明帝之婿,任都督荆梁四州诸军事、荆州刺史。公元 347 年(永和三年),他率军入蜀,灭了賨人李氏的汉国[④],声威大振。他后来曾三次北伐。第一次是在公元 354 年(永和十年),他亲率步骑四万余人,连败氐族所建的前秦,直抵灞上(今陕西西安

---

① ② ③　《晋书》卷六二《祖逖传》。
④　李雄称成都王,国号成。公元 338 年李寿(雄侄)改国号汉。

东）。当地居民"持牛酒迎温于路者十八九。耆老感泣曰：'不图今日复见官军！'"①桓温因军粮不继，未能攻克长安，退返襄阳。第二次北伐是在公元356年，桓温击败羌族贵族姚襄，收复洛阳。桓温向晋穆帝建议还都洛阳；又建议自西晋末年以来南迁的士庶人等，一律返回故乡。可是这时自皇帝下至达官贵人，均安于江南一隅，不愿北还。桓温的建议未被采纳。后来桓温返回江南，洛阳和其他已收复的土地又相继失掉。第三次北伐是在公元369年（太和四年），桓温率步骑五万人大破前燕军，进抵枋头（今河南浚县）。可是前燕得到前秦的支援，截断了晋军的粮道，桓温只得退兵。在退兵途中，晋军遭到前燕骑兵的追击，死者三万余人。

桓温北伐，虽得到广大人民的支持，可是东晋统治集团内部却钩心斗角，破坏北伐，所以很难成功。

淝水之战　桓温死后，其弟桓冲为中军将军、扬豫二州刺史，代掌兵权。这时前秦已基本上统一了北方，对东晋的威胁日益严重。桓氏原来与世家大族谢氏有矛盾。桓冲为了缓和桓氏与谢氏以及东晋统治集团内部的矛盾，以便联合抗击前秦，就主动解除了自己所兼扬州刺史一职，让与辅政的谢安。他出镇京口，与谢安协力，加强对前秦的防御。

谢安为了组织一支归中央直接指挥的得力军队，就让其侄、广陵（今江苏扬州）相谢玄招募来自徐、兖二州的侨人或其子孙，组成军队，并进行长期严格的训练，号为"北府兵"②。北府兵的将卒都深受匈奴和羯人的仇杀之苦，因之有抵御前秦、保卫江南的决心。

前秦于公元382年统一了中国的北方。其疆域"东极沧海，西并龟兹，南包襄阳，北尽沙漠"③。当时只有东晋与它对峙。东晋在前秦皇帝苻坚的眼里④，是不足道的。苻坚于统一北方的次年，就决定调士卒九十余万人南下灭东晋。他还傲慢地说："投鞭于江，足断其流。"⑤《晋书·苻坚载记下》曰："坚发长安，戎卒六十余万，骑二十七万，前后千里，旗鼓相望。"

秦军前锋为二十五万人，由苻坚之弟苻融率领，很快攻下寿阳（今安徽寿县）。东晋以谢安之弟谢石为征讨大都督，以谢玄为前锋都督，率北府兵八万人迎击秦军。

谢玄军淝水东岸，与西岸的苻融军相对峙。当时，苻坚曾派朱序至晋营，劝说谢石投降。朱序原是晋的梁州刺史，镇守襄阳，在与秦军作战时，

① 《晋书》卷九八《桓温传》。
② 东晋都建康，军府在广陵，位于建康北，故称北府。
③ 《高僧传·晋长安五级寺释道安传》。
④ 《集韵·模韵》："苻，氏姓，本作蒲，至苻坚（按：应为苻洪）更改为苻。"旧读pú，今通读fú。
⑤ 《晋书》卷一一四《苻坚载记下》。

城破被俘。他心向东晋，建议谢石曰："若秦百万之众皆至，则莫可敌也。及其众军未集，宜在速战。若挫其前锋，可以得志。"谢石采纳了这个建议。

谢玄遣使和苻融相约，建议秦军自淝水西岸"小退"，晋军愿到淝水西岸决战。苻融企图乘晋军半渡之时，加以邀击，全歼晋军于淝水中，便下令士卒稍退。可是秦军内部民族复杂，氐人很少，十之八九是汉和其他族人民，他们被胁迫而来，不愿作战；特别是汉人，心向南方。因此，一旦退却，不可复止，以为前方被击败，于是奔逃溃散，自相践踏，死伤遍野。晋军乘势猛攻，秦军大败，苻融被杀，苻坚中流矢，单骑北逃。他在路上"闻风声鹤唳，皆谓晋师之至"[1]。苻坚逃到洛阳，收集散乱士卒，仅剩十余万人。各族首领乘机反秦自立。两年后（385），苻坚为羌族首领姚苌（cháng 常）所杀。

淝水之战后，东晋收复了徐、兖、青、司、豫、梁六州（今河南、山东、陕西等部分地区）。

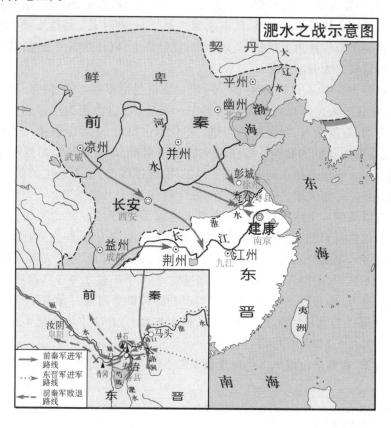

淝水之战示意图

---

① 以上均引自《晋书》卷一一四《苻坚载记下》。

在淝水之战中,前秦所以失败,是由于前秦内部民族复杂,矛盾严重;南侵是不义战争,士卒和人民并不支持;在军事上由于骄傲自满,缺乏周密计划和正确指挥。东晋所以胜利,是由于在强敌压境之时,统治集团内部的矛盾有所缓和,所谓"君臣和睦,上下同心"①。北府兵有保卫江南、规复中原的思想和要求,将士用命;指挥比较正确。这次战争的胜利,进一步稳定了东晋在南方的统治;但东晋亦无力收复中原,于是南北对峙的局面长期延续了下来。

二、东晋灭亡

1. 东晋的黑暗统治

世族门阀的残酷剥削　东晋的世族亦称士族或门阀,是地主阶级的最上层,其中较著名的,约有数十个大家族。侨姓士族,以王、谢、袁、萧四家为代表。吴姓士族以朱、张、顾、陆四家为代表。王、谢两家又是这八家中的首姓。这些士族在政治上把持军、政大权;在经济上,疯狂地强占土地,残酷地剥削和奴役广大劳动人民。

以谢氏为例,《宋书·谢弘微传》曰:"谢混仍世宰辅,一门两封,田业十余处,僮仆千人。"再以刁氏为例,《晋书·刁逵传》曰:"逵为广州刺史……有田万顷,奴婢千人,余资称是。"他们不仅强占田地,还封山锢泽,"万顷江湖"也会变成他们的私产。官僚地主的田庄别墅,布满于建康附近和东南诸郡。广大农民失掉土地和其他生产条件,贫困破产,沦为地主的佃客、部曲或奴仆。一家大地主竟占有佃客、奴仆数百、数千乃至上万。

政治黑暗　士族出身的官僚多安于逸乐,沉湎于酒色;尚"清谈",自命清高。他们甚至把"居官无官官之事,处事无事事之心"②作为一种最高的道德规范。简文帝司马昱(yù 玉)未当皇帝之前,以善谈"玄"著名;但却连稻子也不认识,问别人"是何草"③。王羲之的儿子王徽之为官,"蓬首散带,不综府事"。他任骑兵参军,车骑将军桓冲问:"卿署何曹?"他答:"似是马曹。"又问:"管几马?"他答:"不知马,何由知数?"又问:"马比死多少?"他答:"未知生,焉知死?"④

官僚、贵族贪污成风。他们连国家储备的军粮也大量偷盗,朝廷却不敢

① 《晋书》卷一一四《苻坚载记下》引权翼语。
② 《晋书》卷七五《刘惔传》。
③ 《世说新语·尤悔》。玄,玄虚、玄妙之意。《老子》:"玄之又玄,众妙之门。"
④ 《晋书》卷八〇《王羲之传》附《王徽之传》。

追究。如荆州刺史庾翼曰:"往年偷石头仓米一百万斛,皆是豪将辈,而直打杀仓督监以塞责。"①

在这样一个腐朽反动的集团的统治之下,赋税、徭役有增无已。孝武帝太元元年(376),废除了计田收租制,改为百姓不论有无土地或土地多少,每口人一律纳税米三斛,以后又增至五斛。这样不税田而税人的制度对于田连阡陌的大地主非常有利,但对于无田少土的广大劳动人民则十分有害。东晋的徭役之重,名目之多,达到惊人的地步。中书侍郎范宁在上疏皇帝时说:"今之劳扰,殆无三日休停,至有残刑、剪发,要求复除。生儿不复举养,鳏寡不敢妻娶。"②

统治集团割据混战 淝水之战以后,东晋统治集团内部争权夺利的斗争愈演愈烈。安帝隆安元年(397),兖青二州刺史、皇舅王恭联合荆州刺史殷仲堪起兵,反对皇族、宰辅司马道子。第二年,广州刺史桓玄、雍州刺史杨佺期也起兵响应,联合进攻建康。不久,王恭败死,桓玄又火并了殷仲堪和杨佺期,控制了长江中、上游的广大地区,成为一个独立王国,与东晋的朝廷对立。这时,长江下游的江北地区也脱离东晋朝廷的控制,成为独立王国。朝廷所能控制的地区,不过是东南八郡③而已。

东南八郡是侨姓和吴姓士族集中的地区,农民的痛苦已很深重。这时又惨遭内战的破坏,东晋王朝的全部负担几乎都压到这八郡劳动人民的头上,所以这里的劳动人民的痛苦日益加重,阶级矛盾迅速激化。

2. 东晋末农民战争

内战刚结束,司马道子之子司马元显掌朝政,想建立自己的军队,就强征东南八郡的"免奴为客"的农民至建康当兵,称为"乐(lè 勒)属"。官府在征发"乐属"时,又侵扰勒索其他农民,"东土嚣然,人不堪命,天下苦之矣"④。于是爆发了农民大起义。

孙恩起义 孙恩,琅邪人,世代信奉五斗米道。他的叔父孙泰是著名的道教首领,曾任东晋王朝的太守等官。后因密谋起兵,被司马道子诛杀。孙恩逃到海岛上,聚合了一百余人,准备起事报仇。在司马元显征发"乐属"时,各地农民纷纷起义反抗。孙恩乘机率众登陆,攻破上虞(今属浙江),杀县令。又破会稽郡治山阴,杀内史王凝之(王羲之子),声威大振。东南八郡的广大农民纷起响应,"旬日之中,众数十万"。京师建康附近各县的农

---

① 《晋书》卷七三《庾亮传》附《庾翼传》。石头城在建康城西,扼长江,故址在今南京市清凉山。
② 《晋书》卷七五《范汪传》附《范宁传》。刑,同形。剪发,为僧。复除,免役。
③ 东南八郡:会稽、吴郡、吴兴、义兴、临海、永嘉、东阳、新安。
④ 《晋书》卷六四《会稽王道子传》。

民也起义响应,"朝廷震惧,内外戒严"①。朝廷忙征调卫将军谢琰(谢安子)和辅国将军刘牢之,率领北府兵前往镇压。起义军在进行了英勇的抵抗之后,转移到海岛上,当时有众二十万人。

隆安四年(400年)五月,起义军第二次登陆,攻破余姚(今属浙江)、上虞,进至邢浦(今绍兴),击杀谢琰,使东晋朝廷大为震恐,连忙又征调了几个将军前来截击,孙恩又率众回到海上。第二年五月,孙恩第三次率领起义军登陆,进攻沪渎(今上海市),杀吴国内史袁山松。六月,又率十万众由长江直抵京口,进逼京师建康。可是在建康附近遇到大风,行进困难,就转而北上郁洲(今江苏连云港市东),为北府兵将领刘裕击败,孙恩又南浮海上。

元兴元年(402年),起义军第四次登陆,在临海(今属浙江)为晋军击败,孙恩投海而死,部众仅剩数千人,由他的妹夫卢循率领,继续战斗。

卢循领导的农民战争　卢循,涿(今河北涿州市)人,士族出身。元兴二年,他率军泛海南到番禺(今广东广州),俘东晋广州刺史吴隐之,自称平南将军,以他姐夫徐道覆为始兴(今韶关南)太守,建立农民革命政权。在这时,卢循曾遣使向东晋皇帝进贡,并接受了东晋皇帝给予他征虏将军、广州刺史等封号,这表明卢循的革命意志并不坚决。

安帝义熙六年(410),东晋派刘裕北伐南燕,徐道覆催促卢循乘机北上。当时,起义军有众十余万人,分为两路:一路由卢循率领,从番禺出发,沿湘江北上,进攻长沙;一路由徐道覆率领,从始兴出发,沿赣江北上,直取豫章(今江西南昌)。大军所至,"诸郡守相皆委任奔走"。至长江,两路大军会师东下,"戎卒十万,舳(zhú 逐)舻千计"②,大败东晋卫将军、北府兵名将刘毅于桑落洲(今江西九江江心),乘胜顺流而下,直抵建康城外。

这时,刘裕已灭南燕,率军南归,进驻京口。卢循对于刘裕很惧怕,下令南撤。在路上,多次作战失利,后来只剩下几千人。义熙七年三月,卢循退至广州,此时番禺已为晋军所占。卢循连攻不下,又向西南进攻交州(治龙编,今越南境内),战败投水而死。徐道覆退至始兴,与晋军作战,英勇牺牲了。这次大起义共战斗了十二年,至此失败。

农民战争的历史意义　孙恩、卢循领导的农民大起义,前后共有数十万人参加,战斗了十二年之久,几乎扫荡了东晋的全境,给予以士族为核心的封建统治集团和地主阶级以沉重的打击,其历史功绩主要有如下三方面:

(1)基本上摧毁了东晋王朝的反动统治——这次大起义诛杀了东晋的许多重要将领和官吏,摧毁了许多东晋设在各地的统治机构,消灭了东晋王

---

① 以上均见《晋书》卷一〇〇《卢循传》。
② 同上。

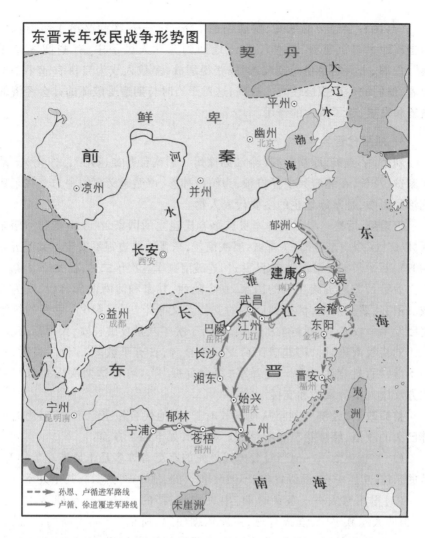

东晋末年农民战争形势图

---- 孙恩、卢循进军路线
——→ 卢循、徐道覆进军路线

朝的大批军队,打乱了这个王朝的统治秩序,使东晋王朝从此名存实亡。

(2)沉重打击了反动的士族地主——起义军主要打击的是整个地主阶级,但遭受打击最沉重的则是地主阶级的上层,即士族。王、谢两大家族被起义军杀掉的著名人物,有王凝之、谢琰、谢肇、谢峻、谢邈(miǎo 秒)、谢冲、谢明慧等,有的全家被杀掉。经过这次打击,以王、谢为首的士族势力一蹶不振。他们在政治上逐渐失去了垄断的地位;在军事上,在谢琰被杀以后,北府兵落入寒族地主的代表人物刘牢之和刘裕等的手中①,士族从此走向没落。

---

① 寒族:门第寒微的家族。亦称寒家、寒人。

（3）为社会经济的恢复、发展创造了条件——这次起义给予东南八郡的士族地主以沉重打击，使不少土地回到劳动人民手中；有些佃客、"乐属"、奴婢、士兵的身份得到改善，或获得解放，多数人成为自耕农或小手工业者，他们的生产积极性大大提高，这对于当时长期遭受破坏的社会经济的恢复和发展，起了重大的作用。

3. 刘裕代晋

刘裕，字德舆，原籍彭城（今江苏徐州），后南徙丹徒（今镇江东南）。幼年家贫，及长，在北府兵中任将领，为镇压孙恩、卢循起义军的主力。在东晋统治集团中，是寒族地主的主要代表人物。

灭南燕、后秦　南燕是鲜卑贵族慕容氏建立的国家，在今山东和河南东部，以广固（今山东益都）为都城，屡次南侵，东晋的北边很不安宁。义熙五年（409），刘裕亲率大军北伐，水陆并进，连破南燕军。次年二月，就灭掉南燕。

后秦是羌族贵族建立的国家，在今陕西、甘肃和河南西部，以长安为都城。桓玄、谯纵叛乱，都得到后秦的支持。义熙十二年（416），后秦的统治集团发生争权斗争，刘裕乘机出兵两路，于次年八月攻破长安，灭掉后秦。

刘裕伐南燕时，"河北居民荷戈负粮至者，日有千数"[①]。伐后秦时，军粮不继，"百姓竞送义粟"，使晋军"军食复振"[②]。可见这两次出兵都得到北方汉族人民的欢迎和支援。

整顿政治、经济　刘裕从他掌权时起，到他代晋做了皇帝，曾对当时积弊已久的政治、经济状况有所整顿。主要有如下四个方面：

（1）整顿吏治——他当时罢掉或处死的官吏有许多是士族或皇族出身。他的亲信、功臣中有"骄纵贪侈，不恤政事"[③]的，他也严厉惩罚，甚至处死。

（2）重用寒人——东晋时期，中央和州、郡的大权一直掌握在王、谢、庾、桓四大家族手中，选拔官吏，主要依据门第，所谓"下品无高门，上品无贱族"[④]。选出的官吏多是无才无识之辈。刘裕掌权后，下令改变这种状况，要求按照九品中正制初置时的精神选拔人才。他重用出身"寒微"的人，如刘穆之、檀道济、王镇恶、赵伦之等。

（3）继续实行"土断"，抑制兼并——刘裕于义熙九年（413）再次实行"土断"政策。除南徐、南兖、南青三州都在晋陵（今江苏镇江、常州一带）界内，不在土断之列外，其余都依界土断。多数侨置郡、县被合并或取消。

---

① 《宋书》卷一《武帝纪》。
② 《宋书》卷四五《王镇恶传》。
③ 《晋书》卷八五《诸葛长民传》。
④ 《宋书》卷九四《恩幸传·序》。

在户籍上,不再分土著和侨人。对于势家大族隐藏户口的,严厉清查。还禁止豪强封锢山泽、乱收租税,人民可以任意樵采捕捞。

(4)整顿赋役制度——刘裕下令严禁地方官吏滥征租税、徭役,规定租税、徭役都以现存户口为准。凡是州、郡、县的官吏利用官府之名占据屯田、园地的,一律废除。凡官府需要的物资,"与民和市",照价给钱,不得征调。还减轻杂税、徭役等。

刘裕对政治、经济的整顿,进一步打击了腐朽、黑暗的贵族、士族势力,改善了政治和社会状况,对劳动人民的痛苦亦有所减轻。

废晋建宋　刘裕由于功高权大,在安帝义熙十二年(416),任相国,封宋公。次年,进爵为王。又次年,安帝死,恭帝立,刘裕辅政,掌握东晋军政大权,而且"冕十有二旒(liú 流),建天子旌旗,出警入跸,乘金根车,驾六马,""乐舞八佾(yì 艺)"①,几乎已是皇帝了。元熙二年(420)六月,恭帝禅(shàn 善)位,刘裕正式称帝,是为武帝,国号宋,史称"刘宋"。

三、南朝各代的更替

刘宋建立,中国的南方开始了"南朝"时期。南朝相继出现的王朝为宋、齐、梁、陈,仍以建康为国都。此四个朝代的统治时间都很短,各为数十年,最后为隋朝所统一。

1. 刘宋

刘宋帝系表

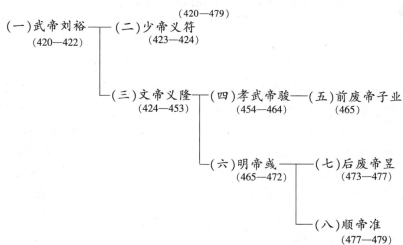

(420—479)

(一)武帝刘裕 — (二)少帝义符
(420—422)　　(423—424)

(三)文帝义隆 — (四)孝武帝骏 — (五)前废帝子业
(424—453)　　(454—464)　　(465)

(六)明帝彧 — (七)后废帝昱
(465—472)　　(473—477)

(八)顺帝准
(477—479)

----

① 佾,乐舞的行列。天子用八佾,诸侯六,大夫四,士二。

刘裕称帝二年即死了。其子文帝即位,继续执行改善政治、发展生产的政策,还多次免除人民所欠租赋,赈济灾民,因之社会稳定,生产有所发展,史称文帝时为"元嘉之治"。

但在元嘉后期,刘宋统治集团内部又一再发生争夺帝位之事。元嘉三十年(453),宋文帝被他的长子刘劭所杀,刘劭自立为帝。不久,刘劭又为其三弟刘骏所杀,刘骏即帝位(孝武帝)。当时,民间有一首歌谣曰:"遥望建康城,小江逆流萦(yíng 营),前见子杀父,后见弟杀兄。"①从此,宗室诸王间,内战连年不断,政治更加黑暗,横征暴敛日益严重,社会动荡不安,各地人民不断起义。

刘宋末年,皇族之间又连年混战,大权集中在中领军将军萧道成手中。升明三年(479),萧道成废宋顺帝刘准,自立为帝(齐高帝),国号齐,史称"南齐"或"萧齐"。

2. 南齐

南齐帝系表

(479—502)

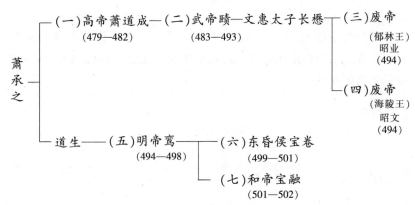

萧道成称帝后,为了稳定社会秩序,以巩固他的统治,采取了一些比较积极的措施。主要有继续实行"土断"政策,整理户籍,减轻租税等,还下令"诸王悉不得营立邸邸,封略山湖"②。这些措施起过一定的作用。可是,萧道成在位四年就死了,此后,他的子侄发生了争夺皇位的斗争,后来便爆发为内战,父子相杀,祖孙相杀。萧鸾(道成侄)于公元494年,连杀两个新立的皇帝③,夺得了帝位(即明帝)。在位五年,把萧道成和武帝萧赜(zé 责)

---

①《魏书》卷九七《刘裕传》附《刘骏传》。

②《南齐书》卷一《高帝纪》。

③ 齐郁林王萧昭业和海陵王萧昭文。

的子孙几乎都杀光了,政治之黑暗,是历史上少有的。

萧道成死后,社会日益动荡不安。公元 485 年(永明三年),唐寓(yǔ宇)之在富阳(今属浙江)领导农民起义,各地农民纷起响应,队伍迅速发展到三万余人,次年攻占钱塘(今浙江杭州),自立为帝,国号吴。后来益州地区也发生了大规模的农民起义。这些起义虽相继被镇压下去,可是齐王朝的统治已被大大削弱。和帝中兴元年(501),雍州刺史(治襄阳)萧衍率兵进入建康,任大司马录尚书事。次年,衍为相国,进爵梁王。不久,自立为帝(梁武帝),国号梁,史称"萧梁"。

3. 萧梁

梁武帝即位后,为了使他的统治能够稳定,使他的子孙能永保江山,就采取了对皇族、官僚、地主在生活上优容、在政治上严加提防的方针。他给予宗室诸王以崇高的政治地位,但却严加提防他们的政治动向;至于他们残酷地剥削人民一事则不问。

梁武帝为了麻痹广大人民,还极力提倡儒学和佛教,以粉饰太平。建康城内外修建了许多寺院,他自己三次舍身同泰寺为寺奴,群臣又聚钱把他赎出。

就是在他这样的统治之下,"民尽流离,邑皆荒毁。由是,劫抄蜂起,盗窃群行……抵文者比室,陷辟(pì 譬,法)者接门。眚(shěng 省)灾亟降,囹圄(líng yǔ 玲予)随满"①。阶级矛盾日益尖锐。

萧梁帝系表
(502—557)

(一)武帝萧衍 ——————— (二)简文帝纲
(502—549)　　　　　　　　(550—551)

　　　　　　　　 ——————— (三)元帝绎 ——— (四)敬帝方智
　　　　　　　　　　　　　　(552—554)　　　　(555—557)

在梁武帝统治的后期(太清元年,547),东魏大将侯景降梁。侯景原为东魏河南道大行台,有士卒十万人。降梁不久,即又叛变,并渡江围攻建康。梁武帝的子孙各拥兵不救。太清三年三月,建康城被攻破,城内原有十余万人,在被围的一百多天中,几乎都被饿死,活下来的只有二三千人,梁武帝也被饿死。侯景纵兵焚烧抢劫,建康城化为焦土。侯景自立为帝,国号汉。旋被镇守江陵的将军王僧辩和陈霸先击败,侯景在逃跑时被部下杀死。梁武

---

① 《文苑英华》卷七五四何元之《梁典高祖事论》。抵文,即抵法,依法受刑。错字随校。

帝之七子萧绎在江陵自立为帝（元帝），后为西魏所杀。陈霸先立元帝之子萧方智为帝（敬帝），自掌大权。太平二年（557），陈霸先废敬帝自立（陈武帝），国号陈。

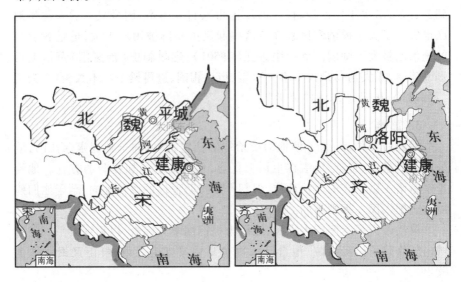

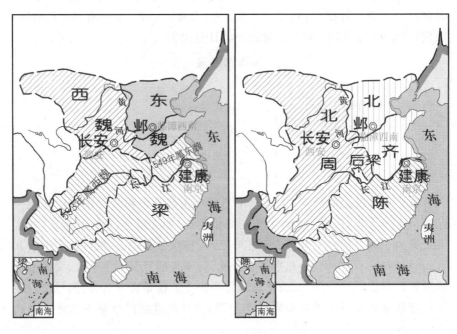

南北朝形势图

4. 陈朝

陈朝帝系表
(557—589)

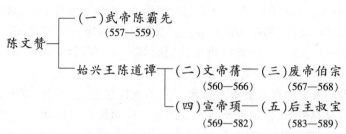

陈霸先在位只有两年,就病死了。继位者是他的侄儿陈蒨(qiàn 倩),即陈文帝。陈自建立后,原有疆域之江陵、襄阳以西,为西魏(北周)所夺,江北则为北齐所占。江南的土地,如湘州、桂州、广州等地的刺史或郡守,多各拥兵众,割据一方,不听中央的命令。所以归陈朝廷控制的地区实在不多。

陈朝末年,陈叔宝为帝,大建宫室,奢侈荒淫,政治黑暗,赋税、徭役繁重,百姓流离失所。陈叔宝祯明三年(589),隋军南下,攻破建康,陈叔宝被俘,陈亡,隋朝统一中国。

四、南朝社会经济的发展

1. 农业

农业技术 两汉时期,南方的农业生产比较落后,以种水稻为主,"火耕水耨"。虽然铁农具在推广,毕竟还不很普遍,许多地区亦未开发。三国时期,孙吴建都建业,促进了南方经济的发展。东晋建立前后,自北方南来的人口中,有许多农民,为开发南方增添了大量的劳动力。他们南来,带来了北方先进的生产工具和耕作技术,尤其使铁制锸、铲、镬、锄和犁铧等工具及深耕细作、积肥粪田等技术得到推广,因之南朝时期的农业技术有很大的进步。

水利 这一时期,南方的水利事业有新的发展。东晋时期,在晋陵曲阿(今江苏丹阳)修建的新丰塘,溉田八百余顷。在乌程(今浙江湖州)修建的获塘,溉田千顷。又修复芍陂(què bēi 却碑,在今安徽寿县),溉田万顷。南朝时期,在荆州枝江开获湖,"堰湖开渎,通引江水,田多收获"[①]。这也是

---

① 《太平寰宇记》卷一四六《山南东道》五《荆州枝江县》。

"获湖"名称的由来。

与兴修水利的同时,各地大量围垦湖田。刘宋时期,山阴县田少人多,有大量的贫苦农民迁移到余姚、鄞(yín 寅,今浙江宁波)、鄮(今宁波东)三县,开垦湖田。沿海的一些地区还修建了海塘,以保护农田,免受潮水侵袭。

上述这些情况,都是南方农业生产发展的重要条件。沈约曰:刘宋时,"江南之为国盛矣。……地广野丰,民勤本业。一岁或稔(rěn 忍),则数郡忘饥"[1]。

南方的农业生产发展很不平衡。三吴地区最发达,此外,鄱阳湖、洞庭湖沿岸和成都平原,也是重要的粮食产地。广州地区的农业生产也有很大发展。其他地区仍相当落后,铁农具和耕牛缺少,以火耕水耨为主,耕作粗放。

官僚地主庄园　官僚地主主要是士族地主。他们的庄园有四个主要特点:

(1)庄园广大,田地众多——一般庄园,都有良田数十顷至数百顷,甚至还会更多。庄园内有山有水,灌溉方便,生产条件比较好。这些田地并不都报官纳税。

(2)依附农民多——一般庄园的劳动者都是依附农民。他们当中有土著农民,也有来自北方的侨人或其子孙。这些依附农民多在官府无户口,是地主的私家农奴。

(3)自然经济——一个地主庄园自成一个经济单位,按照满足地主的生活需要和保证进行简单再生产的要求,进行多种经营。以农业为主,种植谷物、蔬菜、桑麻、药草等等。此外,还有手工业,如纺织、刺绣、酿酒、制饴(yí 仪)、冶铁、铸铜、制竹木器等。手工业者多由农民充当。就整个庄园内的生产和生活来说,是自给自足的,依靠市场上购买的商品很少,为市场提供的商品也不多,所以商业不甚发展。

(4)封锢山泽——山林川泽在东汉以前,都归国家所有,劳动人民可以进入樵采捕捞,以补助生活。东汉后期虽有官僚、大地主侵占山林川泽,但所占数量不多。可是东晋、南朝时期,地主们把许多山林川泽圈占为私产,不许劳动人民进入。《宋书·武帝纪中》曰:"山湖川泽,皆为豪强所专,小民薪采渔钓,皆责税直(值)。"这实际侵夺了广大劳动人民的部分重要生活来源,因之也就造成了严重的社会问题。

地主在庄园中拥有武装,又有众多的佃客、部曲和奴婢,经济力量也很雄厚,实际是一个小小的独立王国。他们与官府既勾结,又有矛盾,情况一

---

① 《宋书》卷五四《孔季恭等传·论》。

有变化,就成为一方的割据势力。

寺院地主庄园　南朝的不少皇帝就笃信佛教,并大造佛寺。如宋明帝造湘宫寺,梁武帝造大爱敬寺,都是有名之事。可是所费之钱,都是搜刮人民而来的。当时虞愿就曾当面批评宋明帝造湘宫寺说:"陛下起此寺,皆是百姓卖儿贴妇钱。佛若有知,当悲哭哀愍。"①梁武帝时,建康一地就有佛寺五百余所,僧尼十余万人。每个佛寺都力求宏大壮丽,亦都拥有大量的田地和其他财产。各个郡县也有很多的佛寺,每个佛寺同样都拥有众多的田产和僧众。

寺院经济和世俗的官僚地主的庄园经济差不多。上层僧尼就是寺院地主,他(她)们坐食、空谈,生活奢侈,勾结官府,欺压人民。寺院中有人数众多的一般僧、尼和"白徒"、"养女",多来自破产的农民或其子女,是寺院中的被剥削者,他们终年为寺院种田、劳作,不得温饱。寺院还占有佃客,为他们耕种田地。僧尼、白徒、养女乃至佃客,多无户口,是寺院地主的私有人口。寺院除经营农业外,还兼营商业和高利贷。借贷要以黄金、白银、衣物、耕畜、农产品或其他财物为抵押。这样的借贷关系实是我国早期的典当业。

2. 手工业

东晋南朝时期,手工业相当发展,这是南方的社会经济的一大进步。

冶铁业　冶铁业以官营为主,当时著名的冶铁地点有梅根冶(今安徽贵池)和冶唐(今湖北武昌)等。所制铁器有锄、斧、凿、釜等农业纺织业和手工业及生活用具,还有各种兵器。地主庄园内也多冶铸铁器。冶铁时,多用水排以鼓风。炼钢技术也有很大的进步。陶弘景的"灌钢"法,把生铁和熟铁放在一起冶炼,再加锻打,可以成为优质钢。还有一种"横法钢",是经过百炼而成的。

纺织业　纺织业有丝织业和麻织业,相当发展,主要是与农业结合的家庭副业。许多地区的农民掌握了很高的养蚕抽丝技术。如豫章郡(治今江西南昌),一年培育四五辈蚕;永嘉郡(治今浙江温州),一年培育八辈蚕,都能做茧抽丝。所以每年三至十月,都是育蚕、抽丝季节。

江南在三国时期,丝织技术还较落后,没有织锦业。东晋末年,刘裕灭后秦时,将长安的百工迁于建康,建立锦署,让他们生产锦,从此织锦技术也传于江南。

用亚麻织布的技术也有进步,夜间浣(huàn 换)纱,天明即织成布,叫做"鸡鸣布"。

---

① 《南史》卷七〇《循吏列传·虞愿传》。虞愿任太常丞、尚书祠部郎、通直散骑侍郎。

青瓷业　青瓷业有很大的发展,三吴地区是青瓷器的主要产地。所产瓷器多饰以莲花纹,光泽度也在不断提高。三吴地区之外,不少州郡也烧造瓷器,技术水平相当高,有的接近于三吴地区的水平;在造型和釉色方面,又有自己的特点。由于瓷器的大量生产,部分陶器、金属器和漆器,已为瓷器所代替。

造船业　江南多水,自古以来重视造船业。三国以后,南方的人口增多,经济发展,促进了造船业的发展。内河有较小的船只往来运输,海上有巨型船只远航各地,或远达外洋,大船载重可达二万斛。刘宋时,荆州作部已能"装战舰数百千艘"①。侯景之乱时,出战舰千艘②。可见当时江南船只之多。

南朝青瓷莲花尊(南京出土)

造纸业　南方文化的发展,促进了南方的造纸业的迅速发展。造纸的原料除用麻、楮(chǔ 楚)皮外,还有桑皮、藤皮。三吴地区及剡(shàn 善)溪(今浙江嵊县)、由拳(今嘉兴)等地产的藤纸,都很有名。由于造纸原料多了,造纸技术有提高,纸的产量增多,质量提高,成本降低,所以纸就代替了简帛,成为主要书写材料。

3. 商业

国内商业　江南的商业也有发展。不过由于地主庄园很多,农村的自给自足的特点突出,使商业的发展受到很大的限制。

首都建康的商业最发达,城内有四个市,秦淮河两岸的市集很多。此外,江陵、山阴、成都、寿春、襄阳、番禺等,都是一方的政治中心或军事重镇,也是一方的商业中心。主要商品为农产品和手工业品,有粮食、绢、绵、纸、席、青瓷器、漆器、金银器、铜器、铁器、盐等,此外,还有玛瑙、琉璃③、玳瑁、香料等奢侈品,主要是供给贵族、官僚和大地主享用的。

南方的交通运输,以水路为主。长江及其主要支流如赣江、湘江、沔(miǎn 免)江(汉水)和郁水(粤江)及其支流,几乎遍布于南方各地,构成两大水运系统,把许多城市和乡村联结起来。

---

① 《南史》卷三七《沈庆之传》附《沈攸之传》。
② 《梁书》卷三三《王僧辩传》。
③ 琉璃:璧琉璃的简称,亦作流璃、流离,各种天然有光宝石。

海外贸易　东晋南朝时期的海外贸易相当发展,番禺是最主要的口岸,当时有载重二万斛的大船远航南洋各国,西经印度洋,远达天竺(今印度)、狮子国(今斯里兰卡)、波斯(今伊朗)等国。这些国家的海船也经常成批的前来。东晋末年(399),高僧法显赴印度取经,去时自长安西行,经今阿富汗、巴基斯坦,至印度、尼泊尔。回来时,乘船赴狮子国,又到爪哇岛,本来可航行到番禺,因中途遭遇大风,于公元412年(义熙八年)漂到青州长广郡劳山(今山东青岛崂山)登陆。当时我国自西亚、南亚和南洋输入的商品主要有象牙、犀角、玳瑁、珠玑、琉璃、香料等,输出的商品以绫、绢、锦等丝织品和丝为主。

南方和日本之间有海船定期往来。所经路线有南北两条。北线自长江口沿今山东半岛南部,经百济,到日本;南线自会稽东冶(今福建福州)出海,经夷洲(今台湾)之北、琉球,到日本。两国之间不仅有商品交换关系,刘宋时期,中国的一些织工、缝工、陶工随日本使者到了日本,对日本的纺织业、缝纫业、制陶业等的发展做出了贡献。

复习思考题:

　　*1.“王与马,共天下”之说有什么政治含义?

　　*2. 略述“淝水之战”前秦失败、东晋胜利的主要原因及这次战役的历史意义?

　　3. 孙恩、卢循起义的原因是什么?

　　4. 应当怎样评价刘裕?

　　5. 什么是“封锢山泽”?

　　*6. 南方的社会经济发展的主要原因是什么?

　　7. 南方的主要手工业有哪几种?

　　*8. 简述东晋南朝中外交通的状况。

重要名词:

　　*祖逖　*桓温　*符坚　谢石　谢玄　孙恩　卢循　*刘裕　侯景

　　*陈霸先　法显　侨置　土断

参考书:

　　1. 翦伯赞、郑天挺主编:《中国通史参考资料》第三册〔肆〕二(三)、(四),三。(选读)

　　2.《晋书》卷六五《王导传》,卷一一四《符坚载记下》。

第三节 十六国 北朝

(317—439、439—581)

西晋灭亡以后,黄河流域的广大地区成为进入中原的北方各族争夺统治权的战场。参与这一斗争的主要民族有匈奴、羯、氐、羌、鲜卑,史称"五胡"。建立的主要国家有一成(汉)、二赵、三秦、四燕、五凉、一夏,史称"十六国"。这一历史阶段史称"五胡十六国"①时期。其实参与斗争的民族在"五胡"之外,还有汉人和賨人,建立的国家还有代(北魏)、冉魏和西燕。自公元 316 年西晋灭亡以后的一百二十多年中,黄河流域一直是纷纷扰扰,没有宁日。北魏统一北方,开始了"北朝"时期。北朝时期是我国北方民族大融合、社会经济由恢复而发展的重要历史阶段。

一、十六国的兴亡

十六国时期,按照各国兴亡的先后,可划分为三个阶段。

1. 两赵、冉魏的民族仇杀

十六国时期的第一阶段是前赵、后赵、冉魏的相继统治时期(317—352),共约 36 年。此一时期,这些统治者曾进行过残酷的民族仇杀。

前赵 前赵原为匈奴人建立的汉国。公元 318 年刘聪死,刘曜夺得帝位,以长安为都城,改国号赵,史称"前赵"。刘曜非常残暴,他在永嘉五年(311 年)攻破洛阳时,屠杀西晋官民 3 万余人,繁华壮丽的京师洛阳顿时变成一片瓦砾。他在建兴四年(316)围攻京师长安时②,"京师饥甚,米斗金二两,人相食,死者太半"③。刘曜称帝之后,征战不已。"又发六百万功,营其父及妻二冢。下洞三泉,上崇百尺,积石为基,周回二里,发掘古冢以千百数,迫督役徒,继以脂烛。百姓嗥哭,盈于道路。"④关中又有瘟疫流行。前赵地区各族人民与匈奴贵族统治集团之间的矛盾很尖锐。

后赵 后赵是羯人石勒建立的。石勒原是刘渊、刘聪的大将。在匈奴贵族互相争权之时,他的势力迅速发展。刘曜在关中建立赵国时,他于次年

---

① 十六国为成(汉)、前赵、后赵、前秦、后秦、西秦、前燕、后燕、南燕、北燕、前凉、后凉、南凉、北凉、西凉和夏。

② 愍帝以秦王即帝位,都长安,改元建兴。

③ 《晋书》卷五《愍帝纪》。太半:半数以上,三分之二。亦作"泰半"、"大半"。

④ 《魏书》卷九五《刘聪传》附《刘曜传》。

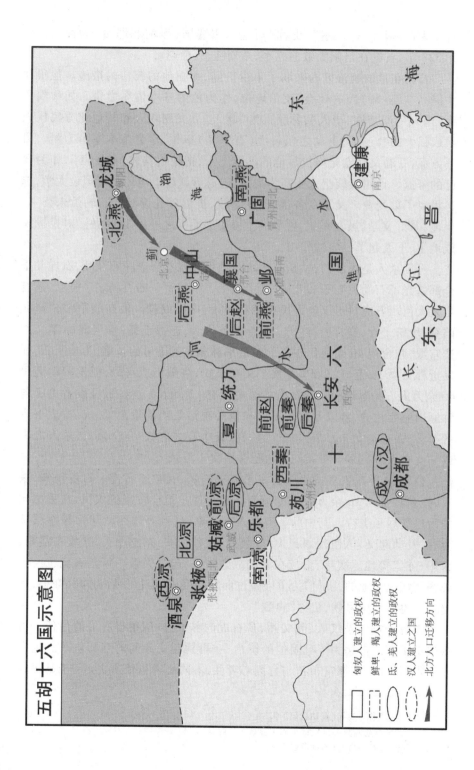

五胡十六国示意图

图例
□ 匈奴人建立的政权
▢ 鲜卑、羯人建立的政权
◯ 氐、羌人建立的政权
⬭ 汉人建立之国
➡ 北方人口迁移方向

自立为帝,国号亦称"赵",史称"后赵",以襄国(今河北邢台)为都城。公元 328 年,石勒在洛阳大败前赵军,杀刘曜,灭前赵。

石勒在他的统治区内采取了不少巩固、加强他的统治的措施。他很注意提高本族(羯)人的社会、政治地位,作为他的基本依靠力量。如称羯人为"国人",严禁称"胡人";称汉人为"赵人"。又用羯人和其他北方民族人组成强大的禁卫军,由勒之侄石虎(石季龙)率领,作为基本军事力量。另一方面,石勒又注意笼络投靠他的汉族士人,把他们编成"君子营",作为自己的幕僚。他用汉族士人张宾为大执法,总管朝政。他还在襄国设太学,选送将吏子弟受业。又下令各郡、国立学校,提倡尊孔读经。石勒虽未读书,但他"雅好文学,虽在军旅,常令儒生读史书而听之"①。这些做法对拉拢汉族地主、士人起了一定的作用。

石勒杀人是很多的,可是石虎比石勒更加残忍暴虐。石勒死,石虎几乎全部杀光了石勒的妻子和儿子,其中包括了刚即帝位的石勒之子石弘,还有主要大臣。石虎对于汉族人民更疯狂屠杀,残酷奴役。他在战争中,"降城陷垒,坑斩士女,鲜有遗类"②。他夺得帝位后,迁都于邺(今河北临漳),大造宫殿,建台观 40 余所。在邺北筑造华林苑和数十里的长墙,为运土石,征发近郡男女 16 万口,车 10 万乘。又在长安、洛阳修造宫殿,征发劳动人民 40 余万人。为运送材料而征发的船夫就有 17 万人。这些被征发者由于各种原因而死亡的,常以万数。石虎和他的统治集团都荒淫无耻。石虎下令各郡县,强选美女 3 万余人,置于后宫,其中有夫之妇 9000 余人,杀人之夫或妇女自杀者极多。贵族们乘机抢夺民女 1 万余人。

公元 348 年,石虎的太子石宣杀其弟石韬,又欲杀石虎。石虎得知,杀宣,把东宫卫士 10 余万人发配凉州。卫士都是被征发来的农民,在去凉州的沿途受尽了虐待。其中的 1 万多人行至雍州(治今陕西凤翔),推举梁犊为首,发动起义,队伍发展到 10 万余人,攻破长安,东出潼关,又攻占洛阳、荥阳、陈留等地。次年,梁犊在荥阳战败被杀,起义失败。可是石虎也由于惊悸而病死。他的儿子们为争夺帝位而互相残杀,帝位最后为冉闵夺得,后赵亡。冉闵建国号魏,史称"冉魏"。

冉魏 冉闵是汉人,其父瞻,是石虎的养子,冉闵很得石虎的信任。冉魏仍都于邺。冉闵为了巩固他的统治,一再挑起民族间的互相仇杀。他在刚夺得帝位时,在邺宣布:"与官同心者住,不同心者各任所之。"③于是羯人

---

① 《晋书》卷一〇五《石勒载记下》。
② 《太平御览》卷一二〇引《十六国春秋·后赵录》。
③ 《晋书》卷一〇七《石季龙载记下》。

纷纷逃出邺城,汉人在百里之内的都往邺城内迁徙。冉闵又下令大杀羯人,凡杀一羯人的,即可封官晋爵。羯人在一天中被杀的有数万口之多。前后被杀的贵贱、男女、老幼共约有 20 余万口。后来凡是"高鼻多须"的,就遭滥杀。

冉闵制造民族仇杀,不仅未能巩固他的反动统治,相反的,境内更加动荡不安,民族矛盾和阶级矛盾都很尖锐。他只建立统治两年,即至公元 352 年,就为建国于今辽宁地区的燕国国王慕容俊率军南下灭掉,邺城被攻破,冉闵被俘而死。慕容俊自立为皇帝,国号燕,史称"前燕"。

2. 前燕、前秦的兴亡

十六国时期的第二阶段,是前燕和前秦统治的时期(352—383),共约32 年。

前燕 前燕贵族是鲜卑族的一支,姓慕容氏。慕容氏原居于今辽河流域。公元 337 年,慕容皝(huǎng 恍)称燕王,以龙城(今辽宁朝阳)为国都,招徕中原地区的汉族流民,组织垦荒屯田。地租比率:用官牛者,民得收获物的 4/10,官得 6/10;用私牛者,对分。这里是比较安定的,中原地区的许多劳动人民逃到这里,带来了比较进步的生产技术,促进了这一地区的社会经济的发展。

慕容俊灭冉魏后,迁都蓟(今北京城西南)。五年后,又迁都于邺。后来,统治集团的生活日益腐朽,政治也渐趋黑暗。皇帝慕容暐有后宫四千余人,僮仆四万余人,穷奢极欲,日费万金。太傅慕容评极力搜刮人民的财产,强占田地,还封锢山泽,劳动人民乃至军队砍柴打水,都要纳钱。军队饮水要纳绢一匹,才可以取水二石。慕容评搜刮的钱绢,堆聚如山。贵族官僚们还大量地占有庇荫户,庇荫户的总数超过国家控制的户口,致使国家的赋税征收和徭役调发都很困难。因此,前燕后期的阶级矛盾和民族矛盾都日益发展,府库空虚,"三军莫有斗志"[1]。公元 369 年,前燕贵族内部又发生了激烈的斗争,贵族之一慕容垂投降前秦苻坚。苻坚以王猛为统帅,慕容垂为先锋,率步骑三万人进攻前燕,攻占洛阳。次年又以六万人大败慕容评四十余万人,后攻下邺,俘皇帝慕容暐,前燕亡。

前秦 前秦是氐族首领苻洪建立。不久,苻洪死,其子苻健继位,公元351 年称天王大单于,次年称帝,国号秦,都长安。355 年,苻健死,子苻生立,昏庸残暴。苻健之侄苻坚杀苻生自立。

---

① 《太平御览》卷三三四引《十六国春秋》。

十六国兴亡表

(304—439)

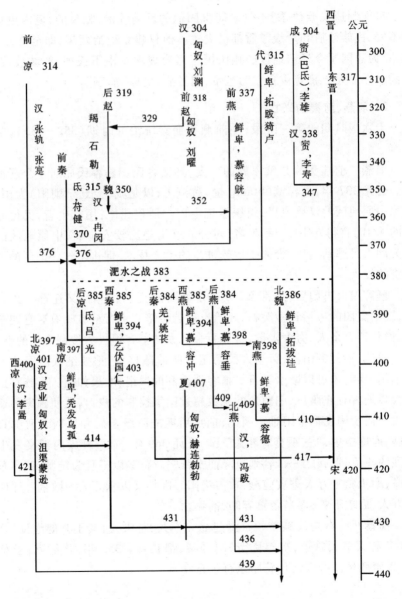

符坚比较重视改善政治状况。他任用家世寒微的汉人王猛为中书侍郎，参掌机要。王猛为了加强中央集权，限制打击氐族贵族及汉族地主不法势力，整顿吏治。氐族贵族反对王猛。曾辅佐符健立有大功的氐族豪酋樊世当众侮辱王猛，并声言："要当悬汝头于长安城门！"符坚得知后大怒曰："必须杀此老氐，然后百寮可整。"符坚处死樊世，还在朝廷上责骂、鞭挞攻击过王猛的其他氐族贵族。后王猛为中书令、京兆尹，在数十天中，诛杀贵戚强豪二十余人，"于是百寮震肃，豪右屏气，路不拾遗，风化大行"。符坚为之感叹曰："吾今始知天下之有法也，天子之为尊也。"①

王猛很重视发展农业生产，奖励开荒，又开放山林川泽，允许劳动人民樵采捕捞，还注意兴修水利，发展交通运输，整齐风俗，兴办学校。《晋书·符坚载记上》曰："关陇清晏，百姓丰乐。自长安至于诸州，皆夹路树槐柳，二十里一亭，四十里一驿，旅行者取给于途，工商贸贩于道。"

公元370年，符坚灭前燕。374年，夺得东晋的益州。376年，灭前凉和代。382年，又控制了西域。至此，前秦基本上统一了中国的北方。

前秦的疆域虽大，武力虽强，在战争中屡获胜利，可是统一的时间尚短，境内民族众多，民族关系复杂，矛盾重重，政局并不稳定。王猛在病危时，认为东晋的力量还是强大的，建议符坚，不要南侵东晋；要巩固前秦的统治。可是王猛死后，符坚日益骄傲。他在统一西域的次年，就调集了九十余万大军进攻东晋。在淝水一战，为晋军打得大败。符坚逃回北方后，原来归附于他的鲜卑、羌的贵族乘机反叛。385年，羌族首领姚苌（cháng 常）杀符坚，整个北方陷于混乱，民族斗争又激烈起来。

3. 北魏统一北方

十六国时期的第三阶段，是淝水之战后，北方再度分裂至北魏统一北方的时期（383—439），共约57年。

淝水之战以后，至409年北燕建立，仅仅26年中，北方就先后出现过12个国家，寿命最短的国家只存在9年，一般的也只存在二三十年，可见当时斗争的激烈。

北魏的前身是代国，为鲜卑族拓跋部于公元315年建立的。至376年，为前秦所灭。淝水之战后，前秦瓦解，拓跋珪于386年乘机复国，不久改国号为魏，史称"北魏"、"后魏"、"拓跋魏"或"元魏"。起初都于盛乐（今内蒙古和林格尔北），398年，建都平城（今山西大同）。次年，称帝，为道武帝。他在位期间，重视发展社会经济，使鲜卑人"分土定居"②，从事农业生产；又

---

① 以上均引自《晋书》卷一一三《符坚载记上》。
② 《魏书》卷八三上《外戚传·贺讷传》。

重用汉族士大夫,注意改善民族关系。公元422年(泰常七年),北魏攻占刘宋的青、兖二州。次年,魏太武帝拓跋焘即位,连年征战。公元431年(神䴥[jiā加]四年)灭夏国,436年(太延二年)灭北燕,439年(太延五年)灭北凉。自西晋灭亡以后,北部中国纷纷扰扰了120余年,至此复归于统一。从这时开始,中国的北方进入北朝时期。

二、北魏的政治

1.“混一戎华”政策

北魏太武帝拓跋焘是一位雄才大略的帝王,他以一个鲜卑族一部的君主统一了北部半个中国,并能巩固其统治长达一百余年,这是中国历史上的一件大事。他的统一,号称“混一戎华”,把中国早已形成并正在发展的统一的多民族国家这一伟大事业向前推进了一大步。他初统一时所采取的主要政策就是从有利于“混一戎华”出发的。

发展经济文化 拓跋焘为促进北方内迁民族经济文化的发展,巩固“混一戎华”大业,他采取了如下两项重要措施。

一、分土定居,发展农业——为了适应对黄河流域的统治,鲜卑族拓跋部需要改变其原有的以狩猎、游牧为主的生产、生活方式,而转向以农业为主。此政策早在道武帝时即已提出并开始实行。《魏书·外戚传·贺讷传》曰:“太祖(拓跋珪)平中原……其后离散诸部,分土定居,不听迁徙,其君长大人皆同编户。”对被征服的地区或民族,也以组织或安排农业生产为主。拓跋焘统一北方,亦很重视发展农业生产,还在京师平城(今山西大同东北)一带倡行有牛家与无牛家变工互助,一般是有牛家出牛一头,为无牛家耕种二十或二十二亩;无牛家出人,为有牛家耘锄七亩以为报偿①。北魏统治者这些政策措施在促进鲜卑族和其他北方民族转向农业生产方面起了巨大的作用。

二、设立太学,重用士人——拓跋珪复国后,很重视用儒学以培养官僚,以便巩固拓跋氏的统治。复国之初,即于平城建立太学,置五经博士,有太学生1000余人。天兴二年(399),增国子太学生员至3000人②。此后,国子学、太学都有发展,乡学也有很大发展,郡学都置有博士、助教和学生。“于是,人多砥尚,儒林转兴。”③此外,北魏统治者还令各州郡荐举有才学的

---

① 《魏书》卷四下《恭宗景穆帝纪》。
② 国子,公卿大夫的子弟。
③ 《魏书》卷八四《儒林列传·序》。

北魏、西魏、东魏帝系表①
(386—556)

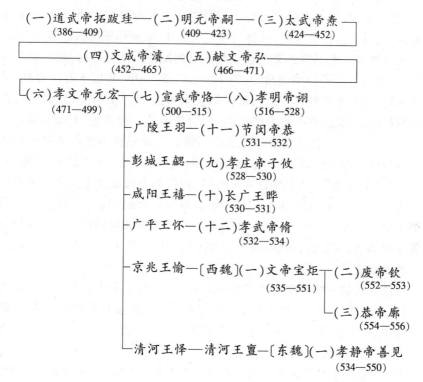

人,委以重任。当时中原知名的士族、儒学家如高允、卢玄等都被征用,对北魏制度、法律的建立和文化的发展,都起了巨大的作用。

宗主督护制　宗主原称坞主或壁帅,是在"五胡十六国"时期未南逃的大地主。他们拥有众多的宗族、部曲,修有坞壁,缮制甲兵,是一些大大小小的封建地主武装首领。其依附农民往往有数百家、上千家、乃至万家,为其私家人口。

北魏统一北方以后,要将其在广大汉族地区的统治稳定下来,并长期统治下去,实现"混一戎华"的理想,单纯依靠武力来压服上述这些地主是无法办到的。唯一可行的办法是与这些地主取得妥协,即首先承认他们的根本利益为合法,以获得他们的合作。于是,北魏统治者就任命他们为宗主,以督护百姓。这就是"宗主督护制"。宗主督护制是北魏当时的地方基层政权组织,曾为北魏统治的稳定及赋税徭役的征调起过一定的作用。可是,宗主毕竟是些大大小小的割据势力。宗主控制下的苞荫户多数没有户籍,

①　包括西魏、东魏帝系。

国家不得征调。苞荫户仍为宗主的私家人口,任凭宗主剥削和奴役,国家亦不得干预。《魏书·食货志》曰:"魏初不立三长,故民多荫附。荫附者皆无官役,豪强征敛,倍于公赋。"可见这种制度只对大地主有好处;对广大农民没有好处;对封建国家来说,只是一种权宜之计,对征徭征税的帮助并不大。

九品混通　九品混通是北魏前期实行的赋税制度。当时,民户的赋税负担,正税为每户平均纳调帛二匹①、絮二斤、丝一斤、粟二十石。此外,另有附加税,每户平均纳帛一匹二丈,"以供调外之费"②。按照国家规定,在征收赋税时,不是这样平均分摊给各户,而是由县令和乡吏"计赀定课"③,分为"三等九品"。九品是赋税高低的品级。三等是按不同等第将赋税送到不同地区。即"上三品户入京师,中三品入他州要仓,下三品入本州"④。这就是"九品混通"。可是实际在征收赋税时,并不按此规定办事。主要由于官吏们畏于权势,多与地主勾结,"纵富督贫,避强侵弱"⑤。地主们所缴纳的不多,而广大劳动人民却负担沉重。此外,北魏临时的赋税征收和徭役调发是很多的,主要也是强加到劳动人民的头上。所以九品混通虽有其名,而流弊是严重的。

各族人民的反抗斗争　北魏统一北方以后,对于汉族地主阶级有所优容,但对于各族劳动人民的剥削和压迫是残酷的。许多自耕农贫困破产,就投靠地主,作为苞荫户,以避赋役。也有卖身为奴或流亡异乡的。社会一直动荡不安,各地不断发生农民起义。

公元 445 年(太平真君六年),卢水胡人盖吴在杏城(今陕西黄陵)领导起义⑥,纷起响应的有羌、氐、汉等族人民,起义军很快发展到十余万人。次年,魏太武帝亲率军队镇压起义军,盖吴战死,起义被镇压下去。

此后,农民起义仍不断发生。据不完全统计,自孝文帝即位的那年(471)到 480 年,仅在关东地区就发生农民起义九次。上述情况说明了北魏统治者继续使用原有的制度和办法进行统治是很困难的,于是在一些比较有作为的统治者中产生了进行政治和社会改革的要求。

2. 孝文帝改革

孝文帝拓跋宏即位时(471)才只有 5 岁,由他的祖母冯太后辅政⑦,孝

---

① 《魏书》卷一一〇《食货志》:"旧制,民间所织绢布,皆幅广二尺二寸、长四十尺为一匹。"
② 《魏书》卷一一〇《食货志》。
③ 《魏书》卷四上《世祖太武帝纪上》。三老为乡邑小吏。
④ 《魏书》卷一一〇《食货志》。京师,平城,今山西大同东北。
⑤ 《魏书》卷四上《世祖太武帝纪上》。
⑥ 卢水胡:匈奴的一支。
⑦ 冯太后,长乐信都(今河北冀县)人,鲜卑化汉族,祖上世代与北魏皇室通婚,为高官、贵族。

文帝改革主要由冯太后主持。这次改革的大事有六项,其针对性和现实意义都是很强的。

整顿吏治 北魏前期,地方行政区划为州、郡、县三级制。其长官州为刺史,郡为太守,县为令长(亦称县宰)。但吏治混乱,地方守宰不论治绩好坏,任期都是六年,没有俸禄制度,官吏到任以后,任意搜刮人民。

这次改革,首先整顿吏治。规定守宰的任期要按治绩的好坏决定,不固定年限。又制定俸禄制度,俸禄统一由国家筹集,按品第高低发给官吏;不许官吏自筹。为了杜绝贪赃枉法,又制定了惩治贪污的办法:凡贪污帛一匹及枉法者,一律处死。就在这年秋天,朝廷派出官吏到各地巡察,检举犯法的守宰,有四十多人因贪赃被处死。经过这样的整顿,吏治改善,贪赃枉法之事大大减少。

均田制 在宗主督护制下,官府对辖区内的户籍、田数都无从掌握,徭役、赋税亦无从征调。太和九年(485),孝文帝下均田令,主要内容有如下四点:

(1)男子 15 岁以上,受露田 40 亩,桑田 20 亩;妇人受露田 20 亩。露田加倍或加两倍授给,以备休耕。年满 70 岁,还田于官。桑田为世业,不还官。桑田按照规定,种植一定数量的桑、榆、枣树等;不宜蚕桑的地区,改授麻田,男子 10 亩,妇人 5 亩。

(2)露田不得买卖,桑田亦不得买卖。但"盈者得卖其盈,不足者得买所不足"①。

(3)奴婢受田数量和办法与农民相同。壮牛 1 头,受田 30 亩;每户限受 4 牛之数,不再给桑田。

(4)地方官吏各随在职地区给予公田,刺史为 15 顷,太守 10 顷,治中、别驾各 8 顷,县令、郡丞 6 顷。新旧任相交接,不许出卖,后代谓此"公田"为"职公田"或"职分田"。

均田制名为均田,实际是基本上保持原有的土地占有不均的状况不变。因为大族地主除了继续用隐瞒土地的手段以对付官府之外;他们又拥有众多的奴婢,还有耕牛,按均田制的规定,应分到许多土地。这样,足以保住他们的产业。但均田制在当时还是有积极意义的。如规定每户占有土地的数量,并不准买卖,这些规定在一定的时间内和一定程度上,限制了豪强大家兼并土地。国家公开授田,可以招徕流民和豪强大家控制下的依附农民,有助于开垦荒地,发展生产。自耕农增多,户口滋殖,有利于国家征收赋税和调发徭役。

三长制 继实行均田制之后,于太和十年(486)又下令实行三长制。

---

① 《魏书》卷一一〇《食货志》。

三长就是五家立一邻长,五邻立一里长,五里立一党长。这是用来代替宗主督护制的基层政权制度。这是符合中央集权制要求的新的制度。三长要挑选乡里中能办事而又谨守法令的人担任,其职责是掌握乡里人家的田地、户口数量,征收赋税（户调）,调发徭役,维持治安。废除宗主督护制和实行三长制,是对世家大族地主的一次沉重打击。所以有不少守旧派反对。冯太后曰:"立三长,则课有常准,赋有恒分,苞荫之户可出,侥幸之人可止。何为而不可?"冯太后的态度是坚决的。

户调制 废除九品混通制,实行定额租税制。即一夫一妇的家庭,纳户调帛一匹、粟二石。民年 15 岁以上未娶妻的,四人出一夫一妇之调。能从事耕织的壮年奴婢,八口出一夫一妇之调。耕牛二十头,出一夫一妇之调。产麻之乡,以布代帛,数同。这一新的户调制度的实行,改变了过去赋税征收的混乱现象,对于自耕农来说,户调减轻了很多;对于大地主来说,由于户调征收到奴婢和耕牛,虽然比率较低,毕竟加重了他们的负担。

迁都洛阳 公元 490 年（太和十四年）,冯太后死,孝文帝亲政,继续进行改革。公元 494 年（太和十八年）,把都城由平城迁到洛阳,改变了过去对中原遥控的形势,有利于统治整个国家;也解脱了一百多年来在平城形成的鲜卑贵族保守势力的羁绊和干扰,有利于继续进行改革。迁都本身虽不属于制度的改革,但却是孝文帝改革的总体举措中的一个重要环节。

改易习俗 孝文帝迁都洛阳以后,开始第二期改革,改革的重点,是改变鲜卑族内迁者落后的生活习俗,促进鲜卑族积极接受汉文化。主要内容有如下四点:

（1）易鲜卑服装为汉服——太和十五年（495）十二月,孝文帝在光极堂会见群臣时,"班赐冠服",这是易鲜卑官服为汉官服的具体实行。

（2）规定在朝廷上使用汉语,禁用鲜卑语——称鲜卑语为"北语",称汉语为"正音"。孝文帝曰:"今欲断诸北语,一从正音。"30 岁以上的鲜卑官吏,在朝廷上要逐步改说汉语。30 岁以下的鲜卑官吏在朝廷上要立即改说汉语。如有故意说鲜卑语的,要降爵罢官。

（3）迁洛阳的鲜卑人,以洛阳为籍贯,死后不得归葬平城。

（4）改从汉姓,定门第等级——改变鲜卑贵族原有的姓氏为汉姓。所改汉姓,以音近于原鲜卑姓者为准。拓跋氏为首姓,改姓元氏,为最高门第。丘穆陵氏改姓穆氏,步六孤氏改姓陆氏,贺赖氏改姓贺氏,独孤氏改姓刘氏,贺楼氏改姓楼氏,勿忸于氏改姓于氏,纥奚氏改姓嵇氏,尉迟氏改姓尉氏,这八姓贵族的社会地位,与汉族北方的最高门第崔、卢、李、郑四姓相当。其他稍低一些的贵族姓氏亦改汉姓,其等第与汉族的一般士族相当。孝文帝还设法使皇族和鲜卑贵族与汉族的主要士族通婚,以此为光荣。

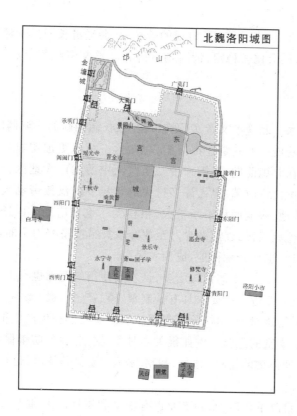

北魏洛阳城图

3．改革的意义

　　孝文帝改革曾遭到鲜卑贵族中的保守派的激烈反对。反对者中有太子恂、东阳王拓跋丕父子及大批的贵族。许多贵族还在平城发动叛乱,这些叛乱都被坚决镇压下去了。

　　孝文帝的改革,是在我国北方各族人民长期的民族斗争和阶级斗争的影响、推动下进行的,也是北方民族融合和鲜卑族拓跋部封建化的必然结果。改革的意义是重大的:(1)整顿吏治,始班俸禄,严惩贪赃枉法,对于消除百余年来的官吏、守宰鱼肉人民之积弊,改造封建政权,起了积极的作用。(2)实行均田制、三长制和改革户调制,一方面,在一定程度上打击了士族门阀地主,抑制了他们的恶性发展;另一方面,有助于招引广大劳动人民回到土地上来,开垦荒地,恢复发展生产。(3)提倡鲜卑族接受汉文化,推动了北方民族的融合过程。

三、北朝社会经济的发展

　　黄河流域的社会经济,只是在西晋的太康时期一度有恢复发展,此后经

"八王之乱"和"五胡十六国"时期的破坏,社会经济长期处于停滞状态。北魏统一以后,社会比较稳定,情况稍有好转。孝文帝改革以后,才开始有所发展。

1. 农业

农业技术　北魏孝文帝实行均田制、三长制和新的户调制以后,促进了农业生产的发展。尤其是迁都洛阳以后,这一情况更加明显。首先表现在开荒上面。在北魏前期,洛阳一带乃至黄河中游的广大地区,到处荒芜,人烟极少。自孝文帝改革之后,许多过去逃亡异乡的汉族劳动人民相继回到这里,开荒种地,耕地面积不断扩大,粮食生产也在增加。内迁的鲜卑族劳动人民和其他族人民,逐渐减少乃至放弃以狩猎或畜牧为主的谋生之道,而转向农业生产,也在开荒种地,成为农民。

在农业生产上用牛的情况增多,铁农具使用的范围也有扩大,农具种类增多,式样也有改进。主要农具有铁制犁、钁、铲、锸、锄、镰等。其中的全铁曲柄锄增多了,这对于中耕、除草都很有利。农民们在生产中很注意深耕细作,亦积累了丰富的经验。例如很关心时令,鉴别土壤,防旱保墒,田间管理等。对于各种作物的选种、育种、栽培、积肥、施肥等技术,也积累了丰富的知识或经验。

水利　自改革之后,水利事业也有恢复和发展。太和十二年(488),冯太后和孝文帝下诏,指令长城以北和阴山以南的北边六镇①和云中②、河西、关内各郡,都要开种水田,并要通渠灌溉。不少地方官吏也注意兴修水利,发展生产。因之在关东和关中修复和新开的沟渠、陂池很多。"范阳郡有旧督亢渠,径五十里;渔阳、燕郡有故戾陵诸堰,广袤三十里。皆废毁多时,莫能修复。"③裴延俊任幽州刺史,修复了这些水利工程,灌溉田地百万余亩。水利的兴修对于农田灌溉和交通运输都起了重大的作用。

西晋时期,各地有很多水碓、水磨和水碾。十六国混战时期,几乎破坏殆尽。这时随着农业生产的恢复和发展,这种先进的粮食加工工具相继在洛阳和关中一带重新出现。仅洛阳城西的谷水沿岸就有水碓、水磨几十区,"计其水利,日益千金"④。

寺院地主庄园　北魏的统治者亦利用宗教以统治人民,因之佛教发展

---

① 沃野镇在今内蒙古五原东北,怀朔镇在今固阳西南,武川镇在今武川西土城,抚冥镇在今四子王镇东南土城子,柔玄镇在今兴和台基庙东北,怀荒镇在今河北张北县境。

② 治盛乐,今内蒙古和林格尔北。

③ 《魏书》卷六九《裴延儁传》。督亢渠亦作督亢陂,有陂有渠。在今河北涿州东南。

④ 《洛阳伽蓝记》卷四。

很快。北魏末期,洛阳的佛寺多达 1367 所,全国佛寺多达 3 万余所,僧尼 200 余万人。后来,北齐有寺院 4 万余所,僧尼 100 余万人。北周有寺院 1 万余所,僧尼 200 余万人。

大大小小的寺院都有自己的田产。大部分寺院和地主庄园差不多。少数上层僧尼同于大地主,一般僧众是寺院中的被剥削者,整日从事于寺内的生产劳动和杂役,过着牛马不如的艰苦生活。较大的寺院都拥有较多的僧祇(qí 其)户①,僧祇户是由国家拨给的。寺院还拥有寺户(亦称佛图户)②,是由官府拨给的犯罪百姓或官奴充当,"以供诸寺扫洒,岁兼营田输粟"。孝文帝时,"僧祇户、粟及寺户,遍于州镇"③。僧祇户和寺户都不再负担国家的租税和徭役。不仅这样,有些自耕农或贫困农民为了逃避国家的赋役,甘愿投奔到寺院的荫庇之下,将田产献给寺院,自己则充当寺院的佃农。就这样,许多寺院拥有大量的田地和劳动人手,并封锢山泽,成为寺院庄园地主。

这些寺院不仅驱使僧祇户、寺户、佃农从事农业生产,还进行各种手工业生产,主要满足上层僧尼的生活需要,也解决寺院本身的生产和生活需要,实是一个自给自足的经济单位。寺院还经营高利贷。

2. 手工业

北魏自改革以后,手工业也由恢复而发展。主要手工业有冶铁业、纺织业和制瓷器。

冶铁业　当时的冶铁技术有锻铁和铸铁。兵器、铁甲和车马具等,主要使用锻铁制造的。从考古发掘来看,这时用锻铁制造的器物,其数量之多,质量之高,都超过了魏晋时期。铁制手工工具很多,也很进步,这是兴建土木工程和水利工程的重要条件。这时,中国的北方开始大规模的开凿石窟寺。属于北魏前期的最具有代表性的石窟寺有大同的云冈石窟。北魏迁都洛阳以后,有洛阳的龙门石窟。以云冈石窟为例,始凿约在公元 452 年(兴安元年),止于 494 年(太和十八年),现存洞窟 53 个(主洞 21 个),造像51000 余尊,最大的一尊高达 17 米。开凿这样一些巨大的艺术宝库,高超的技术条件固然是一个重要的因素,但铁工具的增多和进步,无疑起了决定性的作用。

纺织业　北魏中后期,纺织业亦有发展,主要是丝织技术有很大进步。织有各种花纹的锦、绮和刺绣,亦都有新的特点。

---

① 僧祇户:农奴身份,为寺院佃户,每户每年纳谷六十斛,称僧祇粟。
② 寺户、佛图户:奴婢身份。
③ 《魏书》卷一一四《释老志》。粟:僧祇粟。

在敦煌莫高窟发现的满地施绣的佛说法图残片，是公元487年（太和十一年）在中原地区制作的。在残宽60～70厘米、残高41厘米的画面上，绣有坐佛、立菩萨、男女供养人、多样的散花，还有154个字的发愿文，而且线条流利，还使用了前所未见的两三晕的配色技法，使画面接近于绘画。

制瓷业 北魏中后期，制瓷业有新的发展，工艺技术也有进步。在北魏中期，北方瓷器的形态和纹饰，多和长江流域的产品相类似，主要是厚釉的青瓷器。此后，北方的制瓷业迅速发展，形成了自己的风格。不仅出现了各种深浅不同的青色釉，而且在青瓷基础上较成熟的烧造出黄釉、酱釉、褐黄釉和黑褐釉等。器具的种类也增多了，出现了形态不同的罐、壶、瓶、盘等。高约70厘米的、仿金属器的饰有仰覆莲的六系青瓷尊，是当时中原地区青瓷的代表作。

北朝青瓷莲花尊
（河北景县封氏墓出土）

3. 商业

随着农业和手工业的恢复和发展，商业也在恢复、发展。

洛阳商业 北魏孝文帝自迁都洛阳以后，洛阳的长期荒凉的面貌迅速改变了，不仅成为北魏的政治中心，也逐渐成为北方最大的商业城市。

当时的洛阳有居民十万多户，城内外的居民区共有二百多个里（坊），多分行业或按身份分别居住。洛阳的市场很多，城西面的西阳门外，有"洛阳大市，周回八里"[①]，是洛阳最大的市场。在大市的东、西、南、北四面共有十个里，亦分行业居住。《洛阳伽蓝记》卷四曰："凡此十里，多诸工商货殖之民。"每个里都有很多因从事工商业而发家致富的人。例如通商、达货二里，"资财巨万"者很多。其中最富的名刘宝，为经营商业，竟在各州郡都会之处遍设有联络点，养有马匹，以便向他报告各地的物价信息。

洛阳城南修有四夷馆，还有四个里。其中的金陵馆和归正里，主要是用来安排南朝人来归者居住的。燕然馆和归德里主要是用来安排漠北民族来归者居住的。这里街道整齐，"青槐荫陌，绿树垂庭。天下难得之货咸悉在焉"。在洛水南有"四通市"，伊水和洛水的鱼，多在市上出卖。当时有"洛鲤伊鲂，贵于牛羊"[②]的谚语。

---

① 《洛阳伽蓝记》卷四。

② 以上均见《洛阳伽蓝记》卷三。

上述的情况反映了当时的洛阳是很繁盛的。

国内商业　洛阳以外的北方各地在孝文帝改革之后,商业也有发展。商业有官营和民营两种。官营盐、铁是专营性质,包括了生产和销售。北魏后期,在沧、瀛、幽、青四州①境内,傍海取盐,每年收盐约21万斛。大部分冶铁业也掌握在官府手中。北魏王朝还在一些重要城市设立常平仓,丰年销售绢帛,收购粮食;荒年则减价出售粮食。这样以保持物价的稳定。这项制度在北齐和北周时,亦被采用。

民间出现了不少以贩卖为主的大小商人,主要经营农产品和手工业产品。在北方和南方对峙的情况下,商业往来也在发展,主要是由民间商人进行的。商业有所发展,商品交换关系对货币的需要也日益迫切。太和十九年(495),孝文帝下令铸造"太和五铢"青铜钱,于是,市场上以货币为交换手段的渐多,商业进一步发展。

国外贸易　北魏和朝鲜半岛诸国②、日本、中亚、西亚以及地中海沿岸诸国,都有商业往来,外国人来洛阳经商或居住的很多。《洛阳伽蓝记》卷三曰:"葱岭已西至于大秦,百国千城,莫不欢附;商胡贩客,日奔塞下。……是以附化之民万有余家。"

丝绸之路仍然是沟通中国和中、西亚的重要商道。我国的丝织品继续输出到西方,养蚕、缫丝和丝织技术也于这时传到西方。伊朗人很快地掌握了这种技术,并织出了具有民族色彩的"波斯锦"传到中国。解放以前和解放以来,我国考古工作者在新疆、青海、陕西、河南、山西、河北、内蒙古等地,发现了许多拜占庭③的金币和伊朗人建立的萨珊王朝的银币,其中大量的是北魏时期传来的。这也反映了当时北魏与中、西亚的商业往来是密切的。

四、北魏末各族人民大起义

1. 起义背景

孝文帝迁都洛阳以后,社会经济有所发展,社会比较稳定;可是多数鲜卑贵族在政治上无所追求,在生活上日益奢侈腐朽。特别是孝文帝死后,情况更加严重。孝文帝的儿子宣武帝"好游骋(chěng 逞)苑囿","嬉戏无度","不亲视朝"。咸阳王元禧为宰相,大肆搜刮。家中有奴婢千余人,在

---

①　沧州治饶安(今河北盐山西南),瀛州治赵都军城(今河间),幽州治蓟(今北京城西南),青州治广固(今山东青州)。

②　高句骊、新罗、百济。

③　拜占庭:即东罗马帝国。

许多地方置有田产和以经营盐、铁为主的手工业或商业。高阳王元雍有"僮仆六千，伎女五百，出则仪卫塞道路，归则歌吹连日夜，一食直钱数万"①。元晖领右卫将军，卢昶为侍中，因都贪婪无厌，致有"饿虎将军，饥鹰侍中"②的绰号。贵族元诞为齐州刺史，大肆搜刮。别人说他"贪"，他还不以为然地说："齐州七万户，吾至来，一家未得三十钱，何得言贪！"③吏部还公开卖官，大郡太守价绢二千匹，次郡一千匹，下郡五百匹，其他大小官职都有定价。人们讥骂吏部为"市曹"。买官者到任之后，疯狂地剥削人民。所谓"天下牧守，所在贪婪（婪）"④。

在这样的一个腐朽反动的集团统治之下，政治日益黑暗，兵役、徭役、赋税有增无已。各地地主、寺院对广大劳动人民也进行残酷的剥削，人民的苦难不断加重，社会亦动荡不安，各地的农民或沙门（僧徒）起义风起云涌。

2. 各地相继起义

六镇起义 六镇是沿长城一线之北的六个军镇，自西而东，为沃野、怀朔、武川、抚冥、柔玄、怀荒，是北魏为防御柔然等漠北民族而设立的。镇将和镇兵都是鲜卑族人。另有镇民，为汉族和其他民族的居民以及内地因犯罪而发配北边的人等。

这里的生活条件本来就很艰苦，镇兵和镇民又受镇将和各族豪酋的残酷剥削和奴役，生活更加痛苦。孝明帝正光四年（523），柔然南侵，怀荒镇兵、民缺少食粮，请求镇将开仓发粮，以便抵御柔然。镇将拒绝开仓，兵、民异常愤怒，遂聚众捕杀镇将，举行起义。次年春，沃野镇镇民、匈奴人破六韩拔陵也聚众杀镇将起义，其他各镇的兵、民纷起响应，一时北边都处于各族人民大起义的形势之下。

北魏朝廷屡派军队前往镇压，都遭到失败。正光六年春，北魏统治者勾结柔然主阿那瓌（guī龟）联合镇压起义军。阿那瓌以十万大军进攻破六韩拔陵，破六韩拔陵战斗不利，率众渡过黄河南移，当时尚有众二十余万人。不幸为北魏军所截击，起义军大败，破六韩拔陵被杀，起义失败。

河北起义 在破六韩拔陵失败以后，他的二十万兵民都成为北魏官府的俘虏，被分散安置到定（治今河北定县）、冀（治今冀县）、瀛（治今河间）三州就食。当时河北连年遭受水旱之灾，人民四处逃散。这些被俘的兵民前来，更增加了这一地区的困难。于是，这年八月，柔玄镇兵杜洛周率领被

---

① 《资治通鉴》卷一四九《梁纪》五武帝天监十八年。
② 《魏书》卷一五《昭成子孙·常山王遵传》附《元晖传》。兼任较低级的职务曰"领"。
③ 《魏书》卷一九上《景穆十二王·济阴王小新成传》附《元诞传》。
④ 《魏书》卷一三《宣武灵皇后胡氏传》。

俘兵民在上谷（治今怀来县大古城）起义，安州（治今隆化）一带的成兵两万多人和汉族人民群起响应。次年（孝昌二年，526）十一月，攻破幽州（治今北京城西南），声威大振。

孝昌二年初，怀朔镇兵鲜于修礼亦在定州左人城（今河北唐县西北）起义，六镇余众和汉族农民纷起响应。八月，鲜于修礼死，部众在怀朔镇将出身的葛荣率领下继续战斗。

这时，杜洛周和葛荣两支起义军所向披靡，已控制了今河北省的大部分地区。可是葛荣怀有个人野心，于武泰元年（528）二月杀杜洛周，吞并了杜洛周的部众。九月，葛荣在滏口（今磁县西北）为魏柱国大将军尔朱荣击败被俘，在洛阳就义，余众败散。

山东起义　在河北大起义期间，河北地区约有二十多万汉族流民逃到了青州（今属山东）一带，他们生活无着，饱受当地官僚、地主的欺凌。公元528年（孝庄帝建义元年）六月，邢杲领导河北流民在北海（治今潍坊市西南）起义，山东的贫苦农民纷纷响应，部众迅速发展到十余万人，邢杲自称汉王。邢杲原是河间（今河北献县）大地主，曾任北魏幽州北平府主簿，后随流民到青州。起义之次年，即为官军击败，邢杲投降，在洛阳被杀。

关陇起义　六镇起义不久，关陇地区也发生了各族人民大起义。这里的起义军主要有两支，一由高平镇（今宁夏固原）敕勒族①酋长胡琛率领，一由原秦州城兵、羌人莫折大提率领。胡琛不久去世，部众由鲜卑族（亦说匈奴别部）人万俟（mò qí 末其）丑奴率领。公元530年（孝庄帝永安三年），丑奴失败被俘，在洛阳就义。莫折大提起义不久，亦病死，部众由其子莫折念生率领，继续战斗。后来念生为叛徒杀死，所部并入万俟丑奴的领导下，又战斗了三年，最后失败。

3. 各族人民大起义的历史意义

北魏末年各族人民大起义是鲜卑、匈奴、敕勒、氐、羌、汉族的劳动人民联合大起义，共同反抗北魏鲜卑族统治集团和汉族大地主阶级的阶级斗争，其战斗遍及北魏全境，斗争十分残酷。主要意义有如下三点：

（1）这次大起义，攻陷了许多州、郡，杀死了许多北魏的贵族、重要将军和官僚，摧毁了许多政府机构，使北魏王朝的黑暗腐朽的统治濒于崩溃。

（2）这次大起义沉重打击了各少数民族的贵族首领，亦沉重打击了汉族地主，调整了土地占有关系，改善了劳动人民的人身隶属关系或社会地位，有利于社会生产的恢复和发展。

---

① 敕勒：亦称铁勒、高车。

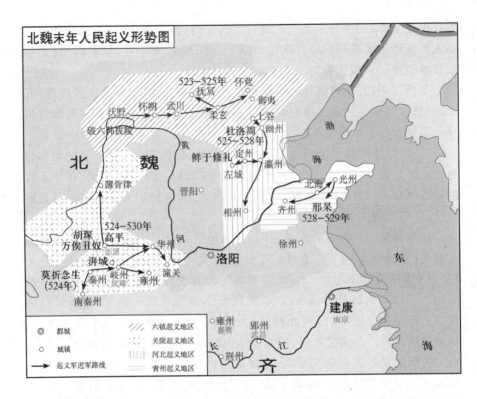

北魏末年人民起义形势图

523—525年 怀荒
抚冥 御夷
沃野 怀朔 武川 柔玄 上谷
破六韩拔陵 幽州
黄 杜洛周
北 魏 525—528年
鲜于修礼 定州 瀛州
薄骨律 左城 北海 光州
晋阳 齐州 邢杲
相州 528—529年
524—530年
胡琛 高平
万俟丑奴 阔漠 华州 洛阳 徐州 东
湃城 岐州
莫折念生 凤翔 潼关
(524年) 秦州 雍州 建康
南秦州 南京
雍州
襄樊 鄞州 海
◎ 都城 武昌
○ 城镇 荆州 长 江 齐
→ 起义军进军路线

　　◎ 都城　　／／／ 六镇起义地区
　　○ 城镇　　∷∷∷ 关陇起义地区
　　→ 起义军进军路线　河北起义地区
　　　　　　　　　　青州起义地区

　　(3)这次各族人民联合大起义体现了统一的多民族国家的阶级斗争的重要特点,体现了各民族广大劳动人民的根本利益的一致性。在这次大规模的共同斗争的过程中,改善了民族关系,加深了民族之间的了解,促进了民族团结和民族融合。

　　　　　　　　五、东魏、北齐　西魏、北周

　　各族人民大起义给予北魏统治集团以沉重打击,也加剧了统治集团内部的矛盾。孝明帝武泰元年(528),战争方炽,可是胡太后却毒死自己的儿子孝明帝元诩(xǔ 许),另立宗室三岁小儿元钊为帝,自掌大权。尔朱荣以为孝明帝报仇为借口,率兵南渡黄河,进攻洛阳,将胡太后和元钊小皇帝一并投入黄河溺死,又杀王公卿士一千余人,这就是“河阴之变”。另立元子攸为帝,是为孝庄帝。孝庄帝杀尔朱荣,尔朱荣之侄尔朱兆又杀孝庄帝,另立元恭为帝,是为节闵帝。尔朱荣的大将高欢于普泰二年(532)四月,打败尔朱兆,杀节闵帝,另立元脩为帝,是为孝武帝,欢为大丞相,总揽大权。永熙三年(534),孝武帝逃向关中,投靠宇文泰。高欢另立元善见为帝,是为孝静帝。从此北魏分裂为东、西两国。

1. 东魏 北齐

东魏 高欢,原籍渤海郡蓨(tiáo 条)县(今河北景县),世居怀朔镇,为兵户,是鲜卑化的汉人。他所立元善见才 11 岁。高欢将国都自洛阳迁至邺(今河北临漳县西南邺镇),史称"东魏",控制着洛阳以东的疆域,高欢掌大权。

东魏时期,在长期战乱之后,阶级关系、民族关系仍很紧张。高欢一再设法调和这种关系。他对诸勋贵掠夺百姓者采取宥容的态度。他说:"诸勋人身犯锋镝,百死一生,虽或贪鄙,所取者大,岂可同之常人也!"又经常讲缓和民族矛盾的话。对鲜卑人说:"汉民是汝奴,夫为汝耕,妇为汝织,输汝粟帛,令汝温饱,汝何为陵之?"对汉人说:"鲜卑是汝作客,得汝一斛粟,一匹绢,为汝击贼,令汝安宁,汝何为疾之?"①这些作法在缓和统治集团内部矛盾及调和民族关系方面,都起了一定的作用。高欢执政 16 年,于公元 550 年病死,其子高洋废东魏孝静帝而自立,国号齐,史称北齐,亦称高齐。

北齐 北齐在河清三年(564),再次颁行均田令。均田制基本上和北魏的相同。均田令规定:"一夫受露田八十亩,妇四十亩。"②授田数较北魏加倍,是为了休耕。又每丁给永业二十亩,为桑田,规定用来种植桑、榆、枣树等,不在还受之限。农民授田只限于此数;可是又规定:"奴婢依良人","奴婢受田者,亲王止三百人,嗣王止二百人,第二品嗣王已下及庶姓王止一百五十人,正三品已上及皇宗止一百人,七品已上限止八十人,八品已下至庶人限止六十人"③。按照这样一个标准,贵族、官僚、地主们仅以奴婢之

北齐帝系表
(550—577)

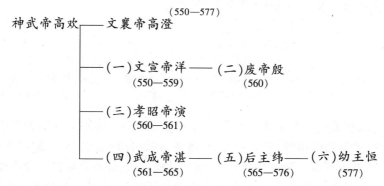

① 以上所引均见《资治通鉴》卷一五七《梁纪》十三武帝大同三年,陵通凌。

② 《隋书》卷二四《食货志》。一夫即一丁。男子十八以上,六十五以下,为丁。"十八受田输租调,二十充兵,六十免力役,六十六退田免租调。"

③ 《隋书》卷二四《食货志》。

名合法领受的田地,其数量已极大了。所以必然出现"强弱相凌,恃势侵夺,富有连畛(zhěn 诊)亘陌,贫无立锥之地"①的局面。

公元 559 年,高洋死,统治集团内部发生了长期激烈的权力之争,政治黑暗,赋税徭役一再加重,阶级矛盾日益尖锐化,鲜卑贵族和汉族地主之间的矛盾也很严重。公元 577 年,北周武帝宇文邕出兵北齐,俘齐帝高纬(时已让位给子恒),北齐亡。

2. 西魏 北周

西魏 北魏孝武帝于公元 534 年逃到关中,依靠宇文泰。宇文泰,代郡武川(今内蒙古武川)人,汉化的鲜卑族,曾参加河北大起义。后投降尔朱荣,并在尔朱军中参加镇压关陇起义军。只有几年的时间,他全部控制了关陇地区。孝武帝逃到长安,他于当年十二月将孝武帝毒死,另立宗室元宝炬为帝,是为文帝,以长安为都城,史称"西魏",控制着洛阳以西地区。宇文泰自为都督中外诸军事、录尚书事,掌大权。

宇文泰以鲜卑族原有的部落兵制为基础,建立府兵制,共有二十四军,分别由六柱国率领,总统于宇文泰。军士另立户籍,与民户有别。

公元 556 年,宇文泰死,其子宇文觉废西魏恭帝,自称天王,国号周,史称北周,亦称宇文周。

北周 宇文觉即帝位不久,为其堂兄宇文护杀死。公元 560 年,宇文邕为帝,是为武帝,宇文护仍掌大权。572 年,宇文邕杀宇文护,亲自掌权。

北周帝系表
(557—581)

周武帝是一个有才能的皇帝,他掌权后,做了许多改革,如整顿吏治,释放奴婢,严惩隐瞒田地、户口的官僚、地主,注意发展农业生产,加强中央集权,积极训练军队。他还发动对佛、道二教的打击,烧毁大量佛像和佛经,强制三百余万僧尼还俗,寺院占有的大量田地被没收,寺院占有的大量人口要向国家纳税服役。周武帝的这些改革促进了社会经济的发展,加强了北周

---

① 《通典·食货典·田制》引《关东风俗传》。

的人力、财力和军力。

公元577年(建德六年),北周出兵灭北齐。至此,整个黄河流域和长江的上游,都由北周统一了。

杨坚代周　周武帝灭北齐、统一北方后,次年病死,太子宇文赟(yūn晕)即位,是为宣帝,时年20岁。宣帝骄横狂妄,荒淫无度,重用亲信,大杀异己。搜天下美女充实后宫,整日沉湎(miǎn 免)于酒色,不理政事。他即位之次年,就传位给七岁的儿子宇文阐(chǎn 产),自为太上皇帝,称天元皇帝;又次年即病死。宇文阐继位,是为静帝。宣帝皇后之父杨坚以假黄钺、左大丞相总理朝政①。

杨坚祖上为弘农杨氏,是著名的世家大族。后居武川镇,累世有功于北魏王朝。其父杨忠在西魏时,屡有战功,赐姓普六茹氏。北周代魏,进位柱国大将军,封随国公。杨坚以父功,15岁授散骑常侍、车骑大将军,后袭父封随国公。在灭齐时,立有大功。坚之妻为鲜卑大贵族、柱国大将军独孤信之女,坚之长女为宣帝之皇后。所以坚在宣帝时,已官高权大,"位望益隆"②。

杨坚辅政,曾引起宇文氏贵族和皇亲国戚的疑忌,有的曾起兵反对,但都被镇压下去。杨坚在掌权后,进行了许多改革,《隋书·高祖纪上》说他"大崇惠政,法令清简,躬履节俭,天下悦之"。

这时,周取消左、右丞相之制,以杨坚为大丞相,又加大冢宰之称号。十二月,进爵为王。次年(大定元年,581)二月,杨坚废静帝自立,国号隋③。从此,北朝结束,隋朝开始。

复习思考题:

　　1. "五胡"是指哪些民族?"十六国"是指哪些国家?

　　*2. 略述魏孝文帝改革的基本内容及其历史意义。

　　3. 简述北魏寺院经济的状况。

　　*4. 北魏末年发生过哪几支人民大起义?这些起义有什么重要意义?

　　5. 高欢执政时期东魏的政局怎样?

重要名词:

　　*刘曜　石勒　石虎　王猛　*魏孝文帝　冯太后　*杜洛周　葛荣

---

　　① 《隋书》卷一《高祖纪上》:"周帝拜高祖假黄钺、左大丞相,百官总己而听焉。"黄钺,天子所用。假黄钺,以示威重。

　　② 《隋书》卷一《高祖纪上》。

　　③ 去"随"之"辶"为"隋",以求吉利。

*破六韩拔陵　*尔朱荣　*宇文泰　*高欢

*宗主都护　九品　混通　*均田制　*三长制　六镇

参考书：

翦伯赞、郑天挺主编：《中国通史参考资料》第三册〔肆〕二(二)、(三)、(四)、四、五。(选读)

第四节　魏晋南北朝文化

魏晋南北朝时期，政治上虽然长期处于分裂割据状态，战争也比较多，但就全国范围来说，社会经济还是在缓慢发展的；尤其是南方，更是这样。这一时期南方和北方的文化，也有新的发展。

一、哲学　宗教

魏晋南北朝时期的哲学主要有两大派，一为以"玄学"为代表的唯心主义，一为以"神灭论"为代表的唯物主义。

1. 哲学

玄学　玄学主要盛行于魏晋时期的士人中，是以道家唯心主义理论解释儒家经典《易》为中心形成的思想流派。"玄"是幽远之意。《老子》曰："玄之又玄，众妙之门。"王弼注："玄者，冥也，默然无有也。""无"是玄学的核心。这就是所谓的"贵无"思想。

清谈玄学之风，始于曹魏正始时期(240—249)。当时的代表人物是何晏和王弼。他们认为：道就是天地万物的本体，也就是"无"的别称。"无"是神秘的，不具有物质属性。而"有"却是从"无"产生出来的。稍晚于何晏、王弼的清谈玄学的代表人物有阮籍、嵇康等所谓竹林七贤[①]。他们反对司马氏专权，经常遭受迫害。于是在思想和生活方面，采取了崇尚自然、反对名教、放荡不羁、使酒任性的态度。在政治上崇尚无为，主张国君要无为而治，甚至主张"无君"、"无臣"。

无君论　两晋之际，鲍敬言继承了阮籍、嵇康的"无君"思想加以发展，著《无君论》，系统地提出了"无君"的主张。他认为："曩古之世，无君无臣，穿井而饮，耕田而食；日出而作，日入而息。……不竞不营，无荣无辱。"可是到了后来，有了君臣和国家制度，"役彼黎烝(zhēng 争)，养此在官，贵

[①]　竹林七贤为阮籍、嵇康、山涛、向秀、刘伶、阮咸、王戎，尝为竹林之游，世称之为"竹林七贤"。

者禄厚,而民亦困矣"。他认为造成人民痛苦的剥削、压迫、战争等,都是由于产生了君主和统治阶级造成的。他的中心思想是"古者无君,胜于今世"[①]。

鲍敬言的《无君论》反映了他对现实不满的思想,揭露谴责了魏晋以来的政治黑暗、战争残酷、统治阶级奢侈腐朽、恣情享乐的情况。

范缜与《神灭论》 范缜,字子真,原籍南阳舞阴(今河南泌阳西北)。少时孤贫,学习刻苦。先后仕齐、梁,任尚书殿中郎、尚书左丞等官。他发展了魏晋以来的无神论思想,对佛教和唯心主义哲学思想进行了尖锐的斗争。

南齐时,司徒、竟陵王萧子良笃信佛教,曾与范缜发生过激烈争论。《梁书·儒林列传·范缜传》曰:"子良问曰:'君不信因果,世间何得有富贵,何得有贱贫?'缜答曰:'人之生譬如一树花,同发一枝,俱开一蒂,随风而堕,自有拂帘幌坠于茵席之上,自有关篱墙落于粪溷(hùn 混)之侧。坠茵席者,殿下(子良)是也;落粪溷者,下官(范缜)是也。贵贱虽复殊途,因果竟在何处?'子良不能屈。"范缜很明确地说明了人生富贵、贫贱的偶然性,反对佛教的因果报应学说。

范缜又著《神灭论》,进一步阐明了他的观点。其中论证的一个重要观点是"形与神"的关系问题。他说:"神即形也,形即神也。是以形存则神存,形谢则神灭也。"他认为神与形是两个概念,但却是结合在一起的,形是第一性的,神则是由形派生的,是第二性的。他又说:"形者神之质,神者形之用。……神之于质,犹利之于刀;形之于用,犹刀之于利。利之名非刀也,刀之名非利也。然而舍利无刀,舍刀无利。未闻刀没而利存,岂容形亡而神在?"[②]范缜用刀与利的关系比喻形与神的关系,指明了精神对物质之依赖性,这在当时的唯物主义理论上是一大进步,有力地批判了精神不灭的思想。

2. 宗教

佛教 西晋"八王之乱"以后,又发生了永嘉时期及以后的民族仇杀,南北各族统治者亦都为他们兴亡无常的命运而担忧,在设法巩固他们的统治;各族广大劳动人民长期为残酷的剥削、压迫和战争所苦,亦想将自己的希望有所寄托。于是佛教在这样的情况下,获得迅速的发展。

当时,西域的许多僧人东来传教,中国人西去求法的也不少。后赵时,龟兹僧人佛图澄很为石勒、石虎所敬重,尊为"大和尚",利用他传播佛教,以加强对广大劳动人民的思想统治。佛图澄先后有门徒将近万人,所到州

---

① 以上所引均见《抱朴子·外篇·诘鲍》。
② 《梁书》卷四八《儒林列传·范缜传》。刀谓刃。

郡,兴立佛寺共有 893 所。佛图澄的弟子释道安①博学多识,对佛教经典很有研究。他为佛教僧徒制定了"戒律"三条,又致力于佛教经典的整理工作。这两件事对于当时和后代的佛教都发生了重大的影响。道安的弟子慧远为东晋著名僧人,在庐山东林寺建"莲社"(亦称"白莲社"),宣扬死后可"往生"西方"净土"的说法,后世净土宗人尊之为初祖。龟兹僧人鸠摩罗什于后秦时到长安传教,译佛经 74 部,384 卷。他的著名弟子有道生、僧肇等。

自中国西去求法的有东晋著名僧人法显。法显本姓龚,平阳武阳(今山西襄垣)人。从长安西行,自海上归来,前后共 14 年,历访 30 余国,携回很多梵文本佛经。归国后在建康译经。又撰《佛国记》,亦名《法显传》,记录他的旅行见闻。是研究 5 世纪初期亚洲佛教的重要史料,也是研究中外交通史和南亚各国古代历史、地理的重要资料。

道教 黄巾大起义失败以后,道教开始分为两派,一为祈祷派,在农民群众中传布,以符水治病,叩头思过,属于秘密结社性质。一为炼丹派,主要为士人信奉,讲求炼丹、辟谷、导引之术②,以求延年益寿。这一派多为统治阶级的政治和生活需要服务,以两晋之际的葛洪和北魏前期的寇谦之为代表。

二、文学 艺术

魏晋南北朝时期,是我国文学和艺术的一个大发展和创作开始自觉的时期。所以这样,是和当时的时代特点分不开的。

建安文学 建安(196—220)是东汉献帝的年号。这一时期的文学很盛,史称建安文学,以诗歌的成就最为显著。诗人们继承了汉代乐府民歌的优良传统,以当时社会的战乱、人民的颠沛流离为题材进行创作,许多诗篇在一定程度上反映了人民的疾苦与要求。建安诗人的代表有曹操父子、建安七子③和蔡琰等。

曹操是三国时期的第一流的政治家和军事家,又是第一流的诗人。从现在保留下来的他的少数诗篇可以看出,他的诗苍凉雄健,才气横溢。五言诗中著名的有《蒿里行》,是描述东汉末年军阀混战、连年兵甲不解、生灵涂

---

① 道安:常山扶柳(今河北冀县)人。以僧徒崇奉"释迦",当以"释"为姓。从此,佛教徒都姓"释"氏。

② 辟谷、导引,道家修炼之术。辟谷,即不食五谷。导引,原为健身术,道家采用之。

③ 建安七子:孔融、阮禹、陈琳、王粲、徐干、应场(yáng 扬)和刘桢。

炭的情况。有名句曰："铠甲生虮虱，万姓以死亡；白骨露于野，千里无鸡鸣；生民百遗一，念之断人肠。"①四言诗中著名的有《步出夏门行》，是建安十二年（207）北击乌桓时之作。有名句曰："骥老伏枥（lì立），志在千里；烈士暮年，壮心不已。"②表达了自己的政治抱负，气势雄伟，慷慨悲凉，为传世名作。

曹丕是曹操的次子，后代汉为皇帝，是为魏文帝。他的名作之一《燕歌行》，是我国现存最早最完整的七言诗。有名句曰："秋风萧瑟天气凉，草木摇落露为霜。""星汉西流夜未央，牵牛织女遥相望。"反映了徭役征发给人们带来的痛苦。

曹植是曹操的第三子，曹丕的同母弟。他的诗歌以五言为主，词采华茂，他以才学受到曹操的宠爱。他这时的诗歌以表现其政治抱负和描写贵族游乐生活为主，也有反映当时割据混战、社会残破、人民苦难的诗篇。其兄曹丕即帝位后，对曹植一直猜忌，并严加监视。使曹植长期处于被软禁的状态。他这一时期的诗歌则充满了苦闷、消极思想。如他的《野田黄雀行》曰："不见篱间雀，见鹞自投罗。罗家得雀喜，少年见雀悲。拔剑捎罗网，黄雀得飞飞。飞飞摩苍天，来下谢少年。"诗歌表达了幻想逃出困境，获得自由的渴望心情。

王粲是建安七子之一，曹操的幕僚。他的成名作《七哀诗·西京乱无象》描写了董卓死后，其部将李傕（jué决）、郭汜（sì寺）在长安互相攻杀焚掠造成的悲惨景象。诗曰："出门无所见，白骨蔽平原。路有饥妇人，抱子弃草间。顾闻号泣声，挥涕独不见。未知身死处，何能两相完？"

蔡琰字文姬，蔡邕之女，博学多才，通晓音律。初嫁卫仲道，夫死，又归母家。董卓之乱时，被虏入匈奴，嫁左贤王。居匈奴十二年，生二子。曹操与蔡邕有旧交，以金璧将文姬赎归，再嫁董祀。她有五言和骚体《悲愤诗》各一首，五言体尤著名。全长一百零八句，倾述了自己的悲惨遭遇，也反映了劳动人民在战乱中所遭受的痛苦。如"马边悬男头，马后载妇女"。"且则号泣行，夜则悲吟坐。欲死不能得，欲生无一可"等句，揭露了董卓诱使匈奴和羌贵族残杀汉族人民的罪恶行径。《悲愤诗》还描述了她热爱故国但却要与两个孩子永别的愁苦心情。如说："邂逅（xiè hòu 谢厚）徼时愿，骨肉来迎己。已得自解免，当复弃儿子。天属缀人心，念别无会期。存亡永乖隔，不忍与之辞。"③

---

① "断人肠"亦作"绝人肠"。
② "骥老伏枥"亦作"老骥伏枥"。
③ 《后汉书》卷八四《列女传·董祀妻（蔡琰）传》。

田园、山水诗　东晋时期，田园诗产生并有发展。陶渊明的作品是田园诗的代表。

陶渊明名潜，东晋大司马陶侃的曾孙。少年时代，家道衰微。义熙元年（405），任彭泽（今江西湖口东南）令，因不肯"折腰"迎接郡里来的督邮，自动解职回家，从此过着田园生活，直至病死。

陶渊明的田园诗的代表作有《归去来辞》、《归田园居》等。《归田园居》的五首之一曰：

> 少无适俗韵，性本爱丘山。
> 误落尘网中，一去十三年。
> 羁鸟恋旧林，池鱼思故渊。
> 开荒南野际，守拙归园田。

诗歌表现出他不随俗浮沉，不追逐名利，而是从内心喜爱他那幽闲恬静的田园生活。

山水诗派的开创者是谢灵运。他是谢玄之孙，曾任宋永嘉太守、侍中、临川内史等职。他与陶渊明不同，是世家大族之冠，又身居高位。他描写山水，着意于欣赏、刻画，注重词藻。如《山居赋》，就是描写他的山庄景物之美的。

民歌　魏晋南北朝时期的民歌相当发展，出了许多传世之作。建安时期著名的长篇叙事诗《孔雀东南飞》，全诗 350 余句，1700 余字。是描述庐江（今安徽潜山）小吏焦仲卿与妻刘兰芝的悲剧。他们夫妻的感情本来很好，可是焦母对兰芝百般虐待，并把兰芝赶回娘家，兰芝被迫投水自杀，焦仲卿也自缢而死。诗歌揭露控诉了封建礼教的残酷无情，歌颂了兰芝夫妇的真挚感情和反抗精神。原题《古诗为焦仲卿妻作》，因诗之首句为"孔雀东南飞，五里一徘徊"故用此名。

魏晋以后，中国长期处于南北对立的状态。民歌的发展也就带有地区特点。南方的民歌有吴歌和西曲之分。吴歌为建康一带的民歌，西曲为荆、郢、樊、邓一带的民歌。吴歌和西曲多以表述情爱为主要内容，以婉转缠绵为其特色。北曲包括了北方少数民族如鲜卑、吐谷浑（tū yù hún 秃浴魂）、步落稽①等族的民歌，汉族也有不少优秀之作。多以反映社会情况、北国风光为主要内容，以慷慨爽朗为特色。著名的《敕勒歌》原为一首鲜卑语诗歌，在高欢为西魏军击败时，他曾命敕勒族人斛律金唱此歌，高欢合唱，以激

---

①　即稽胡，分布于今山西、陕西北部地区，亦名山胡。

励士气。词曰："敕勒川,阴山下,天似穹(qióng 穷)庐,笼盖四野。天苍苍,野茫茫,风吹草低见牛羊。"[①]描写了北方草原苍茫无际的景色,气势豪放。

《木兰诗》大约写成于北朝后期,是汉族民歌。长 300 余字,内容是描述一位少女木兰代父从军、胜利归来的故事,表达了劳动人民热爱祖国,不畏强暴,不慕名利,淳朴贞洁的思想感情。词句通俗,叙事清晰,脍炙人口。

文学评论 文学评论是魏晋南北朝时期成长起来的一种新的文学形式,是在文学发展的基础上产生形成的。其内容包括了文艺理论和文艺批评。代表作有刘勰的《文心雕龙》。

刘勰,南朝齐、梁时人,所撰《文心雕龙》,是一部文学理论专著,全书 10 卷 50 篇。他在研究了历代各家作品的基础上,全面论述了文学中的若干重要问题,其中有各类作品的特征和历史演变,有关创作、批评的原则和方法,文与质的关系等。他主张文学应当反映现实,不应当片面地追求形式。他还认为文学的发展受社会情况及其发展的制约。他在《时序篇》中曰:"歌谣文理,与世推移","文变染乎世情,兴废系乎时序"。他对于许多作家和作品的优劣工拙进行了评论。《文心雕龙》总结了齐、梁以前的文学发展状况,把文艺理论和文艺批评推向了一个新的阶段,它是我国古代文学批评史上的光辉著作。

南朝梁人钟嵘撰《诗品》三卷,选择自汉至梁时部分诗人及其作品,进行评论。他批评了片面追求声律及以用典为贵的风气,亦反对玄学对诗歌的影响,主张作品要古朴自然,不要"使文多拘忌,伤其真美"。

石窟寺 魏晋南北朝时期的艺术很发展,其中的石窟寺艺术是雕塑艺术的杰出代表。

我国的石窟寺的开凿是随着佛教传布的方向亦由西而东、由北而南的。最早的石窟寺开凿于新疆,以拜城县克孜尔石窟为代表,现存洞窟 236 个,始凿时间约在西晋后期(3 世纪末)。甘肃敦煌的莫高窟(千佛洞)稍晚,始凿于前秦建元二年(东晋太和元年,366)。后历经隋唐至元代,均有修建。现存有雕塑和壁画作品的共 492 窟,其中属于前秦到北朝的有 20 多

云冈石窟大佛像

---

① 《乐府诗集》卷八六《敕勒歌》。原为鲜卑语,译为汉语。

窟。此外,甘肃还有不少属于这一时期的石窟。例如永靖县的炳灵寺石窟,为西秦建弘年间(5世纪初)开凿的;天水的麦积山石窟,是北魏宣武帝景明三年(502)开凿的。

东方最早的石窟是山西大同武周山的云冈石窟。大同时称平城,为北魏的国都。石窟始凿于北魏文成帝即位(兴安元年,452)之时,主要的洞窟大都开凿于和平元年至孝文帝太和十八年(460—494)之间。现存洞窟53个,大小佛像5万余尊,最大的佛像高达16.8米。太和十八年,北魏迁都洛阳,又开始在洛阳城南的龙门凿窟造像。龙门石窟现存洞窟2100余个,佛像10万余尊,约有1/3的洞窟为北魏时所开。

石窟寺是一种佛教寺庙的建筑形式,起初是以洞窟为主,后来出现了露天摩崖造像。石像有佛、菩萨、天王、力士等。大型佛像神态肃穆安详,虽静欲动。窟壁多饰以浮雕,有小型佛像,佛教故事,还有礼佛图像等。图像个个姿态逼真,场面生动。

绘画、书法　东晋南朝时期有三大画家,即东晋的顾恺之、刘宋的陆探微、萧梁的张僧繇。顾恺之善画人物,注意点睛传神。他的名作有《女史箴》,经唐人临摹,为传世珍品。1900年八国联军侵入北京,将这张画抢走,现藏在英国伦敦不列颠博物馆。陆探微擅画人物,造型有"秀骨清像"之评。与顾恺之并称"顾陆"。张僧繇亦善画人物,尤善绘佛像,兼工画龙。相传有画龙点睛、破壁飞去的神话。

魏晋南北朝时期的书法家很多,其中以东晋的王羲之与其子王献之最著名。羲之曾从师多人,后博采众长,一变汉、魏以来质朴的书风,成为妍美流便的新体。后人称他为"书圣"。其书法真迹已无存,唐人双钩廓填的行书《姨母》、《丧乱》等帖,犹可传真。其子王献之兼精诸体,尤工行、草和隶书,与其父齐名,被称为"小圣"。

三、史学　地理学

史学　魏晋南北朝时期的史学很发展,官家很重视修史,私家修史之风也很盛。最著名的史学著作有刘宋时范晔的《后汉书》和西晋陈寿的《三国志》。

《后汉书》是在前人所修的几家"后汉书"的基础上撰写的一部纪传体断代史。所记为东汉两百年间的重要史事和人物等。原书为90卷,只有纪、传,无表、志。萧梁时,刘昭把西晋司马彪的《续汉书》中的八志收入,并为作注,分成30卷。至北宋时,又将范晔原书与刘昭的八志合刊为一书,成为今本《后汉书》,共120卷,为研究东汉史的重要资料。

《三国志》是一部记述三国时期一百余年间的重要史事和人物的纪传体断代史。全书分为魏、蜀、吴三部，共 65 卷，取材较精，文字简练；但无表、志。南朝刘宋时，裴松之作注，博引群书 140 余种，注文多出本文数倍，保存了大量的史料。此书是研究三国史的重要资料。

《宋书》为南朝梁时沈约撰，是一部记述刘宋一代的纪传体断代史。书中载录诏令奏章甚多，保存了若干资料。"八志"概述先秦两汉以来的某些典章制度及其变化，补充了《三国志》无志的缺陷。可是无"食货"、"艺文"等志。原书传至北宋时，已有散失，后人取李延寿的《南史》等补入。

《齐书》亦名《南齐书》，为南朝梁时萧子显撰，亦为纪传体断代史，共 60 卷，今本佚序录一卷，有志无表，志亦缺"食货"、"刑法"、"艺文"等。

《魏书》为北齐魏收撰，为纪传体北魏史，共 130 卷。本书十志中有《释老志》，为考证宗教源流的重要资料。《官氏志》叙述门阀豪族势力，《食货志》叙述北魏的经济制度，都有一定的史料价值。

地理学 魏晋南北朝的地理学有很大的发展。除正史中的地志之外，专门记述州郡地理、名山大川、地区风物的著作也很多。其中最著名的为郦道元撰的《水经注》。

郦道元字善长，范阳涿县（今河北涿州）人。历任北魏的太守、刺史、河南尹、御史中尉等职。《水经》为东汉桑钦撰，记载全国水道 137 条，每条水撰为一篇，记其源流和所经地方。郦道元为之作注，全书以《水经》所记水道为纲，补以支流小水共 1252 条，逐一探求源流，述其变迁，又详记所经地区、山陵、原隰（xì 席）、城邑、关津的地理、历史情况，以及名胜古迹等，对有关史事多所考证。其字数多于原书二十倍，是原书内容的重大补充和发展，是我国古代的一部全面系统的综合性的地理名著。文笔生动流畅，亦有较高的文学价值。

四、科学技术

算学 魏晋时期，最有成就的数学家是刘徽。他于魏景元四年（263）撰成《九章算术注》9 卷和《重差》（《海岛算经》）1 卷，提出了很多创见。《九章算术》中的圆面积的量法仍为"周三径一"，即 $\pi = 3$，是很不精确的。东汉的张衡已推算出 $\pi = \dfrac{730}{232} = 3.1466$。刘徽用割圆术来计算圆周率，从圆内接正六边形开始，增加到内接正 192 边形，推算出 $\pi = 3.14$。

南朝宋时的大数学家祖冲之进一步求出圆周率 π 的值在 3.1415926 和 3.1415927 两个数值之间，把圆周率求到小数点后第七位。他并提出了 π 的

约率 $\frac{22}{7}$ 和密率 $\frac{355}{113}$。这个密率值要比欧洲早一千多年。祖冲之编制的《大明历》,规定一年为 365.2428 天,这个数据比当时其他一些历法更为准确。

医学 西晋时期最著名的医学家是王叔和。他曾任太医令,精于医学,重视诊脉。他收集整理张仲景的《伤寒杂病论》一书,使这部重要的医学文献得以保存,并成为后代从医者的经典。

当时有许多僧、道研究医理、方剂。两晋之际的葛洪撰《金匮药方》100卷,另有简约本《肘后救卒方》(亦称《肘后备急方》)3 卷。南朝齐、梁时的道士陶弘景修补《肘后备急方》,称《补阙肘后百一方》。他又撰《本草经集注》,分为 7 卷,著录药物 730 种,首创以玉石、草木、虫、兽、果、菜、米食分类,对本草学的发展有一定的影响。

农学 贾思勰是北魏时期的农学家,曾任高阳郡(治今河北蠡县南)太守。他平时关心农业生产,具有丰富的农业知识,他从文献中搜集了许多古代和当时的农业生产经验和知识,又访问老农,撰成《齐民要术》一书。全书分为 10 卷,共 92 篇,分别论述各种农作物、蔬菜、果树、竹木的栽培和育种,家畜家禽的饲养,农产品加工及副业等,是我国古代的一部很有价值的农业科学著作。

复习思考题:

　*1.《神灭论》是谁撰写的?这篇论文的出现有什么重大意义?

　 2. 魏晋南北朝时期有些什么重要历史著作?各是谁撰写的?

　*3.《水经注》是谁撰写的?是一部什么性质的著作?

　*4. 魏晋南北朝时期有哪些重要文学家?他们各有些什么代表作?

　 5. 祖冲之在数学上的主要成就是什么?

　 6.《齐民要术》是何时何人撰写的?是一部什么性质的著作?

重要名词:

　何晏　王弼　*《神灭论》　*《后汉书》　《三国志》　*《水经注》

　*蔡文姬　*王羲之　*陶渊明　*祖冲之　《齐民要术》　《魏书》

　*《孔雀东南飞》　*《敕勒歌》　*《木兰诗》　云冈石窟　*龙门石窟

参考书:

　 1. 翦伯赞、郑天挺主编:《中国通史参考资料》第三册〔肆〕五。(选读)

　 2.《南史》卷五七《范云传》附《范缜传》。

　 3. 张传玺主编:《中国古代史教学参考手册》(第二版)第 252 页二"目录类"(五)"现代学者著作要目"7"中国民族史"。(选读)

第六章　隋唐五代

（581—960）

第一节　隋　朝

（581—618）

公元581年，杨坚废北周静帝，建立隋朝，自立为帝，是为文帝，改元开皇，国都仍在长安，称大兴城。

一、隋前期的政治

隋文帝即位以后，摆在他面前的有两项重要的政治任务：一是消除北周后期的积弊，维新朝政；二是出兵江南，消灭陈朝，统一中国。

1．统一中国

北朝时期，黄河流域的各少数民族基本上与汉族融合，北方的社会经济也得到恢复发展。至隋建国，中国南北方的民族矛盾与经济、文化差别基本消除了。可是这时政治上的对立和斗争，不仅阻碍了南北经济、文化交流，也给人民造成很大的负担和痛苦。因之，结束南北对立，实现国家的再统一，是当时历史发展的趋势，也是南北方人民群众的要求。就南北方的实力而言，陈朝的政治黑暗腐朽，统治已分崩离析，国力薄弱；而隋朝的政治比较清明，生产发展，国力强盛。因此，由隋灭陈来实现统一是历史的必然。

陈朝是陈霸先建立的。陈朝末年，皇帝陈叔宝荒淫奢侈，大建宫室，日夜与妃嫔群臣纵酒作乐，统治集团内部争权夺利，政治黑暗，边防薄弱。隋开皇八年（588），隋文帝杨坚命其子晋王杨广率兵五十余万，分数路大举攻陈。次年初，隋将韩擒虎、贺若弼率军渡江，一举攻下建康，俘虏了陈叔宝，陈朝灭亡。岭南诸郡也在少数民族首领洗（xiǎn 冼）夫人的率领下，归顺隋朝。至此，中国重归统一。

2．维新朝政

隋文帝即位以后，即大力革新朝政，废除北周的落后制度，采用了一些汉魏以来实行的符合需要的制度，另外还有所创新，史称"维新朝政"。

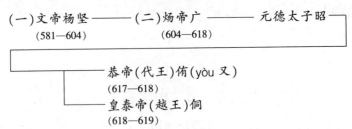

隋朝帝系表
(581—618)

(一)文帝杨坚 ——— (二)炀帝广 ——— 元德太子昭
　(581—604)　　　　　(604—618)

恭帝(代王)侑(yòu 又)
(617—618)
皇泰帝(越王)侗
(618—619)

三省六部制　隋文帝对中央官制和地方官制都有较大的改革。在中央,废除了北周实行的"六官制"①,确立了"三省六部制"。三省为内史省②、门下省和尚书省。内史省是决策机构,负责草拟、颁发皇帝的诏令,其长官为内史令。门下省是审议机构,负责审核政令,驳正违失,其长官为纳言③。尚书省是执行机构,负责贯彻执行重要政令,其长官为尚书令,副长官为左、右仆射(yè 叶)。三省为中央最高统治机构,三省长官(包括仆射)同为宰相,共同负责中枢政务。六部即尚书省下属的吏、民、礼、兵、刑、工等六部。吏部主官吏的考核任免,民部主户口、赋税等,礼部主礼仪制度,兵部主军政,刑部主法律、刑狱,工部主水陆工程。各部长官为尚书,副长官为侍郎。三省分权改变了以往宰相一人执掌大权的状况,削弱了相权,加强了皇权。三省六部职司划分明确,提高了行政效能,加强了中央统治力量。

州县制　在地方上,隋文帝撤销了郡一级建制,改地方行政州、郡、县三级制为州、县两级制④,又合并了一些州县,裁汰冗员,消除了过去层级、机构过多的弊端,改善了吏治,节省了开支。后来还规定,九品以上的地方官吏都由吏部任免,每年进行考核。州县佐吏三年必须更换,不得连任,而且不许用本地人,必须用外地人,这改变了秦汉以来地方官自聘僚属的惯例,防止了本地豪强地主垄断地方政权,进一步加强了中央对地方的控制。

改革府兵制　开皇十年(590),隋灭陈统一全国后,隋文帝对府兵制做了重大改革。府兵制原为西魏、北周的兵制。府兵为职业军人,兵士都由军府统领,隶属军籍而不入地方州县户籍,家属也随营居住,是军户而不是民

---

①　六官制仿自《周礼》。六官即天官大冢宰,地官大司徒,春官大宗伯,夏官大司马,秋官大司寇,冬官大司空。

②　魏晋时称中书省。隋避文帝父杨忠讳,改称内史省。

③　隋避杨忠讳,将侍中改称纳言。

④　隋炀帝大业三年(607),又改州为郡。

户,士兵和家属随军队流动,不能长居久安。改革后,将军户编为民户,户籍改属州县管理,和一般民户一样可以按均田令分得土地,从事生产。但军人仍保留军籍,同时隶属于军府,还要按规定轮番赴京师和就近地区宿卫或执行其他任务。从此府兵制与均田制结合起来,由原来的兵民分离制度成为兵农合一、寓兵于农的制度。

创立科举制　南北朝时期的九品中正制,主要按门第高低选拔官吏,庶族出身的士人很难有仕进的机会。隋文帝即位后,废除九品中正制,选官不问门第,令各州每年向中央选送三人,参加秀才、明经等科的考试,合格者录用为官。隋炀帝即位后,创立进士科,这标志着科举制的产生。"科举"即分科取士之意。这一制度产生后,把读书、应考和做官三者联系起来,成为以后士人仕进的必由之路。科举制的产生,打破了数百年来世族门阀垄断仕途的局面,一般地主子弟甚至贫寒子弟也可能由此走上仕途。从此,选拔官吏之权从世家大族手中收归中央政府,从制度方面限制了世家大族把持政治大权,为庶族地主参与政权开辟了道路。

编制《开皇律》　北周时期,法律时宽时严,刑罚混乱。隋文帝即位后,制定了《开皇律》。该律分为十二卷,共五百条,将刑罚分为死刑、流刑、徒刑、杖刑、笞刑五种二十等。还规定对犯"十恶"①者要严惩不贷。《开皇律》废除了前代的一些酷刑,简化了律文,是唐及其以后各代法典的基础。

3. 发展经济的措施

均田制　开皇二年(582),隋文帝下令实行均田制。当时规定一丁(18岁以上)受田百亩,其中80亩为露田,20亩为桑田或麻田,露田在受田者死后要交还国家,桑田或麻田为永业田,可以传给子孙,可以买卖。妇女受露田40亩。奴婢受田与平民相同,亲王之家限300人,平民之家限60人。丁牛(壮牛)一头受田60亩,一家限4牛。亲王至都督皆给永业田,从百顷递减至40亩(一说30顷)。京官皆给职分田,一品为5顷,每低一品,减少50亩。至九品递减至1顷。外官除职分田外,还有一定数量的公廨田。职分田的收入是官吏俸禄的一部分。公廨田的收入则为官署的办公费用。这两种田在新旧任官吏交接时,要随之交接,不得出卖。

虽然农民受田往往不足定额,但继续实行均田制毕竟使无地少地的农民分到一些土地,提高了他们的劳动积极性,并在一定程度上抑制了土地兼并,因而对当时农业生产的恢复、发展起了积极的作用。

租调力役制　隋文帝实行"轻徭薄赋"政策。开皇二年规定:18岁以上

---

①　十恶:隋《开皇律》始有十恶,为谋反、谋大逆、谋叛、恶逆、不道、大不敬、不孝、不睦、不义、内乱。唐以后历代王朝的刑律相承沿用。

为丁,要负担租调力役;60 岁为老,免除租调力役。租为田租,调为户调,力役即劳役。一夫一妇为一床,每年交租粟 3 石,受桑田者交调绢 1 匹(4 丈)、绵 3 两,受麻田者交调布一端(6 丈)、麻 3 斤。无妻室的单丁及奴婢纳一半租调。丁男每年服力役 1 个月。开皇三年,减轻租调力役,规定成丁年龄由 18 岁提高到 21 岁,受田年龄仍为 18 岁。受田者前三年不纳租调,不服力役。调绢由每年 1 匹减为 2 丈,力役由每年 1 个月减为 20 天。开皇十年(590 年),又规定五十岁以上者,可"免役输庸",即纳布帛以代替力役。租调力役的减轻和输庸代役制的实行,在一定程度上减轻了农民的负担,提高了他们的生产积极性,促进了农业生产的发展。

"大索貌阅"与"输籍之法" 南北朝时期人民脱离户籍或佃客为豪强隐瞒户口的很多。开皇五年(585),隋文帝下令清查户口,依照户籍簿上登记的年龄体貌进行核对,此即所谓"大索貌阅"。如有不实,三长要发配远方。清查的结果,使国家户籍增加了 44 万余丁,164 万余口。另外还根据宰相高颎(jiǒng 窘)的建议,实行了"输籍之法"。即由国家制定"输籍定样"(划分户等的标准),发到各州县,每年正月五日,县令派人到农村,依定样划分户等,作为征调赋税、力役的依据。由于国家规定的赋税、力役数量低于豪强地主对佃农的剥削量,许多原来依附于豪强地主的农民纷纷脱离豪强地主,向官府申报户口,纳税服役,成为国家的编户。

由于"大索貌阅"与"输籍之法"的推行,政府增加了所辖户口和财政收入,扩大了力役来源;豪强地主势力受到很大削弱。

4. 加强对东南地区的控制

营建东都 隋在统一全国后,为了加强中央对东方和南方的控制,决定修建洛阳以为东都。隋炀帝大业元年(605),开始营建东都,历时 10 个月,每月征调民夫 200 万人。东都在旧洛阳城之西,规模宏大,周长 50 余里,分为宫城、皇城、外郭城等三部分。宫城是宫殿所在地,皇城是官衙所在地,外郭城是官吏私宅和百姓居处所在地。外郭城有居民区 100 余坊,另有丰都市、大同市、通远市等三大市场。隋炀帝常住洛阳,将其作为东方的政治、军事、经济中心。

开凿运河 隋炀帝在营建东都的同时,又下令开凿大运河。大运河以洛阳为中心,分为三大段。中段包括通济渠与邗沟。通济渠北起洛阳,东南入淮水。邗沟北起淮水南岸之山阳(今江苏淮安),南达江都(今扬州)入长江。南段名江南河,北起长江南岸之京口(今镇江),南通余杭(今浙江杭州)。北段名永济渠,南起洛阳,北通涿郡(今北京城西南)。大运河分段开凿,前后历时 5 年,全长 200 余公里,是世界著名的伟大工程之一。

开凿大运河的目的是为了加强中央对东方和南方的统治,同时也是为了从南方漕运粮食和便利对东北用兵。大运河对中国南北的经济、文化交流和巩固国家的统一都起了巨大的作用。

5. 经略边疆

隋朝对边疆的少数民族采取积极的政策,既有军事对抗,也有和平交往。民族关系的主流是友好往来和经济文化交流。当时主要的少数民族有突厥、吐谷浑以及流求人等。

突厥 突厥原居今西伯利亚叶尼塞河上游,以狩猎、游牧为生。5 世纪中叶,被柔然征服,迁于金山(今阿尔泰山)南麓,为柔然做铁工。6 世纪中叶,突厥逐渐强大,打败柔然,其首领土门(姓阿史那氏)自称伊利可汗,建立突厥汗国。其子木杆可汗时,全部占据柔然的疆土,又西破嚈哒,东败契丹,北并契骨[①],其疆域东至辽河上游,西至里海(一说咸海),南至大漠,北至贝加尔湖。这时突厥已有文字、官制、刑法和税法等。

隋初,突厥强大,有战士四十万,不断入侵内地。隋朝被迫修长城,驻重兵,加强防守。开皇三年(583),隋军大败突厥。不久,突厥分裂为东、西两部,东、西突厥互相对立,两部内部各派也互相攻战。开皇十九年(599),东突厥突利可汗战败降隋。隋封他为启民可汗,并以宗女义成公主嫁之。大业七年(611),西突厥处罗可汗亦降隋。突厥与隋的政治、经济关系日益密切。

---

① 契骨:或即坚昆、结骨、黠戛(xiá jiá 侠夹)斯。

吐谷浑　吐谷浑(tū yù hún 秃浴魂),原是鲜卑族慕容部一支的首领的名字。该部原居今辽宁一带,西晋末,吐谷浑率部西迁至今甘肃、青海之间。后来以吐谷浑为姓氏,建立国家,都伏俟城(青海湖西15里)。其官制、衣服、器用都仿效中原王朝,并使用汉文。隋初经常入侵。开皇十六年(596),隋文帝以光化公主嫁于吐谷浑可汗。大业四年(608),隋炀帝派军大败吐谷浑。在其地设河源(今青海兴海东南)、西海(今青海湖西)、鄯善(今新疆若羌)、且末(今且末西南)四郡。

流求　流求在三国时称夷洲,今名台湾。至隋代,尚处在原始社会末期,部落联盟首领称王,其下称帅,帅统诸洞,洞主称小王,洞下为村,村主为鸟了帅。生产以农业为主,种稻、粱、黍、麻和豆类,以石斧为掘土工具,亦有小件铁器。兵器有刀、矟、弓、箭、剑、铍等,饲养业以猪、鸡为主。大业三年(607),隋炀帝命羽骑尉朱宽与海师何蛮浮海到流求,因语言不通而返回。次年,又命朱宽前往,意在慰抚,流求王不从,朱宽取得布甲等物而还。大业六年(610),炀帝命将军陈稜与文官张镇州率领士卒一万余人自义安(今广东潮安)前往流求。"流求人初见船舰,以为商旅,往往诣军中贸易。"[1]陈稜亦通过翻译"慰谕之,流求不从,拒逆官军"[2]。陈稜大败流求王,虏男女数千人而归。这对大陆与台湾的和平往来起了严重的破坏作用。

二、社会经济的发展

隋统一中国后,消除了南北长期对立的局面,为南北经济的交流和发展创造了有利条件。隋文帝时期,采取劝课农桑,轻徭薄赋的政策,有利于社会的安定,调动了农民的生产积极性。因而社会经济的恢复、发展都较快。

1. 农业

隋代农业的恢复、发展,主要反映在田野垦辟、户口增殖和府库充实等方面。

田野垦辟,户口增殖　隋初,全国垦田数字为1940万顷。到隋末,增至5585万余顷[3]。这个数字虽包括了许多过去未登记的田地,但显然也包括大量新开垦的田地。

隋初,仅有359万余户,900万口。灭陈时,得50万户,南北合计近410万户,3000余万口。至大业二年(606)户口已增至890万余户,4600余万

---

①　《隋书》卷六四《陈稜传》。
②　《隋书》卷八一《东夷列传·流求国》。
③　《通典》卷二《食货·田制下》。有的学者认为此为均田制时的应受田数,非实垦田数。

口。户数增长了一倍,口数增长了三分之一。这个数字当然包括大量原来隐漏的户口,但人口的迅速增殖也是事实。

府库充实 由于社会经济迅速发展,国家的赋税收入也不断增加,官府为储存粮食,在各地修造了许多官仓,除京师的太仓外,其中较著名的有黎阳仓、河阳仓、常平仓、广通仓(后改称永丰仓)、含嘉仓、子罗仓、洛口仓(又称兴洛仓)、回洛仓等。这些粮仓规模巨大,储粮多者可达数千万石,少者也有数百万石。各地府库中储存的布帛也很多,如京都和并州(今山西太原)府库的布帛就各有数千万匹。由于收入远超过支出,至隋文帝末年,"天下储积,得供五六十年"①。

2. 手工业

隋代的手工业有较迅速的发展,当时主要的手工业有纺织业、制瓷业和造船业等。

纺织业 纺织业中以丝织业最为有名。主要产地为今之河南、河北、山东、四川等地,所产绫、绢、锦等都很精美。当时还采用外来的波斯锦的织造技法,织出了质量很高的仿波斯锦。在今安徽、江苏、浙江、江西等地,麻布的产量很大。豫章(今江西南昌)妇女勤于纺绩,"夜浣纱而旦成布者,俗呼为鸡鸣布"②。

制瓷业 隋代的制瓷业有很大的发展。隋代已经出现了白瓷器,其造型美观,色泽晶莹,质地坚硬。隋代的青瓷制造技术也有所发展,其胎厚重,釉透明,硬度远胜于前代。

造船业 隋代造船业也有很大发展。当时我国的造船技术与规模在世界上都名列前茅。隋文帝准备伐陈时,大造战船,其中的大舰名"五牙",高百余尺,上有楼5层,前后左右设置6个拍竿,各高50尺,可载战士800人。隋炀帝即位后,造龙舟、凤舸(tà 榻)等各种船数万艘。他游江都时所乘龙舟高45尺,阔50尺,长200尺,上有4层楼,上层有正殿、内殿、东西朝堂,中间两层有房120间,下层为内侍居处。除官府外,民间造船的也很多,尤其是吴、越、闽等地,滨临大海,善造大船。

3. 商业

由于农业、手工业和交通运输的发展,国内外市场的扩大,隋朝的商业也迅速发展起来。长安是全国最大的商业中心,也是国际贸易的重要城市。长安有东、西两市,国内外商人云集。东都洛阳也是重要的国内外贸易城

---

① 吴兢:《贞观政要》卷八《论贡赋》。
② 《隋书》卷三一《地理志下》。

市,有东、南、北等三市。商旅众多,货物山积。江都(今江苏扬州)、丹阳(今南京)、成都、太原、余杭(今浙江杭州)、南海(今广东广州)、宣城等城市也都很繁荣。各州(郡)县都设有市,州县治所往往是本地区或更大范围的商业中心。

三、隋末农民战争

1. 起义背景

统治者骄奢淫逸　隋炀帝骄奢淫逸,好大喜功,挥霍无度,他为满足其骄奢淫逸的生活,在各地大修宫殿苑囿、离宫别馆。其中著名的有显仁宫、江都宫、临江宫、晋阳宫、西苑等。西苑在洛阳之西,周围二百余里,苑内有人工湖,周围十余里,湖内有山,堂殿楼观,布置奇巧,穷极华丽。隋炀帝常在月夜带宫女数千人骑马游西苑,令宫女在马上演奏《清夜游》曲,弦歌达旦。炀帝游江都时,率领诸王、百官、后妃、宫女等一二十万人,船队长达二百余里,所经州县,五百里内都要贡献食物,挥霍浪费的情况十分严重。

隋炀帝为夸耀国家富强,每年正月当少数民族和外国首领、商人聚集洛阳时,命人在洛阳端门外大街上盛陈百戏散乐,戏场绵亘八里,动用歌伎近三万人,乐声传数十里外。西域商人要到市上交易,炀帝就下令盛饰市容,装潢店肆,房檐一律,珍货充积,连卖菜的都要垫以龙须席。当这些商人从酒店饭馆前经过时,都要请他们就座用餐。并说:"中国丰饶,酒食例不取直(值)。"还将市上树木缠以丝织品做装饰。有些胡商说:"中国亦有贫者,衣不盖形,何以以此物与之!缠树何为?"[①]

大兴土木　隋炀帝不惜民力,无限制地征发徭役,兴建了许多规模巨大的工程。为开掘保护东都的长堑,征发民伕数十万;营建东都,每月役使民伕二百万;开凿运河,先后征发民伕数百万;修长城,征发民伕一百余万;修大兴城,又征发民伕十万。兴建这些工程时,不仅毫不考虑农时,而且役期严急,劳役过重,致使服役者大量死亡,严重地破坏了农业生产。

劳师远征　隋炀帝还多次劳师远征高丽。高丽地跨鸭绿江两岸,位于今中国辽宁东部、吉林中部和朝鲜北部。辽宁东部、吉林中部古称辽东,很早即入中国版图,后被高丽占据。开皇十八年(598),高丽又攻隋的辽西。隋文帝派大军三十万伐高丽,后因士卒多病,高丽亦遣使谢罪,遂罢兵。隋炀帝即位后,又三次大举征伐高丽。

---

① 《资治通鉴》卷一八一《隋纪五》,炀帝大业六年。

大业八年（612），隋炀帝第一次伐高丽。征调士卒 113 万余，陆军集中于涿郡（今北京），水军集中于东莱（今山东莱州）。另调民伕 200 万，以运送衣甲、粮食等。造海船的民工日夜站在水中，皮肤溃烂，腰以下生蛆，死者甚众。隋军虽曾攻至平壤附近，最后却大败而还。大业九年（613），第二次伐高丽。正当双方相持不下时，礼部尚书杨玄感起兵叛隋，隋炀帝仓皇撤军。大业十年（614），第三次伐高丽。隋炀帝因国内农民起义已成燎原之势而不敢久战，高丽也疲于战争而遣使请降，隋炀帝就此撤军。

征伐高丽的战争，先后动用人力数百万，征调财物无数，大量士兵、民伕死于战场和劳役，由于农村中极度缺乏劳力和耕畜，大量土地荒芜，社会经济受到严重破坏，人民难以生活下去。

长白山起义　征伐高丽的战争成为隋末农民大起义的导火线。起义首先在山东爆发。当时山东、河北人民为征高丽而负担的兵役、徭役及受过境军队的骚扰最严重，所以起义在炀帝第一次出征之前首先在这一带爆发。大业七年（611），邹平人王薄在长白山（今山东邹平、章丘境内）首揭义旗，自称"知世郎"，作《无向辽东浪死歌》曰："长白山前知世郎，纯著红罗锦背裆。长矟（shuò 朔）侵天半，轮刀耀日光。上山吃獐鹿，下山吃牛羊。忽闻官军至，提刀向前荡。譬如辽东死，斩头何所伤！"[①]以此号召农民参加起义。

长白山起义之后，山东、河北广大地区的人民纷起响应，起义军"多者十余万，少者数万人"[②]。攻郡县，杀长吏，震撼了隋朝的统治。

2．三大农民起义军

大业十三年（617）前后，各地农民起义军逐渐汇合为三大主力，即河北起义军、瓦岗起义军和江淮起义军。

河北起义军　河北起义军的领袖是窦建德。他是漳南（今河北故城东北）人。大业七年（611），因与农民起义军有联系，家属被官府杀害，于是率众参加起义军，转战于今河北、山东交界一带。大业十三年，窦建德在乐寿（今河北献县）称长乐王。同年，隋炀帝命涿郡留守薛世雄率兵三万余南下进攻瓦岗军。窦建德在河间歼灭了薛世雄军，有力地支援了瓦岗军的斗争，同时也沉重打击了河北地区的隋朝势力，此后河北大部分地区都为起义军所有。大业十四年，窦建德改称夏王，建国号为夏。次年，迁都洺州（今河北永年东南）。他在境内注意发展生产，个人生活也很俭朴，甚得人心，远近归附。

---

①　《古谣谚》卷八五。

②　《资治通鉴》卷一八二《隋纪六》，炀帝大业七年。

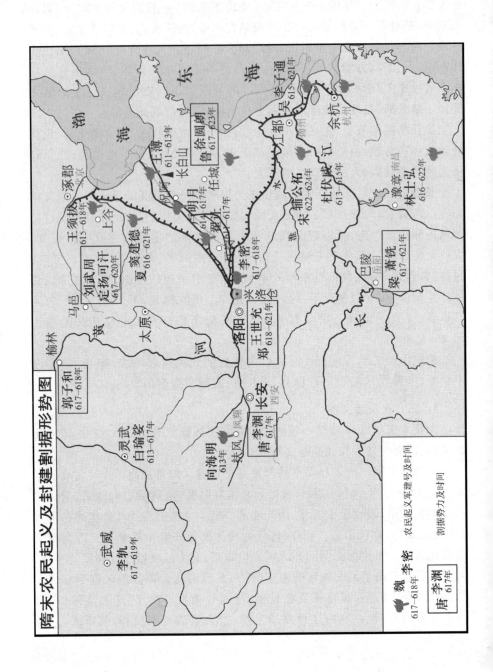

隋末农民起义及封建割据形势图

余杭　杭州

东　海

李子通　613–621年

徐圆朗　617–623年

鲁圆朗　长城

王薄　611–613年　长白山

任城

刘阿月　617年　翟让　617年

涿郡　北京

王须拔　615–618年

上谷

窦建德　616–621年

夏　马邑

刘武周　定扬可汗　617–620年

黄　太原　河

榆林

郭子和　617–618年

灵武　白瑜娑　613–617年

向海明　613年

武威　李轨　617–619年

李密　617–618年

兴洛仓

洛阳

王世充　郑　618–621年

长安　西安

唐　李渊　617年

扶风　凤翔

杜伏威　613–615年

朱桀公祏　622–624年

淮

江　江都　扬州　吴

梁　萧铣　617–621年

巴陵　岳阳

豫章　南昌

林士弘　616–622年

长

魏　李密　617–618年　农民起义及军建号及时间

唐　李渊　617年　割据势力及时间

瓦岗起义军　在三大农民起义军中,瓦岗军的力量最为强大。其创始人是翟让。翟让原是隋朝东郡(治今河南滑县东)的司法小吏,因犯法被判死刑,后从狱中逃走。约于大业七年(611),在瓦岗寨(今滑县东南)起义。单雄信、徐世勣、王伯当等先后率部入伙。大业十二年,曾帮助杨玄感起兵的贵族李密也来投奔。李密招来许多小股起义军加入瓦岗军,还谋划攻下金堤关(在今河南荥阳东北),又在荥阳重创隋军,杀死隋将张须陀。次年,攻下兴洛仓(洛口仓),开仓赈济饥民,四方归之如流,队伍迅速发展到数十万人。翟让自觉才能不如李密,主动让位给李密。李密称魏公,建元永平。此后,瓦岗军接连攻下回洛仓(在洛阳北)、黎阳仓(在浚县)及附近郡县,直逼洛阳城下。还发布檄文,声讨隋炀帝的十大罪状曰:"罄南山之竹,书罪未穷;决东海之波,流恶难尽。"[1]瓦岗军屡败洛阳敌军,声威大振。但此时李密却由于担心翟让夺他的权而将其杀害。这就造成了瓦岗军内部的离心倾向,使之从鼎盛走向衰落。

江淮起义军　江淮起义军的领袖是杜伏威、辅公祐。杜伏威是齐州章丘(今山东章丘北)人,辅公祐是齐州临济(今章丘西北)人。他们都曾在大业九年参加长白山起义军,后来自己组织队伍向淮南发展。江淮间各支起义军多来归服。大业十三年,杜伏威率军大败隋军,乘胜攻克高邮(今江苏高邮北)、历阳(今安徽和县),次年攻克丹阳(今江苏南京),控制了江淮流域的广大地区,威胁隋朝的军事重镇江都。

3. 隋朝灭亡

江都兵变　大业十二年(616)隋炀帝第三次到江都后,畏于北方农民起义的发展,不敢北还。隋炀帝自知大势已去,日夜常醉,想保据江东。大业十三年,太原留守李渊起兵反隋,江都人心惶惶。次年,隋将司马德戡(kān刊)等利用北方籍卫士思归的情绪,在江都发动兵变,攻入宫中,推举宇文化及为丞相,缢杀隋炀帝。此后,宇文化及率部北还。

李渊建唐　李渊即唐高祖。其祖其父均为西魏、北周的高级将领,其母为鲜卑人,与隋文帝皇后为从姊妹。李渊七岁袭封唐国公。大业十三年,任太原留守。当年五月,起兵反隋。攻陷长安后,立炀帝之孙代王杨侑为傀儡皇帝,遥尊隋炀帝为太上皇,自任大丞相,掌握大权。次年三月,宇文化及杀隋炀帝,李渊亦废杨侑,自立为帝,国号唐,建元武德,仍以长安为国都。

李渊称帝以后,即开始对各方的异己势力展开斗争。当时,全国各地有多支大小农民起义军,还有不少原隋朝贵族、官僚以及一些豪强地主拥兵割

---

①　《旧唐书》卷五三《李密传》。

据一方,大者称皇帝、王公,小者称总管、录事,互相兼并,战火不断。李渊对农民起义军和割据势力,采取了招降或武力消灭两种方式。河北起义军之窦建德、刘黑闼,江淮起义军的辅公祏相继被杀,杜伏威和瓦岗起义军的李密、徐世勣相继投降。地方割据势力如陇右的薛仁杲、幽州的罗艺、洛阳的王世充等相继投降,陇右的李轨、巴陵的萧铣、朔方的梁师都等相继败死。至贞观二年(628),中国又重新统一。

4. 农民战争的历史意义

隋末农民战争虽然失败了,但其历史意义是重大的。首先是推翻了隋炀帝的暴虐统治,在一定程度上解除了人民的痛苦,为社会经济的恢复、发展扫除了重大障碍。其次是教训了统治阶级,使唐初统治者在一定时期内不敢过分剥削人民,改变了隋末赋役繁重的局面。再次是打击了地主阶级,尤其是沉重打击了世家大族,改善了土地占有状况和阶级关系,促进了社会经济的发展。

复习思考题:

　*1. 试述隋朝统一前后所进行的改革及其意义。

　*2. 隋朝的大运河分为几大段,各有什么名称?

　3. 隋末三支农民起义大军的主要活动地区在哪里? 其领导人各是谁?

重要名词:

　*隋文帝　*隋炀帝　王薄　窦建德　李密　*三省六部

　*科举制　*大索貌阅　公廨田　*流求　吐谷浑

参考书:

1. 翦伯赞、郑天挺主编:《中国通史参考资料》第四册一、二。(选读)

2.《隋书》卷三、四《炀帝纪》、卷二四《食货志》。

3.《资治通鉴》卷一七七至卷一八四《隋纪》。(选读)

4. 张传玺主编:《中国古代史教学参考手册》(第二版)第300—310页三"职官类"(一)《重要朝代官制简表》4"隋朝"。

第二节　唐　朝

(618—907)

唐朝是我国封建时代最强盛和统治时间最长的王朝之一。其疆域之大,境内民族之多,都是空前的。唐朝的历史可以公元755年"安史之乱"为界,"安史之乱"以前为唐前期,是国力强盛、文化繁荣时期;"安史之乱"以后为唐后期,是分裂割据、国力日衰时期。

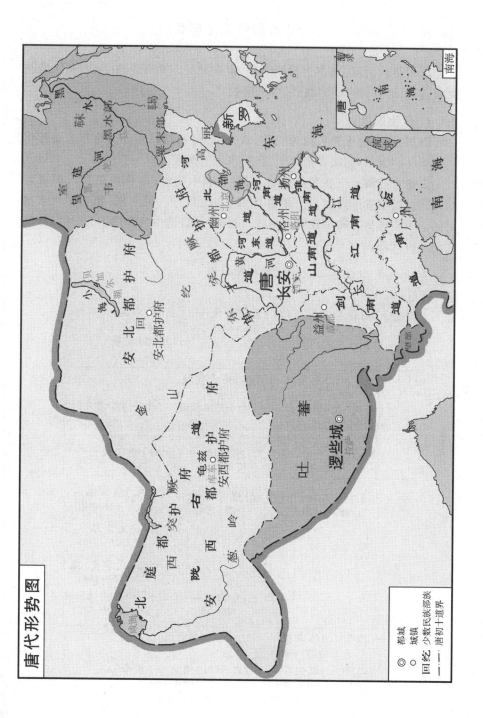

唐代形势图

◎ 郡城
○ 城镇
回纥 少数民族部族
--- 唐初十道界

一、唐初的主要制度

唐初所行制度,基本上沿用隋制,但在某些方面有所改进,因而比隋制更完善,更严密,进一步加强了中央集权。

1.政治制度

唐初,中央的主要机构为三省、六部、一台、五监、九寺。地方上实行州县两级制。太宗时,又在州之上设道,作为监察区。

三省六部制　三省为尚书省、门下省和中书省(隋称内史省),职掌与隋制同。尚书省下设吏、户(隋称民部)、礼、兵、刑、工六部,职掌亦与隋制相同。中央还另有殿中省和秘书省,但在中枢政治中的作用不大,故习称唐代是三省六部。

唐朝帝系表
(618—907)

(一)高祖李渊 —— (二)太宗世民 —— (三)高宗治
(618—626)　　　　(626—649)　　　　(649—683)
　　　　　　　　　　　　　　　　　(六)武则天曌
　　　　　　　　　　　　　　　　　(684—704)

(四)、(七)中宗显 ——(八)殇帝重茂
(683—684;705—710)　　(710)
(五)、(九)睿宗旦 —— (十)玄宗隆基 —(十一)肃宗亨
(684;710—712)　　　　(712—756)　　　(756—762)

(十二)代宗豫 —(十三)德宗适 —— (十四)顺宗诵
(762—779)　　　(779—805)　　　　(805)

(十五)宪宗纯 —(十六)穆宗恒 —— (十七)敬宗湛
(805—820)　　　(820—824)　　　　(824—826)
　　　　　　　　　　　　　　—— (十八)文宗昂
　　　　　　　　　　　　　　　　(826—840)
　　　　　　　　　　　　　　—— (十九)武宗炎(瀍)
　　　　　　　　　　　　　　　　(840—846)
　　　　　　　　　— (二十)宣宗忱 —— (二十一)懿宗漼
　　　　　　　　　　(846—859)　　　　(859—873)

(二十二)僖宗儇
(873—888)
(二十三)昭宗晔 —— (二十四)昭宣帝(哀帝)
(888—904)　　　　(904—907)

三省长官起初均为宰相,共议国政。但由于尚书令权力太大,遂以唐太宗曾任此职为理由,不再授人,而以左右仆射代行职权。左右仆射起初是当然的宰相,但后来要加"同中书门下"头衔才是宰相。由于中书令、门下侍中的名位较高,所以也不常设。于是就给其他官员加上"参与朝政"、"参议朝政"、"参议得失"、"同中书门下三品"、"同中书门下平章事"等头衔,担任宰相。宰相们平时在政事堂讨论军国大事。政事堂会议是协助皇帝统治全国的最高决策机构。宰相的权力分于三省,又由品级较低的官吏担任宰相,这就进一步削弱了相权,加强了皇权,但同时也更便于发挥整个统治集团意志的作用。

一台五监九寺 一台即御史台,掌监察中央和地方官吏,参与大狱的审讯。五监即掌文教的国子监、掌皇家手工业生产的少府监、掌土木工程的将作监、掌制造军器的军器监和掌水利建设的都水监。九寺即掌礼仪祭祀的太常寺,掌皇室酒醴(lǐ)膳羞的光禄寺,掌兵器仪仗的卫尉寺,掌皇族谱籍的宗正寺,掌皇帝车马和国家牧政的太仆寺,掌刑法断狱的大理寺,掌国宾礼仪的鸿胪寺、掌国家仓廪储备的司农寺和掌财货、贸易的太府寺。

州县和道 唐初的地方行政制度与隋朝基本相同,仍为州县两级制。州的长官为刺史,县的长官为县令,县下设乡,乡下设里。

唐太宗时,为加强对地方的控制,把全国划分为十个监察区,称为道。时常派黜陟使或巡察使到各道巡察。唐玄宗时,又分全国为十五道,每道设采访使一人,督察所属州县。

2. 兵制

府兵 府兵是唐初的主要军事力量。其编制的基本单位是折冲府(又称军府)。府分三等,上府1200人,中府1000人,下府800人。军府长官为折冲都尉,副职为左右果毅都尉。府兵称卫士或侍官。军府分别隶属于十二卫和六率。十二卫各设大将军一人,直接听命于皇帝。六率各设率一人,隶属于太子。为了便于识别,在军府前均冠以所在地区的名称,如"武安府","宜阳府"等。关于唐代设军府的数目,史书记载颇多分歧,据今人利用出土文献、文物所作考证,军府数量最多时至少有660府[①]。军府分布于全国,但以长安附近的关内道最为集中。其原因一是京畿所在,形势重要;二是人口稠密,兵源充足。其他各道设置军府有多有少,有的州甚至无军府。关内、河东、河南等腹心地区的军府占总数的绝大部分,这样就使中央握有重兵,得以贯彻"居重驭轻","举关中之众以临四方"的军事方针。

---

① 李方:《唐折冲府增考》,《文史》第三十六辑。

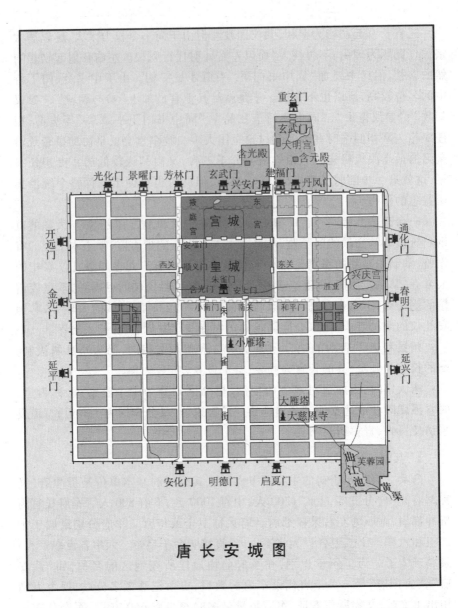

唐 长 安 城 图

府兵必须凭尚书省兵部的兵符才能调拨。战时由皇帝命将率军出征，战争结束，将领回朝，士卒归府，将无常兵，难以干预国政。

唐代府兵制建立在均田制基础上，是兵农合一的制度。卫士21岁入军，60岁免役。征点标准是"财均者取强，力均者取富，财力又均，先取多丁"①。府兵农忙时生产，农闲时操练。其经常性任务是轮流到京城宿卫

---

① 《唐律疏议》卷一六"拣点卫士征人"条。

（称为"番上"），或到边境和内地的要地戍守。战时则应征作战。卫士服役期间，免除其自身的租调，但衣装、口粮和大部分兵器都要自备。府兵制虽减轻了国家的负担，但卫士个人的负担却很沉重。在均田制破坏的过程中，此制亦随之破坏，后为募兵制所代替。

唐太宗步辇图

兵募　兵募是唐前期从民丁中临时征募的兵，又称为募兵、募人、征人。唐王朝建立时，隋府兵制已遭受战争破坏，限于时势，不得不以募兵为主。即使在此后的府兵强盛时期，因府兵兵力有限等原因，为满足征战和戍边的需要，仍以兵募作为重要的辅助兵源。高宗中期以后，府兵制逐渐衰微，征战和镇防的兵员多数来自兵募。

兵募平时没有固定的建制和兵额，当需要时，由兵部依据诏敕，责成州县召募。兵募名义上是自愿投充，实际上是召募与强制结合，不是名副其实的召募制，而是征募制。兵募的服役期限在开元以前一般为二或三年，但实际上很难按规定执行，往往被延长，甚至有少年从军，白发方归者。开元中期，开始召募称为健儿的雇佣兵，代替兵募及其他兵戍边。

健儿　健儿又称"长征健儿"、"长行健儿"、"兵防健儿"或"官健"，是由兵募演变而来的。开元二年（714），边地的镇防兵募已有健儿的称号。此后，朝廷经常在即将复员的征行人中召募愿意继续留镇服役者，并给以一定的赏赐。长征健儿长期戍边，终身免除课役，装备、给养全由官给，并由官给家用粮，所以又称官健。开元二十五年（737），下诏全部从诸色征行人及客户中召募长征健儿为镇兵，次年又令各州停止差遣兵募戍边。从此，名副其实的募兵长征健儿代替了征募制的兵募。此后，在文献中行人、征行人、兵募等仍经常出现。长征健儿代替府兵、兵募镇防，是唐代兵制变革的重要内容之一。这一变革使招募制代替了征兵制，雇佣兵、职业兵代替了义务兵。这是中古兵制发展史上的一件大事。

蕃兵 蕃兵是归附唐朝的少数民族军队,唐代尤其是唐前期,蕃兵在军事行动中曾起了重大作用。朝廷不向归附的少数民族大量征收贡赋,而让其四方征战,拓境守边。这样虽少收了一些贡赋,却得到了一支不用负担甲仗衣粮的军队,还可以大大减少内地军民到边疆的征防;而且蕃兵基本上都是骑兵,熟悉、适应边地多沙碛、草原的环境,又居住在边境附近,一旦发生战争可以就近征调,这些都是蕃兵见重于唐统治者的原因。

北衙禁军 北衙禁军的主要任务是守卫皇宫。

3. 科举制

科举制始创于隋朝。至唐朝进一步发展、完善,成为选拔官僚的主要方法。随着科举制的推行,学校教育也日益发展。中央设国子监,下辖国子学、太学、四门学、律学、书学、算学等六学。地方上设有州、县学。学生称生徒,学习成绩好的,由学校保送参加科举考试。科举分为常举和制举两种。

常举 常举每年举行考试,科目主要是明经、进士、明法、明书、明算、秀才等。常举的应考者有两个来源,一为生徒,即由各级各类学校保送者;二为乡贡,即经州县考试选拔的自学者。应考者主要集中在明经和进士两科。明经科主要考试儒家经义,比较容易;进士科主要考诗赋和政论,难度很大,而且又是做高官的主要途径,因之最受重视。有"三十老明经,五十少进士"之说。说明考中进士之不易。常举初由吏部主持,后改由礼部主持。常举考中以后,只是取得作官的资格;必须再经吏部考试合格,方能授官。吏部的这种考试称为"释褐试",释褐即脱掉民服,改换官服之意。

制举 制举是为了搜罗非常人才而临时设置的考试,不常举行。所设科目有贤良方正直言极谏、才识兼茂明于体用等一百多种。一般士人和官吏都可应考,录取者优予官职或提升。

科举制有利于庶族地主参政,进一步扩大了封建统治的阶级基础。

4. 土地与赋役制度

唐继隋末大乱之后,人口死散很多,土地大量荒芜,社会经济凋弊。唐朝为稳定社会秩序,恢复、发展农业生产,保证赋税收入和徭役调发,采取了许多措施,其中最主要的是武德七年(624)四月颁布了均田令和租庸调法。

均田制 均田令规定:继续实行均田制,庶民依据户籍授田。人3岁以下者为黄,4岁为小,16岁为中,21为丁,60为老。丁男和18岁以上的中男授田1顷。其中20亩为永业田,可以传给子孙;80亩为口分田,死后要还官。老男、残废、重病者授口分田40亩。寡妻妾授口分田30亩。这些人如为户主,加授永业田20亩。和尚、道士授口分田30亩,尼姑、女冠(女道士)授口分田20亩。工商业者的永业田、口分田减半授给,若在狭乡(人多地少地区）则不授。狭乡农民亦减半授田。

贵族和官员授田另有规定：最多者为亲王，可授永业田 100 顷，最少者为武骑尉，可授永业田 60 亩。各级官员另有数量不等的职分田，以其收入作为俸禄的一部分。各级官府还有数量不等的公廨田，以其收入作为办公费用。职分田和公廨田在原任官离职时，则由新任官接管，不得出卖。

土地买卖受到严格控制。但官僚贵族的永业田和赐田可以出卖；百姓的永业田在人死家贫无力埋葬时亦可出卖；百姓的口分田在由狭乡迁往宽乡，或者卖充住宅、邸店、碾硙时，亦可出卖。买地者不准超过本人应占田限额。

唐代的均田制和前代一样，是在土地私有制的基础上实行的，并不触动地主占有的大量土地。所谓授田，主要是从荒地上调拨。地主占田往往逾限，而农民大多授田不足额，甚至有些地区每户农民有田不过 10 亩、5 亩。虽然如此，但农民在均田制下毕竟得到了一些土地，而且均田制禁止随意买卖土地和无限占田，在一定程度上起了抑制土地兼并，维护小农经济的作用。所以均田制的实行对唐初农业生产的恢复和发展起了积极的作用。

租庸调法　租庸调法是唐前期的主要赋役制度，是在均田制基础上实行的。租庸调按丁征收。每丁每年交纳粟 2 石，称为租。每年植桑区交纳绢 2 丈、绵 3 两，种麻区交纳布 2 丈 5 尺、麻 3 斤，称为调。每丁每年服徭役 20 天，闰月加 2 日。如果不服徭役，每天折纳绢 3 尺或布 3 尺 7 寸 5 分，称为庸。如果政府额外加役，15 天免调，30 天租调全免。额外加役最多不能超过 30 天。隋朝规定 50 岁以上的人才能以庸代役，而唐朝将此加以推广并制度化，并规定了役期的最高天数。这些都使农民有较多的时间从事农业生产，有利于社会经济的恢复和发展。

5. 唐律

唐代法律分为律、令、格、式四种。律是刑法典；令是关于国家各种制度的规定，如《户令》、《田令》等。式是各项行政法规，办事细则，如《水部式》等；格是对律、令、式所做的补充和修改。律、令、格、式互为补充，以律为主，同时并行。

唐律是直接从隋《开皇律》发展而来的。唐律从唐高祖时开始制订，到唐太宗时修订完成。唐高宗永徽年间，又对律文加以解释。释文称为"疏"，具有和"律"同等的效力。二者合编，称为《永徽律疏》，后世称之为《唐律疏议》。这是我国现存最早的一部完整的封建法典。

唐律分 12 篇，共 502 条。刑名有笞、杖、徒、流、死等 5 种。在量刑定罪上，唐律比隋律又有所减轻。

唐律的基本精神是维护封建统治,亦把谋反、谋大逆、谋叛、恶逆、不道、大不敬、不孝、不睦、不义、内乱等定为"十恶"。对属于"十恶"的罪要严惩,而且大多不能减、赎,有些甚至遇大赦也不能免罪。为了保证封建国家的剥削,唐律对隐匿户口、谎报年龄、私自出家以及不按期交纳租调服徭役者,规定了各种刑罚。唐律还规定了贵族、官僚、平民、部曲以及奴婢在法律上的不同地位。贵族、官僚犯罪可以减罪、赎罪以及用官抵罪。平民如果冒犯贵族、官僚,要加等治罪。主人可以任意殴打部曲甚至打死。主人只要报请官府,就可以杀死奴婢。

二、贞观之治

唐高祖李渊只当了九年皇帝就将皇位传给次子李世民,自己退入后宫当太上皇去了。李世民为建立唐朝立有巨大军功。他与其兄、太子李建成都有继承皇位的要求,明争暗斗激烈。武德九年(626),李世民发动"玄武门之变",杀其兄李建成与其弟李元吉,争得太子之位。不久李渊又将皇位传给他。他即位后,于次年改元贞观。贞观共二十三年,当时的政治比较清明,经济由恢复而迅速发展,社会稳定,人民生活得到改善,国力强盛,边境较安宁。史家称此时为"贞观之治",被认为是中国封建时代少有的"太平盛世"。

李世民死后,谥号为"太宗",史称唐太宗。唐太宗(626—649)是中国古代史上杰出的政治家。所谓"贞观之治",除了当时的政治、经济、文化等都有所发展之外,还有以下四个重要特点:

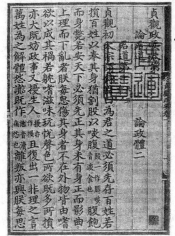

《贞观政要》

1. 唐太宗君臣论治

唐太宗经常与其大臣们论古说今,总结历史经验,以改善统治。他很重视强盛的隋朝在短时间内土崩瓦解一事,经常议论隋亡的教训,并引以为戒。他们还议论历代王朝兴衰成败的原因,从中吸取经验教训。参与论治的主要有魏徵、房玄龄、杜如晦、褚遂良、马周等人。

唐太宗曾多次引用荀子的话说:"君者,舟也;庶人者,水也。水则载舟,水则覆舟。"①魏徵也曾说,强盛的隋朝之所以速

① 《荀子》卷五《王制篇》。

亡,就是由于隋炀帝"驱天下以从欲,罄万物以自奉","徭役无时,干戈不戢",所以"载舟覆舟,所宜深慎"①。他们认识到一个政权如果过分暴虐,使人民无法生活下去,就会被人民推翻,所以对人民的剥削压迫要有节制,不能超过一定的限度。

唐太宗君臣论治的范围很广,涉及加强、巩固封建统治的各个方面,其主要内容多收入《贞观政要》一书。因而该书深受后代封建统治者的重视。

2. 选练举贤

选贤任能 唐太宗在用人方面坚持"选贤任能"的原则,不因亲故而取庸劣;不因关系疏远或曾是政敌而舍贤才。不拘一格,因材致用,因而从各阶层、各集团搜罗了许多人才,他重用的一批大臣如房玄龄、杜如晦、魏徵、李靖、李勣等,都是当时杰出的政治家或军事家。

唐太宗认为地方官直接管理人民,与天下治乱有直接关系,所以非常重视对地方官吏的任用和考察。他把各地都督、刺史的姓名写在宫内屏风上,随时记其功过,以备奖惩。

兼听纳谏 唐太宗很重视听取大臣的意见,注意兼听众议,虚心纳谏。他还鼓励大臣直言极谏,因之一时朝廷上出现了良好的政治风气。大臣魏徵曾对唐太宗说:"兼听则明,偏信则暗。"②唐太宗很赞成此说。常对太宗进言的大臣以魏徵最为著名,而且敢犯颜而谏。太宗有时想不通,十分生气,甚至还很恼恨;可是转念一想,又认为魏徵是对的,接受了魏徵的意见。后来魏徵去世,太宗十分难过,也很怀念魏徵。太宗曾对大臣们说:"夫以铜为镜,可以正衣冠;以古为镜,可以知兴替;以人为镜,可以明得失。朕常保此三镜,以防己过。今魏徵殂逝,遂亡一镜矣!"③太宗兼听纳谏,纠正了不少错事或错误意见,防止了一些可能发生的问题,使政治保持清明。

3. 轻徭薄赋 发展生产

唐太宗时,君臣们都很重视实行"轻徭薄赋、发展生产"的方针政策。太宗曾对大臣们说:残酷剥削人民的"亡国之主"是咎由自取。如他说:"齐主(北齐后主高纬)深好奢侈,所有府库用之略尽,乃至关市无不税敛,朕常谓此犹如馋人自食其肉,肉尽必死。人君赋敛不已,百姓既弊,其君亦齐主是也。"④

唐初的赋税徭役都比隋朝有所减轻,尤其是力役减轻了很多。在征发

---

① 《贞观政要》卷一《论君道》。
② 《资治通鉴》卷一九二《唐纪八》,太宗贞观二年。
③ 《旧唐书》卷七一《魏徵传》。
④ 《贞观政要》卷八《辩兴亡》。

力役时,比较有节制,注意不夺农时。

唐太宗即位之初,关东、关中各地连续数年发生水旱霜蝗等灾,灾民很多。太宗下令免除受灾地区的租赋,开官仓赈恤,并准许灾民到非灾区就食,还拿出御府金帛为因灾荒而出卖子女者赎回其子女。

为减轻人民负担,太宗精简政府机构,把中央官员从二千余人减少到六百余人,并省了许多州县,还节约了政府开支。

唐太宗曾派使者到突厥,用金帛赎回隋末被突厥虏去的男女八万余人,还放出宫女三千多人回到民间,这些都对稳定社会秩序、增加社会劳动人手起了作用。为解决耕畜不足,曾与突厥等少数民族"互市",换取了大量马、牛,用以耕田。

由于采取了一系列措施,再加上广大农民的辛勤劳动,使农业生产连获丰收,米价最低时每斗不过三四钱,流散的人民逐渐返回故乡。社会生产逐步恢复、发展,出现了一派太平景象。

4. 华戎同轨 爱之如一

在与少数民族的关系方面,唐太宗虽曾多次派兵反击突厥、吐谷浑等的侵扰,并进而征服了突厥、吐谷浑等,但他主要还是采取以怀柔为主的羁縻政策。他曾说:"自古皆贵中华,贱夷狄,朕独爱之如一。"[1]对于依附的各族,他一般不改变其生产方式、社会制度,注意保存其部落体制,尊重其习俗。在边远少数民族地区设立羁縻府州,任命各族首领为都督、刺史等,以统辖本族。不但基本上不征税,而且还经常给各族贵族以大量赏赐。对于归附的少数民族首领也很信任,不少人被授以高级官职、册封爵位。还帮助他们的部属发展生产,稳定社会秩序。他通过"和亲"的方法,进一步发展民族关系。又开通通往西域的大碛道和通往北方边疆地区的参天可汗道,以加强内地与边疆民族地区的经济、文化联系。

唐太宗对少数民族采取的政策是比较成功的,促进了各民族的经济文化交流,同时也为唐朝树立了声威。贞观四年(630),唐太宗被少数民族尊奉为"天可汗"。

三、武则天主政

1. 则天称帝

武则天(624—705),名曌(同照),并州文水(今属山西)人。其父武士

---

[1] 《资治通鉴》卷一九八《唐纪十四》,太宗贞观二十一年。

濩（yuē 约），隋末为武官，从李渊进入长安。唐初，官至工部尚书。武则天自幼聪慧机敏，兼通文史。太宗时入宫为才人，时年十四。太宗死，她削发为尼。高宗即位，召入宫为妃。永徽六年（655），废王皇后，立她为皇后。则天入宫后，因高宗长期生病，她即参预国政，不久又掌握大权，与高宗并称"二圣"。弘道元年（683），高宗死，立第七子（则天所生）李显为帝，是为中宗，则天以皇太后临朝称制。次年，废中宗，立豫王李旦（高宗第八子，中宗同母弟）为帝、是为睿宗，则天继续临朝称制。这时，一些失意官僚以徐敬业为首[①]，打出拥护唐朝李氏的旗号，在扬州起兵，反对武则天掌权，叛军

武则天像

众至十余万人，一度攻下润州（今江苏镇江）。则天坚决以武力镇压，当年即将叛乱平定。永昌元年（690），则天又废睿宗，改国号为周，改元天授，自称"圣神皇帝"。武则天是中国历史上唯一的女皇帝。

2. 武氏政绩

武则天自入宫为妃掌权，到自立为皇帝，共主政五十余年。旧史骂她"牝鸡司晨"，给她编织了许多罪名。甚至说"武后之恶，不及于大戮，所谓幸免者也"。可是实际情况并不如此。她主政时，基本上继续推行唐太宗时的各项政策，因之使当时的政治、经济、文化都得到进一步发展，为此后唐玄宗时的"开元之治"奠定了基础。她的主要功绩如下：

削弱士族，扶植庶族　武则天打击削弱士族势力，提拔重用了许多庶族出身的官吏。废除唐太宗时所撰《氏族志》，另修《姓氏录》。打破以往士、庶界限，按照现任官职的高低，另立门第序列。以高级贵族至尚书仆射之姓为第一姓，文武二品及知政事三品为第二姓，都以品位高下序其等级，共九等。凡有军功至五品的，不论出身，都升入谱中，列为"士流"。削弱士族，扶植庶族，在当时具有进步意义。

改进科举制度　武则天增加进士科的录取人数，开创殿试制度，亲行殿

---

①　徐敬业：李勣之孙。李勣原姓徐氏，唐高祖时赐姓李。徐敬业坐事左迁柳州司马，其弟周至令敬猷亦左迁，给事中唐之奇贬授苍令，长安主簿骆宾王贬授临海丞，詹事司直杜求仁迁黝县丞，俱在扬州。

试。以文词取士,不重经学。还曾增设武举。这些做法都为庶族地主知识分子和有文武才能的人大开仕进之门。

选用贤能　武则天很喜欢正直而有才能的人,又肯破格选贤任能。当时的名相狄仁杰、张柬之,后来开元时期的名相姚崇、宋璟等,都是她选拔的,有的得到重用。徐敬业举兵反叛时,发表了一篇《讨武曌檄》,此文措辞激烈,用语刻毒,不仅历数则天种种"罪恶",还对她个人的品德及私生活进行了恶意歪曲和疯狂攻击。最后还骂她"包藏祸心,窃窥神器",并以"试观今日之域中,竟是谁家之天下!"这样的语句煽动人们反对她。可是则天读此檄文之后,不仅未发怒,反而询问写此檄文的是谁。在得知是一曾任八品小官的骆宾王所写时,她惋惜并抱怨说:"宰相之过也。人有如此才而使之流落,不偶乎!"①

劝课农桑　武则天很重视发展农业生产。一再下令劝课农桑。州县田畴垦辟,户有余粮的,官长可得升迁;为政苛滥、户口流散的,官长要受惩罚。在她统治期间,户口增殖,社会经济继续发展。

四、玄宗励精政事

1. 李唐复国

则天主政期间,李氏皇族、宗室和许多保守派官僚都激烈地反对她,欲将她置之死地而后快,因之朝内朝外和宫廷之中,斗争剧烈而残酷。武则天杀死了不少以"报先帝之恩,卫吾君之子"②为己任的反对派人物。当然其中也有诛杀不当之事。这在当时,成为她的重要"罪状"。又她重用的大臣周兴、来俊臣、索元礼等,结党营私,乱杀无辜,亦成为反对派反武则天的口实。神龙元年(705),则天病重,宰相张柬之等发动政变,夺了则天之权,迎中宗李显复帝位,废"周"国号,恢复李氏的"唐朝",中宗为则天上尊号曰"则天大圣皇帝"。则天不久病死。

唐中宗复位以后,皇后韦氏掌权,她勾结武三思,逐杀张柬之等大臣,又毒杀中宗,立重茂为帝(殇帝),自己临朝称制。就在此时,李隆基发动政变,杀韦后及其党羽,拥睿宗李旦复位。李隆基是李旦之子,被立为太子。李旦在位两年,即传位给李隆基,自称太上皇。

---

① 以上引自《资治通鉴》卷二〇三《唐纪十九》,则天后光宅元年。
② 《旧唐书》卷六《则天皇后》"史臣曰"。

2. 开元盛世

李隆基（685—762），即唐玄宗，史称唐明皇[1]。他在诛除韦后之前，已封临淄王，曾任中央和地方许多官职，经历过不少政治斗争，有较丰富的政治和社会经验。即帝位后，励精图治，先后任用姚崇、宋璟、张九龄等为宰相，革除积弊，改善吏治，发展生产。在他统治的前期开元年间，唐朝进入鼎盛时期。史称"开元盛世"。

唐玄宗即位之初，即采取措施，保持了政治上的稳定。曾裁汰冗员，裁减闲散机构，慎选官吏，整顿吏治。又曾亲自复试吏部新任县令，斥退不合格者四十余人。

唐玄宗重视农业生产。开元三、四年（715、716），关东连续发生严重的蝗灾，他接受姚崇的建议，派出专使督察州县大力捕蝗，大大减轻了灾害。另外还在各地大兴屯田，加强对农田水利的管理。

高宗以后，府兵制逐渐破坏。开元十一年，玄宗废府兵番上宿卫制，改用募兵制，即招募壮士充任中央宿卫。开元二十五年（737），又全部募人戍边。这样的兵制改革，节省了番上、戍边往来于途的大量人力物力消耗，减轻了人民的负担。

开元时期是唐朝最隆盛的时期。史书上说："贞观之风，一朝复振。"[2]

五、唐前期社会经济的发展

唐代前期的社会经济在经过一段时间的恢复之后，就开始迅速发展。

1. 农业

推广铁犁牛耕　唐朝的农业迅速发展，其重要原因之一是铁犁牛耕进一步推广。在黄河流域乃至今甘肃、新疆地区，铁犁牛耕已普遍用于农业生产。关于这一情况不仅在文献中有记载，在一些墓葬和敦煌、榆林石窟的众多的壁画"牛耕图"中，都有反映。其中多数为二牛抬杠，用长单直辕犁；少数用一牛耕田，犁有双长直辕，亦有短曲辕。犁均为铁制，多使用犁壁（镜土）。这时在江南地区也推广牛耕，并使用曲辕犁。陆龟蒙《耒耜经》中详细记载了江东（今江南）所用曲辕犁的结构和使用功效。曲辕犁比直辕犁轻巧，犁辕上弯，便于深耕；牵引点低，犁架平稳；犁辕缩短，回转方便。这是古代步犁中最先进的类型。唯当时使用此种犁者极少，以用二牛抬杠者为最多。据文献和考古资料证明，这时边疆地区也在推广铁犁牛耕。

---

[1]　因谥号为"至道大圣大明孝皇帝"，故称。
[2]　《旧唐书》卷九《玄宗本纪下》"史臣曰"。

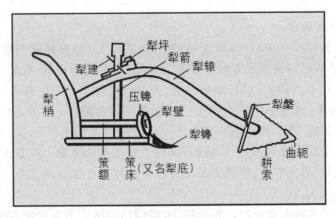

曲辕犁构造示意图

兴修水利　唐代的水利事业有很大发展。唐前期见于记载的重要水利工程有 160 多处。遍布于黄河中下游之南北,南到淮水和长江流域。一般渠塘,可溉田数百顷。如开元时在文水(今属山西)所修甘泉渠等,溉田数千顷。在彭山(今四川眉县)、武陵(今湖南常德)所修堰渠,各溉田一千余顷。所用灌溉工具也有进步,如辘轳、桔槔、翻车等传统汲水工具,已被普遍使用。此外,还在江南水田地区出现了一些新的灌溉工具,其中主要的有水车和筒车。水车和筒车相似,都是用木轮或竹轮缚若干木桶或竹筒于轮上,随水流转动,或以人力、畜力牵挽转动,将水汲至高处水槽中,引入沟渠浇灌。水车在北方也有推广。水碓、水磨、水碾也在广泛使用。

水利事业的发展,对农业生产的发展和粮食加工都起了重要的作用。

垦田与产量　唐初田地荒芜的很多,后来逐渐垦辟。至天宝年间,许多高山深谷地带也开垦出来,垦田面积达 850 万顷。粮食亩产量也有增加。天宝八年,官仓存粮达 9600 万石。青州、齐州一带,米价最低时每斗才 5 文。

2. 手工业

唐代的手工业可分为官营和私营。

官营手工业　官营手工业在唐代手工业中占有重要的地位。中央主管官营手工业的最高机构是工部。官营手工业的产品一般不在市场上出售,只供皇室和官府消费。官营手工业中的劳动者有工匠、刑徒、官奴婢、官户、杂户等。官营手工业规模较大,分工较细,又有最好的工匠从事生产,有利于生产的发展和技术的提高。但官营手工业强制性劳动的特点突出,束缚了工匠们的劳动积极性。

私营手工业　私营手工业主要是农村的家庭手工业,其产品在纳税后自用有余时,也在市场上出售。手工业作坊大多集中在城市,有纸坊、毡坊、酒坊、铜坊、染坊、绫锦坊等。有的作坊规模很大，如定州（今属河北）富豪何明远，"家有绫机五百张"[①]。由于政府征调手工业者到官营作坊服役，私营手工业的发展受到了严重阻碍。

主要手工业部类　唐前期的主要手工业有纺织业、陶瓷业和矿冶业等。

纺织业中以丝织业和麻织业最为重要。丝织品的主要产地仍在今河北、河南一带。主要品种有绢、绫、锦、罗、绮、纱等，花色繁多，图案精美，色彩鲜艳，织造精巧。当时生产的布绝大多数是麻布，麻织品盛产于南方，黄州（今湖北黄冈）的贳布是其中的上品。毛织品主要产于今西北地区。棉织品主要产于高昌（今新疆吐鲁番）和岭南一带。当时棉布称为白叠布，已在内地销售。唐代的印染技术也达到了相当高的水平，夹缬、蜡缬、绞缬等印染方法都广泛流行，印染的花纹十分精美。

陶瓷业在唐代有很大发展，制瓷技术有很大进步。越州（治今浙江绍兴）的青瓷类玉类冰，邢州（治今河北邢台）的白瓷类银类雪，昌南镇（今江西景德镇）的青瓷、白瓷，四川大邑的白瓷，都很有名。陶器以唐三彩最为著名。这是一种造型生动、色彩艳丽的铅釉陶器，因主要是青、绿、黄三色，故名三彩。

唐代采矿业比较发达，主要矿产有金、银、铜、铁、锡、铅、矾、水银、朱砂等。铸造业的规模以铸钱业为首。玄宗时，政府有铸钱炉 99 处，每年铸钱327000 缗。另外还有许多私人盗铸钱。唐代的金属制造加工技术已达到相当高的水平。武则天时曾在洛阳铸造高达 105 尺的天枢，其下还有周围170 尺的铁山。盛唐的一些精美的金银器，采用了铸造、切削、抛光、焊接、铆、镀、刻凿等工艺。当时可能已有了手摇脚踏的简单车床。

3. 商业与交通

唐前期，随着农业和手工业的发展，商业和交通也迅速发展起来。

商业与市集　当时的城市仍以政治性城市为主，纯商业性城市极少，但所有政治性城市都在程度不等地迅速增加商业城市的性质。京城长安既是全国的政治中心，又是最大的商业城市。长安城周围 70 多里，由宫城、皇城和外郭城等三部分构成。外郭城是居民区和工商业区，共有 108 坊和东西两市。坊是住宅区，市是工商业区。市内出售货物的店铺称"肆"，经营同类货物的肆集中在同一区域，称"行"。东市有 220 行，数千肆，四周还有许多为商人存放和批发货物的邸店。西市比东市更繁华，而且外商云集，"胡风"甚盛。当时各大城市和州以及多数县的治所都设有市。在乡村也有定期进行交易的场所，称为"草市"、"墟"或"集"。

---

① 《朝野佥载》卷三。

国内交通　唐代的交通相当发达。国内陆路交通以长安为中心,东至宋(今河南商丘)、汴(今开封),远达山东半岛;西至岐州(今陕西凤翔)、成都;西北至凉州(今甘肃武威),远通西域;北至太原、范阳(今北京);南至荆(今湖北江陵)、襄(今襄樊),远达广州。国内水路交通有大运河贯通南北,黄河、淮河、长江与南方的许多河流湖泊形成纵横交错的水道网。国内海运也初具规模,今河北、山东、江苏、浙江、福建、广东、广西等地都有沿海航线。

唐代驿传制度也有很大发展。在水陆交通要道上,大约每30里设1驿,全国共有驿1643所,其中陆驿1297所,水驿260所,水陆相兼驿86所。陆驿备有马,水驿备有船,以供官吏往来和文书传递。在水陆交通线上,还有私人开设的旅店,接待来往客商,供给食宿和马匹等。

国外交通　唐与国外的交通亦甚发达。主要交通线有西北的陆路和东南沿海的海路。陆路由洛阳、长安经河西走廊、西域,通往中亚、西亚、南亚和欧洲,这就是历史上著名的"丝绸之路"。东南海路从广州、扬州、登州(今山东蓬莱)、楚州(今江苏淮安)、明州(今浙江宁波)等港口可达东南亚各国以及新罗、日本、波斯、大食等国。

六、统一的多民族国家的发展

唐代是我国历史上统一的多民族国家发展的重要阶段。唐前期,疆域辽阔,东至大海,西越葱岭、巴尔喀什湖至咸海,南至南海诸岛,北越贝加尔湖,超过了汉朝极盛时期的疆域。辽阔的边疆地区民族众多,唐朝在这些地区设置了许多都护府、都督府,以行使权力。一些少数民族建立过地方政权,唐朝与这些地方政权有密切的联系。各民族之间的政治、经济、文化联系进一步发展,统一的多民族国家进一步巩固。

1. 统一大漠南北

唐代活跃在大漠南北的少数民族主要是东突厥、回纥和黠戛(xiá jiá 侠夹)斯。

东突厥　隋末唐初,占据大漠南北的东突厥屡次攻掠内地,成为唐朝的重大威胁。唐高祖曾被迫考虑迁都。唐太宗即位之初,东突厥骑兵深入到长安附近。为消除东突厥的威胁,唐朝训练了精锐的部队,积聚了大量的物资,并稳定内部,准备反击突厥。此时,由于东突厥对依附于它的少数民族进行残酷压榨,薛延陀[①]、回纥等部起而反抗,摆脱了东突厥的统治。奚、雷

---

①　薛延陀:铁勒(敕勒)的一部,唐太宗时统一于唐,设六都督府七州,唐以其民族首领为都督、刺史。

（xí习）、契丹等也脱离东突厥，投向唐朝。东突厥内部也发生了严重矛盾，颉利可汗和突利可汗不和；再加上连年有灾，牲畜大量死亡，东突厥的势力大大衰落。

贞观三年（629），唐太宗派李靖、李勣等率十万大军，六路出击，大败东突厥，突利可汗投降，颉利可汗被俘，东突厥灭亡。唐朝将归降和被俘的突厥人安置到漠南，在原属突利可汗之地设顺、祐、化、长四州都督府，在原属颉利可汗之地设定襄、云中两都督府，任命东突厥贵族为都督，统率部众。其余来降的酋长也都授以官职。原臣服于东突厥的各族在摆脱其统治后，转向唐朝。唐朝采取怀柔政策，对来归附者不加歧视。唐太宗因而得到各族的拥戴，被尊为"天可汗"。

高宗时，东突厥复兴。此后，与唐时战时和。天宝四年（745），被回纥所灭。

回纥　回纥是铁勒的一支。起初居住在娑陵水（今蒙古国色楞格河）、嗢（wà袜）昆水（今鄂尔浑河）流域及天山一带。公元 6 世纪中叶起，先后依附于突厥和薛延陀。贞观二十年，配合唐军灭薛延陀，并占据其大部分土地。次年，回纥首领吐迷度被唐封为瀚海都督兼怀化大将军，吐迷度自称可汗。安史之乱时，回纥曾助唐平叛。贞元五年（788），改名回鹘（hú胡）。回鹘最强盛时，其领地东起额尔古纳河，西至阿尔泰山，南至漠南。开成五年（840），回鹘内部纷争，黠戛斯乘机灭亡回鹘汗国①，回鹘人大部分西迁。

2. 经略西域

安西四镇　唐太宗在统一大漠地区之后，即向西进军。贞观九年（635），唐将李靖在今青海地区击降吐谷浑。此后，唐军继续向西进军，与西突厥争夺对西域的控制权。贞观十四年，唐将侯君集率兵灭高昌国（今新疆吐鲁番、鄯善一带），以其地为西州，在交河城（今吐鲁番西北）设安西都护府。贞观十八年，唐灭焉耆。贞观二十二年，又灭龟兹（今库车），西域诸国纷纷摆脱西突厥，投向唐朝。显庆三年（658），唐把安西都护府迁至龟兹城，统辖龟兹、于阗（今和田）、疏勒（今喀什）、碎叶（今吉尔吉斯斯坦托克马克附近）等四镇②。此即著名的安西四镇。

西突厥　西突厥占地很广，东起今新疆巴里坤湖，西至中亚的里海，南达巴基斯坦之北，东北至阿尔泰山。唐高宗永徽二年（651），阿史那贺鲁统一西突厥各部，自称沙钵罗可汗，多次与唐发生战争。显庆二年（657），唐派将军苏定方等进攻西突厥，沙钵罗可汗战败被俘，西突厥灭亡。唐在其故

---

① 黠戛斯：《魏略》作坚昆，《元史》作吉利吉思。唐设坚昆都督府，以其民族首领为都督。

② 安西四镇所指因时而异，时有碎叶镇；时又以焉耆镇代之。

地设昆陵(在碎叶水①东)、濛池(在碎叶水西)两都护府,均以突厥贵族为都护。长安二年(702),唐在庭州(今新疆吉木萨尔以北)设北庭大都护府,统辖昆陵、濛池两都护府,管辖天山以北地区。安西大都护府则管辖天山以南地区,两大都护府是唐在西域的最高统治机构。

唐陇右道西部诸府县印

3．唐蕃和亲

吐蕃(bō 播)是今藏族的祖先。公元 6 世纪后期,在今西藏西南部建立奴隶制国家,其王称赞普。7 世纪初,赞普松赞干布统一西藏高原,都于逻些城(今拉萨)。他数次遣使向唐求婚。贞观十五年(641),唐太宗以文成公主入吐蕃和亲,嫁与松赞干布。唐高宗时,又封松赞干布为驸马都尉、西海郡王,从此确立了吐蕃对唐朝的臣属关系。景龙元年(707),唐中宗又以金城公主嫁吐蕃赞普尺带珠丹。唐蕃"遂和同为一家"②。

高宗总章三年(670)以后,吐蕃与唐时战时和。长庆元年(821),吐蕃遣使请求会盟。于是双方在长安会盟,约定各守境土,不相侵犯。次年,唐穆宗又遣使到吐蕃,与之会盟于逻些。长庆三年,吐蕃赞普为纪念这次会盟,建立"唐蕃会盟碑"③。此碑至今尚存于拉萨大昭寺前。

自文成公主入吐蕃,带去了许多书籍、精致的手工艺品、药物以及菜种等。唐高宗时,又给吐蕃送去蚕种,并派去了许多会造酒、碾、砲、纸、墨等的

---

① 即今中亚楚河。

② 《旧唐书》卷一九六上《吐蕃传上》。

③ 此碑又称"长庆会盟碑"或"甥舅和盟碑"。

工匠。内地的历法、算学、医学、文学、音乐、佛教等在吐蕃传播,茶叶等也大量输入吐蕃。这些都对吐蕃经济文化的发展起了重要作用。吐蕃的马匹、金器、药材等也输入内地。长安的不少妇女喜欢模仿吐蕃人在脸上涂赭红色,称"吐蕃妆"。

松赞干布和文成公主像

4. 册封南诏

唐朝时期,在今云南一带居住着许多民族,其中最主要的是乌蛮和白蛮。7世纪后期,乌蛮征服洱海一带的白蛮,在那里建立了六个不相统属的政权,史称"六诏"。其中的蒙舍诏在最南边,又称南诏。后来南诏吞并其他五诏,建立南诏国,以太和城(今大理太和村附近)为都城。唐朝封其首领皮逻阁为云南王。

南诏与唐时战时和。乾符四年(877),双方恢复和好关系。南诏最强盛时,曾占据今云南大部,四川、贵州一部以及今越南、老挝、泰国、缅甸的部分地区。天复二年(902),南诏执政大臣郑买嗣推翻蒙氏王朝,建立大长和国(902—928),南诏灭亡。

南诏对促进其境内各民族的联系及其与内地的经济文化交流都起了积极作用。南诏的政治、经济、军事制度受唐朝的影响很深,内地的文化及建筑、丝织技术等都传入南诏。南诏的生金、丹砂、浪剑、白叠布等各种土特产和音乐等也传入内地。

5. 经营东北

经略辽东　唐初辽东地区仍在高丽的控制之下。当时朝鲜半岛中南部还有另两个国家，即百济和新罗。唐太宗曾亲征高丽。唐在新罗的配合下，于高宗显庆五年（660），破百济；乾封三年（668），灭高丽。唐在平壤设安东都护府，作为这一地区的最高统治机构。后迁辽东（今辽宁辽阳），再迁新城（今抚顺）。

靺鞨、室韦、契丹、奚　唐代在高丽以北以西，居住着靺鞨、室韦、契丹、奚等少数民族。

靺鞨是今满族的祖先，古称肃慎、挹娄、勿吉。隋唐时称靺鞨，分为数十部，其中最著名的是粟末、黑水两部。粟末部居于粟末水（今松花江）流域。圣历元年（698），粟末首领大祚荣自立为振（一作震）国王。先天二年（713），唐玄宗在其地设忽汗州都督府，以大祚荣为渤海郡王、忽汗州都督。此后，粟末靺鞨即称渤海国。都上京龙泉府（今黑龙江宁安东京城），其疆域北至黑龙江，南至朝鲜半岛北部，西至今吉林西部、东越乌苏里江至海滨。渤海国的政权组织、制度深受唐朝影响，并派留学生至长安，大量吸收唐文化和先进技术，与唐的经济、文化往来很密切。

黑水部因居于黑水（今黑龙江）一带而得名。唐玄宗时，在其地设黑水都督府，以其首领任都督。

室韦居于今黑龙江上游和额尔古纳河一带，唐初归附。唐在其地设室韦都督府，以其首领为都督。

契丹游牧于辽水流域，唐初归附。唐在其地设松漠都督府，以其首领为都督。

奚居于濡水（今滦河）上游，唐初归附。唐在其地设饶乐都督府，以其首领为都督。

七、唐与外国的经济、文化交流

唐代经济、文化空前发展，与外国的经济、文化交流，远远超过前代。所交往的国家遍及亚洲乃至非洲、欧洲的部分地区。

1. 东亚

新罗　唐与新罗的关系很密切。新罗原居朝鲜半岛东南部，在唐前期，统一了朝鲜半岛的大部，史称"统一新罗"。其商船经常往来于朝鲜半岛与中国的山东、江苏之间。唐从新罗输入药材、皮毛、金银和工艺品等，向新罗输出丝织品，茶叶、瓷器、药材、书籍、精致的金银器物等。

新罗在文化方面深受唐朝的影响。新罗派到长安的留学生是所有外国留学生中人数最多的。中国的文化典籍大量传入新罗。朝鲜古代没有文字，最早使用的是汉文。7世纪时，新罗人薛聪利用汉字字形作音符，创制

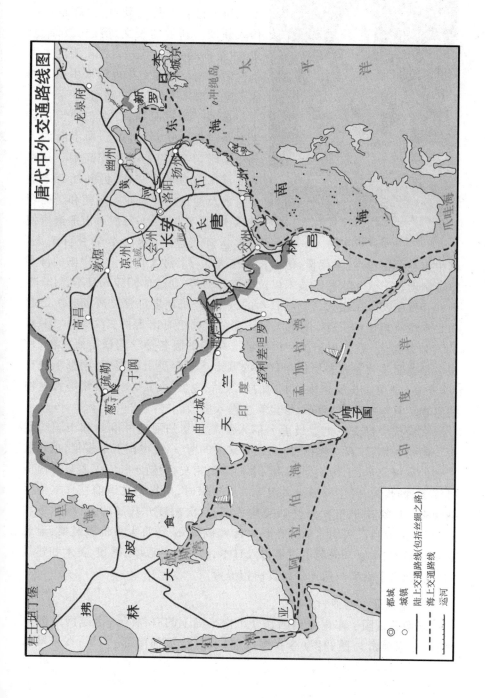

唐代中外交通路线图

龙泉府
新罗
东京
日本
平壤京
幽州
黄河
洛阳
扬州
江
大
平
洋
东
海
o冲绳岛
南
海
爪哇海
长安
唐
长江
敦煌
凉州
会州
武威
交州
林邑
高昌
于阗
疏勒
葱岭
波斯匿罗
师子国
曲女城
天
竺
印
度
孟
加
拉
湾
印
度
洋
斯
里
海
食
大
波斯湾
波斯
大食
拂菻
君士坦丁堡
亚丁
阿
拉
伯
海

◎ 都城
○ 城镇
- - - 陆上交通路线(包括丝绸之路)
- - - 海上交通路线
—— 运河

鉴真和尚像

了"吏读"，以帮助阅读汉文。雕版印刷术在唐末五代时传入新罗，佛教也由唐传入新罗。新罗的天文、历法、服饰、艺术、建筑都受唐朝的影响，各项制度也大都模仿唐朝。朝鲜文化也传入中国。如唐太宗十部乐中就包括"高丽乐"。

日本 隋唐时期，日本正处于社会大变革时期。从隋朝时起，即不断派人到中国学习，到唐朝时达到高潮。日本先后派出遣唐使十三次，另外还有未能成行的及迎送使节的迎入唐使和送唐客使六次，共十九次①。每次派出的遣唐使团多达百人以上，有时多至五百余人。其中有不少留学生、学问僧，他们长期在唐学习各种文化知识。中国的许多律令制度、文化艺术、科学技术以及风俗习惯等，通过他们传入日本，对日本的社会发展产生了很大影响。日本的政治、经济制度都深受唐朝影响。起初日本没有自己的文字，使用汉字记事。9世纪时出现的日文字母"平假名"和"片假名"就是根据汉字创制的。相传平假名是学问僧空海所创，片假名是留学生吉备真备所创。日本的城市建筑深受唐朝影响，国都平城京（今奈良）即仿唐长安修建。中国的丝织品、瓷器、文具、文化典籍等大量输往日本。日本的彩帛、香药、珍宝等也输入中国。

在唐代中日交往史上最著名的人物是日本的阿倍仲麻吕和中国的鉴真。阿倍仲麻吕，汉名晁衡，唐玄宗时来中国留学，在中国五十多年，担任过唐朝的高级官员，工诗文，与王维、李白等是密友，后逝于长安。鉴真和尚俗姓淳于，扬州人，曾主持扬州大明寺。唐玄宗时，应日僧之请前往日本传授戒律②。十多年间，五次东渡都失败了，第六次东渡方获成功，后到达平城京，此时他双目已失明。他除在日本传授戒律外，还将大量佛教经典、建筑技术、雕塑艺术以及医药书籍等传入日本，对日本的医学、雕塑、美术和建筑的发展做出了贡献。后逝于奈良唐招提寺。

2. 东南亚 南亚

东南亚诸国 东南亚诸国在今中南半岛上的有，林邑（今越南南部）、真腊（今柬埔寨）、堕和罗（今泰国南部）、骠（今缅甸南部）等国；在今马来

---

① 一说共十八次。
② 戒律：佛教徒所遵守的法规。

半岛上的有盘盘、狼牙修等国,在今印度尼西亚的有室利佛逝(今苏门答腊)、诃陵(今爪哇)等国。这些国家都曾遣使与唐通好,有船只航行到中国。这里的香料、珠宝、棉布、犀牛、大象等,都输入中国;中国的丝织品、瓷器和工艺品也大量运往这些国家。

玄奘南亚求经 南亚的国家很多,最重要的有师子国(今斯里兰卡)、天竺(今南亚次大陆大部)、罽宾(今巴基斯坦北部)、尼婆罗(今尼泊尔)等,都与唐朝有经济和文化联系。如师子国的船经常来广州,是当时来我国的最大的船只。天竺的天文、历算、医学、音乐、舞蹈、佛学、制糖技术,罽宾的珠宝、名马以及犍陀罗艺术等,相继传到我国。我国的丝织品、纸张、造纸术等也传到南亚诸国。

唐与天竺的文化交流主要是围绕佛教进行的。当时中国的许多僧人曾前往天竺求经,其中最有名的是玄奘。

玄奘,俗姓陈,河南缑氏(今偃师南)人。贞观三年(629),他为到天竺求经,从长安出发,途经今新疆、中亚,访问了今印度、尼泊尔、巴基斯坦和孟加拉等国。他在佛教学术中心那烂陀寺(今印度伽雅城西北)等地研习佛学,成为佛学大师,获得很高的声誉。贞观十九年(645),他返回长安,带回梵文佛经 657 部,后译出 75 部,1335 卷。他又撰《大唐西域记》一书,记载旅途所见所闻 138 国的历史和地理等,这是研究中古时代中西交通和中亚、南亚以及西亚部分地区历史、地理的宝贵资料。

唐三彩骆驼载乐俑

3. 中亚 西亚

波斯 波斯(今伊朗)是西亚的重要国家,地当丝绸之路的孔道。公元226 年波斯人建立萨珊王朝,唐初即与萨珊王朝有使节往来。高宗时,萨珊王朝遭大食侵略,萨珊王子卑路斯曾来唐求援。波斯被大食灭亡后,波斯反抗大食的政治势力仍继续以萨珊国家的名义遣使来唐。许多波斯商人来唐经商,不少人留居长安、扬州、广州等地。波斯商人把珠宝、香料、药材等输入中国。中国的丝织品、瓷器等也大量输往波斯。

大食 大食是阿拉伯帝国在中国史书上的名称,最强盛时领土横跨欧、亚、非三洲。在中亚与唐为邻。唐高宗时,大食灭掉萨珊王朝,即遣使来唐。此后双方的经济、文化交流通过陆路和海路发展迅速。许多大食商人来中国经商,长安、洛阳、扬州、广州、泉州等地都有他们的集居地。他们运来香料、药材、珠宝等。大食的天文、历法、数学、医学、建筑术等也传入中国。中国的丝织品、瓷器等,大量输往大食。造纸术、炼丹术、医学、养蚕和丝织技术也传入大食,并再传至其他地区。

八、安史之乱

1. 安史之乱的原因

安史之乱发生的主要原因是:土地兼并严重;边防节度使权力过大,成为强大的地方势力;中央统治集团日益腐朽。

土地兼并严重是和均田制的破坏密切相关的。唐初实行均田制时,并未改变地主占有大量土地的状况,土地可以在各种名义下买卖,因而只能延缓而不能阻止土地兼并。后来均田制逐渐废坏,土地兼并日益发展。到唐玄宗后期,土地问题日益严重,许多失去土地的农民四处逃亡,严重削弱了唐朝的统治基础。

边防节度使的权力膨胀是和府兵制的破坏分不开的。唐初,府兵的地位高,待遇好,因而兵源稳定。高宗以后,征战频繁,府兵戍边、出征往往逾期不得轮换,而其优厚待遇多被取消,府兵逃避征调或逃亡的很多。于是唐玄宗时废除了府兵制,普遍实行募兵制。招募而来的士卒长期驻守边疆,与边将关系密切,因而极易成为边将的私人武装。同时边将的权力也在逐渐加强。睿宗景云元年(710),开始在边地设节度使。至天宝元年(742)时,共设平卢、范阳、河东、朔方、河西、陇右、北庭、安西、剑南等九节度使及岭南经略使。他们各领兵二三万至八九万,并由起初只管军事发展到兼管行政、财政,集大权于一身,成为强大的地方势力。

而此时唐玄宗已怠于政事,沉湎于酒色歌舞,穷奢极欲。政事则先后委于宰相李林甫、杨国忠。李林甫口蜜腹剑,勾结宦官,妒贤嫉能,他掌权19年,政治日益黑暗。他死后,杨贵妃的族兄杨国忠为相。他结党营私,贿赂公行,政治更加黑暗。朝廷直接掌握的武力也大为削弱,代替府兵的矿骑缺乏训练,战斗力差,无论数量、质量都远逊于节度使的武力。此时唐又与吐蕃、南诏多次发生战争。唐军攻南诏屡败,天下骚然,国力虚耗。

2. 安史之乱的经过

安史之乱的主要首领是安禄山和史思明。

安禄山为营州柳城(今辽宁锦州)胡人,聪明能干,通晓多种少数民族语言。青年时代,在幽州节度使张守珪部下为低级武官,后升为高级将领。

至天宝十载(751)①,兼任平卢(治今辽宁朝阳)、范阳(治今北京)、河东(治今山西太原)三镇节度使。他竭力奉迎唐玄宗,拜杨贵妃为干娘,甚得唐玄宗的信任。他见唐朝政治腐败,武备松弛,即生叛变之心。史思明也是胡人,官至平卢兵马使,与安禄山关系密切。

天宝十四载(755),安禄山与史思明在范阳起兵,假传"密旨",以讨杨国忠相号召,发兵十五万,号称二十万。唐玄宗闻变之后,慌忙派封常清去洛阳募兵防守,又派高仙芝率兵屯陕州(今河南三门峡市西)。二将都被叛军打败,退至潼关,为唐玄宗处死。唐玄宗又派哥舒翰领兵二十万守潼关。天宝十五载(756)正月,安禄山在洛阳称帝,国号大燕。六月,破潼关,进占长安。唐玄宗仓惶出逃。行至马嵬驿(今陕西兴平西),禁军哗变,杀死杨国忠,又迫使唐玄宗缢死杨贵妃。唐玄宗逃往成都。太子李亨逃到灵武(今宁夏灵武西南),即帝位,即唐肃宗,年号至德,遥尊玄宗为太上皇帝。

唐肃宗即位后,依靠朔方节度使郭子仪和河东节度使李光弼的兵力,又调集西北各路军队,积极准备反攻。南面则有张巡和许远坚守睢阳(今河南商丘南),鲁炅(jiǒng 炯)坚守南阳,挡住叛军南下的通道,保障了唐朝江、淮财赋的来源。叛军到处掳掠屠杀,入长安后,也大肆杀掠,关中和各地人民纷起反抗,叛军在多处战斗失利。

至德二载(757),安禄山被其子安庆绪杀死,庆绪自立为帝。郭子仪乘机率十五万大军收复长安,不久又收复洛阳。安庆绪逃至邺(今河南临漳西南)。乾元二年(759),史思明大败唐军于邺城外,又杀安庆绪,自立为大燕皇帝,并乘胜再陷洛阳。上元二年(761),史思明又被其子史朝义所杀。次年,唐在回纥兵的帮助下,夺回洛阳。史朝义退至河北自杀。安史之乱至此平息,前后共经历八年(755—763)。

3. 安史之乱的影响

"安史之乱"是唐朝由盛而衰的转折点。从这以后,朝廷的权力日益削弱,逐渐形成藩镇割据的局面;在民族关系方面,唐朝日益失掉"天可汗"的优势,吐蕃、南诏等民族政权不断侵犯唐朝;在经济方面,黄河流域遭到严重破坏,而江南的经济未遭破坏,日益发展,超过北方。

<h2 style="text-align:center">九、唐后期的政局</h2>

1. 藩镇割据

割据局面的形成　安史之乱平定后,藩镇势力不仅没有消除,相反却更

---

①　天宝三年正月,改年为载,至德三载(758)二月,复以载为年。

加发展。唐朝无力彻底消灭"安史"的余部,只得任命"安史"降将为节度使:李宝臣为成德节度使(治恒州,今河北正定),田承嗣为魏博节度使(治魏州,今大名),李怀仙为卢龙节度使(治幽州,今北京),史称"河朔三镇"或"河北三镇",后来发展成为最强大的割据势力。安史之乱时,边兵大量内调,边防空虚,吐蕃、南诏乘机进扰,因而安史之乱平定后,唐朝又在西北、西南加强藩镇。为了巩固统治,在内地也实行"以方镇(藩镇)御方镇"的方针,在关中、关东、江淮流域广置藩镇,以求互相制约,防遏河朔,屏障关中,沟通江淮。可是藩镇中的强悍者往往不听命于朝廷,甚至自行任免官吏,自掌军队,自专刑赏,户口不报中央,赋税不交朝廷。于是逐渐形成"天下尽裂于方镇"的局面。有些节度使亦不由中央任命,而是父死子继,或由将士拥立。他们之间有时互相火并,有时联合对抗朝廷,成为唐朝重大的政治问题。

朝廷对藩镇的斗争 唐朝曾多次对藩镇进行斗争,其中规模最大的是德宗和宪宗时期的两次斗争。

德宗建中二年(781),成德节度使李宝臣死,其子李惟岳请求继位,被德宗拒绝,于是李惟岳就和魏博节度使田悦、淄青节度使李正己、山南东道节度使梁崇义联合发动叛乱。史称"四镇之乱"。德宗调兵平叛,梁崇义、李惟岳先后败死;但后来奉命平叛的卢龙节度使朱滔、淮西节度使李希烈因对朝廷不满,也参加叛乱,致使叛乱规模越来越大。建中四年(783),德宗调泾原(治泾州,今甘肃泾川)兵五千人援救被李希烈叛军围困的襄城。泾原兵途经长安时,因犒赏菲薄而哗变,德宗逃往奉天(今陕西乾县)。泾原兵拥朱滔之兄朱泚(cǐ 此)为首领,称秦帝,以兵围攻奉天。河中节度使(治蒲州,今山西永济县西蒲州镇)李怀光来援德宗,亦与朱泚联合反叛。德宗又逃往梁州(今陕西汉中)。后依靠李晟、马燧等将领,收复长安,消灭了朱泚、李怀光等叛军。李希烈为部下毒死,朱滔、田悦等自动取消王号,表示服从朝廷,这场叛乱才告结束。但河朔三镇和淄青镇并未把任何权力交还朝廷,朝廷软弱,只好妥协。

唐宪宗即位后,由于两税法的长期实行和大量转运江淮财赋,中央政府的财力增强,宪宗决心裁抑藩镇,于是再次展开了对藩镇的斗争。元和元年(806),首先讨平了西川节度副使刘辟的叛乱。次年,又平息镇海节度使李琦的叛乱。元和七年(812),魏博镇内讧,继任节度使田弘正归附朝廷,使河北的形势发生重大变化,加强了朝廷在与藩镇斗争中的地位。元和九年,淮西节度使吴少阳死,其子吴元济自领军务,并派兵四处攻掠。次年,宪宗下令讨伐吴元济。元和十一年又下令讨伐与吴元济勾结的成德节度使王承宗。元和十二年,大将李愬在一个大风雪的夜晚,率兵奇袭蔡州(今河南汝

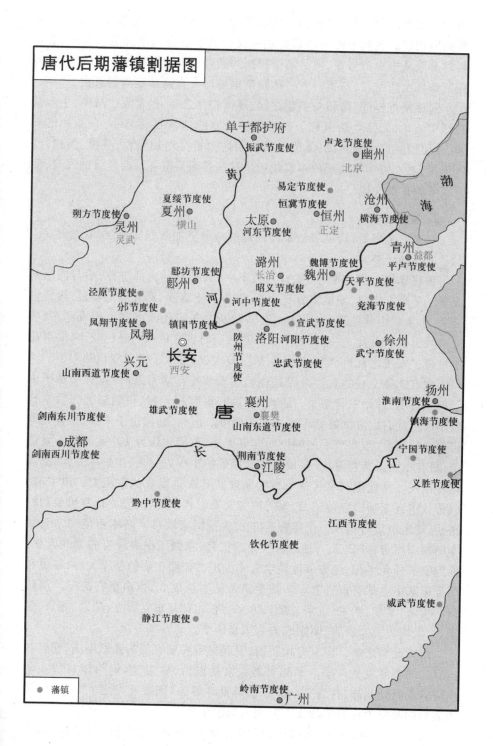

唐代后期藩镇割据图

单于都护府
振武节度使
卢龙节度使
幽州
北京

黄
易定节度使
恒冀节度使
沧州
渤
朔方节度使
夏绥节度使
夏州
横山
太原
河东节度使
恒州
正定
横海节度使
海
灵州
灵武
潞州
长治
魏博节度使
魏州
青州
益都
平卢节度使
鄜坊节度使
鄜州
昭义节度使
天平节度使
泾原节度使
邠宁节度使
河
河中节度使
兖海节度使
凤翔节度使
凤翔
镇国节度使
宣武节度使
徐州
长安
西安
陕州
节度
使
洛阳河阳节度使
忠武节度使
武宁节度使
山南西道节度使
兴元
唐
雄武节度使
襄州
襄樊
山南东道节度使
扬州
淮南节度使
剑南东川节度使
镇海节度使
成都
剑南西川节度使
长
荆南节度使
江陵
江
宁国节度使
义胜节度使
黔中节度使
江西节度使
钦化节度使
威武节度使
静江节度使
藩镇
岭南节度使
广州

南),活捉吴元济,平定了淮西。成德节度使王承宗和卢龙节度使刘总也先后归顺朝廷。元和十四年(819),朝廷又消灭了淄青的李师道。至此,藩镇暂时都服从中央的号令,但是藩镇割据的基础并没有被摧毁。唐穆宗时,河朔三镇再次叛乱,又割据一方。藩镇割据局面一直延续至唐朝灭亡。

藩镇割据期间,藩镇与朝廷之间,藩镇相互之间,经常发生战争,生产遭到严重破坏,人民生活困难。朝廷能够控制的地盘日益缩小,只能加倍剥削、役使控制区内的人民;藩镇在其控制区内更是增加赋税、兵役、徭役,滥施刑罚,对人民实行残暴的军事统治。这些都阻碍破坏社会经济的发展,使阶级矛盾日益尖锐。

2. 宦官专权

安史之乱以后,唐朝统治集团内部的斗争更加激烈复杂,在中央出现了宦官专权的形势。

宦官专权 唐朝初年,宦官人数不多,只管宫廷内部事务,不与闻国家大事。至唐玄宗时,宠信宦官高力士,四方所上表奏,都先经他看过,再转呈玄宗,小事就由他处理,大事才由玄宗裁断。玄宗还派宦官出使或监军,甚至率兵出征。从此,宦官开始掌权。不过当时宦官的权力还比较小,要听命于皇帝。安史之乱后,宦官逐步掌握军政大权,形成了宦官专权的局面。

宦官能够专权的首要原因是他们掌管禁军。唐肃宗时,宦官李辅国由于拥立有功,开始掌管禁军。唐代宗时期,宦官程元振、鱼朝恩也先后掌管禁军。但此时宦官掌管禁军还未成为制度。唐德宗时,由于朱泚、李怀光等将领先后叛乱,统率禁军的朝臣白志贞无能,致使他认为文臣武将都不堪信赖,只有宦官最为可靠,于是设统率禁军的护军中尉二人,中护军二人,都以宦官担任。从此宦官掌管禁军成为制度。其次是宦官执掌机要。肃宗时,就曾让宦官李辅国宣传诏命,掌管四方文奏。代宗时,又设立执掌机要的枢密使,规定由宦官担任。于是宦官正式参预国家政事。两枢密使和掌管禁军的两中尉合称"四贵",是最有权势的宦官,掌握了中央政府的军政大权。他们能够任免将相,地方节度使也有不少出自贿赂中尉的禁军大将,各道和出征军队中也都有宦官监军。甚至皇帝的生杀废立,也由宦官决定。唐后期的穆宗、文宗、武宗、宣宗、懿宗、僖宗、昭宗,都是宦官所立;顺宗、宪宗、敬宗、文宗均为宦官所害,昭宗也曾为宦官囚禁。

南衙北司之争 宦官专权骄横,引起皇帝和朝官们的强烈不满,朝官和宦官之间不断发生斗争。宰相官署在宫廷以南,称为"南衙";宦官所在的内侍省在宫廷北部,称为"北司"。史称此斗争为"南衙北司之争"。其中最为激烈的是发生在顺宗和文宗时期的两次斗争。

永贞元年(805),顺宗即位,任用王叔文、王伾、韦执谊、刘禹锡、柳宗元、韩泰、韩晔、陈谏、凌准、程异等人,进行政治改革,史称"永贞革新"。

这次改革的内容相当广泛,主要内容有免除民间的欠税和各种杂税,禁止官吏在正税以外额外进奉,罢去扰民的宫市,抑制藩镇割据势力,选拔人才,计划收夺宦官兵权等。改革受到了宦官和藩镇的联合抵制。在巨大的压力下,顺宗被迫退位称太上皇,立太子纯为帝(即宪宗),改革至此失败。王叔文先是被贬,后又被杀死;王伾死于贬所,韦执谊、刘禹锡、柳宗元、韩泰、韩晔、陈谏、凌准、程异等八人被贬为边州司马。这就是所谓"二王八司马事件"。

唐文宗即位后,对宦官的专权非常不满。太和五年(831),他以宋申锡为宰相,谋诛宦官。事泄,宋申锡反被宦官诬陷欲立漳王李凑为帝,结果文宗反而贬逐宋申锡。太和九年(835),文宗又任用李训、郑注等,再谋打击宦官势力。起初利用宦官内部矛盾,除掉了韦元素、王守澄等大宦官。后来李训又在同年十一月,让左金吾卫大将军韩约奏称大明宫左金吾大厅后石榴树上夜降甘露,诱骗仇士良等大宦官前往观看,准备在那里一举消灭他们。不料事泄,宦官派出禁军大杀朝官,李训、郑注、韩约和宰相王涯等都被杀。这次事件史称"甘露之变"。此后,宦官的权势更大,文宗直到死,都处于宦官监视之下。

宦官势力延续百余年,直到唐末昭宗时,才被宰相崔胤借用宣武节度使朱温的兵力消灭。

宦官专权造成了严重的后果。在政治方面,他们分帮结派,争权夺利,营私舞弊,以至废立皇帝,使政治更加黑暗混乱。在军事方面,各镇和出征军队中,都有宦官监军,破坏了军队的统一指挥,大大削弱了军队的战斗力,削弱了朝廷对藩镇叛乱势力和外族侵扰进行斗争的能力。在经济方面,宦官大肆掠夺百姓的田产,又通过"宫市",强买货物,敲诈勒索。总之,宦官专权加重了人民的痛苦,使唐后期的政治和社会矛盾更加尖锐。

3. 朋党之争

在中央除了宦官专权之外,还有朋党之争。

牛李两党的形成 所谓朋党之争是指朝官们拉帮结派,互相斗争。其中最激烈,影响最大的是"牛李党争"。牛党是以牛僧孺、李宗闵和杨嗣复为首领的政治集团,李党是以李德裕和郑覃为首领的政治集团。牛李两党主要是由不同的仕进途径形成的。牛党是通过进士科进入仕途的官僚集团。牛僧孺、李宗闵、杨嗣复三人都是进士出身,主张选用官员应通过科举考试,首先应看文采。李党是通过门荫进入仕途的官僚集团,李德裕、郑覃都出身于关东士族,都是宰相之子,主张按门第选用官吏,重视经学。两党互相轻视,互相倾轧,进行着激烈的门户之争。

牛李党争　牛李党争总的来看是统治阶级内部争权夺利的斗争,但其中也存在着一些是非问题。比较重要的有两个:一是如何对待科举取士。李党主张废进士科,按门第取士。牛党则赞成科举制度,反对按门第取士。在这个问题上,牛党胜于李党,因为科举是通过考试选拔人才,虽然也有弊病,但总比按门第取士要合理进步。二是如何对待藩镇割据。李党重视统一,主张以武力讨伐藩镇的叛乱。而牛党多主张对藩镇妥协姑息,只求平安无事,不求统一。在这个问题上,李党胜于牛党。因为藩镇割据对国家统一、社会安定,人民的生产、生活等,都有极大的危害。

牛李党争从宪宗时期开始,一直延续到宣宗时期,前后斗争数十年。斗争最激烈的时期是在文宗时期,当时两党势力不相上下,每逢议政,总是争吵不休。文宗对此也无可奈何。武宗时,李党得势,牛党的首领被贬逐到岭南。宣宗时,牛党重新得势,李德裕被贬逐,死于崖州(今海南省琼山)。至此牛李党争才基本结束。

宦官专权、藩镇割据、朋党之争是唐后期政治的三个特点。三者互相交织,使政治日益黑暗,阶级矛盾加剧,唐朝逐渐走向衰亡。

十、唐后期社会经济的变化

唐后期,社会经济发生了重大变化。自北魏以来实行了近三百年的均田制被彻底破坏了,地主田庄迅速发展起来。建立在均田制基础上按丁征收赋税的租庸调法也随之废坏,出现了按财产收税的两税法。这些变化都是中国封建经济和赋税制度发展到了一个新阶段的标志。同时,南方经济发展较快,逐渐超过北方。

1. 地主经济的发展

均田制的瓦解　唐朝初年实行均田制时,虽有"田里不鬻"的规定,可是也规定在某些情况下可以买卖。所以当时就存在着土地兼并的情况,不过还不太严重。武则天至玄宗时,土地兼并日益严重,均田制遭到极大破坏。至两税法实行,宣告均田制彻底瓦解,从此,土地兼并就不再受任何限制,大量的田地更加迅速地向地主手中集中。

地主田庄的发展　随着土地兼并的发展,许多自耕农贫困破产,成为地主的佃户,地主由此而掌握了大量的土地和人口。他们把一片片相连的土地组成田庄,进行生产和剥削。田庄又名庄宅、庄田、庄园、田园、田业、别业、别墅等。唐前期即存在田庄,安史之乱后,田庄在各地普遍发展起来,而且成为土地占有的主要形式。唐后期的田庄大致可分为皇帝私有的皇庄、政府所有的官庄、官僚贵族的田庄、一般地主的田庄、寺院的田庄等,其中多数是官僚贵族和一般地主的田庄。田庄的经营多采取租佃形式,即把土地出租给佃户,收取实物地租。佃户被称为客户、庄户、庄客等,他们受着沉重的压迫和剥削。

2. 财赋制度的改革

财政危机　土地兼并的发展和均田制的破坏,使越来越多的农民失掉土地,到处流亡,大量的农民脱离户籍,成为地主私家的佃农。安史之乱以后,这一情况更加严重。据统计,肃宗上元元年(760),国家控制的人口只有16990386,其中纳税人口只有2370799,与天宝十四载(755)相比,国家控制的人口减少了35938733,纳税人口减少了5210432。这种状况使封建国家的收入锐减,造成了严重的财政危机。

为了解决这个问题,唐朝政府采取了各种措施。一是整顿均田制,把流民、客户重新安置在国家的均田土地上。但由于土地兼并迅速发展,恢复均田制的努力失败了,通过整顿均田制来解决财政危机的措施收效甚微。二是征收各种苛捐杂税,如酒税、青苗钱、间架税、除陌钱、茶税、借商、白著等,扩大赋税剥削范围,这激起了人民的强烈反抗。8世纪后半期至9世纪初,从长安、洛阳附近到江淮地区,到处都爆发过农民起义。这些起义虽先后被镇压下去,但社会危机却日趋严重,唐朝的财政已面临崩溃。

刘晏理财　唐朝政府为了解决财政困难,决定进行以财政和赋税制度为主的改革。乾元元年(758),第五琦建议实行榷盐法。即国家在产盐区设盐院,居民凡以产盐为业者,免其杂徭,隶属于盐铁使,所产盐由国家统购专卖。人民私煮盐者判罪。盐价由每斗10文提高到110文,国家赚钱很多,初步改善了国家的财政状况。后来,刘晏任御史大夫兼领东都、河南、江淮转运、租庸、盐铁、常平等使,进一步整顿财政。他采取的主要措施有三:

(1)进一步改革盐法——撤销非产盐区的盐官,只在产盐区设盐官,统购亭户(产盐户)生产的盐,加价转卖给商人,任其运到各地出售。后来又取消州县加收的榷盐钱,禁止征收通过税,以保持盐价平稳,便于转运。这样,到代宗大历末年,盐税收入从初创时的60万贯增加到600余万贯,占财政收入的一半。

(2)整顿漕运——为了由江淮向关中漕运粮食,他疏浚了运河,建造了坚固的漕船,并以盐税雇用船夫,不再在沿河州县征发丁役。另外,还继续使用行之有效的分段转输法。经此整顿后,不仅降低了漕运的运费,减少了损耗,提高了效率,而且还免除了沿河人民挽船的艰苦劳役。

(3)实行常平法——在各道设巡院,以勤廉干练者为知院官,让其随时上报当地物价的涨落,政府遇贵则卖,遇贱则买;同时还让其每旬每月上报各州县的雨雪丰歉情况,在丰收地区,以高于市价的价格收买粮食;在歉收地区,以低于市价的价格出卖粮食。这样就使政府能及时调整物价,稳定市场,政府也获得了大利。

另外,刘晏还提前筹划各地的蠲(juān 捐)免、赈济事宜,减少了逃亡现象。

两税法 唐朝政府实行的一系列理财措施,虽然在一定时期缓解了财政困难,但并未能从根本上消除赋税征收中的混乱现象和从根本上解决财政困难。因之德宗建中元年(780),宰相杨炎建议颁行"两税法"。两税法是以原有的地税和户税为主,统一各项税收而制定的新税法。由于分夏、秋两季征收,所以称为"两税法"。两税法是对当时赋役制度较全面的改革。

两税法的主要内容是:一、取消租庸调及一切杂徭、杂税,但保留丁额。二、不分主户(当地土著户)、客户(外来户),一律以当时居住地为准登入户籍,交纳赋税。三、不再按丁征税,改为按资产和田亩征税。根据资产定出户等,按户等征收户税,定税计钱,折钱纳物,即以钱计算税额,折合成实物交纳;根据田亩数量征收地税,地税以大历十四年(779)的垦田数字为准,交纳谷物。四、没有固定住处的行商也要纳税。税额初为其收入的三十分之一,后改为十分之一。五、每年分夏、秋两次征收,夏税要在六月交完,秋税要在十一月交完。六、"量出制入"。中央根据财政支出的需要先做预算,定出总税额,分配到各地征收,全国没有统一的税率。

两税法是一种比较适应当时情况及历史发展趋势的制度。它与当时土地高度集中,大多数农民失去土地,成为佃户,以及商品经济不断发展的情况相适应。两税法由主要按丁口征税转向主要按土地和资产征税,这是中国封建经济的新发展在赋税制度上的反映,是封建税制的一个重要改革,是税制的一大进步。

两税法的进步意义:一、此法把租庸调和各种杂徭、杂税合并,建立了统一的税制,在一定时期内,既保证了国家的财政收入,也使人民的负担有所减轻。二、此法规定官僚、贵族、客户、不定居的商人都要纳税,这就扩大了税源。又此法规定按土地资产的多少征税,比租庸调不管居民有多少土地资产,一律按丁征税合理。这样的一些做法,在一定程度上改变了赋税集中在贫苦农民身上的不合理状况。三、此法关于定税计钱、折钱纳物的规定,在一定程度上有助于商品经济的发展。

但是两税法也有许多弊病。实行两税法后,土地兼并由于不再受任何限制而发展得越发严重。两税法规定量出制入,致使税额不断增加,而且后来两税之外又增加了许多苛捐杂税。两税法规定户税钱要折合成布帛交纳。后来由于货币不足,出现了"钱重物轻"的现象,即货币增值,物价下跌。刚实行两税法时,一匹绢值三千二三百文,到贞元十年(794)前后,仅值一千五六百文。如果原来交纳一匹绢,此时就要交纳两匹,致使纳税者的实际负担增加。

3. 南方经济的发展

安史之乱使北方经济受到严重破坏,后来北方又有藩镇的割据混战,北方的社会经济屡遭破坏,恢复、发展缓慢。南方没有受到这些破坏,社会比较安定。北方人民为了逃避战乱,大量南迁,使南方不仅增加了劳动人手,还获得了先进的生产经验和技术。所以唐朝后期,南方的经济发展迅速、逐渐超过了北方。

农业 唐后期,南方农业的发展与水利工程的兴修有密切关系。唐前期兴建的水利工程是南方少,北方多。唐后期兴建的水利工程则是南方多,北方少。南方修建的水利工程不仅数量多,有些水利工程的规模也很大,如练塘、孟渎、仲夏堰等都能灌田成千上万顷以至几个县。唐后期,南方各地开垦了许多湖田、渚田、山田,这使水域、山区的土地也得到利用。

水利的兴修和土地的垦辟,使江南的粮食生产大为增加,居于全国首位。

手工业 唐后期,南方手工业有很大发展,其中比较突出的是纺织业、造船业、造纸业和制茶业。

唐后期,南方丝织业有较大发展,在数量和质量两方面都超过北方。如越州(今浙江绍兴)的缭绫、宣州(今安徽宣城)的红线毯、荆州(今湖北江陵)的贡绫、益州(今四川成都)的蜀锦等都很著名。棉织业也有一定的发展,如岭南棉织业就比较普遍。

唐后期,南方的造船业很发达。官府经营的造船业规模很大,刘晏曾在扬子县(今江苏扬州)造船二千余艘。民间造的大船也很多。当时的造船技术比较先进,由于采用船板铁钉钉连法、用石灰桐油填塞船缝、船模造船技术和水密隔仓等先进技术,所造船舶更加严密、坚固、耐用和大型化。著名的俞大娘航船,载重上万石。从事海外贸易的商船,大者长达二十余丈,载客六七百人。另外,在荆南一带,还出现了用脚踏动两轮前进的轮船。

唐后期的造纸业比唐前期更为发达,重要产地多在南方。益州的麻纸、浙东的藤纸、韶州的竹笺、宣州的宣纸、扬州的六合笺、临川的滑薄纸等都是著名产品。

制茶业在唐后期有很大发展。茶树的种植遍及南方各地,制茶业具有相当规模。如歙州祁门县(今属安徽)有十分之七八的人以种茶、制茶为业。唐德宗时,开始收茶税,后来茶税成为政府的重要税收。宪宗时,仅浮梁(今江西景德镇市)一县每年的茶税就有十五万余贯。在制茶业不断发展的情况下,唐人陆羽写了《茶经》一书,记述了茶的性状、品质、产地、采制饮用方法及用具等,这是我国也是世界上第一部论茶专著。

商业和草市　唐后期的商业有很大发展,南方商业的发展尤为显著。长江流域的城市比以前更多,更繁荣。扬州是漕米、海盐、茶叶等的集散地;许多大食、波斯等国的外商在此经营珠宝等奢侈品,商业十分繁荣。益州(今四川成都)是西南的政治、经济中心,西南生产的丝织品、食盐、纸张、瓷器等,多由此运销外地,商业也很繁荣。所以当时谚称"扬一益二"。即扬州居天下第一,益州居第二。洪州(今江西南昌)、鄂州(今湖北武汉)都是长江流域繁荣的城市。苏州、杭州是新兴的商业城市。在沿海,除广州外,泉州和明州也开始成为重要的对外贸易城市。

由于城市和商业的发展,原来住宅区"坊"和商业区"市"被严格分开的旧制度,在扬州等一些城市开始打破,商业活动不再局限于市。在扬州等大城市中出现了夜市,打破了日落闭市的旧制。在一些大城市中还出现了柜坊和飞钱。柜坊经营钱物存付,代人保管钱物,向存钱物者收取一定的柜租、凭书帖或信物支付钱物。这种书帖类似于后世的支票。飞钱又称便换,商人在长安把钱交给某道进奏院(驻京办事处)或某军、某使、某富家,然后带着当事人付给的文券,到目的地凭文券取钱。这种文券类似于后世的汇票。柜坊和飞钱都是商业发展、交易频繁、营业额巨大的产物。此制产生后,减少了支付钱币的麻烦,避免了携带重金走远路的危险,有利于商品经济的发展。

由于商业的发展,唐后期在各州县普遍设置管理商业活动的市令。在农村的交通要道上出现了更多的草市、墟市,这些市定期交易,交易后即散去。其中有些草市、墟市生意兴隆,迁来定居从事交易或谋生的渐多,于是就发展成为市镇。

十一、唐末农民战争

1. 起义背景

土地兼并　唐朝后期,土地兼并日益严重,至唐朝末年,已出现"富者有连阡之田,贫者无立锥之地"的局面①。地主官僚的大小庄田遍布各地,大者有田上万顷,而大量农民却失掉土地。土地兼并是当时阶级矛盾尖锐化的基本原因。

赋税繁苛　唐后期,由于对藩镇和边疆各族战费的支出,官僚机构膨胀以及统治集团生活奢侈等原因,政府的财政支出日增,不断加重赋税。初行两税法时,规定定税计钱,折钱纳物;但由于铜钱的流通额不能满足社会需

①　《旧唐书》卷一九上《懿宗纪》。

要,致使钱价不断上涨,物价不断下跌,即使税额不变,纳税者的实际负担也在增加。地方官更是任意增加税额。在不断提高的两税之外,政府还巧立名目,横征暴敛,收取各种杂税,如漆、竹、木、金、银、蔬菜、水果、木炭、食粮、布绢、牲畜等都要收税,几乎是无物不税。另外,还通过盐、茶、酒的专卖来榨取人民。其中对人民危害最大的是榷盐。开元十年(722),唐朝政府开始征收盐税。当时的盐价是每斗 10 文。乾元元年(758),实行榷盐政策,盐价猛增到每斗 110 文。至德宗(780—805)时,又增到每斗 370 文。以至民间有用数斗谷子换一升盐的情况。官盐价过高,人民或被迫淡食,或买价钱较低的私盐。政府为垄断盐利,严禁贩卖私盐,致使矛盾更加激化。

唐朝政府还通过"和籴"、"和市"等,以低于市场的价格强买人民的粮食、布帛,有时甚至不给钱。懿宗以后,政府的财政危机严重,经常向农民预征两三年的赋税,使农民的负担更加沉重。

有些地主把他们的赋税以各种方式转嫁到农民头上,甚至兼并了农民土地,仍要农民交纳赋税。破产逃亡户的赋税也被官府强加到未逃户身上,这就使未逃户也走上破产逃亡之路,阶级矛盾日益激化。

统治集团腐朽贪残　唐末的皇帝都是昏庸之辈,生活上极端奢侈,只管游乐挥霍,以至府库空虚,政治黑暗。官僚们贪污受贿成风,懿宗时的宰相路岩生活豪奢,擅权纳贿,仅他的亲信边咸的家产便可供两年军饷。咸通十年(869),陕州大旱,有百姓告灾,观察使崔荛(ráo 饶)竟指庭院中树说:"此尚有叶,何旱之有?"[①]并痛打告灾者。

唐末,翰林学士刘允章曾向皇帝上书,指出当时国有九破,民有八苦。九破是终年聚兵,蛮夷炽兴,权豪奢僭,大将不朝,广造佛寺,贿赂公行,长吏残暴,赋役不等,食禄人多而输税人少;八苦是官吏苛刻,私债征夺,赋税繁多,所由乞敛,替逃人差科,冤屈不得申理,冻无衣、饥无食,病不得医,死不得葬。这说明了唐朝至此时,已危机四伏,再也不能继续统治下去了。

农民起义不断爆发　大中十三年(859)十二月,浙东农民在裘甫的领导下发动起义,并很快攻占象山、剡县(今浙江嵊县)等地,队伍发展到三万余人,又连下上虞、余姚等县。次年七月失败,裘甫被杀。咸通九年(868),驻守桂林的徐州、泗州戍卒八百人又发动兵变,拥立粮料判官庞勋为首领,结队北归。至徐州时,已发展至十万人,占有今山东南部、安徽和江苏北部广大地区,屡败唐军。至次年九月,庞勋战死,余部败逃,后多加入黄巢军中。

---

①　《旧唐书》卷一一七《崔宁传》附《崔荛传》。

2. 黄巢领导的农民战争

黄巢，冤句（今山东菏泽西南）人，曾以贩私盐为业。乾符元年（874），王仙芝等率领农民数千人在长垣（今属河南）起义，黄巢于次年起义响应。后与王仙芝会师，队伍发展到数万人。

转战南北　王仙芝、黄巢都是贩卖私盐出身，熟悉各地情况和交通路线，具有和官军斗争的经验。他们领导起义军采取了避实击虚、流动作战的方针。乾符三年（876），攻克汝州，包围郑州，洛阳为之大震。后来，在湖北时，王仙芝动摇，欲接受唐朝的招降，遭到黄巢等人的坚决反对，未成事实。但是起义军也开始分裂为两支，一支由黄巢率领，北上转战于今山东南部、河南东部、安徽北部一带；一支由王仙芝率领，继续在今湖北和河南南部战斗。乾符五年（878）二月，王仙芝在湖北黄梅战死，其士卒的一部由尚让率领北上，并入黄巢部；另一部南下湖南、江西、安徽、浙江一带。

黄巢自称"冲天太保均平大将军"，有部众十余万人。由河南率军南下，进入湖北，再渡长江，进入江西、安徽、浙江、福建，并攻克福州。乾符六年（879）九月，攻占广州，部众号称百万。黄巢向全国发布檄文，宣告将北上。指斥朝廷宦官专权，官吏贪暴，纲纪败坏，用人惟亲。宣布"禁刺史殖财产，县令犯赃者族"①。黄巢又分兵西取桂州（今广西桂林），控制了岭南的大部分地区。

起义军在广州停留了一段时间，由于不服南方水土，军中疾疫流行。十月，黄巢率领起义军北上，自桂州乘大木筏，沿湘江北上，攻克潭州（今湖南长沙），消灭唐军十万。后又占领江陵，转战于今湖北、江西、安徽、浙江一带。

广明元年（880）五月，起义军歼灭唐招讨都统高骈的精锐部队，杀其骁将张璘。七月，由采石渡过长江，此后又渡过淮河，进入河南。十一月，起义军六十万向洛阳进军。黄巢以"天补大将军"的名义向唐朝藩镇发布文告说："各宜守垒，勿犯吾锋，吾将入东都，即至京邑，自欲问罪，无预众人。"②这个文告把斗争锋芒集中于唐最高统治者，分化了敌人的营垒，减少了进军的阻力。起义军不战而克洛阳。十二月，攻克潼关。唐僖宗仓皇出逃成都。黄巢率领起义军进入长安，百姓夹道聚观，起义军大将尚让向居民宣慰说："黄王起兵，本为百姓，非如李氏不爱汝曹。汝曹但安居无恐。"②

建立大齐政权　黄巢在长安称帝，国号"大齐"，年号"金统"，建立农民革命政权。以尚让、赵璋、崔璆等为宰相；并宣布唐朝官员三品以上者停职，四品以下者留任。还命令唐宗室、王侯、官员一律向农民政权自首。

---

① 《新唐书》卷二二五下《黄巢传》。
②② 《资治通鉴》卷二五四《唐纪七十》，僖宗广明元年。

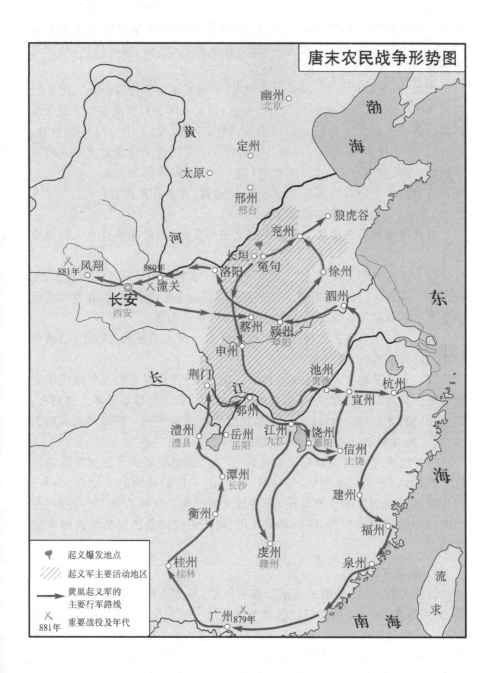

唐末农民战争形势图

黄
河

渤
海

幽州
北京

定州

太原

邢州
邢台

兖州

狼虎谷

长垣

洛阳

冤句

徐州

X凤翔
881年

889年

泗州

东

X潼关

长安
西安

蔡州

颍州
阜阳

申州

长

荆门

池州
贵池

杭州

江

宣州

鄂州

澧州
澧县

岳州
岳阳

江州
九江

饶州
鄱阳

信州
上饶

海

潭州
长沙

建州

衡州

福州

桂州
桂林

虔州
赣州

泉州

流

广州 X
879年

南

海

求

　起义爆发地点

　起义军主要活动地区

　黄巢起义军的
　主要行军路线

X
881年 重要战役及年代

黄巢败死 黄巢起义军犯了流寇主义错误,只知打仗,不重视政权建设。起义军进入长安后,没有乘胜追击逃往成都的唐朝廷,也没有去消灭关中地区的藩镇势力和中央禁军残部,致使假投降的凤翔陇右节度使郑畋(tián 田)得以纠集力量与起义军对抗;使唐朝廷亦得到喘息之机,利用南方财富,重新集结力量,向起义军反攻。

中和元年(881)三月,唐朝以郑畋为"京城四面诸军行营都统",率军进攻起义军。四月,唐军包围长安。次年九月,起义军驻同州的将领朱温叛变降唐。唐朝任他为河中行营招讨副使,赐名全忠。起义军处境更加困难。中和三年(金统四年,883),唐朝引沙陀贵族李克用前来进攻起义军。起义军退出长安,转向河南,又遭朱全忠(温)和李克用等部的追击。尚让叛变降唐。黄巢率千余人退至泰山,为唐军所追及,黄巢在狼虎谷(今山东莱芜西南)自杀,轰轰烈烈的农民起义至此失败。

农民战争的历史意义 黄巢大起义虽然失败了,但却具有重大的历史意义。

(1)这次大起义历时十年,起义军转战于黄河、长江、珠江三大流域,纵横今十二个省区,行程数万里。这是我国农民战争史上少有的,在世界农民战争史上亦属罕见。发扬了中华民族的光荣革命传统。

(2)起义军给腐朽的唐王朝以致命打击。起义军虽然失败了,但唐朝的统治已分崩离析,名存实亡。

(3)起义军在广大地区沉重打击了地主阶级,特别是给士族地主以致命打击。从此以后,自汉魏以来曾盛极一时的门阀士族阶层基本上被消灭,广大农民的社会地位有所改善,许多奴婢被解放为平民。阶级关系有较大变化,土地高度集中的情况也有所缓解。

(4)这次起义还表现出了农民的"平均"思想和要求。起义军领袖在称号上加以"平均"、"均平"等字样,虽然还不是明确的起义纲领、口号,但肯定是起义农民的主要政治、经济要求的反映。这样的要求的提出,在当时对于农民起义很有号召、动员作用;对于后代的农民起义也有很大的影响。

3.唐朝灭亡

黄巢大起义后,唐朝的统治已虚弱不堪,地方上的藩镇势力又有所发展,王室日卑,号令不出国门。各地节度使及一些刺史纷纷割地称雄,互相攻战。在经过兼并之后,形成了宣武节度使朱全忠(据今河南)、河东节度使李克用(据今山西)、凤翔节度使李茂贞(据今陕西凤翔)、卢龙节度使刘仁恭(据今河北北部)、镇海节度使钱镠(据今浙江)、淮南节度副大使杨行密(据今江苏扬州一带)、西川节度使王建(据今四川成都一带)等几个强大势力。其中又以朱全忠和李克用的势力最强大。朱全忠、李茂贞、李克用等都企图控制朝廷,以号令全国。

此时,朝廷里的宦官、朝官之争仍在继续,他们都分别勾结藩镇作为外援。天复元年(901),朝官与宦官的矛盾尖锐化,宰相崔胤勾结朱全忠进军长安,宦官韩全诲劫持唐昭宗逃往凤翔,依附于李茂贞。朱全忠率军攻凤翔,李茂贞战败。天复三年,李茂贞与朱全忠和解,杀韩全诲等人,并将昭宗交给朱全忠。昭宗回长安后,朱全忠杀宦官数百人,宦官长期专权的局面至此结束。

天祐元年(904)初,朱全忠派其部下杀死宰相崔胤等人,又挟持昭宗迁都洛阳。当年八月杀死昭宗,立昭宗幼子十三岁的柷(zhù 祝)为帝,是为哀帝。天祐四年(907),朱全忠废哀帝,改国号梁,史称"后梁";自立为帝,即梁太祖;年号"开平",建都汴(今河南开封)。唐立国 289 年(618—907),至此灭亡。

复习思考题:

　　*1. 什么是"贞观之治"? 有哪些主要内容?
　　2. 你是怎样评价武则天的?
　　*3. 简述均田制和租庸调法的基本内容。
　　4. 唐朝科举制的基本状况及实行科举制的意义。
　　5. 简述唐代的中央和地方官制。
　　6. 为什么会发生"安史之乱"?
　　*7. 简述两税法产生的原因及其主要内容。
　　8. 简述黄巢大起义的背景及其历史作用。

重要名词:

李渊　*李世民　*魏征　房玄龄　*武则天　*开元之治　*唐代府兵制　*松赞干布　*文成公主　杨贵妃　*安史之乱　郭子仪
*玄奘　*阿倍仲麻吕　*鉴真　*《唐律疏议》
突厥　*回纥　*吐蕃　*唐蕃会盟碑

参考书:

　　1. 翦伯赞、郑天挺主编:《中国通史参考资料》第四册三、四、五(一)、(二)。(选读)
　　2. 《旧唐书》卷二、三《太宗纪》,《新唐书》卷二二五下《黄巢传》。
　　3. 张传玺主编:《中国古代史教学参考手册》(第二版)第 310—327 页三"职官类"(一)《重要朝代官制简表》5"唐朝"。

第三节　五代十国、契丹（辽）

公元907年，唐朝灭亡。原唐朝的各藩镇和地方武力集团纷纷割据独立，并形成若干国家。在中原地区相继更代的王朝为梁（后梁）、唐（后唐）、晋（后晋）、汉（后汉）、周（后周），史称"五代"。在南方，先后建立了吴、南唐、吴越、楚、闽、南汉、前蜀、后蜀、荆南（南平）九个国家，连同割据在今山西一带的北汉，史称"十国"。五代存在的时间自公元907年至960年，只有53年。十国先后存在的时间自公元891年至979年，共88年。史学界一般把公元907年后梁建立到公元960年北宋代周这一段历史称作"五代十国"时期。

但是，当时并不是只有五代十国。在北方，还有契丹（辽）政权；在河西，有曹氏政权①；在云南，有大理政权②。

五代十国是唐末藩镇割据的继续和发展。但在割据政权相互攻伐、兼并的过程中，在契丹南进、民族矛盾上升的情况下，又逐渐出现了走向统一的趋势。

一、五代更替　契丹兴起

梁、唐递嬗　公元907年，朱温灭唐，建立后梁，年号开平，都于开封③。在后梁之外，北方和中原还存在着其他一些割据势力，即河东的李克用父子、幽州的刘仁恭父子、淮南的杨行密、凤翔的李茂贞等。其中以李克用父子的势力最大。

李克用，沙陀族人，靠镇压黄巢起义军发迹，任唐朝的河东节度使，封晋王。为了争夺对黄河流域的统治权，他同朱温争战不休。后梁开平二年（908）正月，他去世，其子存勖继承王位。朱温乘机攻晋，结果在潞州（今山西长治）大败。开平四年（910），双方又在柏乡（今属河北）会战，朱温再次惨败。从此后梁元气大伤，迅速衰落。

乾化二年（912）六月，朱温被其子朱友珪杀死。朱友珪在位数月，其弟

---

①　唐后期，沙州（今甘肃敦煌西）人张议潮摆脱吐蕃统治，以河西归唐，任归义军节度使。以后唐无力经营西陲，张氏割据河西。五代时，张氏绝嗣，长史曹义金成为这个政权的首领。后归附于河西回鹘。

②　公元902年，南诏国权臣郑买嗣篡位，改国号为大长和。928年，东川杨千贞灭大长和国，建立大天兴国，立赵善政为主。次年，杨千贞废赵氏自立，改国号大义宁。937年，通海节度使段思平灭大义宁国，建立大理国。

③　朱温在唐时，赐名全忠。代唐称帝，改名晃，都汴。时升汴州为开封府，故亦谓都于开封。

友贞杀友珪自立,是为后梁末帝。此时后梁政治黑暗,统治残暴,对人民的压榨日益繁重,政治日益腐朽。

晋王李存勖的势力在此时却大有发展。913年(乾化三年),他兼并了幽州刘仁恭、刘守光割据势力。915年,后梁的魏博镇(治今河北大名)又降晋。923年(梁龙德三年、后唐同光元年)四月,李存勖称帝,自以为继唐而有天下,故国号唐,建都洛阳,史称后唐。不久,李存勖灭后梁,北方基本统一。925年(同光三年),后唐又出兵四川,灭前蜀。926年(同光四年),李克用养子李嗣源在率兵讨伐魏博镇叛军时,回师洛阳夺位。李存勖为部将所杀,李嗣源即位,政治有所兴革,是后唐较好的时期。

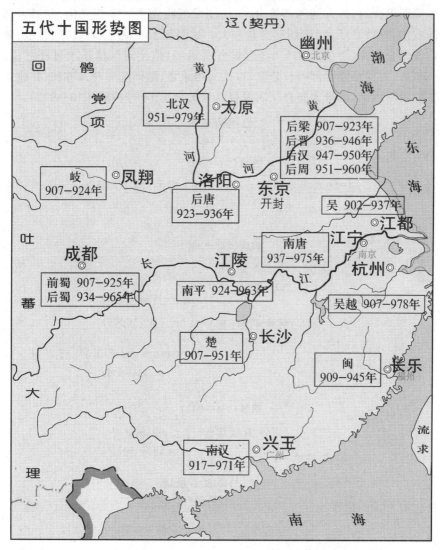

五代十国形势图

契丹建国　契丹族原为鲜卑族的一支,居住在辽水上游的潢水(今西拉木伦河)流域,以游牧为主。全族分为八个部落,各有经选举产生的"大人"(即酋长)。大约在唐代初年,契丹族已经形成了由八部联合组成的部落联盟。八部"大人"推举一人做联盟首领,称为可汗。五代初年,契丹族在其杰出的首领阿保机的领导下建立国家。

阿保机姓耶律氏,亦称耶律阿保机,出身于迭剌部显贵家族。其祖先屡任迭剌部的夷离堇(qín 芹),即酋长。唐天复二年(901),阿保机被选为迭剌部的夷离堇。后梁开平元年(907),八部大人罢免软弱的遥辇氏的痕德堇可汗,改选阿保机为可汗,从此他连任九年。阿保机在任可汗前后,一面率军四出征讨,扩大迭剌部势力;一面注意吸收先进的汉族文化,发展本部的政治、经济。于是,迭剌部愈益强大。这引起了其他七部酋长的忌恨,他们便联合起来,于公元 915 年(后梁贞明元年)迫使阿保机让出可汗之位。一年后,阿保机骗七部酋长赴宴,以伏兵尽杀之,随即统一契丹各部,并建立了奴隶制国家,国号大契丹。阿保机自号天皇王,年号神册(916—922)。

五代帝系表

(907—960)

后梁(907—923)

(一)太祖朱温 ── (二)末帝(均王)瑱(友贞)

(907—912)　　　　　(913—923)

后唐(923—936)

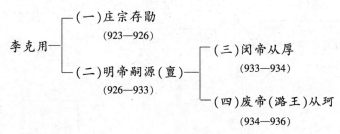

李克用┬(一)庄宗存勖
　　　│　(923—926)
　　　│
　　　└(二)明帝嗣源(亶)┬(三)闵帝从厚
　　　　(926—933)　　　│　(933—934)
　　　　　　　　　　　　│
　　　　　　　　　　　　└(四)废帝(潞王)从珂
　　　　　　　　　　　　　　(934—936)

后晋(936—947)

臬捩鸡┬石敬儒 ── (二)出帝重贵
　　　│　　　　　　(942—947)
　　　│
　　　└(一)高祖石敬瑭
　　　　(936—942)

神册三年(918),阿保机建西楼城为皇都(后名上京临潢府,今内蒙古巴林左旗南波罗城)。神册五年,由突吕不等人参照汉字,创制契丹大字。后又由阿保机之弟迭剌参照回鹘文和汉文,创制契丹小字。从此,契丹社会发展更快。天赞四年(925),阿保机率军亲征渤海国。次年,灭渤海国,改名东丹国,封皇太子耶律倍为人皇王以主之。阿保机死,谥号辽太祖。次子耶律德光继位,是为辽太宗。

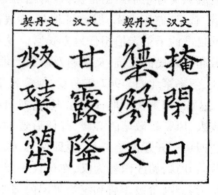

契丹文与汉文对照

后晋兴亡　契丹强大后,开始向中原扩张。但在后唐以前,常常受阻。

石敬瑭是李嗣源的女婿,也是沙陀族人,任后唐河东节度使。933年(长兴四年),李嗣源病逝,其子从厚即位。次年,嗣源的义子从珂起兵杀从厚自立。石敬瑭向与从珂不和,欲取而代之。清泰三年(936),他以割地、称臣、称子为条件,请求契丹皇帝耶律德光出兵助其叛变。同年九月,耶律德光率骑兵五万,援助被困晋阳(今山西太原)的石敬瑭,大败后唐兵。之后,耶律德光册立石敬瑭为“大晋皇帝”。45岁的石敬瑭认34岁的耶律德光为父[1],每年输帛30万匹,割幽(今北京)、蓟(今天津蓟县)、瀛(今河北河间)、莫(今任丘)、涿(今涿州)、檀(今北京密云)、顺(今顺义)、新(今河北涿鹿)、妫(guī 圭,今怀来东南)、儒(今北京延庆)、武(今河北宣化)、蔚(今蔚县)、云(今山西大同)、应(今应县)、寰(今朔州市朔城区东北)、朔(今朔州市朔城区)十六州之地与契丹。十一月,契丹与晋联兵入洛阳,后唐灭亡。不久,石敬瑭入开封,并以此城为晋之国都。

契丹得幽云十六州后,即以幽州为陪都,称南京,又称燕京。幽云十六州的割让,使中原地区失去了北方的重要屏障,契丹兵马从此可以长驱直

---

① 《旧五代史》卷七五《晋书·高祖纪》。

入,中原王朝在同契丹的战争中,开始处于被动不利的地位。

942 年(天福七年),石敬瑭病死,其侄石重贵即位,便改变态度,对契丹皇帝只称孙而不称臣。耶律德光大怒,于是自 944 年(开运元年)至 946 年,三次大规模南下伐晋。前两次均告失利,第三次由于后晋执掌重兵的杜重威率军叛变,耶律德光得以顺利进军。开运三年十二月,契丹攻入开封,灭后晋。次年二月,耶律德光在开封登基,表示自己是中原的皇帝,并改契丹国号为大辽①,欲久据中原。但他并没有治理中原的经验和适当办法,而是放纵契丹士卒四出抢掠,自筹给养,叫"打草谷";下令在开封和各州"括借"钱帛,储于内库,拟运回北方;不放已降的节度使和其他官员还任,而另派自己的子弟亲信担任地方长官。这种做法给中原人民带来了巨大灾难,激起了人民的反抗,义兵遍及中原。耶律德光开始感到在中原无法立足,不久,便率军北归。947 年初夏,他病死于途中。

汉、周更代 耶律德光走后,刘知远乘虚占据了中原。刘知远也是沙陀族人,原是石敬瑭的心腹,曾任后晋的河东节度使。契丹入开封后,他分兵守四境。开运四年二月,他即位称帝,但仍用晋的国号与年号。辽兵北还,他入开封,始改国号为汉,在位仅一年即去世,其子刘承祐继位。刘氏父子均无善政,阶级矛盾和统治集团内部矛盾都非常尖锐。950 年(乾祐三年),将军郭威统兵回京,夺取了政权,刘承祐为乱兵所杀。郭威于 951 年正式登基,国号周,年号广顺。

二、十国兴亡

1. 南方九国

五代时期,南方存在着诸国并立的局面,在江淮地区先后有吴和南唐;两浙地区有吴越;四川地区先后有前、后蜀;两湖地区有荆南(南平)和楚;福建地区有闽;两广地区有南汉。

吴、南唐 吴的奠基者是唐淮南节度使、吴王杨行密,首府在扬州。919 年(后梁贞明五年),杨行密子隆演始建吴国。

吴国建立后,实权一直掌握在大臣徐温、徐知诰父子手里,皇帝只是傀儡。937 年(后晋天福二年),徐知诰取代第四位吴主杨溥(pǔ 普)称帝,改国号唐,史称南唐。他自称本是唐朝后裔,故改名李昪(biàn 变),建都金陵(今南京)。李昪死后,其子李璟(jǐng 景)与其孙李煜(yù 玉)相继在位。

---

① 公元 983—1066 年间,曾再称契丹。

李璟父子是著名的词人,却没有治理天下的才能,所以南唐国力日渐衰弱,终于在 975 年(北宋开宝八年)为北宋所灭。

吴越 唐末,钱镠(liú 流)任镇海节度使,封越王(后又改封吴王),首府杭州。907 年,钱镠被后梁封为吴越王。978 年(北宋太平兴国三年)降于北宋。

前、后蜀 唐末西川节度使、蜀王王建在 907 年朱温代唐时,自己在成都称帝,国号蜀,史称"前蜀"。925 年(后唐同光三年),为后唐所灭。

后蜀为后唐西川节度使孟知祥建立。934 年(后唐清泰元年),孟知祥在成都称帝,不久去世,其子孟昶(chǎng 敞)继位。965 年(北宋乾德三年),孟昶降北宋,国亡。

楚 唐武安军节度使马殷所建。后梁时,马殷被封楚王。后唐天成二年(927 年),封马殷为楚国王,始正式建国,建都长沙。951 年(后周广顺元年)为南唐所灭。

荆南 后梁荆南节度使高季兴所建。高季兴在朱温死后,割据一方,后梁封他为渤海王。后唐时封他为南平王,史称荆南或南平,建都江陵。963年(北宋乾德元年)为北宋所灭。

闽 唐末,王潮任威武军节度使。潮死,弟审知继任。后梁开平三年(909),朱温封审知为闽王。至王延钧时,始于 933 年(后唐长兴四年)称帝,国号大闽。建都福州。945 年(后晋开运二年)为南唐所灭。

南汉 后梁时,原唐清海军节度使刘隐在后梁时,先后受封为南平王、南海王。刘隐死后,弟龑(yǎn 掩)继位。917 年(后梁贞明三年),龑称帝,国号大越,建都广州。翌年改国号为汉,史称南汉。971 年(北宋开宝四年),南汉为北宋所灭。

2. 南方经济的发展

唐末五代时期,南方战争相对较少,同时北方人民为了逃避战祸,不断南迁,使先进生产技术和大量劳动力流到南方,从而为南方提供了发展生产的重要条件。另外,南方多数政权的前期统治者都采取休养生息、鼓励生产的政策,所以南方经济得以发展。当时,南方各国都很重视农田水利建设,使农业生产条件有了明显的改善。吴越和南唐的劳动人民还发明了圩(wéi 围)田,即在水乡河床较高,田面较低的地方,沿河渠岸和田边筑堤,内以围田,外以隔水。一圩方圆几十里。沿堤建水闸,旱则开闸引水灌溉,涝则闭闸拒水排涝,有利于农业生产。圩田的出现是我国古代劳动人民的一个创造,也是农业发展史上的一大进步。

南方的经济作物也日益增加。如南唐"桑柘满野"①。楚也盛产蚕桑，"民间机杼大盛"②。茶树的种植更是遍及南方各地。

手工业以制茶业的发展最为迅速。仅楚一国，每年向中原王朝交纳的贡茶即达 25 万斤。茶叶已成为重要的商品,南平首都江陵是全中国最大的茶市。其他如丝织、矿冶、制盐、造纸、造船、制瓷业等也比较发达。

农业和手工业的发展促进了商业的活跃。扬州、金陵、长沙、江陵、杭州、成都都是商业繁盛的城市,其发达程度超过北方都市。南方各国之间的贸易往来频繁,有的国家还通过陆路和海路,同中原王朝乃至南洋诸国和日本、大食等国通商。

3. 北汉

后汉时,高祖刘知远弟刘崇(称帝后改名旻)历任太原尹、中书令。951年后周代汉,他即称帝,仍以汉为国号,史称北汉,都太原。979 年(太平兴国四年)为北宋所灭。

三、后周改革　北宋代周

五代时期,中原地区政权屡屡更迭,战争激烈而频繁,人民颠沛流离。各地军阀为了应付战争,加紧对人民的剥削,苛捐杂税严重,刑罚残酷。此外,北方百姓经常遭受契丹蹂躏,苦难更深。广大中原人民渴望国家统一,抗击契丹。适应这种社会要求,后周统治者开始整顿政治和经济,并进行统一战争。

后周的改革　后周的建立者郭威出身于破落官僚家庭,对民间疾苦比较了解。称帝之后,即着手改革弊政。显德元年(954),郭威去世,其养子柴荣继位,是为周世宗。他继续郭威的事业,进行了全面的改革和整顿。在政治上,纳士求贤,倡导节俭,严惩贪污,整顿机构,抑制藩镇,加强中央集权。在经济上,整顿庄田,罢营田,招民垦荒,均定赋税,兴修水利,发展生产;并废寺院,毁佛像铸钱,增加财政收入。在军事上,加强禁军,淘汰老弱。这些措施使后周的国力大为增强。

后周的征伐　柴荣即位,即开始进行统一战争。他先于 955 年(显德二年)派兵伐蜀,夺得秦(今甘肃天水)、凤(今陕西凤县东)等四州。又在955 年冬至 958 年(显德五年)春,三次亲征南唐,夺得江北淮南十四州六十县,使长江以北地区尽归后周所有。959 年,柴荣亲自率兵北伐辽国。

---

① 《资治通鉴》卷二七〇《后梁纪五》,均王贞明四年。
② 《资治通鉴》卷二七四《后唐纪三》,明宗天成元年。

出师四十二天,收复瀛、莫、易三州及军事要冲瓦桥关(今河北雄县境)、益津关(今霸县境)、淤口关(今霸县境)所谓三关之地。正当全军鼓舞,准备乘胜进取幽州之际,柴荣突患重病,只好撤兵南返。当年六月,柴荣在开封去世。他虽然没有完成统一大业,但为后来北宋王朝的统一奠定了基础。

陈桥兵变　柴荣死后,其子宗训即位,是为恭帝,年仅 7 岁。大权落在殿前都点检(中央禁军统帅)、归德军节度使赵匡胤(yìn 印)手中。

赵匡胤,涿郡人,出身军官家庭。早年从军,受郭威、柴荣重用,逐步培植了自己的势力。960 年(显德七年)元旦,他谎报军情,说契丹联合北汉大举南侵。恭帝与大臣商议,派赵匡胤领兵出征。大军刚到开封东北陈桥驿(今河南开封市东北陈桥镇),赵匡胤与其弟光义及赵普等人共同策动军队哗变,奉赵匡胤为天子。赵假意不允,士兵以黄袍加其身,回师开封。恭帝被迫禅位,赵匡胤称帝(宋太祖)。因归德军治所在宋城(今河南商丘南),故国号宋,仍都开封,史称北宋,年号建隆。

复习思考题:

　＊1. 何谓五代?

　2. 何谓十国?

　3. 契丹族兴起于何地? 首先建国的是谁?

　4. 石敬瑭为什么遗臭万年?

重要名词:

　五代　朱温　＊李克用　＊耶律阿保机　石敬瑭　赵匡胤

　＊陈桥兵变

参考书:

　翦伯赞、郑天挺主编:《中国通史参考资料》第四册五(三)。

第四节　隋唐五代文化

隋唐时期,尤其是唐代,是我国古代文化光辉灿烂的时期,多种文化艺术在我国文化史上都达到了新的高度,在当时的世界文化领域,也处于领先的地位。隋唐文化之所以这样发达,主要有三个原因:一是政治的长期稳定,二是社会经济的空前发展,三是大量吸收融合边疆民族和邻近国家的文化成果。五代时期在政治上虽然分裂割据,但在文化方面却继续发展。

一、哲学 宗教

1. 哲学

唐朝的唯心主义思想家以韩愈为代表,唯物主义思想家以柳宗元和刘禹锡为代表。

唯心主义 韩愈(768—824)字退之,河阳(今河南孟县)人,是著名的文学家。他极力反对佛教和道教的荒谬不经之说。可是从哲学的观点来说,他是以儒学的唯心主义思想去反对佛、道二教的唯心主义思想,他的哲学思想基本上也是唯心主义的。

韩愈主张天命论。他认为,天有意志,能赏罚。贵贱祸福都取决于天的意志,人对天只能随顺敬畏,不可以人力改变天命。

唯物主义 唐代对唯物主义思想有较大贡献的是柳宗元和刘禹锡。柳宗元(773—819)字子厚,河东(今山西永济)人。他认为,宇宙没有起点,也没有极限,天地未分之前,只有元气,天地既分之后,元气充塞其间。天地、元气、阴阳都是物质的,都没有意志,不可能赏功罚祸。向天呼号,希望它进行赏罚,希望得到它的怜悯,都是非常荒谬的。

他反对君权神授思想,认为帝王"受命不于天,于其人"①。他认为社会历史的发展遵循着不以人们的主观愿望为转移的客观必然之势,指出历史的发展"非圣人意也,势也"②。

但是柳宗元的唯物论是不彻底的,他崇信佛教,其思想中有明显的唯心主义成分。

刘禹锡(772—842)字梦得,彭城(今江苏徐州)人。他进一步探索天与人的关系。认为天与人各有其特点,既相互区别,又相互作用,天与人"交相胜,还相用"③。人虽不能干预自然界的职能和规律,但却可以利用和改造自然。

他还认为,当是非颠倒、法制不行、赏罚不明时,人们对不合理现象找不到解释,就不得不把一切归之于天命,神就是由人在这种情况下创造出来的。

刘禹锡的唯物论也是不彻底的,他也和柳宗元一样崇信佛教。

2. 宗教

唐代的宗教很多,这和当时的社会经济发展、中外经济文化交流、以及

---

① 《柳河东集》卷一《贞符》。

② 《柳河东集》卷三《封建论》。

③ 《刘梦得文集》卷一二《天论》。

朝廷尊崇宗教是分不开的。国内已有的宗教如佛、道二教有很大发展,还有一些国外的宗教在这时也传入中国。

佛教　佛教原是印度的宗教,汉代传入中国,此后有很大发展。南北朝末年至隋唐之际,中国的佛教开始出现宗派,各宗派不仅有自己的教义,还有自己的寺院。隋唐时期,佛教的主要宗派有天台宗、华严宗、法相宗、净土宗和禅宗。唐后期,禅宗分为南宗和北宗两派,南宗宣传顿悟,北宗宣传渐悟。南宗最为盛行,几乎取代其他各宗派,垄断了佛坛。由于以禅宗为代表的佛教,除原有的哲理丰富等长处外,又逐渐中国化,因而在与道教的竞争中占有优势。

隋唐时期佛教的发展与中外交通的发达,佛经的大量传入,译经工作的进步以及统治阶级的大力提倡都有密切关系。统治阶级为了巩固自己的统治,积极提倡佛教,不少皇帝和官僚贵族佞佛,佛教更广为流传。但是随着佛教的发展,僧尼越来越多,寺院占有的土地和劳动人手也越来越多,而且不负担国家的赋税徭役,这就使封建政府与寺院之间在经济利益上产生了严重的矛盾。因此,唐武宗时禁断佛教,给佛教以沉重的打击。但佛教毕竟是统治人民的有力工具,唐宣宗即位后,又继续扶植佛教。

佛教的主要作用和其他宗教一样,都是麻痹人民的思想。但伴随佛教传来的哲学思想和文学、艺术等,对中国的文化产生了重大影响。中国文化吸收了佛教文化,丰富了自身,并得到促进和发展。如在艺术方面,佛教建筑和雕塑对中国的建筑雕塑有很大影响;在文学方面,佛经的大量翻译丰富了中国文学的体裁和内容;在哲学方面,佛教唯心主义哲学影响了儒家思想,产生了宋代的理学。

道教　道教形成于东汉,以老子李耳为教祖。唐朝皇帝以与老子同姓为由,认老子为自己的祖先,于是大力提倡道教,其目的是把唐朝政权加上一层宗教神秘色彩,以利于他们的统治。唐太宗规定道教的地位在佛教之上。唐高宗追尊老子为太上玄元皇帝。武则天称帝时,利用佛教《大云经》,宣传女人也可以当皇帝①,遂规定佛教居道教之上。唐睿宗时,又规定两教地位平等。唐玄宗则大力提倡道教,他声称曾梦见老子,让人画老子像颁行天下,并令王公百官皆习《老子》,还在科举考试中增设道举。当时两京(长安、洛阳)和各州府都建有玄元皇帝庙,各地道观曾多达一千九百余所。

道教在统治者的大力扶持下,颇为盛行,许多道士受到皇帝的宠信,不少文人如李白、贺知章等人都崇信道教。但是由于道教教义中的哲理不如

---

①　《大云经》即《大方等无想经》。唐薛怀义等以经中有"一佛没七百年后为女王下世,威伏天下"语,乃造《大云经疏》,以为武后受命之符。

佛教丰富，而且道教大多是讲炼丹服食，求长生不死，这需要大量的钱财和空闲时间，一般人民不具备这种条件，所以主要在上层社会流行，影响不如佛教那样大。

伊斯兰教、祆教、摩尼教、景教　伊斯兰教是对中国社会、思想文化以至民族构成产生重大影响的外来宗教。该教是公元 7 世纪初由阿拉伯人穆罕默德创立的。大食帝国崛起后，伊斯兰教便依靠其力量，沿着丝绸之路迅速向东传播。该教传入中亚后不久，就由大食避难者、使臣、商人以及留居中国的士兵传入中原，另外还从海上丝绸之路传到中国南方。在长安、广州、泉州、扬州等地都有信徒。唐中叶以后传布益广。在中国西北地区，伊斯兰教通过丝绸之路上的经济文化交流融入当地社会。五代末年，今新疆地区的不少当地居民皈依了伊斯兰教。

祆(xiān 先)教是琐罗亚斯德教的中国名称，在中国亦称火祆教、拜火教。公元前 6 世纪由波斯人琐罗亚斯德创立。该教认为，宇宙间有光明的善神和黑暗的恶神互斗，以火代表善神而加以崇拜。祆教早期流行于中、西亚，东晋十六国时期，经中亚传入中国，至唐代进一步发展。该教在长安、洛阳、凉州(今甘肃武威)、沙州(今敦煌西)等地都建有寺庙，信奉者为来唐的西亚及中亚人士，未在中国人中传布。唐武宗灭佛时，祆教也被禁断，但并未因此灭绝，直至宋代，在中原仍有祆教寺庙。

摩尼教是公元 3 世纪由波斯人摩尼创立的，又称明教。该教宣传善恶二元论，认为光明是善的本原，黑暗是恶的本原，人应助明斗暗。教徒应制欲，不食肉，不饮酒，不杀生。该教约于唐前期传入中原，在民间逐渐传播。玄宗开元二十年(732)一度被禁，只许西胡人信奉。在回纥助唐平定安史之乱后，该教又有了转机。由于回纥与唐有着特殊关系，又在此时改信摩尼教，奉之为国教；于是在回纥的支持下，该教又得以在中原公开传播。当时在长安、荆州(今湖北江陵)、扬州、洪州(今江西南昌)、越州(今浙江绍兴)、洛阳、太原等地建有寺庙，称为大云光明寺。后来，由于回鹘汗国的破灭和唐武宗灭佛兼及其他宗教，该教在中原和漠北衰落，但由于回鹘的西迁，又在河西走廊和新疆吐鲁番一带兴盛起来。中原的摩尼教亦未绝迹，后来依托佛、道，逐渐演化成一种民间秘密宗教。

景教即基督教的聂斯脱利派。公元 5 世纪前期，兴盛于中、西亚。唐贞观九年(635)，叙利亚人阿罗本由波斯来我国传教，改教名为景教，并在长安等地建寺礼拜，称"波斯寺"，后改称"大秦寺"。建中二年(781)，波斯教士景净等在长安立《大秦景教流行中国碑》，记述景教传入中国和在长安建寺度僧、宣传教义的情况。此碑现存陕西省碑林博物馆内。此教在唐后期逐渐失传。

二、文 学

隋唐五代时期的文学有很大的发展,其主要成就是诗歌,其次则是散文、传奇和词。

诗歌 唐代是中国古典诗歌的黄金时代。当时所作诗歌的数量之多,题材之广泛,风格流派之多样,艺术之精湛,都远远超过了以往的朝代。清人所编《全唐诗》共收录有 2200 多位诗人的 48900 多首诗,这当然还不是唐诗的全部。

唐初著名的诗人有王勃、杨炯(jiǒng 窘)、卢照邻、骆宾王等,号称"初唐四杰";此后,诗人名家辈出,盛唐有孟浩然、王维、岑参、高适、王昌龄、王之涣等,李白与杜甫更是名震一时。中唐有白居易、元稹、韩愈、刘禹锡、柳宗元、李贺等。晚唐有李商隐、杜牧、皮日休、聂夷中、杜荀鹤等。

在唐代诗人中,影响和成就最大的是李白、杜甫、白居易三人。

李白是一位伟大的浪漫主义诗人。他的诗内容广泛,豪迈奔放,气势磅礴,想象丰富,手法夸张,语言生动明快。他关心国事,有远大的抱负,不愿迎合权贵,有强烈的反抗精神,"安能摧眉折腰事权贵,使我不得开心颜!"[①]就是他的精神风骨的写照。他一生漫游名山大川,许多描绘壮丽河山的诗篇都是传世佳

李白像

作。但是由于他一生很不得意,又深受道家思想影响,因之诗中有一些消极成分,常常流露出人生若梦、及时行乐的颓废思想。

杜甫是一位伟大的现实主义诗人,所作诗有"诗史"之称。他的诗博采众长,感情真挚细腻,基调沉郁雄浑,语言精练。他忧国忧民。其名句"朱门酒肉臭,路有冻死骨"[②],深刻地揭露了当时的社会矛盾。著名组诗"三吏"、"三别",反映了人民所受的种种压迫和苦难。

白居易是一位杰出的现实主义诗人。他诗作中的精华是讽谕诗,《卖

---

① 李白:《梦游天姥吟留别》。
② 杜甫:《自京赴奉先县咏怀五百字》。

杜甫像

炭翁》、《杜陵叟》、《轻肥》、《歌舞》等都是其中的名篇。这类诗或揭露官府的横征暴敛,或指斥豪门贵族的骄奢淫逸,或抨击穷兵黩武的不义战争,具有高度的思想性和艺术性。另外,他的长篇叙事诗《长恨歌》和《琵琶行》也有很高的成就。他的诗深刻地反映现实,诗风平易通俗,所以广泛流传于国内以及新罗、日本等国,影响很大。由于他晚年政治上不得意,意志消沉,所以其晚期作品的思想性较差。

古文运动 古文运动是唐代的一次文学运动。这一运动主要是对文风、文体和文学语言进行改革。古文是唐朝人对先秦两汉通行的散文体文言文的称呼,其特征是散行单句,不拘格式,不同于骈文的讲究排偶、辞藻、音律、典故。六朝以来盛行的骈文以四字句、六字句组成,越到后来越显得形式僵化,内容空洞,难以自由表达思想,反映现实。唐中叶,一些文人反对六朝以来的浮艳文风,大力提倡古文,逐渐形成社会风尚,此即古文运动。

古文运动的代表人物是韩愈和柳宗元。韩愈是古文运动的积极倡导者,写了大量优秀的散文,气势雄健,奔放流畅,后人推他为唐宋八大家之首①。

韩愈像

柳宗元像

① 唐宋八大家为韩愈、柳宗元、欧阳修、王安石、苏洵、苏轼、苏辙、曾巩。

他把散文广泛地应用于各个方面,对当时和后世都产生了重大影响。他主张"文以载道",认为写文章应重视思想内容,但他所说的"道"是指儒家思想。柳宗元也是古文运动的倡导者,他也主张"文者以明道"。他的散文丰富多彩,峭拔俊秀,含蓄精深,对散文的发展也有很大贡献。

传奇 传奇是中国古典小说的一种形式,出现于隋朝末年,兴盛于唐代。由于唐末裴铏曾编有《传奇》三卷,后人即以此书名作为这类作品的名称。唐代传奇可分为讽谕小说、侠义小说、爱情小说、历史政治小说等四类。其中的名作主要有李朝威的《柳毅传》、蒋防的《霍小玉传》、元稹的《莺莺传》、白行简的《李娃传》、沈既济的《枕中记》、李公佐的《南柯太守传》、陈鸿的《东城老父传》、《长恨传》等。唐代传奇在中国文学史上占有重要地位,对后世文学的影响很大。如宋元以后的白话小说,有不少取材于唐代传奇,还有些传奇被后人改编为戏剧。

词 词又称长短句,始见于唐代,兴盛于五代、两宋。五代词人的代表是李煜。李煜是南唐末代国君,世称"李后主"。能诗文、音乐、书画,尤擅填词。早期作品大都描写宫廷生活,继承晚唐以来"花间派"的词风,绮丽柔靡。后期作品则抒写对往日帝王生活的怀念,吟叹亡国后的身世,语言生动,凄楚感人;扩展、提高了词表现生活、抒发感情的能力。"问君能有几多愁?恰似一江春水向东流"等名句至今脍炙人口。

三、艺 术

隋唐五代时期的艺术既继承了汉魏以来的文化传统,又大量吸收了当时边疆各少数民族和外国的艺术成果,融会发展,取得了辉煌的成就。其中最重要的有绘画、雕塑、书法和音乐、舞蹈等。

绘画 隋唐五代时期,绘画艺术有很大发展,名家辈出。

隋代的著名画家有展子虔、董伯仁、杨契丹、郑法士等人。

唐代著名画家更多,初唐的阎立德、阎立本兄弟善画人物。阎立本的《历代帝王图》、《太宗步辇图》,流传至今。其画布局匀称,笔力刚健,简练传神。盛唐时的吴道子(又名道玄)有"画圣"之称。他兼擅人物、山水,尤擅长佛道画。他在继承前代技法和吸收西域画派技法的基础上,有所革新创造,所画富于立体感。其画中人物的衣带似会随风飘动,因而有"吴带当风"之说。盛唐、中唐之际的张萱、周昉,都以善画仕女闻名。张萱的《捣练图》和《虢国夫人游春图》,现存宋人摹本。周昉的《簪花仕女图》亦存后人摹本。诗人王维善画水墨山水画,苏东坡称其"画中有诗"。

唐代的壁画在南北朝壁画的基础上有了很大发展。壁画的数量很大,仅吴道子一人即曾在长安、洛阳的佛寺道观中绘壁画达数百面墙壁之多。著名的敦煌千佛洞中有许多壁画,其中许多是唐代画的,敦煌壁画的内容多是佛教故事,但也反映了当时的社会生活状况,为研究这个时期各方面的历史提供了珍贵资料。敦煌壁画的艺术水平很高,其中的飞天尤为杰作。唐代有些墓葬中的壁画艺术水平也很高。如章怀太子李贤墓中壁画有出行图、仪仗图、客使图、打马球图等,所绘人物各具情态,栩栩如生。此外,懿德太子李重润墓、永泰公主李仙蕙墓、淮安王李寿墓都有壁画,艺术水平也很高。

五代时期,绘画艺术进入新的发展阶段。西蜀、南唐开始设立画院,征召大批著名画家供职。五代时期的著名山水画家有善画北国风光的荆浩、关同,善画江南景色的董源、巨然;著名花鸟画家有黄荃、徐熙;著名人物画家有周文矩、顾闳中。顾闳中的《韩熙载夜宴图》为传世名作。

隋唐五代时期,中原地区绘画艺术的发展是与不断吸收国外和本国少数民族的文化成果分不开的。如在隋和唐初,于阗画家尉迟跋质那与尉迟乙僧父子,就将西域绘画艺术及其技法传到中原。尉迟乙僧作画,带有强烈的立体感和明暗色彩,人物形象凸现于画面之外,飘然欲出。他的画风在宗教艺术方面有相当的影响。

龙门奉先寺大佛

雕塑 隋唐五代的雕塑艺术很发达,主要有石窟造像、陵墓石雕和陶俑等。隋唐以前已开凿的石窟寺,如敦煌、龙门、天龙山、麦积山、炳灵寺、克孜尔、库木吐喇等,此时大都在继续建造,在技法和人物造型方面,都有很大的进步。如龙门奉先寺是武则天统治时开凿的,共有雕像九尊。中央为 12 米高卢舍那佛坐像(连座通高 17.14 米),两旁各四像略低,都气势宏伟,形象生动。四川乐山的石雕大佛坐像从头顶到脚底通高 58.7 米[①],是我国最大的石雕佛像。敦煌千佛洞是一座巨大的艺术宝库,现存 492 个石窟中,有唐窟 213 个。其中的立体泥塑佛像,形象生动,

---

① 1986 年 2 月,武汉测绘科技大学与四川测绘研究所的专家新测数据:大佛从头顶到脚板底高 58.7 米,头高 11.7 米,脸宽 7.8 米,鼻长 3.5 米,耳长 6.43 米,头上的发髻共有 1200 个。旧说大佛高 71 米。

神态自若,造型工巧,与壁画交相辉映,配置和谐。

陕西礼泉唐太宗墓前的高浮雕石刻昭陵六骏,生动地刻画出了六匹骏马的不同神态,造型遒劲,形象逼真,是唐代石雕中的名品。

唐代墓葬中的三彩陶俑,既有武士、文吏、乐工、舞女等人物俑,也有马、骆驼等动物俑,这些俑造型生动,色彩鲜艳,形态逼真,十分精美。

唐代有不少优秀的雕塑家,其中最为著名的是被称为"塑圣"的杨惠之。据说他曾在长安为著名艺人留盃亭塑像,人们一看到塑像的背影,便能认出所塑是谁。

书法 隋唐时期,出了许多著名的书法家。欧阳询、虞世南都是由陈入隋、再入唐的大书法家。欧阳询的楷书笔力劲峭,法度严整。虞世南的楷书字体匀圆,兼含刚柔。唐初的褚遂良综合各家楷书之长,微参隶书笔法,别创一格。唐中期的颜真卿把篆、隶笔法运用到楷书上,独创一体。他的书法气势雄浑,形体敦厚,对后世影响很大。唐后期的柳公权是与颜真卿齐名的大书法家,他兼采欧、颜二家之长,自成一体,世称柳体。

音乐、舞蹈 隋唐时期的音乐、舞蹈也有很高的成就。由于民族关系密切及中外文化交流,当时中原地区的音乐、舞蹈中融合了大量来自少数民族和外国的成分。隋炀帝时曾定九部乐,唐太宗时又增为十部乐,即燕乐、清商乐、西凉乐、天竺乐、高丽乐、龟兹乐、安国乐、疏勒乐、康国乐、高昌乐,其中大多数来自少数民族和外国。除十部乐之外,隋唐时期在宫廷中还演奏扶南乐、百济乐等外国乐舞。唐高宗以后,十部乐逐渐衰亡,音乐家们吸取少数民族和国外音乐的精华,创作新乐,逐渐形成坐部伎和立部伎。

隋代的著名音乐家有万宝常、郑译、何妥等,唐代著名音乐家有祖孝孙、王长通、白明达、曹善才、李龟年、米嘉荣、唐玄宗等。唐玄宗善击羯鼓,长于作曲,他曾选坐部伎三百人,教于梨园,号称"皇帝梨园弟子"。又选宫女数百人,亦为"梨园弟子",教以音声。这也从一个侧面反映了唐代音乐的发达。

唐代流行的舞蹈中有许多来自外国和少数民族地区。如拂林舞、柘枝舞、胡腾舞、胡旋舞等,均来自西亚、中亚。在敦煌壁画《张义潮出行图》中就有类似今藏族舞蹈《弦子》中的舞姿。在唐朝宫廷中演出的《南诏奉圣乐》则是吸收南诏和其他少数民族的乐舞编制而成。唐代舞蹈主要分为健舞和软舞。健舞有剑器、胡旋、胡腾、柘枝等,软舞有乌夜啼、凉州、回波乐等。

当时的舞蹈多配以音乐,所以称为乐舞。初唐乐舞以武舞"七德舞"(本为"秦王破阵乐")、文舞"九功舞"(本为"功成庆善乐")、"上元舞"(本为"上元乐")为代表。盛唐乐舞以"霓裳羽衣舞"为代表,唐代诗人白居易曾写《霓裳羽衣舞歌》,详细描绘了此舞。

四、史学　地理学

隋唐五代时期,史学与地理学都有较大的发展,很重要的一点是出现了国家开馆设官修史的制度;其次是在史学和地理学著作方面亦有所创新。

开馆修史　国家正式开馆修史始于唐太宗时期,由宰相监修。从此,官修史书由史官修撰并由宰相监修成为制度,直到清朝。唐初史馆奉诏所修正史有《晋书》、《梁书》、《陈书》、《北齐书》、《周书》、《隋书》等共六部。史家李延寿私人撰《南史》和《北史》两部。此八史占二十四史的三分之一。五代后晋时官修的《旧唐书》亦为二十四史之一。

通典　《通典》是一部政书,唐代杜佑(735—812)撰。佑字君卿,京兆万年(今陕西西安)人,曾任宰相。政书是一种新体史书,不同于纪传体、编年体史书,以记载典章制度为主。《通典》记事,上起黄帝,下迄唐天宝之末。全书共有200卷,分为食货、选举、职官、礼、乐、兵、刑、州郡、边防等9门,每门又分若干目。对于每一制度,都从上古记述到唐朝,唐代尤详,具有很重要的史料价值,并开创了典章制度专史的编撰方法。

史通　《史通》是一部史学评论著作,唐代刘知幾(661—721)撰。知幾字子玄,彭城(今江苏徐州)人。曾在史馆参与修史20余年。后离开史馆,撰成《史通》一书。全书分内篇和外篇两部,共20卷49篇。内篇36篇,论述史书源流、体例和编纂方法。外篇13篇,论述史官建置沿革和史书得失等。此书的主要特点是总结历代主要史学著作,指出优缺点,提出自己对修史的主张。他指出,史学家要兼有才(写作能力)、学(历史知识)、识(认识能力)三长,而尤以"史识"为最重要。他主张,撰写史书要"不掩恶,不虚美","良史以实录直书为贵",反对"妄生穿凿,轻究本原"。刘知幾是我国古代最早的一位史学评论家,他的理论、观点在当时是很进步的。《史通》对后代治史、著史发生了巨大的影响。

元和郡县图志　《元和郡县图志》为唐代李吉甫所撰。李吉甫长期任宰相,熟悉当时的图籍。全书以当时四十七镇为纲,每镇篇首有图,分镇记载府、州、县及其户口、沿革、山川、道里、贡赋等内容。这是一部重要的全国性历史地理著作。北宋时,图佚,因称《元和郡县志》。

五、科学技术

天文、历法　隋代的刘焯制《皇极历》,这是一部很精密的历法。隋时未颁行,唐时始行用。此历确定岁差为75年差1度,已同准确值接近。当时欧洲还采用 100 年差 1 度的数值,比我国落后。

唐代的一行和尚是一位杰出的科学家,俗姓张名遂,自幼博览经史,精通天文、历算。后来出家为僧。唐玄宗时,他受命主持修历工作,有不少创造。他是世界上第一次发现了恒星移动现象的人,比英国人哈雷发现恒星移动几乎要早一千年。他又倡议测量子午线的长短,根据在河南实际测量的结果,算出子午线每 1 度长 351 里 80 步。这个数字虽不很准确,但却是世界上第一次实测子午线的记录。他还同梁令瓒合作,制成水运浑天铜仪(利用漏水激轮转动)。这不仅是表示天象的仪器,也是计时的仪器,是世界上最早的用机械转动的天文钟。他编成的《大衍历》是一部比较准确的历法,其编写体例结构亦为后代所沿用。

医学 隋代名医巢元方撰《诸病源候论》是我国第一部详论病因、疾病分类、鉴别和诊断的著作,书中还记述了用肠吻合手术治疗外伤断肠等。该书对后代医学影响很大。

隋至唐初的名医孙思邈(581—682),著有《千金要方》和《千金翼方》,这是两部著名的医学著作。两书的内容十分丰富,共收集了 5300 多个药方,记载了 800 多种药物。由于他对医药学的重大贡献,后人尊称他为“药王”。

唐高宗时,苏敬等人奉命编纂了《唐新本草》,这部书图文并茂,记载药物 800 多种,是世界上第一部由国家编定颁布的药典。唐玄宗时,王焘撰《外台秘要》,收集了 6900 多个药方,汇集了前代药方的精华。

隋唐时期的许多医家和医学名著都注意吸收域外、尤其是印度的医方和治疗方法,有些医书对这一方面多所著录。

建筑 隋朝著名的工匠李春设计建造的赵州(今河北赵县)安济桥,是我国历史上最著名的桥梁之一,又是世界上现存最古老的单孔大拱桥。桥全长 50.82 米,桥面宽约 10 米,大桥洞跨径 37.02 米,高 7.23 米,在大桥洞两端上方,各有两个小桥洞,既可节省工料,减轻桥的重量,又便于排洪,而且增加美感。该桥跨度之大是空前的。这样的设计与施工技巧,在当时的历史条件下都是难能可贵的。

隋唐时期的国都长安城(隋名大兴城)是由名家宇文恺等设计建造的,总的特点是建制严密,规模宏伟,为秦汉都城所不能比。城内建有皇城、宫城。据考古勘测,长安城南北长 8651 米,东西长 9721 米,周长 36.7 公里,面积 84 平方公里。长安城内街道宽阔笔直,布局东西对称,街道呈棋盘式,宫殿、衙署、坊市分置,里坊呈封闭式,市场集中,是当时世界上第一流的大城市。

安济桥

唐代的木结构建筑已达到很高的水平,至今尚存的有山西五台县的南禅寺大殿和佛光寺东大殿。南禅寺大殿建于建中三年(782),是我国现存最古老的木结构建筑。佛光寺东大殿相传建于北魏孝文帝时,唐武宗时被毁,大中十一年(857)重建。

唐代建造的佛塔很多,至今尚耸立于西安的,有著名的大、小雁塔。大雁塔始建于永徽三年(652),是高僧玄奘按照印度风格设计的。塔呈方形,

大雁塔

砖砌 7 级,高 64 米。唐人考中进士后,多于此处题名,以为纪念,称"雁塔题名"。小雁塔建于景龙(707—709)年间,为密檐式砖构建筑,原为 15 级,最上两级已塌毁,其下 13 级完好。现高 43 米。基底四周装饰精美砖雕。

雕版印刷术 隋唐时期,文化繁荣,读书的人增多,抄书已不能满足社会需要,于是出现了雕版印刷术。

雕版印刷术发明于隋末唐初。唐太宗曾令印行长孙皇后的《女则》。玄奘也曾印刷佛像。但当时还不普及。唐中叶以后才逐渐推广。元和、长庆年间,白居易、元稹的诗已被大量印刷出售。文宗太和年间,印刷的历书已在民间广泛流传。唐朝末年,成都已大批印书,成为全国印书业的中心。

唐刻《金刚经》

现存最早的雕版印刷品是印于咸通九年(868)的《金刚经》。该书卷首有画,画和文字都很精美。但已被斯坦因①盗走,现藏英国伦敦博物院。国内现存最早的雕版印刷品是晚唐的龙池坊卞家印《陀罗尼经》。

印刷术后来传到国外,推动了世界文化的发展。

复习思考题:

　　1. 唐朝的主要宗教有哪几种?

　*2. 唐朝有哪几位最负盛名的诗人?

---

　　① 斯坦因,英国人,原籍匈牙利,考古学家。

3. 什么是"古文运动"？唐朝古文运动的主要代表人物有哪几位？

*4. 《史通》的作者是谁？主要内容是什么？

*5. 《通典》的作者是谁？此书有什么特点？

6. 唐朝有哪些著名的书法家？

7. 隋、唐时期有哪几位著名的医学家？各有什么主要著作。

重要名词：

初唐四杰　*韩愈　*柳宗元　李商隐　*李白　*杜甫

*白居易　阎立本　*吴道子　*一行和尚　安济桥　*敦煌千佛洞

　*龙门石窟　乐山大佛　*元和郡县图志　*雕版印刷术

参考书：

翦伯赞、郑天挺主编：《中国通史参考资料》第四册七（一）、（二）、（三）。（选读）

第七章　宋辽金元

（960—1368）

　　宋辽金元时期包括北宋与辽及西夏（960—1127）、南宋与金（1127—1279）、元（1271—1368）三个历史阶段。在这一时期，中国的封建社会继续发展，各民族之间有矛盾，有斗争，后来逐步融合。

第一节　北宋　辽　西夏

（960—1127）

一、北宋的中央集权

1. 北宋的统一

　　赵匡胤代后周称帝以后，原后周昭义军节度使（治今山西长治）李筠联合北汉，割据泽州（今晋城）。淮南节度使（治今扬州）李重进也起兵反对赵匡胤。赵匡胤于建隆元年（960）六至十一月亲征泽州和扬州，先后灭二李，巩固了他的统治。此后，赵匡胤即着手准备实现国家的统一。其战略方针的主要特点是先易后难，先南后北。自乾德元年（963）至开宝八年（975），北宋先后灭荆南、后蜀、南汉、南唐等割据势力。开宝九年，赵匡胤死，其弟光义（太宗）即位，继续进行统一战争。太平兴国三年（978），吴越王钱俶献地投降。北宋基本上统一了南方，转而全力进攻北汉。太平兴国四年，北汉帝刘继元降，五代十国分裂割据的局面基本结束。

北宋帝系表

（960—1127）

赵弘殷　—（一）太祖匡胤（960—976）

　　　　　—（二）太宗光义（炅）（976—997）—（三）真宗恒（997—1022）—（四）仁宗祯（1022—1063）

　　　　　商王元份—濮安懿王允让

（五）英宗曙（1063—1067）——（六）神宗顼（1067—1085）—（七）哲宗煦（1085—1100）

　　　　　—（八）徽宗佶—（九）钦宗桓（1100—1125）（1126—1127）

但是,北宋的统一与汉、唐不能相比,在当时中国境内,除北宋外,还有辽、西夏、吐蕃、大理等几个较强的民族政权与它对峙。

2. 加强中央集权

北宋建立后,宋太祖君臣总结唐末五代君弱臣强、政权屡更的教训,认为"惟稍夺其权,制其钱谷,收其精兵,则天下自安矣"[①]。于是,在权、兵、钱、法等几个方面逐步加强中央集权。

政治制度　宋初的中央政权在形式上大致沿袭唐朝制度,但实际上省、台、寺、监官无定员,无专职,除少数部门外,多为闲散机构,有名无实。宰相也不再由三省长官充当,而是另以同中书门下平章事为宰相。又增设参知政事为副相,通常称为"执政",与宰相合称"宰执"。宰执办公地点称"中书门下"(政事堂),仅负责行政。最高军事首脑则是枢密院长官枢密使(亦称"执政")。中书门下与枢密院合称"二府",分掌文武大权。另外,又设三司,下辖盐铁、户部、度支三部,是最高的财政机构,号称"计省",其长官为三司使,亦称"计相",地位略次于执政。于是,"中书主民,枢密院主兵,三司主财,各不相知"[②],分别对皇帝直接负责。这样,原来集政权、财权、军权于一身的宰相的权力被一分为三,宰执、枢密使、三司使互相牵制,从而削弱了相权,加强了皇帝对政权的直接控制。

北宋的监察系统在御史台之外,增设谏院,置谏官。谏官不仅有谏议之责,而且常常与台官一道,弹劾宰执、大臣,使相权进一步受到牵制。

为了加强对全国的控制,宋初将全国分为十道。太宗时,又改为十五路,以后路的数目还有增加。各路大体有四司:安抚使司,掌一路兵民之事,简称"帅司";转运使司,掌一路财赋,简称"漕司";提点刑狱司,掌一路刑狱,简称"宪司";提举常平司,掌一路常平仓、义仓、赈灾事,简称"仓司"。因其长官安抚使、转运使、提点刑狱、提举常平兼有监督地方官吏之责,所以此四司亦合称"监司",属于中央的派出机构,不是一级地方政府。

北宋的地方行政机构是州、县两级。与州平行的还有府、军、监。府一般设于要地,如东京开封府、西京河南府等[③];军设于军事要冲;监设于坑冶、铸钱、牧马、产盐地区。州、府、军、监的长官分别称知州、知府、知军、知监。又设立州(府)通判一职,直接对中央负责,用以监视知州(府),所发文书要知州(府)与通判同时签署才生效。县的长官称知县或县令,还有管户口钱粮的主簿和管军事、治安的尉。

---

① 李焘:《续资治通鉴长编》卷二,建隆二年七月。
② 李焘:《续资治通鉴长编》卷一七九,至和二年四月。
③ 宋有四京:即东京开封府、西京河南府(今洛阳)、北京大名府、南京应天府(今河南商丘)。

这样,北宋中央通过监司控制地方上的行政、军政、财政、司法,督责地方官吏;又通过通判限制、分割知州(府)的权力,从而加强了对地方的控制。

另外,北宋改变了唐末五代以来的节度使兼管其他州、军(称为支郡)的做法,一般节度使除管所在的大藩府外,不再兼领支郡。并规定州的长官必须用文臣。这就大大减少了地方武装割据的可能。

北宋还实行官衔与实际职务分离的官吏任用制度,即"官、职、差遣"制度。官即官名,如尚书、侍郎之类,只是一种虚衔,作为叙级、定薪俸之用;职亦称贴职,是授予一部分文官的荣誉衔,并无实际职掌,如学士、直阁之类;差遣才是官员所担任的实际职务,故亦称职事官,枢密使、三司使等,属于此类。一般官员则在所担任的职务之前,冠以"判、知、权、管勾、提举"等字眼,如判寺事、知州、提举常平等,以示差遣。这样做的目的也是为了加强中央集权。

北宋初年,进一步完善了科举制度,以加强中央集权。主要是在沿用唐朝的常举与制举的基础上,又有重大的改革。如在宋初即增加了"殿试",即考生通过省试(礼部考试)后,还须"御殿给纸笔,别试诗赋"①,由皇帝亲临录取。又创立了"糊名"、"誊录"等方法,减少了考官从中舞弊的可能。

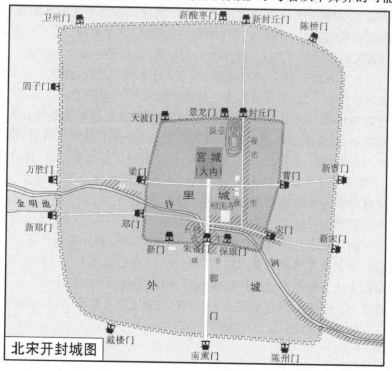

北宋开封城图

---

① 《宋史》卷一五五《选举志》。

军事制度 靠军队起家的赵匡胤深知军权的重要,因此,他很重视解决这一问题。

建隆二年(961)三月,宋太祖取消殿前都点检这个重要的统率禁军职位。不久,又在一次酒会上迫使原禁军高级将领交出兵权,并顺势取消了殿前副都点检一职。禁军的领导机构改为殿前司和侍卫司,分别由殿前都指挥使、侍卫步军都指挥使和侍卫马军都指挥使(三帅)统领,而总领禁军的权力集中到皇帝手中。

但是,三帅有握兵之重却无发兵之权。北宋中央负责军务的枢密院直接对皇帝负责,虽能调兵遣将,却不能直接统兵。这样,就实现了统兵权与调兵权的分离,防止了武官将领权力过大。另外,遇有军事行动,统兵将领大多临时委派。平时军队实行"更戍法",驻地几年一变,统兵将领也随之更换,"兵无常帅,帅无常师"[①],目的是防止武将拥兵自重,形成个人势力,策动兵变。

北宋还按"强干弱枝、守内虚外"的原则部署兵力。宋初军队分为四种,即禁军、厢军、乡兵和蕃兵。禁军是中央正规军,是北宋军队的主力。厢军是诸州的镇兵,由地方长官掌管。乡兵是按户籍抽调的壮丁或招募的地方兵,其任务是在本地防守。蕃兵由边区少数民族组成,驻于边地。禁军选择身强力壮和武艺高强的壮丁担任,较其他军队待遇优厚,装备精良,训练有素,而且全部二十二万禁军中,一半驻京师,一半分守各地。这样,就保证了中央对地方的军事优势。"诸镇皆自知兵力精锐非京师之敌,莫敢有异心者。"[②]

财政与法律 唐末五代时期,财政制度混乱,各地藩镇的财赋收入多自己留充军费,很少上交朝廷。宋太祖有鉴于此,接受了赵普的建议,建立起了由中央控制的财政制度,"令诸州自今每岁受民租及管榷之课,除支度给用外,凡缗帛之类,悉辇送京师"。其后,又逐步建立健全了转运使、通判、主簿这样一套地方财政管理机制,地方支用"悉出于三司"。这样,"利归公上而外权削矣"[③],地方政府的财政大大削弱。

五代时期谈不到司法,藩镇跋扈,任意杀伐滥刑,视人命如草芥,刑部如同虚设。宋朝除在各路由提点刑狱掌司法,严格法制以外,还规定:凡死刑必须申报中央复审核准。法律制度有所恢复,大权基本收归中央。

总之,北宋初年,通过上述各种措施,达到了"以大系小,丝牵绳联,总

---

① 马端临:《文献通考》卷一五二《兵考》。
② 司马光:《涑水纪闻》卷一。
③ 以上依次见《续资治通鉴长编》卷五,乾德二年末;卷三四,淳化四年二月;卷一八,太平兴国二年正月。

合于上"①,加强了中央集权,基本消除了唐末五代以来藩镇割据、军阀混战的弊端,有利于社会经济的恢复和发展。

但从另一方面看,北宋过分集权,也带来了严重的恶果:政权过分集中,使机构重叠,官员冗滥,职责不清,互相掣肘、推诿,唯唯诺诺,无所作为。军权过分集中,使兵不知将,将不知兵,指挥不灵,战斗力下降;地方上武装力量薄弱,不堪一击。财权过分集中,造成地方上财政拮据,物质基础薄弱。凡此种种,为北宋种下了积贫积弱的祸根。

二、辽国的制度与宋、辽对峙

1. 辽国的政治、军事制度

辽自建国之初,即很重视国内政治与军事制度的建设。耶律德光在位时,疆域广大,民族复杂,进一步完善了其政治与军事制度。

"南面官"与"北面官" "南面官"与"北面官"是指辽的中央双轨官制而言。辽的中央有两套政治统治机构,一套居于皇帝大帐之北,称作"北面官";一套居于皇帝大帐之南,称作"南面官",这是一种民族分治制度。当时,辽国境内民族众多,习俗各异,以汉人、渤海人(包括靺鞨、高句丽等人)为主的一些民族,耕稼而食,桑麻而衣,过着以农业为主的定居生活;而以契丹人为主的一些民族,则过着转徙无定的游牧生活。辽的政治原则是:"官分南、北,以国制治契丹,以汉制待汉人。"②这就是"南面官"与"北面官"的由来。这两套中央机构的职权划分,大致是:"北面治宫帐、部族、属国之政,南面治汉人州县、租赋、军马之事。因俗而治,得其宜矣。"③关于官职设置的情况,一般说来,南面官沿袭唐以来的官制,中央设三省六部,官员多用汉人。北面官名称与南面官不同,职掌却大体相似。北面官也有两套并行的机构,亦有南北之名,如南北衙、南北院等。如北枢密院相当于兵部,南枢密院相当于吏部,北、南二王院相当于户部,夷离毕院相当于刑部,宣徽院相当于工部,敌烈麻都司相当于礼部。这些官衙都属于北面官。北面官的长官都由契丹贵族担任,其职权大于南面官。

部族制与州县制 辽的地方行政制度基本上也是采用了民族分治的制度,与中央制度是一致的。

---

① 苏洵:《嘉祐集》卷一《审势》。
② 《辽史》卷四五《百官志一》。
③ 同上。

辽朝(契丹)帝系表

(916—1125)

```
                         ┌── 太子倍──(三)世宗阮 ─────────────────┐
                         │                 (947—951)            │
(一)太祖耶律阿保机───┤                                          │
      (916—926)         │                                          │
                         └──(二)太宗德光──(四)穆宗璟 ──────────┘
                              (926—947)        (951—969)

   ┌─(五)景宗贤──(六)圣宗隆绪──(七)兴宗宗真──(八)道宗洪基─┐
   │   (969—982)    (982—1031)    (1031—1055)    (1055—1101)  │
   └──────────────────────────────────────────────────────────┘

   ┌── 太子浚 ────(九)天祚帝延禧
   │                  (1101—1125)
```

辽以五京为中心,分全国为五道:即上京道(治所在临潢府,今内蒙古巴林左旗南)、中京道(治所在大定府,今宁城)、南京道(治所在析津府,今北京)、东京道(治所在辽阳府,今辽宁辽阳)、西京道(治所在大同府,今山西大同)。道之下,实行部族制与州县制双轨分治的制度,契丹等游牧民族所在地区,实行部族制。"部落曰部,氏族曰族。"①根据各族地位高低和大小又分为大部族和小部族,统治机构为某族司徒府,下有某部族节度使司、某部族详稳司等。汉人和渤海人地区采用州县制。大体仿唐制,州设刺史、同知州事;县设令、丞、主簿、尉。

辽女揉面壁画(北京出土辽赵德钧墓壁画摹本)

部族、州县之外,还有"头下军州",系由辽的宗室、外戚、大臣和所属部族首领中立有战功者,以其所分得或所俘获的人口为主体建立的州县。头下军州的刺史由中央任免,其他官吏则由头下主自行委派。

辽的各级官员中,契丹族官员多由地位显赫的家族世袭而来,即由某家族的子孙内量材选授。汉族知识分子则主要通过科举门径进入仕途。

"汉法"与"国法" 辽在耶律阿保机时,已有成文法,因境内民族复杂,亦因其俗,兼用"汉法"与"国法"。所谓"汉法",杂采隋唐以来的律令。所谓"国法",兼用"契丹及诸夷之法"②。治汉人与渤海人等用"汉法",治契丹及诸夷人等用"国法"。或谓之"凡四姓(契丹、奚、渤海、汉)相犯,皆用汉法;本类自相犯者,用本国法"③。辽法在初行时,施法与量刑等方法,都存

---

① 《辽史》卷三二《营卫志中·部族上》。
② 《辽史》卷六一《刑法志上》。
③ 余靖:《武溪集》卷一八《契丹官仪》。

在着民族与等级身份的差异。后经多次修订，这些差异才大大缩小。

军制 辽国凡民在十五岁以上五十八岁以下者，皆入军籍，有正军和家丁的区别。正军主要有禁军、部族军及糺（qiú 求）①军等。禁军由御帐亲军和宫卫骑军组成，是辽军精锐。部族军是亲王大臣的私人卫队或以部落为单位守边的部队。糺军则是由被征服族人组成的边防军。家丁由奴隶和部曲充当，主要从事杂役。

赋役制度 州县的赋税主要是两税，依户口和田亩征收；还有地钱、户丁税等杂税。徭役则有驿递、马牛等多种名目。部族的赋税主要是输牲畜和草，徭役则主要是兵役。不论州县还是部族，赋役剥削名义上按贫富不同而有所区别。头下军州的赋税除酒税和一半田租交纳辽政府外，其余全归头下主。

2．辽国的经济

辽朝在逐步实现封建化的过程中，社会经济也随之而发展。到辽圣宗耶律隆绪时（982—1031），号称辽的盛世，农业、手工业和商业都有很大的进步，并出现了一些工商业城市。

农业 辽的生产原以畜牧业为主，但在取得渤海和幽云十六州后，农业在社会经济中所占比重大大增加。历代统治者都实行了一些奖励垦荒的政策，并在沿边各地置屯田。这样，在圣宗、兴宗时期，已是"辽海编户数十万，耕垦千余里"②。粮食产量十分丰富，"虽累兵兴，未尝用乏"③。

辽褐釉马镫壶

手工业 辽的手工业主要有纺织业、矿冶业、制瓷业等。纺织业不仅在汉人集中的南京（今北京）地区较为发达，而且在上京和中京地区也颇具规模。生产的纺织品种类繁多，有绫、罗、绮、锦、纱、缎等。

矿冶业在辽具有重要地位。室韦部（今辽宁鞍山一带）、曷术部（今辽宁南部）、铁利府（今沈阳西南）、东平县（今开原西南）都是著名的铁冶基地。室韦、阴山（今内蒙中部）及辽河之源盛产金、银。

---

① 糺：契丹字，或谓音读为"久"、"幼"、"札"、"察"。
② 《宋史》卷二六四《宋琪传》。
③ 《辽史》卷五九《食货志》。

辽的制瓷技术也很好,辽瓷名闻遐迩。瓷器有白、青、三彩、细胎白黑、缸胎杂色、翠绿釉瓷等多种。

城市经济 辽的五京不仅是政治、军事重镇,也是重要的工商业城市。其中尤以南京(今北京)最为繁荣,"户口安堵,人物繁庶","城北有一市,陆海百货,萃于其中,僧居佛寺,冠于北方;锦绣组绮,精绝天下"①。

3. 北宋与辽的和战

高梁河之役与雍熙北伐 北宋初年,宋朝君臣尚有收复幽云诸州之志。太平兴国四年(979)六月,宋太宗在灭北汉后,亲率大军伐辽,一路势如破竹,进围幽州。后因准备不足,被辽朝援军在高梁河畔(约在今北京城东南)击溃,损失惨重。

雍熙三年(986),宋太宗乘辽朝新君初立之机,又派三路大军北伐。东路以曹彬为主帅,出雄州(今河北雄县),直指幽州(今北京);中路以田重进为主帅,由定州(今定县)出飞狐口(今涞源、蔚县间),取蔚州(今蔚县);西路以潘美为主帅,杨业为副帅,出雁门关(在今山西代县)取云州(今大同),然后会师幽州。战争开始时,三路军队节节胜利。但因各军之间缺乏必要的协调,指挥不力,岐沟关(今河北涿州)一战大败,杨业负伤被俘,绝食而死。雍熙北伐失败。

澶渊之盟 "高梁河之役"和"雍熙北伐"的失败,使北宋统治者失去了收复幽云诸州的信心,从此对辽采取消极防御的方针,辽兵则不断南侵。

景德元年(1004)九月,辽圣宗及其母萧太后率二十万大军南下,围攻定州。宋朝君臣大惊,有的大臣建议真宗南逃,宰相寇准力排众议,坚持请真宗北上"亲征",以鼓舞士气,打退辽兵。真宗勉强同意这个意见,于十一月率众亲征。这时,辽军已到黄河北岸,宋军迎至澶(chán 蝉)州(今河南濮阳),与辽军对垒。前军用伏弩(床子弩)射死在阵前视察地形的辽军统帅萧挞览,大挫辽军锐气。宋真宗登上澶州城督战,宋军士气大振。辽方恐惧,有意退兵,于是双方议和。议定:宋、辽约为兄弟之国,宋真宗称萧太后为叔母;宋每年纳给辽银 10 万两,绢 20 万匹;宋、辽边境维持旧状,仍以白沟河(今河北巨马河)为界。史称此议为"澶渊之盟"。

宋辽和平相处 "澶渊之盟"以后,宋辽两国进入和平相处的时期。

景德二年(1005),宋在雄州、霸州(今河北霸县)、安肃军(今徐水)、广信军(今徐水东),辽在新城、朔州(今山西朔县),分别置榷场,进行双边贸

---

① 徐梦莘:《三朝北盟会编》卷二〇《许亢宗奉使行程录》。

易。宋辽双方每逢有皇帝即位、生辰、丧事等,都互派使者来往。这种局面一直维持到北宋末年,时长百年之久。宋辽边境安定,生产有所恢复和发展。当时的人这样评论:"(辽)与朝廷(宋)和好年深,蕃汉人户休养生息,人人安居,不乐战斗。"[①]

三、北宋与西夏的对峙

西夏建国　西夏国为党项族所建。党项族是羌族的一支,也称党项羌,原在今青海、甘肃、四川三省边境地区,过着游牧生活。唐初,党项族各部落中,以拓跋部最为强大。在其带领下,党项各部落先后归附唐朝。唐在其地设都督府和州,赐拓跋部酋长李姓,以其为都督。后来党项族为吐蕃所迫,渐迁至甘肃东部、陕西北部。唐末,党项首领拓跋思恭因参与镇压黄巢起义有功,被复赐李姓,封夏国公、夏州节度使。五代时,党项乘中原混乱,扩充势力,以夏州(今陕西靖边东北)为中心,割据一方。宋初,党项委蛇(wēiyí威移)于宋、辽之间,接受双方封赐,但主要是联辽抗宋。宋真宗时,考虑到同时对辽和党项作战,人力、物力都难于应付,便对党项妥协,授党项首领李继迁以夏州刺史、定难军节度使,辖夏、银(今陕西横山东)、绥(今绥德)、宥(今内蒙古鄂托克前旗)、静(今宁夏永宁东北)五州之地。此后,李氏以五州为基地,继续扩张,并攻陷宋的西北重镇灵州(今宁夏灵武西南),改称西平府,作为其政治中心。李继迁子德明在位时,主动向宋求和。宋封他为定

西夏帝系表
(1038—1227)

李继迁——德明——(一)景宗元昊——(二)毅宗谅祚
　　　　　　　　　(1038—1048)　　(1048—1067)

(五)仁宗仁孝—(六)桓宗纯佑
(1139—1177)　　(1177—1206)

越王仁友—(七)襄宗安全
　　　　　　(1206—1211)

某—齐国忠武王彦宗—

(三)惠宗秉常—(四)崇宗乾顺
(1067—1086)　　(1086—1139)

(九)献宗德旺
(1223—1226)

(八)神宗遵顼
(1211—1223)

清平郡王某—(十)末帝
　　　　　　(1226—1227)

---

① 苏辙:《栾城集》卷四一《论北朝政事大略》。

难军节度使、西平王，每年给银万两、绢万匹、钱二万贯，并开展双边贸易。可是，李德明仍受辽封，为夏国王。宋乾兴元年（1022），党项在灵州怀远县建新城，称兴州，迁都于此。宋天圣六年（1028），德明派其子元昊领兵攻下原为回鹘、吐蕃占据的甘州和西凉府。宋明道元年（1032），宋仁宗也加封德明为夏国王，承认其割据的合法性，不久，德明死，元昊继位，继续向吐蕃、回鹘进攻，先后占据了瓜州（今甘肃安西东南）、沙州（今敦煌）、肃州（今酒泉）。这时，李氏统治的领域，"东尽黄河，西界玉门，南接萧关，北控大漠"[①]。包括夏、银、甘、凉等十几州，沃饶的河西走廊和河套地区均在其控制之下，党项族的经济逐步转向以农业为主。

汉文	西夏文	汉文	西夏文
日月		人体	
九霄		北斗	

西夏文与汉文对照

西夏的制度　西夏国的建立者李元昊是党项族杰出的政治家与军事家，通晓佛学和蕃、汉文字，熟悉中原王朝的法律、制度，注意吸收先进的汉文化，在西夏国所立制度，基本上仿照宋制。中央设置中书省、枢密院、三司和御史台，分掌行政、军事、财政和监察。还有农田司、群牧司、文思院等机构，分掌庶政。官员则由党项贵族和汉人分别担任，另有一些官职专授党项人。中央还设置"蕃学"和"汉学"，分别选蕃汉官吏子弟入学，以科举取士。地方上亦同宋制，设府、州。军事上实行征兵制，每二丁取正军一人，总兵力有几十万。西夏还仿汉字形体，创造西夏文字，通令全国使用。在夏国统治的二百年中，西夏文一直使用。夏亡后，仍长期流传。

北宋与西夏的和战　元昊称帝后，要求宋廷承认，但遭拒绝。双边贸易亦中止，宋、夏关系急剧恶化。从宋康定元年（1040）开始，元昊连年发动对宋战争，北宋连遭失败。

宋朝被迫让步，谋求与夏和好。西夏虽然连胜，但也多有伤亡，财力难以支持，国内人民普遍厌战；加上夏、辽关系破裂，为避免两面受敌，也愿与宋议和。于是，宋、夏在庆历四年（1044）签订和约：元昊取消帝号，对宋称臣，由宋册封为夏国主；宋每年给西夏银72000两，绢153000匹，茶30000斤；重开沿边榷场互市，恢复民间商贩往来。

---

① 吴广成：《西夏书事》卷一四。

四、王安石变法

1. 北宋中期的社会危机

北宋前期,社会比较稳定,各种事业都有所发展。可是,社会的各种矛盾也在发展之中。至仁宗(1022—1063)时,社会危机日益严重。主要表现在:一、在政治方面的冗官、冗兵、冗费现象,造成国家"积贫"、"积弱"的局面;二、在社会方面的土地高度集中和赋役苛重,促使阶级矛盾迅速激化。

冗官冗兵冗费 "冗官"问题早在北宋初年就已经出现了。当时,宋太祖为了加强专制主义中央集权,曾采用了一系列分割各级官僚机构及其官员权力的制度或办法,致使各级政府机构重叠,官吏人数大增。同时,北宋统治者还实行恩荫制度,大批高官的子弟、亲戚甚至门客不经选举便涌入仕途。此外,太宗以后,又扩大科举规模,每科总有五七百到一千人被录取做官。因之,官僚队伍迅速膨胀。

北宋初,内外官仅几千人;到仁宗皇祐年间(1049—1053),已达到两万多人;到嘉祐年间(1056—1063),更"十倍于国初"[①]。人浮于事的现象十分严重。"居其官不知其职者,十常八九。"[②]

"冗兵"问题是由所谓"养兵政策"造成的。北宋为了缓和阶级矛盾,防止破产农民铤而走险,每逢荒年,便把成千上万的流亡农民招募为禁军或厢军。因此,职业兵人数直线上升。太祖开宝年间(968—976)有兵378000,仁宗皇祐(1049—1054)时竟达140万,80年间兵员增加了两倍半。如此庞大的军队,远远超过了宋朝政府的正常需求。因此,大量的士兵长期无事可干,游手好闲,军队素质低下。

"冗官"、"冗兵"使北宋政府的行政和军事效能日益下降,是形成"积弱"局面的主要原因。

"冗费"问题主要是由两方面的原因造成的,其一是北宋本来就对官吏和军士的待遇优厚,政府财政开支已很大,而"冗官"、"冗兵"情况日益严重,致使财政开支猛增。其二是对辽和西夏的战争失败,每年输巨额"岁币"。太宗至道(995—997)年间,国家每年收入为二千几百万缗,支出只占其中的一部分。到仁宗庆历(1041—1048)年间,岁入已高达一亿几千万缗,但却入不敷出,差额常在三百万缗以上。这种现象产生后,北宋政府面临着严重的财政危机,统治者们就用各种手段压榨劳动人民,致使广大劳动

---

① 《司马文正公传家集》卷二八《论进贺表恩泽札子》。
② 《宋史》卷一六一《职官志》。

人民贫困破产。"冗费"问题是北宋中期造成民困国穷的"积贫"局面的主要原因。

土地高度集中 北宋建国之后,土地兼并愈演愈烈,土地高度集中于少数大官僚大地主手中。北宋农村人口分为主户和客户,主户指占有土地交纳赋税的人,客户则指无地而耕种地主土地的佃户。主户又有官户、民户之分,官户也叫形势户,即品官之家,有减免赋税等特权。民户为平民之家,依土地财产多少分为五等。在北宋总户数中,地主阶级,也就是官户和民户中的一、二、三等户合计,充其量不过10%,然而他们在北宋中期已占有全国耕地的70%以上。农民阶级,也就是民户中的四、五等户和全部客户合计,约占总户数的85%以上(另有约5%为城镇居民),却仅占有全国耕地的不足30%。大量农民只好耕种地主的土地,每年要缴纳的地租约占收获物的一半以上,有的地区甚至达到70%以上。这种状况,大大加深了地主阶级同农民阶级之间的矛盾。

赋役苛重 广大农民不仅遭受地主阶级的沉重剥削,而且受到北宋政府的残酷压榨。北宋的赋税主要有两税(田税,分夏秋两季征收)、杂变之赋(杂税)、丁口之赋(丁口税,总称身丁钱米),在纳税时,又有支移、折变、加耗、义仓税等额外盘剥。在赋税之外,还有徭役、差役负担。差役也叫职役,是主户轮流到政府部门服劳役,其名目繁多。因为官户有免役特权,一般地主也常常设法逃避当差,所以应役者主要是自耕农、半自耕农。徭役则不分主、客户,一律承担。其项目亦很多,服役时间视需要临时决定。

王小波、李顺起义 残酷的经济剥削和政治压迫,迫使广大农民揭竿而起。据不完全统计,从北宋太祖到仁宗朝,大小起义上百次,参加者有农民,也有士兵和少数民族。特别是到了仁宗庆历年间,农民起义更是"一年多如一年,一火(同伙)强于一火"[①]。其中规模较大的一次是发生在今四川地区的由王小波、李顺领导的农民起义。

王小波、李顺起义发生在淳化二年(992),当时,正逢四川大旱,粮食歉收。官府的赋税征收苛刻,商人又囤积居奇,乘机渔利。广大人民生活无着,阶级矛盾急剧激化。淳化四年初春,茶农王小波在故乡青城县(今四川都江堰市南)领导旁户农民起义。他宣告:"吾疾贫富不均,今为汝均之。"[②]得到广大农民的响应,起义军很快发展到万人以上,占据了青城、彭山等县。后王小波在作战中牺牲,起义军推其妻弟李顺为首领,继续战斗。淳化五年初,李顺率军攻下成都,建立大蜀政权,起义军发展到数十万人。北起剑门,

---

① 《欧阳文忠公文集》卷一〇〇《再论置兵御贼札子》。

② 《宋史》卷二七六《樊知古传》。旁户,佃客。

南至巫峡的广大地区,都处于大蜀政权的控制之下。五月,宋太宗派大军围困成都,最后城被攻破,义军死者三万余人,李顺生死不明,起义失败。

王小波、李顺起义的意义不仅在于沉重打击了北宋王朝的统治,他们提出的"均贫富"的口号发展了唐末农民起义的"均平"思想,反映了广大贫苦农民对改变"贫富不均"的社会状况的要求。

庆历新政及其失败 为了解除日益严重的政治和社会危机,北宋的统治集团中一些有作为的政治家曾提出过各种改革意见。庆历三年(1043)九月,范仲淹被任命为参知政事,他在富弼、欧阳修等人的支持下,向仁宗上《答手诏条陈十事疏》,提出十项改革方案:(一)明黜陟,(二)抑侥幸,(三)精贡举,(四)择官长,(五)均公田,(六)厚农桑,(七)修武备,(八)减徭役,(九)覃恩信,(十)重命令。仁宗采纳了这一方案,并诏行全国。但是由于改革触犯了大官僚地主们的既得利益,从一开始就遭到保守派官僚的反对。他们无中生有地攻击范仲淹专权,结党营私;甚至诬告范仲淹想废黜皇帝。结果改革仅仅进行了一年左右,范仲淹、富弼、欧阳修等先后被贬至外地,新政也宣布撤销。因此事发生于庆历年间,史称"庆历新政"。这次改革虽然失败了,但却为后来的"王安石变法"揭开了序幕。

2. 王安石变法

上"万言书" 王安石(1021—1086),字介甫,抚州临川(今属江西)人。其父王益在江宁府(今江苏南京)等地做过州县官。王安石早年曾随父到过许多地方,比较了解社会现实和人民的疾苦。他有士大夫的家教,有传统的经史文化的良好基础,不但是一位文学大家,而且很熟悉历代的典章制度,并具有革新精神。他22岁中进士,历任鄞县(今浙江宁波)知县、舒州

王安石像

(今安徽安庆)通判、常州(今属江苏)知州、江南东路提点刑狱等。在此期间,他曾做过一些改革,收到一些效果。嘉祐三年(1058),他调中央任三司度支判官后,曾呈《上仁宗皇帝言事书》(即"万言书"),尖锐指出当时的国家面临着严重危机,必须变法。在上书中,还提出了变法的一些具体设想。"万言书"未能引起仁宗的重视,在社会上却引起了强烈反响。王安石成为主张改革的代表人物。

治平四年(1063)五月,神宗即皇帝位。他十分赞赏王安石的《万言书》,召王安石为翰林学士兼侍讲,使他成了身边谋臣。王安

石又上《本朝百年无事札子》，再次强调变法图强的必要性和迫切性。熙宁二年（1069），神宗决心变法，以王安石为参知政事，设立变法的机关"制置三司条例司"，制定、推行了一系列新法。熙宁三年（1070）年底，王安石升任同中书门下平章事（宰相），变法进一步展开。

变法内容　王安石变法是以"富国强兵"为宗旨，主要内容可分为"理财"和"整军"两大类。

（1）理财诸法是：

① 均输法——为改变原来各路转运使经济信息不灵、各地产品供求失调的弊端，命各路转运使全面了解各地产品的供销情况和京师需求情况，有计划、有选择地"徙贵就贱，用近易远"①。这一条保证了京师的正常供应和市场的稳定，限制商人投机倒把。也可节省国家的开支，减轻人民运输劳役负担。

② 青苗法——规定每年春正月和五月青黄不接时，由政府按户等高下贷粮食或钱财给农村住户，称青苗钱，借贷半年后加息二分归还。这是企图以低利贷代替地主的高利贷，维持农民正常的生产、生活秩序，也可增加政府的收入。

③ 农田水利法——规定各地湖、河、沟、堤之类，凡与当地农业有关、需要兴修、疏浚的，均由政府计其工料费用，督令受利人户按户等高下出工出资兴修。水利资源、设施为豪强霸占者，必须重新疏通公用。另外还劝种桑柘和榆树等，以此发展农业生产，改善人民生活。

④ 免役法——也称募役法，是把原来按户等轮流充当州县差役的方法，改由州县政府出钱募人充役。募役所需费用，由当地住户按户等高下分担，称"免役钱"。原先享有免役特权的官户、僧道户和不服差役的城市上五等坊郭户、农村的未成丁户、单丁户、女户等，也须按户等纳相当同等民户所纳钱的半数，称"助役钱"。这可以使很多农民免除劳役束缚，有利于农业生产。

⑤ 市易法——政府出资在京城设市易务，大量收储各种滞销货物，待市场短缺货物时，再赊销给商人，于一年后加息二分偿还货款。后来在杭州、润州（今江苏镇江）、长安、凤翔等地也设市易务。这是用国家权力限制大商人对市场的操纵，以稳定物价，国家收入也有增加。

⑥ 方田均税法——规定从熙宁五年（1072）九月起，对全国土地进行清查丈量（方田）。县官主持丈量土地时，明确产权和土地数量、质量，分别定等，作为征税的依据，以改变过去豪强地主有产无税、农民产去税存、赋税负担不合理、严重影响国家财政收入的现象。

---

① 《宋朝诸臣奏议》卷一〇九陈襄《上神宗乞罢均输》文后附录。

（2）整军诸法是：

① 将兵法——也叫"置将法"。做法是改变过去"兵不知将，将不知兵"的状况，在全国各军事要地设置带兵将领，共置九十二将，每将统兵三千人左右。将领均选择武艺高强、作战经验丰富的人担任，专门负责训练军队，以提高军队素质，达到"强兵"的目的。

② 保甲法——把农村民户加以编制，十家为一保，五保为一大保，十大保为一都保。凡家有两丁以上的，出一人做保丁。农闲时保丁聚集，练习武艺。平时夜间轮流派保丁值班巡查，维持治安。其目的是逐步实现民兵制与募兵制相结合，以民兵取代冗兵，增强各地的武装力量。同时，规定选取地主阶级中有才能者任保长、大保长、都保长，以加强地主阶级对农民的控制和镇压，维持封建统治秩序。

③ 保马法——也称保甲养马法。首先在开封府实行，后又推行于河东、陕西等五路。规定凡五路义勇和保甲愿养马者，每户养一匹，有能力者可养二匹。政府或给马，或给钱令自行购买。养马户可受到免征折变、杂变之赋及差役、杂徭等优待。这一方法改变了过去军马全由政府饲养的状况，使政府节约了大量养马开支；也有利于加强地方的军事实力。

④ 军器监——针对过去武器制造管理混乱、质量低劣的情况，在开封设置专门机构"军器监"，"总内外军器之政"[①]，凡产材州并置都作院，京城军器作坊和各州都作院隶属于军器监，所辖官吏以制作军器好坏或赏或罚，从而逐步改善了军器的制作。

从熙宁二年（1069）王安石主持变法到元丰八年（1085）宋神宗去世，新法共实行了 16 年，在"富国强兵"方面取得了一定效果。如各地兴修了 1 万多处农田水利设施，溉田 36 万余顷，促进了农业生产的发展；政府的财政收入也大大增加，"中外府库，无不充衍。小邑所积钱米，亦不减二十万"[②]。军事实力也有增强，曾在对西夏的战争中取得熙河（熙河路，治今甘肃临洮）之役的胜利等。

变法失败 由于新法在一定程度上侵犯了大官僚、大地主的既得利益，因此遭到了他们的强烈反对。统治集团内部以司马光、文彦博等人为首的保守派曾借口维护祖宗成法，极力攻击新法。由于宋神宗支持新法，司马光、文彦博等人相继被罢官，新法得以推行；但是变法派同保守派之间的激烈斗争始终未停止。宋神宗后来在强大的保守派的压力下也曾有过动摇，致使王安石两度被迫辞去相职，对变法事业造成了一定损害。元丰八年

---

① 《续资治通鉴长编》卷二四五，熙宁六年六月己亥注。
② 《宋史》卷三二八《安焘传》。

（1085）神宗去世，其子哲宗即位，改元元祐。时哲宗年仅 10 岁，由其祖母高太后临朝听政，重用保守派代表人物司马光、文彦博等，原变法派人物相继被贬黜流放，在一年间，新法全部被废止。这件事史称"元祐更化"。王安石也在元祐元年（1086）抱恨而死。变法运动归于失败。

元祐八年（1093），高太后死，哲宗亲政，又起用变法派重要成员章惇（dūn 敦）、曾布等，重新推行神宗时的新法，保守派纷纷遭到贬谪。由于哲宗改元绍圣，这件事史称"绍圣绍述"。但是由于统治集团内部斗争日趋激烈，新法亦多为派系斗争者所利用，基本上起不到进步作用。北宋的统治也从此江河日下。

王安石变法失败的直接原因固然是反对派势力过于强大；但是从根本上说，这次变法的目的主要是为了维护封建地主阶级的统治。所谓变法，只是对封建统治的某些环节做部分改良，因之就不可能牺牲地主阶级的根本利益去改善广大农民的处境。变法后，原来社会上最突出的土地兼并问题并未解决，贫苦农民从新法中得到的好处甚少，因之新法得不到广大人民的支持。所以变法运动只是少数人依靠一时的权势在活动。一旦权势失去，变法也就随之失败。

五、北宋社会经济的发展

北宋时期，虽然社会和政治方面的问题很多，但由于黄河、长江、珠江三大流域的广大地区基本上是统一的，社会比较安定，统治者采取过一些有利于恢复、发展社会经济的措施；广大劳动人民对地主或封建国家的人身依附关系有所减轻，因之广大劳动人民的生产积极性较高，社会经济亦有相当的发展。

1. 农业

户口和耕地的增加　宋太宗时，全国共有 686 万余户（无人口数）。真宗景德三年（1006），有 741 万余户，1628 万余口。英宗治平三年（1066），增为 1291 万余户，2909 万余口。徽宗大观四年（1110），又增为 2088 万余户，4673 万余口。人口的迅速增加，为农业生产发展提供了大量的劳动力。

北宋农民克服了自然条件的限制，因地制宜地在山地、江畔、海边开垦出大片良田。圩田在南方有了进一步发展，规模有所扩大，如著名的芜湖县（今属安徽）万春圩即有田 127000 亩。此外，农民们还造出许多新型的田地，如山田、淤田、沙田、架田等。太宗时，全国耕地为 3125200 余顷。真宗时，增至 5247500 余顷。以后也不断增加。

生产技术的进步　北宋农民推广使用了一些新农具，如新型水车龙骨翻车和筒车、以人力代牛耕的踏犁、省力过半的垦田劂刀等,从而使农业生产发展到了一个新的水平,粮食产量有所提高。如一般农田常年可亩收一石,江浙地区可亩收 2~3 石。

农作物的推广和交流 随着北宋的统一,南北各地的农作物品种得到了交流。北宋初年,政府曾劝谕江南以至福建、广东等地种植原北方主要粮食品种粟、麦、黍、豆等。水稻的优良品种也在各地推广,其中最著名的品种"占城稻"从越南引进福建,后又推广到江淮和北方。甘蔗、棉花、茶叶、桑麻等经济作物的种植范围也较前扩大。

2. 手工业

矿冶业 北宋中叶,金属矿区已达 270 余处,较唐代增加 100 余处。冶炼时,普遍使用石炭(煤)作燃料,鼓风设备也由体积大、风力足的木风箱代替了鼓风皮囊,加快了冶炼过程,并可大量生产优质铁。煤则在内地得到普遍开采,产量相当大,不仅用于冶炼、制瓷业,而且在许多地方已大量用于居民生活。采煤技术已接近近代采煤法。

纺织业 北宋的纺织业主要有丝、麻、毛等部门,其中丝织业仍占主要地位,并以两浙和四川地区最发达。从河北东路到江南东路的整个沿海地区,丝织业也有相当规模。丝织品种类繁多,如绫有二十几种,锦有四五十种。南北各地均有不少珍品,如蜀锦历久不衰,畅销全国;定州缂(kè 课)丝,用各色丝线织出艳丽逼真的花草鸟兽,宛如雕刻而成,堪称一绝;单州(今山东单县)的薄缣(jiān 肩),每匹才重四两,望之若雾,等等。在丝织业发达的某些地区已出现了一批独立经营的机户,以家庭手工业作坊的形式,为出卖商品而生产,反映了丝织业生产发展的新的情况。

造船业 北宋官府设有很多造船场所,分布在今江西、浙江、湖南、陕西等地,其中虔州(今江西赣州)、吉州(今吉安)、温州(今属浙江)、明州(今宁波)是著名的造船基地。太宗时,全国每年造船已达 3300 余艘,远远超过唐代。北宋的造船业在当时世界上居于领先地位。在对外贸易中,中外商人乘坐使用的大多是中国制造的船只。

3. 商业

城市经济 唐代 10 万户以上的城市只有 10 多个,北宋则增加到 40 多个。其中开封、洛阳、杭州、扬州、大名、应天(今河南商丘)、苏州、荆州、广州、成都、福州、潭州(长沙)、泉州等都是著名的繁华都市。开封作为全国的政治、经济中心,最为典型。全市人口不下百万,城中店铺林立,计有 6400 余家,街上熙熙攘攘,车水马龙。市场上的商品从日常用品到奇珍异宝,无所不有。北宋以前的城市,一般是"坊"(居民区)、"市"(商业区)分区,交易只能在市里进行,而且只能在白天进行,入夜即止。北宋时,开始打破了"坊"、"市"和昼夜的界限。开封市内,商店可以随处开设,而且有了夜市和晓市。当时开封市内还出现了"瓦子"(或叫"瓦舍"、"瓦肆"),里面有"勾栏"(歌舞场所)、酒肆、茶楼和说书、唱戏的,热闹非常。

农村集市 唐代开始出现的在大城市周围的定期集市——草市和墟市,到宋代已经普遍存在于各大、中、小城市周围,北方叫"集",南方叫"墟"。农村中也出现定期举行的小市。

交子 随着商品交换的发展,货币流通额迅速增加。为了解决金属货币不足和流通不便的问题,真宗时,在政府许可下,成都16家富户主持印造了一种纸币,代替铁钱在四川市场上流通,叫做"交子"。这是中国,也是世界上最早的纸币。仁宗时,交子收归官办,设立本钱,定期限额发行,仍在四川使用。徽宗时,改交子名称为"钱引",扩大流通领域,而且不备本钱,任意印发,引起通货膨胀,成为社会问题。

海外贸易 唐代仅在广州一地设市舶司,负责外贸事务。北宋除广州外,又在杭州、明州、泉州、密州(今山东诸城)、秀州(今浙江嘉兴)五地设市舶司,使外贸规模成倍扩大。北宋中期,每年的市舶收入达63万贯,成为政府的一项重要财政收入。北宋出口的商品主要是丝织品、瓷器、金属等,进口的商品主要是香料、药材、象牙、珠宝等。

六、边疆民族

北宋时期,边疆地区的少数民族除契丹、党项族外,同中原王朝关系较密切的还有回鹘、吐蕃、壮和白(大理)、女真等族。

1. 回鹘

回鹘(hú 胡)即唐之回纥。唐末,回鹘政权衰落,为黠戛斯(即吉尔吉斯)人摧毁。少部分回鹘人移居唐的边境,绝大部分分三支向西南迁徙:一支南移河西地区,称河西回鹘;一支西徙西域,以西州(即高昌,今新疆吐鲁番)为中心,称西州回鹘或高昌回鹘;另一支远徙今新疆西部及葱岭以西,称葱岭西回鹘[①]。

河西回鹘 河西回鹘分布在甘(今甘肃张掖)、沙(今敦煌西)、凉(今武威)、秦(今天水)等州和贺兰山、额济纳河一带,以甘州为中心,亦称"甘州回鹘"。唐末,河西、陇右为吐蕃(bō 波)人控制,河西回鹘曾役属于吐蕃。

---

① 《宋史》卷四九九《回鹘传》。

张议潮占据瓜(今甘肃安西锁阳镇)、沙十一州后,河西回鹘又一度归附张氏。五代时期,吐蕃衰弱,河西回鹘曾控制过兰州(今属甘肃)和河州(今临夏东北)地区,后又打败瓜、沙政权,并使之成为它的附庸。后来西夏兴起,攻占了甘、凉、瓜、沙等州,河西回鹘又附属于西夏。西夏为蒙古灭后,河西回鹘又归属蒙古。

河西回鹘以畜牧业为主,同汉族和中原王朝基本上保持了友好关系。

西州回鹘 西州回鹘在立足之后,很快向西扩展。北宋初年,其辖境已经西至龟兹(今新疆库车),东邻沙州,北越天山,南至大漠,并在这一地区建立了封建政权,都高昌(今吐鲁番东南)。北宋后期,高昌政权归附于西辽。南宋后期,又归附于蒙古,汉译回鹘作畏兀儿。

西州回鹘仍以畜牧业为主,但农业也较发达。与中原王朝保持友好关系。

葱岭西回鹘 葱岭西回鹘主要分布在今楚河(在今中亚地区)一带和我国新疆西部。北宋初,其势力逐渐强盛,建立了喀喇汗(即黑汗)王朝。由于实行长幼子双王制,一子的首都在八剌沙衮城(今中亚托克马克东南),另一子的首都在今新疆的喀什。喀什是王朝的主要政治、文化中心。12世纪末,为西辽所灭。

喀喇汗国以畜牧业为主,兼营农业、狩猎,其文化较发达。重要城市喀什噶尔(今新疆喀什)是中亚著名的文化中心。

2. 吐蕃

唐末,吐蕃内部纷争,政权瓦解,分裂为众多部族,大者数千家,小者百十家,各有首领,不相统属,散布在今青海、西藏、甘肃、宁夏等地。其中一些部族相继归附于中原王朝,称作"熟户",其余的称作"生户"。北宋建立后,同吐蕃各部基本上保持友好关系。

11世纪初,居于今青海东部的吐蕃唃(gǔ 古)厮罗部逐渐兴起,成为吐蕃最强大的部族,在宗哥城(今青海西宁东南)建立政权,辖有湟水流域及今青海、甘肃部分地区。唃厮罗接受宋的封赐,与宋保持密切关系。

治平二年(1068),唃厮罗死。其子孙继续奉行与宋修好、抗击西夏的政策,政权延续约百年,后因内讧而崩溃。

3. 大理

后晋天福二年(937)段思平建立的"大理国"是一个以白族为主体的政权。它以洱海地区为中心,辖有今云南全境和四川西南境,分为8府、4郡、37部。境内居住着众多的少数民族。

大理政权承袭了南诏以来的各项制度,实行封建农奴制的统治。对外同四邻基本上没有武装冲突,因此社会经济、文化发展较快。畜牧业、农业、手工业均相当发达。为适应发展的需要,大理人还以汉字为基础,创造了一套本国内通用的文字,叫"白文"或"僰(bó 勃)文",流传了二百多年。

北宋初年,大理与宋朝之间基本上没有往来。熙宁九年(1076),大理遣使向宋贡献地方产品。政和七年(1117),又向宋贡马及麝香等。宋徽宗封其国王段和誉为云南节度使、大理国王。从此双方往来增多。榷场贸易和民间贸易均很活跃。

4. 壮族

壮族的社会　早在唐朝以前,壮族(旧作僮族)人就聚居在今广西壮族自治区及广西、云南、越南交界的地方,一般称之为"西南蛮"或"广源蛮",有时也泛称为"溪峒蛮"。唐朝在这些地区先后设置了五十多个羁縻州县,以壮族首领为长官。北宋把岭南地区划分为广南东、西二路,壮族聚居地在广南西路,宋政府仍在这里设置羁縻州、县、峒①五十余所,由壮族部落首领任知州、知县、知峒。壮族以农业为主,多种植水稻,矿冶业和纺织业也有相当规模。

侬智高的反宋斗争　11 世纪初,壮族侬氏聚居的广源州(今越南高平省广渊)名义上是宋的羁縻州,但因地理位置的关系,被交趾(今越南)控制。11 世纪 40 年代,广源州壮族酋长侬智高起兵反抗交趾,建立"大历国"。不久,侬智高兵败,为交趾兵俘虏,但很快被释放。后又起兵,攻占安德州(今广西靖西),建立"南天国"。此后,他多次遣使向宋献金、银、驯象等物,要求宋廷册封他为邕桂节度使,宋因顾虑同交趾的关系而予以拒绝,于是他心生怨恨,起兵反宋。在皇祐四年(1052)以后,相继攻占了今两广的许多地区,并在邕州(今南宁)建立大南国,自号仁惠皇帝。宋廷于皇祐五年(1053)派枢密副使狄青率三万大军南下,会合两广军队,直攻邕州。侬智高大败,大南国灭亡。

侬智高反宋失败后,宋政府加强了对壮族地区的统治,往戍岭南的军队及汉族迁居岭南的人民日益增多,先进的生产技术和文化进一步传到壮族地区,促进了这一地区的发展和密切了汉壮两族人民间的友好关系。

七、金灭辽和北宋

1. 金国的建立

女真族的兴起　女真族的前身是隋唐时期的黑水靺鞨。唐末五代时,

---

① 峒是壮族地区的基层单位,意为高山中壮人聚居的小块平地。

女真文与汉文对照

始称女真,为渤海国所统治。辽灭渤海国后,女真族又归附于辽。辽把数千户女真强宗大姓迁往今辽宁地区,过定居农耕生活,入辽户籍,称熟女真。仍住松花江、黑龙江的女真人,过着游牧生活,未入辽户籍,称生女真。后来建立金国的完颜部就是生女真的一个部落。

完颜部原居于按出虎水(今黑龙江阿城东之阿什河)附近。11 世纪中期,完颜部在乌古迺(nǎi乃)做酋长时,日益强大,开始向外扩张,势力所及,北到今黑龙江两岸,东达今日本海边,东南至今图们江、鸭绿江流域。至此,生女真逐渐形成了以完颜部为中心的部落联盟。

这时,女真各部仍遭受契丹贵族的残酷剥削和压迫,女真人不断进行反抗。

阿骨打建金　12 世纪初,乌古迺的孙子、女真族杰出的英雄完颜阿骨打继任完颜部酋长和生女真部落联盟首领。他智勇双全,深得部众的爱戴,成为众望所归的民族领袖。阿骨打于辽天庆四年(1114)誓师反辽,随后攻占了辽河以东原属辽国的大片地区。

天庆五年(1115)正月,阿骨打称帝,国号大金①,建元收国,阿骨打即金太祖。

当年秋,阿骨打率金兵夺取辽重镇黄龙府(今吉林农安)。辽天祚帝亲率七十万大军前往讨伐,后因内部不稳,急忙撤退。至护步答冈(今黑龙江五常县西)被金兵打得大败,死者相枕百余里。辽从此元气大伤,无力与金相抗。金收国二年(1116)到天辅四年(1120),又先后攻占了辽的东京(今辽宁辽阳)和上京(临潢府,今内蒙古巴林左旗南),基本上控制了今东北地区。

金国在建立之初,是一个奴隶制国家。阿骨打比较注意缓和阶级矛盾和民族矛盾,重用一些汉化很深的渤海人做谋士,吸收了先进的汉文化,参照汉字创制了女真文,国力日益强盛。太祖死,弟太宗完颜晟继位,以会宁府为国都(今阿城南)。

2. 辽的灭亡

宋金海上之盟　金连胜辽军的消息传至北宋,宋朝君臣想乘机灭辽,收回幽云十六州。宋徽宗数次派使臣泛海出使金国,终于在宣和二年(1120)

---

①　完颜部所居水名"按出虎",为"金"之意。按出虎水,今名阿什河,为松花江支流。

与金缔结盟约,规定:宋金两国地位平等;宋金夹击辽,长城以北的中京(大定府,今内蒙古宁城西大明城)由金攻取,长城以南的燕京(即南京,今北京)由宋攻取。灭辽后,燕云地区归宋,西京(大同府,今山西大同)之地待拿获天祚帝后给宋(平、营、滦诸州的归属未定),宋给辽的岁币转送金国。这件事史称"海上之盟"①。

金灭辽 宣和三年(1121)年底,金军大举攻辽,一路势如破竹,次年正月克辽中京,四月又克西京,辽天祚帝率少数残兵退入沙漠。这时,宋在金的一再催促之下,也派宦官童贯等率军两次攻打燕京,但均被辽军击败。无可奈何,只好约金军夹攻燕京。十二月,金兵由居庸关南下,攻占了燕京。

金占燕京后,不愿践约而将燕京归宋。后经反复交涉,金才同意将燕京及所属六州(涿、易、檀、顺、景、蓟)归宋,宋则答应每年以一百万贯钱作为代价,附在当年的"岁币"中一起交给金朝。

宣和五年(1123)秋,阿骨打在返回上京途中病死,其弟完颜吴乞买继位,是为太宗。他于宣和七年(1125)派兵西进,擒获辽天祚帝,辽亡。

西辽 辽朝末年,政治黑暗,统治集团内部矛盾严重。贵族耶律大石(1087—1143)很有才能,通晓契丹文和汉文,曾中辽朝进士。他向辽天祚帝言事,天祚帝不听。在辽朝将亡之时,他率契丹一部西走中亚。1124年,也就是辽灭亡的前一年,大石称帝,重新建立以契丹人为主的国家,以虎思斡耳朵(今托克马克附近)为都。其疆域西至今阿姆河,东至和州(今新疆哈喇和卓),幅员万里,史称西辽,亦称哈喇契丹。西辽在传播中国文化、开发中亚,促进中国和中、西亚及欧洲的文化交流方面,起过积极作用。西辽建国八十八年,至1218年,为蒙古所灭。

3. 北宋的灭亡

北宋末年的腐朽统治 徽宗在位的二十五年(1100—1125),是北宋统治最黑暗的时期。徽宗宠任的主要官僚、宦官,是时人称之为"六贼"的蔡京、王黼、朱勔(miǎn 免)及宦官李彦、童贯、梁师成等。他们依仗权势,无恶不作。徽宗在政治上昏庸无能,但却迷信道教,自称"道君皇帝",终日听道士说法,疏于理政;又沉湎于享乐,命童贯在苏、杭设"造作局",集中几千工匠,搜刮民间原料,制造各种工艺品。又派朱勔在苏州设"应奉局",掠夺各地民间的奇花异石,用船运到开封,这种运送花石的船队号为"花石纲"。东南人民不胜其苦。宋徽宗还在开封设"西城括田所",以种种借口,强迫自耕农将土地充"公田",成为政府的佃户,按对分方式,向政府交租。括田

---

① 因宋、金使者往来于海上而得名。

所设置十年,所夺民田达 343 万余亩。

这种状况迅速激化了阶级矛盾,各地人民纷纷起义。其中规模较大的,在南方有方腊起义,在今河北、山东一带有宋江等的斗争。

方腊、宋江起义 方腊,睦州青溪县(今浙江淳安)人,曾在豪强地主家当"佣工"。青溪及附近地区盛产竹木漆茶等经济作物,是有名的富庶地区;但正因为如此,造作局和应奉局对当地的勒索和骚扰也特别残酷,劳动人民怨声载道。宣和二年(1120)十月,方腊以"诛朱勔"为名,宣告起义,自称"圣公",建年号永乐,设置官吏。四方群众云集响应,起义队伍迅速扩大。义军很快攻占了今浙江、安徽、江西的许多地方,人数增至近百万人,整个东南半壁为之震动。

宋廷急忙派准备伐辽的十五万禁军和西北边兵日夜兼程南下,镇压起义。方腊对此估计不足,兵力不及集中,即被连连击败。宣和三年(1121)四月,方腊为叛徒出卖,被俘遇害。

方腊起义前后,河北、山东、淮南一带也爆发了农民起义,其中以宋江为首的一支影响最大。文献记载,"宋江以三十六人横行河朔、京东,官军数万无敢抗者"①。人数虽不多,但武艺高强,作战勇敢,屡次以少胜多,打败官军。宋朝镇压了方腊起义后,移师北向,宋江等人战败被俘,起义失败。

以方腊、宋江等人为代表的起义虽然都以失败告终,却沉重打击了腐朽的宋王朝的统治,从此,风雨飘摇的北宋王朝更加衰弱不堪。几年后,当金军大举南侵时,北宋便迅速土崩瓦解。

金军第一次围开封 金统治者从北宋对辽的作战失败和收复燕云的交涉中,深知北宋政权的腐朽、虚弱,因之想南下灭宋。宣和七年(1125)灭辽后,金即分兵东、西两路南下。东路军由斡离不率领,从平州(今河北卢龙)向西南攻燕京,西路军由粘罕率领,从云中(今山西大同)南下攻太原,两路军准备在开封会师。西路军在太原遭到北宋军民的坚决抵抗,不得前进。东路军则因宋的燕京守将郭药师投降并做向导,得以顺利南进。

消息传到开封,北宋君臣大惊。宋徽宗急令各地军队勤王,并禅位给其子赵桓。赵桓即位(钦宗),以次年(1126)为靖康元年。

十二月底,金东路军连下相州(今河南安阳)、浚州(今浚县),抵黄河北岸。守河宋军见金军到来,不战自溃,金军顺利过河,宋徽宗南逃镇江。钦宗也想逃跑,为主战大臣李纲等劝阻,勉强留下。靖康元年正月,金军围开封,李纲被任为亲征行营使,主持开封防务,率领全城军民杀伤数千攻城金兵,挫败了斡离不一举破开封灭宋的企图。可是宋钦宗和李邦彦、张邦昌等

---

① 王称:《东都事略》卷一〇三《侯蒙传》。

投降派官僚畏惧金军,极力主张求和。金军乘机提出苛刻条件:要北宋向金输纳黄金 500 万两,白银 5000 万两,绢帛 100 万匹,马骡驴 1 万头;割太原、中山、河间三镇给金;以亲王、宰相为人质,送金兵渡河北还。对此,钦宗一一答应,并立即下令东京城内大肆搜集金银,以送给金军。还把主战派主要人物李纲等解职。这种投降行为激起了开封军民的愤怒,太学生陈东等率太学生千余人伏阙上书,申明李纲无罪,不当罢官。军民不约而集的有数十万人,呼声动地。钦宗迫于压力,又恢复了李纲等人的职务。这时各地援兵已临近开封。斡离不感到形势不利,即匆忙北撤燕京。粘罕久攻太原不下,知斡离不北还,他也率军退回云中(今大同)。

金军走后,钦宗以为太平无事了,又恢复了他的荒淫无耻的生活。徽宗也回到开封。他们重用投降派,贬李纲出京,遣回各路勤王之师,抗金之事亦无人过问。

金灭北宋　金军北归不久,复又南下。东路军仍由斡离不率领,先破真定,靖康元年(1126)十一月渡黄河,直抵开封城下。西路军仍由粘罕率领,继续围攻太原。太原城破,西路军亦南下渡过黄河,与东路军会师开封城下。宋钦宗依靠投降派大臣,一直希望同金军议和成功,疏于防务,甚至制止各地兵马前来救援,开封城内外兵力很少。在此紧急关头,钦宗无计可施,听信妖人郭京之言,用"六甲法"退敌兵。钦宗命守兵都撤下城来,郭京出城战斗,宋军大败,郭京乘乱逃走,开封为金军占领。

此时北宋军民纷纷要求与金兵决一死战,但钦宗仍梦想议和。金人提出要宋收缴民间武器,并索金 1000 万锭、银 2000 万锭、帛 1000 万匹。钦宗全部答应。可是宋在开封城内搜刮所得,仍与金军所要的数额相差甚远。靖康二年年初,金军借口金银数不足,在开封城内大肆剽掠焚杀,并将徽宗、钦宗二帝扣留。三月,金立张邦昌为帝,国号楚,作为傀儡。四月,金掳徽、钦二帝和后妃、宗室、大臣三千余人,及其所掠大量金银财宝、仪仗器物等北归。史称此事为"靖康之变"。至此,北宋灭亡。二帝先后死于五国城(今黑龙江依兰)。

复习思考题:

　*1. 简述北宋专制主义中央集权制度的加强及其影响。

　*2. 试述辽中央官制的特点。

　　3. 试述北宋与辽的和战。

　　4. 试述北宋与西夏的和战。

　*5. 简述王安石变法的原因、内容及失败。

　　6. 简述金国建立及灭北宋的经过。

重要名词：

赵光义　＊李元昊　＊宋神宗　＊阿骨打　主户和客户　宋金海上之盟　＊澶渊之盟　庆历新政　交子　圩田　幽云十六州　回鹘　壮族　大理

参考书：

1. 翦伯赞、郑天挺主编：《中国通史参考资料》第五册。（选读）
2. 《宋史》卷一、二、三《太祖本纪》。
3. 张传玺主编《中国古代史教学参考手册》（第二版）第327—338页三"职官类"（一）《重要朝代官制简表》"宋朝"。

第二节　南宋　金

（1127—1279）

一、南宋与金的和战

1. 宋将抗金与宋高宗南逃

南宋建立　金军灭北宋时，北宋皇族在开封者都被虏往燕京，只有徽宗第九子康王赵构因在外地幸免此难。金兵北还后，伪楚皇帝张邦昌在全国一致反对下，被迫退位。同年五月，赵构在南京应天府（今河南商丘）即帝位，是为高宗，改元建炎。后高宗南逃，以临安（今浙江杭州）为国都，史称南宋。

高宗本来也想与金国议和，苟且偷安；但是在即位之初，他慑于爱国军民杀敌雪耻的激愤情绪，起用李纲做宰相。李纲执政后，力谏高宗还都开封或西迁关中，以示必战，鼓舞人心，并且举荐抗战派代表人物宗泽为东京（今河南开封）留守，积极备战；以张所为河北招抚使，以傅亮为河东经制副使，联络两地忠义民兵，以夹击金兵。

宋高宗南逃　宋高宗和亲信大臣黄潜善、汪伯彦等对李纲、宗泽等主战派为抗金而采取的积极措施大加阻挠和破坏，李纲只做了75天宰相就被罢免，他所规划的一切都被废除。河北招抚使司和河东经制使司被取消，张所、傅亮遭贬。爱国志士陈东等人上书反对投降，主张留用李纲，竟惨遭杀害。建炎元年（1127）十月，高宗刚一听说金军又南下，立即南逃扬州。宗泽先后二十多次上书，吁请高宗回开封，出兵黄河以北伐金，均未被采纳。他忧愤成疾，与世长辞。临死时，口诵杜甫名句："出师未捷身先死，长使英雄泪满襟。"又三呼"过河！"

南宋帝系表
(1127—1279)

(一)高宗赵构(北宋徽宗赵佶第九子)
　(1127—1162)

(二)孝宗昚(赵匡胤子德芳后)———(三)光宗惇———
　(1162—1189)　　　　　　　　　　　　(1189—1194)

———(四)宁宗扩
　　　(1194—1224)

(五)理宗昀(赵匡胤子德昭后)———(六)度宗禥(理宗侄)———
　(1224—1264)　　　　　　　　　　　　(1264—1274)

———(七)恭帝㬎(1274—1276)
———(八)端宗昰(1276—1278)
———(九)帝昺(1278—1279)

　　宗泽死后,投降派杜充继任东京留守,破坏原有防备措施,各地义军纷纷离去。金军乘虚于建炎二年(1128)十月渡河大举南进。次年正月,攻占徐州,直逼扬州。宋高宗狼狈逃到杭州,并派人向金军首领兀术(即完颜宗弼)求和,但兀术置之不理。高宗无策,一路逃窜,最后逃到海上。金军入海追击,因遇大风而罢。

　　黄天荡之战　建炎四年(1130),兀术攻占杭州,大掠后北返。在将渡长江时,为南宋名将韩世忠阻截在黄天荡(今南京市东北长江干流)。宋军八千人凭借有利地形与金军激战,韩世忠夫人梁红玉临阵击鼓助威,金军大败。兀术向韩世忠乞求过江,愿归还所掠财物,被严词拒绝。金军被阻48天,最后凿渠入江,又纵火为掩护,才得逃脱。这次战役极大地鼓舞了南宋军民。

　　北方人民的抗金斗争　金统治者发动的侵宋战争,旨在掠夺人口、财物,其性质是非正义的。仍处于奴隶制的金国在占领区实行落后的政策,它下令"以人口折还债负"[①],即把负债者变为奴隶,并捕捉壮丁到西夏和蒙古地区换战马,这些作法破坏了社会的正常发展,使民族矛盾上升为当时的主要矛盾,激起了风起云涌的人民抗金斗争。当时,各种忠义社、山寨、水寨等抗金人民武装遍布今河北、山西、山东、河南、陕西、湖北、淮北等地,总人数达几百万人。其中著名的有八字军[②]、五马山寨义军、红巾军等。

---

① 《三朝北盟会编》卷一九七引《金虏节要》。
② 因义军战士皆在脸上刻有"赤心报国,誓杀金贼"八个字,故名。

北方人民的抗金斗争对牵制金人南侵起了重要的作用,极大地鼓舞了南宋军民的斗志。可是他们高涨的抗敌热情却遭到以宋高宗为首的投降派的打击,他们污蔑义军是"盗贼",阻挠、破坏义军的抗金行动。义军在极其困难的情况下仍顽强奋战,最后终因力量不足,在金人的围剿下先后归于失败。

2. 岳飞等人抗金与"绍兴和议"

金军退回江北以后,知道一时灭南宋不易;在攻占开封等地后,立原宋济南府(今山东济南)知府刘豫为帝,国号齐,史称伪齐,初都大名,后都开封。金划中原和陕西地区归伪齐,作为宋金之间的缓冲地带和攻宋的桥头堡。这时,由于南宋各地军民的奋战,东起淮河,西至秦岭,局势日趋稳定。绍兴二年(1132)正月,宋高宗以临安为都城。南宋与金对峙的局面基本形成。在南宋与金对峙期间,南宋的许多爱国将领排除以高宗赵构为首的投降派设置的种种障碍,进行了坚决的抗金斗争。

岳飞北伐 岳飞(1103—1142),字鹏举,相州汤阴(今属河南)人,农民出身。20岁时从军伐辽,后在宗泽等部下与金军作战,屡立战功,升为军官。建炎元年(1127),他曾越级上书,斥责黄潜善、汪伯彦的逃跑政策,要求北伐,因此被革职。建炎三年(1129),金兵大举南侵,岳飞以小股兵力屡败金军,逐渐成为宋军中的一名重要将领。

岳飞塑像

绍兴四年(1134)五月,南宋采纳了岳飞的建议,派岳飞军北伐伪齐。两三个月内,岳飞相继收复了襄阳府(今湖北襄樊)、信阳军(今河南信阳南)和唐(今唐河)、邓(今邓县)、郢(今湖北钟祥)、随(今随县)等州,以功升任清远军节度使、湖北路荆襄潭州制置使,封武昌开国子,与张俊、韩世忠、刘光世并列为南宋初年著名的四大将。岳飞所部作战勇敢,纪律严明,深受人民的爱戴,被称为"岳家军"。

绍兴六年(1136),岳飞与韩世忠、张俊等奉命北伐。岳家军很快收复了长水县(今河南洛宁西)、卢氏县;攻至蔡州(今汝南)境内。黄河沿岸人民积极支援岳家军,进军相当顺利。岳飞高兴地对部属说:"直抵黄龙府,与诸君痛饮尔!"①但由于南宋投降派得势,岳飞被召回鄂州(今湖北武昌),北伐半途而废。

这时,经过几年的战争,金军主力和伪齐军队都受到了很大的削弱,战争形势发生了有利于南宋的变化。于是金改变政策,于绍兴七年(1137)废掉伪齐政权,表示愿将伪齐旧地划给南宋,但南宋要称臣纳贡。对此,南宋军民强烈反对,但高宗却喜出望外,满口答应。绍兴九年(1139)初,秦桧代高宗拜受金诏书,双方议和:金将今陕西、河南地区划归宋,归还宋徽宗棺木;宋向金称臣,每年贡银25万两,绢25万匹。对签订这种屈辱性条约,爱国军民都十分愤慨,岳飞也上书坚决反对,重申北伐主张,这就加深了他同投降派的矛盾及秦桧对他的仇恨。

刘锜顺昌大捷 绍兴九年(1139)夏,金统治集团内部发生政争,反对与宋议和的金兀术(宗弼)掌握了军政大权,决定再次南侵。次年五月初,金撕毁和约,兀术任统帅,分兵四路攻宋,战线由淮河下游一直延伸到陕西,开封、洛阳、陈州和陕西的许多地方,相继陷落。六月初,金兀术亲率步骑十余万人攻打顺昌(今安徽阜阳),其主力是号称"铁浮图"和"拐子马"的所谓"常胜军"②。宋将刘锜所部不足二万人,乘金军初至,重装力疲,便突然进击,以近身搏斗,大败金军,金军退回开封。"顺昌大捷"是一次以少胜多的著名战役,此战役给予金军以沉重打击。

与此同时,韩世忠、吴璘等人也在其他地区大败金军,阻住了金军的南侵。

岳飞郾城大捷 在金军进攻顺昌、陕西时,岳飞奉命驰援顺昌并出师中原。顺昌大捷后,岳家军出湖北,入河南,在各地义军的配合下,一路势如破竹,先后收复颍昌(今河南许昌)、陈州、郑州、洛阳。七月,兀术亲率精锐突袭在郾城的岳家军指挥中心。岳飞派亲军和马军迎战,战士们手执刀斧,勇猛冲杀,有进无退,一直战到天黑,把金军"铁浮图"、"拐子马"等杀得大败。兀术慨叹:"撼山易,撼岳家军难!"③下令随军老幼撤离开封。这就是历史上有名的郾城大捷。战后,岳飞奏请高宗下令各路宋军火速并进,攻占东京开封,然后渡河收复河朔之地。高宗却命各路驻军回撤,使岳家军陷入孤立无援的境地。接着,又连下金牌,令岳家军班师。岳飞在高压之下,愤极泣下,叹曰"十年之功,废于一旦! 所得诸郡,一朝全休! 社稷江山,难以中

---

① 《宋史》卷三六五《岳飞传》。

② 《大金国志》卷一一《熙宗三》。

③ 《宋史》卷三六五《岳飞传》。

兴！乾坤世界，无由再复！"①遂撤离前线。当地百姓在岳飞马前恸哭，苦苦哀留；岳飞等人也悲愤流泪，却又无可奈何。宋军南撤后，已收复的土地又重新落入金人手中。

岳飞被害　高宗、秦桧一心想向金人投降，因此将坚决主战的岳飞等人视为眼中钉。绍兴十一年（1141），高宗、秦桧解除了岳飞、韩世忠、刘锜等人的兵权，任韩、岳分别为枢密使、枢密副使，明升暗降。同年八月，又罢了岳飞的官。九月，秦桧串通张俊，诬告岳飞谋反，将岳飞及其子岳云、爱将张宪下狱。朝野上下皆认为岳飞无罪。秦桧派其死党万俟卨（mò qí xiè 莫其谢）主持此案，多方罗织罪名。金兀术也提出以杀岳飞作为"议和"条件。最后高宗、秦桧终于在十二月除夕前，以"莫须有"（也许有）的罪名杀害了岳飞父子及张宪。岳飞死时，年仅 39 岁。其家属流放岭南，受株连者甚众。

岳飞是中国历史上著名的民族英雄，他坚持抗金并为之奋斗了 18 年，深受人民的爱戴。他的死引起广大人民的悲愤，"天下闻者，无不垂泪；下至三尺之童，皆怨秦桧"②。

绍兴和议　高宗、秦桧在谋害岳飞的同时，又加紧同金人议和。绍兴十一年（1141）十一月，宋金签订了和约，主要内容为：南宋向金称臣；皇帝由金册封；宋每年向金输银 25 万两，绢 25 万匹；以淮河至大散关（今陕西宝鸡境）为宋、金两国的分界线，但中间唐、邓二州和商、秦二州的一半属金。此事史称"绍兴和议"。

"绍兴和议"是在宋、金力量大致相当的形势下签订的。此后，南宋统治者满足于偏安江南，不愿北伐、收复失地；金政权内部则矛盾激化，国力日渐衰弱，因此双方基本上维持了比较稳定的对峙局面。

3. 宋与金的再战再和

在"绍兴和议"以后的半个多世纪中，宋、金之间虽不再连年进行激烈战争，但小战还时有发生。较大战争也发生过三次，战后又订有"和议"。

采石之战　绍兴三十一年（1161）九月，金军数十万人分四路大举南侵。金帝完颜亮亲自率领的中路军由于南宋淮河一线的守将闻风而逃，顺利进抵长江北岸的和州（今安徽和县）。十一月初，完颜亮大军准备从采石（今当涂北）对岸渡江。这时，负责长江防务的刘锜回镇江养病，宋军无帅，形势危急。被派去参谋军事的虞允文毅然担负起指挥重任，迅速组织军队，沿江布防。当金军渡江时，虞允文亲临前线，一面派兵迎击上岸金军，一面

①　《三朝北盟会编》卷二〇七，绍兴十一年十二月二十九日。
②　同上。

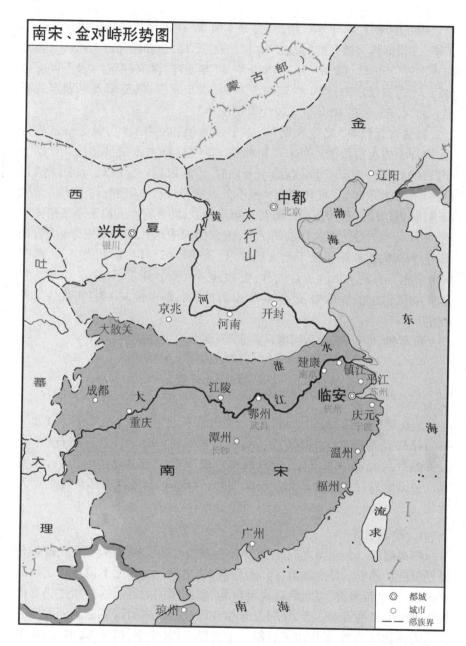

南宋、金对峙形势图

命水军和当地民兵驾船攻击金军船队。南宋军民奋勇杀敌,并用"霹雳炮"轰击金军,金军大败,退至扬州。不久,金军内讧,完颜亮被杀,金军北归。

张浚北伐与"隆兴和议" 宋孝宗时,用抗战派将领张浚为枢密使,主持北伐。隆兴元年(1163)夏,张浚派李显忠、邵宏渊二将分道北伐,攻取了灵璧(今属安徽)、虹县(今泗县)、宿州。不料正在此时,李、邵二人及其部属之间发生摩擦,将士不听指挥,为金军所乘,在宿州北的符离地区被金军击溃,北伐即告失败。此时孝宗对北伐发生动摇,主和派又占上风,宋、金之间再次进行和谈。隆兴二年(1164)冬,双方签订"隆兴和议":宋不再向金称臣,改为叔侄之国;每年少输银 5 万两,绢 5 万匹;恢复绍兴时划定的疆界。此后,宋、金在 40 年间未发生大的战争。

韩侂胄北伐与"嘉定和议" 宋宁宗时(1195—1224),金受蒙古族侵逼,内部矛盾也很尖锐。南宋宰相韩侂(tuó 驼)胄主张乘机北伐。开禧二年(1206)五月,宋宁宗下诏伐金。开始时,宋军取得一定胜利,收复了泗州(今江苏泗洪东南)和虹县等地。但不久大批增援金军赶到,许多宋将望风溃逃,负责川陕一带防务的宋将甚至叛变投敌,韩侂胄本人缺乏军事指挥才能,北伐又遭失败。在这样的情况下,南宋朝廷中以礼部侍郎史弥远(后任宰相)为首的主和派屈从于金人的要求,杀死了韩侂胄,以此为条件,再度向金求和。嘉定元年(1208)三月,史弥远一伙同金订立了"嘉定和议":宋金改为伯侄之国;岁币绢、银各增为 30 万匹、两;犒军钱 300 万贯;维持原来边界。

嘉定和议后,宋、金两国都日益衰弱,无力再发动战争。

二、金国的政治与经济

金在建国之初,是奴隶制社会。在灭辽和北宋以后,尤其是于贞元元年(1153)迁都燕京(号中都)后,疆域大为扩展:东至海,西逾积石(今青海贵德西),北达外兴安岭,南抵淮水。由于广大先进地区的影响,使女真社会逐渐向封建社会转化。在此期间,其政治、经济制度都在发生重大变化。

1. 政治制度
中央制度 金建国之后,废除了部落联盟时的氏族议事会制度,改行勃极烈制度。勃极烈是女真语,为"治理众人"之意。皇帝之下设各种名称的勃极烈,以皇帝为首,组织最高决策机构,掌握军国大政。这种制度仍有氏族议事会的某些特点。金太宗时,开始在汉族地区实行汉官制。到熙宗时正式废除勃极烈制,采用唐宋官制。中央置三省(中书、门下、尚书)。尚书省设令一员,为百官之长。其下有左、右丞相各一员,平章政事一员,与尚书令同为宰相,辅佐天子,执掌国政。另设都元帅,统管军事。又设御史台,掌监察;后废都元帅,改设枢密院。金正隆元年(1156),又废中书、门下二省,由尚书省总管政务。尚书令、枢密使都听命于皇帝,分掌文武大权,进一步加强了中央集权。

金朝帝系表
(1115—1234)

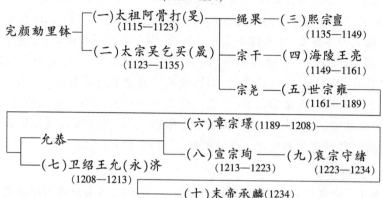

完颜劾里钵┬(一)太祖阿骨打(旻)─┬绳果──(三)熙宗亶
　　　　　　　(1115—1123)　　　　　　　(1135—1149)
　　　　　└(二)太宗吴乞买(晟)─┬宗干──(四)海陵王亮
　　　　　　　(1123—1135)　　　　　　　(1149—1161)
　　　　　　　　　　　　　　└宗尧──(五)世宗雍
　　　　　　　　　　　　　　　　　　(1161—1189)

允恭─┬(六)章宗璟(1189—1208)
　　　└(八)宣宗珣──(九)哀宗守绪
(七)卫绍王允(永)济　(1213—1223)　(1223—1234)
(1208—1213)
└(十)末帝承麟(1234)

地方制度　金在地方上采用辽、宋制度,设路、府、州、县。各路设兵马都总管,统领军兵。路治所在的府称为总管府,兵马都总管兼任总管府的府尹。各州设刺史,县设县令。与州县制并行的还有一种猛安谋克制,是专门在女真族内部实行的一种军事和行政合一的制度。早在女真人的原始社会时期,猛安、谋克即作为部落和氏族组织而存在。诸部落人民没有其他徭

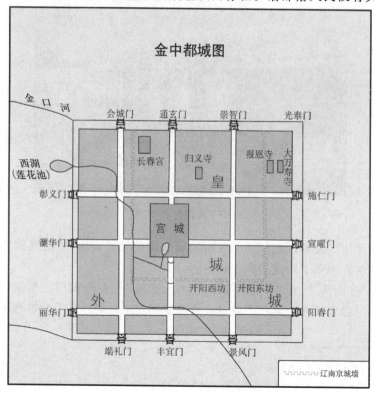

役,全体成年男子都是战士,平时从事生产,战时应征,兵器干粮自备。部落酋长称孛堇,行军打仗时则称猛安或谋克,是军事长官称号。猛安、谋克的人数本无定制,阿骨打起兵反辽时,统一规定三百户为一谋克,谋克即百夫长;十谋克为一猛安,猛安即千夫长。猛安、谋克既是行政长官,又是军事首领。"猛安,从四品,掌修理军务,训练武艺,劝课农桑",其他职掌同防御使。"谋克,从五品,掌抚辑军户,训练武艺",其他职掌同县令。[①] 随着金国领土的不断扩展,大量的猛安、谋克户作为屯田军南迁到今华北地区,与当地居民杂处,按人口分配土地,从事农业生产,于是女真族的封建化程度在逐渐加深,猛安谋克制度也在逐渐破坏。

2. 社会经济

农业　金人的社会经济,开始是以奴隶制为主,后来封建制经济所占比重不断增加,大约至章宗时期,已占据了统治地位,猛安、谋克户的上层逐渐变成坐食地租的封建地主,一般的猛安、谋克户则逐渐成为自耕农民,封建的生产方式在全国普遍确立。

卢沟桥

由于生产关系的进步和金政府奖励农耕政策的实施,曾遭到破坏的北方农业生产得到了迅速的恢复和发展。

金中叶,河北、河东、山东等地区"寸土悉垦"[②],耕地面积已超过北宋时期。当时粮食的单位面积产量也大致恢复到北宋时期的水平。旱地亩产一

---

① 《金史》卷五七《百官志三》。
② 赵秉文:《闲闲老人滏水文集》卷一一《梁公墓铭》。

石左右,水田一般亩产三四石,南阳上等水田亩可产五石。北方人口也不断增加。

手工业 金的手工业以矿冶业最为发达。解放后在东北、河北、山西等地都发现了许多金代矿冶遗址,仅黑龙江阿城县就发现金中期铁矿井十余处、冶铁遗址五十余处。

金的纺织业也有相当规模。女真族的麻织细布是著名的特产。丝织业则主要分布在辽、北宋旧地,保留了原有的名牌产品。

金的制瓷业、印刷业、造纸业都是在北宋、辽原有基础上恢复起来的。钧窑、耀州窑(在今陕西铜川)、定窑除了保持原有的产品外,还创造出了色彩复杂的"钧红"等新产品。平阳府(今山西临汾)是金的印刷业中心,所刻书籍世称"平水板",其技术可与南宋临安所刻书籍比美。中都的国子监刻印大量经史书籍,称为金"监本"。稷山(今属山西)的竹纸和平阳的麻纸均为名重一时的佳品。

商业 金主要的城市和商业中心是五京和中都①。在城市商业发展之中,出现了商人的行业性组织"行",有布行、油行、银行等。参加同业商行的商人叫"行人",首领叫"行头"或"引领",一般由大商人兼任,垄断本行商业和控制小商人。

金的榷场贸易比较发达,在宋、金边境线上,榷场有十几个,还有专为宋、金海上贸易准备的胶西县(今山东胶州)榷场。另外在北边和金、夏边界均设有榷场。每年榷场税收是国家财政中的一项重要收入。仅秦州西子城场一处,在章宗时,一年曾收税十二万余贯。

商业的发展引起了货币流通的扩大。金初用辽、宋旧钱。海陵王时,为适应流通需要,制造了交钞(纸币),后又铸造"正隆通宝"、"大定通宝"、"永安宝货",与钞参行。

3. 各族人民的抗金斗争

金统治者占据中原以后,疯狂掠夺土地,称作"括田"、"刷田"、赋役剥削也十分沉重。各族人民不堪忍受,不断爆发反抗金朝统治的斗争。在金朝统治比较稳定的世宗时,即已发生过十几起人民起义。金朝末年,由于统治集团更加贪残腐朽,政治日益黑暗,阶级矛盾亦更加尖锐,终于在贞祐二年(1214)爆发了以杨安儿等为首的红袄军起义。山东、河北许多地区的起义军都以红袄军的名号同金统治者进行斗争。起义坚持了数年之久,后虽被镇压下去,但却沉重地打击了金朝的统治,加速了它的灭亡。

---

① 金的五京(海陵王以后):为上京会宁府、东京辽阳府、西京大同府、南京开封府、北京大定府(今内蒙古宁城西)。中都大兴府(今北京)。

三、南宋的社会经济

南宋初年,战乱频仍,南方经济凋敝。绍兴和议后,南方较安定,北方人民大量南迁,为南方增加了许多劳动人手和提供了一些先进技术,使南方的自然资源得到开发利用,社会经济迅速恢复、发展。

1. 农业

农田水利 南宋时,南方的水利事业有所发展。《宋史·食货志》说:"南渡后,水田之利,富于中原,故水利大兴。"

圩田的数量和规模也有扩大。两浙一带,"所在围田遍满","昔之曰江、曰湖、曰草荡者,今皆田也"①。圩田之外,湖田、河田、梯田等也大量垦辟,南宋的农田面积在不断增加。

推广优良品种 南宋第一位的粮食作物是水稻,其种植已遍布南方各地,品种多至一百几十种。早熟丰产的占城稻继续推广,大大提高了稻米的产量,上田亩产量最多可达六七石。江浙地区是当时的主要稻米产区,因而有"苏(州)湖(州)熟,天下足"②的谚语。

其他粮食作物和经济作物的种植面积也迅速增加。尤其是小麦、棉花、茶叶,已成为南宋农业经济的重要组成部分。

2. 手工业

纺织业 棉织业的发展是南宋纺织业最重要的成就。当时棉纺织业最发达的地区是雷州(今属广东)、化州、廉州(今广西合浦)等地。棉纺织有抨子、弹花、纺纱、织布等多种工序,纺织工具有铁杖、弹弓、纺车、织机等。海南岛黎族人民已能用织机生产用彩线交织成花纹的棉布,行销两广。

丝织业也有进步。南宋在今浙江、江苏、四川等地设有官办丝织作坊,叫做"织锦院",各有织机数百台,工匠数千人,规模很大,有较细的分工,产品精美华贵。著名的缂丝工艺也由北方传到南方。

制瓷业 南宋出现了许多著名的瓷窑。如临安凤凰山下的官窑,产品精美,为时人珍爱。余姚(今属浙江)的秘色瓷仿汴京遗制,也称官窑制品,极受欢迎。北宋时已很有名的哥窑和弟窑(又名龙泉窑)在南宋时,所制瓷器又有进步,青瓷上带有碎纹,称"百圾碎"。江西景德镇的制瓷业更有发展,窑区从市内扩大到郊外数十里处,有官、私窑三百余座。制瓷技术吸收

---

① 《后乐集》卷一三《论围田札子》。"圩田"与"围田"通。
② 《吴郡志》卷五〇《杂志》。

各地名窑特长,瓷器以"影青"最著名,质量和工艺水平在全国名列前茅。另外,福建的建窑、德化窑也很有名,产品多销往海外。

造纸业 南宋纸的著名产地有成都、临安、徽州、池州、平江、建阳等地①。优质产品的种类很多,重要的有四川的麻纸、温州的蠲纸、平江的彩笺等。四川所产楮皮纸和竹纸专用于印书,产量很大,销路也很广。

印刷业 南宋的印刷技术又有进步,印刷业也有新的发展,一些官府、各地书院、州学、郡学以及不少官僚士大夫竞相刻书,社会上出现了许多书坊。南宋印刷业的中心是都城临安,其次还有建阳、广都(今四川双流东南)等地。临安国子监印书,质量最好,称为"监本"。建阳刻书的数量大,销路亦广。南宋时期刻印的图书以种类多、技术考究而著称于世,宋板书为后人所珍爱,这些图书亦为后人保留下来丰富的文化资料。

造船业 南宋的主要统治区都属于水乡,交通运输多用船只,因此造船业很发展。所造船只有海船,有内河船。主要造船基地有临安、建康、平江、扬州、湖州(今属浙江)、温州、明州、泉州、广州、潭州、衡州、赣州等。这些地方都设有官办造船工场,能造大型船只。广州制造的"广舶"可"浮南海而南,舟如巨室,帆若垂天之云,舵长数丈,一舟数百人,中积一年粮"②。

3. 商业

城市、墟市和榷场 南宋时期,有许多大城市,如临安、建康、镇江、平江(今江苏苏州)、泉州、广州、江陵、潭州、成都等,都日益繁盛。其中临安既是全国的政治中心,也是最大的商业城市。南宋末年,临安已发展成为 120 多万人的大都市,城内买卖兴隆,极其繁华。

南宋的农村墟市发展迅速。仅广州、肇庆府、惠州,即有墟市 80 多处。在墟市的基础上发展起来的乡村与城市之间的市、镇也大量涌现。榷场贸易则主要存在于宋与金、宋与西南各族之间,由官府管理,征收榷税。

海外贸易 南宋时,东南沿海的经济发展较快,为对外贸易提供了物质基础。南宋政府为了解决财政困难,大力提倡官员和沿

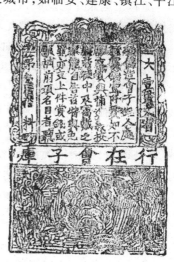

"行在会子库"版

---

① 徽州,今安徽歙县。池州,今贵池县。平江,今江苏苏州。建阳,今属福建。
② 周去非:《岭外代答》卷六《木兰舟》。

海商人招诱外商来中国贸易,因此,外贸有空前的发展。与南宋通商的国家和地区达 50 多个。广州、泉州、明州仍是重要的通商口岸,特别是泉州,已取代广州,成为最大的外贸基地。另外,在临安、温州(今属浙江)、秀州(今嘉兴)、江阴军(今江苏江阴)等地也设有市舶司,负责外贸。

会子 由于商业的日益发达,社会上铜钱不能满足交易的需要,政府便大量印制纸币。当时流行的纸币有钱引和会子两种,钱引流通于四川地区,取代了北宋时使用的四川交子。会子有数种,分别通行于南宋各地区。

四、南宋阶级矛盾尖锐化

1. 残酷的剥削压迫

土地兼并 南宋初年,宋金战争激烈,人民流离失所,大批土地荒芜。南宋政府趁机把大量荒地圈为官田,再把它们卖给或赏赐给文臣武将。南渡的皇室、官僚和地主们拼命掠夺荒地或私田,南方土著地主也极力强占农民的田宅。这样,土地兼并愈演愈烈,严重程度远远超过北宋。许多大官僚和大地主的土地多得惊人。如秦桧仅仅在永丰圩一处就得到赐田近十万亩。大将杨沂中一次就为投靠他的故人置田数万亩。

随着土地兼并的发展,农民中有三分之二以上沦为官府或地主的佃客,比例大大高于北宋。他们遭受着沉重的地租剥削,生活十分困苦。

赋税繁苛 农民们还要向政府提供繁重的赋税。南宋初年,为应付战争需要,各种名目的临时性杂税、杂徭也纷至沓来,百姓苦不堪言。待到南宋的统治稳定之后,统治集团整日花天酒地,奢侈无度,对人民的剥削更加残酷。除了旧有的二税和身丁钱依例照征外,南宋初年的诸多额外杂税也成了固定税收,并且新增了不少名目。为害最烈的有"耗米"、和籴、经制钱、月桩钱等①。南宋统治区比北宋疆域几乎小了一半,人口也相差很多,可是每年的赋税收入最高时达到八千万贯,远远超过北宋时的最高额六千多万贯。当时人民所受剥削残酷程度可以想见。

2. 钟相、杨么起义

南宋时期,土地的高度集中,地租的沉重,赋税的繁苛,使广大农民的生活极端困苦,因此,阶级矛盾尖锐,南宋一代发生过大、小农民起义二百余起。其中最著名的是南宋初年的钟相、杨么起义。

---

① 和籴:官府向民户强制征购军粮。名义上双方议价交易,故称和籴。经制钱:附加杂税的一种。月桩钱:为支应军饷而加征的杂税名目,因系计月桩办钱物,故总名为月桩钱。

钟相,鼎州武陵(今湖南常德)人,早在北宋末年即以行医为名,利用巫教发动、组织群众。他自称"天大圣"。他向群众宣传说:"法分贵贱贫富,非善法也。我行法,当等贵贱,均贫富。"①这是我国古代起义农民第一次同时从政治和经济两方面提出了根本性的要求,是对王小波、李顺提出的"均贫富"思想的发展,因此受到广大农民群众的拥护。

南宋初,金兵南侵,生灵涂炭,南宋政府又不恤民情,诛求无厌,人民走投无路,纷纷起义。建炎四年(1130)二月,钟相在武陵县起义。附近人民纷起响应,义军很快发展到四十万人,周围十九县都在义军控制之下。钟相被推为楚王,国号为楚。

同年三月,义军同宋军激战。宋军派奸细打入义军内部,发动突袭,擒杀了钟相父子。义军残部八千人在杨么(本名杨太)率领下,继续战斗。他们根据洞庭湖区的特点,逐步摸索出一套"陆耕水战"的战斗方法。东至岳州,西至鼎、澧州,南至潭州,北至江陵,幅员数千里,为义军所控制。绍兴三年(1133),杨么号称"大圣天王",后立钟相少子钟仪为太子,共同领导义军。

为了消灭义军,宋高宗调回在淮南前线抗金的岳家军,全力围剿杨么。绍兴五年(1135)六月,经过激烈战斗,杨么战败,投水被俘,壮烈牺牲。

钟相、杨么起义长达六年之久,给南宋政权以沉重打击。钟相提出的"等贵贱,均贫富"的口号标志着中国古代农民革命的历史发展到了一个新的阶段。

五、蒙古国的建立与金的灭亡

1. 蒙古国的建立

蒙古族的兴起　蒙古族在唐代称为"蒙兀室韦",原居于黑龙江上游额尔古纳河东南部。8世纪时,西迁到今蒙古国的鄂嫩河和克鲁伦河流域,属唐朝燕然都护府管辖,后又曾臣服于辽和金。蒙古进入草原后,以游牧为生。至12世纪中期,已能制造铁器,部落内部出现贫富分化现象,并逐渐形成为阶级。

当时,蒙古草原上除蒙古部外,还散处着近百个大大小小的部落。其中塔塔儿(亦译作鞑靼),在11世纪已组成部落联盟,最为强大,所以史书常

---

① 《建炎以来系年要录》卷四一,绍兴元年正月。

以鞑靼作为草原各部的通称。

成吉思汗像

铁木真统一蒙古各部 铁木真（1162—1227），古代蒙古族伟大的军事家和政治家，出生于蒙古部孛儿只斤氏族的一个贵族家庭。幼年时，父亲被塔塔儿害死，家道中落，经受了颠沛流离之苦。长大后，立志振兴本族。1189年，他被推为蒙古部首领。在此前后，他打败了塔塔儿、蔑儿乞等部，又于1201—1204年间，先后征服了札答刺、克烈、乃蛮等部，统一了蒙古草原。从此，"蒙古"一词成为各部的统称。

成吉思汗建国 1206年，蒙古各部贵族共同推举铁木真为全蒙古的大汗，尊称为成吉思汗①，国号蒙古汗国，亦称大蒙古国。其疆域东起兴安岭，西至阿尔泰山，南至大青山，北达贝加尔湖。

蒙古的政治、军事制度是与生产组织结合在一起的。牧民组织打破了原来的氏族形式，实行领户分封制。全国的牧民按地区划分，每一地区按十户、百户、千户、万户编制，各设"长"以统领之。万户长和千户长由成吉思汗直接分封。当时有4万户长，95千户长，他们都是开国功臣，各有封区、封地和一定数量的封户。封户就是牧民，平时生产，即在大小领主的带领下，过着游牧生活，牧民要为大小领主提供赋役；战时在大小领主的率领下作战。

成吉思汗还挑选壮丁组成一万人的"怯薛军（护卫军）"，由他直接统领。又制定了一部"大札撒（法典）"，设置司法官员"札鲁忽赤"，以加强法制。

蒙古部原来没有文字。铁木真战胜乃蛮部后，命乃蛮部掌印官、畏兀儿人塔塔统阿用畏兀儿文字母拼写蒙古语，创造了蒙古文字。蒙古建国后，通行于全国。

2．蒙古军西征与南进

成吉思汗即大汗位不久，就开始向境外发动频繁的战争，以继续开疆拓土。其进军方向主要为西征和南进，是交互进行的。

三征中西亚 蒙古军大规模的西征共有三次。第一次西征的时间是1218—1223年。在此之前，畏兀儿人首先归附了蒙古。1218年，蒙古军在成吉思汗的亲自率领下先后击灭西辽、花剌子模、康里等国，基本上征服了

---

① 成吉思，蒙语，为"强大"、"大海"等意。

自中亚西至黑海东岸的广大地区。第二次西征的时间是1235—1244年,此时成吉思汗已死,大汗窝阔台命拔都、贵由、蒙哥率军西征[①],攻占里海以北地区及俄罗斯,直入孛烈儿(波兰)、马扎儿(匈牙利)等地。第三次西征的时间是1253—1259年,蒙古大汗蒙哥命旭烈兀率军西征[②],攻灭木剌夷(今伊朗境内),击败黑衣大食(阿拉伯),攻陷巴格达和大马士革城,把蒙古汗国的势力扩展到西南亚。

在第一次西征后,成吉思汗把新占领土封给他的三个儿子作为世袭领地。长子术赤封于钦察,据有花剌子模和康里国故地,建都萨莱(今伏尔加河下游),称钦察汗国(金帐汗国)。术赤死后,该国归其子拔都。二子察合台封于西辽和畏兀儿地区,初建都阿力麻里(今新疆伊犁北),称察合台汗国。三子窝阔台封于乃蛮故地,即额尔齐斯河上游和巴尔喀什湖以东地区,建都也迷里(今新疆额敏),称窝阔台汗国。第三次西征之后,蒙古大汗蒙哥又将新占地区封给旭烈兀,建都帖必力思(今伊朗大不里士),称伊儿汗国。这就是历史上有名的四大汗国。它们同蒙古汗国及后来的元朝一直保持形式上的藩属关系,因此形成了历史上空前辽阔的、横跨欧亚大陆的蒙古大帝国。但由于它只是军事征服下的联合体,缺乏共同的经济、文化基础,各国建立之后,独立发展,因之很快成为几个不相统属的国家。但在元朝中期以前,元与各汗国之间一直保持着良好关系。

灭西夏 蒙古军南进,主要以西夏、金、南宋为目标。

1205—1209年,蒙古军三次攻入西夏,迫使西夏称臣,纳女纳贡。蒙古西征归来,于1226年秋又发动对西夏的战争。灵州一战,西夏主力丧失殆尽,蒙古军进围西夏都城兴中府(今宁夏银川)。次年七月,成吉思汗病死在六盘山南麓的兵营中。蒙古军秘不发丧,继续进攻西夏。不久,西夏皇帝投降被杀,西夏灭亡。

灭金 蒙古建国后,金拒绝承认,双方关系恶化。金大安元年(1209)三月,成吉思汗发兵进攻金朝。八月,在金西京(今山西大同)附近击溃号称四十万的金兵。此后,蒙古军连连入侵,金难以抗衡,被迫于贞祐二年(1214)三月,献公主、金帛请和。不久,金宣宗迁都南京(开封)。蒙古军于1225年攻占中都(今北京),前锋进入河南。后因忙于西征,一度放松对金的进攻。成吉思汗死,窝阔台继任大汗。他遵照成吉思汗遗命,采取联宋灭金的策略,1231年窝阔台分兵三路大举攻金。次年,三路军会师汴京,金哀

---

① 拔都:成吉思汗长子术赤的长子。贵由:成吉思汗第三子窝阔台的长子。蒙哥:成吉思汗第四子拖雷的长子。

② 旭烈兀:拖雷之子,蒙哥之弟。

宗逃到蔡州(今河南汝南)。蒙古遣使约南宋夹攻金,商定灭金后,由宋收复洛阳、汴京、归德。金哀宗正大九年(1231)十月,宋将孟珙等率军二万,自襄阳北上,攻占了金的唐、邓三州。十一月,宋军抵蔡州,与蒙古军分攻南北城。次年正月,蔡州城破,金哀宗自杀,金朝灭亡。

金灭后,宋依约准备接收洛阳等地,但蒙古军以武力制止宋军接收,并决黄河水淹阻宋军。从此,南宋与蒙古之间开始了正面冲突。

统一吐蕃 蒙古统治者在对南宋作战的初期,不很顺利,便决定先出兵吐蕃,再由吐蕃东进,迂回包抄南宋。此时吐蕃地区很不统一,各地各部有不少僧俗首领。其中的喇嘛教萨斯迦派首领萨斯迦班智达最有影响。南宋嘉熙四年(1240),蒙古大汗窝阔台之子阔端率军入吐蕃地区,召见萨斯迦班智达。淳祐四年(1244),萨斯迦在凉州拜见阔端,代表吐蕃各地、各教派僧俗首领,与阔端达成协议,同意吐蕃归属蒙古,蒙古亦尊重吐蕃各教派、首领的权利。从此,蒙古汗国即通过萨斯迦这位宗教首领实现对吐蕃的统治。后来,忽必烈奉命出征大理国,途中驻军于六盘山(在今甘肃固原县东南),吐蕃喇嘛教萨斯迦派其侄八思巴前来拜见忽必烈,甚得忽必烈的信任和尊敬。今西藏日喀则德钦颇章宫,还保存着八思巴拜见忽必烈的壁画,形象地记录了这一历史事件。

灭大理 南宋淳祐元年(1241),窝阔台病死,蒙古一度发生汗位继承问题的斗争。淳祐六年(1246)春,窝阔台长子贵由继位,不到三年即死。淳祐十一年(1251),蒙哥即汗位。淳祐十二年秋,忽必烈率大军进入吐蕃,

八思巴拜见忽必烈壁画(在今西藏日喀则德钦颇章宫)

后分兵三路进攻大理。次年年初,包围大理城。大理兵败,国王段兴智逃走,在昆泽(今云南宜良)被俘,大理国灭亡。至此,蒙古国已统一了中国疆域的大部,即统一了今之淮河至秦岭以北,甘肃、新疆、青海、西藏及云南,形成了对江南的南宋王朝的包围形势,并开始全力进攻南宋。

蒙哥汗战死合州 宋宝祐六年(1258)年初,蒙哥汗以三路大军攻宋;由忽必烈攻鄂州(今湖北武昌),兀良合台自云南回师攻潭州(今湖南长沙),自率一军攻四川。当时镇守四川的南宋将领是四川安抚制置使余玠,他做了许多备战工作,所以蒙哥汗的大军在进攻四川时,花了整整一年的时间,才打到合州(今四川合川东钓鱼城)城下。合州知州王坚和部将张珏带领全城军民固守半年多。宋开庆元年(1259)七月,蒙哥汗亲自到合州城下督战,宋军猛烈反击,蒙哥汗被炮石击中,死于军营中。蒙哥汗死后,蒙古统治集团内部发生了争夺汗位的斗争。忽必烈为了争夺汗位,即与南宋秘密议和罢兵,因之蒙古对南宋的战争暂停。

复习思考题:
1. 简评岳飞抗金及其被害情况。
2. 何谓"猛安"、"谋克"?
3. 试评钟相、杨么起义的历史意义。
4. 简述南宋时期南方农业生产的发展情况。
5. 你是怎样评价成吉思汗的?

重要名词:
赵构 *秦桧 黄天荡之役 *李纲 *宗泽 *绍兴和议 勃极烈制
 *会子 怯薛军 *四大汗国 合州之战

参考书:
1. 翦伯赞、郑天挺主编:《中国通史参考资料》第五册(选读)。
2. 《宋史》卷三六五《岳飞传》。

第三节 元 朝
(1271—1368)

一、忽必烈灭南宋

1. 建国号"大元"

采用汉法 蒙古统治者初入中原时,曾将蒙古的游牧生产方式以及与之相适应的一套统治方法,推行于中原地区,对中原以农业为主的传统社会经济造成巨大的破坏。当时的契丹人耶律楚材为成吉思汗、窝阔台汗的亲信大臣,主张军民分治,州郡长吏专理民事,万户府总军政。又反对驱逐汉人、以汉地为牧场之说,主张保护农业,建立赋税制度。他说:汉人可以提供赋税,中原地区每年可输银50万两、帛8万匹、粟40万石。窝阔台半信半疑,令其试行。于是耶律楚材奏请设立燕京等十路征收课税使,在各地征收赋税。不久,十路课税使就将征收到的金银粟帛造册献上,数字完全如耶律楚材所说,窝阔台大喜。从此,农业生产受到保护,赋税制度亦得建立。又蒙古军有在战争中屠城政策,大将速不台在攻打金的南京开封时,请城破屠城,遭到耶律楚材的反对。耶律楚材说:得地而无民,地有何用?若人民被屠,工匠、赋税从何而来?窝阔台点头称是,下令除了金朝皇族外,其余一概勿杀。从此以后,屠城之事渐渐减少。耶律楚材还提倡尊孔读经,也有积极的作用。

但积极采用汉法而且行之有效的还是忽必烈。忽必烈是蒙哥汗之弟,很有才能。早在青年时代居在和林(今蒙古国哈尔和林)时,就很关心政事,招揽汉族士人,研讨治国之道。蒙哥即汗位,把大漠以南的汉人地区交由他治理,他即将自己的王府内迁,后来驻于开平(今内蒙古多伦西北)。他在这里大量任用汉族士人,比较广泛地采用汉制汉法以治事。注意保护发展农桑,兴办屯田。为后来元朝的制度奠定了基础。

忽必烈即汗位 蒙哥汗死后,蒙古贵族内部发生了争夺汗位的激烈斗争。公元1260年,忽必烈自中原战场回到开平,宣布自己为大汗(后称元世祖),并以“中统”为年号。此前蒙古国从来没有使用过年号,忽必烈开始建立年号,这也是采用中原汉法的标志。但忽必烈即汗位后,其弟阿里不哥在和林也宣布自己为大汗,并举兵南下。忽必烈亲自率兵迎战,经过四年的战争,阿里不哥战败投降,忽必烈的汗位得到巩固。

建国号,定大都 至元八年(1271),忽必烈又公开废弃“蒙古”国号,“建国号曰大元,盖取《易经》乾元之义”①。次年,又改中都(燕京,今北京)为大都,从此以大都为元朝国都,便于统治全中国。

2. 灭南宋

贾似道擅权误国 这时南宋的统治是十分腐朽的,朝中大权掌握在宰相贾似道手中。贾似道对内擅权跋扈,排斥异己;对外怯懦畏敌,不敢交兵。先前忽必烈进围鄂州,南宋政府以贾似道统兵抵御。贾似道向忽必烈求和,忽必烈不许。后来蒙哥战死,贾似道再次求和,忽必烈急欲北归争夺汗位,

---

① 《元史》卷七《世祖本纪四》。

即与之签订密约，自鄂州撤围而去。密约规定双方以长江为界，南宋每年献银 20 万两、绢 20 万匹给蒙古。贾似道将私订密约的事隐匿不报，以鄂州围解班师回朝，自夸有再造国家之功，得到加官进爵。忽必烈即位后，即遣郝经为使到南宋，要求践约。贾似道怕事情败露，便将郝经拘留于途中不遣。贾似道又忌恨有功诸将，宣布战时诸将支取官物为贪赃，都要追赃论罪。于是有功诸将多被诬陷，或罢官而去，或死于狱中。守四川的骁将刘整因与主帅不和，以此事被主帅要挟，心怀疑惧，遂投降元朝。南宋政权在贾似道等人的把持下，政治更加黑暗。

襄阳、樊城之战 忽必烈采纳刘整的建议，首先攻打襄阳。襄阳地处汉水南岸，与北岸的樊城相对，是扼守长江的屏障。二城借浮桥来往，互为声援，唇齿相依，守御甚固。襄阳、樊城先后被元军围困六年（1267—1273），人心无动摇，镇静如一日。但南宋军救援不力，来援者均被击败，致使二城最终不保。1273 年，元军焚毁襄阳、樊城之间的浮桥，使二城不能互相支援，又使用新炮——回回炮（一种巨大的投石机）攻打樊城，遂破城。不久，襄阳因为孤城援绝，守将吕文焕投降。元军取得襄阳和樊城，即打开了进入长江的门户。

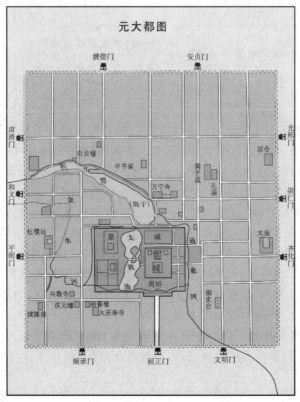

元大都图

元朝(蒙古)帝系表
(1206—1368)

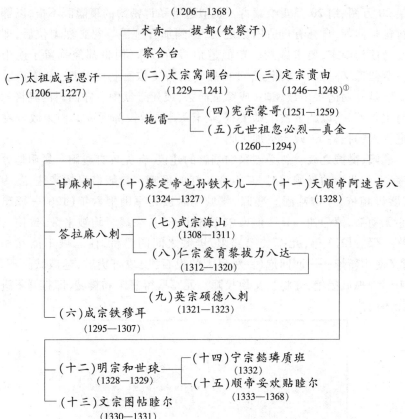

(一)太祖成吉思汗———术赤———拔都(钦察汗)
(1206—1227)
———察合台
———(二)太宗窝阔台———(三)定宗贵由
(1229—1241)　　　(1246—1248)①
———拖雷———(四)宪宗蒙哥(1251—1259)
———(五)元世祖忽必烈—真金
(1260—1294)

———甘麻刺———(十)泰定帝也孙铁木儿———(十一)天顺帝阿速吉八
(1324—1327)　　　　　(1328)
———答拉麻八刺———(七)武宗海山
(1308—1311)
———(八)仁宗爱育黎拔力八达
(1312—1320)
———(九)英宗硕德八刺
(1321—1323)
———(六)成宗铁穆耳
(1295—1307)

———(十二)明宗和世㻋———(十四)宁宗懿璘质班
(1328—1329)　　　　(1332)
———(十五)顺帝妥欢贴睦尔
(1333—1368)
———(十三)文宗图帖睦尔
(1330—1331)

元军陷临安　元至元十一年(1274),忽必烈命丞相伯颜统军伐宋。大军由襄阳出动,沿汉水入长江,顺流东下。南宋守将毫无斗志,纷纷不战而降,沿江重镇相继落入元军之手。这时南宋度宗死,恭帝立,政权仍操于贾似道手中。1275 年,贾似道在朝野压力之下,被迫出兵应战,集合各路军马十三万,号称百万,将战船二千五百艘排列江中,百里不绝。宋军在池州(今安徽贵池)下游的丁家洲与元军相遇,元军在长江两岸架炮轰击,宋军大溃,溺死无数。贾似道兵败逃跑,被贬往广东,途中被杀;元军占领建康(今南京市)。次年春,元军入临安(今杭州),南宋恭帝及其祖母谢太后等奉表投降。不久,宋恭帝等被俘到上都(今内蒙古多伦西北),忽必烈封宋恭帝为瀛国公,封谢太后为寿春郡夫人。

文天祥等人抗元　自元军大举进攻以来,南宋统治集团充分暴露其腐朽无能,君臣们平时不思战守之计,唯知耽于逸乐,苟且度日,而在大敌当前

———————————
① 　1242—1245 年,太宗乃马真皇后临朝。1249—1250 年,定宗海迷失皇后临朝。

国家垂危之际,则采取不抵抗的政策,非逃即降,表现得毫无气节。但是其中也有少数人与此相反,能够英勇抗敌,表现了忠贞爱国、宁死不屈的精神,文天祥就是一位杰出的代表。

文天祥,吉州庐陵(今江西吉安)人,进士出身。在元军进迫临安时,他以赣州知州招募义军北上保卫临安。1276年年初,他又以右丞相奉命到元军营中议和。因被劝降不从,遂被拘留并被挟持北上。可是他在路上逃脱了,后至福建,与张世杰、陆秀夫等人拥立赵昰(xià)为帝,继续抗元。1278年,文天祥在五坡岭(今广东海丰北)兵败被俘。这年赵昰在硇(gāng 纲)洲(今湛江市东南硇洲岛)病死,张世杰、陆秀夫等又拥立卫王赵昺为帝,流徙崖山(今新会县南海中)。元将张弘范把文天祥带到崖山,令作书招降张世杰,文天祥拒绝,并书所作《过零丁洋》诗以明志,末尾两句:"人生自古谁无死,留取丹心照汗青!"后来元军将文天祥解至大都,囚禁三年,多次劝他投降,他都严词拒绝,并写下著名的《正气歌》再申己志。后在柴市(今北京东城府学胡同文丞相祠)从容就义,时年47岁。1279年,元将张弘范攻袭崖山,陆秀夫抱赵昺投海死,张世杰突围遇风溺死。至此,南宋灭亡。

元灭南宋,再次统一中国,尤其是把原吐蕃地区、原大理地区和今黑龙江下游、外兴安岭以北的北山兀者地区都纳入中央的统治之下,对我国疆域的奠定,促进多民族国家的发展,扩大中外经济、文化交流,都起了积极的作用。

二、"天下一家"政策

忽必烈在即汗位之时,即以实现"天下一家"为己任。他在灭南宋后,实现了中国空前的大一统,疆域辽阔,人口众多,民族复杂。他为了巩固对这个偌大国家的统治,更广泛地学习采用中原王朝的传统制度和政治经验,视全国为一体,建立起了以蒙古贵族为主要统治者的统一的多民族的封建国家。

1. 中央制度

元朝中央最主要的机构有三,即中书省、枢密院、御史台,分掌行政、军事、监察大权。

中书省 元朝废弃以前的三省(中书省、门下省、尚书省)制,实行一省制,即设立中书省(又称都省)作为中央最高的行政机构,总理政务。唐、宋时代均实行过三省制,设立中书、门下、尚书三省,但三省制不能久存,早已名存实亡。到了金朝,便正式废除中书、门下省,只设尚书省了,下设六部,分理政务。元朝仿照金朝,也是一省制,不过名称不同,叫做中书省。

中书省的最高长官是中书令,只有世祖、武宗、仁宗、顺帝时由皇太子担任过,一般不设此职。中书令以下,有右丞相、左丞相各一员(元朝尚右),

即是实际的宰相。其下又有平章政事四员,为丞相之副贰。又有右丞、左丞各一员,参知政事二员,为执政官。自中书令至参知政事,都称为"宰执"。中书省下辖吏、户、礼、兵、刑、工六部,各设尚书、侍郎、郎中、员外郎等官。

枢密院 枢密院长官为枢密使,由皇太子兼任,实际只是虚衔。另外设知枢密院事,即成为长官。其下又设同知枢密院事、枢密院副使、金书枢密院事等。枢密院掌管兵权,是中央最高军事机构,其职司范围甚广,除怯薛军由天子或其亲任大臣统领外,凡侍卫亲军及镇戍诸军均归节制,征讨调遣及军官选授迁调等事项莫不管领。然侍卫亲军虽隶于枢密院,倘非天子特命,枢密院不得滥行差遣,因此天子的安全事宜并不操于枢密院之手。此外,元朝枢密院不能同中书省并列,地位低于中书省。自世祖至元二十八年(1291)后,中书省常以平章政事或右左丞"商议枢密院事",此举的目的在于使军政取得联系,彼此沟通,也是依照宋代(自北宋仁宗后到南宋)宰相兼枢密使之意。

御史台 御史台(又称内台、中台、宪台等)掌管监察。最高长官为御史大夫,其下为御史中丞、侍御史、治书侍御史。御史台下辖殿中司及察院,又辖地方上内八道肃政廉访司。殿中司设殿中侍御史二员,掌管朝仪、殿中纪律及在京百官到任、告假等事。察院设监察御史 32 员,专掌刺举百官之事。内八道肃政廉访司则为地方监察机构(另见下"地方监察机构")。

宣政院等 中央除中书省、枢密院、御史台外,还有主管各方面事务的机构,如宣政院掌管佛教僧徒及吐蕃(西藏)事务,通政院掌管驿站,将作院掌管工匠,太史院掌管天文历法,大宗正府掌管蒙古人的诉讼等。

2. 地方制度

行省 地方最高行政机构是行中书省,简称行省,或只称省。元代的行省是由金制演变而来。金代中央设立尚书省,自金章宗时开始,派遣尚书省宰执出征、戍边或处理地方重大事务,行使尚书省的职权,叫做行尚书省,都是权宜性的、临时性的。忽必烈在中央设立中书省后,也效法金朝制度,以中书省的宰执官出讨或出镇各地,称为行中书省。"行省"的初义,即将中书省的职权临时在某处行使的意思。行省是中书省的派出机构,后来演变为常设的地方最高行政机构。各行省设丞相一员(例不常设),平章政事二员,右丞、左丞各一员,参知政事二员,品级皆与中书省官相同。

全国除"腹里"(山东、山西、河北及内蒙古大部地区)由中书省直辖外,共设置十个行省:

(1)陕西行省,治所在今陕西西安市,辖境包括今陕西及甘肃、内蒙古部分地区。

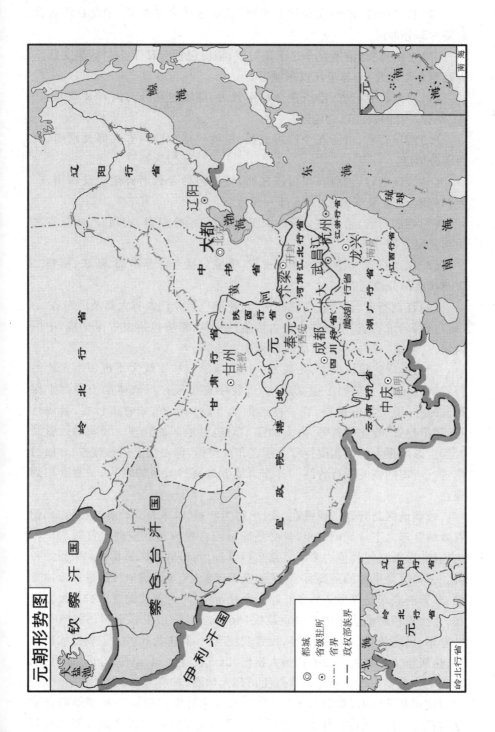

元朝形势图

图例
◎ 都城
⊙ 省级驻所
—·—· 省界
—— 政权部族界

（2）甘肃行省，治所在今甘肃张掖，辖境包括今甘肃省、宁夏自治区及内蒙古部分地区。

（3）辽阳行省，治所在今辽宁辽阳市，辖境包括今辽宁、吉林、黑龙江三省及黑龙江以北、乌苏里江以东地区。

（4）河南江北行省，治所在今河南开封，辖境包括今河南省及湖北、江苏、安徽三省的长江以北地区。

（5）四川行省，治所在今四川成都，辖境包括今四川省大部及湖南、陕西部分地区。

（6）云南行省，治所在今云南昆明，辖境包括今云南省全境及四川、广西部分地区，以及泰国、缅甸北部一些地方。

（7）湖广行省，治所在今湖北武汉，辖境包括今湖南、贵州、广西三省之大部及湖北部分地区。

（8）江浙行省，治所在今浙江杭州，辖境包括今江苏南部、浙江、福建二省及江西部分地区。

（9）江西行省，治所在今江西南昌，辖境包括今江西省大部及广东省。

（10）岭北行省，治所在今蒙古国哈拉和林，辖境包括蒙古国全境、中国内蒙古、新疆一部分和俄罗斯西伯利亚地区。

元朝的行省职权很大，凡地方一切民政、财政、军政无不统领。元朝的行省制，从政治上巩固了国家的统一，使中央集权在行政体制上得到了保证。另外，值得注意的是，在一些边远地方设立行省，如甘肃行省、云南行省、辽阳行省、岭北行省等，大大加强了对边疆地区的管理。元朝的行省制对后世影响很大。明朝改行省为承宣布政使司，但习惯上仍称行省，一般简称省。清朝则恢复了行省制。省作为地方最高行政区的名称，一直沿用到现在。

吐蕃地区之管理　西藏在当时仍称为吐蕃，虽未设立行省，也处在元朝有效的管理之下。元朝初年，忽必烈即封吐蕃喇嘛教萨斯迦派首领八思巴为国师，后来又加封他为帝师。忽必烈以后，元朝皇帝也都尊奉大喇嘛为帝师。帝师既是佛教的最高首领，统领全国佛教；又是西藏地区的最高政治首领，掌管西藏军民等世俗事务。除去委任帝师外，元朝又设置中央和地方机构，直接管辖西藏。在中央设宣政院（初名总制院），主管全国佛教事务及吐蕃军、民之政，以帝师领院事，设置院使十员，其中为长者常以朝廷大臣兼任，位居第二者必由帝师推荐僧人担任，以下设有同知、副使、金院、同金、院判等官。又在西藏设立三个宣慰使司都元帅府（简称宣慰司）：即吐蕃等处宣慰使司都元帅府（简称吐蕃宣慰司，又称朵思麻宣慰司）；吐蕃等路宣慰使司都元帅府（又称朵甘思宣慰司）；乌斯藏纳里速古鲁孙三路宣慰使都元帅府(简称乌斯藏宣慰司)①。在宣慰司之下,又设安抚司、招讨司、宣抚司和元帅府、万户府等。自宣慰使、都元帅至万户等各级官员,多以当地僧俗首领担任,由帝师或宣政院荐举,朝廷授职。此外,还在西藏设置驿站,调查户口,征收赋税,屯戍军队等。总之,从元朝开始,西藏地区已正式成为我国行政区划的一部分。

澎湖巡检司　台湾(元代称为瑠求或者琉球)地区的澎湖在南宋时已隶于泉州晋江县,在元朝仍隶于泉州晋江县。而元朝又在澎湖设巡检司,以管辖澎湖和台湾。

路府州县　在中书省和行中书省下,有路、府、州、县。路分为两等,十万户以上或不足十万户而地当冲要者为上路,十万户以下者为下路。路设总管府,长官为达鲁花赤②和总管,其下有同知、治中、判官、推官等。府隶于路或行省,或直隶于中书省,有的统州县,有的不统州县。府设达鲁花赤、知府或府尹等官。州隶于府或路,或直隶于行省,有的不统县。州设达鲁花赤、州尹或知州等官。县隶于州、府或路,设达鲁花赤、县尹等官。

地方监察机构　地方监察机构有行御史台和肃政廉访司。

元朝为发挥中央御史台对地方的监察职能,又分设两个行御史台,简称行台。其一为江南行台,简称南台,治所在集庆路(今江苏南京市),监临东南各行省,设官、品秩与中央御史台相同,下辖察院(置监察御史二十八员)。另一为陕西行台,简称西台,治所在奉元路(今陕西西安市),监临西北、西南各行省,设官、品秩与中央御史台相同,下辖察院(置监察御史二十员)。

肃政廉访司本名提刑按察司,至元二十八年(1291)改名肃政廉访司,是分道设置的,全国共有二十二道肃政廉访司。每道肃政廉访司均设廉访使、副使、佥事等官。诸道肃政廉访司分别隶属于中央御史台及行台。由中央御史台直辖的称内八道肃政廉访司,其监察地区主要是腹里、辽东及两淮。由江南行台所辖的称江南十道肃政廉访司,其监察地区为江浙、江西、湖广。由陕西行台所辖的称西四道肃政廉访司,其监察地区为陕西、甘肃、四川、云南。

3. 军制

禁军与镇戍军　元朝的军队有禁军和镇戍军。禁军又分为怯薛军和五卫亲军。怯薛军是成吉思汗留下来的护卫军,起初名额较少,以后增为

---

①　乌斯指前藏,藏指后藏,纳里即阿里,速古鲁孙意为三部,即古格、卜郎、芒域,纳里速古鲁孙大体相当于今阿里地区。

②　达鲁花赤是蒙古语的音译,其意为镇守者。元朝在路、府、州、县都设置达鲁花赤,作为最高的监临长官,例由蒙古人充当,掌握最后裁定的权力,位于同级其他官员之上。

14000人，皆由蒙古勋贵子弟世袭充当，不归枢密院节制，而由皇帝或皇帝任命的大臣直接控制，不过怯薛军已经变成皇帝周围拥有特权的贵族集团。禁军主要是五卫亲军。五卫亲军负责保卫京城，是元世祖忽必烈时成立的，可由汉人充当，共有左、右、前、后、中五卫，每卫约万人，设都指挥使统领，皆隶属于枢密院。另外，为了防范汉军，忽必烈及其以后的皇帝，又从色目人中选拔壮勇者组成亲军，以其族属之名为名，如有唐兀卫、钦察卫、康里卫、阿速卫等亲军。这些由色目人组成的亲军日益比五卫亲军更见宠信。

镇戍军驻防全国各地，也统属于枢密院，兵种分为蒙古军（由蒙古各部族人组成）、探马赤军（由诸属部族人组成）、汉军（由四个等级中的"汉人"组成）、新附军（南宋投降的军队）等。其中蒙古军大都驻防在黄河流域河南、河北、山东一带，占据天下的腹心，而探马赤军、汉军及新附军则多驻防在淮河和长江以南，并有一部分蒙古军与之相参驻防。此外，元朝又派宗室诸王领兵出镇边疆要地，以加强对边远地区的统治。如和林、云南、河西、辽东、回回、畏吾各地，皆有宗王镇守。又一些少数民族地区，还有当地的民族兵戍守。如辽东有乣军、高丽军、女直（女真）军，云南有寸白军①，福建有畲（shē 赊）军等。这些军队均不离本地方，因称为乡兵。

军屯与军户 为了巩固驻防，便于军粮的供给，军队普遍进行屯田。大致五卫亲军环戍京城，皆随营地设立屯田，外地镇戍各军也无不开辟土地，从事屯种。从北方的和林到南疆的云南各地，到处都有军屯可见。

为了保证兵源，元朝又实行军户制度。凡民户被签军②之后，即被编入军籍，称为军户。军户是世袭的，其子孙永远为军。元朝规定，军户有土地在四顷之内，可以免交税粮，并免除其他各种差役；但一切军需如鞍马、衣装、器械等皆需自备。因为军户要自备军需，所以按照制度，军户应由"殷实人户"充当。而实际上北方民户曾屡被签军，没有那么多的"殷实人户"，结果充当军户者多是中等人家或贫困下户。特别是南宋的士兵归附元朝后，其家也变为军户，而这些军户则更大都是贫困户，因为南宋时多是无业之人投雇当兵。于是一般军户苦于供应军需，常常造成倾家荡产。

4. 驿站

站赤 元朝政府在全国设置驿站，叫做站赤（蒙古语，意为管理驿站的人）。这是出于政治和军事的需要，以便于"通达边情，布宣号令"③。中原地区的驿站由兵部管辖，蒙古地区的驿站由通政院管辖。站赤分为陆站和

① 寸白：爨、僰之谐音，简写亦作"寸白"，今彝族、白族。其族人征作乡兵，称"寸白军"。
② 签军：签发壮男为军。
③ 《元史》卷一○一《兵志四·站赤》。

水站。陆站备有马、牛、驴或车,水站备有船只。陆站中又有狗站,东北某些地方用狗拉橇,行于雪上。据《元史·兵志》记载,全国共有站赤1400处。另外还有一些地方,如西藏等地的站赤,尚未包括在这个数字之内。元代是我国古代驿站最发达的时期,驿站的普遍设立,加强了全国的政治联系,也便利了全国的交通。

站户 为了维持驿站制度,元朝政府于驿站所在地,签发民户充当站户。站户也是独立户籍,直属于通政院与兵部。站户的任务是供应驿站需用的车、马、船只和往来使臣的住宿饮食。凡此种种供应费用,除每年由政府津贴一部分外,大都由站户承担。站户也和军户一样,应由富实民户充当,其田在四顷之内免纳税粮,并免一切差役。但是由于持有给驿玺书及牌符(金字或银字圆符)的官僚使臣不绝于途,并且对站户有种种需索,以致站户负担过重,许多站户倾家荡产,甚至卖妻鬻子。

急递铺 除驿站外,元朝政府又设立急递铺,专门用来传达紧急文书。每10里或15里、25里设1铺,每铺有铺丁5人。凡有文书来,此铺传彼铺,铺丁持文书,徒步奔驰,彼此相传,一昼夜要行走400里。

5. 土地制度

官田与私田 在元朝,全国的土地分为官田和私田两种。官田即政府所有的土地。北方的官田大都是金时屯田军遗留下来的土地,南方的官田则是南宋皇室及政府所遗留下来的土地。元朝建立以后,就把这种官田,一部分作为军队的屯田,一部分作为官吏的职田,一部分赏赐给王公贵族和寺院僧侣,一部分招民耕种取租。至于一般的私田,除去小部分为自耕农所有之外,大部分都为贵族、官僚、僧侣、地主所占有。

土地集中 蒙古贵族和汉族地主无不大肆兼并土地,土地占有日益集中。在北方,蒙古贵族拥有最大的权势,所以占地最多;汉人军阀地主和官僚地主也有一定权势,占地则次之;一般汉人地主占地又次之。蒙古贵族经常得到皇帝的赐田,又不断强占民田,所占田的数量都很大。如元世祖曾赐给撒吉思益都(今山东青州)的田1000顷,元武宗曾赐给瑚阿不剌平江(今江苏苏州)的田1500顷。蒙古贵族得到大量赐田,便用来榨取地租。除蒙古贵族外,喇嘛僧侣的寺院也同样享受到赐田的待遇,又加以非法地掠夺土地,因而也往往是田连阡陌。如大都的大护国仁王寺就有水陆田地十万多顷,这些田地分布在大都以及襄阳、江淮等处。至于一般汉人地主占田也很可观。在江南的大地主之中,"有蔽占王民奴使之者,动辄百千家,有多至万家者"[①]。

---

① 《元史》卷二二《武宗纪》。

有的每年收租达二三十万石,役使佃户至二三千家。其中有名姓可指的,如松江大地主曹梦炎占有湖田数万亩,积粟百万石,蒙古人称他为"富蛮子"。又松江大地主瞿霆发自有田地和承佃官田共达百万亩,人称"多田翁"。此外,寺院僧侣也广占田亩,驱役众多佃户。又如江浙行省寺院林立,共有佃户50万家,可见其占地之多。其他地方也有同类情况。

驱口　　在蒙古对金的战争中,凡蒙古贵族及将校俘获人口即归私有,称之为"驱口"。当时被俘人口动以千万计,数量是很大的。被俘人口多是北方的汉人,另外也有契丹人、女真人等。以后元朝对南宋用兵,仍然俘获不少人口加以占有。如大将阿里海牙攻湖北时,将降民3800户作为家奴,自己设官管理,每年征取租赋。除战争俘虏变为驱口之外,驱口还有其他一些来源,如或由于良人被掠卖,或由于罪人被籍没,或由于穷困者自卖,或由于驱口"家生",等等。驱口的人数极多,据说在窝阔台汗时,"几居天下之半"[①]。因鉴于私人驱口之多,后来窝阔台汗曾下令释放一部分驱口作为国家编民。尽管有过释放驱口之令,而终元朝一代,驱口是一直存在的,并且有相当的数量。驱口是一种人身依附关系极强的佃户。有不少驱口可以独立生产,拥有自己的私有财产,种地交纳租赋,这是类同于佃户之处。但驱口可以和财物一样被当作主人的私产,世世代代为主人所有,完全没有人身自由,又不同于一般佃户,与良民有别。主人可以把驱口随便买卖。元朝初年,大都、上都有马市、羊市、牛市,也有人市,人畜同样买卖。驱口和主人的法律地位极不平等。驱口杀伤主人要处死,故意杀死主人者凌迟处死;而主人故意杀死或殴死驱口,只杖87,若因醉酒致死驱口,又可减罪一等,如能将死者全家放良,还可以免罪。驱口和一般人的社会地位也不平等,驱口不得与良人通婚,斗殴杀人者处死;然良人杀死他人之驱口,只杖107。

佃户　　佃户有官田佃户和私田佃户两种,大多数是私田佃户。佃户耕种地主的土地,或者交纳分成租,一般按照对分制,将收获所得与地主"两平抽分";或者交纳定额租,租额则随土地肥瘠而定,每亩从数斗到一石,乃至二石、三石不等,地租率也是在五成左右。实际上正额地租之处,地主又多方巧取,有种种名目的附加租,合并计之,则地租率往往在六成之上,甚至七成、八成。元朝政府也深知地租的苛重,所以屡次下谕劝令地主减免。封建政府颁令免租,在中国历史上是罕见的。不过元朝政府虽有此令,也只是一纸空文。佃户除受高额地租剥削外,又要受到种种超经济的压迫。如在江南一些地方,佃户不仅本身要供地主任意役使,即子女也不免于做地主的家奴。如《元典章》记载说:"若地客(佃户)生男,便供奴役;若有女子,便为

----

① 《元文类》卷五七宋子贞《中书令耶律公神道碑》。

婢使,或为妻妾。"而峡州路(治今湖北宜昌)地区,地主甚至公然把佃户计数立契,或典或卖,与买卖驱口无异。又将佃户随田转让典卖,称为"随田佃客"。此外,地主又往往干预佃户子女的婚姻,必勒索钱币礼物方许成亲,以致贫寒无力之家,其子女迁延不得嫁娶。又元律规定,地主殴死佃户只杖一百七,征烧埋银五十两;而佃户打死地主,除处死之外,还要付烧埋银五十两。可见佃户虽是良民,但其社会地位和法律地位甚低。

6. 赋税制度

元代的赋税制度比较混乱,北方、南方的税制亦不相同。

税粮与科差 北方的赋税主要有税粮与科差。

税粮分为丁税与地税,丁税每丁粟二石,地税每亩粟三升。所谓丁税每丁粟二石是指全额丁税而言,然而纳丁税的人户并不都是交纳全额的。元世祖至元十七年(1280)规定:全科户丁税,每丁粟二石,驱丁粟一石;减半科户丁税,每丁粟一石;协济户(家中没有成丁的户)丁税,每丁粟一石;新收交参户(原已入籍、后又迁移他乡就地入籍的户)丁税,第一年五斗,第二年七斗五升,第三年一石二斗五升,第四年一石五斗,第五年一石七斗五升,第六年二石。丁税和地税并非由民户同时负担,一般情况是,丁税少而地税多者纳地税,地税少而丁税多者纳丁税。但也有混乱情形存在,即往往有一户并纳二税的现象。另外,凡征税粮时,每石又带征"鼠耗"三升,"分例"(手续费)四升。

科差又分丝料、包银、俸钞三项,都是以户为单位征收的。丝料开始于元太宗窝阔台时,当时是每二户出丝一斤,交纳政府;每五户出丝一斤,交纳有封地的封主。这一办法到元世祖时又有变化,改为每二户出丝二斤,交纳政府;每五户出丝二斤,交纳有封地的封主,称为五户丝。由此,每户丝料的负担要比原来增加一倍。包银在宪宗蒙哥时,规定每户征银四两,其中二两征银,二两折收丝绢等物。至元世祖忽必烈时,每户纳银四两改为纳钞四两,由于钞与银的比价是钞二两合银一两,所以实际减轻了一半。俸钞始于元世祖时,每户纳钞一两,用作官吏的俸禄。

夏、秋二税 南方的赋税制度则沿用南宋的两税法,按照地亩征税,分为夏秋两次征收。秋税征粮,夏税征木棉、布、绢、丝、绵等物。

南方也有科差,分为户钞和包银两项。户钞相当于北方的五户丝,在元世祖时规定,于一万户田租中征钞百锭。包银始于元仁宗时,相当于北方的俸钞,每户征银二两,折收至元钞十贯。

元代全国的税粮总数,每年1200余万石,其中大部分来自南方。

括马、和买、和雇 除去上述赋税之外,元朝政府还有种种名目的勒索,不时加之于人民。如有所谓"括马",即是无代价地向民间强取马匹。根据可靠材料,元朝一代所括民间马匹,至少在百万匹以上。又有所谓"和买"、"和雇"。"和买"是官府采买民间物料,或派给民间造作项目,而不给予价钱,或给价极少,其名为"和买",实则科派强取。"和雇"则是官府雇用民间车辆脚力从事运输,而给价十不及二三,名为"和雇",实际等于征发徭役。

徭役与差役 元朝政府又有繁重的徭役和差役,把所属人口划分为民户、站户、匠户、冶金户、打捕户、盐户、窑户等,称作"诸色户计",使之各当其役。一般民户要负担开河、筑堤、运输、修城等徭役,不时被征发应役,几乎无日休息。其他人户则要各自负担一种特殊的差役,并且要世世代代负担下去,永远不得解脱。元朝的徭役与差役繁重严酷,是广大农民破产逃亡的重要原因之一。

三、社会经济的发展

1. 农业

恢复农业生产的措施 忽必烈即位以后,即开始改变了以往蒙古统治者对农业轻视的态度,而在恢复和发展农业生产方面做了很多事情。

其一是下令保护农田。忽必烈曾屡戒蒙古贵族及蒙古军不得因打猎践踏农田,不得侵占农田作为牧场,强调要"使百姓安业力农"[①]。

其二是设立管理农业的政府机构。早在 1261 年,忽必烈已设立劝农司,派出若干人为劝农使。1270 年,又设立司农司,专掌农桑水利。同年又改司农司为大司农司。1288 年,又于江南设立行大司农司及营田司,大力提倡耕垦。这些机构在元初曾起过一定的积极作用。

其三是颁行《农桑辑要》。至元十年(1273),忽必烈命人编修《农桑辑要》一书,颁行天下,命令各地方官大力宣传和推广。此书系参考历代农书如《齐民要术》等,并结合当时实际的农事经验所写成。此书颁行于全国,对指导农业生产发挥了很大的作用。

其四是成立村社。先是北方民间有"锄社"的互助组织,"以十家为率,先锄一家之田,本家供其饮食,其余次之,旬日之间,各家田皆锄治","间有病患之家,共力锄之,故无荒秽,岁皆丰熟"[②]。1270 年,元朝政府又下令在北方汉地立社,凡五十家立一社,择高年晓农事者一人为社长。社长的职责是督促农民及时耕作、开垦荒田、修治河渠、经营副业等。凡种田者必立一牌于田侧,上书某社某人,以便社长随时稽查。这种村社制度以后遍行南北

---

① 《元史》卷四《世祖纪》。
② 王祯:《农书》卷三《农桑通诀·锄治篇第七》。

各地,在组织督导生产上起了积极的作用。

农业生产的发展　由于上述种种措施,再加上人民努力耕织,农业生产得到恢复与发展,这主要表现在以下几个方面。

第一,荒田的开垦和水利的兴修。元世祖忽必烈时,北方的农业生产便日益恢复,"民间垦辟种艺之业,增前数倍"。①元朝建立后,在各行省大兴屯田,分为军屯和民屯两种。据1308年的统计,全国屯田有120余所,垦田面积约在20万顷以上。又元初在中央设都水监,在各地设河渠司,专以兴举水利、修理河堤为务。大致前代的水利工程,在元朝都陆续得到了修复。如陕西三白渠工程得到修复,到元朝后期仍可灌田七万余顷。浙江捍海塘工程得到修复,使大量农田免于水患。

第二,棉花种植的推广。在元代,江南地区已普遍种植棉花,而且棉花产量不断提高。至元二十六年(1289),元世祖忽必烈设置浙东、江东、江西、湖广、福建木棉提举司,每年向民间征收木棉布10万匹。元成宗元贞二年(1296),又规定江南夏税折征木棉、布绢等物。这些都说明江南植棉业的发达。后来,江南的植棉技术逐渐传到北方,棉花已在全国广泛种植了。由于棉花广为种植,所以元代官修农书《农桑辑要》及王祯《农书》都专门写了植棉的方法。

第三,人口的增加。元朝政府掌握的人口数字不断增长。蒙古灭金得中原州郡后,太宗七年(1235),下诏登记民户,凡燕京、顺天等36路,有户873781,口4754975。宪宗二年(1252),又登记民户,增户30余万。世祖至元七年(1270),又登记民户,增户30余万。元朝灭宋统一全国后,至元二十七年(1290),又登记民户,得户11840800有余,于是南北方民户总书于册者13196206,口58834711,而山泽溪洞之民不在此数之内②。历代封建经济达到繁荣时期,封建政府就能掌握到五六千万人口之数,元朝政府掌握人口5800余万,说明元代农业已有相当的恢复和发展。

2. 手工业

官手工业　元代的官手工业很发达。蒙古统治者开始不知农业的好处,但却知手工业的好处。因为手工业工匠能够提供优良的军器和各种消费品,所以蒙古统治者非常重视保护工匠和搜罗工匠。如忽必烈灭南宋后,搜罗江南民户30万为工匠,最后选留有技艺者10余万户,其余放还为民。又在北方搜罗工匠42万,设立局院70余所。被搜罗的工匠称为匠户,与普

---

① 王磐:《农桑辑要序》。

② 王圻:《续文献通考》卷一九《世祖时总户口数》。山泽溪洞之民,主要指边远地区少数民族。

通民户不同,立有专门的匠籍,子孙世袭,不得改业。元朝政府掌握了大量的工匠,使之从事于官手工业生产,这就造成了官手工业的繁荣。元朝政府设有许多管理手工业的机构和官营的手工业作坊。如在中央设置将作院,专司掌管工艺。又在大都及各地设置各种官手工业局院,直接指挥工匠从事生产,如有织造局、织染局等。当时官手工业的门类很多,几乎应有尽有。但是官手工业的生产关系很不利于生产的发展。因为匠户虽然受到一些优待,如有田产在4顷以内,可以免纳税粮,也不承当其他差役,并且由官府支给一定的口粮;然而匠户们毫无自由,终年被强制集中在官营手工作坊或工场中工作,除去完成定额任务外,又要替官吏做私活,并且还时刻受到监工者的鞭笞和虐待,口粮也时常被官吏克扣拖欠,不能定期定量领到手,所以匠户们多不乐于应役,经常逃亡或消极怠工,以致官手工业的生产效率低下,产品往往粗劣不堪。

元朝政府尽量搜罗民间工匠的结果,大大阻碍了民间手工业的发展。不过民间独立的手工业者仍然存在,所以民间手工业在元代的不少地区继续在发展。

棉织业　元代的手工业以棉织业、丝织业、制瓷业、印刷业、火器制造业最重要。

棉纺织业作为新兴的行业,在元代大有发展。由于江南地区已经盛种棉花,因而棉纺织业作为一种农村的家庭副业,也在江南地区普遍发达起来。在江南棉织业的发展中,黄道婆做出重大的贡献。她是松江府乌泥泾镇(今上海县华泾镇)人,生于南宋淳祐年间(约1245)。她原是一个童养媳,因为受到非人的待遇,随一条海船逃往崖州(今海南省崖县)。崖州是黎族聚居区,黎族人民擅长纺织,掌握比较先进的棉纺织生产技术,所生产的棉织品闻名于内地。她在崖州大约生活了三四十年,向黎族人民学习纺织技术,最后在元成宗元贞年间(1295—1296),返回了故乡乌泥泾。她在家乡热心传授制造先进的去棉籽、弹花、纺花到织布的一整套生产工具,提高了劳动效率和产品质量。此外,在织染技术方面,她还创造出一套可供遵循的成法,所产的被、褥、带、帨(佩巾)等棉织品图案美丽,鲜艳喜人。在她的影响和带动下,乌泥泾从事纺织的居民愈多,所产"乌泥泾被"名满国中。松江地区在元代逐渐成为棉纺织业的中心,这与黄道婆在纺织技术方面的革新和推广是分不开的。

黄道婆像

丝织业 丝织业在元代也有很大发展。值得注意的是,这时丝织业的发展,南方更胜过北方。江南地区的丝织业,主要是农民的家庭副业,但也出现了专门以丝织业为生的机户,其生产有家庭手工业的形式,也有小作坊的形式。根据徐一夔《始丰稿·织工对》的记载,杭州在元朝末年已经出现拥有四五架织机、雇工十数人的丝织业手工作坊了。另外,丝织品加金技术在元代也有了进步。弘州、荨麻林两地有 3300 余户西域的回回工匠,这些回回工匠善于制造一种称为"纳失失"的金绮,所谓金绮即是用金线(以金箔拈成的线)与丝线交织而成的丝织品,上贴大小明珠,甚是精美。

元影青观音像(北京出土)

制瓷业 制瓷业在宋代的基础上也有新的发展。元代瓷器以青花瓷为代表作,这种瓷器造型优美,色彩清新,有很高的艺术价值。1964 年河北保定出土的青花加紫镂空大盖罐、青花八棱执壶和 1970 年北京出土的青花凤头扁壶、青花托盏等,都反映了元代青花瓷的烧造水平。元代的瓷器不仅行销国内,而且远销到海外各地。如元末来中国的摩洛哥旅行家伊本·拔图塔,就曾记载中国的瓷器一直输出到他的家乡摩洛哥。

3. 商业

钞法 元代的商业很繁盛,这与全国大一统局面以及水陆交通的发达、纸币的广为流通等大有关系。元太宗窝阔台灭金之后,即沿金朝旧制,印造纸币。忽必烈即位后,在中统元年(1260),又发行两种纸币:一种是中统交钞,以丝为钞本,以两为单位,每二两当银一两;一种是中统元宝钞,简称中统宝钞或中统钞,以金银为钞本,面额自十文至二贯(一千文为一贯)共九种,每一贯当交钞一两,两贯当白银一两。至元二十四年(1287),又发行至元宝钞,简称至元钞,也以金银为钞本,与中统钞并行,面额自五文至二贯共十一种,每一贯当中统钞五贯。有元一代以使用纸币为主,其中中统钞和至元钞一直行用不废,这二者成为主要的纸币。在元朝前期,纸币颇有信用,通行全国各地。统一的稳定的纸币的流通,大有利于各地之间的经济交流,促进了商业的繁荣。当时纸币得以流通的保证,一方面是元朝政府禁止一切金、银、铜钱的流通,也不铸造铜钱,而更主要是钞本比较充实,如中统钞和至元钞皆可兑换金银。但是元朝后期,由于钞本逐渐空虚,政府滥发钞币,钞法便日益败坏。到元末顺帝至正年间,大量发行一种至正交钞,完全

中统元宝交钞

没有钞本,每日印造不可数计,以致纸币散满人间,物价飞腾,人民皆弃纸币不用,只好以物易物。

专卖与斡脱　在国内商业方面,元朝政府对盐、茶、酒、醋等物品,均实行专卖政策,其中以盐的专卖最为重要。元朝政府在产盐地区设置专官,签发亭户从事盐的生产。产盐全归政府掌握,由政府任意定价。如忽必烈时,定盐价每引(重 400 斤)为银 7 两,尔后又改为中统钞 9 贯,又增为 50 贯。至成宗初年,盐价每引增为 65 贯。此后盐价屡增,至元仁宗时,每引达 150 贯,较之元初上涨十数倍。盐的销售有两种方式:一种方式是由商人向官府购买盐引(凭证),持引到指定的盐场取盐,然后运到指定地区销售。盐商多是有钱有势之家,莫不假借专卖之权,大肆抬高盐价,牟取暴利。另一种方式是由官府自行销售,即把盐强硬摊派给百姓,然后征取盐价,实际将盐的销售变成一种苛敛。元朝政府严禁私人制盐及私人贩盐,有犯者处以重罪。通过盐的专卖,元朝政府大得其利,每年盐课收入要占全部财政收入的一半以上。

元朝政府又利用斡脱从事商业活动。斡脱(突厥语,意为"同伙")原是西域回回商人的一种商业组织的名称,因西域回回商人善于把持商业营利,元朝政府就向他们提供本钱,用他们代为经商,称作斡脱。以后斡脱即指一种官商而言,也不限于西域回回商人,凡是领取官本到处做买卖的人,均称之为斡脱。不过斡脱大都是西域回回商人。元朝政府既要利用斡脱为之经商,便给予了种种特权。如斡脱们都持有政府颁给的制书和驿券,可以往来国内外自由贸易,既不服差役,也不纳商税,行船不依开闸时刻,旅行住宿要受到特别的保护,甚至有时诈称财物被劫,还要由政府勒令州县民户代偿。斡脱除去替政府经商以外,又替政府及王公们举放高利贷。他们领了政府及王公的钱,或出贷给官吏,或出贷给人民,叫做斡脱钱。斡脱钱的利息极高,当年本利相等,第二年又把本和利息加一倍,称为"羊羔利"或"羊羔息"。凡借贷斡脱钱者因不易偿还,往往倾家荡产,以至于以妻子为质。

城市商业　元朝国内的商业繁荣,商业发达的城市很多。当时著名的城市,在北方有开封、济南、奉元(今陕西西安)、大同、太原等,在蒙古地区有上都、和林等,在西南地区有成都、昆明等,在运河、长江沿岸有杭州、平江

（苏州）、镇江、集庆（南京）、扬州等，在沿海一带有广州、泉州、福州、温州、庆元（宁波）、上海等，其中最大的城市，则是大都与杭州。大都不仅是全国的政治中心，也是闻名于世界的大商业都市。《马可·波罗游记》把大都叫做汗八里（即汗城），称道此城为商业繁盛之城，赞叹这里货物之多为世界诸城所不能比。杭州原是南宋的都城，其商业繁荣情形又出大都之上。马可·波罗称赞杭州是世界上最繁华最富有的城市，摩洛哥旅行家伊本·拔图塔也说杭州是他从来没有见过的大城市。

海外贸易　元朝的海外贸易也很发达。元朝政府在消灭南宋后，原在南宋任泉州市舶使多年的阿拉伯商人蒲寿庚降元，元即任他为福建行省左丞，管理泉州一带的海外贸易。当时管理海外贸易的机构叫做市舶提举司，简称市舶司。元朝先后在泉州、庆元（今浙江宁波）、上海、澉浦（今海盐县南）、温州、广州、杭州设立了七个市舶司。泉州是对外贸易的最大商港，由此出口的商品有瓷器、丝绸等，由此进口的商品有丁香、豆蔻、胡椒、钻石、珠宝等。

4．运河与海运

元代的水陆交通都相当发达，陆上交通有遍布全国各地的驿道，水上交通有联系南北的大运河和海道，这对巩固国家的统一和促进全国的经济、文化交流及商业繁荣，起了重要的作用。

元朝建都在大都，大都的粮食要仰给于江南，为了解决南粮北运问题，元朝不仅凿通大运河，而且开辟了海道。

开通大运河　元代以前的南北大运河，还是隋炀帝时修通的大运河，这条运河久已不能贯通了。元朝灭宋以后，从南向北运粮，必须采用水陆两运的办法，先是水运自浙西入江入淮，再由黄河逆水至中滦（今河南封丘西南），然后改为陆运至淇门（今河南滑县东南），由淇门入御河（即隋朝的旧运河），北上抵大都。另外，自通州至大都，也是一段陆运。水陆两运极不方便。因此，元朝政府在至元十七年（1280），开济州河，自今山东的济宁到东平。从济州河以南，便可经由隋朝的运河到达扬州和杭州。在至元二十六年（1289），又开会通河，自今山东东平至临清，入于隋朝的运河即御河（由临清至天津），全长2500余里。又根据郭守敬的建议，在至元二十九年（1292），开通惠河，自大都至通州，入于白河，总长160余里，由通州即可沿白河到天津。这样，大运河便完全贯通起来了，北起大都，南迄杭州。隋朝的运河以洛阳为中心，南北运输则迂回曲折；而现在的运河则以大都为终点，南北运输以山东和苏北为要道，不再绕道河南，全程大为缩短了。南北大运河的凿通，主要是为了漕运；但也便于商旅往来，富商大贾多乘船由江南集于京师，南北商品得以流通。

海运　海道是元朝在灭亡南宋以后开辟的。最初伯颜平定江南时，曾把南宋库藏图籍,从海道运至京师。到至元十九年(1282),伯颜又请命于朝,造平底海船60艘,载粮46000石,由海道运至京师。此后,忽必烈用朱清、张瑄二人主持海运,将东南粮食不断输送京师,海运事业日益兴盛。海道自平江(今江苏苏州市)刘家港入海,北上绕过山东半岛,抵达直沽(今天津)。海船循此道行走,若取最近的路,最快时,十日可至京师。元朝开辟海道,也主要是为了南粮北运,其由海道运粮的总数,最初不过46000石,以后增至100万石,最多时达到330余万石。海运要比陆运及河运省费很多,所以有元一代,海运始终不废,直到元末顺帝初年,每年海运粮食入京之数,尚多至280万石或260万石左右。最后只因农民大起义爆发,元朝海运粮食才告停罢。

四、中外关系

钦察汗国　钦察汗国亦称金帐汗国,是四大汗国之一[①],占有今俄罗斯及中亚部分地方,是成吉思汗长子术赤及其后裔的封地。元朝与钦察汗国的关系甚为密切。当时从元朝大都到钦察汗国的都城萨莱(今俄罗斯阿斯特拉罕),沿途皆有驿站,凡持有元朝政府所给予的牌子(金字或银字圆符)者,均可在此路上乘驿往来。钦察汗国的塔纳城(今罗斯托夫南,顿河河口南岸)、别儿哥萨莱城(今伏尔加河支流阿赫图巴河),都处在中西交通线上,欧洲商人多由此以通中国,在别儿哥萨莱即可买到中国的丝织品。

伊儿汗国　伊儿汗国也是四大汗国之一,是成吉思汗之孙旭烈兀及其后裔的封地。元朝与伊儿汗国的关系更为密切。通常伊儿汗国新汗即位,都要得到元朝皇帝的认可才算合法。甚至伊儿汗国的国玺,也是由元朝所颁赐的汉字方印。元朝的钞法和驿站制度也传到伊儿汗国,伊儿汗国也曾发行过纸币,并在境内设置驿站。中国的文化也在伊儿汗国广为传播。当时有不少中国学者在伊儿汗国王廷供职,带去了中国的医学、天文历法、历史等书籍。同时,波斯、阿拉伯的文化也传入中国。当时波斯、阿拉伯人曾大量移居中国,其中大都是伊斯兰教徒,在中国长期定居之后,遂形成一个新的民族——回族,被称为回回。回回人把波斯、阿拉伯的工艺技术、天文历法、医学等知识介绍到中国来。

东亚、南亚、非洲　高丽在元朝时继续受到中国文化的影响。元朝的兵制、驿站,均为高丽所仿效。而《朱子全书》、《农桑辑要》、《授时历》等书也流传高丽。高丽种植棉花,也是由中国传入的。

---

① 蒙古四大汗国:钦察汗国、伊儿汗国、窝阔台汗国、察合台汗国。

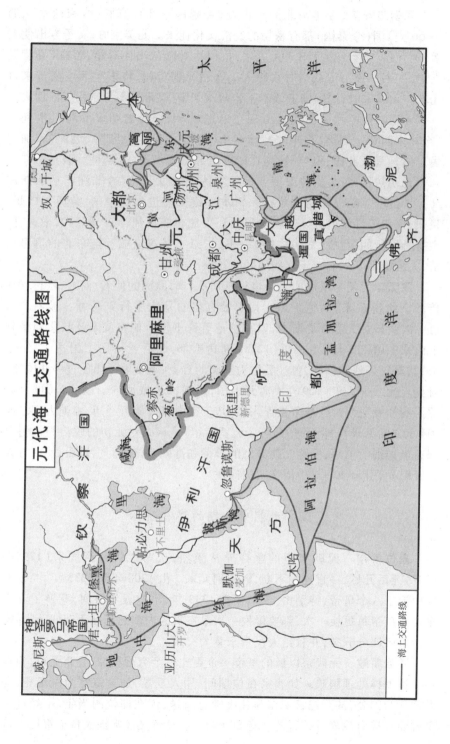

元代海上交通路线图

海上交通路线

元朝与安南(今越南北部)、占城(今越南南部)、真腊(今柬埔寨)、暹(xiān 先)国(今泰国)都有密切的经济文化往来。元英宗时,文子方出使安南,著有《安南行纪》一书。元成宗时,周达观随从出使真腊,著有《真腊风土记》一书。该书记载当时真腊人民喜用元朝货物,许多生活用品都来自元朝。元成宗时,暹国国王敢木丁曾两次来中国,带了不少制陶工匠回去。

元朝的使臣和商船经常出现在麻逸(今菲律宾之明多罗岛)、木剌由(今马来西亚)、阇婆(今爪哇)、南巫里(今苏门答腊岛西北)、渤泥(今加里曼丹岛)、马八儿国、俱兰国(均在印度南部)、狮子国(今斯里兰卡)等地。

元朝初年,忽必烈曾派使者远至马达伽思伽儿岛(今非洲马达加斯加岛)。元朝末年,摩洛哥大旅行家伊本·拔图塔也来到中国,游历了广州、泉州、杭州等许多地方。元朝末年的汪大渊曾随商船浮海,经历数十国,以亲身所见所闻,写成《岛夷志略》一书,记录了从东南亚远至东非的道里风情,大为丰富了人们对于这些地区的知识。

欧洲 元朝与欧洲的关系也很密切。当时欧洲的使者、商人、旅行家和传教士纷纷东来,不绝于途。其中最有名的是大旅行家马可·波罗。马可·波罗是意大利威尼斯人,以写游记著称于世。他在父亲及叔父的带领下前来中国,于至元十二年(1275)到达上都,此后遂留居中国达 17 年之久,甚得忽必烈的信任,曾被委派为扬州的官吏,还被委派出使过一些国家,直到至元二十八年(1291)才离开中国,返回家乡威尼斯。以后,马可·波罗因参加威尼斯对外战争被俘入狱,乃于狱中口授旅行经历,由他人记录成为《东方闻见录》,即所谓《马可·波罗游记》。该书对元初的政治经济情况都有极详细的描写,盛称元朝城市的繁荣和富庶。该书问世以后,使西方人大开眼界,引起他们对中国文明的向往。

五、元朝中后期的腐朽统治

皇位争夺 元朝皇位的争夺异常激烈,从第二代皇帝成宗(1295—1307)死后开始,一直连绵不断,继续到元末。由 1308 年到 1333 年,二十五年中换了八个皇帝,特别由 1328 年到 1333 年,不过五年时间,竟换了五个皇帝。皇帝每更换一次,都要爆发一次皇室贵族内部的相互争夺残杀,弄得统治集团四分五裂,并且给人民带来莫大灾难。

政治腐败 元武宗以后的皇帝一个更比一个穷奢极欲,昏庸无道,根本不知道怎样处理国政。如武宗在位期间,用人至滥,加封宦官为左丞相,提升优伶为国公,甚至把官职作为礼物随意封送,仅在即位的当年,不经过中书省而直接由他降旨授官的就有 880 余人。皇帝又经常把大量金银用于赏赐蒙古贵族和用于僧侣作佛事。如仁宗在位时，赏赐蒙古诸王，有一人一次受赏至钞 50 万锭；而当时元朝每年收入赋税约为钞 400 万锭，除各省备用之外，入京师者仅 280 万锭。

由于挥霍无度，自武宗以后已经入不敷出，库藏空虚。当时京师每年共收入钞 280 万锭，而武宗即位不到一年，就用掉 820 余万锭。又仁宗即位不到一年，则更支出了 2000 万锭。到文宗时，经费支出已较元初增数十倍。为了弥补财政亏空，元朝政府一方面加紧对人民的搜刮，另一方面则滥发纸币。到了元末顺帝年间，纸币大为贬值，物价腾贵，财政的危机已无法挽救。

由于皇帝腐化无能，政权就落入一二蒙古大臣之手，当权大臣莫不专横跋扈，不可一世。如文宗时的燕帖木儿，任中书右丞相，封太平王，集大权于一身，肆意无忌，一宴或宰十三匹马，取泰定帝后为夫人，娶宗室之女四十人。顺帝即位后，政权落入伯颜手中。伯颜任中书右丞相，进封太师，又改封秦王，一身兼三十余职，官衔长达 246 字。他大权独揽，擅自进退大臣，妄杀无辜，势焰熏灼。又将诸卫亲军精卒调为己用，凡出入导从甚众，乃至填街塞巷，而皇帝的仪卫反而寥寥无几。因之，天下人皆知有伯颜而不知有顺帝。

元朝末年贪官污吏横行，要钱的花样无奇不有。如属官来见要"拜见钱"，逢年过节要"追节钱"，生日要"生日钱"，办事要"常例钱"，送往迎来要"人情钱"，甚至"无事白要"，这叫"撒花钱"。即使职司监察的官吏也公然要钱，肃政廉访司官所至州县，各带库子检钞称银，如同做买卖。

土地兼并　武宗以来，土地兼并的情况日益严重。兼并土地最凶的，首先就是蒙古王公大臣。如武宗时一个蒙古大臣占有江南田地 1230 顷，每年收租 50 万石。泰定帝在做晋王时，一次就捐给朝廷土地 7000 顷，其土地之多可想而知。文宗时权臣燕帖木儿请求包租苏州一带的官田 500 顷，情愿做二地主，他原有土地之数当亦不少。顺帝把公主奴伦的土地分拨给伯颜，一次就达 5000 顷，这位公主有多少土地便可想见了。伯颜屡次蒙赐土地，前后共有 20000 顷之多。喇嘛僧侣的寺院占田之广也不在蒙古王公之下。如大都的大承天护圣寺的土地多得惊人，在文宗、顺帝时前后两次被赐予的土地达 32 万余顷。除去喇嘛僧以外，江南的白云宗僧侣也非常跋扈。仁宗时，浙西土豪沈明仁创立白云宗，假托佛教之名，强占民田 20000 顷。汉人地主兼并土地之风也与日俱增。如武宗时期，江南地方每年收粮满五万石以上的地主，已相当多。再如福建崇安县，有民户 450 余家，共纳粮 6000 石，其中大户 50 余家即纳粮 5000 余石，而小民 400 余家仅纳粮不足千石。这就是说地主集中占有了全县土地的 5/6，而全县农民仅占有 1/6。到了元朝末年,江南甚至有"大家收谷岁至数百万斛"①者。

赋税繁苛　元朝政府对人民的搜刮也大大增加了。延祐五年(1318),仁宗开始对江南征收包银,每户征银二两。不仅如此,这时包银的总数,较元初增加了十倍之多。至于一般的课税(包括商税),较元世祖时增加五十倍。到了文宗初年,各种课税更比元世祖初定之额增长百倍。

天灾　与人祸同时,天灾也不断出现。自泰定帝以来,各种天灾的记载不绝于书,水旱灾害屡见于陕西、山东、河南、河北及江浙一带,所在饥民动以数十万计。至元末顺帝时,至正四年(1344),黄河又在山东、河南连续三次决口,大水泛滥不止,千里变成泽国,人民的生命财产遭受莫大损失。由于天灾人祸交织并乘,人民起义便不断爆发了,几乎遍及全国各地。这些分散的小规模的起义只是全国大起义的前奏,随后席卷全国的革命风暴便来临了。

六、元末农民战争

1. 农民大起义

韩山童、刘福通红巾军起义　顺帝至正十一年(1351),红巾军大起义终于爆发了,起义的发动者是白莲教首领韩山童和刘福通。

白莲教源出佛教净土宗,创始于南宋初年,崇奉阿弥陀佛,但以后在民间流传中,则逐渐与明教和弥勒教混合在一起,转而信奉明王与弥勒佛。韩山童的祖父是白莲教徒,到韩山童时,宣传天下将要大乱,弥勒佛下生,明王出世,人民快要得救了,河南及江淮人民皆信从其说。至正十一年(1351),元朝政府为修治黄河,调发河南、河北民夫十五万人。由于政府所给民夫食钱,官吏多加克扣,因而民夫怨恨。韩山童及其信徒刘福通、杜遵道等人便在黄陵冈(今山东曹县西南)的工地上,预先埋下一个一只眼的石人,在其背上刻写着:"莫道石人一只眼,此物一出天下反。"②民夫们挖出石人后大为轰动,莫不惊诧思乱。随后,韩山童即在永年聚集三千人,准备举行起义,刘福通等共推韩山童为首,宣称韩山童系宋徽宗八世孙,"当为中国主"。不料走漏风声,永年县官发兵来围,韩山童被捕牺牲,其妻杨氏及子韩林儿逃入武安山(在今河北武安县境)中,刘福通、杜遵道等则率众出走颍州(今安徽阜阳),于这年五月,攻下颍州州城。起义军皆头包红巾,并执赤色旗帜,所以称为红巾军。又因烧香拜弥勒佛,也称香军。红巾军占领颍州后,即乘胜进入河南,连续攻破一些府州县,队伍很快发展到十万人。

---

① 余阙:《青阳集》卷三《宪使董公均役记》。
② 叶子奇:《草木子》卷三上《克谨篇》。

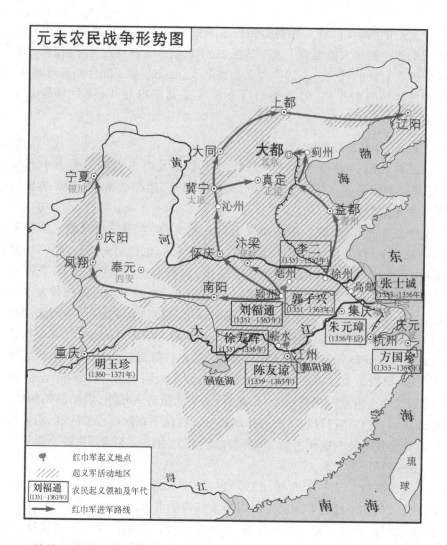

元末农民战争形势图

红巾军起义地点
起义军活动地区
刘福通
(1351-1363年) 农民起义领袖及年代
→ 红巾军进军路线

其他红巾军 刘福通在颍州起义后，一时红巾军蜂起，遍布南北各地。如徐寿辉、彭莹玉（即彭和尚）等也在蕲（qí 其，今湖北蕲春）、黄（今黄冈）起义，称为南方红巾军。徐寿辉称帝，国号天完。这支红巾军发展很快，转战在今湖北、湖南、江西、安徽、浙江一带。此外，属于红巾军的队伍，还有在徐州（今属江苏）起兵的芝麻李（即李二），在今河南地区活动的布王三（即王权），在今湖北地区活动的孟海马。不过这些红巾军不久都被元军镇压掉了。又有濠州（今安徽凤阳）的红巾军首领是郭子兴，朱元璋就在他的部下。

方国珍、张士诚起义 红巾军之外，还有其他一些起义队伍，一支是浙东的方国珍，一支是先在苏北高邮（今属江苏）起兵、后来占据平江（今江苏苏州）的张士诚。高邮地处南北冲要，张士诚占据高邮，被元朝看做心腹之患。至正十四年(1354),元朝丞相脱脱亲统百万大军进攻高邮,结果被张士诚击溃。高邮大捷埋葬了元军的主力,不仅使张士诚转危为安,也使红巾军获得大发展的机会。方国珍和张士诚起义,起先都起了配合刘福通起义、牵制元朝兵力的作用,但是他们后来都接受元朝的收买,转而与起义军为敌。

2. 红巾军三路北伐

三路北伐 刘福通所率领的红巾军是反元的主力军。至正十五年(1355),刘福通迎立韩林儿为皇帝,又号小明王,建都亳州(今安徽亳县),国号大宋,年号龙凤。

至正十七年(1357),刘福通又分兵三路北伐,大举进攻元朝。东路军由山东北上,直捣京城大都;中路进攻山西、河北,也指向大都;西路军攻关中。一时千军万马出动,队伍浩浩荡荡,旗帜上大书"虎贲三千,直抵幽燕之地;龙飞九五,重开大宋之天"①。与此同时,刘福通本人则统领大军往攻汴梁(今河南开封)。东路军于至正十八年(1358)攻克沧州(今河北沧州市)、蓟州(今天津蓟县)等地,一直打到大都附近的枣林和柳林,离大都不过百余里。元朝君臣大为惊恐,几欲弃城逃走。但由于孤军深入,最后为元军所败,退回山东。中路军进入山西后,占领了大同等地。1358年年底,攻克元上都(今内蒙古多伦西北)。此后,这支队伍进入辽东,后又渡鸭绿江,进入高丽。已是盲目战斗,失去作战目标。西路军在陕西作战失利,退入四川。在北伐军胜利进军之时,刘福通也于1358年攻占汴梁,并将小明王韩林儿由亳州迁都于此。

北伐失败 至正十九年(1359)以后,北方红巾军逐步走上失败的道路。失败的主要原因有四:一、红巾军没有集中力量消灭元朝赖以存在的几支地主武装,而过早地从事于北伐,分散了兵力;二、缺乏统一作战方略,三路北伐大军各打各的,彼此不相联系,遂被各个击破。三、红巾军大都只是流动作战,能攻不能守,所得地方辄失。四、有些起义军内部失和,互相攻杀,为元军所乘。至正十九年,元军攻破汴梁,刘福通和韩林儿退走安丰(今安徽寿县)。至正二十三年(1363),安丰为张士诚攻破,刘福通被杀。朱元璋来援,救出韩林儿,迎至滁州(今安徽滁县)。这样,红巾军建立的大宋革命政权便在实际上结束了。至正二十六年(1366),朱元璋派廖永忠迎韩林儿来应天(今南京),至瓜步(今江苏六合县东南)渡江时船沉,韩林儿溺死。至此,红巾军大宋政权的旗号也不存在了。

---

① 《秘阁元龟政要》。

在刘福通失败以前，徐寿辉的南方红巾军也起了变化，部将陈友谅逐步取得兵权，杀掉徐寿辉，自称皇帝，建立汉国，改元大义，以江州（今江西九江）为都城。原徐寿辉另一部将、驻守四川的明玉珍不服陈友谅，便称帝独立，建都重庆，国号大夏，年号天统。这样，徐寿辉的红巾军即分裂蜕变了。

3. 朱元璋建立明朝

朱元璋，濠州人，贫农出身，曾做过和尚。早年投奔郭子兴，甚见亲任，后被提为大将。至正十五年（1355），郭子兴死，朱元璋尽有其众，被韩林儿封为左副元帅，便成为独当一面的人物了。这年朱元璋即统兵渡江，攻克太平（今安徽当涂）等地。至元十六年，占领集庆（今南京），改名应天府，有兵十万人。韩林儿封他为江南行省平章，旋升为丞相。从此，朱元璋便以应天为根据地，次第翦灭周围的割据者。至正二十四年（1364），朱元璋灭掉陈友谅的割据政权。至正二十七年，又消灭了张士诚，收降方国珍。同年十月，朱元璋以徐达为征虏大将军，常遇春为征虏副将军，率步骑二十五万人，大举北伐。次年，朱元璋即皇帝位（明太祖），国号大明，年号洪武，以应天为京师，建立了新的封建地主政权。这年八月，徐达率军进入大都，结束了元朝的黑暗统治。朱元璋改大都名北平府。

4. 红巾军起义的历史意义

元末红巾军起义是一次大规模的农民起义，其浪潮席卷全国，前后历时十七年。当然，这次农民大起义的结果只是起了封建地主阶级改朝换代的作用，可是其历史意义是伟大的。第一，这次起义摧毁了元朝的统治基础，决定了元朝的灭亡。第二，这次起义使蒙古贵族和汉族地主阶级受到极其沉重的打击，以致"江南北巨姓右族，不死沟壑则奔窜散处"[1]；"往年大姓家，存者无八九"[2]。这就改变了元朝末年土地日益集中的局面，为农民得到一些土地创造了条件。第三，这次起义使元朝的大批驱口和奴隶获得了解放，从此驱口的名称不再见于史书。

复习思考题：

　*1. 简述元朝的行省制度及其意义。

　2. 简述元朝的海运。

　3. 简释驱口。

　4. 简释黄道婆。

　① 贝琼：《清江集》卷八《送王子渊序》。
　② 李继本：《一山文集》卷一《送李顺文》。

重要名词:

＊忽必烈　耶律楚材　贾似道　＊文天祥　＊八思巴　＊马可·波罗

＊刘福通　张士诚　＊朱元璋　＊中书省　＊枢密院　宣政院

＊澎湖巡检司　站赤　＊驱口　大都　达鲁花赤

参考书:

1. 翦伯赞、郑天挺主编:《中国通史参考资料》第六册。(选读)

2. 《元史》卷四《世祖本纪》。

3. 张传玺主编:《中国古代史教学参考手册》(第二版)第338—355页三"职官类"(一)《重要朝代官制简表》7"元朝"。

第四节　宋辽金元文化

一、哲学　宗教

1. 哲学

理学　在哲学方面,两宋时期产生理学,重要的理学家有北宋的周敦颐、程颢、程颐兄弟及南宋的朱熹、陆九渊等。他们的哲学的中心观念是"理",把"理"说成是产生世界万物的精神的东西,又把"理"说成是封建伦理道德——"三纲五常",宣传"存天理,去人欲"的说教,所以统称为理学。其中程、朱把理看做生成天地万物的根源,属于客观唯心主义;陆九渊则强调"心即理",把人心作为生成天地万物的根源,属于主观唯心主义。理学实是一种新形式的儒学,以儒家学说为中心,兼容佛道两家的哲学理论,从世界观的高度,论证了封建纲常名教的合理性和永恒性,更能适应封建统治的需要,因而被采纳为官方哲学。朱熹是我国封建社会中著名的唯心主义者,他的著作很多,对后世的影响很大。他的《四书集注》从元代开始至明、清两代,都被指定为科举考试的标准答案。

唯物主义　两宋时期,唯物主义也获得很大的发展。北宋时主要的唯物主义思想家有张载,他的哲学认为世界是物质的世界,是"有"的世界,进一步发展了唯物主义的"有"的哲学,批驳了唯心主义的"无"的哲学。在南宋初年,陈亮和叶适以唯物主义观点批判了朱熹、陆九渊的唯心主义思想。他们反对朱熹把"道"或"理"看做是脱离具体事物而独立存在的东西,认为道不能离开物,强调道在事物之中。这种道不离物的观点是唯物主义的。他们很讲究事功实效,反对理学家们空谈什么"道德"、"义理",认为道德、义理应该表现于事功。如果不见事功,道德、义理便都是虚妄的。

在理学继续传播的元代,也有反理学的思想家邓牧出现。他写了《伯牙琴》一书,猛烈抨击封建专制统治。他认为帝王是最大的掠夺者,帝王和盗贼没有什么两样。又认为官吏都是害民的,官吏比盗贼还坏。这种反对专制统治的思想,不仅否定暴君、酷吏,也是对理学的批判。

2. 宗教

元朝统治者很重视宗教在统治人民方面的作用,对各种宗教,只要有用的,都加以优待提倡,唯对反元的民间秘密宗教如白莲教、弥勒教,严加禁止。

佛教 元代最盛行的宗教是佛教,尤其是喇嘛教。喇嘛教是佛教传入吐蕃后形成的一个教派,最受元朝皇帝的尊重。元世祖忽必烈尊吐蕃大喇嘛八思巴为帝师,命他制定蒙古新字,下诏颁行天下,俗称八思巴字。此后,元朝皇帝和后妃都以喇嘛为帝师,从他们授佛戒。帝师和其他喇嘛不仅在政治上拥有特权,在经济方面又有免田税、商税的特权,并免差役。

道教 道教在元代分为数派。江南有正一教,亦称天师道,天师世居江西龙虎山(今贵溪境),是传统旧派。北方有三个新派,即全真教、大道教、太一教。其中以全真教势力最大,流传广泛。成吉思汗西征时,曾召见全真教主丘处机,问长生之术,呼之为"丘神仙",封为国师,赐号"长春真人",命他总领道教。丘处机随从到过中亚,其弟子李志常著《长春真人西游记》,是研究中西交通史的重要资料。

基督教、伊斯兰教等 基督教在元代称为也里可温(蒙古语,原意"有福缘的人",亦是对教士的尊称)。元初,自欧洲、西亚传来中国;在大都、长安、杭州、镇江、泉州及甘肃、宁夏等地都建有教堂,亦有不少信徒。元亡后,此教在中原中断。

伊斯兰教在元代也很兴盛。信奉伊斯兰教的阿拉伯人、波斯人和突厥人大批来到中国,散处各地,被称为"回回"。其中多数人从事商业活动,亦有传教士,称答失蛮(波斯语,意为学者)。在大都、长安、泉州等地有礼拜堂,亦有回回及汉人、蒙古人信徒。

此外,摩尼教、婆罗门教、犹太教,在元代亦有传播。

二、文学　艺术

宋词 词是一种按照乐曲配词歌唱的文学,所以也叫做倚声(按曲),作词叫做填词。词的句子是长短不齐的,所以又叫做长短句。词萌芽于隋,兴起于唐,发展于五代,繁荣昌盛于宋。

到了宋代,词成为文学的主流,作家如林,作品众多。近人唐圭璋编的《全宋词》,收录词 1330 余家,作品 19900 余首。最著名的词人有北宋的柳永、苏轼,北宋末南宋初的李清照,南宋的陆游、辛弃疾等。

话本小说 宋金时期有白话小说在兴起。在北宋的开封、南宋的杭州及金的西京大同,都出现一些以"说话"(讲故事)为生的艺人,叫做"说话人"。这种"说话人"用的底本,一般称作"话本","话本"经过流传加工,便演变为"话本小说",这就是我国古代最早的白话小说,都是用当时的白话口语写成。宋代话本流传至今的有《五代史平话》、《大宋宣和遗事》及《京本通俗小说》等。

山西洪洞元代杂剧壁画

元曲 元代文学的重大成就是元曲。元曲主要是指元代戏剧,在当时叫做杂剧,也包括散曲。杂剧包括唱、白、表演等内容,而以唱曲子为主,所以后人称之为元曲。杂剧在元代极为盛行。据统计,有姓名可考的剧作家有 120 人左右,剧本有 500 余种,保存至今的还有 150 余种。其中最著名的大剧作家及剧本,有关汉卿及其代表作《窦娥冤》,白朴及其代表作《梧桐雨》,马致远及其代表作《汉宫秋》,郑光祖及其代表作《倩女离魂》,王实甫及其代表作《西厢记》。

绘画 宋代宫廷画院的规模有所扩大。至徽宗时,盛极一时,凡入画院者,须经考试。试题是前人吟咏山水花鸟的诗句,从而推动了画家们向山水花鸟画方面发展,使这类绘画出现了繁荣的局面,产生了很多著名画家。如善画山水的李成、范宽、郭熙、米芾(fú 伏)、米友仁、李唐、马远、夏珪等;工于花鸟的宋徽宗赵佶;以画马和人物著称的李公麟;善画宫室和风俗、人物的张择端;专工人物画的李嵩、刘松年等。张择端的《清明上河图》为传世之作。

三、史 学

宋元时期的史学很发展,官、私著述很多,其中以几部大型通史和几部类书尤为著名。

司马光与《资治通鉴》 司马光(1019—1086),字君实,陕西夏县(今属山西)人,北宋著名的政治家和史学家。他认为纪传体史书文字繁多,不利于士人、帝王阅读。便决定编一部编年体史书,上接《左传》,自战国开始,写到五代。治平三年(1066),他完成了战国部分八卷,进呈宋英宗。英宗十分赞赏,下令开局续修,由司马光主持。次年,神宗为此书赐名《资治通鉴》,取"鉴于往事,有资于治道"之意。司马光编书,邀请著名史学家刘攽(bān 班)、刘恕、范祖禹为主要助手,协助他搜集资料,写出长编,由他删繁就简,写成定本。经过 18 年的努力,至元丰七年(1084),全书始告完成。

《资治通鉴》共 294 卷,又有考异和目录各 30 卷。叙事上起周威烈王二十三年(前 403),下迄后周世宗显德六年(959),以事系年,详略得宜,史料翔实,考证谨严,文笔简洁。以述事论人为主,兼及制度、文化、地理、民族,为一部极好的编年体通史。司马光在书中对一些王朝的兴亡或帝王的成败多所评论,虽以儒家正统观点为指归,但其批妄疾恶、倡导明治的精神,在封建社会中是有积极意义的。

《通鉴纪事本末》 《通鉴纪事本末》是袁枢撰。袁枢,南宋初人。他以纪传体史书叙事零乱,一事往往重见于数篇,不辨主次;编年体史书述事断断续续,不成系统,于是创"纪事本末"体。将《资治通鉴》一书打散改组,将其中同一或相关内容辑在一起,共辑出 239 篇,始于"三家分晋",终于"周世宗征淮南",每篇有首有尾,按时间排列。这是我国第一部纪事本末体史书。

《通志》 《通志》是郑樵撰。郑樵,南宋末人。他一生不仕,研读 40 年,著成此书,共 200 卷。此书以记述典章制度为主,分为本纪、年谱、略、世家、列传。其中"二十略"是全书的精华,尤以"氏族"、"六书"、"七音"、"都邑"、"昆虫草木"五略为旧史所无,史料价值极高。此书为典志体史书的代表作之一。

《文献通考》 《文献通考》是马端临撰。马端临，宋末元初人。一生隐居或教书。所撰《文献通考》共 348 卷，起自上古，终于南宋嘉定年间，以典章制度为主，收罗较齐备，略古详今，尤以唐中期以后最有价值。共分 24 门，体例仿《通典》。此书与杜佑的《通典》、郑樵的《通志》合称"三通"。

其他史书 在类书方面，北宋政府组织人力，编纂了几部大书，即百科性质的《太平御览》1000 卷，小说汇编的《太平广记》500 卷，文章总集的《文苑英华》1000 卷，政事历史的《册府元龟》1000 卷，号称宋代四部大书，今均完整存在。

在断代史方面，北宋时出现了三部重要著作，即欧阳修、宋祁等撰《新唐书》225 卷，薛居正等撰《旧五代史》150 卷，欧阳修撰《新五代史》74 卷，以上皆列入二十四史。元朝有官修的三部史书，即《宋史》、《辽史》和《金史》，也均列入二十四史。

四、科学技术

宋元时期科学技术的成就，主要有活字印刷、指南针、火药这三大发明的最后完善和天文历算、医学、农学的进步。

活字印刷术 北宋庆历年间，布衣（百姓）毕昇在雕版印刷术的基础上发明了活字印刷术。这种方法比雕版印刷省工省力，成本较低，所以很快得到推广。毕昇初用胶泥刻字，每字为一印，火烧之使坚硬，便于印制和存放。

活字版

至元代,又改进为用木制活字。至明代,又出现了铜、铅活字。活字印刷术发明使用后,不久即传入朝鲜、日本、越南等国。欧洲则直到400多年以后才开始使用活字印刷。活字印刷术是我国人民对世界文明的重大贡献。

指南针 北宋时,已知道用磁石磨成针以指示方向,这就是指南针。指南针已普遍用于航海等方面。当时有四种放针方法:一是浮于水上,二是放在指甲上,三是放在碗沿上,四是悬在丝线上。以第四种方法为最好。指南针首先传到阿拉伯地区,以后又传到欧洲。

火药 火药发明于唐末。北宋初年,曾用以制成"火箭"、"火球"、"火蒺藜",以抗击辽军。从此火药得到广泛应用。北宋在开封设有专门制造火药和火器的官营手工业作坊。仁宗时,曾公亮等编《武经总要》中,记有火药武器的名称、用法和三种制造火药的配方。这些火药武器是用弓箭或抛石机发射出去的燃烧性武器。北宋末发明了爆炸性的"霹雳炮"。南宋时,又先后发明了"铁火炮"和管状发射器"突火枪",又发展为用铁或铜作筒的"火铳"(chòng)。南宋时,火药由海上传到阿拉伯。后来金人和蒙古人也相继学会了使用和制造火药武器。蒙古军西征时,火药又从陆路传到西方各国。

指南针   火箭、突火枪

天文、历算 宋朝历法一共改了19次,是我国历史上历法改革频繁的朝代。历法的不断改革,反映了天文学研究的进步。南宋《统天历》相当精确。它定一回归年的长度为365.2425日,比实际周期仅差26秒,和现代国际通用的公历(《格列历》)完全一致,但比后者早了400多年。

宋代的天文仪器制造也有成就,发明了计时的莲花漏和水运仪象台。这一仪象台用水力发动,可以有节奏的按时转动,把报时、观象测天同时显示出来。后来仪象台传入金朝。

元代大科学家郭守敬,在天文、数学以及水利工程等方面都有很高的成就。他奉命修历,认识到修历的基本工作在于实测。他创造了简仪、仰仪和圭表等一系列仪器以助观测。其中简仪的设计很精密,在当时是十分先进

河南登封元代观星台

的。这个仪器要比欧洲的同样仪器早 300 年。他又在全国设立 27 个测景所,最北的北海测景所已在北极圈附近了。现在河南登封观星台,就是当年的测景所的遗址之一。他根据观测和研究,制定了《授时历》,这是我国古代最精确和使用最久的历法。

针灸铜人

这一时期与天文历法有关的数学也有进步,出现了北宋的贾宪、南宋的秦九韶、杨辉和金的李冶、元的朱世杰等著名数学家。秦九韶《数书九章》、李冶《测圆海镜》、朱世杰《四元玉鉴》等都是世界闻名的数学著作。他们的许多成就都领先于欧洲几百年。

医学 这一时期突出的医学成就是针灸学。北宋针灸学家、太医王唯一总结历代针灸家的实践经验,设计铸造了两个针灸铜人模型,在上面刻画穴位,标注名称;并写成《新铸铜人腧(shù 树)穴针灸图经》3 卷;又将《图经》刻石流传,便利了针灸的实际操作和传授。金、元时期医学理论有很大发展,产生了四大学派,称为"金、元四大家"。四大家以金代的刘完素、张从正、李杲和元代的朱震亨为代表。他们的理论和医术,对我国医学的发展有一定的影响。另外,药学、病因学、法医学也有发展,出现了许多名著。如北宋曹孝忠主编《圣济总录》、南宋宋慈撰《洗冤集录》尤为重要。

农学 南宋时,陈旉(fū 夫)撰《农书》3 卷,是现存最早的专门记载、论述南方农业的著作。元代的最重要的一部农业科学著作是王祯的《农书》。全书约 30 万字,记述了当时全国南北方的农业生产知识。此外,官修的《农桑辑要》和鲁明善著的《农桑衣食撮要》,也是元代比较重要的农书。

复习思考题:

1. 简述宋代理学。
2. 宋代有哪些重要的唯物主义思想家? 他们是如何批判唯心主义的?
3. 元代有哪些著名的剧作家及剧本?
4. 简释《资治通鉴》及《通鉴纪事本末》。
5. 简述我国三大发明在宋代的发展。
6. 简述郭守敬的科学成就。
7. 元代有哪些重要的农书?

重要名词:

毕昇 长短句 *《通志》 话本 *王惟一

参考书:

1. 翦伯赞主编:《中国史纲要》下册第七章第六节。
2. 翦伯赞、郑天挺主编:《中国通史参考资料》第五册、第六册。(选读)

第八章 明清(鸦片战争前)

(1368—1840)

第一节 明 朝

(1368—1644)

一、制度与律令

1. 中央制度

六部 在中央机构方面,朱元璋建国之初,仍沿袭元制,设立中书省,综理政务。中书省有左、右丞相(正一品),左、右丞(正二品)等官。中书省下置六部,六部各有尚书(正三品)、侍郎(正四品)。这时六部是中书省的机构,尚书不过是丞相的属员,丞相大权独揽,位处皇帝一人之下,百官之上。到了洪武十三年(1380),因丞相胡惟庸专权揽政,且欲谋反,朱元璋杀胡惟庸,废除中书省及丞相,并且规定以后子孙不准设丞相,臣下有奏请者处以极刑。这个规定永为后人遵守。朱元璋废掉中书省和丞相后,即提高六部的地位,升尚书为正二品,侍郎为正三品,委大政于六部,由六部分理天下庶务。由此六部尚书之上更无首长,六部各不相属,六部尚书平列,上面总其成者是皇帝。明政府经过这样的改革,一切大权就都集中到皇帝手中,出现了君主专制的政治体制。

明太祖朱元璋像

六部是中央政府中最重要的机构。六部各有尚书、侍郎,皆为堂上官,下设各司,以理事务,都称某某清吏司,每司有郎中(正五品)、员外郎(从五品)、主事(正六品),皆为司官、属官。吏部为六部之首,因掌用人大权,在六部中权最重。吏部主管文官的考核与任免,下设四个清吏司,其中最重要的是文选清吏司和考功清吏司。文官的考核与任免,即由这两个司的司官赞理尚书进行。六部中权重的,吏部以外,便是兵部。兵部主管军队调遣、武官及民族地区的土官的升迁。有关军事的会议,也由兵部主持。明朝中后期,兵部尚书、侍郎常出外督师,参赞军务,甚至协理京营戎政,兼领禁军。兵部也下设四个清吏司,其中以武选清吏司最为重要。凡武官、土官的选用以及罢黜,皆归武选司。户部主管土地、户口、赋税、俸饷、粮仓、钱库、铸钱等等,其中主要是征收赋税。户部因为事务繁重,按省下设十三个清吏司,各管一省之事。刑部主管天下刑政,审定和执行律例,判案定罪,管理囚犯。因为讼事繁重,也按省分为十三个清吏司,各管一省刑政。刑部在六部中的权力较小,受到很多制约。首先大狱要由三法司审理,称为"三司会审"。所谓三法司即刑部、都察院、大理寺。凡有大狱发生,由刑部负责审理,都察院纠察,大理寺驳正。又有朝审、大审、热审。朝审是每年霜降后,由公、侯、伯和三法司会审重囚,由吏部尚书主笔,有时大学士也参与。大审是由皇帝派宦官一员会同三法司长官,在大理寺审录罪囚,每五年举行一次,宦官居中坐大理寺大堂,刑部尚书等只能在旁列侍。热审是每年盛暑时在京师审录轻罪囚犯,或释放,或减罪等。此外,又有特殊司法机关厂(东厂)、卫(锦衣卫)掌管诏狱,最为残酷,可以胡作非为,不受任何法律限制。礼部主管礼仪、祭祀、学校、朝贡、宴会等,也分四个司,事情也很多。工部主管修建宫殿、衙署、陵墓,以及开采、织造、治河、屯田等,也分为四个司,是容易贪污的部门。

内阁 皇帝日理万机,总得有辅佐的人。因此,朱元璋废丞相后,便设置殿(华盖殿、武英殿等)、阁(文渊阁、东阁)大学士,皆为正五品,使侍左右,备顾问,并不参预机务,不过是皇帝的私人秘书,仅承旨办事而已。明成祖即位以后,则特简解缙、胡广、杨荣等七人入值文渊阁,得以参预机务,称为内阁学士,渐升为大学士。内阁之名及阁臣参预机务自此始。但这时内阁仍是皇帝的秘书处,入阁者官位并不高,仅是六七品的小官,有的升至大学士,也不过是五品官,而且不设置属官,不得干预诸衙门职掌,诸衙门奏事也不通告他们。阁臣虽说参预机务,仅备顾问而已,凡事不能有所参决,皆由皇帝决定。以后仁宗、宣宗时,阁臣逐渐进官,进至尚书、侍郎等。从这之后,阁臣的官衔一般是六部尚书、侍郎兼殿阁大学士,这样他们的地位就高起来了。另外,内阁的职权也在发生变化。宣宗常到内阁,命阁臣票拟。特别到英宗时,小皇帝九岁即位,不能处理国事,凡章奏皆由阁臣票拟呈进,以后内阁票拟遂成为制度。所谓票拟,即是一切内外章奏送到内阁,由阁臣代替皇帝先看,提出处理意见,墨书在一张小票(纸条)上,附贴在章奏上,呈进皇帝。皇帝看过之后,把小票撕了,亲用红笔写批在章奏上,这叫做批红。内阁票拟经皇帝批红之后,就变成正式谕旨发下。内阁票拟必经皇帝批示才有效,决定权还是在皇帝那里,然而很能左右皇帝的决定,所以票拟极其

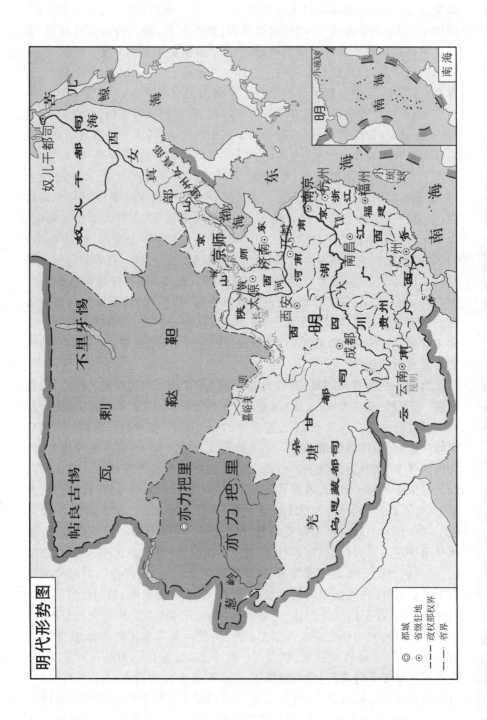

明代形势图

图例
◎ 都城
⊙ 省级驻地
－－－ 政权部辖权界
－－－ 省界

奴儿干都司

苦兀

鲸海

西海

鞑

瓦剌

帖良古惕

不里牙惕

亦力把里

◎亦力把里

亦力把里

葱岭

西域

女真

野人都司

建州部

海西

山西行都司

京师

北京师

女真

东海

济南

山东

黄河

太原

陕西

长城

西安

西河

河南

南京

◎南京

浙江

杭州

福建

福州

江西

南昌

湖广

大

西

四

川

成都

广东

广州

广

西

贵州

云南

昆明

云

南

乌思藏都司

朵甘都司

赤斤蒙古

嘉峪关

塘

羌

琉球

南海

南海

明

小琉球

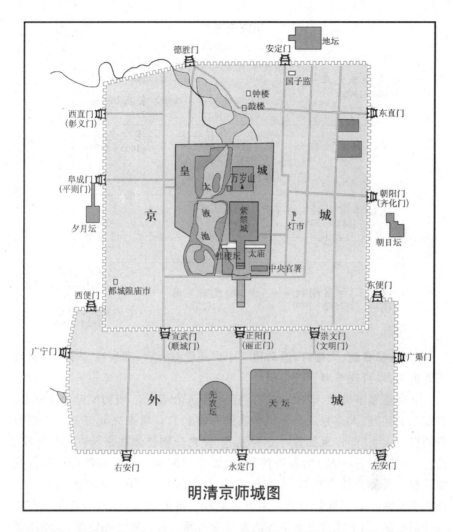

明清京师城图

重要，这是内阁最大的权力所在。自从内阁职在票拟之后，内阁之权日重，凡阁臣皆称为辅臣，其中又有首辅、次辅、群辅之分，而以首辅之权最重，内阁票拟即由首辅独揽，成为首辅的特权。明代阁臣与古代宰相比较，外貌颇有相似之处，而实大不相同。内阁职在"佐天子出令"[①]，即以票拟之权，辅佐皇帝处理政事，这是同于古代宰相职权的地方。但内阁不能统领百官，指挥诸司，又是大不同于古代宰相职权的地方。内阁的权力实际大大低于古代宰相的职权，这十分有利于君主加强集权。而正是由于这个道理，内阁才得以产生并久存下去，以后又为清朝所沿用。

---

① 陈洪谟:《继世纪闻》卷一。

明朝帝系表

(1368—1644)

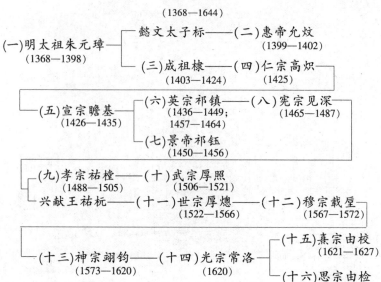

五府、都察院、大理寺、通政司　中央还设有五府、都察院、大理寺、通政司等机构，以管理军事、监察、刑法等事。

五府是军事机关，即中、左、右、前、后五军都督府。明初原设大都督府，节制天下兵马，大都督成为全国最高的军事长官。后来朱元璋觉得大都督府的权力太大，即将大都督府分为五府，使之分别统领在京及在外的军队。设左、右都督（正一品）为各府的长官，以治理府事。五军都督府与兵部共掌兵权。兵部是任命将领、发布调遣命令的机构（调兵必须奉旨），但不直接统率军队。五军都督府则是主管军籍和军政的机构，虽然分领在京及在各地的军队，但不能自己调遣军队及任命将领。这二者互相钳制，又都不能指挥军队，以使最高统一指挥权操于皇帝手中。但是明成祖永乐以后，有关兵事大权尽归兵部，而五府不过徒拥虚名而已。

都察院为明代所创设，把历代相沿的御史台改为都察院，但不完全承袭历代的御史台制。都察院是监察机关，长官为左、右都御史（正二品）。其下设有十三道（按省分为十三道）监察御史（正七品），共计一百一十人。都御史与六部尚书平行，合称七卿。都御史操弹劾及建言之权，关于官吏的考察升降，则会同吏部进行，关于重大刑狱，则会同刑部、大理寺审理。监察御史官品虽低，但权势很大，对王公大臣都有权加以纠劾。尤其监察御史在外稽察州县，则称为巡按，代表天子出巡，权力极大，大事奏裁，小事立断。另外，在监察方面，朱元璋又按六部的建制，设立吏、户、礼、兵、刑、工六科，各置都给事中（正七品）、左右给事中（从七品）、给事中（从七品）等官,共五十余人。这六科是独立的,其职在分别稽察六部事务,六部有违失,可以驳正。给事中与监察御史合称为科道官。给事中权力很大,一是有封驳权,诏令有不当者,可以封还；一是有劾奏权,如官员有违法事实,可以劾奏；一是有论事权,朝政有失,可以上疏匡正。

大理寺是司法机关,主管复审大案,平反冤狱,长官为大理寺卿（正三品）。凡刑部、都察院问过案件,皆移送大理寺复审,听候指驳。

通政司是明代创设的,掌收内外一切章奏、封驳和臣民密封申诉之件。长官为通政使（正三品）。朱元璋认为政务如水,应当使之常通,即下情上达之意,所以这个机关以通政为名。

2. 地方制度

省道府县 地方行政制度为省、府、县三级制。明初仍沿元制,在各地设行中书省,在各行省设平章政事、左右丞、参知政事等官。洪武九年（1376）,朱元璋改行中书省为承宣布政使司（习惯上仍称为省）,简称为布政司。这不仅是名称的改变,而意义实有不同。元朝的行中书省职权太大,几乎无所不统,而布政司的职权则仅限于掌管民政、财政。到宣德三年（1428）,全国除南北两京外,共有十三个布政司,即山东、山西、河南、陕西、四川、江西、湖广、浙江、福建、广东、广西、云南、贵州,终明之世不变。布政司设左、右布政使各一人（从二品）,又设左、右参政（从三品）,左、右参议（从四品）,均无定员。布政使俗称为藩司或藩台,掌管民政与财政,实为一省最高行政长官,权重位尊。参政、参议掌管各道事务,详见于下。各省除布政司外,又有提刑按察使司,简称按察司；都指挥使司,简称都司,合称为三司。按察司掌管司法和监察,设按察使一人（正三品）,又设副使（正四品）、佥事（正五品）,均无定员。按察使不仅主管一省刑狱,也兼有纠劾官吏之责,俗称为按台或臬台。副使、佥事的职务是分道管事,详见于下。都司掌管军政,设都指挥使一人（正二品）,都指挥同知二人（从二品）,都指挥佥事四人（正三品）。都指挥使的官品高于布、按二司,号称为二品大帅,凡有联名公文,序衔皆在二司官之上。三司在省里是平行的,彼此不相统属,各同中央有关部门发生联系。如布政司与六部发生联系,也与都察院有联系。按察司听命于刑部、都察院,都司听命于兵部及五府。这样,三司分权鼎立,可以防止地方权力过大,形成独立局面。但事无总统,又有运转不灵之弊。所以明中期以后,朝廷纷纷派部院大臣出任总督、巡抚各差,以驾于三司之上。这些总督、巡抚并非官名,只是一种差遣。但日久之后,也变成定制,到清代便把总督、巡抚作为一省的最高长官。

省以下有道的设置,但道是监察区,不是行政区。道的情况比较复杂,主要有分守道与分巡道两种。凡由布政司的佐官左右参政、参议分理各道钱粮的，称为分守道。各省分道数目不等，全国共有 60 道。凡由按察司的佐官副使、佥事分理各道刑名的，称为分巡道。各省分道数目不等，全国共有 69 道。

省以下的行政单位为府，直隶于布政司。全国共有府 159 个。府有知府一人（正四品），同知（俗称司马，正五品）、通判（俗称别驾，正六品）无定员，推官一人（俗称司理或司李，正七品）。知府掌一府之政，在明初很受重视，知府到任，多由皇帝赐给敕书，以加强权威。同知、通判分掌清军、巡捕、管粮、治农、水利、屯田、牧马等事。推官掌理刑名。但两京府的组织不同，在府之上，没有布政使。北京称为顺天府，设府尹一人（正三品），府丞一人（正四品），治中一人（正五品），通判六人（后减为三人，正六品），推官一人（从六品），等等。南京称为应天府，设官同于顺天府。

府以下为县，全国共有县 1171 个。县有知县一人（正七品），县丞一人（正八品），主簿一人（正九品）。知县掌一县之政。县丞、主簿分掌粮马、巡捕之事。

州　另外，还有州的设置，全国共有 234 州。州分为直隶州（隶于布政司）和散州（隶于府），直隶州地位同府，散州地位同县，但州官品秩皆相同。州有知州一人（从五品），同知（从六品）、判官（从七品）无定员。知州掌一州之政，同知掌清军或兼巡捕，判官督粮、管马、捕盗、治农、管河等事。

3．卫所制度

明朝的军队的基层组织分为卫、所两级，叫做"卫所制度"。大致 5600 人为一卫，称为卫指挥使司，卫的长官是指挥使（正三品）。一卫辖有五个千户所，每千户所 1120 人，设千户一人（正五品）。千户所辖有十个百户所，每百户所 112 人，设百户一人（正六品）。百户所辖有总旗二，小旗十。约 50 人为一总旗，一个总旗领五个小旗，约十人为一小旗。卫、所遍布全国各地，自京师至府、县皆有卫、所。卫隶属于都指挥使司，都指挥使司又分隶于五军都督府，并听命于兵部。洪武二十五年（1392）统计，全国卫、所兵数有 120 余万。永乐以后，卫、所兵数达到 270 余万。

为保证军队的兵源及供给，明初又实行军户和屯田制度。凡军士都是世袭的，单独编户籍，叫做军户。全国军户约有 200 万家，占全国户数很大的比例。凡各地卫、所皆实行屯田，以保证军饷的供应。军士分为屯田与守城两部分，屯田者专事耕垦，供应军粮；守城者专务防守操练。军士守城与屯种的比例，大致是边地三分守城、七分屯种，内地二分守城、八分屯种。明初一个时期之内，几乎无军不屯，军队大体能够屯田自养，屯田收入成为军饷的主要来源，这就使国家免去养兵之费，大大减轻了人民的负担。遇有战事发生,则由兵部奉旨调卫、所兵,临时命将充总兵官,发给印信,统兵出征。战事结束,总兵官交还印信,兵士回到卫、所。这样将不专军,军无私将,而军权集于中央。

4. 学校与科举

学校 学校在明代大为普及,都是官学。学校在中央的,称为国子监,又名国学,或名太学。在地方上的,称为府、州、县学。府、州、县学之外,又有社学,即乡村小学。又有卫学,即卫、所学校。又有武学,专教武官子弟。又各土司地方,也俱设儒学。除官学以外,明代也有私学,如有不少官僚士大夫在各地私创书院,聚徒讲学,议论时事。但这些书院是在明中叶后才逐渐兴起,而且多为当权者所忌讳,屡遭禁毁。如嘉靖、万历、天启时,朝廷一再下令焚天下书院,各处书院多被拆毁。

(1)国子监——国子监设于京师,南京、北京均有国子监。明太祖以南京为京师,设置国子监。明成祖即位后,又成立北京国子监,以后又迁都北京,遂改原京师为南京,以北京为京师。于是原京师国子监称为南京国子监,北京国子监称为京师国子监。国子监的负责人称为祭酒,学生称为监生。监生有两大类:一类是由府、州、县学按规定保送而来者,另一类是官僚功臣子弟和少数民族头领子弟以及外国留学生等。监生的人数最多时,洪武二十六年(1393)有8100余人,永乐十九年(1421)有9800余人,明中叶以后减为四五千人,最多则达到6000余人,以后愈来愈少,不过一二千人。监生所学功课主要有"四书"、"五经"、《大明律令》、朱元璋的《御制大诰》及刘向的《说苑》等。监生的待遇颇为优厚,国家不仅供给月粮,又不时赐给布、帛、衣服,每逢节日又赏给节钱,回家探亲则给路费,并且妻子也给月粮,甚至无妻者还赐钱娶妻,而且又免除其家二人的差徭。监生的出路有二,一是可以参加科举考试得官,但能考中者有限;二是可以直接得官,大多数做官是走这条路。监生的出路在明太祖时甚好,因为那时不专重科举,监生结业后可以直接做官,出任中央及地方官吏;甚至其中优秀者,一走马即得高官。但是以后进士科独尊,又监生流品渐杂,因而进士日益重,监生日益轻,凡清要之职皆归进士,进士终身贵显;而监生便做官难了,不是求官无期,便是得官低微,由此国子监的门庭也大为冷落了。

(2)府州县学——明初府、州、县皆立学校。各学皆有学官,府学设教授一人(从九品),训导四人(未入流);州学设学正一人(未入流),训导三人;县学设教谕一人(未入流),训导二人。教授、学正、教谕掌教生徒,而训导皆为辅助。府、州、县学的学生称为生员,俗称秀才或相公。明初生员皆有廪膳,即每人月米六斗,并由地方官供给鱼肉;生员又皆享受免役特权,除本身免役外,其家也免二人差徭。明初生员的数目有定额,大致府学 40 人,州学 30 人,县学 20 人。以后生员的名额逐渐增广,于是生员也有了不同。凡食廪膳者称为廪膳生员,名额如上述;增广者称为增广生员,也有定额;此外,又有附学生员,则无定额。府、州、县学的主要功课也是《四书》、《五经》,生员皆须专治一经,并分科兼习礼、乐、射、御、书、数。另外,《御制大诰》也是生员必读的书。不过地方学校徒具形式,生员不必在校读书,只需参加定期考试而已。

科举 科举是一种选拔官吏的考试制度。

(1) 乡试、会试与殿试——明代的科举考试分为两级,低一级是乡试,高一级是会试和殿试,会试和殿试算是一级。科举考试每三年举行一次,称为大比。乡试在前,每逢子、午、卯、酉年举行。会试在后,每逢辰、戌、丑、未年举行。乡试在顺天府、应天府及各省省城举行,由专命的主考官主持。凡国子监生及府、州、县学生员学成者、儒士未仕者、官未入流者,皆可以应试。凡学校训导专教生徒、有过罢闲官吏、倡优之家、居父母丧者,俱不许应试。乡试考三场,八月初九日第一场,十二日第二场,十五日第三场。因为考期总在秋季八月,所以乡试又称"秋闱"(闱就是考场)。凡乡试考中者称为举人,又俗称孝廉,或称登贤书。又第一名,俗称解元。

乡试的次年,全国举人皆赴京师参加会试。会试在礼部举行,由皇帝钦命的主考官主持。也考三场,二月初九日第一场,十二日第二场,十五日第三场。会试因为总是在春季二月举行,所以又称"春闱"。又因为在礼部举行,故又称"礼闱"。会试考中者,称为贡士,而第一名,俗称为会元。会试考中者,再由皇帝御殿考试,称为殿试或廷试。殿试日期在三月初一日。至成化八年(1472),改为十五日,后遂为例。殿试考一场策问。策问大多就当时的政治、经济等问题发问,由应考者作文对答。殿试由皇帝亲自主持,另派大臣协助阅卷,称为读卷官。实际主要由读卷官阅卷,并拟定名次,皇帝或如所拟,或有所更定。殿试结果,出榜分为三甲。一甲三人,赐进士及第,第一名状元(也称殿元),第二名榜眼,第三名探花,合称"三鼎甲"。二甲若干人,赐进士出身。三甲若干人,赐同进士出身。二、三甲第一名,俗称为传胪。一、二、三甲总称进士。如果会试考中者,因故不能参加殿试,只能称为中式举人,不得称为进士。举人成了进士,便可以授官。一甲定例直接授给翰林院的官职,状元授修撰,榜眼、探花授编修。二、三甲可以参加考选庶吉士,叫做"馆选"。凡录取者,入翰林院学习,称为庶吉士。三年学成后,再授官职。而考不取者,则授京师或地方官职,如授给事、御史、主事等官,或授知州、知县等官。

(2) 八股文体——科举考试的内容是儒学的"四书"与"五经"。凡是乡试、会试都考三场,选"四书"中的文句作考题,让应考者据以作文,阐述其中的义理。应考者作文只能根据指定的注疏发挥,不能有自己的见解;并且必须把文章写成八股文,文体不能违背八股的格式。所谓股,即对偶之意。简括说来,文章的主要部分要分为八股,要用八个排比对偶组成,这便叫做八股文。八股文是渐次演变而来,非为某人所规定,大约萌芽于宋、元,形成于明成化以后。明代以八股文取士,使读书人为求取功名,唯知敷衍一篇八股文,此外非所闻也,既不通经史,又不谙实际,这就禁锢了人们的思想和智慧,妨碍了科学、文化的发展。

5.《大明律》与《大诰》

《大明律》 朱元璋自称吴王时起,即命人议定律例。在洪武六年(1373),又命刑部尚书刘惟谦详定《大明律》,于次年初成书。此后《大明律》几经修定,于洪武三十年(1397)颁行天下。

《大明律》是明朝的主要法律,是依据唐律及明初实际情况写成的。全书凡30卷,460条,改变唐律的篇目,分为名例律、吏律、户律、礼律、兵律、刑律、工律等七律。《大明律》的刑名有五,即笞、杖、徒、流、死。但五刑之外,又有凌迟、刺字、充军等刑。《大明律》的主要内容是从各方面来维护封建社会秩序和封建统治制度。如为了镇压反抗、冒犯皇权及触犯纲常名教的行为,《大明律》把谋反、谋大逆、谋叛、恶逆、不道、大不敬、不孝、不睦、不义、内乱定为十恶,凡犯十恶之条者皆从重治罪,并且遇赦不赦。又如为了巩固君主专制制度,《大明律》专设"奸党"一条,用以禁治大臣结党弄权。又如为了保障封建国家的赋役剥削,《大明律》对于隐匿户口及田产以逃避赋役者,莫不加以处罚。此外,《大明律》还规定了各阶级和各等级在法律上的不平等地位。如有所谓"八议"之条,即议亲、议故、议功、议贤、议能、议勤、议贵、议宾,用以优待皇亲国戚及勋贵显宦之家。凡在"八议"者犯法,官吏不得擅自勾问,只能奏闻请旨。若奉旨推问,则开列应得之罪,由皇帝裁决。又如规定主人犯罪,奴婢不得首告。凡奴婢殴家长者皆斩,杀家长者皆凌迟处死,过失杀家长者则绞,骂家长者亦绞。若家长不告官府而殴死有罪奴婢者,仅杖一百,如果杀死无罪奴婢者,也只杖六十、徒一年。凡雇工人殴家长者杖一百,徒三年,折伤家长者绞,殴死家长者斩,故意杀家长者凌迟处死。若家长殴雇工人未折伤者勿论,折伤雇工人者较凡人减罪三等,殴死雇工人者杖一百、徒三年,故意杀雇工人者绞,过失杀雇工人者勿论。

《大诰》 明初的法律除《大明律》外,还有朱元璋所亲撰的《大诰》三编。朱元璋于洪武十八年(1385)作《大诰》74条,又于次年作《大诰续编》87条及《大诰三编》43条,皆颁示于天下学宫,作为师生必读的教本。并且规定一切军民也必须熟观,要户户有此一本,若犯笞、杖、徒、流等罪,可以减罪一等;如果没有此本,则加罪一等。此令一出,于是天下有讲读《大诰》师生来朝者 19 万余人,朱元璋皆赐钱遣归。《大诰》三编的主要内容是列举明政府用严刑峻法所处理的种种案件。凡所列凌迟、枭首、族诛等案件不只千百,而斩首以下等案件则至万余,这些案件大都出自朱元璋的亲裁。朱元璋决断这些案件,多是法外用刑,用刑要较《大明律》重得多。《大诰》三编中有种种酷刑,如有族诛、凌迟、枭首、挑筋、去指、断手、砍脚等,不下 30 余种。朱元璋颁行《大诰》三编的目的,即在于公布一系列酷刑案件,用以威慑及警戒臣民,使之安分守己,不敢轻易犯法。《大诰》三编是朱元璋用严刑峻法治理臣民的记录,也是朱元璋加强集权制度的一种手段。

二、“分封”与“靖难”

明初的分封　朱元璋为巩固朱家王朝的统治,既大力推行中央集权制度,又实行与中央集权制相矛盾的政策,即分封诸皇子为王,用他们“屏藩王室”。朱元璋实行分封制度的目的,一是在于加强对北方蒙古马队的防御,一是为了防止朝廷中奸臣篡夺皇位。朱元璋共有 26 子,除一子为皇太子、另一子出生不久即死外,先后分封 24 子为王,又分封一个从孙为王,共有 25 王,使之出镇全国各地。一部分镇守北方以防蒙古贵族的侵扰。如燕王朱棣镇守北平(今北京),宁王朱权镇守大宁(今内蒙古宁城县西大名城),谷王朱橞镇守宣府(今河北宣化),辽王朱植镇守广宁(今辽宁北镇),代王朱桂镇守大同,晋王朱棡镇守太原,庆王朱㮵(zhān 占)镇守宁夏(今银川市),秦王朱樉镇守西安,肃王朱楧镇守甘州(今甘肃张掖),称为“守边”九王。其他诸王分驻内地。为了使诸王发挥作用,朱元璋规定各王府均设亲王护卫指挥使司,共三护卫,甲士少者 3000 人,多者至 19000 人。在诸王中,以北方诸王的势力最大。如宁王有甲士 80000,战车 6000。燕王和晋王权力尤高,如中央派来的宋国公冯胜、颍国公傅友德等均受其节制;朱元璋甚至允许此二王扩展其军事势力,军中事大者方才奏闻。

为防朝廷中奸臣篡位,朱元璋规定诸王可以移文中央索取奸臣,必要时得以“奉天子密诏”领兵“靖难”。为防止诸王跋扈难制,朱元璋又允许以后皇帝在必要时可以下令“削藩”。朱元璋以为事可万全了,但分封制度却造成分裂和割据,引起骨肉相残。朱元璋一死,分封之祸就降临了。

靖难之变　洪武三十一年(1398),朱元璋死,因太子朱标早死,皇太孙朱允炆继位,年号建文,是为建文帝。建文帝即位后,即与亲信大臣齐泰、黄子澄等密谋削藩,决定先削那些力量较小的藩王,于是首先袭执周王朱橚

（燕王朱棣的同母弟），把他废为庶人，又拘代王朱桂于大同，囚齐王朱槫于京师，湘王朱柏自焚死。与此同时，也在北平周围及城内部署兵力，又以防边为名，把燕王的护卫精兵调出塞外戍守，准备削除燕王。建文帝以为准备停当了，便秘密下令擒拿燕王，但是没有成功，燕王朱棣即起兵南下。这时建文帝已无大将可用，因为元功宿将早已被朱元璋除掉，只好起用幸存的老将耿炳文统兵北伐，又派纨袴子弟李景隆继续讨伐，均被朱棣打得大败。战争历时四年（1399—1402），结果朱棣得胜，占领南京，即皇帝位，年号永乐，是为明成祖。建文帝下落不明，或说于宫中自焚死，或说由地道逃去，隐藏于云、贵一带为僧。

明成祖削藩 明成祖即位以后，继续执行朱元璋的巩固专制主义中央集权的政策。他接受"靖难"的教训，首先积极进行削藩。在北方操兵柄的诸王，有的被迁至南方，如宁王被徙于南昌；有的被削去护卫，如代王、辽王；有的被废为庶人，如齐王、谷王。从此诸王的势力大为削弱了，军政大权更集中于皇帝。他又于永乐十九年（1421），把都城从南京迁到北京。迁都北京有利于巩固北部边防，又能进一步控制东北地区。

三、明初对边疆地区的经营

经营蒙古地区 明朝初年，蒙古分裂为鞑靼（dá dá 达达）、瓦剌和兀良哈三大部。鞑靼部居住在今鄂嫩河、克鲁伦河以及贝加尔湖一带。瓦剌部居住在今科布多河、额尔齐斯河和准噶尔盆地一带。兀良哈部居住在今兴安岭以东，松花江以西，呼伦湖以南，西拉木伦河以北。永乐时，鞑靼和瓦剌不断兴兵南侵，因而明成祖曾先后五次率兵亲征，给予了沉重打击。

元朝被推翻以后，元朝皇族退回蒙古草原，起初仍保持元朝国号，继帝位者仍称皇帝，历史上叫做北元。到建文四年（1402），始废除元朝国号，改称鞑靼，皇帝改称可汗。永乐七年（1409），明朝遣使与鞑靼通好，被鞑靼杀死。明即派兵讨伐鞑靼，被鞑靼击败。次年，明成祖亲率 50 万大军第一次北征，在今鄂嫩河沿岸击败鞑靼主力军，鞑靼归降明朝。明封鞑靼首领阿鲁台为和宁王。

瓦剌与鞑靼矛盾严重，曾攻杀鞑靼可汗。后又准备进攻明朝。明成祖于永乐十二年（1414）第二次北征，大败瓦剌军于忽兰忽失温（今乌兰巴托东）。瓦剌请降，明封其首领脱欢为顺宁王。

鞑靼后来又兴兵南下侵犯明的边区，明成祖连续北征，鞑靼均北撤，未发生战斗。明成祖第五次亲征，是在永乐二十二年（1424），他病死于归途中。

明成祖五次北征,打败了鞑靼和瓦剌,巩固了明朝的北部边防。

兀良哈部在洪武时归附明朝,明太祖朱元璋在其居地设置朵颜、福余、泰宁三卫指挥使司,任用其首领为指挥使。又封儿子朱权为宁王,镇守大宁,以控制兀良哈三卫[①]。明成祖发动靖难之变时,恐宁王在后扼制,即胁迫宁王入关,又借用兀良哈三卫兵从征南京。明成祖即位以后,迁宁王于南昌,因为兀良哈兵从征有功,便把大宁割给兀良哈,仍为三卫。把大宁地方割让,是明成祖的一大失策。明成祖以后,兀良哈三卫不断南迁,迁徙到今辽河以西地区,一方面和明朝互市贸易,一方面对明朝叛服无常,不时入边抄掠,成为明朝北部边境的不安定因素。

奴儿干都司 在东北地区,主要居住着女真族。明朝初年,女真族分为建州女真、海西女真、野人女真三大部。为加强对东北地区的管理,先是明太祖设立辽东都指挥使司,用以控制女真各部。以后明成祖于永乐二年(1404)在黑龙江口特林地方,设置奴儿干卫。永乐七年(1409),又在特林设置奴儿干都指挥使司(简称奴儿干都司),下设许多卫、所,统辖北起外兴

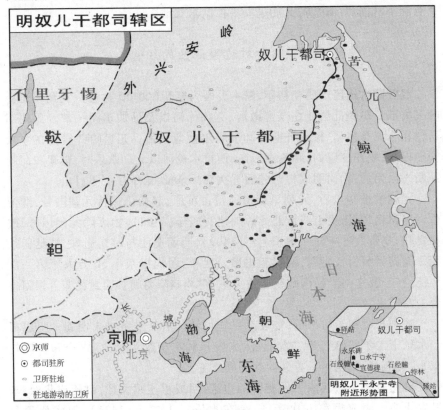

---

① 兀良哈三卫:亦称"朵颜三卫"。

安岭以北、南接图们江在内的黑龙江、松花江、乌苏里江流域及库页岛的广大地区。明成祖以后，奴儿干都司所辖卫、所增加到184卫、20所，以后又增加到384卫、24所。从永乐九年(1411)至宣德八年(1433)，明成祖及宣德皇帝先后派遣太监亦失哈等多次巡视奴儿干地区，并在特林修建永宁寺，先后立有《敕修永宁寺记》和《重建永宁寺记》两块石碑，记述了奴儿干都司创建的经过及亦失哈等来此巡视的情形。

对西藏的管理　西藏在明代称为乌斯藏，是藏族居住的地区。洪武时，明朝在西藏设立两个都指挥使司，即乌斯藏都指挥使司及朵甘卫都指挥使司，又设有指挥使司、宣慰使司、招讨使司、万户府、千户所等机构，综理军民事务。永乐时，明朝还修了从雅州(今四川雅安)到乌斯藏的驿道，设置了驿站，大为便利了西藏与内地的交通。西藏盛行喇嘛教，喇嘛教分为许多派别，其中主要是红教和黄教。红教最先兴起，在元代势力很盛，成为西藏最大的教派。明朝永乐年间，青海藏族僧侣宗喀巴在西藏另创黄教。黄教兴起以后，红教就逐渐衰落下去。永乐时，宗喀巴的弟子释迦也失来京朝见，被封为"大国师"。宣德时，释迦也失再度来京，又被封为"大慈法王"。西藏与中原王朝的关系更加密切。

西南地区的土司制度　明朝在西南苗、瑶、壮、彝、傣等族聚居地区，仍沿袭元朝的土司制度，设立土官统治，任用当地少数民族的头人做土官。如湖广(今湖南、湖北)、四川、云南、贵州、广西等省皆有若干土官。土官的机构有宣慰使司、宣抚使司、安抚使司、招讨使司、长官司、蛮夷长官司等，设置宣慰使、宣抚使、安抚使、招讨使、长官等官。此外，又有土府、土州、土县等，设官同于一般府州县。凡土官机构或隶于布政司，或隶于都司，或隶于行都司。土官一般是世袭的，流官较少，容易形成割据势力。有些土官图谋割据称雄，时常叛乱。明朝在平定叛乱后，往往把乱区的土司废掉，改设流官，这叫做"改土归流"。

"永宁寺碑"拓本

四、明初的经济与赋役制度

1. 恢复与发展农业的措施

在恢复与发展农业生产上，明初统治者采取了若干措施。

奖励垦荒与实行屯田　元末战乱之后，明初荒田很多，人民流亡未归。朱元璋即位后，首先下令各地流亡人民还乡生产，还乡者皆免税三年，量力开垦土地，如果现在农户丁少原来田多，不得依前占田。如果现在丁多原来田少，地方官验丁拨给荒田。凡各处荒田均听民开垦作为己业；若原业主归来，地方官于附近荒田内拨补给土地。朱元璋晚年又下令，凡山东、河南、河北、陕西各处新垦荒地，都"永不起科"①。

此外，又大兴屯田。屯田有民屯、军屯、商屯三种，其中以军屯规模最大。民屯是由政府组织人民屯田，如移民屯种、募民屯种等等。洪武年间，明政府曾不断地把狭乡（人多地少的地方）人民大量地向宽乡（人少地多的地方）迁移，这是移民屯种。又明政府曾在北方府县近城荒地上，招募农民开垦，每人给田15亩，又给地2亩种菜，这是募民屯种。民屯与一般的垦荒不同。一般垦荒是人民自行开垦，所垦田为人民自有。而民屯是有一定的组织，由官督民耕种，土地属于官田，人民是官府的佃户。军屯是令军队屯田，积谷自给，以减少政府的军费开支。明初各地卫、所兵士皆分为屯田与守城两部分，大致边地三分守城、七分屯种，内地二分守城、八分屯种。当时全国军队基本上可以实现屯田自给，屯田总额达到60余万顷，所生产的粮食十分可观。商屯是由盐商所举办的屯田。明初为了解决边地军粮问题，即利用食盐国家专卖制度，规定盐商运粮到边地以充军粮，可以换取政府的盐引（贩盐执照），然后持盐引到指定的盐场领盐，再到指定的地区贩卖，这叫做"开中"。以后商人为免去运粮的麻烦及费用，便在边地雇人屯田，就地缴粮，换取盐引，此即所谓商屯。商屯在明初对于供应军粮及开垦边地，都起了一定的积极作用。

鼓励种植桑棉　明初朱元璋规定全国农民有田5亩至10亩者，栽种桑、麻、棉各半亩，10亩以上者加倍。凡不种桑者，要交纳绢1匹；不种麻者，交纳麻布1匹；不种棉者，交纳棉布1匹。到洪武末年，又下令各地农民能再多种棉花，则蠲免赋税。又下令山东、河南农民，此后凡种植桑枣果树，都永不起科。从此棉花的种植与使用普遍起来，不仅发展了农业生产，也促进了纺织业的发展。

兴修水利　朱元璋即位后，即命所在官吏陈奏有关水利事宜，并派官员分赴各地，乘农民农隙之时，督修水利。据洪武二十八年（1395）统计，全国各处所开塘堰凡40987处，浚河4162处，修建陂渠堤岸5048处②。明成祖时继续兴修水利，如户部尚书夏原吉疏浚吴淞江，使苏、松农田大得其利。

---

①　《明史》卷七七《食货志·屯田》。
②　《明太祖实录》卷二三四洪武二十七年八月，卷二四三洪武二十八年十二月。

又工部尚书宋礼督开山东境内的会通河,并且建闸调节水量,不仅沟通了南北大运河,而且使许多农田获得灌溉之利。

在上述措施之下,明初的荒地无不得到开垦。据洪武二十六年(1393)统计,天下土田共850余万顷,比元末增长了四倍有余。粮食的产量也大为增加,这从明政府税粮的增长上反映出来。如洪武十八年(1385)天下税粮2080余万石,而到洪武二十六年,税粮则增加到3200余万石,和元代岁粮总数1200余万石相较,约多出一倍半。

2. 改革工匠制度

在手工业生产方面,工匠制度也有所变革。明初对工匠的管理,仍然沿用元朝的匠户制度,即把工匠编入专门的匠籍,不准随便脱离匠籍改业。但元朝的匠户完全没有自由,终年被勒令从事于官手工业品的制造,而明代的匠户则得到了相对的自由,应役时间大为缩短。明代工匠分为轮班工匠和住坐工匠两种。轮班工匠隶属于工部,是各地轮流赴京上工的工匠。工匠轮班制开始于洪武十九年(1386),规定各地工匠轮班到京师服役,每三年一班,期限为三个月,服役完毕即回家。除班期外,其余时间均归自己支配。至洪武二十六年(1393),各地工匠轮班办法又有改变,有的五年一班,有的四年一班,有的三年一班,有的二年一班,有的一年一班。在这种新办法下,五年、四年、三年一班者,可得数年休息;二年一班者也可得一年休息。唯独苦了一年一班者,往返奔走于道路,没有休息之日。到景泰五年(1454),全国轮班工匠又一律改为四年一班,此后终明之世不变。轮班工匠完全是无偿服役,不仅上工之日没有代价,连往返京师的盘费也要自负。轮班工匠占据工匠的绝大部分,据1393年统计,共有232089人。

住坐工匠是固定在京师工作的工匠,主要为皇家从事生产,隶属于内府内官监(宦官二十四衙门之一),但其匠籍管理及征调仍归工部。住坐工匠的名称始于永乐年间。住坐工匠每月上工十日,其余二十日自由支配,并且享有一定待遇,一般每月支米三斗。明代的工匠制度仍是一种劳役制,但却给了工匠一定的自由,这对手工业的发展是有利的。

3. 赋役制度

明朝政府为了掌握人口与土地情况,以保证赋役的征收,建立了黄册、鱼鳞册和里甲制度。

黄册、鱼鳞册 黄册是明初用以征收赋役的依据,开始编制于洪武十四年(1381),详细登载全国所有编入里甲人户的情况,如每户的乡贯、姓名、年龄、丁口、田宅以及所属户类(民户、军户、匠户)等。这种黄册每十年编造一次,其编造以里甲为单位,每里编为一册。册凡四份,一份上送户部,其余三份则由县、府、布政司各存一份。上送户部者,封面是黄纸,故称为黄册。因黄册是明政府征收赋役的依据,所以又称赋役黄册。明政府视黄册为至宝,皇帝要用它作祭天的礼品。每逢黄册造成时,都要移送到南京后湖(即玄武湖,又称练湖)集中保藏,不轻易示人。鱼鳞册是土地登记册,编制于洪武二十年(1387),以一个粮区(税粮万石)为单位,每区土地丈量后,记载各块土地的面积、地形、四至、土质和业主的姓名,并绘制成图。因所绘田亩挨次排列状如鱼鳞,故称鱼鳞图册。它同黄册相配合,成为明初征收赋役的依据。

里甲制度 里甲组织与黄册制度同年产生,是编制黄册的最基层单位,也是最基层的赋役征收及社会管理单位。明代县以下的基层组织为乡,乡以下的组织为里甲。凡乡以一百一十户为一里,推丁粮多的十户轮流作里长,其余百户分为十甲,每甲十户,设一甲首。每年均由里长一人、甲首一人,率领一甲应役。凡十年一周,即每十年之中,每一里长、甲首与每甲皆轮流服役一次。如此十年之后,再查算各户丁粮之消长,重新编审里甲,如前轮流当役。里长的职责极为广泛,除派役外,又督催税粮。明初定制,各州县税粮的征收,均以里甲为单位。一里中各户的税粮由甲首催征,各户上纳,里长收受,并汇总解运于官府。另外,明初又有粮长负责田赋收解,以纳粮万石上下的地方为一区,区内设立粮长,管理收解一区内的税粮。粮长主要设置于江浙、湖广、江西、福建等地。

赋 明初的赋役制度,是按田亩征赋,按户或按丁征役,赋和役分别征收。赋分为夏税和秋粮,在夏季征收的叫做夏税,在秋季征收的叫做秋粮。征收的物品,夏税以小麦为主,秋粮以米为主。米麦是征收的标准物品,称为"本色",若将米麦折合成丝、绢及钱、钞、银等征收,则谓之"折色"。夏税与秋粮以征"本色"为主,征"折色"居次。明初的赋税较轻,一般官田亩税五升三合五勺,民田三升五合五勺,重租田八升五合五勺,没官田一斗二升。但江南苏州、松江、嘉兴、湖州等地区,原为张士诚所据有,军民曾为张士诚坚守,明太祖为了报复,便将张氏部属、豪强大族和富户的田地没收为官田,按照他们私人的收租簿规定税额,因而这些地区的赋税独重,少者每亩八九斗至一石,多者有每亩二三石者。

役 明初的役分为多种,不同的户有不同的役。凡人户按其职业区分,主要有民户、军户、匠户三种。军户世代承应兵役,匠户世代承应工役,此二者皆为特殊的役。至于一般的役,则由民户去担当。民户的役大约分为三类,即里甲、均徭、杂泛。凡以户计者叫里甲,以丁计者叫均徭,其他一切公家差遣不以时者,则统称为杂泛。里甲之役即前所述按甲轮流服役,这是一种职役。均徭是指服务于官府的有经常性的杂色差役,如衙门里的皂隶、禁子(即狱卒)、门子(看门人)、祗(zhī 支)候(又名听差)、马夫等,这也是一种职役。杂泛则是不同于里甲、均徭的劳役,其名目甚多,都是官府因事临时编佥的,如有砍薪夫、抬柴夫、修河夫、修仓夫、运料夫之类。以上里甲、均徭、杂泛等,皆有力役(力差)与雇役(银差)之分。凡民户亲身应役者,叫做力役(力差),而纳银于官府,由官府雇人应役者,叫做雇役(银差)。不过在明初,主要是力役,雇役比较少。明初里甲、均徭、杂泛的佥派,大抵按照户等。民户通常分为三等(上、中、下)九则(上上、上中、上下、中上、中中、中下、下上、下中、下下),户等的划分以产业厚薄和人丁多少为依据。户等高者派重役,低者派轻役。凡男子皆称丁,年未 16 为不成丁,至 16 为成丁。成丁则有役,60 岁乃免役。丁也分等则,随户则而定,如上上户的丁为上上丁,其余类推。

五、明中期社会矛盾的发展与张居正改革

1. 政治腐败

宦官王振专权　明中期以后,政治日趋腐败,导致宦官专权的局面。而宦官专权的结果,更加重了政治的腐败。

明代有一个庞大的宦官机构,为历代所罕见。明太祖朱元璋时已设置很多宦官机构,共有十二监、二司、七局。明太祖以后,宦官机构又有所增加,主要有十二监、四司、八局,总称为二十四衙门。不过明太祖使用宦官,却对宦官控驭很严,因鉴前代宦官专权之祸,不许宦官干预政事,曾铸铁牌置宫门内,上面刻着:"内臣不得干预政事,犯者斩。"[1]又不许宦官兼外朝的文武职衔,不许穿外朝官员的服装,又规定宦官品级不得过四品,甚至规定宦官不得读书识字。明成祖起兵"靖难"时,曾利用建文帝左右的宦官传报机密,所以即位以后,开始信用宦官,不仅给予出使、专征、监军之权,而且在永乐十八年(1420),设立"东厂"特务机构,用亲信宦官掌管,使之刺探大小事情奏闻,由此开了宦官干政之端。东厂设立之后,直至明末不变。东厂设提督太监一员,下面的差役称为"番子"或"干事",大约有千余人。东厂设有监狱,关押犯人。同时,明成祖又恢复使用锦衣卫办理案件。锦衣卫原设于明太祖时,是皇帝的卫队之一,下面设有镇抚司,掌管本卫刑名。明太祖曾利用锦衣卫大兴诏狱,先后把全国所有政治性的重罪犯人,都交给锦衣卫的镇抚司拷讯,但在经过几次大案之后,又下令焚毁锦衣卫的刑具,凡一切

---

① 《明史》卷七四,《职官志三》。

刑狱皆归三法司处理,不再经由锦衣卫,由此罢了锦衣卫狱。明成祖又恢复了锦衣卫狱,又增设了北镇抚司,专办诏狱,而以原镇抚司为南镇抚司,专管军匠。锦衣卫恢复办案以后,一直继续到明朝亡国。此后锦衣卫的北镇抚司权力日大,逐渐成为独立机构,一切刑狱不必关白本卫长官,可以直接和皇帝说话,而锦衣卫不得过问了。北镇抚司设有监狱,刑罚极为残酷。

东厂与锦衣卫的职务同是侦探机密,办理大狱,二者往往结合行事,合称为厂、卫,但东厂例由宦官掌管,权力尤大,地位在锦衣卫之上,锦衣卫则由朝廷大臣提督。从此宦官日益跋扈,尤其是司礼监的宦官。司礼监为二十四衙门之首,掌理皇城内一切礼仪刑名,又掌理内外章奏文书。在东厂设立以后,司礼监又提督东厂,东厂提督太监一般由司礼监秉笔太监兼任。在内阁票拟制度形成后,司礼监又掌管代替皇帝批红,批红均由司礼监秉笔太监担当。批红本是皇帝的事,后来皇帝不负责任,批红大权便落到秉笔太监手里。司礼监提督东厂,可以通过东厂制服群臣。司礼监掌管批红,实际可以上下其手,改动内阁的票拟,权出内阁之上。因此,司礼监权势最重,司礼监太监最容易专权。

明代宦官专权,自英宗时王振始。英宗即位时9岁,还不懂事,对宦官王振言无不从,呼为"先生"而不称名。当时王振掌司礼监,依仗皇帝宠信,权在内阁之上,群臣争相阿附,政治日渐败坏,内外官吏莫不贪残,贿赂公行。凡朝觐官来见王振,必献百金为礼。王振先后擅权7年,家产计有金银60余库,皆由内外官吏所奉献,其时政以贿成可以想见。

土木之变与北京保卫战 英宗正统初年,蒙古瓦剌部强盛起来,其首领脱欢统一了瓦剌和鞑靼两大部,拥立原来元朝皇室后裔脱脱不花为可汗,自称丞相。正统四年(1439),脱欢死,其子也先继位,自称太师淮王。当时脱脱不花仅是名义上的可汗,实际上瓦剌和鞑靼两大部的统治权完全操在也先手里。也先不仅征服了北方蒙古诸部,又西攻哈密,控制西域要道,东破兀良哈三卫,侵扰辽东,威胁朝鲜,日渐跋扈,成为明朝北方严重的边患。

正统十四年(1449)七月,也先率军大举南下,攻掠大同。边报传至京师,王振不作充分准备,即挟英宗领兵50万亲征。大军离京之后,北出居庸关,向大同进发。大军未至大同,兵士已乏粮,饥寒交迫,死者满路。八月初,大军抵达大同,王振得报前线各军屡败,因而惧不敢战,又立即折回,回师至土木堡(河北怀来境),被瓦剌军追上,兵士死伤过半,英宗被俘,王振被护卫将军樊忠用锤打死,此即所谓"土木之变"。

土木堡的败讯传来,举朝大震,群臣聚哭,莫知所措。有人主张迁都南京,以避瓦剌的兵锋。兵部侍郎于谦怒斥南迁之论,主张固守京师。他急调军队赴京师守卫,又转运通州仓粮入京以备守城。于谦升为兵部尚书,他与大臣拥立英宗弟郕王朱祁钰为帝（景泰帝），以稳定人心，全力抗敌。果然，不久瓦剌也先挟持英宗直逼北京城下，以英宗在手要挟明朝。于谦调22万大军分布于京师九门之外，他亲自率兵在德胜门外，然后关闭各城门，以示背城决以死战。瓦剌军主力进攻德胜门，被打得大败，也先之弟战死。攻其他城门亦失败，也先只有挟英宗退走。英宗在也先手中已无多大用处，于景泰元年（1450）八月，被放回。这次北京保卫战的胜利和英宗的放回，于谦有巨大的功劳。

英宗归来之后，朝廷出现了策划英宗复辟的阴谋活动。景泰八年（1457）正月，景泰帝病危，将军石亨、官僚徐有贞等勾结宦官曹吉祥发动"夺门之变"①，拥英宗复位。强加于谦以"谋逆罪"而诛杀。宦官掌大权，正直官吏多被杀害、贬逐，政治更加腐败。

宦官汪直与刘瑾乱政　明英宗死后，儿子宪宗即位。宪宗信任宦官，在东厂之外另设西厂，命宦官汪直掌管，所领官校倍于东厂，掌东厂太监尚铭听其指挥，锦衣卫千户吴绶为其爪牙，权势远在东厂及锦衣卫之上。汪直利用职权，屡兴大狱，任意捕杀臣民，冤死者不计其数。

明宪宗死后，儿子孝宗即位。孝宗注意勤政，政治比较清明。但孝宗死后，儿子武宗即位，年仅15岁，信用宦官。得宠的宦官有刘瑾、马永成、邱聚、谷大用等八人，谓之八党，又号称八虎，而刘瑾最为跋扈。时刘瑾掌司礼监，邱聚掌东厂，谷大用掌西厂，互为声援，势倾中外。刘瑾又矫诏设立内厂，由自己管领，比东、西厂更残酷。刘瑾先后专权五年，完全侵夺了内阁权力，朝廷大政不由内阁，而在刘瑾私寓办理。当时内外所进章奏有红、白二本（按纸色区分），先送刘瑾者，号红本；然后上通政司者，号白本。刘瑾又矫诏令吏、兵二部，凡遇进退文武官员，必先于刘瑾处详议。因而，吏、兵二部用人之权，也由刘瑾所操纵。刘瑾专权时期，整个明朝官僚集团贪污成风，吏治败坏到了极点。刘瑾的家财有金1200余万两，银2亿5000余万两，只此银子一项即相当于明朝60年的国税收入。

世宗修道与严嵩当国　明朝中期，世宗的年号是嘉靖，他在位45年，虽不重用宦官，但崇奉道教对于政治造成的危害十分严重。他信用方士，妄求长生，欲成神仙，登位不久，即于宫中，日事祷祀。先是召道士邵元节入京，封为真人，拜为礼部尚书，宠信十五六年。邵元节死后，又大宠方士陶仲文，也封为真人，授为礼部尚书，并加三孤（少师、少傅、少保）衔，给予伯爵，恩遇20年。自嘉靖十三年（1534）后，世宗即不视朝。嘉靖二十一年（1542），乾清宫里发生宫婢之变，杨金英等宫女十余人，趁世宗熟睡之际，企图把他

---

① 复辟者夺东华门入宫。

勒死,但未成功,均被处死。自此之后,世宗遂移居西苑,不入宫内,益求长生,日夜祷祀。

世宗专意修道,喜好青词。青词是写在青藤纸上的祷词,用来焚化祭天。凡进青词中意者,便能入阁,称为青词宰相。凡辅臣必须力赞修道,并且善写青词,才能得到信任,否则便失帝意而去。世宗又独断自是,拒谏护短,因而直言敢谏者无所容身,只有阿意顺旨者能专宠固位。所以世宗一朝,正直的大臣日少,奸佞之徒日多,以致内阁中倾轧,首辅之争激烈,终至造成奸相柄国。

严嵩在嘉靖年间为首辅最久,影响政治也最大。他做了很多坏事,害了不少好人,成为有名的奸相。严嵩无他才略,唯一意媚帝,用心供奉青词,并日至西苑勤谨伺候。尤善揣帝意,利用世宗护短的毛病,因事挑动帝怒,以倾陷他人。凡攻严嵩者,均被严嵩报复,不是得罪而去,便是被置死地。严嵩窃权谋私,卖官受贿,引用私人遍居要地,四方官员争进贿赂,先后专政14年始败,弄得政治极端黑暗,边防松弛不堪。

庚戌之变 严嵩当权之际,边患严重。嘉靖二十九年(1550)六月,蒙古俺答率军犯大同。大同总兵仇鸾重赂俺答,请求勿攻大同,移攻他处。八月,俺答遂引兵东去,自古北口入犯,长驱至通州,直抵北京城下。时勤王兵四集,仇鸾也领兵来。明世宗即拜仇鸾为大将军,节制诸路兵马。兵部尚书丁汝夔请问严嵩如何战守。严嵩说塞上打仗,败了可以掩饰,京郊打仗,败了不可掩饰,俺答不过是掠食贼,饱了自然便去。因而丁汝夔会意,戒诸将勿轻举。诸将皆坚壁不战,不发一矢。于是俺答兵在城外自由焚掠,凡骚扰八日,于饱掠之后,仍由古北口退去。事后,严嵩又杀执行他的命令的丁汝夔以塞责。因这年是庚戌年,史称"庚戌之变"。

2．土地兼并与赋税加重

土地兼并 明中期以来,土地兼并日趋剧烈,皇室、功臣、贵戚、官僚以及地主富户,无不大肆掠夺土地,造成土地占有日益集中的现象。

皇室占地,称为皇庄。明成祖朱棣为燕王时,曾在北平宛平县建立王庄,即帝位后改称皇庄。仁宗洪熙时,立有仁寿宫庄,又有清宁宫庄和未央宫庄。宪宗即位以后,没收太监曹吉祥在顺义县的土地,作为宫中庄田。后来皇庄越来越多。孝宗弘治时,京畿已有皇庄5处,共占地12800余顷。武宗正德时,先是京畿皇庄有数十处,共占地37500余顷,以后皇庄又增加到300多处,占地当然更多。

至于诸王及勋戚所占有的庄田,又远超过皇庄之数。诸王及勋戚通过种种方式获得土地,其中一种是皇帝赐田。明初赐田之制,亲王不过千顷,勋戚大臣不过百顷。宣宗宣德以后,亲王及勋戚即逐渐通过"奏乞"和"投献"的方式,得到逾额的土地。所谓"奏乞",即是向皇帝要土地,每指某处为"空地"、"荒地",某处为"闲地","退滩地",取得皇帝允许,便可占为己有,实则以这些名义,强占官民田地。所谓"投献",本是指民人将己业自动献给贵族,或因不胜赋役负担,或者为求得庇护,而这样做。但是实际上,投献者多为豪强奸滑之徒,所献并非己业,而将官民田地随意捏作"空闲"交给贵族。明中叶以来,所谓"奏乞"、"投献"不绝于书,诸王及勋戚的庄田不断增广。同时,诸王及勋戚并不以"奏乞"、"投献"土地为满足,又对官民田地直接加以侵占,这类情形更是多见。诸王及勋戚的庄田散布在好多省份,占田总面积极大,如嘉靖年间统计,仅北京附近一带的各类庄田,即达200900余顷。

皇室勋戚之外,一般官僚地主也在大量吞并土地。如嘉靖时首辅严嵩有许多良田,遍布江西数郡,又广置良田美宅于南京、扬州,凡数十处。

随着土地兼并的发展,军屯制度也逐渐破坏了,屯田不是被占于卫所将校,便是被占于豪强地主。如宣宗宣德时,镇守宁夏的宁阳侯陈懋私役军士种田3000余顷。宪宗成化时,大同、宣府等处土地数十万顷,全为豪强所占。由于失掉屯田,兵士无以为生,便纷纷逃亡。据正统三年(1438)统计,逃军积数已达120余万。至弘治、正德年间,天下军屯已是名存实亡了。

土地兼并发展的结果,明政府所掌握的土地数字大大减少。明初全国土地总数为850余万顷,而到弘治十五年(1502),则只有420余万顷,减少了一半,这些土地均被官僚地主兼并隐占而去,因而土地问题成为严重的社会问题。

赋税繁重　明代中期,赋税日益加重。明初"永不起科"的田地,这时也全部征收赋税。明初赋税主要是征米麦,称为本色。其他折征之物,称为折色。从正统元年(1436)开始,明政府把江南的赋税一概折银征收,规定米麦一石折银二钱五分,四石折银一两,共400余万石折成100余万两,称之为金花银。但到了成化二十三年(1487),银米准折率大变,每粮一石征银一两,这样人民的负担无形中增加了三倍。嘉靖三十年(1551),明政府又开始实行"加派",在南直隶、浙江等地加派赋银120万两。此后不久,又在江南地区加派役银40万两,称为"提编"。

在赋税加重中,江浙官田的赋税尤重。自明朝初年,这一地区的官田赋税即重,完全按照私人地租的数额征收税粮。特别是明成祖迁都北京以后,又有许多要转输到北京交纳,运输的消耗和费用均由人民承担。所以,这一地区除正额税粮外,尚有耗米之征,加耗米往往"以一征三"。如永乐时苏州官田粮总额270余万石,而加耗之后达到800余万石。在重额税粮的压榨下,农民不断破产失业。

3. 农民起义

明中期以来,流民已达数百万,散布至十余省。后来相继爆发了农民起义。起义军主要有如下几支。

叶宗留、邓茂七起义 叶宗留,浙江庆元人,早在正统七年(1442),便结聚千余人,进入浙、闽、赣交界山区采银矿。这里是封禁山区,叶宗留等被官军追捕,后出没于浙江、福建、江西边境地区,劫杀豪富,势力日盛。邓茂七,福建沙县佃农,正统十三年(1448),率众杀掉知县起义,自称"铲平王",连下二十余县,并进围延平府(今福建南平市),队伍很快发展到十余万人。但后来这两支起义军都为官军击败,叶宗留、邓茂七相继战死。

刘通、李原起义 这次起义发生在川、陕、豫、鄂四省交界的荆襄山区。这里自明初以来属于禁山,人民被严禁流入。但四方破产的农民仍然冒禁不断流来垦荒开矿。到成化时,这里已汇集流民达 150 万人以上。

成化元年(1465),荆襄流民在刘通(又名刘千斤)、石龙(又名石和尚)等领导下发动了起义,聚众数万。官军前来镇压,刘通被擒杀。石龙率残部退入四川,后亦被杀,起义失败。

成化六年(1470),荆襄流民又在刘通的部下李原(绰号李胡子)等人的领导下,再度揭起义旗,众至百万。明政府调动大军 25 万,分兵八路围攻起义军。次年,李原等兵败被俘,解送北京处死。至此,荆襄流民起义完全被镇压下去了。

刘六、杨虎起义 刘六(刘宠)、刘七(刘宸),河北文安人。杨虎,河北交河人。他们最初是劫富济贫,被称为"响马盗",后于正德五年(1510)十月,在霸州(今霸县)举行起义,有众数千人。文安县生员赵镰也加入农民军中。次年,农民军扩大到数万人,分为两支活动。刘六、刘七、齐彦名等为一支,主要在山东、河北一带活动;杨虎、刘惠(又称刘三)、赵镰(绰号赵疯子)等为一支,主要在河南一带活动。杨虎一支先是在渡小黄河(黄河故道)时,受到明军袭击,杨虎不幸翻船溺死,众推刘惠为首,赵镰为副。刘六一支曾三次威胁京师,有五六万人,正德七年,明政府大举镇压农民军,刘惠与赵镰相继死去,河南农民军失败。刘六等势力孤单,遂走湖北,在黄州(湖北黄冈)兵败,投水而死。刘七与齐彦名夺舟入江,顺流东下,直至南通州(江苏南通市)。后齐彦名战死,刘七也中箭溺死。刘六、杨虎所领导的农民起义,至此失败。

4. 张居正改革

明朝镇压了农民起义后,各种社会矛盾依然存在,并且在继续发展。在这种情况之下,出现了张居正的改革,以求缓和社会矛盾,挽救明朝的统治。

张居正(1525—1582),字叔大,号太岳,湖北江陵人。隆庆元年(1567)入内阁,隆庆六年(1572)为内阁首辅。他成为内阁首辅时,隆庆皇帝已死,新即位的万历皇帝年仅10岁。张居正是中国历史上著名的政治家,自出任内阁首辅,先后执政10年,尽力辅佐小皇帝,以天下为己任,实行种种改革,比较重要的有下列几项:

整顿吏治 在整顿吏治方面,张居正提出有名的"考成法",规定六部、都察院各衙门,凡属应办的公事,都要根据事情缓急,立定期限办理,设置文簿登记存照,依限办完注销。又另造文册二本,一本送六科(六部的监察机关)备注,实行一件,注销一件;一本送内阁查考。若地方抚(巡抚)、按(巡按)行事迟延,则部院纠举;部院注销文册有弊,则六科纠举;六科奏报不实,则内阁纠举。明朝本有考核成宪,但年久因循,虚应故事,已成空文。张居正的为政方针是:"尊主权,课吏职,行赏罚,一号令"和"强公室,杜私门"①。考成法实施以后,法必遵行,言必有效,一时大小官员皆不敢玩忽职守,一切政令"虽万里外,朝下而夕奉行"②,往昔因循苟且之风为之一变,行政效率大为提高。

整饬边防 在整饬边防方面,张居正支持王崇古的建议,改善同蒙古的关系,封蒙古俺答汗为顺义王,命名其城为归化城(今呼和浩特),并在大同等地设立茶马互市,与蒙古进行贸易。又调抗倭名将戚继光镇守蓟门,用李成梁镇守辽东。俺答受封以后,约束各部不来犯边,于是西北边塞安宁,20余年没有战争。戚继光在蓟门16年,因受张居正倚重,得以展布才能,经营规划,守备强国,边境无事。李成梁在辽东屡战却敌,多所立功,至封伯爵。

兴修水利 在兴修水利方面,张居正用治河专家潘季驯治理黄河、淮河,使河水不再入淮,大大减少了水灾,保障了农业生产,多年弃地得以变为良田。

清丈田地 清丈田地是整顿赋役的一项措施。明中叶以来,官僚贵族及豪强地主大量占有田地,又以种种手段,隐瞒田地与人口,逃避赋税和徭役。相反,小民不但不能逃避赋役,而且官僚地主所逃的赋役,官府还要摊派给小民负担。因而,"小民税存而产去,大户有田而无粮"③,赋役不均是个严重问题。针对这个问题,张居正提出在全国清丈田地,凡各府、州、县的勋戚庄田、民田、屯田、职田等等,一律重新丈量。此项工作由户部尚书张学颜主持进行,开始于万历六年(1578),告竣于万历九年(1581)。田地清丈

---

① 《张文忠公全集》书牍二八《答陆五台书》,《明史》卷二一三《张居正传》。
② 《明史》二一三《张居正传》。
③ 《明世宗实录》卷二〇四。

的结果,总计全国田地为7013976顷,比弘治时增加了300多万顷。这个数字有浮夸之处,因为有些官吏改用小弓丈量田地,以求增加田额。但这个数字中确有增加的部分,即清查出了一部分豪强地主隐瞒的田地,有利于抑制地主逃税现象,改变赋税不均状况。

一条鞭法 一条鞭法是整顿赋役的最重要的措施,主要是解决"役"的征收问题。

明初的赋役制度是赋和役分别征收。赋是以土地为对象征收的,按田亩计算;役是以人为对象征收的,又分为按户和按丁征收两种。按户所征的役,叫做里甲,按丁所征的役,叫做均徭。在征收的内容上,主要是征收实物和劳役,实物和劳役折银的只是小部分。这种赋役制度是和商品经济的不发展相联系的。在封建的自给自足的小农经济之下,商品经济极不发达,封建政府所需要的各种物资和劳役,不能通过市场交换来满足,只有直接向人民征取。但是明中叶以后的社会经济情况有所变化,一是土地兼并在猛烈地发展,一是商品经济在迅速地发展。在这种情况下,旧的赋役制度不能不改变,一条鞭法便应运而生。在嘉靖十年(1531)时就出现了一条鞭法,当时只在局部地区推行。到了万历九年(1581),张居正把一条鞭法作为全国通行的制度,大力推广。不久,一条鞭法就在全国普遍实行了。

一条鞭法的主要内容是:"总括一县之赋役,量地计丁,一概征银,官为分解,雇役应付。"①可以概括为如下几点:第一,一概征银,田赋和力役都折银征收。这样就取消了力役,由政府雇人充役。第二,把一部分力役摊入田赋征收。把过去按户按丁征收的力役改为折银征收,称为户丁银。有的地方将户丁银全部摊入田赋征收;有的地方将户丁银的大部分摊入田赋征收,小部分仍然按丁征收;有的地方将户丁银的大部分仍然按丁征收,而小部分摊入田赋征收;有的地方则将户丁银按田赋和按丁平均分配。总之,一条鞭法还没有把力役全部摊入田赋,只是部分地摊入田赋。第三,归并和简化征收项目,统一编派。把过去对各州县征收的夏税、秋粮、里甲、均徭、杂役以及加派的贡纳等项统统折成银两,合并为一个总数,一部分按丁摊派,一部分按田赋摊派。第四,赋役的征收解运,由过去的民收民解(即由里甲办理),改为官收官解(即由地方政府办理)。

一条鞭法主要有三点进步意义:第一,将力役部分地摊入田赋,有利于减轻农民的负担。因为在封建社会里,土地的多数总是在地主一方,而户丁的多数总是在农民一方,现在把户丁银的一部分摊入田赋征收,自然就相对地减轻了农民的负担。第二,把力役改为折银,这就使农民摆脱了一部分封

---

① 《明神宗实录》卷二二〇"万历十八年二月"。

建国家的劳役束缚,对封建国家的人身依附关系有所松弛。第三,赋役一概征银,这就反映了商品经济的发展,而又反转来促进了商品经济的发展。

六、明中后期社会经济的发展与资本主义萌芽

1. 农业与手工业的发展

农业 在农业方面,这时水稻产量较前有了提高,一般稻田亩产二石到三石,个别地区达到五六石。这时有玉米、番薯等高产作物自外国传入。玉米(又称玉蜀黍)的原产地是美洲,在 16 世纪,由几条渠道传入我国。到了明朝末年,玉米的种植已达十余省,如有浙江、福建、云南、广东、广西、贵州、四川、陕西、甘肃、山东、河南、河北等地。番薯(又称红薯,俗称地瓜)的原产地也是美洲,大约在万历年间,分别由菲律宾、越南、缅甸传入我国。首先种植番薯的是福建、广东和云南,不久浙江也引进番薯,此后番薯的种植逐渐推广。番薯产量很高,每亩可得数千斤,所以传布很快。

这时农业经济作物的种植面积在日益扩大。棉花的种植已"遍布于天下,地无南北皆宜之"①。江苏的松江以及河南、河北、山东、山西、陕西的一些地方,已经成为著名的产棉区。松江有地 200 万亩,大半植棉,棉田不下百万亩。美洲的烟草在明中后期由菲律宾传入,先传至福建、广东,以后渐及长江流域等地。到了明朝末年,北方也多种植烟草。美洲的花生在明中后期也传入我国,种植于江苏、福建、浙江等地。花生是重要的油料作物,它的传入有很大意义。又桑树、甘蔗以及蓝靛(一种深蓝色染料作物)的种植也很兴旺,浙江湖州和四川阆中都是种植桑业中心,福建和广东盛产甘蔗,四川和浙江也产甘蔗,福建和江西则是蓝靛种植最多的地方。

手工业 在手工业方面,纺织业、冶铁业、制瓷业等有了新的发展。

这时棉纺织业已成为非常普遍的家庭手工业。松江地区的棉纺织业最为发达,浙江嘉善县的纺纱织布也很有名,当时有"买不尽松江布,收不尽魏塘(嘉善县治所)纱"之谣②。棉纺织业的生产工具也大有改进。如去籽用搅车,工效大为提高,使用句容式搅车生产,一人可抵原来四人。使用太仓式搅车生产,两人可抵原来八人。弹弓原来是竹弓绳弦,这时改为木弓蜡丝弦,振动力加大了。元代的纺车仅有三个锭子,这时的纺车有四个锭子,甚至江西乐安的纺车有五个锭子。

丝织业也比以前更加发展。苏、杭二府是全国丝织业的中心区,山西潞

---

① 徐光启《农政全书》卷三五引丘浚《大学衍义补》。
② 《浙江通志》卷一〇二《物产二》引万历《嘉善县志》。

安府的丝织业也闻名全国。这时用的织机有腰机和提花机。最值得称道的是提花机,它的结构复杂,提花技术巧变百出,能够织出各种繁杂的花纹,鲜艳美观。

这时冶铁技术有突出的进步。炼铁不仅普遍用煤,而且使用焦炭。鼓风已经应用装有活塞、活门的木风箱,这是当时世界上最先进的鼓风工具。炼铁炉的容量也增大了,如河北遵化的大铁炉,高1丈3尺,每炉可容矿砂2000多斤。

这时制瓷业,尤其是景德镇的制瓷业,技术多有革新。如瓷器施釉法改进了,用吹釉法代替蘸釉法,施釉更加均匀光泽。彩色瓷器也发展了,明初已有精美的青花瓷,这时又有斗彩(釉上釉下争美)、五彩(多种颜色)等新产品,这就为清代彩瓷的发展奠定了基础。这时印刷业也有进步,已经应用铜活字印书了。

2. 商品经济的发展

在农业和手工业生产水平提高的基础上,明中叶以后,商品经济有了很大的发展,已经超过了以前任何时期。商品经济的发展主要表现在以下一些方面。

农产品和手工业品商品化　这时粮食、棉花、生丝、食盐、烟草、绸缎、棉布、瓷器及其他各种手工艺品都成为主要的商品,其中松江的棉布"衣被天下",苏州的绫罗纱缎"转贸四方",景德镇的瓷器在全国东西南北"无所不至"。

工商业城市的繁荣　这时全国性的工商业城市,首推北京与南京,人口皆在百万以上。手工业发达的城市,如松江是棉织业的中心,苏、杭二州是丝织业的中心,芜湖是染业的中心,铅山(今属江西)是造纸业的中心,景德镇是拥有数十万人的瓷都。此外,浙江的湖州、山西的潞安和西北的兰州等地,都是纺织业的中心。山西的平阳、河北的遵化、广东的佛山,都是冶铁业的中心。至于商业大城市更是多到三十余个,散布在长江两岸、运河两岸、东南沿海及其他地区。北方的工商业城市比较少,南方则占了绝大多数。明代城市经济的发展,显然是南北不平衡的。

商业资本的活跃　由于工商业的发展,商业资本也非常活跃,在全国出现了更多的商人,他们在各地设立会馆,组织各种商帮。其中最多的是徽商,其次是晋商、江右商,再次是闽商、粤商、吴越商、关陕商。他们之中大多数都是中小商人,但也有拥资数万、数十万至百万的大商人,这些商人贩卖各种农产品及手工业产品。

以银为货币　随着工商业的发达,银代替了钱、钞(纸币),成为市场上流通的主要货币。这时朝野上下普遍用银。民间不仅大的交易用银,小的交易也都用碎银。明政府的田赋、徭役,工商业税、海关税乃至官吏俸禄、国库开支,也大都是以银折价,以银计算。

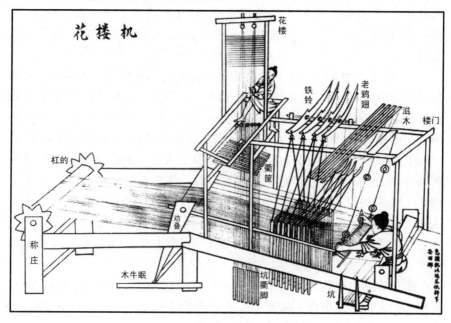

花楼机

3.资本主义萌芽

所谓资本主义萌芽,即资本主义生产关系开始产生,当然还很微弱,只是在封建社会内部稀疏地存在着。

明代后期,资本主义萌芽已在某些地方某些手工业中出现,如在苏州丝织业中最为明显。

当时,苏州是江南丝织业的中心,已经出现了很多机户,专以机织为生,并且存在着机户雇佣机工从事生产的情况。这里的机户有多少不详,但知总共使用机工数千人之多。这些机工"得业则生,失业则死",已是完全没有产业的人,专赖出卖劳动力为生。他们都是"自食其力之良民",即是具有人身自由的人。机户与机工的关系"机户出资,机工出力",这显然是一种新的自由雇佣关系。在这种雇佣关系之下,如果有的机户雇工较多,扩大了生产,那便是资本主义的经营了。明人冯梦龙在小说《醒世恒言》中,写了一个施复发家致富的故事。施复是嘉靖年间苏州盛泽镇上的小机户,夫妻两口辛勤经营,原本只有一张织绸机,后来扩大到了三四十张织绸机。像施复这样的机户,可以称得上是工场手工业主了。施复虽是小说里的人物,但他的发家故事却来源于当时的现实社会。实际施复式的人物,也的确见于当时的明代社会。如明人张瀚在《松窗梦语》中,记其祖上在成化末年,由购机一张增至二十余张,这也是工场手工业主。张瀚祖上的发家是在杭州,这说明在杭州的丝织业中,也有工场手工业出现。总之,明代后期,在苏、杭,特别是在苏州的丝织业中,已有资本主义的工场手工业出现。

此外,资本主义的生产关系也见之于其他手工业部门。如在松江棉布袜制造业中,即存在着包买商形式的资本主义经营。自万历以来,这里有暑袜店百余家,店主将料分发给当地"男妇",令其为之生产暑袜,诸"男妇"各回家中做成暑袜,然后从店中领取报酬。暑袜店的店主显然是包买商,诸"男妇"变成在自己家中替店主生产的雇佣工人。在浙江嘉兴县石门镇的榨油业中,也有资本主义生产关系的记载。该镇有油坊 20 家,共有雇工800 余人,平均每家 40 余人,对雇工按日计工资。这样的油坊可以看作资本主义性质的工场手工业了。又在广东韶州、惠州等处的冶铁业中,也有资本主义性质的经营方式。在云南的铜矿业中,也存在着资本主义性质的生产。

明代后期出现的资本主义萌芽,还只是个别的零散的现象。尽管如此,封建社会内部毕竟出现了属于未来社会的新的生产力和生产关系的萌芽,这表明当时的社会已经处在封建制社会的末期了。

七、明朝的对外关系

1. 郑和下西洋

郑和原姓马,小字三宝,云南昆阳州(今晋宁)人,回族,世奉伊斯兰教。12 岁入燕王朱棣藩邸,为宦者。朱棣称帝后,升为内官监太监,赐姓郑。世称"三保(三宝)太监"。郑和有才能,又是伊斯兰教徒,时南洋诸国多奉伊斯兰教,因之成祖欲遣人前往,郑和便入选。明代以婆罗洲(今加里曼丹)以东为东洋,以西为西洋。郑和所到之处大都在婆罗洲以西,所以称为郑和下西洋。

下西洋的原因 明成祖命郑和下西洋的原因,主要是为了宣扬明朝的国威,扩大明朝在海外的政治影响,招致各国来朝来贡。其次,也是为了发展海外贸易,尤其是朝贡贸易,让各国以朝贡的形式来中国做买卖。或说郑和航行的目的在于追寻建文帝的踪迹。当然建文帝的下落不明,在明成祖不能没有疑问,郑和兼有这样的使命也未可定,然而这决不是郑和下西洋的主要目的。

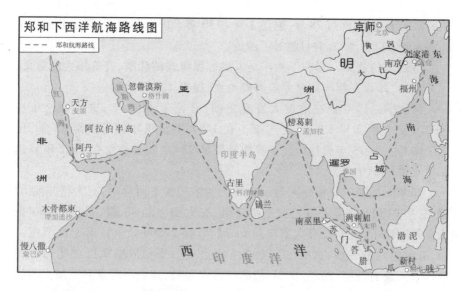

郑和下西洋航海路线图

- - - - 郑和航海路线

下西洋的经过　郑和奉命出使西洋,从永乐三年(1405)至宣德八年(1433),凡七次。第一次在永乐三年(1405)冬至永乐五年(1407)九月,第二次在永乐五年冬至永乐七年(1409)夏末,第三次在永乐七年九月至永乐九年(1411)六月,第四次在永乐十一年(1413)冬至永乐十三年(1415)七月,第五次在永乐十五年(1417)冬至永乐十七年(1419)七月,第六次在永乐十九年(1421)春至永乐二十年(1422)八月,第七次在宣德六年(1431)十二月至宣德八年(1433)七月。

　　郑和船队所到的主要地方有:渤泥(今加里曼丹南端马六甲)、满剌加(今马来半岛南端马六甲)、彭亨(在今马来半岛)、苏门答腊、旧港(今苏门答腊岛巨港)、三佛齐(今巨港一带)、爪哇、苏禄(今菲律宾苏禄群岛)、占城(今越南南部)、真腊(今柬埔寨)、暹罗(今泰国)、榜葛剌(今孟加拉)、古里(今印度西海岸科泽科德)、小葛兰(今印度西海岸)、锡兰山(今斯里兰卡)、溜山(今马尔代夫群岛)、忽鲁谟斯(今霍尔木兹,属伊朗)、阿丹(今亚丁)、天方(今麦加)、木骨都束(今非洲东岸,索马里摩加迪沙)、卜剌哇(今索马里的布腊瓦)、竹步(今索马里的朱巴河口一带)、麻林(今肯尼亚的马林迪)。总之,从1405年到1433年,郑和率

郑和航海船队

领船队七下西洋,前后 28 年,遍访了亚非 30 多个国家和地区,最远处到达了非洲东岸和红海海口,并且越过了赤道。

下西洋的意义 郑和下西洋是人类征服海洋的壮举,有着伟大的意义。

第一,郑和下西洋在世界航海事业上,做出了巨大贡献。

郑和下西洋发生在地理大发现之前,开始于 1405 年,这比哥伦布在 1492 年到美洲要早 87 年,比迪亚士在 1487 年发现好望角要早 82 年,比达·伽马在 1498 年到达印度卡里库特要早 93 年,比麦哲伦在 1521 年到达菲律宾要早 116 年。

郑和下西洋的规模是无与伦比的。如第一次下西洋时,有大型宝船 62 艘,官兵 27800 余人。第三次下西洋时,有大型宝船 48 艘,官兵 27000 余人。第四次下西洋时,有大型宝船 61 艘,官兵 27500 余人。第七次下西洋时,有宝船六十一艘,官兵二万七千五百余人。郑和的船队以宝船为主构成,此外,还有马船、粮船、坐船、战船等许多船只,这是当时世界上最大的船队。郑和的宝船大者长 44 丈 4 尺(合 138 米多),阔 18 丈(合 56 米)。这种宝船有 9 桅,张 12 帆,"体势巍然,巨无与比,篷帆锚舵二三百人莫能举动"[①]。这是当时世界上最大的船只。而达·伽马去印度仅有 4 船、约 160 人,哥伦布去美洲仅有 3 船、80 余人,麦哲伦去菲律宾仅有 5 船、260 余人,这和郑和的船队相比,真是小巫见大巫。郑和七下西洋的结果,打通了从中国到东非的航路,把亚、非的广大海域联成一气,这是地理大发现之前人类航海史上的伟大成就。

第二,郑和下西洋的结果,扩大了中国同亚、非各国的和平交往,发展了中国同亚、非各国的经济文化交流。郑和下西洋是和平进行的,没有征讨和杀伐,有之完全出于自卫。如旧港王陈祖义是华侨,经常劫掠过往船只,又谋劫郑和的船,郑和即擒陈祖义携归,陈祖义伏诛。又郑和至锡兰山,国王亚烈苦奈儿发兵前来劫船,郑和即生擒亚烈苦奈儿并携至北京,明成祖又放其归国。郑和的船队在所到之处,首先向国王、头人等,宣读皇帝诏书,赏赐大量物品,然后即展开贸易活动,甚至派小船往偏僻去处贸易。如在古里,按当地习惯交易,货物议价以拍掌为定,以后价有贵贱,再不改悔。又在祖法儿(在阿拉伯半岛南岸),其国王遣头目遍谕国人,皆以乳香、苏合油之类来交换丝绸、瓷器等物。郑和的船队总是满载货物往返,主要以中国的手工业品换取各国的土特产品,载出的手工业品有丝绸、瓷器、铁器、铜钱等等,载归的土特产品有奇货重宝及珍禽异兽等,如珍珠、珊瑚、宝石、香料、麒麟(长颈鹿)、狮子、驼鸟之类。因为所载都是珠宝财货,所以郑和的船被称为

---

① 巩珍:《西洋番国志·自序》。

"宝船"。

郑和开始下西洋后,亚、非各国多遣使来中国建交及进行贸易。如1415 年(永乐十三年),东非麻林国遣使来献麒麟,一时轰动京师。麒麟被中国视为吉祥之物,永乐皇帝亲御奉天门受礼,文武大臣莫不称贺。1417 年(永乐十五年),苏禄东王、西王和峒王三王各率人抵京,凡 340 余人,受到永乐皇帝隆重接待。东王在归途中死于山东德州,永乐皇帝命为之建墓立碑。东王墓至今犹保存完好。1423 年(永乐二十一年),忽鲁谟斯等十六国使者来京,凡 1200 人,一时使者盈满朝廷。自郑和下西洋后,中国人民到南洋去的日益增多,把中国进步的生产技术和手工业品带到南洋各地,对南洋的开发起了巨大作用。

第三,郑和下西洋开拓了中国人的眼界。随从郑和航行的马欢著有《瀛涯胜览》,费信著有《星槎胜览》,巩珍著有《西洋番国志》,记载了所经各国的情况,丰富了中国人的海外地理知识。又郑和下西洋时绘有航海图,原名《自宝船厂开船从龙江关出水直抵外国诸番图》(见明茅元仪《武备志》卷二四〇),一般简称为《郑和航海图》。此图蜚声中外,其中虽有一些错误,但至今仍有重要价值。

2. 倭寇之患

倭寇的侵扰 倭是当时对日本的通称。明朝初年,日本正处于分裂混战的南北朝时期,一些封建主为了取得财富,便组织许多武士、浪人和商人,结成武装集团,到中国沿海一带进行走私贸易和劫掠骚扰,被称作倭寇。

倭寇先是侵扰山东,以后渐次南下,经江苏、浙江而达于福建、广东沿海,所在出没无常,忽来忽去,杀伤居民,掠夺财货。但在明朝初年,由于沿海加强海防,倭寇不敢肆虐,没有酿成大患。倭寇为患最烈的时期,是在明世宗嘉靖年间。那时奸臣严嵩当权,政治极其腐败,海防松弛。如明初沿海防倭各军,每卫约五千余人,至此无一足额,甚至仅余一半,惟余老弱。沿海防倭战船也多年失修,存者仅十之一二。因此倭寇所至,无力抵御。另外,中国沿海地区也由于工商业的发达,许多土豪大家、富商巨贾都私自出海贸易,或与倭寇相勾结。在走私贸易中,又出现一些亦商亦盗的海盗集团,如著名的头子有许栋(徽州歙县人)、李光头(闽人)、汪直(或作王直,徽州歙县人)、徐海(徽州人)等,莫不建造巨舰,结穴于海中岛屿,不仅从事武装走私,又兼行劫掠活动,而且勾引倭寇劫掠。由于这些原因,所以倭寇更猖獗。

嘉靖三十二年(1553),倭寇与汪直、徐海等勾结,率战舰数百艘,分路进扰浙东、西及江南、北,沿海数千里同时告警。嘉靖三十四年,倭寇流劫数省,并深入内地,攻掠徽州、芜湖、南京,所至掘坟墓,掳妇女,杀掠甚惨。有一股倭寇不过72人,自浙江严州、衢州,过江西饶州,历徽州等地,而至南京。南京明军与之接战,死者八九百人,此72人不折一人而去。南京十三门紧闭,大小官员皆登城守门,全城百姓也被点上城,虽然倭寇已退走,犹不敢解严。明朝官吏和官军的腐败无能,于此可见一斑。

戚继光、俞大猷平倭寇　正当倭寇问题长期得不到解决的时候,明军中有两位抗倭名将出现,这就是戚继光和俞大猷。他们招募训练新军,依靠人民的支持,终于讨平了倭寇。

戚继光像

戚继光,山东登州(今蓬莱)人,原在山东防倭,嘉靖三十四年(1555),奉调到浙江,镇守台州(今浙江临海)等地,不久升为参将。戚继光见卫所兵不习战,乃招募农民和矿夫3000人,组成一支新军,亲自练成精兵,人称为"戚家军"。他又针对江南的地形及倭寇活动的特点,创造了一种鸳鸯阵法,将兵士12人分为一队,用长短兵器相配合,以便于短兵相接,有效地杀伤倭寇。嘉靖四十年(1561),倭寇大举侵袭台州,焚掠海边的桃渚、圻头。戚继光率军与战,连战皆捷,全部歼灭倭寇。浙东的倭寇之患被扫除。随后,福建方面的倭寇又猖獗起来,戚继光又奉命入闽剿寇。时福建倭寇结大营于宁德的横屿、福清的牛田、兴化(今莆田)的林墩,互为声援。戚继光首先破横屿,又乘胜破牛田,然后袭破林墩,痛歼倭寇。倭寇三大巢穴全部荡平,戚继光班师回浙。不久,新倭又大量来到福建,攻陷兴化城,占据平海卫(在兴化城东南临海处)作为巢穴。明廷鉴于情势严重,升副总兵俞大猷为总兵,升参将戚继光为副总兵,驰赴福建救援。在此之前,广东总兵刘显也已奉命入闽。嘉靖四十二年(1563),戚继光率军赶到,与俞大猷、刘显合力进攻平海卫,戚家军首登敌垒,其他两军相继突入,遂大败倭寇,攻克平海卫,接着收复兴化城。事后,戚继光升为总兵,俞大猷调入广东。嘉靖四十三年(1564),戚继光再败倭寇,福建倭寇完全平定。

福建倭寇平定后,广东倭患转烈,有倭寇二万余人,侵扰潮州、惠州一带。嘉靖四十三年,明廷任命吴桂芳提督两广兼理巡抚,又命俞大猷为广东总兵,负责剿倭。在吴桂芳的支持下,俞大猷招收山区农民及矿夫组成新军,又调集许多官兵,先后大战于海丰等地,将倭寇擒斩殆尽。于是广东的倭寇也被肃清了。至此,东南沿海的倭患完全解除,抗倭斗争取得了最后胜利。

3．援朝抗日

16世纪下半叶，日本已逐渐由纷争割据走向统一局面。后来，日本关白（宰相）丰臣秀吉战胜其他诸侯，完成了日本的统一。为了满足封建主与商人的要求，丰臣秀吉积极从事海外扩张，企图占有朝鲜，并借朝鲜为跳板，以侵略中国。

1590年（万历十八年），丰臣秀吉曾致书朝鲜国王李昖，要求假道朝鲜进攻明朝，并要朝鲜国王率兵作为前导，书中说道："吾欲假道贵国，超越山海，直入于明"，"秀吉入明之日，王其率士卒，会军营为我前导"①。当然，朝鲜国王没有听从其计。1592年（万历二十年），丰臣秀吉遣小西行长、加藤清正率军十余万，战舰数百艘，侵入朝鲜，攻破釜山，连下王京（汉城）、开城、平壤诸地，"朝鲜八道几尽没，且暮且渡鸭绿江"②。朝鲜国王李昖逃到鸭绿江边的义州，遣使向明朝求援。这年年底，明朝即派宋应昌为经略，李如松为东征提督，统领援军过鸭绿江。1593年，在朝鲜军队的配合下，明军进攻平壤，打败日本最精锐的小西行长部队，光复平壤。平壤大捷对于战争胜利有决定性意义。不久，明军与朝鲜军队又收复开城，随后又恢复王京及汉江以南千余里的疆土。残败日军退据釜山。

正当胜利之际，明朝兵部尚书石星力主议和，遂与日本和谈，撤兵而归。丰臣秀吉则假意和谈，准备卷土重来。最后明朝上当，遣使至日本，封丰臣秀吉为日本国王，丰臣秀吉不受，于是和谈破裂。1597年（万历二十五年），明朝再派兵部尚书邢玠率军入朝抵抗。在明军与朝鲜军合力战斗之下，日军又遭受到很大的挫折。次年，丰臣秀吉死，中朝军队趁机反攻，日军入海逃走，明将陈璘督水师邀击于釜山南海，日军死伤无数，余者狼狈逃去。在这次海战中，明朝老将邓子龙与朝鲜民族英雄李舜臣也壮烈牺牲。日本侵略朝鲜七年，至此以失败而告终。

万历时的援朝战争，是反对日本侵略军的正义战争，它在中朝两国友谊史上，写下了光辉的一页。

4．西方殖民者的入侵

公元15、16世纪，西欧处于资本主义萌芽和成长时期。欧洲的商人、探险家及传教士们，都希望到东方来进行贸易与殖民活动，尤其希望到中国和印度。

葡萄牙占据澳门　最先来到中国的是葡萄牙殖民者，当时明朝称之为佛郎机。

---

①②　黄遵宪:《日本国志》。

正德十二年(1517),葡萄牙殖民者首先抵达广东屯门岛(今深圳市东南头附近),并在此建筑堡垒,大造火铳,杀人抢船,掠卖良民。正德十六年(1521),明军收复屯门岛,逐走葡萄牙殖民者。

葡萄牙殖民者屡次被逐,总是不肯从中国离去,最后终于占据了澳门。澳门是广东香山县(今中山市)南端(今珠海市南)的一个小半岛,又称香山澳,也称濠镜澳。明朝原在广州设置市舶司,以管理广东对外贸易事宜。后来广东市舶司屡易地方。嘉靖时,移于澳门。从此澳门便成为广东对外贸易的中心。嘉靖三十二年(1553),葡萄牙殖民者托言商船遇到风涛,请求在澳门晾晒货物,贿赂明朝海道副使汪柏允准,遂得入据澳门。葡萄牙殖民者在澳门,开始不过搭棚栖息,不久渐次筑室居住,聚众至万余人,有庐舍数百区,或千区以上。又在澳门半岛以北的青洲建立大教堂,后来又借口防御荷兰人来攻,公然在澳门建筑城墙。葡萄牙殖民者以澳门为基地,从事公开及走私贸易,贩进运出各种货物,每年得利无算。

葡萄牙殖民者得以窃据澳门,完全是明朝地方官吏及朝廷腐败姑息的结果。但明朝政府并未将澳门地方让与葡萄牙殖民者,中国澳门的主权仍在,葡萄牙殖民者每年缴纳地租银五百两,明朝政府每年在澳门征收税银二万余两。

荷兰侵占台湾　17世纪初期,葡萄牙、西班牙的海上势力渐衰,荷兰殖民者的势力突起,掌握了东方海上的霸权,占领了印度尼西亚的爪哇岛及摩鹿加岛(今马鲁古岛)等,同时也把触角伸进中国。万历二十九年(1601),荷兰殖民者首次闯入广东沿海。天启二年(1622),荷兰殖民者占据澎湖。天启四年,福建巡抚南居益派兵收复澎湖,大败荷兰殖民者。荷兰殖民者败走台湾南部,明军未能穷追,从此荷兰人占据了台湾南部。此后不久,西班牙人也占据台湾北部,1642年(崇祯十五年),荷兰击败西班牙人,独占了台湾,直到郑成功时,始被驱逐。

传教士来中国　自从葡萄牙殖民者来到东方,西方传教士也接踵东来。其中最著名的是耶稣会士意大利人利玛窦。利玛窦于万历十年(1582)抵澳门,后在广东及南京、南昌、苏州等地传教。万历二十八年(1600),他同另一耶稣会士庞迪我,由南京来到北京,向皇帝献上天主像、圣母像、圣经、十字架、万国地图、自鸣钟、西洋琴等诸方物。明神宗大喜,即留利玛窦住在北京,于宣武门内赐给房屋,并允许设堂传教,生活所需皆由朝廷供给。此后,利玛窦遂寄居北京凡十年,至万历三十八年病死,年59。明神宗赐葬地于北京阜成门外滕公栅栏,以后这里又建教堂,成为北京传教士公墓。

利玛窦在中国传教,根据中国情况,开创新的传教方式,取得了很大成功。他的传教方式,主要有三条。第一,走上层路线,与官僚士大夫交接,结识公卿及大儒学者等,并且争取皇帝的支持,因而得以在中国立足。第二,随从中国风尚,以减少传教的阻力。如学习中国语言,读儒家书籍,改穿儒服,又以儒家经典来解释基督教教义,力图说明基督教教义与儒家思想相通,甚至不惜修改教规,允许教徒祭天、祭祖、拜孔等。第三,介绍西方先进的科学技术知识,以此作为传教的门径,由于这些科学知识有益于实用,可补中国之不足,因而得以取信于士大夫,见重于当局,徐徐引人入教。

除利玛窦外,明末来中国的著名传教士还有意大利人熊三拔、艾儒略,日耳曼人汤若望,瑞士人邓玉函,西班牙人庞迪我等。这些传教士大都遵循利玛窦所开创的方法,在中国各地传教。至明朝末年,全国各重要地方几乎莫不有教堂,教徒已不下数万人。到了清初,教徒更增至15万人。

除了传教以外,耶稣会士还传入了西方的科学技术知识,主要有天文历法、数学、地理学、物理学、火器制造等。这些科学知识的输入,对于当时中国社会经济文化的发展起了一定的促进作用,对于中国士大夫阶层中的少数先进分子,起了一种唤醒的作用。可惜这些科学知识仅能为少数人所认识和接受,如徐光启、李之藻等近代科学的先驱者;而未能在广大社会上引起反响,没有发挥应有的作用。

八、满族建国

1. 努尔哈赤建立后金

女真三部　满族的前身是女真族。女真族在明初分为建州女真、海西女真、野人女真三大部。明中叶以后,三大部女真不断迁徙,到努尔哈赤起兵以前,按地域分作建州、长白、东海与扈伦四大部分。建州所属有五部,即哲陈部、浑河部、苏克素护河部、董额部、完颜部(王甲部)。长白所属有三部,即珠舍哩部、讷殷部、鸭绿江部。此建州五部和长白三部,就是过去的建州女真,分布在抚顺以东至鸭绿江、长白山一带。东海所属有三部,即渥集部、瓦尔喀部、库尔哈部。此东海三部就是过去的野人女真和其他少数民族,分布在黑龙江流域直到东海

努尔哈赤像

之滨。扈伦所属有四部,即哈达部、叶赫部、乌喇部、辉发部。此扈伦四部就是过去的海西女真,分布在辽宁开原、铁岭东至吉林地区。当时女真族各部皆称王争长,互相攻杀,甚至骨肉相残。在这种混战的局面之下,人们逐渐产生了统一女真各部的要求,努尔哈赤就成为实现这一历史要求的英雄人物。

统一女真各部 努尔哈赤是明初建州左卫都督、女真酋长猛哥帖木儿的后裔,姓爱新觉罗氏。“爱新”是满语“金”的意思,“觉罗”是“族”的意思,所谓“爱新觉罗”即金朝的遗族。因为女真族自以为是历史上金国之后,所以便以金为姓。努尔哈赤10岁时丧母,因不堪继母虐待,19岁离家,入山采参至抚顺出售,由于经商关系,得以长住抚顺,能通汉语、识汉字;又精于骑射,骁勇无比,深有政治谋略,长于策划,有军事才能,善于用兵。

努尔哈赤的活动,首先是统一女真各部。努尔哈赤统一女真各部的过程,大致分为三个阶段。第一阶段,征服建州五部。从万历十一年(1583)起,努尔哈赤以祖上遗甲十三副、不满百人起兵,至万历十六年,即统一了五部。万历十七年,明朝晋升努尔哈赤为都督金事。次年,努尔哈赤即亲自入京朝贡及“谢恩”。第二阶段,打败九部联军及合并长白三部。努尔哈赤统一建州五部后,于万历十九年,又兼并长白鸭绿江部,引起其他部族不安。万历二十一年,以叶赫为首的扈伦四部、蒙古三部(科尔沁、锡伯、卦勒察)、长白二部(珠舍哩、讷殷)等九部联军,合兵三万分三路来攻,被努尔哈赤大败于浑河附近,努尔哈赤又乘胜消灭长白珠舍哩、讷殷二部。万历二十三年,明朝又加封努尔哈赤为龙虎将军。次年,努尔哈赤再次赴京入贡及“谢恩”。第三阶段,消灭扈伦四部及东海诸部的大部分。努尔哈赤首先于万历二十七年灭掉哈达,又于万历三十五年灭辉发,于万历四十一年灭乌喇,于万历四十七年(1619)灭叶赫。在兼并扈伦四部的同时,努尔哈赤又先后用兵于东海的瓦尔喀部、库尔哈部、渥集部,统一了东海诸部的主要部分。这样,从1583年至1619年,三十余年之中,努尔哈赤就基本上完成了统一女真各部的事业。

八旗制度 努尔哈赤在统一女真各部的过程中,创立了八旗制度。八旗制度是由女真族氏族社会的一种牛录组织演变而来的。原来女真族凡出征狩猎,每人取箭一支,十人中设一首领,统率九人行进,此首领称为牛录额真。(牛录,汉语“大箭”的意思。额真,汉语“主”的意思。)这种牛录组织不是固定的组织,只是遇到出征及行猎,才临时编制起来,事毕即散。牛录额真也非常设的首领,乃是临时推选的指挥者,事毕即罢职。努尔哈赤起兵之后,征服及来归的女真部族日多,即根据战争的需要和女真族的传统习惯,把原来的牛录组织加以扩充,逐步建立了八旗制度,用以编制女真族人民。万历二十九年（1601），努尔哈赤先建立四旗，以黄、白、红、蓝四种颜色作旗帜，称为黄旗、白旗、红旗、蓝旗。万历四十三年（1615），努尔哈赤于原有四旗外，又增设四旗，共为八旗。增设四旗是镶边的旗，将黄、白、蓝旗帜镶上红边，红色旗帜镶上白边，称为镶黄旗（俗写厢黄旗）、镶白旗（厢白旗）、镶蓝旗（厢蓝旗）、镶红旗（厢红旗）。原有不镶边的四旗，则称为整黄旗（就是整幅的黄旗，俗称正黄旗）、整白旗（正白旗）、整蓝旗（正蓝旗）、整红旗（正红旗）。每一旗内的组织分为三级，三百丁为一牛录，设一牛录额真（汉称佐领）；五牛录为一甲喇，设一甲喇额真（汉称参领）；五甲喇为一固山（即旗），设一固山额真（汉称都统），在固山额真左右，又设两个梅勒额真（汉称副都统），作为副手。

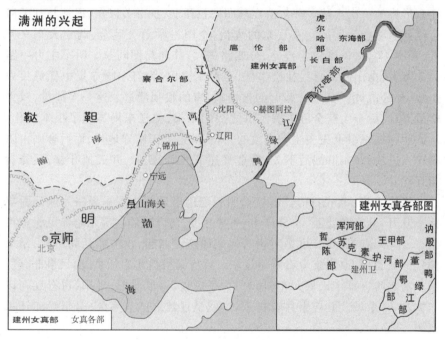

八旗各有旗主，由努尔哈赤的亲近子侄任之，称作八固山贝勒[①]，也称八和硕贝勒[②]。又有八固山额真，是旗主之下的总管大臣，由努尔哈赤的子侄及亲臣担任。努尔哈赤则为八旗旗主之上的最高君长。八旗是军政合一、兵民合一的组织，"以旗统兵"，又"以旗统人"，既是军事组织，又是行政组织和生产组织。凡努尔哈赤麾下的各部族人户都要被编进牛录，受牛录额真的管辖，平时耕猎为民，战时则披甲当兵。

---

① 固山是"旗"的意思，贝勒是"管理众人者"的意思。

② 和硕是"四方之方、四角之角"的意思，和硕贝勒即一方之贝勒。

建立后金 万历四十四年（1616），努尔哈赤即汗位于赫图阿拉（今辽宁新宾西老城），被推尊为"英明汗"，年号天命。数年之后，努尔哈赤又定国号为后金，表示要恢复女真先世完颜阿骨打的事业。不久，国号又称金，或大金。这样，一个新兴的金国政权就在东北地区正式出现了。

萨尔浒之战 努尔哈赤称汗之后，积极准备对明作战。万历四十六年（1618），发布"七大恨"告天征明。"七大恨"中第一条是要报明朝杀父祖之仇，有四条责备明朝援助叶赫防御，另两条指斥明军越境不许满人收割禾稼。这年努尔哈赤亲率步骑 2 万进攻抚顺，明朝将军李永芳出降，于是捣毁抚顺城，掳掠人畜 30 万而归。

万历四十七年（1619），努尔哈赤在萨尔浒山附近，与明军发生了决定辽东形势的一次大战。萨尔浒在赫图阿拉西北，抚顺关以东，浑河与苏子河合流处。明朝为保持它在辽东的统治，企图一举消灭后金，调集大军 9 万人，号称 47 万，以杨镐为经略，分四路进兵，扑向赫图阿拉。明军主力一路为 3 万人，由山海关总兵杜松率领，至萨尔浒山，为努尔哈赤集中优势兵力击败，杜松战死。其他三路有的被击败，有的狼狈溃逃。这一次战役，双方作战五日，后金大获全胜。萨尔浒之战的结果，使辽东局势起了根本变化，从此明朝在军事上失去主动进攻的力量，被迫处于防守地位，而后金则由防御转入进攻，萨尔浒战后不久，后金又连下开原、铁岭，并灭掉叶赫，兵锋直指辽沈。

辽沈之战 萨尔浒之战以后，明朝起用熊廷弼为辽东经略。熊廷弼集兵十几万，分布各要隘，小警自保，大警互援，防守甚固。努尔哈赤见无隙可乘，一年多没有进攻。可是明朝的朝中却谤议四起，攻击熊廷弼不战，结果熊廷弼被罢职，改由袁应泰经略辽东。袁应泰虽然实心任事，而兵事非其所长。努尔哈赤即于天启元年（1621）大举进攻，夺取沈阳、辽阳，占有辽河以东大小 70 余城。袁应泰兵败自杀，这就是辽沈之战。不久，努尔哈赤迁都辽阳。

辽沈既失，明廷大震，再度起用熊廷弼为辽东经略，又用王化贞为辽东巡抚。熊廷弼提出以主力屯驻广宁，以守为主，伺机进攻。这个主张比较正确。但王化贞却要领兵 6 万进战，声言一举荡平辽东。明廷竟然采纳了王化贞的错误主张，而排斥熊廷弼的正确主张。王化贞在广宁拥兵 13 万，而熊廷弼仅有兵 1 万。天启二年（1622），努尔哈赤亲自率兵渡过辽河，明兵一触大溃。王化贞弃广宁而逃。熊廷弼只好焚烧积聚，退守关内。努尔哈赤即轻取广宁。天启五年，努尔哈赤又由辽阳迁都沈阳，后改称盛京。

宁远之战 广宁败后，熊廷弼、王化贞均被逮捕下狱。后来熊廷弼却先于王化贞被处斩，并且传首九边。熊廷弼之死，主要由于阉党魏忠贤欲借熊廷弼为题目倾陷东林党人。天启二年,明朝任用孙承宗为蓟辽经略。孙承宗在任四年,采取袁崇焕的意见,使袁崇焕修筑宁远城,坚守关外200余里地方,又命诸将修筑锦州、大小凌河、松山、杏山等城,开拓地方200余里,几乎收复辽河以西旧地。以后孙承宗被阉党魏忠贤所排斥罢职,明朝任用阉党高第为经略。高第怯懦无能,认为关外不可守,遂尽撤锦州、大小凌河、松山、杏山诸城守兵迁入关内,并要袁崇焕撤出宁远,袁崇焕死守不去。努尔哈赤于天启六年(1626)大举西渡辽河,进抵宁远,用兵13万围城。袁崇焕集兵固守。努尔哈赤屡次督兵攻城不下,城上矢石如雨,并且发炮轰击,金兵损伤甚多,努尔哈赤也受重创。努尔哈赤自起兵以来,战无不胜,攻无不克,唯宁远一城不下,遂大忿恨退回沈阳,这年八月病死。

2. 皇太极改国号为"清"

改国号,称皇帝　努尔哈赤死后,第八子皇太极继承汗位,年号天聪。此时金国已成为塞外大国,人口包括满、蒙、汉三族,疆土东北达黑龙江口,西边至归化城(今内蒙古呼和浩特)以西,南面与明朝锦州、宁远为界。在这种情况下,皇太极已不满足于称金国汗,而想比拟于一统天下的中原皇帝,因此在明崇祯九年(1636),皇太极自称皇帝,改国号为清,改年号为崇德,改族名为满洲。皇太极称清国皇帝,欲进占中原,成为全中国的封建帝王。

皇太极也是一位有作为的君主,他继承和发展了努尔哈赤的事业,对内进行政治改革,逐步建立君主集权制度,积极吸收汉文化,大力推行汉化政策,发展了八旗制度;对外统一了内蒙古,继续南下伐明。

继续伐明　明崇祯帝即位以后,用名将袁崇焕守北边。袁崇焕整顿防务,布置周密,修筑坚城,多置大炮,以守为主,相机出战。这是很正确的方略。皇太极见袁崇焕的坚城难攻,便计划绕道进袭北京。崇祯二年(1629),皇太极亲自率军出动,以蒙古军为向导,从龙井关、大安口入塞,攻破遵化,包围北京。袁崇焕闻讯,自山海关疾驰入援。皇太极非常忌恨袁崇焕,便实行反间计,把俘获的明朝两个太监放回,向崇祯帝报告,说袁崇焕与皇太极有密约,崇祯帝深信不疑,即将袁崇焕下狱,后来处死。皇太极先后攻克遵化、永平、滦州、迁安四城,于次年自率大军退还沈阳。

崇祯九年(1636),皇太极命阿济格等入长城,破昌平,焚天寿山德陵(明熹宗陵),直插保定以南,凡克城12座,俘获人口牲畜18万。崇祯十一年(1638),皇太极又命多尔衮等越过长城,大举深入,连下43城。次年,南下至山东,攻破济南,俘明德王朱由枢,然后出塞,所俘汉人46万余,获白金百余万两。崇祯十四年,皇太极又发大兵南下,围攻锦州。明朝忙派蓟辽总督洪承畴率兵13万人增援。洪承畴主张徐徐逼近锦州,步步立营,且战且守,勿轻浪战。可是朝廷却迫其刻期进兵。洪承畴在松山(今锦县西南)被围,明兵溃散。次年,洪承畴战败被俘,押至沈阳投降。锦州、塔山、杏山(今锦县西南)相继为清军攻陷。又次年(1643)八月,皇太极死,庙号太宗。其子福临继位,是为世祖,年号顺治。因年才6岁,由叔父多尔衮辅政。这时山海关以外几乎都入于清。

九、明后期社会、政治矛盾尖锐

1. 土地兼并与三饷加派

土地兼并　明朝后期,土地兼并更加猛烈,宗室勋戚庄田的规模更大。如万历时,潞王(朱翊镠)有庄田四万顷,神宗也诏赐福王(朱常洵)庄田4万顷,后经群臣力争,始减为2万顷。天启时,桂王(朱常瀛)、惠王(朱常润)、瑞王(朱常浩)及遂平、宁国二公主的庄田皆以万顷计算。山西全省上好的田地,几乎全为宗室所占。河南有72家王子,土地"半入藩府"。宗室勋戚庄田占有土地的总面积,据不完全的估计,天启年间为50万顷。

一般官僚地主对土地的兼并也异常激烈。如万历年间,南直隶(今安徽、江苏)有的大地主占田七万顷。浙江奉化全县的钱粮是2万两银子,而乡官戴澳一家就占去一半。崇祯时,河南缙绅之家田多者千余顷,少者也不下五七百顷。

豪强地主不仅在本乡占田,而且跨越省县设立寄庄田。许多地方寄庄田占地比例极大,如福建南靖县的土地,属于他县豪强者十之七八。山东曹县共有土地25000余顷,寄庄田占去10000余顷。在激烈的土地兼并之下,大多数农民失掉了土地,沦为地主的佃户,如顾炎武说,江南"有田者十一,为人佃作者十九"[1]。

三饷加派　明朝后期,皇室、贵族、官僚的生活挥霍日益严重。如明神宗修陵(定陵),用银800余万两,为皇长子及诸王子册封、婚冠等事,用银930余万两,采办珠宝用银2400万两。当时全国田赋每年只有400万两。因此,财政危机严重。为了摆脱财政危机,明朝先后实行"三饷加派"。所谓"三饷",就是辽饷、剿饷、练饷。辽饷是万历时为与后金(清)作战而增征的军费,共520万两。剿饷是崇祯时为镇压农民起义而增征的军费,共330万两。练饷是为训练军队而增征的军费,共730余万两。三饷合计每年增征约1600万两,超过正常赋税(1460万两)的一倍以上。农民承受不起这

---

[1] 《日知传》卷一〇《苏松二府田赋之重》。

残酷的剥削,到处逃亡,地大量荒芜。

2. 市民反矿监税使的斗争

明朝统治者为了摆脱财政危机的另一做法是对城市工商业者大肆掠夺。从万历二十四年(1596)起,明神宗派遣大批宦官充当矿监税监(使),分往各地开矿、征税。这些宦官在各大城市中莫不疯狂掠夺,或借口开矿强占土地,或巧立商税名目横征暴敛,甚至随意捕杀人民,处置地方官史。这就引起一系列城市居民反抗矿监税使的斗争。如万历二十七年(1599)临清人民反对宦官马堂的斗争,二十八年开始的湖广人民反对宦官陈奉的斗争,二十九年苏州织工反对宦官孙隆的斗争,三十四年云南人民反对宦官杨荣的斗争。此外,又有万历三十年江西景德镇窑工反对税监潘相的斗争,三十六年辽东锦州军民反对税监高淮的斗争,等等。总之,万历年间城市居民反抗矿监税使的斗争,几遍全国各大城市,先后不下 20 余起。参加斗争的主要是城市手工业工人、小商人、手工业者和城市贫民等。这样的斗争在中国历史上还是第一次出现。这说明随着商品经济的发展,城市居民形成了一定的力量,开始展开了反封建的斗争。

3. 东林党与阉党的斗争

东林党 明后期政治黑暗。神宗在位四十八年,前十年由张居正当国,政治比较清明,内阁也有威权,能够驾驭吏部及众多言官(给事中、御史等官)。但自张居正死后,内阁再无有作为的人物,内阁、吏部、言官各为一派,互相斗争。而皇帝本人又怠于政事,凡三十余年不上朝,几与大臣隔绝,一切章奏皆不答批,谓之留中。尤其晚年,怠荒更甚,官缺也多不补,以致内阁、部院各衙门多空无人,地方官也缺十之六七。万历二十二年(1594),吏部郎中顾宪成罢官,从北京回到家乡无锡。无锡原有东林书院,为宋代杨时讲学之处。顾宪成倡议修复,遂与好友高攀龙、钱一本等讲学其中,并在讲习之余,批评朝政,议论人物。当时不仅那些"抱道忤时"的在野士大夫闻风响附,而且在朝的一般正派官员也遥相应和。于是东林的名声大著,而忌者也多。东林党人的倾向是要求改良政治,反对宦官专权肆恶,反对矿监税使掠夺城市工商业者,反对宗室贵戚无限占田。如神宗要赐给福王庄田四万顷,东林党人礼部侍郎孙慎行即起而谏阻,说祖宗朝赐田没有过千顷者,并"拼一死"力争。又如东林党人凤阳巡抚李三才一再上疏,责备神宗派遣矿监税使害民,言辞非常激烈,说道:"陛下爱珠玉,小民也慕温饱;陛下爱子孙,小民也恋妻子。为何陛下欲聚财货,而不使小民享升斗之需!"

阉党打击东林党人 天启初年,东林党人布列满朝,分据内阁、吏部、都察院及科(六科)、道(十三道)各部门,一时势力大盛。但是局面不久便翻了过来,变作阉党的天下。宦官魏忠贤与熹宗乳母客氏互相勾结,二人甚得熹宗信任,客氏被封为奉圣夫人,魏忠贤则为司礼秉笔太监,并且提督东厂,魏忠贤的爪牙田尔耕掌锦衣卫事,许显纯掌北镇抚司狱。熹宗深居宫中,政事一听魏忠贤所为。以魏忠贤为首的阉党,即对东林党人进行残酷打击。

天启四年(1624),东林党人杨涟首先上疏参劾魏忠贤二十四大罪状。一时群僚响应,交章论魏忠贤不法。天启五年,魏忠贤大举反扑,逮东林党杨涟、左光斗、魏大中、袁化中、周朝瑞、顾大章六人下狱,乃借边事加以陷害,诬其曾受杨镐、熊廷弼贿。六人均死于狱中,时称为六君子。天启六年,魏忠贤又兴大狱,逮东林党高攀龙、周顺昌、周起元、缪昌期、李应昇、周宗建、黄尊素七人。高攀龙投水死,其余六人死于狱中,时称为后七君子。魏忠贤党羽又撰《缙绅便览》、《点将录》、《同志录》,提供东林党人名单,按名捕杀斥逐。魏忠贤又命人编纂《三朝要典》,颠倒三案是非,定东林党人王之寀、孙慎行、杨涟为三案罪首。至此,东林党人被杀逐殆尽。魏忠贤总揽内外大权,自内阁、六部至四方总督、巡抚,莫不遍置死党。朝中官僚为其走狗者,有五虎、五彪、十狗、十孩儿、四十孙等名号。凡内外章奏无敢称魏忠贤名者,均称为"厂臣",即内阁票旨,也必称"朕与厂臣"。诸官皆称魏忠贤为九千岁,甚至称为九千九百岁。又浙江巡抚潘汝桢首先为魏忠贤建立生祠于西湖。由是四方效尤,魏忠贤生祠几遍天下。又监生陆万龄请以魏忠贤配孔子,忠贤父配启圣公。其时魏忠贤毒焰之烈可以想见。

崇祯帝继位后,始除掉客氏及魏忠贤,并清洗阉党,但东林党与阉党的斗争仍未停止,直到明朝灭亡。

十、明末农民战争

1. 农民起义

王二起义　明末农民大起义首先爆发于陕西。天启七年(1627),陕西白水农民王二举行起义,杀死澄城知县张斗耀,揭开了明末农民大起义的序幕。此后响应者四起,王嘉胤、高迎祥、李自成、张献忠等均先后加入起义军。农民军最初局限在陕西、山西一带,分散为若干部活动,并没有明确的政治目标,仅以逐粮就食为目的。从崇祯六年(1633)起,农民军活动的区域扩大了,转战于河南、湖广(今湖南、湖北)、南直隶(今安徽、江苏)、四川、陕西诸省,农民起义开始形成全国性的大起义。

荥阳大会与战斗的发展　这时的农民军以号称闯王的高迎祥部为最强,在群雄中最具号召力。崇祯八年(1635)正月,农民军十三家七十二营的首领齐聚河南荥阳,商讨作战方略。会后,农民军攻克明中都凤阳,焚毁皇陵,明廷大为震动。崇祯九年(1636)秋,农民军的主要首领高迎祥被俘牺牲,李自成由闯将被推为闯王,但其力量尚小。此后农民军中以张献忠的势力最强,实际成为支撑局面的主力。崇祯十一年(1638)、十二年(1639)间,在明军的围攻下,很多农民军都先后假降了明朝,张献忠也在湖广谷城伪降熊文灿,李自成则在四川梓潼打了败仗,走匿陕南商洛山中,因而暂时出现农民军的沉寂时期。崇祯十二年五月,张献忠于谷城重举义旗,李自成也出山战斗,农民军又活跃起来。明朝以杨嗣昌督师襄阳,统兵十万,对张献忠大举围剿。张献忠突破包围进入四川,杨嗣昌领兵入川追击。当明军精锐齐集四川时,张献忠乃急由四川东下,在崇祯十四年(1641)二月,一举攻破襄阳,杨嗣昌闻之自杀。这年正月,李自成也乘势进入河南,攻破洛阳。自是局面大变,农民起义进入极盛时期。

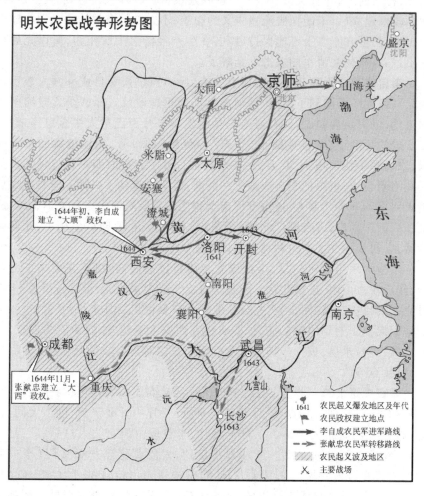

2. 李自成进京灭明

从崇祯十四年起,农民起义走向最后胜利阶段,形成李自成和张献忠两大主力军,分别在北方和南方发展,节节胜利,终于决定了明朝的灭亡。

张献忠建立大西政权 崇祯十六年(1643),张献忠连下黄州(今湖北黄冈)、汉阳、武昌,称大西王,改武昌为天授府,开始建立官制。不久,张献忠放弃武昌南下,攻克岳州(今岳阳),占领长沙,发布"钱粮三年免征"之令,甚得人民拥护。不出数月,湖广南部(今湖南)、江西中部、福建西部及广东、广西的北部,尽为张献忠所有。不久,张献忠又尽弃所得之地,渡江北去。崇祯十七年(1644)正月,张献忠入四川。七月克重庆,八月破成都,四川各州县大都收归所有。十一月,张献忠在成都正式建国,国号大西,年号大顺,称大西王,并且次第开展一些政权建设,使大西政权粗具规模。但是,大西政权建立后,未能摆脱流寇主义的影响,不知如何有效地去巩固与建设根据地,乃至在军事上不能保持胜利,在生产经济上无所作为,所以先后存在不过二年,便在清军的攻击下瓦解了。

李自成建立大顺政权 崇祯十三年(1640)秋后,李自成率领人数不多的兵马经湖广郧阳到了河南,使河南的局面迅速改观。原因是这时河南正闹饥荒,饥民从者如流;又有河南杞县诸生李岩及卢氏举人牛金星等来归,在李岩的帮助下,李自成提出"均田"、"免粮"的口号,用以鼓舞和号召群众,农民军很快发展到 50 万人,甚至号称百万了。这时明军曾连续几次集兵往河南会战,企图把李自成消灭在河南,但是都遭到了失败。李自成先后消灭明军不下十几万人,遂占有河南全省之地。既有河南全省之后,李自成又统兵南进湖广,占有湖广北部(今湖北)各州县,在襄阳称新顺王,改襄阳为襄京,初步建立了中央和地方军政制度。

崇祯十六年(1643)夏,李自成大会诸将议兵所向,决定先取关中为基地,然后攻占山西,进捣北京。于是李自成亲提大军西征,十月破潼关,十一月克西安,占有今陕西全省,并分兵取得今宁夏银川及甘肃兰州、武威、张掖等地。崇祯十七年(1644)正月,李自成在西安大事建置,以西安为西京,国号大顺,年号永昌,进一步扩大了政权组织。这时李自成的兵力,凡步兵 40 万,骑兵 60 万。

李自成进北京 这年二月,李自成统兵从西安出发,渡黄河东入山西,对明朝进行最后的冲击。二月八日破太原,三月一日破宁武,继下大同、宣府(今宣化)、居庸关等地。三月十六日,李自成由居庸关入昌平。三月十七日,农民大军进围北京。三月十八日,明太监曹化淳开彰义门(今广安门),农民军进占外城。三月十九日,明崇祯帝朱由检自缢于万岁山(今景山)树上。是日李自成乘马进城,入承天门(今天安门),登皇极殿。明朝的腐朽统治至此崩溃了。

李自成在北京一如既往,依然坚持打击地主阶级的政策,不改农民军的本色。如对明朝官僚缙绅采取追赃助饷的措施,共获白银 7000 万两。但是李自成没有及时解决好明朝山海关守将吴三桂的问题。吴三桂本为宁远总兵,奉命镇守宁远。迫李自成逼近京师,明廷封吴三桂为平西伯,征其兵入卫。吴三桂率领宁远兵马入援京师,三月十六日入关,二十日抵达丰润县,听到农民军进北京的消息,遂返回山海关,犹豫未有所决。这时吴三桂处于农民军和清朝两大势力之间,其动向直接关乎大局,于是成为农民军和清朝两方所争取的人物。

李自成也曾注意到吴三桂的问题,如令其父吴襄作书招降,并派部将唐通携书及银 40000 两往犒吴三桂师,仅率 8000 人代替吴三桂守关。吴三桂得书后,即令唐通守关,而自率兵赴北京归降。但是,一面李自成在招降吴三桂,一面刘宗敏又占有吴三桂的爱妾陈圆圆,并执其父吴襄拷掠。吴三桂行军至今河北玉田县,忽遇家人来报,其父吴襄被执,其妾陈圆圆被占,即怒不可遏,立刻返回山海关,打走了唐通。吴三桂回山海关后,一面发布讨李自成檄文,号召明官僚地主起来反抗农民政权;一面致书清摄政王多尔衮请兵,表面上是请兵援明,而实际上即是背明投降。

3. 清兵入关

崇祯十六年(清崇德八年,1643)八月,清太宗皇太极死,其子福临继位,年仅 6 岁,由叔父多尔衮摄政。这时清军入关的条件完全成熟了。因此,多尔衮积极准备大举进攻明朝,入据中原。崇祯十七年(清顺治元年,1644)四月九日,清廷调集满、蒙、汉兵,由摄政王多尔衮率领南下。这次清军的行军路线,仍然是过去几次入关攻明的老路,即绕过山海关,由长城突入。四月十五日,清军进至翁后(今辽宁阜新附近),接到吴三桂的“乞师”书,立刻改道向山海关进军。四月二十日,清军抵连山(在宁远西北),复得吴三桂促兵之请,乃疾驰赴关。

李自成闻吴三桂据关反抗,即于四月十三日,命牛金星、李岩据守北京,亲率精兵六万东击吴三桂,并挟吴襄以行。四月二十一日,李自成兵到达山海关关城,立即发动围攻,这一天的战斗异常激烈。四月二十二日,清军至山海关,吴三桂开关迎人。是日又大战,多尔衮令吴三桂打头阵,而清兵在旁蓄锐以待。农民军同吴三桂军交战,战至过午时刻,吴三桂军被包围起来,几乎不支。正在这时,清将阿济格、多铎率骑兵二万,突然杀入阵中。农民军以久战疲劳之余,抵敌不住,而败退下来。多尔衮即承制进吴三桂爵平西王,令其率兵急追。李自成退至永平(今河北卢龙)时,又与清兵战斗,仍然失败,即杀吴襄。四月二十六日,李自成还至北京,杀吴襄家口三十余人。

四月二十九日,李自成即帝位于武英殿。四月三十日,李自成退出北京,率众南去。农民军在北京首尾不过四十二天。从此农民军开始走上了失败的道路。至清康熙三年(1664),明末轰轰烈烈的农民大起义则完全失败了。

4. 明末农民战争失败的原因及其历史意义

明末农民战争是我国封建社会中规模最大、时间最长的一次农民战争,这次农民战争所以最终失败,主要有下列四个原因:第一,由于清军入关,满、汉地主阶级逐渐结合起来,整个国内形势起了不利于农民军的变化。第二,农民军、特别是张献忠的农民军流寇主义作风严重,不重视根据地和政权建设。第三,农民军李自成部的主要将领犯了胜利时骄傲的错误,进北京后,无组织,无纪律,生活腐败。第四,李自成、张献忠死后,农民军内部不能团结,争权夺利,大大削弱了自己的力量。

这次农民大起义虽然失败了,但其影响极大,意义深远。第一,农民起义对于明代旧有的生产关系和封建秩序进行了猛烈地冲击与破坏,为清朝前期社会经济的恢复发展开辟了道路。第二,农民起义不仅多少改变了土地剥削关系,而且对城市工商业的发展也有一定的影响。李自成农民军还注意到城市工商业问题,在中国农民战争史上第一次提出"平买平卖"、"公平交易"的口号,保护工商业的发展,反映了城市工商业者的利益和要求。第三,李自成农民军第一次明确提出"均田"的口号,深刻触及到封建社会的土地问题,促进了农民自发地争取土地的斗争,对清代的农民起义有重要的影响。

复习思考题:

　*1. 简述明初中央和地方机构的改革。

　2. 评述明代内阁。

　3. 简释靖难之变。

　4. 简释奴儿干都司。

　5. 简释土木之变。

　6. 简述一条鞭法的主要内容及意义。

　7. 简述郑和下西洋及其意义。

　8. 简述努尔哈赤创立八旗制度。

　9. 简释东林党。

重要名词:

　*内阁　三法司　厂卫　卫所　军户　轮班工匠　金花银　*三饷
　夺门之变　*庚戌之变　荥阳大会　刘瑾　*于谦

严嵩　＊戚继光　＊利玛窦　皇太极　熊廷弼　＊袁崇焕
＊李自成　＊张献忠

参考书：

1. 翦伯赞主编：《中国史纲要》下册第八章第一、二、三、四、五节。
2. 郑天挺主编：《明清史资料》上册(选读)。
3. 张传玺主编：《中国古代史教学参考手册》(第二版)第441—447页五"学术类"(三)"中国古代农民战争问题"。(选读)

第二节　清朝(鸦片战争前)

(1644—1840)

一、清帝入主中原

1. 清朝定都北京

顺治帝入京　李自成既败退,多尔衮领兵直趋北京,凡所过之处,皆宣布定乱安民,勿杀勿掠,因而州县官民,皆开门迎降。五月二日,多尔衮至北京,明文武官员皆出迎五里外。多尔衮由朝阳门入宫,登武英殿受朝贺,下令兵士勿入民家,秋毫无犯。

多尔衮既入京,即议定迁都,遣官往盛京迎顺治帝。九月,顺治帝自盛京出发,进山海关,经通州,抵北京。十月一日,顺治帝祭告天地,登皇极殿,即皇帝位,颁诏天下,定都北京。

清初政策的得失　清兵初入关时,为了稳定政权,曾颁行一些安民措施。其一,为明崇祯帝发丧,令官民服丧三日。凡明诸帝陵,皆设官守护。其二,明官吏降附者,各予升级,仍令视事。明朱姓诸王,亦仍保留王爵。其三,赋税除正额之外,一切加派如辽饷、练饷、剿饷,尽行蠲免。明朝后期的厂、卫诸弊政,亦一律废止。其四,礼俗衣冠暂用明制,汉人薙发与否,听从其便。这样的政策对争取中原地区汉族的人心起了很好的作用。

可是才过两年,清政府的政策突变,开始强制推行一些民族压迫政策。其中主要的有"剃发、衣冠、圈地、投充、逃人"五事①。剃发即"剃头",是要征服区的汉人剃发束辫,从满人习俗。衣冠即更明朝衣冠,从满人服饰。圈地即"圈田",是把畿辅500里内汉人的田地圈占给八旗将士。大规模圈田三次,共圈占田地约16万余顷。名义上是圈占明朝皇室、勋戚的庄田,其实

---

① 王先谦：《东华录》顺治三年十月乙酉。

这些田地已在农民战争中归于农民所有。此外,还有许多自耕农的田地亦被圈占。"投充法",凡在京城300里内外,八旗庄头及仆从人等,将各州县村庄汉人逼充奴仆,特别是各色工匠更逼投充。"逃人法",即满洲贵族的奴仆有逃走者,"将逃人鞭一百,归还原主","邻右九家、甲长、乡约各鞭一百,流徙边远"①。隐匿逃人者,亦要治罪。此外,在战争中还多次发生屠城之事。这样的政策的实行,加剧了民族矛盾和斗争。

清朝帝系表
(1616—1911)

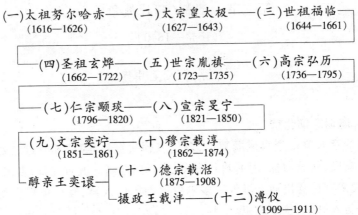

2. 各种抗清势力

清兵入关以后,中原地区先后存在过四种主要反清势力。一为李自成、张献忠的农民军主力,二为李、张农民军余部,三为明朝贵族所建各南明小朝廷,四为郑成功部。

李自成、张献忠之败　李自成自北京回到西安,清兵由英王阿济格及豫王多铎分别统领,向李自成大举进攻。李自成由蓝田出武关,入襄阳(今湖北襄樊市),至武昌,阿济格及吴三桂在后紧追。这年夏天,李自成死于湖北通山县九宫山,年仅39岁。余部由郝摇旗、高一功等率领南下。

张献忠在四川两年多,四川地区的豪绅地主普遍组织武装与他对抗。张献忠放弃成都,进入川北西充山中。顺治三年正月,清廷命豪格与吴三桂统兵入川,进攻张献忠部。十一月,清兵至西充之凤凰山,张献忠在战斗中中箭身亡。余部由孙可望、李定国等率领南走云贵。

南明福王、鲁王、唐王政权　顺治元年五月,南明福王朱由崧称帝于南

---

①　《世祖章皇帝实录》卷二六。

京。这个政权腐败不堪,内部矛盾重重。马士英、阮大铖擅权中央,政以贿成,官以钱得。马士英为操纵政权计,排斥史可法,使他督师扬州。驻武昌军阀左良玉又与马士英有隙,举兵讨马士英,向南京进攻。不久,清廷命多铎移师南下。顺治二年四月,扬州城破,史可法被执,不屈而死。五月,福王被俘,多铎入南京,福王政权灭亡。

福王政权灭亡后,鲁王朱以海监国于浙江绍兴。唐王朱聿键称帝于福州,建元隆武。这两个政权不但没有联合抗清,反而互相摩擦,形成水火不容之势。顺治三年六月,清兵渡钱塘江,鲁王兵败,逃至海上;八月,唐王被执而死,两政权都灭亡。

农民军余部与南明桂王政权的联合抗清 农民军余部抗清的主力有三支,一为李自成余部,二为张献忠余部,三为稍后的夔东十三家。

李自成死后,其余部尚不下四五十万人,分为两支进入湖南:一支由郝摇旗、刘体纯等率领抵达湘阴,共十余万人,与明将何腾蛟联合抗清;一支由高夫人(李自成妻)、高一功、李过等率领抵达常德,约三十万人,与明将堵胤锡联合抗清。农民军与南明军队联合后,曾一度几乎全部收复湖南,屡次把桂王政权从危难中拯救出来。但是至顺治六年(1649),清廷调集大军进占湖南,何腾蛟于湘潭被俘而死。次年,清兵攻克广州,又入桂林。在清兵压迫之下,桂王政府退居广西南宁。

张献忠的余部孙可望于顺治八年(1651)迎桂王至贵州之安隆所,改名安龙府。次年,孙可望等发动了大规模的东征北伐。刘文秀、白文选进攻四川,大败吴三桂军,收复了四川大部分地区。李定国、冯双礼进攻广西,又接连收复湖南、广东等省。在这次征伐战斗中,农民军先后收复了西南数省。但是孙可望嫉妒李定国之军功,阴谋削他的兵权,以致挑起内战,最后失败,投降了清朝。顺治十六年(1659),清兵三路入滇,李定国作战失败,桂王逃入缅甸。顺治十八年,吴三桂兵临缅甸,收执桂王。康熙元年(1662),吴三桂绞杀桂王于昆明,李定国病死于勐腊。

李自成余部在湖南抗清失败后,先后转移到川、鄂地区,即夔州府(今四川奉节)以东地区,由农民领袖刘体纯、李来亨等与明将王光兴等联合抗清,称为夔东十三家军。康熙元年,清兵大举进攻十三家军。康熙三年(1664),十三家军抗清失败。至此,明末农民战争结束。

郑成功抗清及收复台湾 郑成功,福建泉州南安人。父芝龙,母日本女翁氏。他出生于日本,7岁返国读书,15岁为南安县学生员。原名森,字大木,唐王甚器重,赐国姓(朱姓),改名成功,自是人称"国姓爷"。郑成功不肯随父降清,在郑芝龙降清北去后,他入海抗清,以金门、厦门两岛为海上抗清基地。郑成功善于治军,精练士卒,军纪严明,势力日益强大。经常派军出没于浙江、福建、广东沿海一带,攻城略地,屡败清军。其中规模最大的一次,是顺治十六年(1659)夏秋的北伐。当时,郑成功率大兵17万,分为83营,扬帆北上,直抵南京城下,收复南京附近及安徽部分地区。但郑成功犯了胜利轻敌的错误,对南京围而不攻,以待其降;并开宴纵酒,放松警惕,致遭清之骑兵突袭,郑军大乱而退,伤亡惨重,退回厦门。

郑成功为谋取抗清复明的根据地,决计进兵台湾。顺治十八年(1661)三月二十三日,郑成功率军25000人,由金门岛料罗湾出发,二十四日抵达澎湖列岛。在澎湖阻风乏粮数日,又冒风雨开船行进。四月一日,大队船只齐进台湾鹿耳门,顺利登岸扎营。郑军迅即攻克赤嵌城(今台南),荷兰侵略者退守台湾城(今安平)。四月二十六日,郑成功致书荷兰总督揆一招降:"台湾者,中国之土地也,久为贵国所踞,今余既来索,则地当归我,珍瑶不急之物,悉听而归。"①揆一不降,郑军急攻不下,乃筑长围以困之。郑军又在海上屡败荷兰由巴达维亚派来的援军。又得知台湾城内无井,欲塞城外水源。揆一穷蹙无计,于十二月十三日出降。从此郑成功驱逐了荷兰殖民者,为祖国收复了台湾,在台湾督兵大兴屯田,招集福建、广东人民前来开荒,设官府,兴学校,进一步开发了台湾,康熙元年(1662年)五月,郑成功病死于台湾,年39岁。

二、统一的多民族国家的巩固与发展

1. 平定三藩

三藩割据 清初,利用明朝降将以镇守南方:平西王吴三桂驻云南,平南王尚可喜驻广东,靖南王耿精忠驻福建,称为三藩。三藩之中,吴三桂的势力最大,兵力不下十余万。因此,清廷对他颇存顾忌,一切不敢过问,假以专制云、贵二省的大权。当时清廷所给云、贵二省督抚的敕书,都要写入"听王节制"四字。吴三桂可以随意题补官吏,号曰"西选"。凡朝廷所选文武官至云南,吴三桂即派人加以收买,以为己用。吴三桂在经济上也有很大的势力。他占据明代世镇云南的沐氏庄田700顷作为藩庄②,又和西藏的达赖喇嘛在北胜州互市,以茶换取蒙古的马匹。又派许多人出外做生意,贩运辽东人参及四川的黄连、附子,以牟取利润。又大量地贷钱给商人,谓之藩本。还强征关市之税,开矿鼓铸。吴三桂欲效明代沐氏故事,世守云南,所以从各方面培植自己的势力。其他尚、耿二藩也和吴三桂一样,兵员

---

① 连横:《台湾通史》卷一。
② 沐氏:沐英,明开国功臣,朱元璋义子,镇守云南,死后追封黔宁王。沐氏世守云南。

众多,经商括财,强征市税,遍置私人,坐地称霸。

三藩各据一方,形成独立王国,严重威胁着清的统治。三藩的存在,每年要消耗官府兵饷 2000 余万两,在经济上也成为清廷沉重的负担。因此,清廷考虑撤藩。

康熙十二年(1673)春,尚可喜请归老辽东,而欲使其子尚之信继续留镇广东。康熙帝抓住这个机会,即命其父子率属下兵丁家小同撤。吴三桂、耿精忠闻之,也奏请撤藩,目的在于试探朝廷的态度。当时朝中大臣畏惧吴三桂的武力,多数人不敢主张应允。而康熙帝则毅然做出决定,吴、耿二藩也一齐撤掉。

三藩叛乱　撤藩之令既下,吴三桂首先于这年十一月杀云南巡抚朱国治而反,自称天下都招讨兵马大元帅,蓄发,易衣冠,发布檄文,倡言"兴明讨虏"。吴三桂军由云、贵直入湖南,长驱至岳州,占领湖南全省。吴军又分军入四川,四川的提督、巡抚、总兵先后投降。至此,云南、贵州、湖南、四川四省尽入吴三桂之手。响应吴三桂叛乱的还有福建的靖南王耿精忠和广东的平南王尚之信。此三王之叛乱,史称"三藩之乱"。此外,广西、陕西、湖北、河南等省的军政官长也相继响应叛乱。这样,中国的西南全部和东南沿海地区及中原、西北的大部分地区也都混乱起来。

康熙帝平三藩　以吴三桂为首的反叛势力是虚弱的,内部勾心斗角,矛盾重重。而且吴三桂一开始即在战略上犯了保守主义错误,本来他以锐不可挡之势占领湖南全省,但却立即收住了攻势,沿江布置防御工事,与官军对峙。另遣兵一由长沙犯江西,企图与耿精忠合,一由四川犯陕西,企图与陕西提督王辅臣合。这样一种打法,就给予康熙帝以调兵遣将、从容布置的机会。

康熙帝在应付这一事变中表现出他的雄才大略。他看出主要的叛变者是吴三桂,所以其对策是坚决打击吴三桂,决不给予妥协讲和的机会;而对其他的叛变者则大开招抚之门,只要肯降,不咎既往,以此来分化敌人,削弱吴三桂的羽翼,从而孤立吴三桂。在这个方针之下,康熙帝把湖南作为军事进攻的重点,命勒尔锦等统领大军至荆州、武昌,正面抵住吴三桂,并进击湖南,又

康熙帝玄烨像

命岳乐由江西赴长沙，以夹攻湖南。此外，康熙帝又放手利用汉将汉兵作战。

康熙十五年（1676），陕西的王辅臣和福建的耿精忠先后投降朝廷。次年，广东的尚之信也投降。吴三桂局促于湖南一隅之地，外援日削，而清军已由江西进围长沙，其失败之势已成。康熙十七年（1678），吴三桂已起兵六年，年 67 岁，为排除胸中苦闷，于这年三月在衡州称帝，国号周，大封诸将。未几即忧愤成疾，于八月病死。吴三桂一死，其势即土崩瓦解。官军攻下岳州，占领四川，进攻云贵。康熙二十年（1681）冬，官军进入云南省城，吴三桂之孙吴世璠自杀。历时八年，波及十数省的三藩之乱，终于被平定了。

2. 统一台湾

郑成功死后，其子孙继续占据台湾，以恢复明朝为旗帜，其实恢复明朝在大陆的统治已不可能，只是在这个名义之下走向了封建割据的道路，日益变成全国统一的障碍。

康熙二十年（1681），三藩之乱平定，解决台湾问题的时机成熟了。这年郑成功之子郑经死，诸子争位，长子郑克㙱被杀，幼子郑克塽立。郑克塽时年 12 岁，大权操于冯锡范与刘国轩之手。康熙帝即用施琅为水师提督，进兵台湾。康熙二十二年（1683）闰六月，施琅统战船三百，水师二万，攻打澎湖。一战而克，大获全胜。郑军二万士卒，二百只战舰全部被击溃，守将刘国轩遁归台湾。郑克塽等见大势已去，即向施琅投降。

康熙帝在台湾设一府三县——台湾府和台湾、凤山、诸罗三县，隶于福建省。并在台湾设总兵一员，驻兵八千，在澎湖设副将一员，驻兵二千。康熙帝收复台湾，完成台湾和大陆之间的政治统一，大大促进了以后台湾的政治、经济与文化的发展。从此台湾成为我国东南海上的重镇，有利于加强和巩固我国东南沿海的国防，有利于抵御西方殖民势力的入侵。康熙帝统一台湾，其意义极为重大。

3. 平定准噶尔部首领叛乱

准噶尔部首领叛乱，始于康熙年间，继续于雍正年间，终结于乾隆年间，历时达七十余年之久。清廷平定准噶尔叛乱，关系到国家对新疆、青海、西藏、蒙古的统一问题，具有重大的意义。

蒙古三部 明末清初之际，我国蒙古族分为漠南蒙古（内蒙古）、漠北喀尔喀蒙古（外蒙古，明时称作鞑靼）和漠西厄鲁特蒙古（明时称作瓦剌）三大部。漠南蒙古分为二十五部，早在皇太极时就已归附清朝，清廷封其封建领主以亲王、郡王等爵，并与之世代通婚。喀尔喀蒙古分为四部，即扎萨克图汗部、三音诺颜部、土谢图汗部、车臣汗部,在皇太极时,各部已向清廷进贡,还各遣子弟入朝。厄鲁特蒙古分为四部,即准噶尔部、和硕特部、杜尔伯特部、土尔扈特部。四部各有其牧地,准噶尔部游牧于伊犁,和硕特部游牧于乌鲁木齐,杜尔伯特部游牧于额尔齐斯河,土尔扈特部游牧于雅尔(即塔尔巴哈台)。明末,和硕特部又迁徙游牧于青海。土尔扈特部也因受到准噶尔部压迫,弃雅尔牧地,全族西走,进入已为俄罗斯占据的旧日牧地额济勒河(今伏尔加河)游牧。在土尔扈特部迁走以后,本属于杜尔伯特部的辉特部则进入雅尔地方,又自成为一部,所以厄鲁特仍为四部。在厄鲁特四部中,以准噶尔部最为强大。

清代台湾耕田、耖田图
(采自清人绘《台湾风俗图》)

平噶尔丹叛乱,统一外蒙古 康熙初年,噶尔丹做了准噶尔汗。他野心勃勃,首先把厄鲁特各部并入在他的统治之下,又征服南疆的回部(今维吾尔族),成为控制今新疆、青海的巨大割据势力。他于康熙二十七年(1688)向东推进,打败喀尔喀蒙古,迫使喀尔喀数十万众南徙。噶尔丹成为对清朝北部疆域的重大祸患。康熙帝一面把喀尔喀部众安置在内蒙古北部放牧,一面命噶尔丹退兵,要他归还属于喀尔喀部的牧地。但噶尔丹在俄罗斯贵族的支持下,不但不听康熙帝之命,相反地却继续东进,侵入内蒙古。在此情况下,康熙帝决定讨伐噶尔丹。

康熙帝对噶尔丹三次亲征。第一次在康熙二十九年(1690),清军分左右两翼出击。右翼军在内蒙古乌珠穆沁地方和噶尔丹接触,作战失利,噶尔丹乘胜急进,深入乌兰布通(今赤峰市境),距北京仅700里,京师震动。左翼军则以优势火器击破噶尔丹用万驼围成的"驼城",噶尔丹军遂大败。第二次在康熙三十五年(1696),清军于昭莫多(今乌兰巴托东南)地方大败噶尔丹,噶尔丹仅以数十骑逃走。第三次在康熙三十六年,康熙帝亲往宁夏对噶尔丹实行包围,噶尔丹穷蹙无计,饮药而死。

战争结束后,康熙帝使喀尔喀诸部仍回原牧地,并把喀尔喀各部一律改编为旗,共分为55旗,旗设扎萨克(旗长),由蒙古封建领主担任。雍正年间,喀尔喀又分为74旗,到乾隆年间,因人口繁殖,更增为84旗。从康熙朝开始,喀尔喀蒙古正式归附清廷,外蒙古地区完全处于清廷的管理之下。至雍正、乾隆两朝,清廷又先后在乌里雅苏台(今蒙古国扎布哈朗特)及科布多(今吉尔格朗图)筑城,设定边左副将军驻乌里雅苏台,设参赞大臣驻科布多,以掌管喀尔喀蒙古的军政大权,从此遂为定制。

平策妄阿拉布坦叛乱,加强对西藏的管理　噶尔丹死后,其侄策妄阿拉布坦为准噶尔汗,继续向外扩张,在康熙五十五六年间(1716—1717),发兵攻入西藏。

康熙帝于康熙五十九年(1720)派兵入藏,击败了准噶尔的军队,并使亲清的康济鼐管理前藏,颇罗鼐管理后藏,并以蒙古兵2000人留守西藏。雍正、乾隆时,又在西藏建立了一套完整的管理制度,加强了对西藏的统治。

统一新疆　新疆在清朝前期,其北部属于蒙古准噶尔部,南部属于回部(维吾尔族),亦受准噶尔的控制。

乾隆时,准噶尔部不断发生内争,贵族达瓦齐乘机以武力夺得汗位。乾隆二十年(1755)春,清朝政府出兵平乱,兵抵伊犁,达瓦齐逃至南疆,为维吾尔族人所擒,送给清军。

布达拉宫

策妄阿拉布坦的外孙阿睦尔撒纳又起兵反清,不久兵败,逃入俄罗斯。此事件后,清廷即在伊犁设将军,总管本地区的行政、军事。又在乌鲁木齐设都统,在巴里坤各设领队大臣,都领兵屯驻。蒙古族仍分旗编制,各旗设扎萨克,由蒙古人充当,管理本旗事务。

天山南路的回部,于乾隆二十二年也发生了以大小和卓木为首的叛乱①,

---

① 大和卓木为兄,小和卓木为弟,均为喀什噶尔、叶尔羌地区的回部封建主。

人数众多。次年,清廷出兵喀什噶尔和叶尔羌,大小和卓木向西逃窜,逾葱岭,入拔达克山(在今阿富汗东北),为当地人所杀,回部之乱平定。清朝在喀什噶尔设参赞大臣,归伊犁将军节制。参赞大臣之下,依回部旧制,于各城设立伯克,由维吾尔人担任,管理本城事务。

土尔扈特归国 土尔扈特原为厄鲁特蒙古四部之一,其牧地在新疆雅尔(今新疆塔城西北至哈萨克斯坦塔尔巴哈台山以南)一带。明末,土尔扈特部因受准噶尔部压迫,西迁旧牧区额济勒河(今伏尔加河)驻牧。但俄罗斯政府对他们欺压剥削严重,风俗又不同,始终怀念祖国。清初,土尔扈特不断遣使入贡。后来贡道被准噶尔阻绝,土尔扈特便假道俄罗斯,与清朝相通。康熙五十一年(1712),土尔扈特阿玉奇汗遣使假道俄罗斯入贡。康熙帝嘉其诚心,当年即遣图理琛等人出使土尔扈特。图理琛等到达阿玉奇汗驻地,宣传朝廷慰问之意。阿玉奇汗大喜,留住使臣十数日,深切表达了故国之思。图理琛等此行,加深了祖国与土尔扈特的感情。

土尔扈特受俄罗斯的压迫太甚,俄罗斯屡向土尔扈特征兵,用来与邻国作战,土尔扈特部众死者很多。后来俄罗斯对土耳其发动战争,又征兵于土尔扈特,土尔扈特部众人人忧惧。因此,渥巴锡汗(阿玉奇汗之孙)于乾隆三十五年(1770)十月率众回国,沿途遭到俄罗斯追兵袭击,又遭到哈萨克等邀击,历经千辛万苦,死伤极多。至次年六月,才到达伊犁。是年九月,乾隆帝便在热河避暑山庄接见渥巴锡等人,一一给予封爵。土尔扈特分为新旧两部,旧土尔扈特由渥巴锡率领,在伊犁以东地区游牧,归伊犁将军管辖;新土尔扈特由舍棱率领,在阿尔泰山布尔干河游牧,归科布多参赞大臣管辖。

"土尔扈特全部归顺记"碑

4. 平罗卜藏丹津叛乱,安定青海

雍正元年(1723),准噶尔部策妄阿拉布坦支持青海和硕特部首领罗卜藏丹津反叛清朝。罗卜藏丹津纠集二十余万人,进攻西宁。雍正帝命年羹尧为大将军、岳钟琪为奋威将军,统兵进讨。雍正二年(1724)二月,岳钟琪发动奇袭,罗卜藏丹津军大败,罗卜藏丹津逃到准噶尔部,清朝加强了对青海的统治。

5. 改土归流

西南土司制度　我国西南少数民族,分布在今云南、贵州、四川、湖南、广东、广西一带,其居住地区与汉族地区犬牙相错。这些民族中人口最多的一支是苗族,其他还有瑶族、僮族、彝族、傣族、黎族等。清初对苗族及其他少数民族的统治是沿袭元、明的土司制度,即以少数民族的首领担任当地的土官,文职有土知府、土知州、土知县等,武职有宣慰使、宣抚使、安抚使、招讨使、长官等。这种土司制度的最大弊病在于世袭,得以世代统治其土地和人民,名义上虽是朝廷的命官,实际是独立王国,对当地居民的压迫、剥削极其残酷,真是无法无天;又极容易与朝廷对抗。所以自明朝以来,为了加强中央的权力,消弭土司之患,即开始改土归流,就是废除世袭的土官,改设可以随时任免的流官。清朝也不断实行改土归流政策,但集中地、较大规模地改土归流,是在雍正一朝。

鄂尔泰改土归流　雍正四年(1726),鄂尔泰任云南巡抚兼云贵总督,奏请改土归流。雍正帝同意他的意见,把四川的东川、乌蒙、镇雄三土府改隶云南,命他总督云南、贵州、广西三省,负责规划其事。从雍正四年至九年,改土归流在云南、贵州、四川、广西等省次第推行,许多土司被撤销,清廷在原土司地区设立府、厅、州、县,实行与汉族地区相同的制度,如清丈土地,编制户口,纳粮当差等。大大加强了西南地区与内地的联系,有利于促进少数民族地区经济文化的发展,有利于巩固国家统一及巩固西南边防。改土归流是进步性的措施。

不过这次改土归流以后,土司之未改流者仍然很多,主要分布于云南、贵州、四川、广西等省的边远地区,也有一些散布于甘肃、青海、西藏地方,直至民国时期。

三、奠定疆域

1. 反对沙俄侵略

沙俄侵入黑龙江流域　16 世纪 80 年代之初,俄罗斯帝国的势力开始越过乌拉尔山,积极向东方扩张。至 17 世纪 40 年代末,西起乌拉尔山东至太平洋沿岸的辽阔的西伯利亚地区即基本被吞并。此后,屡次派遣武装匪徒闯入黑龙江流域烧杀劫掠,并先后占据尼布楚和雅克萨地方,在此筑城据守。这时正值清朝顺治年间,清廷忙于国内战争,无暇北顾,遂使俄罗斯的侵略势力得以肆虐。

雅克萨之战与《尼布楚条约》　在平定三藩之乱后,康熙帝即着手部署,准备驱逐俄罗斯侵略势力。康熙二十四年(1685),彭春、林兴珠等率兵3500百出征,水陆并进,大败俄罗斯军,毁雅克萨城而还。但俄罗斯军在清军撤退后,又返回雅克萨筑城固守。康熙二十五年,萨布素等率军2000余人再次进攻雅克萨,俄罗斯兵800余人死守不去,双方相持三月之久。然俄罗斯损兵折将甚惨,守城头目死于炮火,兵卒伤亡最后只剩下几十人,雅克萨城旦夕可下。但就在这时,双方和议开始,康熙帝宣布撤围休战。俄罗斯派遣戈洛文,清廷派遣索额图、佟国纲等,于康熙二十八年会于尼布楚(今俄国涅尔琴斯克),签了《尼布楚条约》。条约用满、蒙、汉、俄、拉丁五种文字写成,其中最重要的是拉丁文本,因为双方署名盖章都在这一文本上。条约规定:两国以格尔必齐河、外兴安岭和额尔古纳河为分界线,外兴安岭以北属俄罗斯,以南属中国,额尔古纳河以北属俄罗斯,以南属中国。至于外兴安岭与流入鄂霍次克海的乌第河之间的地方暂行存放,留待以后定议。又规定毁雅克萨城,迁俄人出境,此后两国商旅凡持有文票(护照)者,听其往来贸易不禁。这是中俄签订的第一个边界条约,这是一个平等的条约,它规定了中俄东段边界,肯定了黑龙江和乌苏里江流域的广大地区都是中国领土,黑龙江和乌苏里江都是中国的内河。不过在这个条约中,贝加尔湖以东的中国领土割让给了俄国,这是清廷在边界谈判中的失策。

《布连斯奇条约》与《恰克图条约》　沙俄在与侵略我黑龙江流域的同时,又把侵略魔掌伸进我国北部的喀尔喀蒙古地区,积极支持准噶尔部叛乱首领噶尔丹攻击喀尔喀,迫使喀尔喀举族南迁,遂趁机向南扩展势力,占据喀尔喀大片土地,并且阴谋全部吞并喀尔喀。康熙帝平定噶尔丹叛乱之后,喀尔喀蒙古重返家园,沙俄依然侵扰蚕食喀尔喀不止,致使中俄中段边界的形势日趋紧张。尼布楚条约签署后,清政府曾一再要求划定中段边界,但沙俄政府置之不理。直到雍正三年(1725),彼得一世死,其妻叶卡特林娜一世才派遣萨瓦·务拉的思拉维赤为特命全权大使,到北京谈判贸易和边界问题,使团共有120人,由1500人的庞大卫队护送。次年,萨瓦到达北京,与清政府代表吏部尚书察毕纳、理藩院尚书特古忒、兵部侍郎图理琛会谈了数十次,历时达半年之久。北京谈判只是达成初步协议,商定了边界和贸易问题的一些原则。此后双方移到色楞格河支流的布尔河畔举行边界谈判。萨瓦在谈判中调遣军队,公然以战争相威胁。清方代表隆科多不肯示弱,与之力争。雍正帝为免谈判破裂,错误地将隆科多撤回,改由策凌充首席代表,策凌态度比较软弱,终于接受俄方的划界方案。雍正五年(1727),双方签订《布连斯奇条约》,规定了中俄中段边界:以恰克图为起点,由此向东至额尔古纳河,向西至沙毕纳伊岭(即沙宾达巴哈),以北属俄罗斯,以南属中国。布连斯奇条约签订后,双方又于雍正六年(1728),在恰克图签订了《恰克图条约》，这是谈判的一个总结果。条约共11条，主要有这样一些内容：在边界方面，再次肯定《布连斯奇条约》中关于中段边界的划分，并且重申《尼布楚条约》中关于乌第河地区作为待议区的规定。在贸易方面，规定俄国商人每隔三年来北京一次，每次不得超过200人，一切货物均免税。此外，还可在恰克图、尼布楚边界贸易，也不征税。在宗教方面，允许俄国可以增派东正教士来北京，并可派遣留学生来北京学习满、汉文。

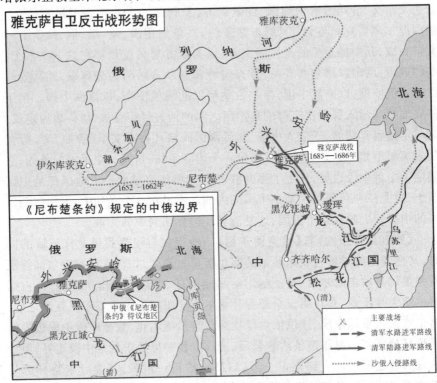

《布连斯奇条约》和《恰克图条约》使俄国占到很大便宜，确认了俄国在此以前所侵占的我国北部蒙古地区的大片领土，把贝加尔湖一带和唐努乌梁海以北的叶尼塞河上游地区都划入了俄国的版图。此外，又使俄国取得了在北京贸易和传教的巨大权利。不过这两项条约的签订，总算是确定了中俄中段边界。此后这段边界未有重大变动，目前大部分已成为蒙俄边界。

2. 制止廓尔喀侵扰

乾隆时，廓尔喀（今尼泊尔），受英国殖民者的唆使，又与西藏大农奴主沙玛尔巴相勾结，积极图谋西藏。乾隆五十三年（1788），廓尔喀以同西藏地方的商务争执为词，发兵侵入西藏，攻占聂拉木、宗噶、济咙等地。乾隆帝命御前侍卫巴忠等统兵入藏。但巴忠等入藏后按兵不动，遣人与廓尔喀议

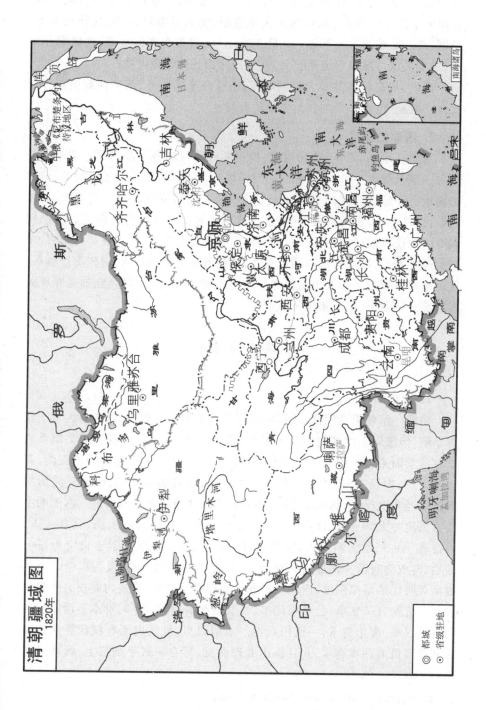

清朝疆域图 1820年

◎ 都城
⊙ 省级驻地

和,私许元宝一千个作为赎金,令其退出所占地方;并以廓尔喀投降奏闻。乾隆五十六年(1791),廓尔喀又大举进犯,深入日喀则,大掠扎什伦布寺,盘踞聂拉木、济咙等地不去。乾隆五十七年,清兵由青海入藏,击败廓尔喀军,尽复失地。廓尔喀遣使乞和,并献出所掠扎什伦布财物。

此后,清廷提高驻藏大臣的职权,整顿西藏的防务,改革西藏的赋役制度及宗教制度,进一步加强对西藏的管理。

3. 清朝的疆域

清朝在康熙、雍正、乾隆时期,经过同外部侵略势力及内部分裂割据势力的一系列重大斗争,建立起一个空前统一和巩固的国家。乾隆时期,清朝的疆域已经最后形成,计有内地十八行省,东北的盛京、吉林、黑龙江,以及内蒙古、外蒙古、唐努乌梁海(在萨彦岭和唐努山之间)、青海蒙古、西藏、新疆等少数民族地区,幅员辽阔,西到巴尔喀什湖和葱岭,北到唐努乌梁海,东北到外兴安岭、库页岛和鄂霍次克海,东到海及台湾诸岛屿,南到南沙群岛,这就基本上奠定了今天中国疆域的规模。康熙、雍正、乾隆帝在加强和巩固国家统一事业上,是有重大贡献的。

四、政治、军事制度

1. 中央制度

内阁 清朝沿袭明制,仍以内阁作为政府的中枢机构,以内阁大学士作为宰辅,但实际上内阁的实权远不及明朝。内阁系由皇太极时的文馆及内三院演变而来。天聪三年(1620),皇太极设立文馆,后改文馆为内三院,即内国史院、内秘书院、内弘文院。入关以后,清廷仿照明制,改内三院为内阁。后经几次反复,到乾隆年间,内阁的体制才稳定并得到发展。内阁的主要官员定为大学士满、汉各一人,均为正一品①;协办大学士满、汉各一人,均为从一品②;学士满六人,汉四人,均为从二品。内阁大学士自定为正一品后,遂成为有清一代最高的官员,犹如历代的宰相,地位极为尊崇。清代也承袭明代的票拟制度,内阁的职务主要即在于票拟,这是内阁权力的集中表现。清初官员奏事,公事用题本,私事用奏本,题本用印,奏本不用印。乾隆前期以来,废止奏本,一概用题本。所谓票拟,就是内阁有权代替皇帝预先阅看官员的题本奏本,并且提出处理意见,写在一张小纸票上,然后呈送

---

① 雍正八年(1730),满、汉大学士俱定为正一品。
② 乾隆四年(1739)始有协办大学士之名。

皇帝裁定。然而内阁的权力愈来愈低。清初，在内阁之外，设有议政王大臣会议，皆由满族大臣组成，凡军国机要重务都不经过内阁票拟，而径由议政王大臣会议策划方案，最后由皇帝裁决。康熙时又有南书房①，翰林文学之士，入内当值。凡一切特颁诏旨，皆由南书房翰林撰拟，内阁之权更分。到雍正年间，清廷又普遍推行奏折制度，凡属密办之事，皆令官员使用奏折直达皇帝，由皇帝亲自批答，发还具奏人付诸执行。由此许多题本变成例行公事，已无机要可言，内阁之权力遂大为削弱。特别是雍正时设立军机处以后，一切军国大政皆由军机处办理，而内阁不过徒拥虚名而已，只能办一些寻常事务，内阁大学士如果不能进入军机处，则一切要政皆不得预闻。

军机处 军机处的设立，原是适应对西北用兵的需要；后来的事实证明，也是清代中枢机构的重大变革，标志着清代君主集权发展到了顶点。军机处成立于雍正七年（1729），初名"军机房"，不久改称"办理军机处"，乾隆以后多省去"办理"二字，简称"军机处"。军机处的职官有军机大臣，俗称"大军机"，有军机章京，俗称"小军机"。军机大臣由皇帝从满、汉大学士、尚书、侍郎等官员内特简，有些也由军机章京升任。军机大臣之任命，其名目为"军机处行走"，或"军机大臣上行走"。所谓"行走"者，即入值办事之意。军机大臣没有定额，军机处初设时为三人，以后增加到四五人至八九人，最多至十一人。军机章京初无定额，至嘉庆初年，始定为满、汉章京各十六人，共三十二人，满、汉章京又各分两班值班，每班八人。军机章京之任命，或称为"军机司员上行走"，或称为"军机章京上行走"。

军机处成立后，议政王大臣会议于乾隆五十六年（1791）废止了，内阁变成只是办理例行事务的机构，一切机密大政均归于军机处办理。军机处总揽军、政大权，真正成为执政的最高国家机关。

皇帝行动所到的地方，军机大臣也无不随从在侧。但军机处在形式上始终处于临时机构的地位，不像正式国家机关的样子。军机处办公的地方不称衙署，仅称"值房"。军机大臣的值房称为"军机堂"，初仅板屋数间，后来才改建瓦屋。军机章京的值房，最初仅有屋一间半，后来才为五间。军机处也无专官，军机大臣、军机章京都是以原官兼职，皇帝可以随时令其离开军机处，回本衙门。军机大臣既无品级，也无俸给。军机大臣之任命，并无制度上的规定可供遵循，完全出于皇帝的自由意志。军机大臣的职务也没有制度上的规定，一切都由皇帝临时交办，所以军机大臣只是承旨办事而已。"只供传述缮撰，而不能稍有赞画于其间"②，这些都说明军机处是皇帝

---

① 康熙十六年（1677）设，在乾清宫西南隅，原为康熙帝读书处。
② 赵翼：《檐曝杂记》卷一《军机处》。

的御用工具。

六部与三法司　中央机构又有各部院衙门,分掌各方面事务。其中比较重要的有吏、户、礼、兵、刑、工六部。吏部主管全国文职官员的任免及考核,户部主管全国土地、户口、田赋、关税等事,礼部主管国家典礼及学校、科举等事,兵部主管全国军事及武职官员的考核任免,刑部主管全国刑罚的政令,工部主管各种工程事务。又有都察院,作为监察机关。有大理寺,作为审理刑狱的机关。清朝和明朝一样,刑部、都察院、大理寺合称"三法司"。凡重大案件(斩绞案件),皆经三法司会勘,先由刑部审明,再由都察院参核,再由大理寺平允,然后奏请皇帝裁决。

理藩院　理藩院是管理边疆少数民族地区事务的机关,其体制同于六部,地位列于工部之后。职官有尚书一人,左、右侍郎各一人,额外侍郎一人,其下又有属官若干人。主要官员由满洲、蒙古人担任。属官亦有少数汉军旗人担任。理藩院的职务是掌管内外蒙古及青海、新疆、西藏等地区的蒙、维、藏族事务,诸如政令、爵禄、朝会、刑罚等等。此外,理藩院也掌管一部分外交事务。凡与俄罗斯交涉事宜,皆归理藩院办理。

内务府　内务府是掌管皇帝家务的机关,其全称为"总管内务府衙门",最高官员为"总管内务府大臣",由满洲贵族王公大臣担任。内务府的职权很广,凡宫廷的典礼、祭祀、库藏、财用、服御、赏赐、建造、供应、刑律等事,皆统于总管大臣。内务府的设立,是清代首创,是对历代皇帝家务管理制度的改革。在中国历史上,皇帝家务都照例由宦官掌管,因之宦官往往得到皇帝的亲幸重用,从而得以执掌大权,干预政事,出现宦官专权之祸。清代设立内务府,以大臣统领,革除明代宦官二十四衙门,尽收宦官之权归入内务府,从此宦官在宫内不过从事洒扫之役,这就排除了宦官对皇权的干扰,根绝了宦官专权之祸。在清代,虽也有个别宦官受到宠幸,但从未在政治上酿成大祸。

2. 地方制度

在地方机构方面,分省、道、府、县四级。另外又有厅、州,或直属布政使司管辖,其地位如府;或属府管辖,其地位如县。

行省制　行省之名始于元代,明代改行省为布政司,清代又恢复行省之名。清前期共设置内地十八省,即直隶、山东、山西、河南、江苏、安徽、江西、浙江、福建、湖北、湖南、陕西、甘肃、四川、广东、广西、云南、贵州。清朝末年,台湾、新疆也改为行省,又将东北改为奉天、吉林、黑龙江三省,合旧日十八省,共有二十三行省。

省的最高官员为总督和巡抚,这是因袭与发展明制而来。清初总督、巡抚之设变动无常,到乾隆时才固定下来,大致两省或三省设一总督,每省设一巡抚。无巡抚省分,例由总督兼理。总督为正二品,综治军民,统辖文武,考核官吏,修饬封疆。巡抚职务大致与总督同,惟权力略小,为从二品。乾隆时全国共设有八个总督,即直隶总督,管辖今河北省及内蒙古一部分地区,驻保定;两江总督,管辖江苏、安徽、江西三省,驻江宁(今南京);闽浙总督,管辖福建、浙江二省,驻福州;两湖总督,管辖湖南、湖北二省,驻武昌;陕甘总督,管辖陕西、甘肃二省,驻兰州;四川总督,驻重庆,又驻成都;两广总督,管辖广东、广西二省及南海诸岛,驻广州;云贵总督,管辖云南、贵州二省,驻贵阳,又驻昆明。八总督中,直隶、四川总督各兼其省之巡抚事,陕甘总督亦兼甘肃巡抚。以后到光绪末年,又增设东三省总督,合为九督。至于巡抚之设置,乾隆时期,除直隶、四川、甘肃三省外,他省皆置巡抚一人,因成定制。至光绪时期,新建省分,亦皆设置巡抚。后罢奉天巡抚,以东三省总督兼理。

督抚以下,各省均设承宣布政使司和提刑按察使司,设布政使、按察使各一人。布政使又称"藩司",也称"方伯",为从二品官,品级与巡抚同,主管一省的民政、财政。按察使又称"臬司"(司法之意),为正三品官,地位略逊于布政使,主管一省的司法、刑狱、纠察,并兼管驿传事务①。

道 省下有道,道设道员。道有"守道"与"巡道"之分,大致由布政使的辅佐官参政、参议驻守在一定地方,叫做"守道",由按察使的辅佐官副使、佥事分巡某一带地方,叫做"巡道"。守、巡道员本来和明代一样,是一种临时性的差使,本身没有品级,完全看他所带的是什么衔,如带参政衔是从三品,带参议衔是从四品;带副使衔是正四品,带佥事衔是正五品。乾隆十八年(1753),取消参政、参议、副使、佥事诸衔,道员一律定为正四品,于是道员就不是差使而是实官了。守道与巡道的分工,大致是守道管钱谷,巡道管刑名。此外,还有一些专职道,是主管一省某一方面事务的,如粮储道、盐法道、兵备道、河工道等。道员或统辖全省地方,或分辖三四府州地方,是省与府之间的地方长官。

布政使司、按察使司及守、巡各道,即是所谓司、道。司、道都是监督府、县的,所以通称"监司"。司、道虽不及督抚地位之高,但都可以直接向皇帝奏事,都自有办事衙门,所以也是很重要的地方长官。

府、县 道下为府,府设知府一人,初为正四品,后改为从四品,惟顺天府尹、奉天府尹为正三品。全国共有215府。府下为县,县设知县一人,称为"亲民之官",官阶正七品。全国共有1358县。

---

① 按察使至清末,改称提法使。

3. 边疆制度

清朝前期，在边疆地区也逐步建立起了比较完善的统治制度。由于这些边疆地区都是边远和民族地区，其情况比较复杂，因之所建制度多照顾到当地的情况或需要，与内地制度有所不同。

东北地区　在东北地区，盛京（今沈阳）为陪都重地，设立户、礼、兵、刑、工五部，各置侍郎一人为长官，分掌盛京财赋、祭祀、军事、刑狱、工程事务。又设奉天府，置府尹一人，掌盛京地方之事。又设盛京将军一人，掌军政，驻盛京，并设盛京副都统三人为辅，分驻盛京、锦州、熊岳城（在今辽宁盖县西南）。又吉林、黑龙江地方，皆设将军以掌军政，而以副都统为辅。吉林将军一人，驻吉林城（今吉林市）。吉林副都统五人，分驻吉林城、宁古塔城（今黑龙江宁安县）、伯都讷城（今吉林扶余县）、三姓城（今黑龙江依兰县）、阿勒楚喀城（今黑龙江阿城县）。黑龙江将军一人，驻齐齐哈尔城（今齐齐哈尔市）。黑龙江副都统三人，分驻齐齐哈尔城、墨尔根城（今黑龙江嫩江县）、黑龙江城（今黑龙江瑷辉县）。

内外蒙古　在内外蒙古地区，均实行札萨克制，即盟旗制度。蒙古各部划分为旗，旗是基本行政单位，合若干旗为一盟。旗有札萨克（即旗长），盟有盟长。札萨克为世袭之职，盟长则由中央任命。此外，中央又派大员驻在各要地，以加强控制。在内蒙古地区，设察哈尔都统，驻张家口；设热河都统，驻承德（今河北承德市）；设绥远城将军，驻绥远城（在今呼和浩特市），

呼和浩特市五塔寺

设归化城(今呼和浩特市)副都统,由绥远城将军统辖。在外蒙古地区,设定边左副将军,驻乌里雅苏台城(今蒙古国扎布哈朗特),下有乌里雅苏台参赞大臣;设科布多参赞大臣,驻科布多城(今蒙古国吉尔格朗图),由定边左副将军节制;设库伦办事大臣,驻库伦(今蒙古国乌兰巴托)。

青海 在青海地区,设办事大臣一人,驻甘肃西宁府(今青海西宁市),专掌青海之军政。蒙古诸部族共分为 29 旗,亦各设札萨克治理一旗之事,惟不设盟长,盟会则由西宁办事大臣主持。

新疆 在新疆地区,乾隆时征服准噶尔及回部后,为加强对新疆地区的统治,设伊犁将军,驻惠远城(今霍城东南),又设参赞大臣为辅①,总理天山南北路之军事、政治、边防诸务。

喀什市艾提尕尔清真寺②

在天山北路地区,于伊犁将军下设领队大臣数人,分驻惠远城及惠宁城③。在乌鲁木齐设都统及副都统,掌乌鲁木齐之军政,并在吐鲁番、巴里坤等地各设领队大臣,听乌鲁木齐都统节制。在哈密设办事大臣,掌哈密之各项事务。在塔尔巴哈台(今塔城)设参赞大臣,掌塔尔巴哈台之军政。蒙古族仍按旗编制,设札萨克,由蒙古贵族充任,制度与内外蒙古相同。

---

① 参赞大臣等级略次于将军。

② 艾提尕(gǎ嘎)尔清真寺:目前新疆最大的清真寺,相传始建于 1798 年。

③ 领队大臣管理屯田,以统索伦、额鲁特等队为主。

在天山南路地区，也就是在回部(维吾尔族)地区，于喀什噶尔(今喀什市)设参赞大臣，节制天山南路各城。在喀什噶尔、叶尔羌、和阗、阿克苏、乌什、库车、喀喇沙尔设办事大臣，在英吉沙尔(今英吉沙县)等地设领队大臣，均归喀什噶尔参赞大臣节制，而喀什噶尔参赞大臣又归伊犁将军节制。维吾尔族仍设各级伯克，由维吾尔贵族充任，以管理各城事务。但废除原有的伯克世袭制，伯克可随时升调，其制与内地的官制基本相同。

金本巴瓶
(金瓶，现存拉萨大昭寺)

西藏 雍正五年(1727)，清廷在拉萨设西藏办事大臣(全称"钦差驻藏办事大臣"或"钦命总理西藏事务大臣"(简称驻藏大臣)，驻拉萨，进一步加强了对西藏的管理。乾隆年间，清廷又提高了驻藏大臣的职权，明确规定驻藏大臣和达赖、班禅的地位平等。西藏地方的行政、军事、财政长官及各大寺庙的管事喇嘛，都由驻藏大臣会同达赖简选。西藏的对外联系，均由驻藏大臣全权办理。西藏的僧俗人员出境，须由驻藏大臣给予照票，限以往返日期。外国人到西藏来礼佛通商，亦须由驻藏大臣批准。达赖、班禅的财政机构的一切收支，统归驻藏大臣稽查总核。达赖、班禅的继承人问题，也必须由驻藏大臣监临决定。乾隆帝特创金本巴瓶制度①，在大昭寺内设一金本巴瓶，凡遇达赖、班禅圆寂后，找出其呼毕勒罕(化身)若干名②，由驻藏大臣将其姓名各写一签，贮于金本巴瓶内，然后驻藏大臣亲往监同抽签决定。总之，有关西藏的重要人事、行政、经费、军事及外交等，都由驻藏大臣裁定。

4. 兵制

清朝的军队主要有八旗兵和绿营兵两种，这二者都有定额，大致八旗兵有20余万，绿营兵有60余万。

八旗兵 八旗是清朝特有的制度，早在入关以前，已有满洲、蒙古、汉军各八旗，实际是二十四旗；但习惯上仍称之为八旗。八旗原来是兵民合一的组织，即既是军事组织，又是行政组织和生产组织，八旗成员既是兵，又是

① 金本巴：亦作"金奔巴"。金，汉语。本巴，藏语，意为"瓶"。合为"金瓶"。清代文献常写作"金本巴瓶"。

② 呼毕勒罕：藏语，或谓蒙古语，意"转生"。指达赖、班禅死后，按预示方向找到若干新生婴儿，称为灵童，以最后认定死者的化身。

民,出则征战,入则务农。但是后来,特别是入关之后,八旗制度就发生了变化,由兵民合一走向了兵民分离,兵是兵,民是民,各有其职。按照制度,八旗子弟都有当兵的义务,凡男子16岁以上就可以披甲当兵,但不是人人都入伍当兵,而是从各佐领挑选出一部分人来当兵①,另外立营训练,委派官员统领,这就是所谓八旗兵,完全是职业兵。其余留在佐领内的家属和闲散人丁,其任务是从事生产和准备挑补为兵,这就是民。

清朝定都北京后,把八旗兵分成为京营和驻防两大部分,人数大约各占一半,即各有十余万人。京营保护皇帝和拱卫京师。保护皇帝的叫做郎卫,即侍卫和亲军。侍卫都是由上三旗子弟才武出众者组成,担任"随侍宿卫",分为一等侍卫(正三品)、二等侍卫(正四品)、三等侍卫(正五品)、蓝翎侍卫(五六品),共有500余人。凡侍卫事务由领侍卫内大臣及御前大臣掌管,御前大臣权位尤重。亲军由满洲、蒙古八旗内挑选,共为1700余人,都由领侍卫内大臣统领。拱卫京师的叫做兵卫,计有骁骑营、前锋营、护军营、步军营、火器营、健锐营、虎枪营等,分别防守紫禁城、内外城及京郊地方。

八旗兵在北京以外分驻各地,称为驻防,驻在全国各重镇要地,设有专官统辖。各驻防地的旗兵都是满洲、蒙古、汉军合以为营,组成佐领若干。驻防地设官,最重要的地方设将军,较次要之地设都统或副都统,再次要之地设城守尉或防守尉。

绿营兵　绿营兵又称绿旗兵,采用绿色旗帜,是清兵入关后改编和新招的汉人部队。绿营兵配合八旗兵驻守北京和各省。在北京的称巡捕营,隶属于步军统领(或称九门提督,正二品)。在各省的,其最高组织为标,由总督统辖的称"督标",由巡抚统辖的称"抚标",由提督统辖的称"提标",由总兵统辖的称"镇标",由八旗驻防将军统辖的称"军标",由河道总督统辖的称"河标",由漕运总督统辖的称"漕标"。标下设协,由副将统领。协下设营,由参将、游击、都司、守备分别统领。营下设汛,由千总、把总、外委分别统领。实际各省绿营的独立组织就是提标、镇标,提督实为地方的最高武职官,为从一品。总兵的地位略低于提督,为正二品。总兵之下,则是副将、参将、游击、都司、守备、千总、把总、外委等官。

清朝把八旗兵和绿营兵交错分布在京师和各省重镇要地,在全国构成军事控制网,既便于防御和镇压人民的反抗,又便于八旗兵监督和控制绿营兵。

---

①　佐领:清代八旗组织的基本单位,满语牛录的汉译。掌管所属户口、田宅、兵籍、诉讼等。

五、社会经济的发展

1. 恢复、发展社会经济的措施

明末清初几十年的战乱，使社会经济受到极大破坏，人口流散、土地荒芜、城市萧条。康熙、雍正、乾隆三朝，颁行了一些有利于生产的措施，社会经济由恢复而发展起来。这些措施主要有如下几项：

招民垦荒 清廷在顺治年间一再下令，允许各处流亡人民开垦"无主荒田"，所垦土地由州县官给以"印信执照"，"永准为业"。凡农民垦荒，一般可以免税三年，个别的还可以免税五年或六年。但是顺治年间战争正在进行，军费开支浩大，清廷一面宣布招民垦荒，一面又严令地方官吏追逼赋税，以致三年或六年不起科（征税）的命令不易得到执行。所以农民以垦荒为畏途，裹足不前。康熙帝为了加速对荒田的开辟，从康熙十年（1671）开始，即陆续放宽垦荒起科年限，将三年宽至四年，又宽至六年，再宽至十年。在平定三藩之后，免去了浩大的军费负担，康熙帝更进一步放松起科令，对于农民开垦成熟应该按限起科的田地，则常常"未令起科"，"不事加征"。这样，康熙年间的垦荒措施得到较好的推行，而且获得效果。到康熙末年，全国荒地基本上"开垦无遗"，"尽皆耕种"。

更名地 康熙八年（1669），清廷下令将明代藩王庄田免价给予原来佃户耕种，佃户"改为民户"，田地"永为世业"，号为"更名（明）地"。这种"更名地"散布在很多省份，数目约为 16 万顷，对于鼓励农民从事生产及开荒是有积极作用的。

治河 顺治、康熙以来，黄河屡次泛滥成灾，淮河、运河受其影响，也随之梗塞不通。康熙帝即用靳辅为河道总督负责治河，先后完成了许多重要工程，使河患大致平息，黄、淮各归故道，运河南北畅通，被淹没的农田也退水可耕。此外，康熙时还修治了永定河，消除了过去河水泛滥无常的灾害。

蠲免钱粮 康熙帝在位期间，屡次下令蠲（juān 捐）免钱粮，或一年蠲免数省钱粮，或一省连续蠲免数年钱粮，从康熙五十年（1711）开始，更在全国范围内普遍蠲免钱粮一年，而分三年轮免一周。计康熙在位的 60 余年中，"前后蠲除之数，殆逾万万"[①]。以后雍正、乾隆年间，清廷继续大行蠲免钱粮。特别在乾隆年间，曾多次"普免天下钱粮"。这对于发展社会经济是有利的。

---

① 《清史稿》卷一二一《食货志二》。

地丁合一 地丁合一是在一条鞭法的基础上出现的改革,旨在改变丁税的征收方法。清初的赋役制度因袭明代的一条鞭法,地有地税银,丁有丁税银。丁税银有的按地征收,有的按丁征收,而以按丁征收为主。按丁征收的丁银在清初共有 300 余万两,这个数字不很大,但按丁征收丁银所引起的社会问题却很大。由于土地兼并和土地集中进一步发展,贫富不均的情况也在发展,在这样的情况下,继续按丁征收丁税,就使无地少地的贫苦农民无力负担,因而普遍出现"或逃或欠"的情况。这不仅使封建国家征收丁税失去保证,又由于农民畏惧丁税的逼迫,或流亡迁徙,或隐匿户口,又造成人口不实的严重问题。因此,为了保证丁税征收,为了掌握人口实数,清廷不得不对按丁征收丁税的方法进行改革。改革的经过分为两步:第一步是康熙五十一年(1712)清廷决定,以康熙五十年(1711)的丁税额数作为定额,以后新增人丁,不收丁税。这就叫做"盛世滋生人丁,永不加赋"。这样丁税额数便固定下来了;第二步是实行地丁合一。这种办法先在康熙末年开始行之于广东、四川等省,到雍正元年(1723)以后,又相继在各省普遍推行起来。所谓地丁合一,就是摊丁入亩,即不再以人为对象征收丁税,而把固定下来的丁税摊到地亩上。具体办法是,把各省丁税原额分摊在各州县的土地上,地税一两分摊若干丁银。地银和丁银合一,叫做地丁银。

实行地丁合一在表面看来虽仅仅是一种赋税征收方式的改变,但其进步意义和社会影响却是巨大的。因为自改革之后,原来独立的丁税已不存在,而是丁随地起,田多者,丁税也多;田少者,丁税也少;无田者,亦无丁税。这就消除了"富者田连阡陌,竟少丁差;贫民地无立锥,反多徭役"①的状况,贫民再也不必因担心丁税而杀生、逃匿。这对家庭人口增长、国家人口统计都有好处。我国自西汉至清初,每次人口统计,其最多时,数字总是在五六千万之间,这显然是人口不实及人口增长缓慢的缘故。地丁合一之后,人口数字急剧增加,乾隆十四年(1749)为 1 亿 7000 万,嘉庆十七年(1812)为 3亿 6000 万,道光二十年(1840)为 4 亿 1000 万,这显然是人口统计比较正确及人口增长加快的结果。

废除匠籍 明朝有许多官用工匠,被称为匠户,编入专门的匠籍,子孙世代为匠户,不得脱离匠籍改业。明中叶以后,匠户中的绝大部分即轮班工匠,被允许以银代役,由政府按匠籍向他们征收银两,称为"班匠银",他们可以不必再轮班到京城服役。以银代役的办法自然使工匠的地位大有改善;然而匠籍没有废除,依然是束缚工匠的一条绳索。经过明末农民大起义的冲击以后,清初匠籍已经混乱不堪,很难按照匠籍来征收班匠银了。因

---

① 《乾隆任邱县志》卷一一《艺文》。

而,清廷于顺治二年(1645),下令废除匠籍,免征班匠银。但此后不久,清廷又恢复征收班匠银,以致流弊丛生,如有的匠户子孙已经改业,仍要被追征班匠银;有的匠户子孙已经逃亡或死绝,班匠银则要由民户代为赔纳。在这种情况下,康熙皇帝以来,即陆续将班匠银摊入田赋中征收,最后废除了匠籍制度。匠籍的废除,使工匠对封建政府的人身依附关系大为削弱,有利于民间手工业的发展。

2. 社会经济的发展

农业 农业的恢复和发展,主要表现在四个方面:

(1)大量荒地垦辟,耕地面积不断扩大。清初荒地极多,随处可见,而到康熙末年,则大都被开垦耕种。因而耕地面积由 1645 年的 400 余万顷,增加到 1724 年的 680 余万顷。

(2)水利的兴修。康熙时曾大举治理黄河,并兼治淮河、运河,又曾修治永定河。雍正时又修筑江苏、浙江的海塘,使沿海一带的农田免受海潮的破坏,也是一项大的工程。

(3)粮食亩产量的提高,如江苏、湖南、湖北、四川及东南沿海一带都是稻米高产区,一般亩产二三石,多者可达五六石甚至六七石。这时高产作物如玉蜀黍(即玉米)、番薯(俗称地瓜)的推广,对于粮食增产有重大影响。玉蜀黍原产美洲,明中叶传入我国,渐次种植于南北许多地方,到清代,几乎遍种于全国各省。番薯也原产于美洲,明后期传入我国,先是种植于福建等沿海地区,后来推广到北方,清代普遍种植于全国各地。玉蜀黍的产量远比麦类为高,番薯更是每亩可产数千斤。

(4)经济作物种植的扩大。如棉花的种植已遍及全国,其中江苏、浙江、湖北、河南、河北、山东都是著名的产棉区,这些地方的棉花大量外销,甚至连植棉较晚的奉天地区(今辽宁),每年也有许多棉花输往关内。甘蔗的种植在广东、福建、台湾、浙江、江苏、江西、四川等地都很普遍,如广东一些地方种植甘蔗动辄千顷,其茂盛有如芦苇。台湾有蔗田万顷。明代传入我国的烟草,这时已推广到全国各地。植桑养蚕事业也很兴盛,如浙江、江苏、广东的一些地区,植桑养蚕已成为农民的重要生产事项。经济作物种植的扩大,是商品经济发展的反映,同时又促进了商品经济的发展。

手工业 清代最重要的手工业仍是纺织、陶瓷、矿冶等业。

纺织业中的丝织业,在清代有突出发展。苏州和杭州是明代的丝织业中心,这时依然保持其盛况。如苏州东城"比户习织,专其业者不啻万家"①。杭

---

① 乾隆《长洲县志》卷一六。

州东城也是"机杼之声,比户相闻"①。江宁(今南京)在明代没有什么丝织业的名望,但到了清代,丝织业大为发展,已超过苏、杭而成为最大的丝织业中心,这里缎的织造非常有名。缎的种类很多,织缎之机有百余种名目。乾隆、嘉庆年间,这里仅缎机就有三万多张,其他织机尚不在内。广州也是清代新兴起的丝绸产地,所产纱、绸、缎等都很名贵。特别是广纱的精美已胜过江宁、苏、杭,有"广纱甲于天下"之称②。

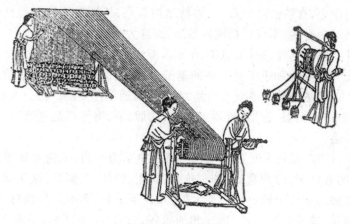

《授时通考·织图》

棉织业也有发展。松江(包括上海)、苏州、无锡都是棉织业的中心地。松江出产的棉布不但数量多,而且质量好,畅销全国各地。清政府时常在这里采购棉布。如康熙时,一次就在上海县采购青蓝布30万匹。苏州的城乡普遍生产棉布,"苏布名称四方"③,行销遍于天下。棉布的加工业,在苏州也很发达。如这里有许多专门经营棉布加工业务的字号出现,每一字号拥有工匠数十名,凡漂布、染布、看布、行布,各有专人作业。无锡号称"布码头",许多富商巨贾在此开设花布行,大批收购棉布运往苏北等地发售,每岁交易不下数十百万。

制瓷业也有新的发展。江西景德镇仍是全国制瓷业的最大中心。镇的范围极大,除官窑外,有"民窑二三百区,终岁烟火相望,工匠人夫不下数十余万"④。其繁荣情况超过了明代。这里民窑所产的瓷器供应全国各地,并且大量输出国外。除景德镇外,瓷器产地还有几十处,分布于十数省。清代的制瓷技术比明代更有进步,突出地表现在彩色瓷器的工艺水平大有提高。

① 万鹗:《东城杂记》卷下。
② 乾隆《广州府志》卷四八。
③ 乾隆《长洲县志》卷一一。
④ 道光《浮梁县志》卷八。

清代的青花、五彩、素三彩和粉彩、珐琅彩等都很有名,其中尤以粉彩和珐琅彩最称精美,驰名中外。

矿冶业也有进一步发展,其中最突出的部门是云南的铜矿开采业和广东佛山镇的冶铁业。云南的铜矿开采,有官督商办的大厂,也有私营的小厂。大厂有矿工七八万人,小厂也不下万人。全省铜矿开采量最多时,每年可以达到一千多万斤,主要作为北京及各省官府铸钱之用。佛山镇是铁器制造业的中心,有炒铁之炉数十,铸铁之炉百余,所铸造铁器多而且好。其中以铁锅最为有名,不仅行销国内各地,而且大量输出国外。

此外,制糖、制盐、造纸、造船、印刷等业也都有所发展。

商业　在农业和手工业发展的基础上,清代的商业也十分繁荣。农产品和手工业品越来越多地变为商品,商品的流通范围更加广泛。如粮食、棉花、棉布、蚕丝、绸缎、铁器、瓷器、食盐以及烟、茶、糖等都是重要商品,行销于全国各地。

清代城市的发展又超过了明代。特别是东南一带,工商业城市普遍兴盛,著名的有江宁(今南京)、苏州、杭州、扬州、镇江、无锡等,这些城市都比明代更发展。如江宁城里几十条大街,几百条小巷,无不人烟稠密,作坊店铺到处都是,非常繁华。苏、杭二州的繁华,已有"上有天堂,下有苏杭"之谚语。镇江称为"银码头",无锡称为"布码头"。沿海城市如广州、福州、厦门等都以对外贸易的关系,日益繁荣。北方大的城市,首先是都城北京,此外又有天津、济南、开封、太原等,也都比过去繁盛。甚至比较偏僻的宣化府(今河北宣化),也成为店铺林立、商贾争趋的繁华地方。至于各地方镇市的发展,在清代尤为突出。如广东佛山镇、湖北汉口镇、河南朱仙镇、江西景德镇,已经名闻天下,被称为"四大镇",其中汉口镇又有"船码头"之称。此外,南北方农村的集市贸易也更加兴旺。

由于商业的发达,清代出现了许多大商人。最大的商人是两淮盐商、山西票号商和广东行商等。两淮盐商是享有特权的商人。那时盐是清政府控制的商品,由特许的商人掌握出卖。两淮盐商取得两淮食盐的专卖权,可赚五六倍的利润,因而其富以千万两(银)计。票号是经营汇兑、存款、放款的金融组织,最先由山西人开办,后来山西人开办的票号遍于各省,所以称作山西票号。山西大商人往往拥资数十万至数百万两(银),乃至数千万两。因而他们有力量开办票号,而开办票号后就愈加变成巨富。广东行(即"十三行")商也是清政府特许的商人,取得对外贸易的专利权,其资本也多达数千万两(银)。

3. 资本主义萌芽的增长

随着社会经济的恢复发展,商品经济的活跃,资本主义萌芽也在缓慢地增长起来。

在清代,江南丝织业中的资本主义萌芽,较明代有非常显著的发展。这时江宁(今南京)、苏州等地出现一些很富有的机户,经营着较大的手工业作坊和工场。如江宁机户在道光年间"有开五六百张机者"①。苏州机户多半"雇人工织","机户出(资)经营,机匠计工受值"②。特别值得注意的是,在江宁、镇江、苏州等地出现一些大的包买商,他们开设"帐房"或"行号",以从事资本主义的经营。这种"帐房"或"行号"拥有大量的织机和原料,或自行设机督织,或将织机、原料分给小机户为其生产。在这种帐房的周围有众多的小机户及织工受其支配,从帐房到小机户到织工,结成资本主义的生产关系。在棉织业中也有不少的作坊和雇佣工人,资本主义萌芽甚为明显。如在苏州有许多踹坊出现,这种踹坊是为棉布染后的整理加工而设。踹坊的经营者称为包头,苏州共有包头 340 余人,开设踹坊 450 余处,每坊容纳踹匠数十人。包头备有踹石、场房,招集踹匠居住,向布商(客店)或染坊领布发给踹匠踹压,布商付给踹坊的加工费,每匹银一分一厘三毫,全为踹匠所得;踹匠则每人每月给包头银三钱六分,以偿其房租家伙之费。在这里,踹匠和布商经由踹坊发生关系,布商是雇工的资本家,踹匠是受雇的工人,包头则居间谋利。此外,在广东的冶铁业、铸铁业中,在云南的采铜业中,在江西景德镇的制瓷业中,在四川的制盐业中,在陕西的木材采伐业中,也有资本主义性质的经营。

清代的资本主义萌芽虽然有所发展,但仍非常微弱。在当时中国的社会条件下,资本主义的发展遇到重重障碍。这首先是由于中国的封建土地所有制造成的,以小农经济为基础的自然经济的顽强存在,使商品经济很难发展。其次是封建政府多对内实行重农抑商的政策,对外实行闭关锁国政策,严重地阻碍了工商业及内外贸易的发展。再次是商业资本多半用于购置土地,很少投之于手工业生产。所有这些都是影响资本主义萌芽产生发展的根本性原因。

六、清代中期各族人民起义

1. 社会矛盾的加剧

土地高度集中 康熙中叶以后,特别是雍正、乾隆、嘉庆、道光时期,土地兼并日甚一日,土地大都归入官僚、地主、富商之家,而小民所有无几。如

---

① 光绪《江宁府志》卷一五。
② 《江苏省明清以来碑刻资料选集·奉各宪永禁机匠叫歇碑记》。

康熙时的大官僚高士奇在家乡浙江平湖县置田产千顷,又在杭州西溪广置园宅。另一大官僚徐乾学在无锡置田万顷,曾任江宁布政使的慕天颜在无锡置田百万亩。江苏松江一带的一般地主,也"有一户而田连数万亩,次则三四万至一二万者"①。乾隆时,河北怀柔大地主郝氏有"膏腴万顷",大学士和珅占田 8000 顷。道光时大学士琦善一家,有田 25000 顷。

随着土地兼并的发展,农民愈来愈多地沦为佃农。康熙时,北方各地"田亩多归缙绅豪富之家……约计小民有恒业者十之三四耳,余皆赁地出租"②。乾隆时,湖南"田归于富户者,大约十之五六,旧时有田之人,今俱为佃耕之户"③。广西"田大半归富户,而民大半皆耕丁"④。

赋税苛重　清政府的赋税逐渐繁重。地丁合一之后,地丁银的总数不断增加。如顺治末年,地税和丁税分征时,每年两税的总数为 2100 余万两,康熙时每年为 2400 余万两,雍正初已实行地丁合一,每年所征为 2600 余万两,乾隆末年每年为 2900 余万两,嘉庆以后至清末每年约为 3000 万两左右。

在地丁银的征收中,还有所谓"耗羡"的加派。"耗羡"也叫"火耗",这是地方官借口把零碎银子化成大块上缴要有折耗,因而在正额之外所附加的税。火耗少者每两银子加一钱,多者加二三钱,四五钱不等,甚至有加数倍于正额的。雍正时,朝廷宣布"耗羡归公",从此火耗变成了一种正税,作为地方官吏养廉及地方公费之用。养廉银的数量很大,如各省文职官员的养廉银每年有 280 余万两。官吏的养廉银往往要超过其俸银多少倍。如总督、巡抚每年俸银 150 至 180 两,而每年的养廉银可至一二万两。又如七品知县每年俸银 45 两,而每年的养廉银可至五六百两或 2000 余两。养廉银名义上是要官吏廉洁,实际上是把官吏贪污合法化。

田赋除地丁之外,还有一项是漕粮。所谓漕粮,就是在山东、河南、江苏、安徽、浙江、江西、湖北、湖南等省征收粮米,输送京师,以供官兵俸饷之用,每年定额 400 万石。漕粮有正兑、改兑、白粮等之分。各省漕粮运输到京仓者,叫做正兑米。各省漕粮运输到通州仓者,叫做改兑米。江苏苏、松、常三府,太仓一州,浙江嘉、湖两府,每年输纳糯米于内务府,以供宫廷及百官俸禄之需,谓之白粮。漕粮的征收更是弊端丛生,造成人民莫大的负担。如正兑米一石要随征耗米二斗五升至四斗,改兑米一石要随征耗米一斗七

---

① 光绪《华亭县志》卷二三。
② 《清圣祖实录》卷二一五。
③ 《皇朝经世文编》卷三九,杨锡绂:《陈明米贵之由疏》。
④ 《清代文字狱档》第五辑《吴英拦舆献策案》。

升至四斗,白粮米一石要随征耗米三斗或四斗。

除正赋地丁银和漕粮外,清政府还征收盐课、茶税、渔税、牙税、契税、当税、关税等各种名目的杂赋。乾隆、嘉庆以后,清政府的赋税岁收总数可达到四千几百万两之多。

统治集团奢侈腐朽 乾隆以后,统治阶级日趋腐化,上自皇帝,下至大官僚、大地主,多数过着穷奢极欲的生活,奢侈之风日甚一日。

乾隆帝,曾六巡江浙,名为巡视河工,实际全在游山玩水,寻欢作乐,不惜劳民伤财,糜费极大。凡巡行所到之处,地方官曲意迎合,修行宫,搭戏台,结彩棚,制龙舟,办筵席,放烟火,大事铺张。有时所过街市,路旁牌楼、彩棚、点景、香亭不绝,绵亘数十里。有时巡幸船只千百艘,沿着运河行进,舳舻相接,旌旗蔽空。所有这些不知耗费了多少民脂民膏。乾隆十六年(1751)十一月二十五日,皇太后六十寿辰,乾隆帝为之举行大庆,自西华门至西直门外十余里,张设灯彩,结扎楼阁,大街两旁的店铺全被遮盖。乾隆帝又大兴土木,修建宫殿、苑囿。在乾隆六十年间,圆明园无日不在建筑之中,所费以亿万计。

官僚贵族们的豪华浪费也很惊人。嘉庆时,湖南布政使郑源璹随官家属有400余人,养活戏班两班,后将部分家眷送回故乡,用大船12只装载。道光时,闽浙总督颜伯焘罢职回粤,所携辎重人夫不计其数。在道经漳州城时,先期十日即有扛夫过境,每日不下六七百名,最后颜伯焘到达时,随从人夫又有3000名。

吏治败坏 康熙时,官吏已多贪污。到了乾隆、嘉庆时期,官场则贪污成风,吏治败坏已极。乾隆时,最大的贪污者和珅,历任尚书、大学士、军机大臣等要职20余年,倚势弄权,贪婪无忌。乾隆帝一死,嘉庆帝立即把他赐死,抄了他的家,约计其家产总值不下数万万两之多。除和珅外,乾隆时还屡有贪污巨案发生,总督、巡抚如国泰、王亶望、陈辉祖、福崧、伍拉纳、浦霖等人,莫不赃款累累。嘉庆年间,贪风愈甚,几乎无官不贪,贪污案件层出不穷。

2. 各族人民起义

从乾隆到嘉庆年间,全国各地许多民族发生了反官府反地主的起义斗争。其中主要的有如下几支:

苗民起义 乾隆六十年(1795),湖南、贵州、四川三省的苗民起义。这次起义的原因,是由苗族地区在"改土归流"后,汉族官僚地主及商人不断侵占苗族人民的土地、将"苗地"化为"民地"引起的。贵州松桃厅(今松桃苗族自治县)苗民石柳邓首先发动起义,湖南永绥厅苗民石三保及乾州厅(今吉首西南)苗民吴八月相继起而响应。这次起义继续了12年,直到嘉庆十一年(1806),才被镇压下去。

白莲教起义 在与苗民起义的同时,湖北、四川、陕西一带又发生了白莲教起义。白莲教是民间的秘密结社,其教义是宣传弥勒佛下凡,人民可以得救。

这次农民起义,以"官逼民反"为号召。嘉庆元年(1796),湖北宜都、枝江人民在张正谟等领导下,首先举起义旗。接着,襄阳姚之富和女艺人王聪儿(齐王氏)等起而响应,不到两月,有众数万人。随后,四川达州(今达县)徐天德和东乡(今宣汉)冷天禄、王三槐等也相继而起。次年,湖北起义军由姚之富、王聪儿率领分路进攻河南、陕西。嘉庆三年,作战失利,王聪儿、姚之富一同牺牲。此后四川的徐天德等继续斗争。这次起义共历时九年,席卷湖北、四川、河南、陕西、甘肃五省,到嘉庆九年(1804)被镇压下去。

天理教起义 嘉庆十八年(1813),又爆发了天理教起义,天理教是白莲教的一支,又名八卦教。当时信徒很多,遍布河北、河南、山东、山西等省。河南滑县李文成和北京林清是主要教首。李文成和林清预定嘉庆十八年九月十五日同时发动起义,但因李文成行动暴露,被滑县知县逮捕入狱,群众遂提前起义,救出李文成,占据滑县城,号召四方。林清则按期行事,在北京南之黄村组织队伍,以二百人潜入城内,于九月十五日,在入教太监的导引下,分由东、西华门攻进清宫。由东华门入者因门急闭,仅进入十余人,其余被阻于门外散回。由西华门入者因未被阻,全队进入,聚攻隆宗门。时嘉庆帝在热河围猎未归,皇子旻宁(后来的道光帝)在宫内,以鸟枪射击起义军。镇国公奕灏则急调火器营兵千余人入宫,镇压起义军。起义军因寡不敌众而失败,林清在黄村被捕牺牲。现在故宫隆宗门的匾额上,还保存着一支当年农民军射入的箭头。李文成在滑县起初声势很大,后为清军击败,退至辉县山中,自焚而死。

上述农民起义虽都失败了,但给予清朝统治者的打击是沉重的。尤其是林清攻打清宫的行动,使清廷大为震惊。

七、西方资本主义国家的侵略和中国人民的反侵略斗争

1. 天主教会的侵略活动和清政府禁止传教

天主教会的侵略活动 明朝末年,随着西方殖民者的入侵,西方传教士也纷纷来到中国。最先来的是意大利人利玛窦,接踵而来的有龙华民(意大利人)、庞迪我(西班牙人)、熊三拔(意大利人)、阳玛诺(葡萄牙人)、艾儒略(意大利人)、毕方济(意大利人)、邓玉函(瑞士人)、汤若望(德国人)、罗雅谷(意大利人)等人。这些传教士都是耶稣会(天主教会中的一个组

织）士，奉天主教（基督教的教派之一）来到中国。当时中国还是强大的封建国家，传教士不能在中国强行传教，因而便带来了西方的科学技术，以介绍科学技术作为传教的手段；并且在传教方面，又遵循利玛窦所开创的方式，即尽量适应中国的风俗人情，允许中国天主教徒可以祭祀孔子及祖先等。这样一来，传教士遂得在中国立足传教，特别是因为带来西方的科学技术，甚至受到重用。如明政府曾用他们铸造火炮及修定历法等。清廷入关之后，传教士继续受到重用，如留京的汤若望呈献新历书，受命掌管钦天监印信，担任钦天监监正，朝夕出入宫廷之间，与顺治帝的关系很密切。由于传教士以技艺得到重用，其布教方式也比较得当，所以自明末万历以来至清初康熙以前，天主教便在中国不胫而走。到康熙初年，全国已有天主教堂三十余所，几乎遍及各大城市。于是"耶稣"及"天主"之名，遂大传于世。

欧洲资本主义发展以后，一些殖民主义者利用传教为其侵略政策服务，于是来中国的传教士在发展教会势力之外总是图谋不轨，招引无赖，交通官府，结纳权贵，打听消息，窥视形势，不断将中国的机密情况，暗中传递国外，这就不能不引起中国方面的注意和提防。康熙帝爱好自然科学，一方面对传教士多所任用，如用比利时教士南怀仁为钦天监监正，用法国教士张诚、白晋等入内廷讲授西学，用法国教士白晋、雷孝思、杜德美等进行全国地图测绘；另一方面，又悬令禁止传教，只准传教士供职京师者自奉其教，不准传教士在各省开堂传教。不过此令屡申，而未能厉行，各地传教士依旧私自开堂传教不止。到康熙晚期，全国天主教堂已近 300 座，教徒将近 30 万人。

清政府严禁传教　随着传教士的阴谋活动日多，而罗马教皇又干预中国内政，遂导致清政府厉禁传教。1704 年（康熙四十三年），罗马教皇做出决定，凡中国人入天主教者，只许称呼"天地万物之主"或"天主"，不得使用"天"及"上帝"等字眼，也不得在教堂内悬挂"敬天"字样。又禁止祭祀孔子及祖先，不许入孔子庙行礼，不许入祠堂行礼，不许保留祖先"神主"牌位在家。不久之后，罗马教皇即遣使多罗来北京传令，但为康熙帝所阻止。康熙帝向多罗说明，敬天、尊孔、祭祖是中国人的习惯，教皇的命令不合中国道理。1715 年（康熙五十四年），罗马教皇再次重申禁令，要求在中国的传教士一体遵行，否则将依法处分。1720 年（康熙五十九年），罗马教皇又遣使嘉乐来到北京，表示令在必行，要中国皇帝允准。康熙帝告诉嘉乐："尔教王条约只可禁止尔西洋人，中国人非尔教王所可禁止。"[①]从罗马教皇的行事，康熙帝看到西方教会的骄横，最后决断说："以后不必西洋人在中国行

---

① 　故宫博物院编《康熙与罗马使节关系文书》第 13《嘉乐来朝日记》。

教,禁止可也,免得多事。"①

雍正帝即位后,由于有教士插手皇室内部斗争,则决心禁止西洋人传教,下令除留京效力的传教士外,其余各省传教士一律集中到澳门候船回国,没收各处天主教堂改为公所,仅存京师一处,以供留京传教士居住。但此后传教士仍然潜入内地传教,陆续不绝。因而,乾隆时,清政府再申禁令,查拿私入内地传教者。嘉庆时,清政府又制定西洋人传教治罪条例,中国人入教者也治罪,官吏失察者则议处。如此严禁之后,传教之风渐息。道光时,传教士供职于钦天监者或归本国,或者病死。其时又有旨停止西洋人入监。这样钦天监中遂无外国传教士,早期传教士在我国的活动到此结束。可是,不久鸦片战争之后,西方列强相继入侵,传教士又卷土重来,清朝禁令化为乌有,准许西洋人在内地传教,准许中国人入教,我国丧权辱国,情形不可问了。

2. 英、美等国的对华贸易和清政府的闭关政策

英、美等国的对华贸易　从 16 世纪开始,葡萄牙、西班牙、荷兰等国殖民者已经来到中国,试图打开中国的大门,要求进行自由贸易,并且进行侵扰活动。但葡、西、荷等国只是欧洲资本主义的先锋队,其力量还比较有限,不足以动摇中国,因而对中国的冲击力不是很大。而 18 世纪以来至 19 世纪前半叶,世界形势则大为不同了。这时英国、法国和美国都已成为强大的资本主义国家,其中尤以英国最为强大。这些资本主义国家兴起之后,其力量则远非葡、西、荷等国所能比拟。因而以英国为首的西方国家便企图进一步打开中国的大门,来倾销其商品,加强侵略中国。

英国在 17 世纪中叶,已经完成资产阶级革命,变作资产阶级掌权的国家。18 世纪中叶以后,英国又经历了产业革命,机器工业逐渐取代了工场手工业,社会生产突飞猛进,迅速发展成为最强大的资本主义国家。在 1816 年,英国已完全统治了印度。在 1824 年,英国又占领了新加坡,并部分地占领了缅甸。在这个过程中,英国日益垂涎中国,积极向中国扩张势力。早在 1637 年(明末崇祯十年),英国第一艘武装商船已来到广州,并且炮轰虎门。至 1715 年(康熙五十四年),英国已在广州设立商馆,对华贸易走向经常化。自 18 世纪中叶以来到鸦片战争以前,在西方各国对华海上贸易中,英国一直居于首位,其对华贸易额最大,来船数量最多。如 1787 年(乾隆五十二年)至 1833 年(道光十三年)间,英国商船每年来广州者经常有数十艘,多时到 62 艘、85 艘、93 艘,最多时到 107 艘,大大超过其他国家。

---

①　故宫博物院编《康熙与罗马使节关系文书》第14《教王禁约释文》。

法国在 18 世纪后期,也发生了资产阶级革命,此后工业逐渐兴旺起来,是仅次于英国的资本主义国家,法国也大力向外扩张,并谋求与中国通商。1698 年(康熙三十七年),法国商船第一次来到广州。1728 年(雍正六年),法国又在广州建立商馆。不过法国更热衷于在中国的传教活动,派了许多耶稣会士到中国来,而商业贸易进展有限。鸦片战争前,法国商船每年来广州的只有几艘,贸易额不大。

美国在当时是步英、法之后的资本主义国家,在取得独立战争胜利之后,才开始与中国通商。1784 年(乾隆四十九年),美国商船"中国皇后"号抵达广州,这是第一艘来中国的美国船。美国对华贸易虽迟,而进展却很快。到 19 世纪初,美国商船每年来广州者有数十艘之多,贸易额已超过法国和其他国家,仅次于英国。

以英国为首的西方国家虽然发展了对中国的贸易,但是它们却拿不出像样的工业品投入中国市场,而能拿出来的商品则在中国市场上销路不大。其时英、法等国商船所带来的商品,主要是毛织品、布匹、金属品、印度棉花之类,其中只有印度棉花销量较大,余均销量甚微。相反,中国的货物如茶叶、绸缎、土布、瓷器等,则为英、法等国所追求,而被大量购买。因此,在 19 世纪 20 年代以前(即鸦片大量流入以前),中国在对外贸易中一直是出超的。如以中英贸易而言,在 1781 年(乾隆四十六年)到 1793 年(乾隆五十八年)间,英国输入中国的呢绒、布匹等全部工业品,总计价值不过 1600 余万银元,只抵中国输英商品之一茶叶价值(9600 余万银元)的 1/6。英国等西方国家由于其商品在中国销路不大,只好用大量白银来买中国的丝、茶等物品,所以广州一地每年有成百万的银元流入。

清政府的闭关政策 清朝在统一台湾以前,曾经历行海禁政策,严禁商民出海贸易。同时对西洋商船的限制也很严,只许其驶泊澳门,在澳门进行贸易,并且规定大小船不得超过 25 只。这种海禁政策的实施,主要是为了对付郑成功及其子孙的海上抗清势力,并不是针对外国。1683 年(康熙二十二年)清朝收复台湾后,逐渐放宽海禁,准许民间装载五百石以下的船往海上贸易、捕鱼,并开放广州、漳州、宁波、镇江的云台山作为对外贸易港口,准许外国商船前来交易。但是到乾隆前期,针对英国等西方国家贪得无厌的要求,清政府又加强了对外贸易的限制,下令关闭除广州以外的其他通商口岸,并且颁行严格约束外国商人的条例和章程,这样便形成了所谓闭关政策。闭关政策历经乾隆、嘉庆年间,一直延续到道光时鸦片战争前夕。

所谓闭关政策,就是严格限制对外海上贸易的政策。主要内容有:

(1)限定一口通商——乾隆二十二年(1757),清政府规定,凡外国商船只准在广州一地通商贸易。此后直到鸦片战争前,这一规定未变。

（2）严格约束外商活动——清政府规定,凡外国商人来广州贸易,只能同行商打交道。行商是清政府特许的商人,又称洋商,也叫做官商。这些商人设立洋行,专门经营对外贸易。洋行通称十三行,十三行之名沿自明朝,实际洋行未必十三家,或多或少。行商的职权和责任至重,凡外国商人买卖货物、交纳商税,皆由行商代为办理;凡外国商人一切居住行动,皆由行商负责管束、担保;凡清政府有所宣示或外国商人有所陈请,皆由行商居间传达。此外,清政府又有许多条例和章程,如外国商人到广州,必须住在洋行附近的商馆(或称夷馆)内,不得擅自外出。又外国商人不得携带妇女居住商馆,不得在广州过冬,不得在广州乘轿子;不得雇用中国人服役,不得雇人传递消息等。

（3）限制中国商民出海——清政府规定,凡出海商船装载不得超过五百石,如有打造装载五百石以上的船出海者,一律发到边境充军。又规定船上一切人员都必须详细登记姓名、年貌、履历、籍贯等,以供官府稽查。

清朝实行闭关政策,主要有三个原因:第一,当时中国社会是自给自足的封建自然经济,不太需要外国货物。第二,清朝统治者害怕西方资本主义国家前来侵害,又害怕中国人民出海结聚反抗,所以把闭关政策当作一种防御手段,主要用来对付外国侵略者,也用来对付中国人民。第三,清朝统治者保守自大,在世界形势已经改变的情况下,依然坚持传统的天朝大国观念,认为其他国家都是蛮夷小邦,西方国家的科学技术不过是奇技淫巧而已,抵不上中国的大经大法(如孔孟之道等),所以看不到西方资本主义国家的进步和中国封建经济文化的落后,看不到中外经济文化交流的必要和好处,关起大门来孤芳自赏。

闭关政策的后果是十分有害的。对外来说,闭关政策只是一种消极的防御手段,只能暂时抵制西方资本主义国家的侵略活动,不能根本阻挡西方资本主义国家的入侵,因为这不是真正的防御力量,真正的防御力量应当是富国强兵。如果西方资本主义国家恃强来攻,这种政策便会立刻被打破的,后来的事实正是如此。此外,这种政策也限制了中外正当贸易的发展。对内来说,闭关政策起了作茧自缚的作用,限制了中国对外贸易和航海事业的发展,也阻碍了中国资本主义因素的成长;又妨碍了中国吸收西方资本主义世界先进的思想文化和科学技术。这种政策长期推行的结果,使清朝统治集团更加闭目塞听,保守自大,拒绝进步,形成一种顽强地阻碍中国社会发展的反动势力;也使中国的社会发展长期处于停滞状态。

3.英国罪恶的鸦片贸易

由于中国封建自然经济和清政府闭关政策的抵制,英国等西方国家的商品不能无限制地进入中国,占有中国的市场,因而英国等西方国家在对中国的正当贸易中,一直捞不到什么好处,处于入超的不利地位。为了改变这种不利局面,英国便决定向中国输入鸦片,完全不顾人道的原则,用贩卖杀人的鸦片来牟取暴利。1757年(乾隆二十二年),英国占领印度鸦片产地孟加拉之后,即强迫印度农民大量种植鸦片。此后,在英国东印度公司的主持下,鸦片从印度不断流入中国,数量日益飞升,如1800年(嘉庆五年)为4500余箱(每箱约100至120斤),1821年(道光元年)为5900余箱,1830年(道光十年)为19900余箱,1835年(道光十五年)为30200余箱,1838年(道光十八年)为40200箱。除英国以外,美国也从土耳其贩运鸦片到中国来出售,数量仅次于英国。

鸦片的大量输入,给中国带来了严重的灾难。首先,鸦片大量输入,使烟毒日益泛滥成灾。在道光年间,从沿海到内地,从城镇到乡村,随处都有鸦片出售,吸食者日多。吸食鸦片之风遍及各阶层,不仅官僚缙绅吸食鸦片,平民百姓也吸食鸦片,甚至兵营的兵士也吸食鸦片。据1835年(道光十五年)的不完全统计,全国吸食鸦片者有200万以上。凡吸食鸦片成瘾者,无不骨瘦如柴,精神萎靡,进入不生不死的状态,最后多半衰竭而死。所以烟毒的泛滥,大大摧残了中国人民的身体和精神,对中华民族是一个严重的威胁。其次,鸦片大量输入,又对中国社会经济产生恶劣的影响,使中国的白银大量外流。如1823年(道光三年)至1831年(道光十一年),每年流出白银一千七八百万两,1831年至1834年(道光十四年),每年流出白银2000余万两,1834年至1838年(道光十八年),每年流出白银3000万两。由于白银外流,银价便不断上涨,这就大为加重了农民的负担。因为农民卖粮只能换到铜钱(铜钱是民间通用的货币),而向官府纳税却要折银计算。在19世纪前期,原来铜钱1000文可抵白银1两。后来银价提高,铜钱1800文才能抵白银1两。于是农民完纳税款,就要交出更多的铜钱,卖掉更多的粮食。此外,由于白银外流,又使清政府国库存银日益减少,入不敷出,财政愈来愈困难。

鸦片的流行,已威胁到中华民族的生存,也威胁到清朝的统治。因而,1838年(道光十八年)年底,道光帝任命林则徐为钦差大臣,前往广州查禁鸦片。英国侵略者为了保护罪恶的鸦片贸易,便悍然发动了侵略中国的鸦片战争。鸦片战争以后,中国逐渐沦为半殖民地半封建社会,中国历史也进入到近代史阶段。

复习思考题:
1. 简述郑成功收复台湾。
2. 简述康熙平定三藩。

3. 简述清廷平定准噶尔叛乱的意义。

4. 简述雍正时的改土归流。

5. 简述《尼布楚条约》的内容及意义。

6. 为什么说军机处的设立标志着君主集权的加强？

7. 说明理藩院与内务府的职权。

8. 简述行省的主要官职。

9. 简述驻藏大臣的设置及其职权。

10. 简述地丁合一制度的实施及其意义。

重要名词：

多尔衮 ＊吴三桂 孙可望 李定国 ＊郑成功 施琅 ＊鄂尔泰 ＊噶尔丹 王聪儿 林清 山海关之战 夔东十三家 三藩之乱 ＊尼布楚条约 布连斯奇条约 恰克图条约 ＊议政王大臣会议 ＊军机处 ＊理藩院 ＊内务府 总督 巡抚扎萨克 伯克 八旗兵 绿营兵 ＊圈田 ＊驻藏大臣 ＊金本巴瓶 ＊更名地 漕粮 帐房 端坊

参考书：

1. 翦伯赞主编：《中国史纲要》下册第八章第六、七、八、九节。

2. 郑天挺主编：《明清史资料》（下册）。（选读）

3. 张传玺主编：《中国古代史教学参考手册》（第二版）第452—459页五"学术类"（五）《中国资本主义萌芽问题》。

第三节　明清（鸦片战争前）文化

一、哲　学

明清时期的哲学思想相当发展，唯心主义与唯物主义的对立和斗争很激烈。

唯心主义王学与王学左派　明朝前期，客观唯心主义的程朱理学很流行，在思想领域处于统治的地位。至明朝中期以后，王守仁的主观唯心主义的心学兴起，一时影响极大。

王守仁（1472—1528），字伯安，余姚（今属浙江）人。曾结庐故乡阳明洞侧，世称阳明先生。他发展了南宋陆九渊的学说，主张"心外无物"，"心外无理"，"心明便是天理"。这是彻底的主观唯心论。他又提倡"致良知"与"知行合一"。所谓"致良知"者，即是要求人们从事于"去人欲，存天理"

的修养。所谓"知行合一",不是认识与实践的统一,而是知与行合二而一,知就是行,行就是知。"知行合一"说的宗旨,在于消除人们一念中之不善,以防祸于未然①。王守仁的学说在明后期广为流行,几乎有取代程朱理学的趋势。王守仁的著作由门人辑成《王文成公全书》38卷,其中的《传习录》和《大学问》为主要哲学著作。王守仁学说被称为王学,其学派被称为阳明学派或姚江学派。

明代后期的进步思想家李贽,福建晋江人。他虽是王学传人,但他的思想含有唯物主义成分,是王学左派的代表人物。他反对"以孔子之是非为是非",反对把儒家经典看作是真理的标准,对理学进行了激烈的批判,表现出了大胆的离经叛道的批判精神。他的著作有《藏书》、《续藏书》、《焚书》、《续焚书》等。

唯物主义思想家　明末清初,有三大唯物主义思想家,就是黄宗羲、顾炎武、王夫之。清朝中期的戴震,也是著名的唯物主义思想家。

黄宗羲(1610—1695),字太冲,号南雷,世称梨洲先生,浙江余姚人。他反对宋儒"理在气先"之说,认为"理"不是实体,只是"气"中的条理和秩序。他在政治上反对君主专制,对君主专制制度作了深刻的揭露,指出专制帝王把天下当作自己的产业,乃害民之贼。又指出专制帝王之法乃"一家之法",并非天下人之大法。此外,在经济上,他反对"工商为末"的传统观念,提出工商"皆本"之论。这种见解代表了工商业者的利益。黄宗羲的著作有《宋元学案》、《明儒学案》、《明夷待访录》、《南雷文定》等。

顾炎武(1613—1682),字宁人,号亭林,世称亭林先生,江苏昆山人。他在哲学上受到二程和朱熹的影响,可是他也赞成张载的唯物主义观点,承认"气"是宇宙的实体。他反对君主专制的政治,异常称赞《明夷待访录》一书,认为他的主张和《明夷待访录》相合者十之六七。他又反对理学,认为理学空言心性,那不是学问。他极力提倡"实学",主张"经世致用"。主要著作有《日知录》、《天下郡国利病书》等。

王夫之(1619—1692),字而农,号姜斋,世称船山先生,湖南衡阳人。他在哲学上发展了张载的唯物主义观点,批判了宋、明以来的客观唯心主义和主观唯心主义,主张"尽天地之间,无不是气,即无不是理也"②。把我国古代的朴素唯物主义向前发展了一步。此外,他还提出了"耕者有其田"③的主张,认为土地不是帝王的私产,是耕者所有。这个观点是很进步的。他

---

① 以上所引见《传习录》(中)、(下)。

② 王夫之:《读四书大全说》卷一〇。

③ 王夫之:《噩梦》。

的主要著作有《周易外传》、《尚书引义》、《读四书大全说》、《张子正蒙注》、《思问录内外篇》、《噩梦》等。

戴震（1723—1777），字东原，安徽休宁人。曾长期任《四库全书》的纂修官。他在哲学上坚持世界物质性的观点，称此物质为"道"。他所说的道的含义有二：其一，道是阴阳五行的气，即"阴阳五行，道之实体也"①。其二，道是气的运动形态，即"气化流行，生生不息，是故谓之道"②。总的说来，道就是阴阳五行的气不断的发展变化。这是一种很进步的世界观。他对程朱理学也进行了严厉地批判，批驳了所谓"存天理，去人欲"的说教。他坚持"天理"与"人欲"统一之说。他说，"后儒以理杀人"比"酷吏以法杀人"更险恶③。他的著作很多，后人编为《戴氏遗书》。

二、文　学

小说　明清文学以小说最为发展。明代的小说最负盛名的是罗贯中的《三国演义》、施耐庵的《水浒传》、吴承恩的《西游记》。清代的小说最负盛名的是曹雪芹的《红楼梦》、蒲松龄的《聊斋志异》、吴敬梓的《儒林外史》。

《三国演义》的全称是《三国志通俗演义》，是一部长篇历史小说。其内容是根据陈寿的《三国志》和元代《三国志平话》和某些传说写成，系统而生动地描述了一百年间的重要史事和主要人物。此书的思想宣传封建正统主义，但文字浅近，文笔生动，情节曲折，人物各有思想、情态，尤其是对于战争和策略的描述，至今还被兵家看作是"权谋"类兵书。《水浒传》是一部描述北宋农民起义的长篇小说，其内容是根据《宣和遗事》及有关话本、故事写成，书中创造了一百零八个农民男女英雄形象，以梁山为根据地，对黑暗腐朽的北宋王朝进行了坚决的斗争。这是我国古代少有的描述官逼民反、歌颂农民起义的进步小说。《西游记》是长篇神话小说，是在民间流传的唐僧取经故事和有关话本、杂剧的基础上写成。书中的主人公孙悟空曾大闹天宫，又保护唐僧历尽千山万水，到"西天"取经。此书视野广阔，想象丰富，蔑视封建秩序，歌颂反抗精神，情节曲折，语言生动，是一部家喻户晓、老少咸宜的通俗小说。

《红楼梦》是一部杰出的长篇爱情小说，实际是以贾宝玉、林黛玉两位青年的爱情悲剧为线索，描述了清朝前期的贵族、官僚或富商贾、史、王、薛四大家族的盛衰过程。反映了封建社会末期的各种矛盾和斗争。书中对封

---

① ②　《孟子字义疏证》卷中。

③　《孟子字义疏证》卷上。

建制度和礼教进行了深刻地揭露和批判,对于一些善良人们的不幸遭遇给予同情。这是一部具有高度思想性和艺术性的著作。《聊斋志异》是一部短篇小说集。全书以描述人与鬼、狐的关系,写成若干故事。对当时的封建制度和官僚、地主多所揭露,对劳动人民给予同情。《儒林外史》是一部以描写封建社会后期儒生为主的长篇小说。书中揭露批判了封建科举制度,谴责了一些追逐功名利禄的儒生的种种丑态,对于自食其力的人则给予同情。

戏剧　明清时期戏剧也有很高的成就。最优秀的剧本有明代汤显祖的《牡丹亭》,清代洪升的《长生殿》,孔尚任的《桃花扇》等。

《红楼梦》插图

《牡丹亭》是描写爱情故事的剧本。即杜丽娘和柳梦梅在梦中相会。杜丽娘醒后思念成疾,抑郁而死。后来柳梦梅打开她的坟,她又死而复生,经过同封建家长的斗争,二人终于结为夫妇。此剧又名《还魂记》。《长生殿》是描写唐明皇(唐玄宗李隆基)和杨贵妃的爱情故事。剧中歌颂了他们的生死不渝的爱情,同时也暴露了统治阶级的腐朽生活和由此所带给人民的深重灾难。《桃花扇》是描写文人侯方域和秦淮歌妓李香君的爱情故事。剧中揭露了明朝统治集团的黑暗腐朽,批判了祸国殃民的官僚、阉党荼毒人民的情况。

三、史学　地理学

史学　明清的史学很发展,官修、民修的史学著作都很多。明代的官修史书主要有《元史》、《明实录》和《明会典》等。《元史》修于明初,210卷,系统地记述了元朝一代的历史,是二十四史之一。《明实录》是编年体史书,是由每位新即位的皇帝命史官根据档案撰修前一皇帝的实录。明朝从太祖朱元璋至熹宗朱由校,共15帝都有实录,只有明思宗朱由检(崇祯帝)为亡国之君,没有实录。这些实录都保存下来,其内容十分丰富,涉及明朝各个方面,是研究明史的宝贵资料。《明会典》在明朝修过多次,现在通行本是万历重修本,共228卷,内容很丰富,为研究明朝典章制度的重要资料。明代私家著史以谈迁的《国榷》最有名。《国榷》108卷,是一部编年体明史。此书对于研究明史,尤其是研究明代建州女真及崇祯一朝的历史,有重要参考价值。

清代的官修史书主要有《明史》、《清实录》、《清会典》、"清三通"等。《明史》是清朝特设明史馆编撰的,332卷,系统地记述了明朝一代的历史,是二十四史中较好的一部。《清实录》是编年体史书,也是新立皇帝为前一皇帝所修。《清实录》共13部,第一部为《满洲实录》,第二部为《太祖实录》,第十三部为《宣统政纪》,每部都内容丰富,为研究清史的宝贵资料。《清会典》亦修过多次,现在通行本是光绪重修本。会典100卷,事例1220卷,图270卷,为研究清朝典章制度的重要资料。"清三通"就是《清朝文献通考》300卷,《清朝通典》100卷,《清朝通志》126卷,也都是记述清朝典章制度的重要著作。

清代的私家著史很多,其中章学诚撰《文史通义》一书是一部很重要的史学评论著作。章学诚(1738—1801)字实斋,浙江会稽(今绍兴)人,是唐代刘知几之后最著名的史学评论家。所著《文史通义》分内篇五卷,外篇三卷。他主张史学要经世致用,反对空谈义理,也反对专务考据。他又提出"六经皆史"的观点,把为儒者一直奉为圣明的经书看作只是古代史料。他还认为刘知几所主张的史家"三长(才、学、识)"并不完备,他在"三长"之外,再加上"史德"一条。"史德"是指"著书者之心术"①,即史学家著史要忠于客观史实,褒贬善恶务求公正。章学诚的这些观点和主张都是进步的。

地理学、地图 明清的地理学和地图学都很发展。其中以《大明一统志》和《大清一统志》最重要。《大明一统志》90卷,是一部明朝全国地理总志。《大清一统志》在清朝修撰数次,其中以嘉庆年间的重修本最完备,称为《嘉庆重修一统志》,共560卷,是一部清朝全国地理总志。私家著地理书以清初顾祖禹撰《读史方舆纪要》最有名。全书130卷,记述各省、府、州、县建置沿革,疆域变迁,侧重于山川险要,攻守之势,史料价值极高。

关于地图的绘制,日臻科学。明代罗洪先绘《广舆图》,这是我国现存最早的地图集。郑和下西洋,绘有航海图,这是一部最早的、比较完善的自我国远航南洋、印度洋,直抵阿拉伯海及非洲东岸的实用航海路线图。清朝所绘地图尤为可贵。康熙时所绘《皇舆全图》是通过全国性的大地实测绘

---

① 章学诚:《文史通义·内篇·史德》。

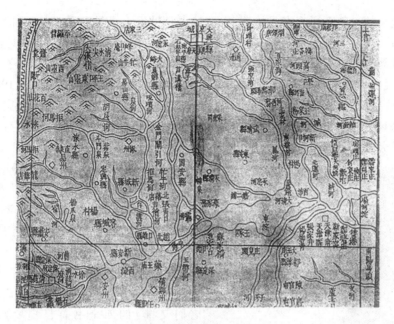

清乾隆《皇舆全览图》(局部)

成的,这在中国是创举,也属当时世界的前列。此图的重要缺陷是因当时发生噶尔丹叛乱,新疆西部未得测绘。乾隆时,准噶尔部平定,新疆西部补绘;其他部分以《皇舆全图》为基础进行修订,编成《皇舆全览图》①。此图在同治年间,胡林翼改编成《大清一统舆图》,公开发行。此图成为此后中国各种一览图的蓝本。

此外,地理考察工作也有新的成就。明代考察旅行家徐宏祖(别号霞客)写了一部优秀的地理著作,名为《徐霞客游记》。此书对我国河道地理的考察做出了重要贡献,特别是对我国西南石灰岩地貌的介绍,是世界上有关这方面最早的记载,在科学上有很高的价值。

四、图书整理与编纂

在图书典籍的整理和编纂方面,明代编有《永乐大典》,清代编有《古今图书集成》和《四库全书》。

《永乐大典》 《永乐大典》成书于明成祖永乐时,由解缙等奉命纂修。全书为22877卷,另有凡例、目录60卷,合共22937卷,装成11095册。全书收入古书七八千种,上自先秦,下到明初。《永乐大典》是中国历史上最

---

① 故宫博物院于1925年发现该图铜版,重印用名《清乾隆内府舆图》。

早最大的一部百科全书式的类书,而且也是世界上最早和最大的一部百科全书。可惜这部名贵典籍在清末八国联军入侵北京时,被焚烧殆尽,少量残遗被劫到国外。目前经多方访查整理,已由中华书局影印出版了797卷。

《古今图书集成》 《古今图书集成》10000卷,总目40卷,共计10040卷,清康熙时陈梦雷编,雍正时蒋廷锡奉敕重编。全书分为历象、方舆、明伦、博物、理学、经济6编,每编又分若干典,合共32典。这是中国现存的一部最大的类书。

《四库全书》

《四库全书》 《四库全书》是清乾隆皇帝委派纪昀等许多著名学者编纂的,全书分为经、史、子、集四类,收入古书3503种,共79337卷,装订成36304册,这是中国最大的一部丛书。书成后共缮写7部,现完整保存下来的还有4部。《四库全书》编成后,编者们又撰《四库全书总目提要》200卷,仍以经、史、子、集分类,类下又分目属,每书皆摘举要点,考其源流得失,广泛的评价了我国的古籍,可为阅读古籍入门之书。

五、科学技术

天文、历法 明朝原用历法名《大统历》,实际是元朝郭守敬修的《授时历》。至明朝末年,此历已出现较大误差,崇祯时,由徐光启主持修订,聘用耶稣会士龙华民、汤若望等参与工作,比较系统地引进参考了欧洲的天文学知识,修成《崇祯历书》。此历书比《大统历》准确,与日月星辰的运行及节气的变化都相符合。可是此历书在明代并未颁行,至清初由汤若望进呈,才颁行全国,称《时宪历》,一直用到清末。

清代王锡阐是著名的天文学家,他著有《晓庵新法》等书,发明了推算金星、水星凌日的方法,提出了日、月食初亏和复圆方位角计算的新方法。

数学 清代梅文鼎是位大数学家,一生不肯做官,致力于天文历算的研究,在这些方面著书80余种之多。其中的数学著作,总结了我国古代数学的丰富成就,又介绍了西方的数学知识,为数学的发展做出了重大贡献。明安图也是一位大数学家,蒙古族人,在钦天监任职多年。他所著《割圆密率捷法》一书,在数学上有突出成就。

医学　明代的医学很发展。朱橚等撰《普济方》最有名。此书取古今医方编成，凡 1960 论，2275 类，778 法，21739 方，239 图，自古经方以此书最为完备，为后世研究中医药学提供了极为丰富的资料。

药学方面以李时珍（1518—1593）所撰《本草纲目》最有名。李时珍，湖北蕲州（今蕲春西南）人，他毕生行医。访采医药，阅书八百余种，撰成《本草纲目》52 卷，记载药物 1892 九十二种，附有动植物插图 1100 余幅。全面总结了我国古代的药物学成就，把我国药物学的研究提高到一个新的阶段。在世界药物学史上亦占有重要的地位。

李时珍像

农学　元代的最重要的一部农业科学著作是王祯的《农书》。全书约 30 万字，记述了当时全国南北方的农业生产知识。此外，官修的《农桑辑要》和鲁明善著的《农桑衣食撮要》，也是元代比较重要的农书。

明代后期出现一位著名的农业科学家徐光启。徐光启（1562—1633），上海人，是明代卓越的科学家。他在数学、天文、历法和农学等方面，都作出了很多贡献。他的农学巨著《农政全书》60 卷，约 70 余万字，内容比以前所有农书都要全面，对农业生产的各个方面都有详尽的记录，特别对于蕃薯和棉花的种植技术作了重点的介绍，又对屯垦、水利工程及备荒三项作了系统的叙述。书中大量地保存了《王祯农书》中的农器图谱，并且还有所增补，这是很可宝贵的。这部书不仅整理总结了古代农书，而且反映了当时农业生产的实际经验，富有实践的科学精神，是一部实用性很强的科学著作。

手工技术　明代的手工技术著作要以明后期宋应星所撰《天工开物》一书最重要。宋应星，江西奉新人，生于 1587 年（明万历十五年），卒年不详，大约在清顺治末年。所撰《天工开物》16 卷，全面地记述了我国古代的农业和手工业技术，尤着重于手工业技术，如对纺织、染色、制盐、造纸、烧瓷、冶铜、炼铁、炼钢、采煤、榨油、制造军器火药等的生产过程和工序，都有详细的介绍。这部书图文并茂，共有插图 123 幅，画面生动，使当时生产工具的构造和生产现场均历历在目。这部书在总结生产实践的基础上，还提出一些对化学、物理变化的认识和见解，在理论上具有一定的价值。

建筑　明清时期的建筑业空前发展，建筑规划、布局、材料、技术、工艺等各个方面,都远比前代进步。帝王的宫殿、苑囿,贵族官僚们的署衙、府第自不必说,就是汉和各少数民族的重要寺庙或民居也都很讲究。

这里只介绍一下明代万里长城和北京紫禁城。

明代最伟大的建筑是万里长城。西起甘肃的嘉峪关,东至吉林的鸭绿江滨,全长6300余公里。其中自山海关至鸭绿江一段已坍塌损毁,自山海关至嘉峪关一段至今保存较好。长城为防御性军事建筑,墙身多为巨型方砖石砌成,上建女墙和敌楼、碉堡,要道设关口,因地势起伏蜿蜒,易守难攻。万里长城是中华民族伟大智慧的象征。

紫禁城是明清两代宫城的名称,以天象紫微垣比喻帝居而得名,在北京旧皇城中。紫禁城与城内的建筑合为一体,今称北京故宫。故宫始建于明永乐四年(1406),至十八年告成。此后历代有所修缮。紫禁城南北长960米,东西宽720米,周垣3.5公里。有四门,正门曰午门,后门曰玄武门,东门曰东华门,西门曰西华门。四隅有角楼,垣外有护城河环绕。城内自午门至玄武门为中轴,前后分为"外朝"、"内廷"两部。外朝以三大殿为主,即奉天殿、华盖殿、谨身殿,嘉靖时改名皇极殿、中极殿、建极殿,为处理朝政和举行大典之处。三大殿东西两翼对称建有文华殿和武英殿。内廷以三大宫为主,即乾清宫、交泰殿、坤宁宫。三大宫东西两翼分别建有东六宫和西六宫,后为后苑。内廷为皇帝和后妃生活安息之处。清朝继续以紫禁城为宫城,改三大殿名依次为太和殿、中和殿、保和殿,改玄武门为名神武门,改后苑名为御花园,还增建了一些宫殿。

乾清宫内景

紫禁城内的宫殿建筑左右对称,规制严整,气势宏伟,辉煌瑰丽,为我国现存最壮丽的古建艺术群体,也是世界上少有的保存完好的古帝王宫城。

复习思考题:

1. 明清时期有哪些著名的小说和剧本?
2. 简释《皇舆全图》和《皇舆全览图》。
3. 简释《永乐大典》及《四库全书》。
4. 明清时期有哪些著名的科技著作?

重要名词:

﹡王守仁 ﹡黄宗羲 ﹡戴 震 ﹡李时珍 徐光启 梅文鼎 明安图
《明实录》 《清实录》 ﹡《文史通义》 ﹡《红楼梦》 《三国演义》
《牡丹亭》 《桃花扇》 ﹡《大清一统志》 ﹡《四库全书》 万里长城
紫禁城

参考书:

1. 翦伯赞主编:《中国史纲要》下册第八章第十节。
2. 郑天挺主编:《明清史资料》(上册)十一、(下册)二十一。